中国社会科学院创新工程学术出版资助项目
中国哲学社会科学学科发展报告·当代中国学术史系列

当代中国近代经济史研究

CONTEMPORARY STUDIES OF MODERN CHINESE ECONOMY HISTORY

当代中国近代史研究系列　中国社会科学院近代史研究所主编

郑起东　周祖文　杜丽红　吴敏超　李晓龙　著

中国社会科学出版社

图书在版编目(CIP)数据

当代中国近代经济史研究/郑起东等著.—北京:中国社会科学出版社,
2015.12
ISBN 978-7-5161-7300-8

Ⅰ.①当… Ⅱ.①郑… Ⅲ.①中国经济—经济史—研究—近代 Ⅳ.①F129.5

中国版本图书馆 CIP 数据核字(2015)第 300866 号

出 版 人	赵剑英
责任编辑	郭沂纹
特约编辑	刘志兵
责任校对	郝阳洋
责任印制	李寡寡

出 版	中国社会科学出版社
社 址	北京鼓楼西大街甲 158 号
邮 编	100720
网 址	http://www.csspw.cn
发 行 部	010-84083685
门 市 部	010-84029450
经 销	新华书店及其他书店
印 刷	北京君升印刷有限公司
装 订	廊坊市广阳区广增装订厂
版 次	2015 年 12 月第 1 版
印 次	2015 年 12 月第 1 次印刷
开 本	710×1000 1/16
印 张	30.25
字 数	511 千字
定 价	108.00 元

凡购买中国社会科学出版社图书,如有质量问题请与本社营销中心联系调换
电话:010-84083683
版权所有　侵权必究

《中国哲学社会科学学科发展报告》编辑委员会

主　任　王伟光

副主任　蔡　昉（常务）　李培林　李　扬

编　委　（以姓氏笔画为序）
卜宪群　马　援　王国刚　王建朗　王　巍　邢广程
刘丹青　杨　光　李　平　李汉林　李向阳　李　林
李　周　李培林　李　薇　吴恩远　张宇燕　张顺洪
陆建德　陈众议　陈泽宪　卓新平　周　弘　郑秉文
房　宁　赵剑英　郝时远　唐绪军　黄　平　黄群慧
朝戈金　程恩富　谢地坤　蔡　昉　裴长洪　潘家华

总策划　赵剑英

总　　序

　　当今世界正处于前所未有的激烈的变动之中，我国正处于中国特色社会主义发展的重要战略机遇期，正处于全面建设小康社会的关键期和改革开放的攻坚期。这一切为哲学社会科学的大繁荣大发展提供了难得的机遇。哲学社会科学发展目前面对三大有利条件：一是中国特色社会主义建设的伟大实践，为哲学社会科学界提供了大有作为的广阔舞台，为哲学社会科学研究提供了源源不断的资源、素材。二是党和国家的高度重视和大力支持，为哲学社会科学的繁荣发展提供了有力保证。三是"百花齐放、百家争鸣"方针的贯彻实施，为哲学社会科学界的思想创造和理论创新营造了良好环境。

　　国家"十二五"发展规划纲要明确提出："大力推进哲学社会科学创新体系建设，实施哲学社会科学创新工程，繁荣发展哲学社会科学。"中国社会科学院响应这一号召，启动哲学社会科学创新工程。哲学社会科学创新工程，旨在努力实现以马克思主义为指导，以学术观点与理论创新、学科体系创新、科研组织与管理创新、科研方法与手段创新、用人制度创新为主要内容的哲学社会科学体系创新。实施创新工程的目的是构建哲学社会科学创新体系，不断加强哲学社会科学研究，多出经得起实践检验的精品成果，多出政治方向正确、学术导向明确、科研成果突出的高层次人才，为人民服务，为繁荣发展社会主义先进文明服务，为中国特色社会主义服务。

　　实施创新工程的一项重要内容是遵循哲学社会科学学科发展规律，完善学科建设机制，优化学科结构，形成具有中国特色、结构合理、优势突出、适应国家需要的学科布局。作为创新工程精品成果的展示平台，哲学社会科学各学科发展报告的撰写，对于准确把握学科前沿发展状况、积极推进学科建设和创新来说，是一项兼具基础性和长远性的重要工作。

　　中华人民共和国成立以来，伴随中国社会主义革命、建设和改革发展的历史，中国特色哲学社会科学体系也处在形成和发展之中。特别是改革开放以来，随着我国经济社会的发展，哲学社会科学各学科的研究不断拓展与深化，成就显著、举世瞩目。为了促进中国特色、中国风格、中国气派的哲学社会科学观念、方法和体系的进一步发展，推动我国哲学社会科学优秀成果和优秀人才走向世界，更主动地参与国际学术对话，扩大中国哲学社会科学话语权，增强中华文化的软实力，我们亟待梳理当代中国哲学社会科学各学科学术思想的发展轨迹，不断总结各学科积累的优秀成果，包括重大学术观点的提出及影响、重要学术流派的形成与演变、重要学术著作与文献的撰著与出版、重要学术代表人物的涌现与成长等。为此，中国社会科学出版社组织编撰"中国哲学社会科学学科发展报告"大型连续出版丛书，既是学术界和出版界的盛事，也是哲学社会科学创新工程的重要组成部分。

"中国哲学社会科学学科发展报告"分为三个子系列："当代中国学术史"、"学科前沿研究报告"和"学科年度综述"。"当代中国学术史"涉及哲学、历史学、考古学、文学、宗教学、社会学、法学、教育学、民族学、经济学、政治学、国际关系学、语言学等不同的学科和研究领域，内容丰富，能够比较全面地反映当代中国哲学社会科学领域的研究状况。"学科前沿研究报告"按一级学科分类，每三年发布，"学科年度综述"为内部出版物。"学科前沿研究报告"内容包括学科发展的总体状况，三年来国内外学科前沿动态、最新理论观点与方法、重大理论创新与热点问题，国内外学科前沿的主要代表人物和代表作；"学科年度综述"内容包括本年度国内外学科发展最新动态、重要理论观点与方法、热点问题，代表性学者及代表作。每部学科发展报告都应当是反映当代重要学科学术思想发展、演变脉络的高水平、高质量的研究性成果；都应当是作者长期以来对学科跟踪研究的辛勤结晶；都应当反映学科最新发展动态，准确把握学科前沿，引领学科发展方向。我们相信，该出版工程的实施必将对我国哲学社会科学诸学科的建设与发展起到重要的促进作用，该系列丛书也将成为哲学社会科学学术研究领域重要的史料文献和教学材料，为我国哲学社会科学研究、教学事业以及人才培养作出重要贡献。

王伟光

序 一

中国社会科学出版社计划出版"中国哲学社会科学学科发展报告",这对传承我国学术史研究的历史传统,繁荣发展哲学社会科学具有重要的意义。

一

"中国哲学社会科学学科发展报告"(以下简称"报告")是近几年中国社会科学出版社吸取了我国哲学社会科学界专家学者的建议,经过广泛深入的学术咨询和学术研讨,才确定的重要出版项目。

"报告"涉及历史学、考古学、文学、哲学、美学、宗教学、逻辑学、法学、教育学、民族学、经济学、国际政治学、国际关系学、敦煌学、语言学、简帛学等不同的学科和研究领域,内容丰富,能够比较全面地反映当代中国哲学社会科学领域的研究状况。"报告"执笔者均为国内知名的学科带头人,在相关领域有长期深入的研究,这支作者队伍是"报告"质量的重要保证,也折射出中国社会科学出版社对这套"报告"立项的重视。

"报告"包括三部分内容:一、当代中国学术史;二、年度综述;三、前沿报告。最近出版的是当代中国学术史的部分成果,展示了新中国特别是改革开放以来哲学社会科学相关领域建设与发展的状况,是对该时期相关学科发展历程与收获的检阅与巡礼,反映了中国哲学社会科学各个学科进步的内在动力和创造,实际上是一部规模恢弘的中国哲学社会科学学科发展史,必将为中国哲学社会科学的学科发展奠定良好基础,有力促进其繁荣与发展。

二

  在我国,学术史撰写具有悠久的历史传统和鲜明的特色。"学术"一词,先秦典籍已有(如《礼记》等),有时被简称为"学",如"世之显学,儒墨也"(《韩非子·显学》)、"论学取友"(《礼记·学记》)等。"学术"概念的内涵,历来学者们多有探讨。在中国学术史上,人们对"学术"的理解和界定是多元的,很难用一种固定的含义来把握,但是又具有相对稳定和明晰的意义。"学术"自然含有"学"与"术"两方面的内容,用今天话说既有理论意义,又有实践作用;"学"与"术"在中国传统学术观念中是不可分割的,所以被《庄子·天下》称作"道术"。梁启超、钱穆先生各自都撰有学术史著作,其"学术"比较接近班固《汉书·艺文志》的某些内容,相当于今天我们所说的"观念文化",涵盖哲学、经学、史学等的思想观点、理论体系和研究方法。梁启超曾在《学与术》一文中,根据体用原则对"学"与"术"的关系作了发挥,认为"学者术之体,术者学之用。二者如辅车相依而不可离。学而不足以应用于术者,无益之学也;术而不以科学上之真理为基础者,欺世误人之术也"(《饮冰室文集》之二十五下),就具有近现代学术的基本风貌和精神,体现了学术史的时代性。

  先秦时期的《庄子·天下》、《荀子·非十二子》(当然,也有学者根据《韩诗外传》所引,认为是《非十子》,如章学诚等)、《尸子·广泽》、《吕氏春秋·不二》、《韩非子·显学》等都是我国古代学术史的经典作品。

  《庄子》称"道未始有封"(《齐物论》)、"道术无乎不在"(《天下篇》)、"无所不在"(《知北游》),都在强调道具有普遍性和无限性,并且寓于万物中,不能瞬息离开万物。《天下篇》还简明扼要地勾勒了先秦学术史的演变脉络,即"神巫之学"、"史官之学"到"百家之学"的过程,"天下多得一察焉以自好"、"道术将为天下裂"正反映了春秋战国时期学术分化、发展与演进的史实,即由"官师合一之道"、"官守学业"到"私门著述"(章学诚《校雠通义·原道》)的变化历程。这些论述都具有深邃的学术视野,有助于后人研究先秦时期的学术史。

还有，《荀子·非十二子》集中论述了先秦它嚣魏牟、陈仲史鰌、墨翟宋钘、慎到田骈、惠施邓析、子思孟轲共十二子的学术内容与弊端，表彰仲尼子弓、舜禹之道，主张"上则法舜禹之制，下则法仲尼子弓之义，以务息十二子之说，如是则天下之害除，仁人之事毕，圣王之迹著矣"。《吕氏春秋·不二》指出"老聃贵柔，孔子贵仁，墨翟贵廉（疑应为'兼'），关尹贵清，子列子贵虚，陈骈贵齐，阳生贵己，孙膑贵势，王廖贵先，兒良贵后"的学术差异，希望能够从不同的学术见解中找出其相同点。《韩非子·显学》比较详细地描述了儒墨两派显学的发展状况，保留了"儒分为八，墨离为三"的儒墨学派演变的资料，为后人研究指出了方向。不过，韩非重点批评的是"愚诬之学"，认为"无参验而必之者，愚也；弗能必而据之者，诬也"，强调"参验"的重要性。

从先秦学术史资料中可以看出，"和"是有差别（矛盾）的统一性，而"同"则是无差别的统一性。孔子明确地指出，他自己主张"和"而反对"同"。在以孔子为代表的儒家思想的影响下，中国古代学术史要求从不同的学术思想派别中找到它们的统一性，这个目标促使中国古代学术思想既重视研究事物的相异面，又要找到它们之间的统一性，这是中国古代学术史能够持续发展的方法论和认识论的理论依据。

《史记·太史公自序》载司马谈《论六家要旨》，从《易大传》"天下一致而百虑，同归而殊途"开端，分述阴阳、儒、墨、名、法、道德六家学术要旨，认为它们都有共同的目标，只不过出发点不同，理论的深浅有别。在分类上，以各家各派的派别名称取代具体的代表人物，是学术史发展的必然趋势，评论褒贬有度，反映了当时学术发展的趋势。西汉末刘歆《七略》，也是重要的学术史作品，后被吸收进《汉书·艺文志》中。《汉书·艺文志》历来受到学者们的重视，曾被清代学者章学诚称为"学术之宗，明道之要"（《校雠通义·汉志六艺》）。《七略》、《汉书·艺文志》最重学术源流，对后世学术史影响很大。我国古代正史中的《艺文志》（或《经籍志》）、《儒林传》等包含了丰富的学术史内容，成为学术史研究的重要资料。

从宋代开始，出现了以学派为主的学术史典籍，如南宋朱熹《伊洛渊源录》（这是学案体学术史的开创之作），明代周汝登《圣学宗传》，明末清初孙奇逢《理学宗传》等，均具备以学派为主勾勒学术思想演变的雏形。《伊洛渊源录》收录周敦颐、二程、邵雍、张载及程门高足的传记与时人评价，贯穿着洛学学派的学术思想，邵、张仅被视为洛学的羽翼，这一点未必准确。《圣学宗传》欲会通儒释，后被黄宗羲等批评。《理学宗传》虽网罗学派较多，但以程朱、陆王为主贯穿学术史。可见在学术史上真正会通各个学派并不是一件轻而易举的工作。

清朝初年，黄宗羲《明儒学案》和黄宗羲、全祖望等《宋元学案》则是学案体学术史的集大成者。《明儒学案》是一部系统的成熟的学案体学术思想史著作，侧重分析各家学术观点，"为之分源别派，使其宗旨历然"（《明儒学案·序》），体例上以"有所授受者分为各案，其特起者，后之学者，不甚著者，总列诸儒之案"（《明儒学案·发凡》），按照人物学术思想异同划分学派归属，处理学案分合。《宋元学案》出于多人之手，经历曲折，但卷帙浩大，资料丰富，注重人物之间的师承关系，并将其作为认定学派的主要依据。这种注重学术宗旨、学派传承的研究方法，对清代江藩《国朝汉学师承记》、《国朝宋学渊源录》等都多有影响。

在我国近代，有些学者自己撰述学术史著作，其中有些成为传世之作，如梁启超《中国近三百年学术史》、《清代学术概论》，钱穆《中国近三百年学术史》等。他们所阐述的"学术"，包含对中国传统思想文化的理解，也包括关于现实政治思想的评价等，具有综合性的特色。20世纪末、21世纪初，我国学人力图恢复这个传统，在新的起点上进行关于中国学术史著作的撰述。

今天我们看到以"学术史"命名的著作已有若干种，有的偏重于中国文明起源的研究；有的着重典章制度源流演变的探讨；还有的侧重历史文献和出土文献的考察。这些毫无疑问都属于"学术"范畴，从不同的角度和学科去研究具体学科的演变，总结学术经验与教训，为学科学术的未来发展提供借鉴，无疑是一件有意义的事情。

三

我国历史上的学术史传统源远流长，它是中华文化的智慧结晶和文化宝藏。无论是序跋体、传记体、目录体、笔记体、学案体、章节体、学术编年体等，中国学术史的优秀传统大体上可以归纳为：

1. 重视文献资料考订，坚持"明道之要"的学术原则。学术史著作重视文献资料考订，将学术史建立在可靠的资料基础上，这是学术史研究的基础。前贤在梳理学术史时，除强调实事求是，斟酌取舍，重视无征不信外，还主张"学"与"术"的结合，既重视文献资料的整理爬梳，又重视文化意义与学术精神的彰显弘扬。这就是学术史著作有关于"明道之要"（《校雠通义·原道》、《校雠通义·补校汉艺文志》）的原因。《明儒学案》主张学术史研究要努力反映各种学术体现"道"的宏大与无所不包，"学术之不同，正以见道体之无尽"，并以大海与江河等关系为例："夫道犹海也，江、淮、河、汉以至泾、渭蹄涔，莫不昼夜曲折以趋之，其各自为水者，至于海而为一水矣"（《明儒学案·序》）。江淮河汉虽各有曲折，但都同归于海；学术虽有学派的不同，但都是道的体现。

2. 注重学术变迁的源流和发展脉络考察。"辨章学术，考竟源流"（《校雠通义·焦竑误校汉志》）一直是学术史的传统。如在《庄子·天下》、《荀子·非十二子》以及《史记》史传作品的影响下，探讨学术流变的传承变化，成为学术史的重要内容和特色，《七略》、《汉志》重学术源流后成为学术史著作的通例。

3. 重视对于学术史中不同学派特色的研究，揭示它们在中国学术史上的独特贡献。在对学派学术特色把握的基础上，重视研究不同学派间思想的差异与融合，则是学术繁荣和发展的生命。战国时期诸子百家之学的争辩交融，汉唐宋元时期儒、道、佛三教的发展与融合，明清时期中学与西学的会通，均深藏着相反而相成的学术精神。清初，黄宗羲、全祖望撰《宋元学案》，以理学家为主干，但并不排斥其他学派的学者，如永嘉学派的陈亮、叶适，王安石新学，苏氏蜀学，强调不同学派的交流影响，相反相成，正如黄宗羲主张的："有一偏之见，有相反之论，学者于其不同处，正宜着眼理会，所谓一本而万殊也。以水济水，岂是学问！"（《明儒学案·发凡》）

4. 继往开来，重视学术创新与进步。中国古代学术著作，在梳理学术流变的过程中，侧重学术的继往开来，袭故弥新，"以复古为解放"（《清代学术概论》）。不夺人之美，不隐人之善，否则，将被视为"大不德"（《清代学术概论》）。《四库全书总目》在一定程度上吸收了当时的研究成果，订正某些缺失，提要穷本溯源、辨别考证，展现了学术史的发展脉络和成果。正是这种订正增补，反复斟酌，使学术史长河滔滔不息，绵延两千多年而不绝，即使在民族遭遇重创的危机关头，中华文化中卓著的学术精神依然能够鼓励世人勇挑重担，成为民族发展的脊梁，正因为如此，学术兴替往往被视作民族精神生死存亡的大事。

5. 学术史带有明显的整体性、综合性、学术性，力求将学术思想、政治、经济、文化思想等熔于一炉，避免支离破碎。《庄子·天下》说："后世之学者，不幸不见天地之纯，古人之大体，道术将为天下裂。"《天下篇》的作者看到关于天地的整体学术被分裂为各个不同的部分，"譬如耳目鼻口，皆有所明，不能相通"，这很有见地。古代因为还没有现代意义的学科观念，传统的经史子集提供了更多融通交流的机会和可能，使传统的学术史研究能够注重整体性、综合性、学术性，并具有浓郁的民族文化的特色，又有很强的时代性。

四

中国古代学术史是我们宝贵的思想文化财富，在新时代如何吸收其优长，从更加开阔的学术视野出发，不仅看到思想史上学派间的差异，更加着力研究"差异"是如何转化为"融合"、"会通"的。如果我们能够在这方面进行细致的梳理研究，找出"融合"的关节点，以及"会通"与"创新"的关系，也许这是克服学术史研究中某些概念化、公式化的有效途径，使学术史研究更加具体、实在，逐步接近于学术史的原貌。

中国古代学术史重综合、完整与学术的特征在今天仍然具有时代意义。虽然现在的哲学社会科学主要是分门别类的研究，当然这是学科分化与发展的标志，但是由此而带来的学科分离与隔绝，则是学者们需要关注的问题。学科间的会通，是学科发展特别是交叉学科、跨学科、新兴学科产生和发展的关键。在西方，自文艺复兴以后，人文社会科学的发展，得益于经济学、社会学、地理学、人类学、心理学、人口学、语言学等学科的交流和相互借鉴，而且与自然科学的发展紧密相关，这个经验值得借鉴。

我国哲学社会科学的发展，需要学科间的交融（交叉融合），为此，可首先从不同学科的学术史研究着手，任何一门学科的学术史必然与其他学科有关，因此，对于学术史的研究，无疑为哲学社会科学各门学科之间的交叉与融合奠定了基础。可喜的是，当代中国学人已成功撰写了不少学术史著作，为我国哲学社会科学理论创新体系的建设提供研究成果。

"中国哲学社会科学学科发展报告"的出版，肯定会为我国哲学社会科学的繁荣和发展作出新的贡献。

2010 年 7 月 16 日

序　二

何为中国近代史？这一发问如果是在20年前，甚至在10年前，回答是不同的。有关中国近代史的起止时间，在相当长的时间内，人们的认识是不一致的。在绝大多数的研究机构、高校与教科书中，1919年被视为中国近代史的终点，那以后的历史被称为"中国现代史"。近代史研究所率先把1840—1949年间的历史作为自己的研究对象，打破了1919年的藩篱。如今，多数人都会同意，中国近代史是1840—1949年间的中国历史。近代史时限的变迁，在某种程度上反映了近代史研究的深入，反映了人们对"近代"认识的深化。

"当代中国近代史研究系列"是对中华人民共和国建国以来中国近代史研究之研究，它以对1840—1949年间的历史的研究为考察对象，而无论这段历史研究在当时是被称为"近代史研究"，还是"现代史研究"。

民国年间，对于中国近代史的研究已经起步，但近代史学科获得迅速发展并成为系统的科学的研究则是在中华人民共和国建国之后。在以往学人的认知中，研究距离太近的历史难称学问，因为这一研究既可能包含着执笔人难以摆脱的情感倾向，又受制于历史结果还没有充分显现的现实困境，其研究结果便难以避免不够客观和不够准确的风险。因此，过近的历史是不宜研究的。"厚今薄古"的倡导，改变了这一状况，近代史研究受到前所未有的重视，获得空前发展。应该说，近代史研究的发展不仅仅是一项人为的政策的推动，实际上是适应了一个变动的社会的需求。社会发展对重新解释新近的历史提出了要求，人们需要认识刚刚过去的历史，肯定未来的发展方向。简言之，社会需要造成了中国近代史研究的大踏步发展。

近代史研究的发展进程大致与共和国的发展同步：当社会发展呈现繁荣景象时，学术发展亦呈现勃勃生机；当社会发展遭遇曲折时，学术研究亦出现曲折。因此，新中国成立以来的近代史研究亦大致可以1978年为界，分为两个大的发展时期。倘若细分，这两个大的时期内又可分为几个各具特色的发展阶段。对此，本丛书并未强求统一，而由各卷根据各自的学科发展特点来做分期研究。

总体而言，在前一阶段，中国近代史学科完成奠基并获得蓬勃发展。中国近代史作为一门独立的学科得到确认，并日益发展为历史研究中的显学。研究者以马克思列宁主义为指导来观察近代中国的发展过程，建立起比较系统的马克思主义近代史学科体系，并对近代史上的若干重大问题展开了实证性研究，形成了近代史研究的初步繁荣景象。

任何学术都难以避免时代的影响。社会发展对于近代史研究的需求，形成了强大的学科发展推动力，其利弊兼而有之。一方面，它促进了近代史研究的空前发展，另一方面，它的工具性要求，又不可避免地对近代史研究造成了困扰，这种困扰在前17年中便已存在，而在"文化大革命"中达到极致，其弊端彻底显现。"影射史学"一度使近代史研究在很大程度上沦为路线斗争的阐释性工具，沦为空头政治的奴婢，失去了自己的独立性，失去了自己的科学性。

"文化大革命"结束后的拨乱反正，使中国社会进入到一个新时期，也使近代史研究进入到一个新时期。社会的开放、思想的解放，为学术发展创造了一个宽松的环境，新论新知不断涌现，近代史研究的各个领域都出现了大发展，这一发展不仅表现在人们以新的视角来看待历史进程，观念和结论不断更新，还大量表现在对历史细节的还原上，各类史实的更正俯拾皆是。可以说，你很难找到一个原封不动停滞不前的领域。若干史实的重现和基本观念的拨乱反正，大大推动了近代史学科的发展，使人们对于近代史的认识更加接近历史的真实。

近代史的研究领域也大为开阔，由比较偏重政治史的局面，发展成多领域百花盛开的局面，形成了门类齐全的完整的近代史研究体系。传统的政治史、外交史、军事史研究新作迭出；原先基础较薄弱的文化史、思想史、经济史、社会史、民族史、边疆史研究有了极大发展；以往几近空白的人口史、灾荒史、观念史等新的研究领域不断开拓。在传统学科经历着知识更新的同时，新学科的发展势头迅猛，近代史研究整体呈现出蓬勃发展的局面。

改革开放以来近代史研究的发展，不仅得益于人们的思想解放，也得益于对外学术交流的拓展。不同文化之间的交流与借鉴是社会发展的重要途径，也是文化发展的重要途径。社会的开放，打开了人们的眼界，使人们看到了一个真实的而不是书本中的世界，造就了健康的理性的平等的世界观。人们不再一概以戒惧之心看待海外学术，而是以开放的胸怀取其精华。频繁的国际学术交流，缩小了中国史学与世界史学之间的距离，促进了中国近代史研究的繁荣。正所谓："文明因交流而多彩，文明因互鉴而丰富，文明因包容而发展"，诚哉斯言！

我们看到，学术发展与社会发展之间的关系绝不是被动的单向影响，而是互有影响互为促进。一方面，社会发展不断向学术研究提出新的命题，无论人们赞成与否，社会热点与需求总是要反映到学术研究中来；另一方面，学术研究的成果又影响了社会的认识。即使是一些在某些方面领先或超越了社会认识的成果，起初或许不能为社会所理解所接受，但数年或若干年后，它们逐渐为社会接受，成为社会认识，推动了社会的发展。这样的例子在改革开放以来的近代史研究中并不少见。

常有人感叹，今日之研究再无往日之"大师"再现。也有人忧虑，史学的"碎片化"及"多元化"正侵蚀着学科的发展。我以为，尽管这些现象确实存在，应该引起我们足够的注意，但却不必过于忧虑。或许是学科分工的过于精细，今日已很少得见过去那种百科全书式的大师，然而，与往日相比，更多的更为精深的研究在今天并不少见。科学研究本身就是一个探索的过程，既会有谬误的存在，也会有"无意义的碎片"的存在。正是在不断的切磋与争论中，谬误得以纠正，碎片得以扬弃与整合，科学得以向前推进。以此而观，今天的近代史研究仍然行进在健康发展的道路上，仍处于繁荣与可持续发展期。

史学的繁荣，并不在于观念或结论的一统，而恰恰在于学术论争所呈现出来的科学精神和求实态度的倡行。关于这一点，有关革命史范式和现代化范式的论争颇具典型意义。尽管两种范式的论争并没有结束，也很难得出孰优孰劣的结论，但越来越多的人认为，历史是丰富多彩的，对于历史的观察也应该是多视角多方位的，不必以一个范式否定另一个范式，实际上也不可能以一个范式取代另一个范式，不同范式的相互补充与共存，则更能展现历史的多重面相。革命史范式与现代化范式的讨论，对近代史研究的推动作用是显而易见的，它开阔了人们的视野，丰富了近代史研究。

正如改革开放的成果不只是体现在物质生活的极大改善，更为长远的是体现在人的思想变革上一样，近代史研究的繁荣，不仅是体现在科研成果的数量丰富上，这是外在的、有形的，而更为长远的无形的变化是，人们摒弃了非此即彼的思维方式，以更为宽广的视野更为宽容的态度来从事研究，以平等的态度来进行学术对话。这一思想方式的变化，影响深远，是近代史研究得以持续发展的长久性的保证。

知识的发展总是在前人知识积累的基础上进行的，历史学便是一门立于巨人肩膀之上的学问。近代史研究也是如此，它是在不断的积累和更新中发展的，今天的成就是一代代学者努力的结果。为进一步推动近代史研究的深入发展，回顾建国以来近代史研究各分支学科的发展过程，把握学科的前沿动态，由此而明确今后的发展方向，是一项很有意义的基础性工作。2012年夏，在中国社会科学出版社赵剑英、郭沂纹等诸位先生的积极推动下，近代史研究所启动了"中国哲学社会科学学科发展报告·当代中国近代史研究系列"的撰写工作，于今已三年有余。

本丛书按专题分卷，分别为《当代中国近代史理论研究》《当代中国晚清政治史研究》《当代中国近代经济史研究》《当代中国近代思想史研究》《当代中国近代社会史研究》《当代中国近代文化史研究》《当代中国近代中外关系史研究》《当代中国民国政治史研究》《当代中国现代化史研究》《当代中国革命史研究》《当代中国台湾史研究》《当代中国抗日战争史研究》《当代中国近代史料学的轨迹和成果》《当代中国基督宗教史研究》《当代中国口述史研究》，另有《当代中国近代史研究》1卷，计16卷。

这些专题涵盖了近代史研究的主要领域，本所各研究室（编辑部）负责人及资深学者分别担纲相关各卷，全所同事广泛参与。杜继东及科研处的同事们承担了丛书的繁琐的组织工作，中国社会科学出版社的编辑人员承担了繁重的编校工作。在此，谨向为本丛书撰写和出版付出各种努力的同事们朋友们致以谢意。

三年时间，转瞬即逝，甚感仓促，丛书中各种疏漏定然难免，我们期待着学界同行的指正。因受本所学科构成所限，丛书16卷并不能覆盖近代史研究的所有重要领域。我们设想，待未来时机成熟时，我们将邀请所外学者来共同参与这一工作，以形成一个更为完整的中国近代史学科前沿报告系列。

王建朗

2015年11月19日

目　录

第一章　中国近代经济史研究的起步 ……………………………（1）
　第一节　萌芽 ………………………………………………………（1）
　第二节　经济史研究的重镇形成 …………………………………（7）
　第三节　经济史研究的百花齐放 …………………………………（13）

第二章　唯物史观与中国近代经济史研究 ……………………（24）
　第一节　资料整理与出版 …………………………………………（25）
　　一　计划及其执行 ………………………………………………（25）
　　二　经验与问题 …………………………………………………（32）
　第二节　关于基本理论的讨论 ……………………………………（34）
　　一　资本主义萌芽 ………………………………………………（35）
　　二　资本原始积累 ………………………………………………（47）
　　三　资本主义发展 ………………………………………………（51）
　第三节　侧重政治面向的研究 ……………………………………（61）
　　一　近代经济史分期讨论 ………………………………………（62）
　　二　中国资产阶级研究 …………………………………………（66）
　　三　帝国主义在华投资 …………………………………………（72）
　　四　政治事件的经济背景研究 …………………………………（83）
　　五　其他专业史研究 ……………………………………………（87）

第三章　改革开放后的近代经济史研究 ………………………（100）
　第一节　重要论著影响深远 ………………………………………（100）

第二节 史料整理成绩卓著 ……………………………… (113)
- 一 史料整理方式的丕变 ……………………………… (113)
- 二 各种史料的分类出版 ……………………………… (117)

第三节 学术活动蓬勃开展 ……………………………… (154)
- 一 各地经济史学会和中国经济史学会先后成立 …… (155)
- 二 《中国社会经济史研究》《中国经济史研究》先后创立 …… (157)
- 三 学术会议频繁召开 ……………………………… (159)

第四节 融入国际经济史学界 …………………………… (183)

第四章 旧问题的深化 …………………………………… (187)

第一节 中外经济关系 …………………………………… (187)
- 一 内部因素与外部因素 …………………………… (187)
- 二 中外投资 ………………………………………… (190)
- 三 对外贸易 ………………………………………… (193)
- 四 国际收支 ………………………………………… (194)
- 五 对中外经济关系定性的争论 …………………… (196)

第二节 传统经济与资本主义发展 ……………………… (198)
- 一 传统农业与资本主义 …………………………… (198)
- 二 手工业与资本主义 ……………………………… (201)
- 三 传统经济再评价 ………………………………… (206)

第三节 国内市场 ………………………………………… (210)
- 一 国内市场理论 …………………………………… (210)
- 二 国内贸易总值和市场规模 ……………………… (212)
- 三 市场层次与类型 ………………………………… (215)
- 四 农产品商品化 …………………………………… (218)
- 五 市场价格体系与经济增长 ……………………… (220)
- 六 社会总需求与城乡消费 ………………………… (222)

第四节 洋务企业 ………………………………………… (226)
- 一 对洋务企业的研究 ……………………………… (227)
- 二 对洋务企业人物的研究 ………………………… (228)
- 三 洋务企业的性质和作用 ………………………… (230)

第五节 资本主义发展的水平 …………………………… (233)

一　含义和指标 …………………………………………………… (234)
　　二　甲午战争前的资本主义发展水平 ………………………… (236)
　　三　第一次世界大战结束前后的资本主义发展水平 ………… (237)
　　四　抗战前资本主义发展水平 ………………………………… (238)
　　五　新中国成立前夕资本主义发展水平 ……………………… (242)
　第六节　资产阶级 ………………………………………………… (243)
　　一　资产阶级的产生 …………………………………………… (243)
　　二　资产阶级的结构 …………………………………………… (246)
　　三　买办 ………………………………………………………… (249)
　　四　是否存在官僚资本 ………………………………………… (251)
　　五　资产阶级的历史地位与作用 ……………………………… (252)

第五章　新领域的开拓 ……………………………………………… (255)
　第一节　中国近代经济史的"中心线索" ………………………… (255)
　　一　百年中国近代史是进步,还是沉沦 ……………………… (255)
　　二　中国近代经济史中心线索争论 …………………………… (258)
　　三　回顾与反思 ………………………………………………… (266)
　第二节　现代化研究 ……………………………………………… (267)
　　一　现代化的内涵 ……………………………………………… (267)
　　二　中国现代化的开端和发展阶段 …………………………… (271)
　　三　中国现代化的类型 ………………………………………… (275)
　　四　中国现代化的研究范式 …………………………………… (279)
　第三节　商会史 …………………………………………………… (282)
　　一　商会史研究的发轫期(1981—1985) …………………… (282)
　　二　商会史研究的繁荣期(1986—2000) …………………… (285)
　　三　商会史研究的新进展(2001年至今) …………………… (291)
　　四　总结与思考 ………………………………………………… (296)
　第四节　财政史 …………………………………………………… (298)
　　一　专门著作和资料整理 ……………………………………… (298)
　　二　近代财政史 ………………………………………………… (301)
　　三　近代外债史研究 …………………………………………… (311)
　　四　财政史研究的特点、理论和存在的问题 ………………… (315)

第五节　金融货币史 …………………………………………(318)
　　一　金融史料的整理 ………………………………………(318)
　　二　金融政策与金融制度 …………………………………(319)
　　三　货币的发行流通 ………………………………………(324)
　　四　金融机构 ………………………………………………(328)
　　五　金融市场 ………………………………………………(334)
　　六　小结 ……………………………………………………(337)

第六节　部门经济史的拓展 ……………………………………(338)
　　一　农业史研究 ……………………………………………(338)
　　二　手工业史研究 …………………………………………(341)
　　三　工业史研究 ……………………………………………(346)
　　四　商业史研究 ……………………………………………(350)
　　五　交通史研究 ……………………………………………(355)
　　六　小结 ……………………………………………………(359)

第七节　经济法规和政策 ………………………………………(359)
　　一　晚清时期 ………………………………………………(359)
　　二　北洋政府时期 …………………………………………(362)
　　三　南京国民政府时期 ……………………………………(364)
　　四　小结与展望 ……………………………………………(368)

第六章　学派与理论的多元化 ……………………………………(370)
第一节　三大学派的形成和发展 ………………………………(370)
　　一　历史学派 ………………………………………………(370)
　　二　社会学派 ………………………………………………(373)
　　三　经济学派 ………………………………………………(374)

第二节　理论和方法的多元化 …………………………………(378)
　　一　新制度经济学 …………………………………………(378)
　　二　比较经济史学 …………………………………………(386)
　　三　区域经济史理论 ………………………………………(391)
　　四　历史经济地理学 ………………………………………(403)
　　五　计量经济史学 …………………………………………(410)

第七章　未来发展趋势 ································· (425)
　第一节　GDP 研究 ··································· (425)
　　一　GDP 的定义 ··································· (427)
　　二　GDP 的研究方法 ······························· (428)
　　三　GDP 的估算值 ································· (431)
　第二节　全球史研究 ································· (434)
　　一　全球史观的概念 ································ (434)
　　二　全球史观的实践 ································ (436)
　　三　对全球史观的展望 ······························ (437)
　第三节　社会经济史与生态环境史的结合 ················ (438)

主要参考书目 ··· (444)

后记 ··· (458)

第 一 章

中国近代经济史研究的起步

1904年,梁启超出版《中国国债史》一书,被学界公认为中国近代经济史研究的发轫之作。① 此后直至1949年近半个世纪里,中国近代经济史研究日渐成长,共出版著作约524种。② 中国近代经济史中"近代"的时限,在此遵从学术界的一般界定,特指从1840年鸦片战争爆发至1949年中华人民共和国成立。可见,20世纪前半期,本身就包含在中国近代经济史的研究时限中。因此,探讨1949年前中国近代经济史研究的概貌,可以从历史"在场者"的角度更好地理解近代中国社会、经济与学术思想变迁的历史轨迹,亦可为1949年以来半个多世纪的近代经济史研究寻根问源。

第一节 萌芽

中国经济史有其源远流长的学术传统,即"食货之学"。"食"与"货"大致对应的是农业与工商业,包括社会生产和流通。所谓的"食货学",体现在正史《食货志》和《十通》"食货典""食货考""食货门"等文献中。这些史籍的内容,涉及历朝历代经济方面的典章制度、政策主

---

① 参见赵德馨《发扬面向现实、反思历史的优良传统》,《赵德馨经济史学论文选》,中国财政经济出版社2002年版,第784页;虞和平《经济史》,载曾业英主编《五十年来的中国近代史研究》,上海书店出版社2000年版,第82页;李伯重《回顾与展望:中国社会经济史百年沧桑》,《文史哲》2008年第1期,第8页。

② 参见虞和平《经济史》,载曾业英主编《五十年来的中国近代史研究》,上海书店出版社2000年版,第82页。

张与重大事件，留给后人大量的经济史原始资料。当然，以现代学术发展的眼光视之，中国古代"食货学"也存在一定的缺陷，如以经济现象的描述为主，缺少系统研究，也较少涉及社会普通民众的经济活动。清末民初，西方现代社会科学，如经济学、社会学的传入，进化史观的流行，为包括经济史研究在内的中国现代学术转型提供了契机，也为"食货学"逐渐发展演变为现代学术意义上的中国经济史学科提供了可能性。

一代学术、舆论骄子梁启超，对中国近代经济史研究具有开拓之功。1902年，流亡日本的梁启超发表长文《新史学》，发起"史界革命"，号召创立新史学。[①] 新史学之新，在于改变中国以往为帝王将相立家谱的传统，历史研究的对象从君史转向国史与民史；新史学之新，还在于用进化论的观点，代替传统史学体现的王朝循环观念。当人们用进化史观认识人类历史发展进程时，必然会探索和寻找决定历史发展进程的各种重要因素。经济因素，无疑在人类历史进程中发挥了决定性的作用，而在过去的学术研究中未曾予以足够重视，这在一定程度上催生了中国经济史学科。从君史转向国史与民史，也为研究国家、社会经济变迁史和人民经济生活史提供了条件。

不过，经济史学科的萌生，更与当时的社会政治和经济状况密切相关。19、20世纪之交，中国在列强的侵逼下，正经历着政治、经济上的剧烈变革。从1898年的戊戌维新运动到清末新政，一系列经济改革措施被颁布并逐步实行。发展工商业，走上富强之路，成为举国上下的强烈呼求。政府成立农工商部，筹设中央银行、发行纸币，民营企业日渐活跃。在经济转型的现实需要下，一些新鲜的经济事物出现，与经济发展相关的学术研究，如中国经济学、经济史研究应运而生。众所周知，西方古典经济学代表作亚当·斯密的《国富论》，正是在这一时期由严复译介到中国的。

1904年，梁启超的《中国国债史》由广智书局出版，是为中国近代经济史研究领域的开山之作。时在日本的梁启超，接触到西方经济学、财政学等知识，学术取向明显受到日本学界的影响。尤其是日本学人在甲午战后深入研究中国社会经济状况，出版了《中国工艺商业考》《中国商务志》等书籍，给包括梁启超在内的中国学人以深深的刺激。梁启超写作

---

① 参见中国之新民（梁启超笔名）《新史学》，《联勤学术研究季刊》1902年第12期。

《中国国债史》的主要目的，是通过概述中国清末以来20多年向外借债的历史，告诉睡梦中的国人面临着何其深重的外债负担，正所谓"门前债主雁行立，屋里醉人鱼贯眠"。① 在此书中，梁启超制作了1878年至1902年政府所借11笔外债的明细表、戊戌维新之前所借外债在1899年至1943年逐年摊还的本息表、庚子赔款后新旧债分年偿还表等表格，详细解释了清政府如何向各省摊派外债、各省如何应对、国民应如何监督外债运用等。梁启超研究外债史，显然怀有强烈的现实关怀，一方面要展现清廷财政的困窘状况和中国的弱国地位，另一方面希望借鉴日本和欧美的内外债政策，化解中国的财政困局。这是梁著最大的价值和意义所在。当然，梁启超并非财经专家，该书篇幅仅有几十页，局限性在所难免。如在1878—1902年外债统计的完整性与精确性方面，有较大的提升空间，对各国外债所用的币值单位也需统一计算，他提出的借内债以偿外债的建议也有可议之处。但无论如何，梁启超尝试用西方财政学知识，研究中国面临的严重"外债"问题，都具有开创意义。

从《中国国债史》出版到清朝落幕的7年时间里，近代经济史研究领域有少量著作面世。

1906年，供职于上海江浙渔业公司的沈同芳，出版《中国渔业历史》（上海江浙渔业公司铅印版）。沈同芳重点描述了清末渔业概貌，提倡发展新式渔业。例如主张广泛设立渔业公司，界定黄海、东海、南海等海域的渔业权界，以国家为后盾发展远洋渔业等。可以说，这是一部顺应时代潮流的趋新之作，与当时的有识之士张謇呼吁的成立新式渔业人才培训机构等主张相吻合，反映了渔业在新时期面临的中国国家主权的保障及产业现代化的要求。

1906年，魏声和出版《中国实业界进化史》。1908年和1909年，陈家锟先后出版《中国商业史》和《中国工业史》，涉及大量近代史内容。这些著作篇幅较短、叙述简略。《中国商业史》的扉页上写着"中等教科用"，即是用于教学的一般性部门经济史概述，而非专门研究性质，自然缺少深入分析和精辟论点。

清末状元张謇在南通兴办实业的业绩，载入史册。1910年，通州翰墨林编译印书局编写了《通州兴办实业之历史》。1911年，通海垦牧公司

---

① 梁启超：《中国国债史·自叙》，广智书局1904年版。

编写的《通海垦牧公司开办十年之历史》,也由翰墨林编译印书局出版。这些论著对地方经济史与厂史写作具有开创意义。

晚清时期政治与经济上的剧烈变动,促使人们关注外债、工业等新问题与新领域。由于作者多是对经济变化感兴趣的非专业学者,所以这些论著基本停留于对经济现象的一般性描述,还谈不上研究的规范与方法。不过尽管如此,他们还是为后人提供了对当时经济现象和事件的描述,成为我们今天研究近代经济史的宝贵素材。

1912年中华民国成立后,出现了振兴实业、发展经济的热潮,一系列经济法规、则例出台。1912年至1926年,资本主义经济有了较大发展,以新式银行为代表的民族金融业逐渐兴起。同时,由于政局不安、军阀混战,国家财政一直陷于入不敷出的泥潭中。相应地,近代财政金融领域的研究,成为这一时期近代经济史研究的重点。

1915年,《大清银行始末记》出版。大清银行原名户部银行,成立于1905年,是中国第一家国家银行。1911年辛亥革命爆发后,业务趋于停顿。民国政府在大清银行的基础上改组成立中国银行,同时对大清银行进行整顿清理,形成了这册《大清银行始末记》。全书286页,对大清银行的成立和经营情况进行了详细说明,对研究中国银行史、金融史有重要的意义。1919年,留学日本的周葆銮出版《中华银行史》,这是中国第一本正式的银行史著作。将当时的银行分为中央银行、特种银行、实业银行、地方银行、储蓄银行、一般商业银行、外国银行,分别加以叙述。① 这本书的特点正如作者自己所说:"只记事实,不加论断。"这也是《大清银行始末记》的特点。当时的银行史著作,尚处于描述银行一般状况的草创阶段,缺乏对银行与其他相关部门、事物的探索,也未对整个银行业做总结性的分析与研究。

上海是近代中国的金融重心。1926年,上海著名银行家徐寄庼推出《最近上海金融史》。这是一部长达1000多页50万字的巨著,分为上、下两册。② 上册内容涉及中国银行、交通银行、一般商业银行、外籍银行的发展史略,包括创设年月、资本额、组织条例、营业报告等。下册论及金融辅助机关的基本情形、货币改良和公债发行状况等。由于徐寄庼在上

---

① 参见周葆銮《中华银行史》,载沈云龙主编《中国近代史料丛刊》,正编第875号。
② 上海商务印书馆1926年版,收入《民国丛书》第4编第33册。

海金融界摸爬滚打多年,对银行人员更替、金融事件的发生与处置等了如指掌,他的"内部视角"留下了大量一手资料。不过,这本书与其说是一部论著,毋宁说是一部资料集。各银行的组织条例、营业报告占去大半篇幅,对这些条例和报告的分析与阐释却极为稀少。读者很难通过这本书了解上海金融的整个发展历程和变化趋势,更遑论厘清上海金融业与工商业、国家财政的关系了。

在财政方面,有多部著作出版。其中较出色的著作是贾士毅 1917 年推出的《民国财政史》。[1] 贾士毅 1911 年毕业于日本明治大学法政科,回国后在北洋政府财政部库藏司、会计司任职,掌握了丰富的官方资料。这本书长达 1800 多页,分为上、下两册,论述了从民国成立至 1916 年的国家财政状况,包括总论、岁入、岁出、公债、会计、泉币六部分。1932 年他又推出《民国续财政史》[2],这是一部 3100 多页的巨著,时间跨度为 1917 年至 1931 年。两部书资料翔实,条理清晰。作者利用现代财政、会计学理,对国家基本财政状况,财政与政治、经济的关系,财政制度的利弊等,进行了深入的探讨。这两本书问世后,产生了较大的社会影响,是研究民国财政史不可不读的著作。贾士毅不仅拥有丰富的财政经验,而且勤于研究,除了这两部著作外,他还发表了大量论文和《关税与国权》《国债与金融》等著作,是民国时期著名的财政专家。

北洋政府财政困窘,除举借外债外,更多地依靠内债。1923 年,商务印书馆出版徐沧水的《内国公债史》。在序言中,徐沧水指出国内公债面临的危机:"吾国财政,紊乱无序,连年国家岁入不足,均赖募集公债。公债之本息既累年递增,而还本付息之财源,并无确实之抵款。"[3] 即政府滥发公债,因偿债基金不敷,导致政府债信丧失。这本书叙述了公债的会计,公债的债票与票息,公债的利息,公债管理机关与内国公债局的设立,历年各项公债发行情况,等等,为后人研究这一时期的公债留下了珍贵史料。不过,本书以材料的罗列为主,极少分析和判断,甚至缺少相应的结论。

近代中国关税主权的丧失,一直是国人的心头之痛。1926 年,陈向

---

[1] 商务印书馆 1917 年版,收入《民国丛书》第 2 编第 38、39 册。
[2] 商务印书馆 1933 年版。
[3] 徐沧水:《内国公债史·序言》,商务印书馆 1923 年版。

元推出《中国关税史》。这本书又名《中国关税痛史》，饱含民族压迫感与危机感。本书各章内容为：武力压迫下之海关新制度，列国侵略锐进与海关变迁，民国肇立与参战前后之关税，关税特别会议与列国态度，强调列强与中国海关、关税征收的特别关系。① 该书实际讲述的是中国争取关税自主权的历史，体现了20世纪20年代中期普遍高涨的爱国热情。

在财政金融领域研究之外，1924年，曾鲲化所著《中国铁路史》是较具水准的作品。② 这部著作分成3册，共约50万字。曾鲲化年轻时怀抱"铁路兴国"的信念，1903年进入日本著名的私立岩仓铁道学院，学习铁路管理专业。1906年毕业回国后任职于邮传部，他历时10个月、行程900多公里，考察了当时中国几乎所有的铁路。《中国铁路史》的资料多来自晚清和北洋政府交通部的资料，内容十分翔实，颇具参考价值。

五四运动后，马克思主义唯物史观逐渐传入中国。1925年，漆树芬出版《经济侵略下之中国》（又名《帝国主义铁蹄下的中国》），在青年中产生广泛影响。漆树芬曾在日本京都帝国大学留学，师从著名的马克思主义学者河上肇教授攻读经济学。这是国内最早用马克思主义理论详细分析帝国主义经济侵略中国的专著，出版时正逢五卅运动发生，影响了一大批青年学子。漆树芬对帝国主义的阐述与批判，与国民革命中反帝口号的流行、民族主义情绪的高涨因应。他在"读者注意"中指出："在我国经济政治界，侵略我最厉害的就是一资本帝国主义，而从来的经济学者，只有对之讴歌的、赞美的。如我们要与此种制度取敌抗态度，他们的学说，当然为我们不采的。应为我们采用的，就是一马克思派。"③ 所谓"从来的经济学者，只有对之讴歌的、赞美的"，恐怕并不确实。不过漆树芬所批评的这些经济学者，是信仰西方自由主义经济学说的学者，当是明确的。由此约略可见，民国时期西方古典经济学与马克思主义经济学先后东渐中国后的对垒之势。而马克思主义经济学者研究与批判列强对中国的经济侵略，成为后来将近代中国定性为半殖民地半封建社会的重要学理基

---

① 参见陈向元《中国关税史》，北京世界书局1926年版。
② 《中国近代史料丛刊》，正编第973号。
③ 漆树芬：《经济侵略下之中国》，光华书局1931年版，第15—16页，收入《民国丛书》第1编第34册。

础，影响到 1949 年后对中国近代史主线的认识。

纵观 1912—1926 年的中国近代经济史研究，可以发现以下几个特点：一是较之清末的著作，篇幅大大增加。多部经济史论著被收入后来大陆出版的《民国丛书》和台湾出版的《中国近代史料丛刊》，显示其已达到了一定的学术水准。二是研究者的专业学术背景有了较大提升。贾士毅、曾鲲化等人曾留学日本，受到良好的专业教育，回国后任职于相应的政府部门，学以致用，并具有接触官方一手资料的便利条件。他们在积累丰富实践经验的同时能潜心研究，其著作不仅收集了经济史研究的宝贵材料，而且具有较高的专业水平。三是这一时期人们研究中国近代经济史的现实目标更加明确，即在认识与抵制西方列强经济侵略的同时，寻求民族经济发展之路。

不过，这一时期的近代经济史研究仍存在较大缺憾：从研究内容上看，以部门史、行业史为主，往往揭示较为单一的经济现象，对中国近代经济史缺少综合考察，更未将经济史的变迁放在整个社会的发展脉络中研究。从撰述风格看，这一时期的著述普遍以事实的铺陈为主，缺少对材料与经济事件的深入分析和解读，对经济史研究方法和理论的探讨更是少见。虽然梁启超在世纪初就提倡新史学，西方现代社会科学如经济学、社会学的方法也有所引介，但新方法和新理论尚未在经济史学界广泛运用。由此可见，学术成长需要经历一定的过程，不以人的主观意志为转移。纵有先进者竭力提倡在先，影从云集者并不一定能随之而来。

第二节 经济史研究的重镇形成

1927 年南京国民政府成立后，政治趋于稳定，经济有所发展，学术研究也有了较大进展。这一时期出版业的繁荣和期刊的蓬勃发展，为学术成果的发表和传播提供了载体。中国近代经济史研究亦获得较快发展，研究成果的数量和质量有了明显的提升。至 20 世纪 30 年代前半期，近代经济史领域专业研究队伍的形成、专业期刊的创办、一批高质量专业著作的出版，以及近代经济史研究方法、理论的规范等，标志着中国近代经济史学科的正式诞生。

当时，中国近代经济史研究的重镇是陶孟和主持的北平社会调查所（1935年并入中央研究院社会科学研究所），这一小节将专门予以探讨。

1932年，北平社会调查所正式成立中国近代经济史研究组，汤象龙担任组长，组员有罗玉东、刘隽、梁方仲等人。这是中国第一个从事近代经济史研究的专业研究机构。当然，当时的近代经济史研究，对所谓的"近代"界定较为模糊，研究时段并不严格限于1840年鸦片战争爆发之后。研究组的重要成员梁方仲，研究的即为明代财政史。汤象龙、罗玉东和刘隽等人主要研究晚清至民国经济史，这在一定程度上与当时研究组成员正在集中整理清宫档资料有关。

这一年，在陶孟和的支持下，中国第一份以经济史命名的学术刊物——《中国近代经济史研究集刊》（1937年改名为《中国社会经济史研究集刊》）创刊。这是一份半年刊，自1932年至1937年抗战爆发按时出版5卷共10期，此后因战乱陆续出版3卷共6期，至1949年总计出版8卷共16期。近代经济史组成员的重要研究成果即发表在这份刊物上。

《中国近代经济史研究集刊》是一份学术水平很高的杂志，论文篇幅较长，以扎实的材料和严谨的学术规范著称。它对自己的定位是："本刊以讨论中国近代各种经济问题及现象，并介绍各种重要经济史料书籍为宗旨；而以根据充分的正确事实，原始资料兼用严格的方法为讨论的基础。此种刊物的发行为中国学术界研究近代经济史的创举。"[①] 寥寥数语，指出了这份刊物的研究对象、研究方法和在学术史上的地位。发刊词强调了研究经济史的重要性："在我们认识经济在人类生活上的支配力，并且现代经济生活占据个人、民族、国际的重要地位的时候，我们便不得不说历史的大部分应为经济史的领域。"[②] "历史的大部分应为经济史的领域"，这是何等的胸襟与气魄！这句话道出了经济史在人类历史发展中的地位，同时也意味着经济史研究的任重而道远。"我们认为整理经济史最应注意的事有两点：一是方法，二是资料。关于前者，我们以为一切经济史的叙述必须根据事实，不可凭空臆度，所采用的方法应与研究其他的严格的科学无异。关于后者，我们认为最可宝贵的要为原始的资料，尤其是量的资

---

① 《中国近代经济史研究集刊》第2卷第1期，1933年11月，刊后所附广告。
② 《发刊词》，《中国近代经济史研究集刊》第1卷第1期，1932年11月，第2页。

料，有了这种资料才可以将经济的真实意义表达出来。"① 可见，《集刊》推崇的研究方法，最主要的是实证研究法，强调原始资料的挖掘和利用，一份材料说一分话。根据经济史的特点，特别注重原始材料中数据部分的计量运用。

在陶孟和的大力支持下，经济史组同人当时所做的一项重要工作，是对清宫档历时7年的大规模整理，这也是他们重视资料收集的切实践行。1930年至1937年，共抄录清宫档中的财政经济史料12万件，其中一半以上形成了可以直接利用的表格，同时收集专业书籍1000多种，形成了研究中国近代财政经济史的宝贵资料库。② 这批资料至今仍是中国社会科学院经济所的镇所之宝。在抄录整理资料的同时，经济史组成员的实证研究逐步开展，高质量的学术成果源源不断地产生。

汤象龙的重要论文，有《道光时期的银贵问题》《咸丰朝的货币》《民国以前的赔款是如何偿付的》③ 等。其中，《道光时期的银贵问题》是汤象龙发表的学术处女作。他认为外国鸦片输入中国后导致中国白银流出，是清政府禁止鸦片的根本原因。这是我国第一篇从经济角度研究鸦片战争发生背景的专题论文。当时，汤象龙选定"中国近代海关税收"作为长期研究课题。他收集军机处档案各海关监督报销册共6000件，大胆采用统计方法，将其中一些定期的、系统的、计量的政府报告和报销册进行摘录，制作表格。这些工作先后花费四年时间，四位经过一定训练的人员摘录和校对史料，两位统计员帮助制作表格，可见其繁难之程度。恰在表格制作完成之时，抗战爆发，进一步的分析撰述工作无法进行。1942年，汤象龙离开研究所。世事变迁，直至1978年，他才重新着手这一研究课题，以年老病弱之躯、惊人的毅力，于1992年84岁高龄时出版《中国近代海关税收和分配统计（1861—1910）》。

经济史组的另一名成员罗玉东，当时主攻厘金史研究。厘金制度，是我国近代财政史上一项特殊而重要的制度，1853年创立，1930年废止。厘金虽然对国家财政多所补益，但阻碍了工商业的发展。罗玉东花费三年

---

① 《史料参考》，《中国近代经济史研究集刊》第1卷第1期，1932年11月，第95页。

② 参见汤象龙《自序》，《中国近代海关税收和分配统计（1861—1910）》，中华书局1992年版，第6页。

③ 分别发表于《社会科学杂志》1930年第1卷第3期，《中国近代经济史研究集刊》1933年第2卷第1期、1935年第3卷第2期。

时间，遍阅清宫档军机处所藏各省厘金报告 3000 余件，并参阅各种史籍，写成《中国厘金史》。① 在书中，罗玉东对厘金制度的起源和推行经过、政府相关管理政策、厘金收入和支出状况，以及各省厘金的具体状况等，开展了系统的研究。这部书充分利用统计学方法，正文各种类型的表格达 138 个，是研究中国厘金史的优秀著作。

刘隽当时进行的是中国近代盐政史研究，论文有《道光朝两淮废引改票始末》《清代云南的盐务》《咸丰以后两淮之票法》等。② 他是 1934 年全国盐政研究会论文比赛一等奖获得者。罗玉东和刘隽都为近代经济史研究做出了重要贡献，可惜均在抗战时期英年早逝，后辈学者已很少记得他们。梁方仲于 1933 年冬进入经济史组，从事明代田赋史研究。他关于一条鞭法的研究享誉海内外。因本研究主要涉及近代经济史，故对梁方仲的研究不予详细评介。

1934 年 5 月，汤象龙、吴晗发起成立"史学研究会"，参加者还有罗尔纲、梁方仲、谷霁光、夏鼐、罗玉东等近十位年轻人。这个研究会办了两个史学副刊，一个在天津《益世报》，一个在南京《中央日报》，一直坚持到抗战爆发，造成了很大影响。史学研究会的成员后来几乎都成为经济史领域和历史领域的著名学者。

汤象龙领衔的近代经济史组的学术活动和研究，具有以下几个意义：第一，组织收集、整理清宫档，为近代经济史学的发展提供了重要契机和资料基础。第二，创刊《中国近代经济史研究集刊》，发表近代经济史研究的重要成果。这些成果重视原始资料，倡导科学方法，树立了近代经济史学科的研究规范。汤象龙本科阶段在清华国学院学习，研究生时主攻经济史；梁方仲本科就读于清华经济系，研究生在经济学部，两人均具有较强的文史功底和西方社会科学基础。他们在实践中建立起一定的研究程序和学术规范：选定课题后，熟悉前人研究成果、掌握大量一手史料，然后细心整理，用统计学、经济学的方法排比与分析史料，从历史现象中得出结论。这样，经济史研究不再止步于现象描述，而成长为西方经济学、统计学等社会科学影响下的新式学科。他们主导的史学研究会，在天津

---

① 商务印书馆 1936 年版。
② 第一篇发表于《中国近代经济史研究集刊》1933 年第 1 卷第 2 期，后两文发表于 1933 年第 2 卷第 1 期。

《益世报·史学副刊》的"发刊词"中说:"中国史上的问题太多了,我们愿意从大处着眼、小处下手,就个人的兴趣和所学,就每一个问题做广博深湛的探究。"① 大处着眼、小处下手,做广博深湛的研究,若细细品味,这句话蕴含无限,不仅概括了近代经济史学的研究特色,也是其他学科的治学门径。将近80年过去,在宏观视野与微观研究之间游刃有余——我们今天的研究何尝不是在追寻这样的境界!第三,践行了梁启超提倡的新史学从君史转向国史、民史的目标。1935年,汤象龙在为罗尔纲《太平天国史纲》所作的序言中写道:"现在我们要叙述文化的进步、经济的变动、社会的变迁等等","以往的历史是以帝王朝代为联系,目的只在记载与帝王有关的言行,此后的历史应以整个民族或各民族的发展为主体,记载他们多方面的活动"。② 也就是说,帝王英雄的传记时代已经过去了,理想中的新史学是属于社会的、民众的。这本身与现实历史发展中清王朝的陨落、民国的开创有关,也与经济史研究内容和关怀的变化有关。

　　陶孟和领导的研究所的风格,与蔡元培兼容并包的精神一致。社会所是一个自由研究学术、探求真理的乐园。所内当时主要流行的是西方资本主义经济学说,但也允许马克思主义政治经济学的研究和讨论。③ 严中平的《中国棉业之发展(1289—1937)》④,即受到马克思主义学说的影响,也是抗战时期近代经济史领域的重要著作,获得1942年第一届"杨铨纪念奖金"。严中平1936年毕业于清华大学经济系,随即进入中央研究院社会科学研究所工作。《中国棉业之发展(1289—1937)》的内容,涉及鸦片战争前中国棉业的生产组织形式和特点、洋货入侵后机器棉纺织工业的建立、国内机器棉纺织先驱者的创业经验、民族棉纺织业畸形繁荣和萧条的原因与过程、英日等国瓜分中国棉货市场和确立对华投资霸权的过程。这本书的副标题为"中国资本主义发生过程之个案分析",作者是要以棉业为样本,指出鸦片战争前中国是一个自给自足的小农经济体,近百年经济上的根本变迁是资本主义的发生。当然,这种资本主义生产方式的发

---

① 《发刊词》,天津《益世报》,《史学》第1期,1935年4月30日,第3张第11版。
② 罗尔纲:《太平天国史纲》,"汤象龙序",商务印书馆1936年版。
③ 参见巫宝三《纪念我国著名社会学家和社会经济研究事业的开拓者陶孟和先生》,《近代中国》1995年6月,第382页。
④ 商务印书馆1943年版。

生，是外力造成的结果。中国民族工业，包括棉业的发展，处在外国商品的倾销和外国资本的压迫下，所以必然不能顺利前行。

严中平的著作出版后，陈振汉在《图书评论》上发表书评①，后来又转载在《中国社会经济史集刊》上。陈振汉于1939年在哈佛大学完成博士论文《美国棉纺织工业的区位：1880—1910》后，1940年回到国内，在何廉、方显廷领导的南开大学经济研究所工作。这篇书评以及严中平后来的回应文章，可以视为棉纺织史研究领域的强强对话，极具探讨意义。

陈振汉在书评中，肯定了严著的两个优点：一是取材丰富，论断精当。原始资料旁征博引，发现了很多新史实。二是过去的棉业著作，只以罗列材料、铺陈事实为能事。严著从个别史实的始末中，发现一般性，或者说发现较之棉业的兴衰过程本身更广泛的意义、更重大的价值，实现了棉纺织研究史上的重要突破。他还指出，全书能围绕一个中心问题展开，以这个问题为线索收集和排比材料，自成体系。事实上，这一评价与汤象龙等倡导的"大处着眼、小处入手"是一致的。也可理解为，当时研究经济史的优秀学者，已经注意到宏观研究与微观研究的有机结合。当然，陈振汉也提出了一个重要的商榷意见：在清季国内资金山穷水尽的情况下，直接借用外资或是外人来华设厂，可以促进国内经济发展、增加国民收入，是值得欢迎和鼓励的。严中平对外人来华设厂或外资竞争的恐惧与危疑态度，令人不解。陈振汉认为，内资与外资之间是相辅而不相悖的，因为外资的利用增强了本国人民的生产能力，增加本国人民之所得，也就增加了内资积聚的机会。外人来华设厂，增加的所得自然有一部分归诸他们享受，然而大部分是在中国雇用或购买各项生产元素或劳务，作为税捐纳给中国政府，变成中国人民与政府的所得。另外，外资工厂的技术示范效应、先进管理经验和对国内商民的刺激作用，也颇为有益。陈振汉进而提出："民族资本"的概念，除了可以激励民族感情外，并不值得重视。

严中平很快发表《论外资外厂问题并答陈振汉先生》，予以回应。②他根据棉纺织工业的发展史实，指出华籍纱厂的发展异常困难，而外籍纱厂却很顺利。其中的原因，即为不平等条约的束缚和外资企业在经济上、技术上的优势。所以他坚持认为内资与外资是冲突的，外资侵入与发展的

---

① 《图书评论》1944年第5卷第2、3期。
② 《图书评论》1945年第6卷第1—2期。

结果，内资便绝无蓄积的机会。不过，针对抗战胜利后中国需要借助大量外资发展经济的迫切要求，严中平也予以肯定。不过他主张的是间接投资，而不是外国人的直接投资——在华设厂。

　　此处之所以较为细致地展示严中平与陈振汉之间的交锋，是想揭示当时近代经济史研究中的几个关键点。严中平与陈振汉都是训练有素的棉纺织史专家，都明了需要突破传统的孤立地描述历史现象的研究方式，引入一定的方法、理论来指导经济史研究，以小见大，提高研究水准。但两人在学术背景上存在很大差异，严中平在中学和大学阶段接受了马克思主义学说，陈振汉则是在西方经济学熏陶下成长的。他们对外资外厂性质、民族资本概念、华资企业与外资企业的关系、中国近代资本主义发展的命运等问题，存在根本分歧。他们之间的争论，反映了西方自由主义经济学说与马克思主义学说在民国时期的对立；相对和缓的交锋方式，则显示了当时社会有着求同存异的宽松的学术氛围。两人在新中国的际遇，则反映出1949年后学术态势与格局的彻底改变。严中平是1949年后中国近代经济史学界的领军人物。1955年，严著改名为《中国棉纺织史稿》，修订后再版发行。1961年，高教部把这本书列为高等院校政治经济学专业的指定参考书。而陈振汉在1957年因与其他五位教授一起发表《我们对于当前经济科学工作的一些意见》，而被划为极右分子，剥夺了从事学术研究的权利。

　　总体而言，1927—1937年是社会所近代经济史研究的黄金时期。1937年至1949年的抗战与内战，对社会所的经济史研究是一个巨大的打击。除了严中平的棉纺织史研究外，所内同人巫宝三从事处于世界学术前沿的国民收入研究，1947年出版《中国国民所得（1933）》一书，将该所研究经济史的学术路向予以延续、升华。更为重要的是，新中国成立后，社会所改组为中国科学院经济研究所，正是因为承继了如此深厚的学术资源与优秀的学术传统，它继续保持国内近代经济史研究的重镇地位。

第三节　经济史研究的百花齐放

　　20世纪30年代，中国经济史学界有两份知名刊物，一是上文提到的《中国近代经济史研究集刊》，二是《食货》。1934年12月，陶希圣不满社会史论战中史论式的空疏倾向，创办《食货》半月刊，希望从研究中国社会经济史入手，解答社会史论战涉及的社会形态、社会性质等一系列问题。发表在《食货》上的文章，在各个时代的研究中，以秦、汉、魏、晋、南北朝最多，涉及近代的最少。除了《国富论》的译介和全汉升对清末西医传入的介绍外，似乎只有王毓铨的《清末田赋与农民》①，属于近代经济史范畴。《食货》虽然较少发表近代社会经济史领域的文章，不过它对历史上经济因素的强调、重视史料的研究风气，以及对经济学理论的传播，有益于近代经济史研究的展开。

陶希圣回应王瑛在《食货》上发表的《研究中国经济史之方法的商榷》一文时谈道："《食货》所定的任务，是重在搜求史料。我们所以这样做，是有鉴于今后如果还是空谈方法，使方法论仍旧杜留在观念的王国里，方法一定没有进步的可能。"②汤象龙也在《食货》上发表文章，表示要有30年的积累，才能写出一部中国经济史。"研究经济史的不能急功近效，因为这种研究第一步仍然是一种开荒的工作……我们只能一步一步的走，将来中国经济史的写成不一定要在我们的手。我们目前的责任最要的仍是蒐集资料。"③可见，两份经济史刊物的主编，都强调史料的重要性，这与当时历史学界的主流主张是一致的。傅斯年在《历史语言所工作之旨趣》中认为，"近代的历史学只是史料学，利用自然科学供给我们的一切工具，整理一切可逢着的史料。"傅斯年还提出，"现代的历史学研究已经成了一个各种科学的方法之汇集。地质、地理、考古、生物、气象、天文等学，无一不供给研究历史问题者之工具"④。此处傅斯年虽然没有提到经济学，但对经济史而言，经济学、统计学等是供给经济史研究的工具与方法，当为傅氏所赞成。

除了《中国近代经济史研究集刊》和《食货》外，这一时期近代经济史领域的研究著作，呈现出全面开花的喜人态势。不仅出现了近代经济史总论性的著作，还在近代农业史、工业史、财政金融史、交通史、经济

---

① 1936年第3卷第5期。
② 陶希圣：《希圣按》，《食货》1935年第1卷第5期，第8页。
③ 汤象龙：《对于研究中国经济史的一点认识》，《食货》1935年第1卷第5期，第1—2页。
④ 傅斯年：《历史语言所工作之旨趣》，《国立中央研究院历史语言研究所集刊》第1本第1分，广州，1928年10月，第3、6页。

思想史等各个方面出现了较为成熟的著作。现详述如下。

1929年，毕业于复旦大学商学系的侯厚培出版《中国近代经济发展史》，这是第一部系统研究中国近代经济史的著作。侯厚培认为："吾国以不平等条约之束缚，无论何种产业，均落人后，固无经济发展之可言。唯自清末以来，经济界亦不无相当之进步。"① 侯厚培在感叹我国受到不平等条约束缚的同时，以较为乐观的态度、发展的眼光看待清末以来的经济史，书名用"经济发展史"而非"经济史"，也是此意。这本书的内容涉及人口变迁、农业、机械工业进步、货币制度改良、银行发展、贸易和交通进步等各个方面，论述简洁扼要，观点平和，可惜由于篇幅所限，研究并不十分深入。侯厚培是一位多产的、拥有较大影响力的经济学家，另外还著有《中国国际贸易小史》《中国货币沿革史》《战后欧洲之经济》等十多本书。

1939年，上海生活书店推出钱亦石的《中国近代经济史》。钱亦石此时刚病逝不久，生前是中国共产党党员，任教于上海法政学院和暨南大学。这本书根据他的上课讲义编写而成，作为对他的纪念。全书共分五章：中国经济发展过程的鸟瞰、帝国主义与中国经济的影响、中国近代企业的发展过程、中国国民经济的概况和帝国主义在中国的经济势力。钱亦石认为："中国整个国民经济的命脉，无论轻工业、重工业、农业、对外贸易、银行、交通，都在帝国主义者蹂躏之下。他们在中国经济侵略的形式，除勒索赔款外，大抵采用直接或间接投资的形式，再不然，就是以商品向城市和农村进攻。"② 可见，这部书的主旨是运用列宁《帝国主义论》中的理论，探讨帝国主义侵略与控制下的中国经济。钱亦石是上海左翼文化运动中有名的笔杆子，文笔生动有趣，此书颇为通俗易懂。

有关近代经济史总论方面的第三本书，是1947年朱斯煌主编的《民国经济史》。③ 朱斯煌曾获得美国哥伦比亚大学经济学硕士学位，主攻信托业研究，是复旦大学教授、《银行周报》主编。这本著作正是为纪念《银行周报》创刊30年而编写。此时内战全面爆发，国内出现严重的通

---

① 侯厚培：《中国近代经济发展史·凡例》，大东书局1929年版，收入《民国丛书》第3编第30册。
② 钱亦石：《中国近代经济史》，上海生活书店1939年版，第243页。
③ 参见朱斯煌主编《民国经济史》(《银行周报》三十年纪念刊)，银行学会编印1948年版。

货膨胀，物价高涨，工商业不振。朱斯煌等人希望通过全面研究民国以来的经济史，总结经验、应对危局。本书共分四编：第一编为论著，分成金融、财政币制、农工矿商、一般经济、战时经济等若干部分，延请各方面专家，如寿勉成、金国宝、张一凡、吴觉农、方显廷等，撰成几十篇论文，分列于各部分之下。第二编为统计，包括银行营业、外贸、物价等各方面的统计数字，供研究者参考。第三编、第四编分别为经济资料和经济大事记。这本书兼具专著和工具书的功能，学术价值较高，拥有广泛的影响力。

外贸方面最值得一提的，是1930年何廉主持编写的《中国六十年进出口物量指数物价指数及物物交易指数》。① 从1928年开始，南开大学经济研究所在何廉领导下，用三年时间收集海关贸易册，编写了1867—1927年的外贸指数，后来又予以修正并将终止时间延长至1936年。南开外贸指数，在国内外享有盛誉，是研究中国对外贸易史时不可回避的原始数据。南开经济研究所当时和后来编写的指数，还包括华北批发物价指数（1913—1952）、天津工人生活费指数（1926—1952）、津沪外汇指数等，统称为南开指数。南开经济研究所拥有民国时期极负盛名的两位经济学家：何廉和方显廷，他们开创了将西方经济理论、统计学方法大规模地运用于中国经济和经济史研究的先河。

工农业方面的著作，强调近代以来出现的进步。1933年，曾获得美国康奈尔大学农学博士学位的唐启宇，出版了《近百年来中国农业之进步》。他回顾近百年来特别是戊戌维新以来农业方面的革新运动，涉及农业行政机关的变迁、农业试验场和农业教育机构的建立，包括肥料与新式机器在内的农业推广等。他认为，"中国农业渐由沉滞不进自足自给状态之下，日进于机械化、科学化、商业化、组织化之途径"。写作这本书，是为了展现戊戌维新以来农业的"进化之迹"。② 以往研究者往往强调在1929—1932年世界经济危机影响下，中国农村陷入崩溃与危机之中。唐启宇这本书出版于1933年，他从新式农业推广的角度，给出了一个较为

---

① 参见何廉主编《中国六十年进出口物量指数物价指数及物物交易指数》，天津南开大学经济委员会1930年版。

② 唐启宇：《近百年来中国农业之进步·导言》，《农业周报》1933年第2卷第4期，第7页。

乐观的研究结论，这值得我们注意。

这一年，龚骏的《中国新工业发展史大纲》由商务印书馆出版。该书所谓的"新工业"，指机械、日用消费品的制造和现代能源工业。该书从鸦片战争写起，重点是从民国元年至成书前夕。该书至少有两个优点：一是使用的资料极为丰富，行文简洁明了，对中国近代工业的发展做了较为详细的描述、系统的总结。每章结束时附有注释，书末有参考书目，遵守了一定的学术规范。二是对每一时期新工业发展的时代背景有所介绍，对各行业的发展概况有宏观认识和恰如其分的总结。如作者认为新工业发展有三个障碍，一为不平等条约的障碍，二为国内政局的障碍，三为工业界本身的缺陷，认识全面并有说服力。

财政金融史仍是这一时期的研究重点。贾士毅的《民国续财政史》已在第二部分提到。1941年，贾德怀出版《民国财政简史》。内容涉及国地收支划分、财政收入与支出、公债、预决算等，可发现其受到现代财政学理论的影响至深。作者还谈到财政与社会政治、经济的关系，对财政制度的利弊予以评判，难能可贵。

由于中国关税主权受到外人钳制，关税问题一直是国人关注的重点。1926年陈向元推出《中国关税史》，五年后江恒源编辑出版《中国关税史料》[①]。《中国关税史料》主要记录民国以后报纸上出现的关于关税的记载和论述，内容包括海关行政、海关税收、海关重要进出口货物价值历年比较、常关、关税与外债、关余、关税特别会议之经过等，确实是一部详尽的史料书。然而遗憾的是，江恒源是一位教育家，而非专业财政史家，未利用这些丰富的史料开展进一步研究。

南京国民政府统治的十年，银行业取得了较大的发展，我们熟知的江浙财团正是活跃于这一时期。1934年王志莘著《中国之储蓄银行史》[②]，详细研讨了各种储蓄机关的开办与停闭、地域分配、经营等，是第一部专门讲述储蓄银行的历史。王志莘一生经历丰富，钱庄学徒出身，后获得美国哥伦比亚大学银行学硕士学位，时任新华信托储蓄银行总经理。他主持开设多种储蓄，以集聚零星资金，在繁荣银行自身业务的同时襄助实业。这本书可视为王志莘大力提倡银行储蓄业务的学术副产品，由银行家亲自

---

① 上海中华书局1931年版，收入《民国丛书》第5编第36册。
② 新华信托储蓄银行1934年发行。

撰写学术著作，践行业务理念，是本书的特别之处。

山西票号在中国近代金融史上占有重要地位，进入民国后开始逐渐退出历史舞台。20世纪30年代出现的山西票号史研究因有收集资料、采访当事人的便利，可谓正逢其时。燕京大学社会学教授陈其田对山西票号颇感兴趣，四处收集史料，到太原、祁县、平遥、太谷等地实地考察，还远赴日本搜寻资料，于1937年完成《山西票庄考略》。他考察了山西票庄的起源、沿革、派别和组织、营业概况等，分析了这种旧式金融机构的历史作用与局限。书后附有《山西票庄调查表》《山西资产家一览表》《日升昌和大德通近年营业统计》等重要表格。作者认为："我国旧式的经济制度，重信用，轻组织，资本虽小，营业甚大，一切都是以人为中心，鲜有业务的保障。经济的活动建筑在家族主义的上头，山西票庄可说是这种旧式经济制度的典型。我们研究山西票庄，就可以看出旧式经济制度的弊端及其应该改进的地方。"① 这些对山西票号经营特点的总结和研究心得，令人称道。

同时开展山西票号研究的，还有史学家卫聚贤。卫聚贤毕业于清华大学国学院，此时因山西同乡之谊，在孔祥熙领导下的中央银行经济研究处任职。1936年，卫聚贤奉孔祥熙之命赴山西调查票号，收集到诸多资料，随后分期在中央银行经济研究处出版的《经济月报》上发表。1944年出版《山西票号史》②。卫聚贤对山西票号的历史、概况、组织、人事、业务等方面作了评述，并认为山西票号在晚清八十多年中，对于汇兑通畅、调剂各地金融、协助政府财政发挥了重要作用。可惜这部书有资料堆砌之嫌，对票号的深入分析不够。

这一时期的交通史研究领域，与清末北洋时期仅有一部《中国铁路史》的寂寞情形不同，涌现了多部综合性重要著作。1931年，张心澄出版《中国现代交通史》③。张心澄先后任职于北洋政府和南京国民政府交通部，官至交通部会计长，是交通会计专家，笔耕不辍。该书内容广泛，包括铁路、公路、航路、航空、电报、电话、邮政等各方面，厘清了晚清以来现代交通的涵盖面和发展脉络，具有开创性质。

---

① 陈其田：《引言》，《山西票庄考略》，商务印书馆1937年版。
② 中央银行经济研究社1944年版。
③ 良友图书印刷公司1931年版。

抗日战争凸显了现代交通的重要性与国内交通事业存在的诸多弊端。1947 年，龚学遂著《中国战时交通史》①，以为总结。龚学遂毕业于日本东京帝国大学，时任国民政府交通部政务次长，1937 年抗战爆发时曾赴粤协办战时运输，后又担任过西南运输处副主任，对战时交通状况有切身体会。这本书分为三篇，上篇是公路，中篇是铁路、水运、驿运、空运，下篇是建议，包括友邦人士的建议和从业人员的建议。由全书的论述和下编的建议可知，龚书有强烈的鉴往知来的意味。他对于战时交通运输政策、交通运营中的缺陷有切肤之痛，希望今后海陆空交通能互相配合，发挥最大效用。与此同时，南京国民政府交通部出版了《十五年来之交通概况》②，论述从九一八事变至抗战胜利我国交通事业的推行演变情况，由当时的交通部长俞飞鹏作序。书中有很多珍贵资料，如运价与物价指数比较表、交通事业战时财产损失表。该书对于战争爆发后的运力变化、后撤工作人员的安置、西南西北交通网之建设等有详细论述。或许是交通部出面编撰的原因，这本书较之龚著，从更为积极的角度来论述战时交通事业的表现，对于战时交通的弊病有诸多回避。

除了以上三部专著外，20 世纪 30 年代，南京国民政府交通部、铁道部交通史编纂委员会，陆续编撰出版了大型丛书《交通史路政篇》《交通史航政篇》《交通史邮政篇》《交通史电政篇》《交通史总务篇》等。因是官方修订，资料丰富、气魄宏大，值得后人参阅。

最后要提及的是在近代经济思想史方面，有两部不俗的著作出现。

一是燕京大学赵丰田撰写的《晚清五十年经济思想史》③。该书主要由四个部分组成："晚清经济状况""国民经济改良诸说""国家经济改良诸说"和"附论"。作者提到的思想家有冯桂芬、薛福成、马建忠、张之洞、张謇、康有为等人。这些人所处的时代为 19 世纪下半期，经济思想的落脚点都在"富强"二字上。值得注意的是，作者认为当时人所言"富强"的含义，往往兼经济、政治、教育而有之，可谓是符合时代实况的见解。不过这在一定程度上也影响了作者的材料选择，如把一些非经济史领域的材料与专题纳入。另外，作者经常大段引用思想家的言论或撰

---

① 上海商务印书馆 1947 年版。
② 国民政府交通部 1946 年版。
③ 哈佛燕京社 1939 年版，编入《民国丛书》第 1 编第 36 册。

述，略显冗长。总体而言，该书资料丰富，文字流畅典雅，是近代经济思想史研究的开山之作。

二是夏炎德1948年出版的《中国近百年经济思想》。① 夏炎德曾在伦敦大学政治经济学院攻读经济史硕士研究生，时任复旦大学教授。他在中国传统经济思想和世界近代经济思想变迁的背景下，论述19世纪40年代至20世纪40年代这一大转变时期的中国经济思想，全书分为绪言、清代重臣的富强政策、驻外使节的洋务献议、维新志士的变法理想、官商巨子的实业方案、革命领袖的民生主义、结论，共计七章。附录有《中国经济思想之轮廓》《中国近三十年来经济学之进步》和《中国抗战期间经济研究之成绩》三篇文章，都十分重要。作者对中国近百年经济思想的评论较为精辟，对此后经济理论的建设也提出了展望。其中，对民国经济学界只知接受外来经济思想而不能自我创造的批评，最为严肃、恳切。此书的缺点是对民国时期政治人物的经济思想叙述较多，而对经济学者的经济思想较为忽略，仅在附录中有所提及。事实上，一部民国经济思想史，绝大部分当为经济学者所创造。

20世纪二三十年代之交的社会史大论战，使马克思主义理论，特别是唯物史观，在中国获得快速传播。当年从事马克思主义理论研究和宣传的侯外庐晚年忆及，"马克思主义的理论在中国的学术界、思想界、文化界，虽然受着高压，却能够像不可抵挡的潮流涌进每一个角落，是从30年代开始的，这是由中国的社会矛盾与时代背景所决定的"。② 当时的历史学界和经济学界也涌现了一批著名的马克思主义者，如郭沫若、吕振羽、陈翰笙、薛暮桥等。近代经济史研究中比较突出的作品，是王亚南的《中国半封建半殖民地经济形态研究》（原名《中国经济原论》）③。该书运用马克思主义理论，分析中国的半封建半殖民地经济状况。作者认为帝国主义入侵动摇了中国原来的封建体制，它又通过中国的买办、官僚实行间接统治，因此新式的工商业和金融业都打上了半封建半殖民地的烙印。在近代中国的社会经济关系中，既有外国资本、官僚买办资本和民族资本，又有封建经济，这个经济形态具有过渡性质。王亚南是译介

---

① 商务印书馆1948年版，编入《民国丛书》第1编第36册。
② 侯外庐：《韧的追求》，三联书店1985年版，第37页。
③ 上海生活书店1947年版。

《资本论》的著名经济学家，该书被誉为影响新中国经济建设的十大著作之一。

总体而言，1927—1949年的近代经济史研究，较之1904—1926年有了巨大的进步。北平社会调查所近代经济史组是促使近代经济史学科形成的主要力量。他们以集体作战的方式，为近代经济史研究贡献了宝贵的资料库、专业期刊和一大批质量上乘的研究成果，甚而为1949年后的近代经济史研究提供了人员储备与学术规范、学术方法等精神财富。其他单兵作战的各位学者，普遍受到了更为专业的学术训练，毕业于海外名校、获得硕士博士学位者不乏其人。他们在广度和深度上推进了近代经济史研究，使此时的研究呈现出经济史各个领域百花齐放的繁荣景象。虽然连绵十余年的抗战和内战阻遏了经济史研究的势头，但气象已成，学术向前推进的势头已不可阻遏。

20世纪上半期，中国史学正处于从传统向现代的转型过程中。近代经济史研究则经历了从萌芽到学科正式形成的过程。这一时期的近代经济史研究，较之传统的"食货"之学，研究对象与研究内容、研究范式都有了极大改变，呈现出以下几个方面。

第一，研究对象的更新与拓展。随着鸦片战争以后列强势力的入侵，中国社会从自给自足的农业社会向现代工商社会转型，机器工业、银行业、现代交通业等新行业相继出现。从传统封建王朝向民国的改变，则使政府层面的财政税收方式、经济政策产生了较大变化。国债史、关税史、金融史、新兴工业史、现代交通史等，都是崭新的研究领域，实际上也为经济史研究拓展了空间，并增强了对学者专业素养的要求。

第二，研究方法和范式的改变。梁启超在《新史学》中，曾慷慨激昂地指出传统史学只知排比历史资料、描述历史现象，作为传统史学一环的"食货学"，当然也存在着这样的缺陷。但研究方法的改进并非易事。相对而言，研究对象的更新较为容易，只要有新领域、新行业的历史资料，研究即可展开。1904—1926年处在萌芽期的近代经济史研究大体就呈现出这样的特色，即用旧的历史方法描述新的研究对象。1927年后，随着西方经济学、历史学、社会学等学科知识大规模地进入中国，随着一大批学人在国内或海外接受经济学、历史学专业训练，西方经济学、统计学等社会科学方法在近代经济史领域得以运用，使经济史研究方法有了极大改变。近代经济史的研究规范与路向也基本确立：学者在掌握丰富史料的基础上运用现代学科方法分析史料，得出相应的结论，从大处着眼、小处入手，精深研究中显示大关怀。以社会调查所经济史组为代表的研究力量，对收集与整理史料格外重视，他们不急于求成，怀有宁愿让近代经济史在下一代人手中完成的胸襟。同时，他们大胆运用统计学、经济学的方法，用新数字、新视角呈现近代财政史与经济史的整体面貌，体现他们对社会经济体制与结构的深层关怀。这一时期，学者具有的国际化背景与视野也值得重视。上文谈到的何廉、严中平、巫宝三、陈振汉、夏炎德等人能成为国内最优秀的学者，恐怕与他们在国外的训练与收获密切相关。《中国近代经济史研究集刊》的书籍介绍栏目，也经常译介欧美最新出版的著作。

第三，两条研究战线的分立。一部中国近代经济史，与列强的入侵有着直接的关系。如何认识列强的经济侵略，如何认识近代史上外资与民族资本的关系，如何评价中国近代经济史的发展水平与基本状况，成为马克思主义学者与非马克思主义学者之间的争论焦点。无疑，从近代经济史的总体研究状况看，马克思主义学者的著作并未占据主流，本章论及的代表性论著仅有漆树芬、钱亦石、严中平、王亚南所著的四部书。但不容置疑的是，以马克思主义为指导的经济史和经济学研究，在当时的历史舞台上占据着一席之地，并日渐成长。他们将近代经济史写成一部帝国主义经济侵略中国史，将民族产业与整个中国经济的发展困境完全归结于帝国主义压迫的做法，直指不平等条约体系下中国的痛处，迎合了民族主义情感。而当时的非马克思主义者，虽然也认识到列强施加给中国的经济压迫，但一般从就事论事的角度出发，不予刻意强调。非马克思主义学者很关心经济困境中的国内政治因素、经济发展客观规律，同时也能看到近代经济演进中的积极因素与进步事物。近代经济史研究领域内两条战线的分立，是民国时期西方经济学和马克思主义经济学先后传播到中国后的直接反映。当然，这种分立，更与当时中国在转型过程中的历史选择、不同政治倾向者的政治诉求、相对自由的学术氛围存在着千丝万缕的联系。

当然，对于20世纪上半期的近代经济史研究状况与水平，我们需予以尽量客观的认识和审慎的评价。

首先，整个社会并未给研究者提供一个较好的学术研究环境。经济史研究需要大量的史料，若没有一个相对稳定的研究机构提供资料、场地和资金方面的支持，单靠个人之力很难长期从事深入研究。这也是为何北平社会调查所经济史组、南开大学经济研究所,以及贾士毅、张心澄等经济部门的官员能取得较大研究成绩的原因。可惜当时的大学、科研机构为经济史专业设置的岗位非常少。严中平在20世纪50年代写的一篇文章中曾指出:"目前副教授以上的中国经济史教学人员全国不过三十人左右,而专攻近代经济史者又是这三十人中的少数。"① 可以想见,民国时期从事近代经济史教研的学者当更少。频繁的战乱使人们流离失所,大量经济史资料的搬迁更非易事。汤象龙离开社会所,罗玉东和刘隽的早逝,都与抗战有关。

其次,近代经济史研究无论在历史学界,还是在经济学界,都处在一个较为边缘的境地。民国时期我们耳熟能详的历史学权威学者,如王国维、陈寅恪、傅斯年、顾颉刚、钱穆等,都不从事经济史研究。20世纪二三十年代之交的社会史大论战扭转了人们忽视经济史的局面,但以陶希圣为首的"食货学派"主要致力于中国古代经济史和社会形态研究。马克思主义历史学者郭沫若、吕振羽、范文澜、翦伯赞、侯外庐等,则较多地从事中国古代经济史、通史、思想史的研究。在当时的经济学界,以马寅初为首的中国经济学社集合了民国时期最负盛名的经济学者,其中只有唐庆增以研究中国古代经济思想史为主攻方向,大部分学者都致力于解决纷繁复杂的现实经济问题。中国经济学社的社刊为《经济学季刊》,遍览其发行八年期间刊发的三百多篇文章,难觅近代经济史论文的踪影。

所以,整体而言,中国近代经济史研究虽然在20世纪上半期确立了学科地位,但尚处在幼年期。整个学科的从业学者数量与研究成果的质量与数量,不可与1949年后,特别是1978年改革开放后相提并论。但是,近代经济史学科创立于国家内忧外患与西学冲击之下,成长于中国从传统农业社会向现代工业社会的转变过程中,拥有它特殊的历史地位,并能折射出近代学术史与政治经济环境的诸多面相。它留给我们的不仅是几位优秀学者的作品,更是学者、学术争鸣与社会变迁之间的良性互动。

---

① 严中平:《中国近代史研究上的一个薄弱环节》,《严中平文集》,中国社会出版社1996年版,第36页。

第二章

唯物史观与中国近代经济史研究

经济史是一门经济学与历史学的交叉学科，必须兼顾理论与实证。新中国成立后，这门学科的初创者面临着两方面的挑战。研究者们必须运用马克思主义理论阐释近代中国经济现象，形成一套新的解释体系。这一解释体系必须达到两项要求，既要成为中国近代史话语体系的有机组成部分，又必须建立在坚实的马克思主义经济学理论基础之上。经济史学界对新中国成立前的经济史研究持一种完全批判的态度，否定其理论、方法，强调研究的政治目的。学者们在理论上用马克思主义政治经济学批判庸俗的资产阶级经济学，在方法上批评其在计算方法和统计材料的处理上的主观随意性。他们提出，要科学地研究中国问题，不仅要从根本上改变立场，抛弃资产阶级的理论，而且要抛弃资产阶级的方法和工作作风。此外，他们认为旧有的研究充满了掩饰资本主义剥削关系的庸俗资产阶级经济学的观点，在政治上为资本主义制度辩护。[①] 因此，研究者们必须以马克思主义、毛泽东思想为指导，进行扎实的资料收集和整理工作，将研究建立在史料基础之上。

此时，为建立起近代中国经济史学科，国家集中力量有计划地进行资料整理工作，出版了一批至今仍有影响的资料丛书，奠定了学科发展的史料基础。以马克思主义理论为指导，经济史研究依循资本主义发展的历程，对资本主义萌芽、资本原始积累以及资本主义发展等基本问题进行积极探索，形成一套与中国近代史相一致的解释话语体系，也就是与毛泽东思想相符合的理论框架。在这种基本思路指导下，经济史研究形成了两种

---

① 参见汪敬虞、马黎元、黄范章、张卓元《批判资产阶级经济学者对中国国民收入的研究》，《经济研究》1958年第1期。

研究取向：一是侧重政治导向，也就是以政治史研究为导向，展开经济领域的相关研究，为有关政治性论断提供经济面向的解释，或者对具体历史事件的经济背景进行研究；二是基于马克思主义政治经济学原理，对近代中国经济史的若干问题，做了一些很有启示性的实证研究，显现了偏重生产关系忽略生产力的取向。①

需指出的是，"文化大革命"时期，影射史学横行，历史学被简化扭曲为儒法斗争史和阶级斗争史。近代经济史研究工作基本停滞，学术讨论被大批判和设禁区所取代。"文化大革命"10年间只有一本《江南造船厂史》和9篇文章问世，"无学术价值可言"。② 因此，我们对新中国成立后30年的中国近代经济史研究的综述基本以1949—1966年为限。

第一节 资料整理与出版

严中平曾指出史料整理工作的重要性："一向阻碍中国近代经济史科学研究工作迅速前进的一个严重的障碍是史料的庞杂、分散，流传不广，和未经整理的原始状态。"③ 为改变这种状况，党组织科研、教学和国家行政机构的部分人员展开中国近代经济史资料的收集、整理和编纂工作。

一 计划及其执行

中国近代经济史资料的收集和整理工作，先后由不同的单位牵头组织。1952年，中国史学会和中国经济学会组织了中国近代经济史资料丛

---

① 当时经济史学界对于究竟以生产力还是生产关系为研究对象尚未展开争论。不过，在国民经济史研究对象的讨论中，出现了有关生产关系和生产力之争。孙健提出应以生产关系作为国民经济史研究对象，李运元表示了不同意见，即国民经济史的研究对象应既包括生产关系也包括生产力，但主要是生产关系。参见孙健《国民经济史的对象、方法和任务》，《经济研究》1957年第2期；李运元《试论国民经济史的研究对象——兼评孙健同志对这个问题的看法》，《经济研究》1957年第4期。

② 参见虞和平《50年来中国近代经济史研究》，《近代史研究》1999年第5期。

③ 严中平：《对中国近代经济史研究工作的几点感想》，《经济研究》1959年第10期，第57页。

刊编辑委员会，收集和编辑中国近代经济史的重要资料。① 该委员会先后整理出版了《帝国主义与开滦煤矿》（神州国光社1954年版）、《旧中国公债史资料》（中国财政经济出版社1955年版）和《帝国主义和中国海关资料丛书》②等资料。

1954年初，中国科学院经济研究所组织中国近代经济史工作小组，接受上级领导所交付的任务，由严中平主持中国近代经济史参考资料的收集、整理和编纂工作。该小组的任务是，尽量利用原始资料，为科学工作者、高等院校师生和中上级财经干部系统地编纂近百年来中国国民经济各部门发展史的参考资料。最后，经过七位研究人员的努力，编成农业、工业、手工业、对外贸易以及货币信贷等部门的断代史资料，共计约450万字。③

为统一领导经济史资料的收集和整理，1958年4月25日，国务院科学规划委员会经济组召集座谈会，由孙冶方主持讨论中国近代经济史资料编辑工作。到会的有在京各研究机关、高等院校及上海经济研究所、天津南开经济研究所、武汉哲学社会科学研究所筹备处、国家档案局、人民出版社等27个单位的39位同志。会议提出的《中国近代经济史资料编辑工作规划（草案）》共有39项资料整理项目，包括《苏区和老解放区经济史资料》《苏区和老解放区金融史资料》《中国近代主要银行、钱庄史资料》《中国近代金融史资料》《中国近代货币史资料》《旧中国内外债史资料》《中国近代财政史资料》《苏区和老解放区财政史资料》《中国近代赋税史资料》《中国近代盐务史资料》《中国工人生活史资料》《中国工运史资料》《重要工商行业、典型企业和资本家集团史资料》《外资企业史资料》《中国近代对外贸易史资料（1840—1895）》《中国近代航运史资料（1895—1948）》《中国铁路史资料（1862—1911）》《中国外债史资料（1854—1948）》《中英贸易与鸦片战争专题资料》《中国工业资产阶级的发生专题资料》《上海民族资本集团史资料》《上海官僚资本集团史资料》《上海外资企业史资料》《华南地区典型企业及资本家集团史资料》

---

① 《中国近代经济史资料丛刊的编纂》，《经济研究》1958年第8期。
② 该套丛书1957—1965年共出版10辑。1957—1961年由科学出版社出版，1962年后改由中华书局出版。
③ 参见严中平《编辑中国近代经济史参考资料工作的初步总结》，《经济研究》1956年第4期。

《水泥工业史资料》《华北地区典型企业及资本家集团史资料》《开滦煤矿史资料》《天津物价史资料》《华侨国内企业史资料》《少数民族经济史资料》《中国近代海关史资料》《中国近代物价史资料》《中国铁道史资料》《中国近代交通史资料》《"清实录"、"东华录"经济史资料选辑》《中国航运史资料（1840—1895）》《中国近代民食史资料》《东北垦殖史资料》《"满铁"史资料》等。① 此次会议完成了中国近代经济史资料整理的规划，将分散的资料整理工作统合起来。该计划基本完成，上述资料陆续整理出版。不过，有些资料虽整理完成却未能及时出版，1978年后才出版。

例如，国家工商行政管理局系统从1958年起，在许涤新的主持下，与经济研究所等单位合作，组织上海、武汉、广州、重庆、青岛、哈尔滨等城市的工商行政管理部门成立专门班子，开展"中国资本主义工商业史料丛刊"的编辑工作，到"文化大革命"前已出版五种史料。②

这一阶段资料整理的成果主要集中于两方面：一是企业史和行业史资料；二是各部门经济史资料收集。这既反映了当时社会的需要，也反映了学科建设的需要。为配合当时进行的社会主义工商业改造，中国科学院经济研究所的"对私营资本主义工商业改造研究室"和上海经济研究所进行大规模的企业与行业资料整理及编纂工作，"充分地利用了档案文件和调查访问记录，把死资料和活资料相互校正、相互补充，因而也就能揭发真实的历史情况，为科学工作者提供十分宝贵的资料"。③ 企业史资料的来源包括：企业档案资料，包括函件、文件、各种会议记录、章则、账册、报表等；私方人员收藏的私人函件；社会资料，包括有关机关的档案，往来银钱业文件和信用调查，同业公会的文件和各种会议记录；报刊图书资料；活资料，包括访问、座谈和回忆录等。最重要的是企业内部档案。④ 先后编纂出版的资本主义典型企业和行业史料有：《南洋兄弟烟草公司史料》（上海人民出版社1958年版）、《荣家企业史料：1896—1937年茂新、福新、申新系统》（上）（上海人民出版社1962年版）、《恒丰纱

---

① 《中国近代经济史资料编辑工作规划》，《经济研究》1958年第5期。
② 参见虞和平《50年来中国近代经济史研究》，《近代史研究》1999年第5期，第49页。
③ 严中平：《对中国近代经济史研究工作的几点感想》，《经济研究》1959年第10期，第57页。
④ 参见史惠康《关于企业史料工作的若干问题》，《史学月刊》1959年第10期。

厂的发生发展和改造》（上海人民出版社 1958 年版）、《大隆机器厂的发生发展与改造》（上海人民出版社 1958 年版）等企业史料，以及《上海民族机器工业》（中华书局 1966 年版）、《上海民族毛纺织工业》（中华书局 1963 年版）、《中国民族火柴工业》（中华书局 1963 年版）、《上海钱庄史料》（上海人民出版社 1960 年版）等行业史料。还有一些史料虽编纂完成，却未能及时出版，如《上海市面粉工业的发生、发展和改造》（1959 年完成，后改名《中国近代面粉工业史》，中华书局 1987 年出版）、《上海市棉布商业》（1966 年完成，中华书局 1979 年出版）、《上海民族橡胶工业》（1966 年完成，中华书局 1978 年出版）等。这类企业史资料具有一个鲜明的特点：以研究著作的体例编纂资料。如吴承明的《帝国主义在旧中国的投资》就是一本有着资料集特色的专著。

但是，中国近代经济史研究要发展，仅仅收集企业史资料是不够的。严中平指出企业史资料收集的不足之处："单纯根据企业档案和调查访问的资料，还是很难系统地写出全面的中国近代经济史来的。因此，把散见于各种出版品上的经济史料，加以收集整理，也完全是必要的。"① 因此，中国科学院经济研究所的中国近代经济史工作组，致力于出版近代工业、农业、手工业、对外贸易、铁路等一系列部门经济史资料专集。加之其他学者的努力，经过几年的艰辛工作，1957—1963 年陆续出版了严中平编《中国近代经济史统计资料选辑》（科学出版社 1955 年版）、孙毓棠编《中国近代工业史资料》（科学出版社 1957 年版）、汪敬虞编《中国近代工业史资料》（科学出版社 1962 年版）、陈真编《中国近代工业史资料》（三联书店 1957 年版）、彭泽益编《中国近代手工业史资料》（三联书店 1957 年版）、李文治编《中国近代农业史资料》（三联书店 1957 年版）、章有义编《中国近代农业史资料》（三联书店 1957 年版）、姚贤镐编《中国近代对外贸易史资料》（中华书局 1962 年版）、宓汝成编《中国近代铁路史资料》（中华书局 1963 年版）、中国人民银行金融资料组编《中国近代货币史资料》（中国金融出版社 1964 年版）等。这些资料为经济史学科的发展起到了奠基的作用，下面就其内容做一简要介绍。

---

① 严中平：《对中国近代经济史研究工作的几点感想》，《经济研究》1959 年第 10 期，第 58 页。

李文治主编的《中国近代农业史资料》第1、2辑，收录了1840—1911年的农业史资料。这一资料集是建立在扎实的史料收集整理基础之上的，共引用7类资料，分别是：清代官修书14种；各省府州县志167种；农业专书48种；奏稿、批牍、文集165种；中外各类札记、游记、日记59种；专著及其他63种；报刊、杂志、年鉴17种。此外，该资料集在内容编排上既强调了农业中的土地关系和地租剥削问题，也注意到近代农业经济发展的若干方面。时至今日，这些内容仍是近代农业史研究中不可回避的问题：外国入侵带来的市场扩大和农业生产商品化，以及农村棉纺织业的变化；商业资本的活跃与高利贷剥削的加剧；农业技术一般水平及农业经营状况；灾荒扩大与农业生产衰退；清政府的农业政策及改进措施。章有义主编的《中国近代农业史资料》第3辑，收录了1927—1937年的农业史资料。资料集分为8章，其中第1章至第4章反映封建买办阶级和帝国主义对农业与农业经济的破坏，第5章至第7章反映农业危机加深的过程、形式及其后果，第8章反映农村改良运动的破产和农民革命斗争的发展。

手工业生产在中国近代社会生产中占有重要地位，在国民经济中所占的比重仅次于农业，《中国近代手工业资料》收集了从1645年清朝入关后颁布废除手工业者匠籍身份法令之年到1949年新中国成立三百余年的手工业资料。该资料集将中国近代手工业史分为六个时期，再按照各个时期的主要问题来编排史料，借此显示出各阶段中国手工业的基本情况。资料的编排揭示了中国近代手工业历史的演变过程与主要内容：手工业的各种生产类型和变化；手工业中资本主义生产的起点以及资本主义的发生和发展；手工业的破坏程度和手工业行会制度的演变；手工业隶属商业高利贷资本、工业资本和外国洋行及买办官僚资本形式的演进；手工业向机器工业过渡的事例；手工业在国民经济中的地位；手工业劳动者的状况和罢工斗争；等等。

《中国近代工业史资料》有两个版本，一个由陈真主编，另一个分别由孙毓棠、汪敬虞主编。陈真主编的版本分为5辑，包括"民族资本创办和经营的工业""帝国主义对中国工矿事业的侵略和垄断""清政府和国民党官僚资本创办和垄断的工业""中国工业的特点、产量、结构和工业中各个行业的概况"和"中国工人阶级的生活状况"。资料大部分摘自书报刊物，其余来自政府档案以及编者直接调查整理的材料。在资料处理的编排中，编者"一方面，凡是有用的资料尽量选入，并尽可能保持原文；另一方面，由注意到从相当数量的资料中整理出一点头绪，使其近似地反映中国近代工业的产生和发展的迂回曲折过程的某些特点，因此，对于资料必需有所选择，加以剪裁、加工和重新安排"。① 对于有些资料，加以考证，改了一些错字和加注按语。

孙毓棠主编的《中国近代工业史资料》第1辑，收录了1840—1895年中国新式工业的基本情况的资料。整个资料集分为五章：第一章是关于外国资本在中国经营的近代工业，和外国资本在中国经营棉纺织业与采矿业的企图的资料；第二章是关于清政府自太平天国运动末期以来，经营的近代军用工业的资料；第三章是清政府官僚集团自1875年以降，经营的采矿、炼铁与纺织工业的资料；第四章是民族资本经营的近代工业的资料；第五章是近代工业工人的资料。汪敬虞主编的第2辑收录了中日甲午战争以后至第一次世界大战以前的中国近代工业史资料。该资料集也分为五章：第一章收集了帝国主义在中国工业中的活动资料；第二章收录了国内封建政府及其代表人物的活动及其对中国民族工业发展的影响为中心；第三章、第四章集中表现了中国民族工业的发展过程及其特点；第五章收集了工业工人阶级状况的资料。

《中国近代经济史统计资料选辑》发表的数字多半是经过加工的，其指导思想在于："把资料整理成这样一种形式：这种形式可以表现近代中国经济的发展历程，表现它的半封建半殖民地性。"② 该资料集选编的统计资料主要有如下七项：（1）鸦片战争前的中英贸易；（2）商埠、租界、租借地；（3）对外贸易；（4）工业；（5）铁路；（6）轮船航运业；（7）农业。由于掌握资料的局限，此书缺少财政、货币、银行等经济部门的统计。

《中国近代对外贸易史资料》收录了1840—1895年的中国对外贸易资料。绪编部分收录了鸦片战争前清代对外贸易的基本情况。该资料集以国际资本主义侵略为主线，分为三编：第一编为1840—1860年的对外贸易，此期间国际资本主义的经济侵略以鸦片走私和"苦力"掠夺为主，资料侧重于暴力掠夺；第二编为1860—1890年的对外贸易，国际资本主

---

① 《中国近代工业史资料》第1辑，"编辑说明"。
② 《中国近代经济史统计资料选辑》，"编辑说明"。

义经济侵略的方式转化为垄断中国进出口市场进行不等价交换的剥削,开始把中国当作过剩商品的销售市场和掠夺原料的基地,资料集中体现了这一趋势;第三编综合分析国际资本主义通过贸易方式对中国进行经济侵略的后果和影响。在编辑过程中,编者注意"在方法上企图根据历史联系和逻辑联系相结合的原则,将全部资料分为三个时期;在每一时期之内,则按问题的逻辑联系分别先后主从;在同一问题之内,又按问题的发展过程为顺序。其目的在于阐明事件发展的阶段性及其内部联系,以便于对事件的本质有所了解"。① 因此,该资料集并非单纯的资料编纂,而是按照某种纲要汇编的资料。

《中国近代铁路史资料》收录了1863年至1911年与铁路相关的资料,集中体现了帝国主义对近代中国铁路权益的侵占和掠夺,从宏观上搭建了近代铁路史的主要框架,并细化为一系列具体问题,资料则被划归到每一个具体问题之中。该资料集包括四部分:(1)外国侵略者侵占中国铁路权的阴谋和中国自建铁路的开始(1863—1889年);(2)清政府官营铁路的建造和帝国主义对铁路权益的掠夺(1889—1900年);(3)《辛丑条约》后帝国主义国家对我国铁路权的重新分割和进一步掠夺(1900—1911年);(4)清政府对主要干线的出卖和英国铁路权益的扩大(1900—1911年)。该资料集奠定了近代铁路史资料的基础。

《中国近代货币史资料》出版了第1辑,收录了清政府统治时期的货币史资料。根据政治事件将晚清货币演化分为四个阶段:鸦片战争前后中国封建货币制度的动摇;太平天国冲击下清政府搜刮人民的货币措施;甲午战争前后旧币制的没落;《辛丑条约》后半殖民地半封建货币制度的形成。

此外,还有一些学者和学术研究机构出版了一批专题研究资料:吴冈编《旧中国通货膨胀史料》(上海人民出版社1958年版)、徐义生编《中国近代外债史统计资料(1853—1927)》(中华书局1962年版)、南开大学经济研究所编《南开指数资料汇编(1913—1952)》(统计出版社1958年版)、韩启桐编《中国埠际贸易统计(1913—1940)》(中国科学院1951年编印)、上海经济研究所编《上海解放前后物价资料汇编(1921—1957)》(上海人民出版社1958年版)以及中国人民大学国民经济史教研室编《中

---

① 《中国近代对外贸易史资料》,"序言"。

国近代国民经济史参考资料：文献和统计资料》（中国人民大学出版社 1962 年版）。这些资料集为中国近代经济史研究提供了有价值的素材。

最后需指出的是，除资料出版外，20 世纪 50 年代中期的学术刊物，尤其是《经济研究》常常发表一些资料汇编类文章。① 这在一定程度上反映出资料整理编纂工作在当时的经济史研究中的重要位置。

二 经验与问题

在整理资料的过程中，学者们总结了若干经验。严中平指出，经过资料整理工作，他们对近代各种文献资料特点形成了粗略的印象："有些文献，尽管作者无心作伪，但由于各种原因，片面不精确之处，仍然很多。例如利用官修政书查考典章制度是不够的，应该注意关于制度的实践情况和发展情况，需要从多方面加以补充。又如清人著作，为了所谓'隐恶扬善'，常致牵强附会，出现荒诞不稽之谈，例如笔记小说就有这类资料。……同时，据我们所见，几乎所有的清人文集都有一个共同的严重缺点，即数字观念极不精确（赋税数字例外），描写数量之多曰'数十百千万'，描写速度之快曰'瞬息千里'，而几乎所有的作家都不标明文章的写作年代。"档案资料是比较可贵的，这一则是因为档案里可能包含未经公开流传过的文件，可以揭露新的事实；二则是因为档案里常常包含着当时、当地、当事人的文件，即所谓的第一手资料，其可靠性常比一般出版品之以讹传讹为高。但严中平也理出了利用档案时应注意的事项："我们的经验也证明了对于档案，并不能迷信，同样地需要从各方面审查其精确性。例如国民党反动派时代，许多工商企业都有两本账簿子，一本是为自己查考的，一本是为对付税收官吏的。如果我们用的是后一种，当然是不真实的。又如资本家惯于隐瞒自己的财产，在公司股东名册上，一个资本家所掌握的股票常常分别写在他的妻子、儿女乃至各式化名之下，而他自己名下的却很少。利用这种档案，如不仔细查考，当然会得出错误

---

① 参见君朴《十九世纪后半期几种洋货和土货在国内市场上的竞争》，《经济研究》1956 年第 2 期；友闻《十九世纪末至二十世纪初官田向民田的转化》，《经济研究》1957 年第 2 期；农也《十九世纪后半期中国农业生产的商品化》，《经济研究》1956 年第 3 期，《十九世纪后半中国农业生产的商品化（续）》，《经济研究》1956 年第 4 期；《清代鸦片战争前的地租、商业资本、高利贷与农民生活》，《经济研究》1956 年第 1 期；王可风《辛亥革命前封建主义和帝国主义统治下的我国矿山》（1、2、3），《学术月刊》1957 年第 10、11、12 期。

的结论来。"①

　　学者们强调，在利用旧中国统计资料时，必须十分审慎。资料工作者至少应做到下列各点。首先，应该尽可能地查出资料的最初出处，详加校对，避免以讹传讹。其次，旧中国度量衡制度混乱，必须明确统计资料各个项目的确切内容，不可囫囵吞枣；检查数字的取得方法是否正确可靠；对于时间序列的统计，可考察其变动情况是否合于事物的发展趋势；统计资料往往并不仅仅是孤立的一列数字，而是互相关联的多列数字并行编排的，这时，应检查这各列数字内部的逻辑联系是否合理，借以判别其精确程度；有些数字取得方式已难查考，本身又没有发展趋势或内部联系可资互证，就只好从它的外部联系去检查，即是数字所表现的现象和其他历史现象的相互关系。② 这些如何利用资料、考证资料的经验之谈，对于今天的研究者而言，仍具有重要的指导意义。

　　此外，彭泽益介绍了近代经济史史料整理的方法，尤其是利用地方志、官书和档案的问题。他提出采用分类集中编排的方法从地方志中辑录经济史资料，尽量利用历代纂修的志书来比照收集资料，使其能够集中地反映各地区经济结构的基本情况和发展变化趋势，既照顾到原志资料记述的特点，又能集中地反映问题。对于官书这类的文献，基本要求是对有关问题的资料，必须详尽无遗地分别集中起来，才能提供系统完备的参考资料，让人从中了解事态发生的前因后果，探索某项财经制度和政策的演变关系，估计某种财经措施在当时社会经济生活中的作用。利用档案资料来整理经济史料，不但应了解按原来行政系统保存或加以分类整理的档案本身的内容，并且还要了解各机关处理文书档案手续的程序和相互关系，这样才能弄清楚各类档案的性质、作用和原有的联系。

　　虽然学者们在编纂过程中非常注意甄别资料的真伪，"事实上，资料作伪的目的与方法是纷歧复杂、难以归类的，因而鉴别资料的真伪也就需要个别对待，难以作一般规定。如果必须举出鉴别资料的原则或方法，那么只有一条可说，那就是具体地分析具体问题"③。但由于长期受到"左"

---

① 严中平：《编辑中国近代经济史参考资料工作的初步总结》，《经济研究》1956年第4期。
② 同上。
③ 同上。

的思想路线的影响，资料整理工作强调指导思想的正确性，片面强调阶级剥削问题，使资料整理存在不少问题。例如，在对待20世纪二三十年代中国学者进行的经济调查和历史资料整理工作时，他们强调"这份成果是值得利用的。但是应该注意，他们的资料，如果未尝有意歪曲事实，也总不免充满了资产阶级经济学概念，扰乱了历史的真相"。① 在企业史资料收集整理中，学者们以"一定要以正确的立场和观点消化材料"② 为由，对史料按照阶级观点进行了有意识的选择。例如，日本学者久保亨注意到《启新洋灰公司史料》"系统地删除、省略"了关于国民政府经济政策的"客观效果、意义和企业家对它所作的评价"，因而指出这部资料存在"编者有点任意采用资料和书中欠缺了重要史料"这样两大缺点。③

这一时期的资料整理工作虽然存在各种问题，但不能就此否认它对本学科建设的奠基性作用。当时出版的不少资料得到后来学者的认可，至今仍被经济史学者们广泛引用，就是其学术价值的明证。例如，《剑桥中华民国史》肯定了严中平编《中国近代经济史统计资料选辑》的价值，认为该书"收入范围很广的资料，很有价值；其中的资料都有精心的注释——尽管其编排和评注有倾向性，编者对'指数问题'显然缺乏知识"。④

第二节　关于基本理论的讨论

作为中国近代史的一个分支学科，这一时期的中国近代经济史研究紧扣近代史学界讨论的核心问题，从经济角度论证近代中国的半殖民地半封建社会性质。为此，经济史学界致力于运用马克思主义政治经济学原理探究近代中国资本主义的发展过程。这种研究取向既反映了当时领导人的导

---

① 严中平：《编辑中国近代经济史参考资料工作的初步总结》，《经济研究》1956年第4期。

② 史惠康：《关于企业史料工作的若干问题》，《史学月刊》1959年第10期，第17页。

③ [日] 久保亨：《怎样阅读企业史资料汇编——编辑〈启新洋灰公司史料〉所用资料卡片的查考》，《中国近代经济史研究资料》(10)，上海社会科学院出版社1990年版。

④ [美] 费正清、费维恺编：《剑桥中华民国史》上卷，刘敬坤等译，中国社会科学出版社1994年版，第930页。

向,也体现了中国近代史研究的需要。1960年,毛泽东在政治经济学的读书笔记中指出:"很有必要写出一部中国资本主义发展史。"同年,周恩来亲自把这一编写任务交给了当时在中央工商行政管理局工作的许涤新,并指示说:"这本书如写得好,对学习马克思主义政治经济学有帮助,对中国青年的教育有重要意义。"① 为形成中国近代史新体系,需要经济史学者运用马克思主义理论阐释论证近代以来外国资本主义侵略打断了中国自身资本主义的发展。在帝国主义侵略的影响下,中国资本主义未能独立发展,而是分化为民族资本主义和买办资本主义。在上述两种因素的影响下,中国近代经济史学界的研究主要集中于讨论近代中国资本主义的发展过程,形成了一套解释话语体系。资本主义萌芽、资本原始积累与资本主义发展这些基本理论问题,一时之间成为当时经济史研究的热点。

一 资本主义萌芽

资本主义萌芽讨论是20世纪50年代中期学界讨论的热点问题。尚钺的《中国历史纲要》(人民出版社1954年版)一书,明确提出明代中国社会已有资本主义生产因素的萌芽的存在,就当时中国社会经济看,已具备封建社会末期的特征。次年,关于"红楼梦"时代背景的讨论,很多文章都触及中国资本主义萌芽的问题。此后的两三年内,历史学界形成了资本主义萌芽讨论的热潮。

在此,我们应先认识资本主义萌芽问题讨论的性质。吴海若认为:"中国资本主义萌芽问题的研究,对于整个中国资本主义发展过程的分析是有很大意义的;它确立中国资本主义发展的内因。"如果承认鸦片战争以前出现了资本主义生产方式,并不改变那时中国是封建社会的结论,正如鸦片战争以后,中国有了较多较高的资本主义生产方式,也不改变这时中国是半殖民地半封建社会的结论。因此,关于资本主义萌芽的讨论目的在于,论证近代中国半殖民地半封建的性质。② 邓拓在一篇文章中对此做了非常明确的阐释:"从清朝嘉庆初年到鸦片战争的期间,中国资本主义因素仍然没有顺利地成长起来,没有达到成熟的程度。……如果历史条件继续便利于中国资本主义因素的成长,那末,中国完全有可能独立发展成

---

① 许涤新、吴承明主编:《中国资本主义发展史》第1卷,人民出版社1985年版,总序。
② 吴海若:《中国资本主义生产的萌芽》,《经济研究》1956年第4期。

为资本主义社会。不幸的是,历史的发展却遭遇了严重的顿挫。当着中国资本主义因素还没有完全发展成熟的时候,在工场手工业还没有达到完成形态和农业商品化过程还处于拖泥带水的情况之下,外国资本主义的势力竟然用武装侵入了中国。这就使中国从封建社会走向资本主义社会的道路上的各种障碍不但来不及扫除,而且又加进来了外国资本主义的枪炮挡住去路。那些外国资本势力很快地同中国封建势力互相勾结在一起,终于把中国拖上了半殖民地半封建的道路。"①

对于近代史学界来讲,资本主义萌芽问题的重要性则源于中国近代史始于何时的讨论。尚钺指出,关于中国资本主义萌芽问题的讨论,"也将影响到中国近代史究竟以什么时期为起点的问题"。② 黎澍更是明确表示,明朝或明末资本主义萌芽就已大量存在的说法有唤起把明朝的中国历史近代化的倾向。③ 更进一步而言,这种说法将对1840年作为中国近代史开端的说法形成挑战,因而它又是关系到中国近代史分期讨论的重要问题。应用马克思主义观点研究中国历史的人主张1840年中英鸦片战争是中国近代历史的起点,因为中国半殖民地半封建社会是从此开端的。近来有一种新的主张,认为中国近代史的上限应当划在16世纪中叶或稍后一点的"明清之际",理由是那时已有资本主义萌芽,中国的近代应从那时算起。④ 刘大年为此撰文指出:"以鸦片战争为标志开始的时代是一个完全新的时代,中国社会的变化具有不同于过去一切时代的特征。从十六世纪或明末清初来划分中国近代史,事实上是混淆了鸦片战争以前和以后的社会性质,抹杀了它们的根本区别。"⑤

当时,杜真和魏千志⑥对该问题的讨论做了总结,概括了基本状况。杜真总结道:"在鸦片战争以前,中国封建社会内已经出现了资本主义的萌芽,这一点为所有参加讨论的人所同意,但关于资本主义萌芽最早出现

---

① 邓拓:《从万历到乾隆》,《历史研究》1956年第10期。
② 尚钺:《明清之际社会经济形态的研究》,上海人民出版社1957年版,"序言"。
③ 参见黎澍《关于中国资本主义萌芽问题的考察》,《历史研究》1956年第8期。
④ 参见中国人民大学中国历史教研室编《明清社会经济形态的研究》,上海人民出版社1957年版,"序言"。
⑤ 刘大年:《中国近代史研究的几个问题》,《历史研究》1959年第10期,第25页。
⑥ 魏千志:《关于中国资本主义萌芽问题的讨论》,《史学月刊》1957年第2期。

的时期，以及这种萌芽所曾达到的程度等问题，意见却很分歧。"① 在两位学者已有总结基础上，我们将结合此后发表的论文，对资本主义萌芽的讨论做一全面介绍和评述。下面将首先介绍具体问题上的分歧，然后从理论层面对分歧进行具体阐释。

近代经济史学界对资本主义萌芽的讨论在三个问题上存在着分歧。第一个问题是资本主义萌芽出现的时间问题。讨论中，多数人认为中国资本主义萌芽始于明代，但究竟开始于明代何时，则存在不同看法。有的认为是在15世纪下半期②；有的认为是在正德嘉靖年间，即公元16世纪初期开始逐渐出现，而到16世纪末与17世纪初更加明显③；有的则认为是在明嘉靖到万历年间（16世纪中叶至17世纪初叶）④。黎澍怀疑明代是否已出现资本主义萌芽。⑤ 邓拓认为，从明朝万历年间到清朝乾隆年间，约公元16世纪80年代到18世纪90年代是中国资本主义因素的萌芽时期。其中，从万历到明末和从清初到乾隆又可分为两个阶段，前一阶段是资本主义萌芽开始的阶段，后一阶段是资本主义萌芽发达的阶段。⑥

第二个问题是鸦片战争前清朝资本主义萌芽的发展程度及其作用。不少人指出，由于清朝统治者对中国的征服和统治，使明代已出现的资本主义萌芽遭受到严重的摧残和抑制。但由于中国人民的艰苦努力，排除了清朝统治者的阻挠和破坏，到乾嘉时代，不仅中国资本主义萌芽已经恢复到

---

① 杜真：《关于中国资本主义萌芽问题的讨论》，《历史研究》1956年第7期，第93页。

② 参见董一清《从清初至鸦片战争中国资本主义因素的萎缩和成长》，《历史教学》1955年第3期。

③ 许大龄对明中叶后商品—货币经济发展、个别手工业部门和农村中资本主义萌芽的考察，认为："16世纪以及17世纪的初期中国已经明显的出现了资本主义的萌芽，这一萌芽在手工业中的表现还非常微弱，很多手工业的部门虽然出现了资本主义的经营，但是本身还带有浓厚的封建性。由于手工业资本主义萌芽的作用不大，对农业的经营也就影响有限。把十六十七世纪初期理解为某些地方已达到资本主义的手工业工场阶段，或某些地方的农业已基本上采取了资本主义的经营方式，则不免估计过高。虽然如此，资本主义的萌芽在遭受着重重封建束缚和阻碍之下，仍在缓慢的前进之中。"许大龄：《十六世纪十七世纪初期中国封建社会内部资本主义的萌芽》，《北京大学学报》1956年第3期。

④ 参见侯外庐《论明清之际的社会阶级关系和启蒙思潮的特点》，《新建设》1955年第5期。

⑤ 参见黎澍《关于中国资本主义萌芽问题的考察》，《历史研究》1956年第8期。

⑥ 邓拓以万历到乾隆朝京西门头沟矿区民谣的契约文书、家谱、账单等材料，从私人资本活动的特点、雇佣劳动和商品生产说明了中国资本主义因素的萌芽不仅在东南沿海出现，而且在北方地区，如北京附近也同时出现。参见邓拓《从万历到乾隆》，《历史研究》1956年第10期。

明末的水平，而且又有了相当大的发展。尚钺批评那些认为当时中国社会还是很完整的封建社会，或者认为当时的资本主义因素的萌芽还非常微弱的说法。他认为，这种资本主义生产方式的萌芽，在明代如果说还是集中在东南沿海地区，到清中叶则已遍及于各地；如果在明代还只限于丝织业、陶瓷业、煤矿和东南的商业性农业等，到清代中叶，则差不多已遍及各行业、各地区。他还指出，在农业上，在工商业繁盛的地带，农民与地主的关系，基本上已是契约的关系。当时中国从南到北广大地区的土地上，不仅商品作物在排挤粮食生产，同时，商业资本也在组织着城市和农村的家庭手工业。特别是广大而赤贫化的农民，被排挤出农村，流向城市。所有这些现象都说明了中国社会，从经济观点看，已是资本主义的"所谓原始积累"时期。① 吴江也认为，从经济观点看，这时中国社会已出现向资本主义生产方式过渡所需要的某些物质条件。②

　　吴大琨否认乾嘉时代是中国封建社会濒临崩溃的前夕的说法。他认为一直到鸦片战争爆发前，中国的封建社会内部并未产生出什么重大的新生产力与旧生产关系之间的矛盾。他指出，当时规模较大的手工制造业绝大多数都是"官营的"，生产资料并未集中在私人手中，因此，不能成为资本主义生产的萌芽。私人所有的手工制造业虽也有一些，但因为被压抑在官营手工业之下，至多只能在某些特殊地区得到一些发展，所以要说在乾隆时中国就已经有了可以动摇整个封建社会经济基础的资本主义生产的萌芽，是不符合历史事实的。他认为清朝之所以会在乾隆朝由盛趋衰的原因，乃是由于中国封建社会的固有发展规律在那里发生作用，并不是由于当时的社会里产生了什么"资本主义的萌芽"，或者甚至发生了什么"资本主义的原始积累过程"。③ 他认为把中国的"资本原始积累"过程过早地提到明代中叶以及清初的社会中来是不妥当的。他批评尚钺似乎是把一切在封建社会内所发生的商品经济的发展都看成是资本主义性质的东西了；夸大了当时资本主义萌芽的力量，缩小了封建主义的力量。中国的"资本原始积累"时期是发生在鸦片战争之后而不是在鸦片战争以前，他

---

① 参见尚钺《清代前期中国社会的停滞、变化和发展》，《教学与研究》1955 年第 6、7 期。
② 参见吴江《中国资本主义经济发展中的若干特点》，《经济研究》1955 年第 5 期。
③ 参见吴大琨《略论红楼梦的时代背景》，《文史哲》1955 年第 1 期。

承认在中国当时的社会里已经存在着资本主义生产的萌芽,而且在某些特殊地区还得到了发展,但他不承认清初的社会就已经是进入了"从经济观点看"已是资本主义的"所谓原始积累时期"的主张。① 陈湛若不同意吴大琨的看法,他指出,乾嘉时代在我国东南各省的大城市里出现的资本主义因素,虽然它们是"稀疏"的,但并不是微不足道的。在经济较发达的地区,例如东南沿海各省,在乾嘉时代(或者更早些),社会经济已发生了重大的变化,这些变化都足以说明中国封建社会已面临"山雨欲来风满楼"的崩溃前夕。如果这些地区经济得到进一步发展,必将在深度与广度上促使中国封建社会趋于崩溃。不过,他也同时指出,在东南沿海等地区以外的其他广大地区,由于经济发展的不平衡,仍处于迟滞状态,因当时封建经济仍居于支配地位,所以也只是封建社会崩溃的前夕。② 李之勤指出,在鸦片战争以前的满清时代,官营手工业在整个手工业中,不论在工场数目和生产比重上都不占绝大多数或统治地位,而且正好相反,占绝大多数和统治地位的是私营资本主义的工场手工业,而且当时的资本主义手工业工场不仅生产规模、内部分工和市场各方面都已发展到相当高的水平,而且在各行业、各地区中,也都有了数量众多的资本主义手工工场出现。他还认为,自资本主义生产萌芽产生那一天起,它就破坏着封建社会的经济基础。③

学者们还通过具体实证研究,回答了鸦片战争前资本主义萌芽的程度问题。胡嘉指出,在鸦片战争前,或者说在明清时期的封建社会内部,虽然已经孕育着资本主义萌芽,但是,并没有发展到所谓的原始积累过程。④ 李景林、刘耀指出,鸦片战争前苏、松地区棉纺织中的资本主义萌芽是由商业资本作为包买主的活动中产生的。但在鸦片战争前,还没有发现小生产者显著分化的事实,商业资本也仅仅把自己的活动保持在包买主

---

① 参见吴大琨《关于中国清初资本主义生产萌芽的发展水平问题——答李之勤同志,兼评尚钺同志的几个论点》,《教学与研究》1956 年第 5 期。

② 参见陈湛若《略论红楼梦的社会背景》,《文史哲》1956 年第 4 期。

③ 参见李之勤《关于中国清初资本主义生产萌芽的发展水平问题——和吴大琨同志商榷》,《教学与研究》1956 年第 2 期。

④ 参见胡嘉《论明清时期资本主义萌芽形态》,《安徽大学学报》1962 年第 1 期。

的水平上。棉纺织业生产本身还没有发现商业资本向产业资本转移的事实。① 王明伦对云南铜矿业的研究表明，鸦片战争前云南铜矿业中存在着资本主义萌芽。该行业中，一方面有相当数量的资本家，他们占有生产资料；另一方面有众多的一无所有的劳动者，他们的劳动力作为商品出现在市场上，资本家能够购买它并在生产过程中剥削它。但是，云南铜矿业中的生产单位并不完全是较大规模的手工工场，同时还存在着小规模的贫民伙开的形式。② 从翰香考察了鸦片战争前各行业中资本主义萌芽的概况，认为鸦片战争以前的中国封建社会，虽然有了资本主义萌芽，但整个社会仍然是自给自足的自然经济占统治地位。③

第三个问题是资本主义萌芽在封建社会内部发展迟缓的原因。吴江、钱宏等人指出，中国封建社会内部资本主义萌芽之所以不能得到进一步发展的原因，主要是由中国封建社会的经济结构某些特殊因素促成的。首先，中国封建社会生产方式的广阔基础，是家长制的农业经济，小农业和家庭手工业特别牢固地结合在一起，这种制度阻碍着商业资本对生产方式的分解作用，阻碍着国内市场的正常发展。其次，中国封建社会的原始积累类型的商业资本，是一种同封建地主的统治独特地结合在一起的东西，很大一部分商业资本乃至手工业者从事土地剥削的活动（因为土地可以自由买卖），使自己兼为地主或完全转化为地主，严重地阻碍了资本主义萌芽的成长。再次，在中国封建社会里，手工业和工场手工业中长期存在着工役制和劳役制的残余，生产规模狭小，劳动力价格低廉，阻碍着技术和自由契约关系的发展。最后，中国封建所有制的上层建筑——封建专制统治也十分严重地阻碍着资本主义因素的发展。④ 吴海若指出，封建地租侵蚀了利润，这是农村中资本主义生产关系虽然萌芽很早，但始终没有得到发展的主要原因。⑤ 还有人指出，中国自然经济结构的稳固性，是抑制

---

① 参见李景林、刘耀《对鸦片战争前苏、松地区棉纺织业中商业资本和资本主义萌芽问题的探讨》，《史学集刊》1956 年第 2 期。
② 参见王明伦《鸦片战争前云南铜矿业中的资本主义萌芽》，《历史研究》1956 年第 3 期。
③ 参见从翰香《中国封建社会内资本主义萌芽诸问题》，《历史研究》1963 年第 6 期。
④ 参见吴江《中国资本主义经济发展中的若干特点》，《经济研究》1955 年第 5 期；钱宏《鸦片战争以前中国若干手工业部门中的资本主义萌芽》，《中国科学院历史研究所第三所集刊》第 2 集。
⑤ 参见吴海若《中国资本主义生产的萌芽》，《经济研究》1956 年第 4 期。

资本主义经济关系充分发展的主要障碍，而造成这种稳固性的根本原因，则是封建统治阶级对农民的残酷剥削。① 在讨论中，有人反对把小农业与家内工业相结合说成是阻碍中国资本主义萌芽发展的原因。因为他们认为小农业与家内工业相结合的形式只是标志着经济发展的水平不高，并不是它阻碍着经济发展，相反的，小商品生产和资本主义生产，最初就是从那里分离出来的。② 参与讨论的史学家们一致认为，尽管有上述种种因素阻碍着中国封建社会内部资本主义因素的发展，但是，正如毛主席所说，如果没有外国资本主义的影响，中国也将缓慢地发展到资本主义社会。这道出了资本主义萌芽问题讨论的终极关怀。

有关具体问题的分歧在某种程度上彰显了方法论的分歧。学者们对此纷纷表达自己的观点。胡嘉指出，"有若干争论的问题，主要的分歧是由于对经典著作的一些理论和概念的理解还不一致。"③ 邓拓认为，不能根据个别的材料去判断某一时期确实出现了资本主义的萌芽，因为如果离开了对一个时代的社会经济发展的大量材料的研究，孤立地观察某一个别的现象，就一定会得出不正确的结论。同时，他也指出，根本否定明朝后期和清朝初期就有资本主义因素的萌芽的看法也同样是不对的。他批评认为当时只有农奴劳动和非商品生产，而不可能有任何属于资本主义萌芽性质的雇佣劳动和商品生产的说法，认为这是对于历史情况作了另一极端的片面观察的结果。④ 吴海若提出何时萌芽的问题是"纯粹的历史问题，慢点下结论没有关系，大家多搜集些材料，尊重事实，等到材料确实发掘完了，再下结论也不迟"。⑤

1963年，汪敬虞、张国辉从方法论的角度对资本主义萌芽研究做了总结，并阐述了他们的观点。他们认为："到现在为止，在研究方法上，似乎存在一种'程式'，即先从经典著作中去寻找一个资本主义萌芽的

---

① 参见傅筑夫、谷玉堂《中国原始资本积累问题》，《南开大学学报》（经济科学版）1956年第1期。

② 参见吴海若《中国资本主义生产的萌芽》，《经济研究》1956年第4期。

③ 胡嘉：《论明清时期资本主义萌芽形态》，《安徽大学学报》1962年第1期，第53页。

④ 邓拓以万历到乾隆朝京西门头矿区民窑的契约文书、家谱、账单等材料，从私人资本活动的特点、雇佣劳动和商品生产说明了中国资本主义因素的萌芽不仅在东南沿海出现，而且在北方地区，如北京附近也同时出现。参见邓拓《从万历到乾隆》，《历史研究》1956年第10期。

⑤ 吴海若：《中国资本主义生产的萌芽》，《经济研究》1956年第4期。

'标志'，再从中国的历史实际中去搜集与这个'标志'相吻合的现象，从而得出结论；合乎这个标志者是'萌芽'，不合这个标志者就不是'萌芽'。似乎找到了'标志'，中国资本主义萌芽的各个问题，便可迎刃而解，我们认为这种研究方法是值得商榷的。"① 这种"标志论"的缺点就在于：它不是把马克思主义理论作为指导，从历史的形成过程中去阐明问题，而是把理论的概括当作具体的历史本身，用简单的逻辑推理代替实际的复杂历史过程的分析。因此才出现了合乎标志就是"萌芽"，不合乎标志就不是"萌芽"的简单化结论。

他们认为，从资本主义生产关系原始形态到资本主义生产方式的完全建立，是一个经历了一系列的过渡形态的历史过程。在生产者与生产资料的分离上，从原料、工具到土地的剥离；在不同集团生产中所处的地位和相互关系上，从商品的买者与卖者的对立到劳动力的买者与卖者的对立，从流通过程的剥削到生产过程的剥削，从绝对剩余价值的榨取到相对剩余价值的榨取，从商人与小生产者的对抗到资产阶级和无产阶级的对抗；在产品的分配关系上，劳动者的所得，从整个家庭成员的劳动力的出卖到劳动者个人的劳动力的出卖，从生产费用的补偿和劳动力的价格的混合形态向单纯劳动力价格的过渡。所有这些变化，都经历了一系列的过渡形态。而集中起来考察，就是资本对劳动——更确切地说，是对剩余劳动的统治的过渡形态。基于上述理论认识，他们认为考察资本主义萌芽问题，既要坚持马克思主义理论原则的指导作用，又要具体分析纷歧复杂的历史过程。当人们面对纷歧复杂的历史现象时，必须坚持经典作家对资本主义本质的高度理论概括，将之作为剖析具体现象的分析工具。但是，坚持理论原则，并不是要求人们放弃对具体情况的具体分析，不能仅从一般理论的简单推理去寻找实际问题的具体结论。

从资本主义生产关系的发生到资本主义生产方式的建立，这是一个漫长的历史过程。所谓资本主义萌芽，就是资本主义生产关系在其发生过程中的原始形态。这个形态本身带有过渡性质，随着历史的发展在不断地变化，因此，正确的研究方法，不是寻找抽象的、固定的、孤立的某一个"标志"来测定是不是有资本主义的萌芽，而是从历史的发展过程去分析各种过渡形态的形成，以及它的特征和它的历史意义。企图

---

① 汪敬虞、张国辉：《关于资本主义萌芽问题的方法论》，《经济研究》1963年第2期。

用一个标志来测定资本主义的萌芽，这是用静态的观点去考察动态的历史实际，把不断发展变化的历史实际纳入凝固化的概念之中，其结果必然"不是使自己的概念去符合事物，而相反地，是使事物去符合自己的概念"。①

循此两位学者提出的方法论，我们将对资本主义萌芽讨论的热点进行深入审视，期望能够剖析出这些讨论背后的经济学理论之争。

首先，雇佣劳动是学者争论资本主义萌芽的重要问题。黎澍认为，中国封建社会中的所谓"雇""佣"与资本主义的自由雇佣劳动往往有着很大的甚至是本质的不同。他指出，采矿业中的砂丁实际上是农奴式的劳动，因为他所卖掉的不仅是他的劳动力，而且包括他的整个人身和人格。② 韩大成对黎澍的看法提出不同意见。他指出，中国封建社会里的雇佣，无论如何并非只有出卖了自己整个人身和人格的一种雇佣，另外也必须看到中国封建社会后期产生的一种新的资本主义性质的雇佣。并且资本主义的雇佣，他们除了受资本主义的剥削以外，完全可能还受着前资本主义制度残余的剥削，但并不能因之就影响了他们是自由劳动的实质。③ 胡嘉认为，雇佣劳动是研究资本主义萌芽的关键问题，明中叶以后的雇佣劳动，虽然必需的历史前提尚没有完全成型，但是雇佣劳动在量和质的方面已经起了变化，这种变化是一个缓慢的、复杂的历史过程。关于资本主义单纯协作与工场手工业的出现，自始就是以自由工资劳动者为前提，但是，人身的完全解放，在封建生产关系内部是不可能达到的。而且，就是在工场手工业出现以后，工人也不会立刻就成为摆脱任何超经济强制的自由人。因此，明清时期在丝织业、陶瓷业、煤矿等行业内，已经出现工场手工业，但是并没有发展到"工场手工业阶段"。④ 吴海若指出，明清时期的雇工，无论是从他们与生产资料的关系来看，还是从与雇主的关系来看，或从生活待遇和工资水平来看，都不能说是工役制下的劳动者。⑤ 可见，学者们多认为明清已存在雇佣劳动。

---

① 汪敬虞、张国辉：《关于资本主义萌芽问题的方法论》，《经济研究》1963年第2期。
② 参见黎澍《关于中国资本主义萌芽问题的考察》，《历史研究》1956年第8期。
③ 参见韩大成《对黎澍同志〈关于中国资本主义萌芽问题的考察〉一文的几点意见》，《历史研究》1956年第7期。
④ 参见胡嘉《论明清时期资本主义萌芽形态》，《安徽大学学报》1962年第1期。
⑤ 参见吴海若《中国资本主义生产的萌芽》，《经济研究》1956年第4期。

那么，农业中的雇佣劳动是什么性质呢？① 1959年，罗仑、景甦在《清代山东经营地主底社会性质》（山东人民出版社1959年版）一书中提出，清代已有经营地主采用雇工经营方式，在较大的土地面积上从事以农业为主，兼及商业和手工业的多种经营，表明在清代山东农业中已经产生了资本主义萌芽。但是，这一观点受到学者的反对。② 陈逸仪认为，中国近代农业的雇佣劳动基本上有两种形式：短工和长工。短工实质上乃是农业的自由雇佣劳动，短工与雇主之间近似城市的劳资关系。短工的雇佣形式虽然存在一定的封建剥削，但它所包含的资本主义因素更为显著。长工的雇佣形式有着浓厚的封建性质，但也含有资本主义因素。他提出："我国近代农业雇佣劳动的性质，是农业资本主义的因素，而不是封建的剥削关系。它的存在和发展，对封建剥削关系无疑是个否定的因素。在帝国主义和本国封建主义的摧残下，我国近代农业的生产水平极为低下，封建关系占着统治地位，因而农业雇佣劳动的关系得不到正常的和大量的发展。大量的农民'剩余'劳动力，或者成了外国资本家的廉价品，或者当兵为匪，甚至卖身为奴婢。农业资本主义的萌芽遭到极大的压制，导致城市民族工商业的微弱，从而使近代的中国始终处于半封建半殖民地的地位。"③

其次，行会与资本主义萌芽的关系问题。黎澍认为，景德镇瓷业整个还没有脱离封建义务的束缚和行会制度的支配，把行会和资本主义生产关系的原始形态绝对地对立起来，认为有行会的存在，就不可能出现资本主义关系。④ 从翰香讨论了行会制度对资本主义萌芽的束缚作用，认为关于中国资本主义手工工场也能与行会手工业相并发展的说法是没有根据的。⑤ 汪敬虞、张国辉对此表达了不同意见。他们认为，注意到行会制度对资本主义关系发生过程的阻碍作用，无疑是正确的。但是，不能因此便

---

① 参见陈逸仪《中国近代农业雇佣劳动的社会性质问题——与朱建同志商榷》，《学术研究》1962年第2期。

② 参见朱建《关于中国农业的资本主义萌芽问题》，《学术月刊》1961年第4期；李文治《论清代前期的土地占有关系》，《历史研究》1963年第5期。

③ 陈逸仪：《中国近代农业雇佣劳动的社会性质问题——与朱建同志商榷》，《学术研究》1962年第2期。

④ 参见黎澍《关于中国资本主义萌芽问题的考察》，《历史研究》1956年第8期。

⑤ 参见从翰香《中国封建社会内资本主义萌芽诸问题》，《历史研究》1963年第6期。

把行会固定化。经典作家同时指出，随着历史的发展，行会制度也发生了多种变化。事实上，在封建经济发展的条件下，行会本身不但经常变化着，而且在它自身的运动中产生了自己的对立物，出现了资本主义的萌芽。随着客观社会条件的成熟，导致自己的解体。在苏州的踹布业和纱缎业、杭州的丝织业中，都可能有帮工行会的存在。这些情况说明中国手工业行会的这种分解，至迟在明末清初已经开始产生。这对研究中国资本主义的萌芽而言，是具有重大意义的现象，然而很多作者却把它忽视了。他们趋向于把行会的作用固定化，不去注意发生于行会中的这种重大的变化，有的学者甚至不区别帮工行会和手工业行会，笼统地把它们看成是一成不变的相同的组织。把新出现的帮工行会看成是早已存在的手工业行会，从而忽视了行会中的这种新的分化。根据这种观点，自然很难按照客观的历史实际把资本主义的萌芽作为一个过程进行考察。①

再次，农业与手工业结合和分离的问题。黎澍认为，清朝社会经济发展较明朝更显著一些，但农业和家庭手工业的分离还是非常个别的和非常轻微的现象，中国社会经济的基本结构仍旧是农业和家庭手工业的统一，因此不能说出现了资本主义萌芽。②尚钺指出，在小农业和家庭手工业结合的问题上，应当运用两点论和阶段论的方法加以具体的研究和分析，才能说明鸦片战争后中国社会生长出"资本主义经济"所引起的社会性质变化的大问题，才能了解"小农"与社会发生的是什么关系。③吴海若认为，小农业和家庭手工业结合成为经济结构中的广泛形式不是中国封建社会特有的现象，而是一切封建社会共有的现象。因此，不能把这一现象当作中国历史停留在封建社会较长久的一个原因。④汪敬虞、张国辉认为，这种把手工业和农业的结合或分离作为判别"萌芽"是否发生的"标志"的研究方法，是值得斟酌的。如果不对它所反映的不同生产关系进行具体的分析，笼统地把农业与手工业的结合看成是同资本主义的萌芽不相容的东西，是对马克思主义的误解。至于把农业和手工业的分离当作判别资本主义萌芽发生的"标志"，更是忽略了或者颠倒了历史发展的阶段性。因

---

① 参见汪敬虞、张国辉《关于资本主义萌芽问题的方法论》，《经济研究》1963年第2期。
② 参见黎澍《关于中国资本主义萌芽问题的考察》，《历史研究》1956年第8期。
③ 参见尚钺《关于中国资本主义萌芽问题的二三事》，《历史研究》1959年第7期。
④ 参见吴海若《中国资本主义生产的萌芽》，《经济研究》1956年第4期。

为，工业与农业的完全分离是在资本主义关系巩固以后才完成的，是资本主义发展到大机器工业阶段的产物，是成熟阶段的资本主义生产方式所具有的特征。把工农分离当作"萌芽"产生的"标志"，其错误在于把资本主义发展的成熟阶段的特征搬用到资本主义关系最初发生的阶段上来，是以成熟的资本主义去"想象"资本主义萌芽。①

最后，工场手工业的形式问题。学者们常常将工场手工业形式视作资本主义萌芽的标志。彭雨新具体考察松江地区的棉纺织业和苏州地区的丝织业，认为资本主义萌芽已发生并有了一定程度的滋长，但小作坊占优势，尚未达到工场手工业的阶段。②从翰香考察了鸦片战争前棉纺织业、丝织业、矿冶业、陶瓷业等行业中资本主义萌芽的概况。她指出，整个棉纺织业特别是其生产本身，小作坊很少，手工工场几乎不存在；整个丝织业占统治地位的经营方式仍然是个体性质的家庭手工业和小作坊；拥有较多织机和工人的手工工场已经存在，但内部关系又极为复杂；该部门所受封建徭役束缚比较显著；矿冶业已出现不少规模较大、分工细致的手工工场；景德镇的陶瓷业究竟是否存在资本主义手工工场，尚未找到足以说明生产关系性质的材料。最后，她认为，无论就上述几个重要手工业部门的整体看，还是就其中最发达的部门看，都远远谈不上已经或正在达到工场手工业阶段。③李之勤认为，不能单纯从资本主义手工业工场的数量和它在整个手工业生产中所占的比重来看资本主义生产萌芽发展的程度。④汪敬虞、张国辉认为，无论从资本主义经济形态的发展历史上，还是从"萌芽"所包含的最本质的意义上去考察资本主义萌芽问题，那种把经典作家对工场手工业所作的论断当作"萌芽"的"标志"，都是不正确的。⑤

综上所述，资本主义萌芽在五六十年代近代中国经济史研究中占据了重要位置。一切历史都是当代史，我们应当看到这一学术现象背后的现实

---

① 参见汪敬虞、张国辉《关于资本主义萌芽问题的方法论》，《经济研究》1963年第2期。

② 参见彭雨新《从清代前期苏松地区丝绵手工业的生产来看资本主义萌芽》，《武汉大学人文科学学报》1959年第8期。

③ 参见从翰香《中国封建社会内资本主义萌芽诸问题》，《历史研究》1963年第6期。

④ 参见李之勤《关于中国清初资本主义生产萌芽的发展水平问题——和吴大琨同志商榷》，《教学与研究》1956年第2期。

⑤ 参见汪敬虞、张国辉《关于资本主义萌芽问题的方法论》，《经济研究》1963年第2期。

关怀。首先，以黎澍为代表的近代史研究者，对该问题的关注源于近代史始于何时的争论，其思路是围绕中国半封建半殖民地社会性质展开的，未能与经济史学者展开真正意义上的学术对话。其次，学界对资本主义萌芽的研究基本方法存在很大问题，基本是一种"标志论"，体现了史学界机械学习马克思政治经济学，未能将理论与中国历史过程有机结合起来。由于上述两个原因，对资本主义萌芽的讨论虽热闹一时，后来却颇受学界的质疑。

二 资本原始积累

资本原始积累是马克思政治经济学的重要概念，20世纪60年代初受到学者们的高度关注，先后有若干文章对此问题展开讨论。当时讨论的主要问题有：什么是资本原始积累、中国有无资本原始积累以及资本主义萌芽与资本原始积累的关系。

首先，学者们对什么是资本原始积累做了不同的阐释。伍纯武发表于《学术月刊》1961年第3期的《中国资本的原始积累问题》一文，对什么是资本的原始积累做了阐释。在总结英国、俄国两国资本原始积累的基础上，他提出从西欧的历史来看，通过暴力的使用来加速资本主义生产方式产生的过程，就是资本的原始积累过程。这一观点受到学者们的质疑。朱伯康不认同伍纯武套用英俄两国经验阐释资本原始积累的概念。他认为，资本的原始积累过程，是"多数民众突然地强制地被失去生产资料成为自由出卖劳动力的无产者，投到劳动力市场上来"的历史过程，同时，也是"少数剥削者集中财富集中货币资本成为劳动力的购买者"的历史过程。这个过程也是社会两极化，一极是积累贫困，一极是财富积累的过程。这是资本主义生产方式产生的出发点和前提。[①] 陈乃圣利用马克思资本论中对资本原始积累的阐释，反驳了伍纯武的观点。他认为，必须从马克思所说的"生产者与生产资料分离的历史过程"的角度去理解资本的原始积累。伍纯武的"资本的原始积累和暴力的剥夺是不可分的"这句话，应做如下之理解，"在资本的原始积累过程中，往往经常使用暴力来加速对小生产者的剥夺，但是如果认为只有暴力的剥夺才是资本的原

---

① 参见朱伯康《论中国资本的原始积累问题——与伍纯武先生商榷》，《学术月刊》1961年第6期。

始积累,这种理解是不正确的"。因为,除暴力之外,资本原始积累方式还可能是其他。资本的原始积累是资本主义产生的一般规律,脱离资本原始积累的资本主义生产是不可能的,因而也是不存在的。① 谷书堂亦指出,伍纯武虽然正确提出了暴力是原始积累过程的特征这一基本思想,但可惜他在引申和运用这个思想时又失之过偏,把问题绝对化。他的文章使人感到他所把握的原始积累竟成了新兴的资产阶级自觉地利用政权来创造资本主义生产方式的过程。②

其次,学者们讨论了中国有无资本原始积累的问题。伍纯武否认中国历史上有过资本的原始积累。鸦片战争后,由于中国民族资本主义经济外受帝国主义侵略的压迫,内受中国封建势力的打击,以致始终未能顺利地发展和扩大,始终只是在帝国主义侵略势力的夹隙中和在中国封建势力的摧残下挣扎着,因而不能形成可以发生资本原始积累的前提条件(资本主义经济顺利发展的前途),所以到了鸦片战争之后,仍然未曾出现资本的原始积累过程。鸦片战争后小生产者的破产和社会资金的积累不是资本的原始积累,民族资本主义的兴起也不是资本的原始积累。中国民族资本主义兴起的条件,是资本的转化和资本积累,而不是资本的原始积累。③

多数学者不认同伍纯武的观点,分别进行了反驳,强调中国资本原始积累主要是帝国主义掠夺和封建剥削,仅有部分是资本积累。他们多数将鸦片战争作为中国资本原始积累的起点。朱伯康指出,中国资本的原始积累过程的最大特点,就在于半殖民地半封建的性质。帝国主义侵略中国的目的,不是把封建的中国变为资本主义的中国,而是使中国贫困和落后,成为他们的商品销售地、农产原料供给地、廉价劳动力掠夺地和安全的投资地。中国两极化现象虽显著,原始积累规模虽大,但原始积累成为产业资本的数额,仍是有限的。中国有资本主义生产,也有资本主义产生前史,有中国自己形式和特点的原始积累过程,即贫困积累的一极大于财富积累的一极。破产的人数众多,但在劳动力市场上,没有相应庞大的资本来收买,破产的无产者成为工资劳动者数量有限,迫使劳动力的出卖价格

---

① 陈乃圣:《论资本原始积累与暴力的关系——和伍纯武先生商榷》,《学术月刊》1961年第6期。
② 参见谷书堂《我国的资本原始积累问题》,《学术月刊》1961年第6期,第26—27页。
③ 参见伍纯武《中国资本的原始积累问题》,《学术月刊》1961年第3期。

在劳动力的再生产价值之下，中国工资水平之低，是世界上所少见的。在财富积累方面，最大的部分不能为民族资本所利用，绝大部分财富，集中于帝国主义侵略者手中，其次集中于官僚买办资产阶级手中，不能成为民族工业的资本。① 陈乃圣强调除了暴力之外，资本原始积累还可能有其他方式。中国民族资本兴起的条件，是资本原始积累的结果。但是中国资本的原始积累有自己的特点，除了一部分由小商品生产者竞争中积累货币资本以外，主要是靠土地、经商、高利贷剥削、贪污，分润帝国主义侵略唾余和超经济的掠夺。② 谷书堂则指出，鸦片战争后，中国有自己的原始积累过程。但是，这个过程并不是中国社会经济发展成熟的结果，而是外国资本主义和帝国主义侵入促其出现的。在资本原始积累过程中出现产业资本，从一开始就是由官僚资本和民族资本两部分组成的。它们最终的源泉都是来自对劳动者的掠夺，但其性质和发展的后果却有重要的区别。③

马伯煌对近代中国资本原始积累的具体状况做了剖析。他认为，鸦片战争前，中国存在"蜗牛式的"积累方式，但是以暴力剥夺为杠杆的资本原始积累过程，尚未发生。随着近代中国社会经济条件的变化，在外国资本主义侵略和中国封建主义的压榨下，发生了资本的原始积累过程。外国资本主义对中国的商品侵略和原料与特产的掠夺，对于中国封建经济的分解和资本主义商品市场与劳动力市场的形成，起着重要的促进作用。在这样的社会经济变化过程中，一方面是大量农民和小手工业者的贫困与破产，另一方面是货币财富和生产资料的集中。这种集中，主要是属于外国资本主义的掠夺和中国封建主义的榨取，但其中也有中国资本的原始积累。④

萧灼基认为"伍纯武否认中国曾经发生过资本原始积累的观点是站不住脚的"。中国的资本原始积累，是在资本主义因素已经有了一定发展，由外国资本主义的侵入所推动的。其过程是本国官僚、地主、买办和商人对直接生产者暴力剥夺的过程，也是外国侵略者对中国人民暴力剥夺

---

① 参见朱伯康《论中国资本的原始积累问题——与伍纯武先生商榷》，《学术月刊》1961年第6期。
② 参见陈乃圣《论资本原始积累与暴力的关系——和伍纯武先生商榷》，《学术月刊》1961年第6期。
③ 参见谷书堂《我国的资本原始积累问题》，《学术月刊》1961年第6期。
④ 参见马伯煌《关于中国资本原始积累的几个问题》，《历史研究》1963年第1期。

的过程，实质上也是对农民的生产资料进行暴力剥夺，使农民和生产资料所有权相分离的历史过程。①

最后，学者们讨论了资本主义萌芽与资本原始积累的关系。当时有两派意见，一派认为资本主义萌芽与资本原始积累是同时进行的。关梦觉在《中国原始资本积累的初步探索》一书中指出："我们认为在此以后的资本主义萌芽过程，也就是我国原始积累过程的开始。两者是相平行的。"② 孔经纬也表示，"早在封建社会内部资本主义萌芽生长的同时，就已经发生了原始积累过程。"③

另一派认为资本主义萌芽与资本原始积累不是同时开始的。萧灼基认为，应将资本原始积累和资本主义萌芽区分开来。④ 伍纯武、谷书堂、孔令仁、魏永理⑤认为资本原始积累是后于资本主义萌芽的。伍纯武指出，"在中国资本主义萌芽时期，虽然出现了破产的农民和手工业者，虽然社会中有一定数量的货币财富的积累，但是这些现象与企图加速资本主义的发展和扩大资本主义活动范围一事显然没有发生多大关系。所以，它仍和资本的原始积累有着本质上的差异，不能算是资本的原始积累"。⑥ 谷书堂认为，关梦觉混淆了商品生产者自发分化的经济过程同原始积累这一暴力剥夺过程的区别，亦对此表示了不同意见。⑦

孙江、纪新提出研究资本原始积累在研究方法上，必须要透过货币去研究资本主义的生产关系，研究劳动者的被雇佣是怎样发生的，不能纠缠在资本家的钱是从哪儿来的问题上。中国的资本原始积累，形成资本关系的前提条件，有两个特点：一是封建剥夺已经为资本主义关系准备了条件，是马克思所说的由农奴直接转化的类型；二是中国的生产资料和货币资金的集中，早已形成。他认为不应将资本原始积累的起点定于鸦片战争之后。⑧ 此文引起孔令仁的反对，他撰文表示，应当研究资本

---

① 萧灼基：《论中国资本原始积累》，《北京大学学报》（人文科学版）1962 年第 6 期。
② 关梦觉：《中国原始资本积累的初步探索》，上海人民出版社 1958 年版，第 2 页。
③ 孔经纬：《中国经济史略》，吉林人民出版社 1958 年版，第 35 页。
④ 参见萧灼基《论中国资本原始积累》，《北京大学学报》（人文科学版）1962 年第 6 期。
⑤ 参见魏永理《论资本主义萌芽与资本原始积累的关系——与关梦觉、陈乃圣先生商榷》，《兰州大学学报》1963 年第 1 期。
⑥ 伍纯武：《中国资本的原始积累问题》，《学术月刊》1961 年第 3 期。
⑦ 参见谷书堂《我国的资本原始积累问题》，《学术月刊》1961 年第 6 期。
⑧ 参见孙江、纪新《从中国资本原始积累的讨论说起》，《学术月刊》1963 年第 11 期。

家最初货币的来源，不认同其提出的"中国资本关系是马克思所说的由农奴直接转化的类型"的观点，不认同鸦片战争以前中国已经进行资本原始积累。①

资本原始积累讨论的理论指向何在呢？显然，学者们讨论的终极目标都是对近代中国社会的性质做出理论和历史解释。虽然有时间、程度的差异，但研究的结论最终落在了帝国主义侵略和阶级的产生及性质等问题上。例如，谷书堂指出，"我国原始积累过程并不是我国社会经济发展成熟的结果，而是由于外国资本主义和帝国主义的侵入促其出现的"，而原始积累过程中出现的产业资本由官僚资本和民族资本两部分组成，前者阻碍了中国社会经济的发展，"它是直接为反动统治阶级、从而也是为帝国主义服务的"，是中国革命的对象，后者对中国经济的发展有一定的积极作用，但其具有两面性。②

由于深受当时意识形态的影响，学者们对资本原始积累持完全否定的态度，未能客观地探究其具有的积极意义。因此，我们看到对资本原始积累的研究基本建立在以论代史的基础之上，缺乏扎实的实证研究，难以接受时间的考验。

三 资本主义发展

对于近代以来中国资本主义经济的发展过程，必须有一套理论解释体系才能进行宏观层面的分析。为达到此目的，学者们或从理论或从实证的角度对近代中国资本主义发展做了深入讨论，并就有关问题展开了争鸣。

首先，有学者对近代中国资本主义经济的发展进行了总结。③ 吴江发表于 1955 年的《中国资本主义经济发展中的若干特点》一文，概括了资本主义经济发展的基本状况，这些观点被学界认可和采纳，成为相关问题

---

① 参见孔令仁《关于中国资本原始积累的几个问题——兼与孙江、纪新两位同志商榷》，《文史哲》1964 年第 1 期。

② 参见谷书堂《我国的资本原始积累问题》，《学术月刊》1961 年第 6 期。

③ 除下述文章外，还有周秀鸾著《第一次世界大战时期中国民族工业的发展》，上海人民出版社 1958 年版。

的共识。① 他指出，中国资本主义因素的产生和发展是中国社会经济发展的必然结果。外国资本主义侵入中国的结果，一方面，破坏了中国自给自足的自然经济和城乡手工业的基础，有限度地破坏了中国社会封建经济的结构，促进了城乡商品经济的发展，给中国资本主义生产的发展造成了某些客观的条件；另一方面，外国帝国主义又勾结中国封建势力，竭力保持资本主义前期的一切剥削形式，作为自己统治中国的支柱，同时培植买办势力，共同压迫中国资本主义的发展。这样就把中国一步一步地拖入了半殖民地半封建社会，在中国造成了半殖民地半封建的政治经济制度。中国资本主义发展的显著特征之一，是中国资本主义经济在自己的发展中分为两个部分，即官僚资本主义经济和民族资本主义经济。与此相适应，中国资产阶级也分为两个部分，即官僚资产阶级（大资产阶级）和民族资产阶级（中小资产阶级）。

官僚资本主义经济是买办的、封建的国家垄断资本主义经济，它是大地主与大买办在经济上的混合产物。中国的官僚垄断资本的主要特征是：首先，这个垄断资本组织和一般帝国主义国家在开始形成阶段的垄断组织有所不同，它一开始便与国家政权结合在一起，采取国家资本主义的形态；其次，它没有任何独立性（对于国际资本主义来说），它原来就是买办起家，它在国内的垄断势力愈大，它的买办性也愈强，也就愈丧失了它的任何一点独立精神。它同外国垄断资本之间的矛盾，主要是反映了各外国垄断资本在中国利益的矛盾；再次，中国垄断资本是同封建地主阶级密切地联系着的，有着浓厚的封建性；最后，中国垄断资本不事生产，而完全从商业、银行投机起家。那么中国国家垄断资本主义在社会经济的作用，不过是外国帝国主义国家的垄断资本的附庸，为帝国主义和封建主义的利益服务，具有浓厚的买办性和封建性，它完全是寄生的腐朽透顶的东西，是国民党反动政权的经济基础，它借助于这个反动政权垄断了全国的经济命脉，集中了巨量的社会财富。而中国一般资本主义没有成为中国社会经济的主要形式，发展不足，力量软弱，与帝国主义、封建主义和官僚

---

① 需指出的是，此文中有关民族资产阶级是中小资产阶级的观点受到林涤非的批评。他认为吴将民族资产阶级当作中小资产阶级，是有原则性错误的。但这种质疑并未影响学界接受吴江对资本主义经济发展的整体表述。林涤非：《民族资产阶级是中小资产阶级吗？——对吴江同志的〈中国资本主义经济发展中的若干特点〉一文的商榷》，《经济研究》1956年第6期。

资本主义有着或多或少的联系,在经济上具有落后性和软弱性。其落后性一方面体现在工业落后,即规模狭小,技术落后,以及生产资料生产的比重很小,另一方面体现为它的内部反映了某种程度的旧封建关系。①

其次,学者们争论了中国是否发生过产业革命的问题。20 世纪 30 年代,有学者认为,中国的产业革命是在鸦片战争以后,随着中国机器工业的出现,特别是洋务派官僚兴办军用工业时,就已经开始了,不过尚未完成。中国的产业革命是由于外力的压迫,是被动的;中国的工业发展是从重工业开始的。② 这一观点受到学者的关注,他们主要从产业革命的定义和前提条件两方面展开了论争。

李湘认为,旧中国不曾发生过产业革命。他对产业革命概念做了界定,产业革命的主要标志,首先是大规模地建立机器工业。产业革命是一个国家社会经济彻底变革的过程。它不是一个社会的偶然产物,而是表现了社会经济长期发展的结果,反映了当时大规模地和迅速地发展资本主义的时代要求和社会性质的根本变化。不能把产业革命说成是单纯地发明与使用机器的一次技术上的革命,这是不全面的,实际上它包括了整个社会生产方式的改变。生产力与生产关系是不可分割的整体,产业革命作为一个社会革命来观察,它必然体现着生产力与生产关系两方面同时进行迅速发展,而且是相互影响、相互推动的。这些变化也不是仅指少数资本主义企业的使用机器和建立工厂制度,而是指新的社会生产方式居于决定性的统治地位,从而确立了资本主义制度,进入资本主义社会。③ 马德钫对李湘的定义表达了不同意见。他阐释"产业革命"一词的科学含义是:从手工劳动过渡到机器生产,从资本主义的手工业工场过渡到资本主义的工厂。产业革命的发生正是表明了社会生产力改变和发展的一个开端,而机器就是这个变革的物质技术基础。因此,考察产业革命的发生,应该以劳动手段的变革为始点和最基本的标志。基于这种观点,他认为李湘使用大规模建立机器工业作为产业革命的标志是不妥当的,"因为机器工业的大规模的建立,乃是产业革命发展变化的结果,而不是产业革命的出发点"。④

---

① 参见吴江《中国资本主义经济发展中的若干特点》,《经济研究》1955 年第 5 期。
② 参见刘大钧《工业化与中国工业建设》;李达编《中国产业革命概观》,昆仑书店 1930 年版。
③ 参见李湘《旧中国是否发生过产业革命》,《学术月刊》1962 年第 11 期。
④ 马德钫:《关于旧中国的产业革命问题》,《学术月刊》1963 年第 9 期。

李湘认为,产业革命的前提条件包括经济和政治两方面。在经济方面是:第一,市场的扩大;第二,劳动力的大量供应;第三,资金的积累;第四,机器的发明与使用。在政治方面的前提条件是资产阶级获得了一定的政治地位,或是取得了政权。旧中国不曾具备上述条件。从市场来看,鸦片战争后,中国沦为半殖民地半封建的市场,使中国资本主义发展的市场条件不能充分具备;从劳动力的供应来看,虽然在帝国主义和封建势力的双重摧残下,农民与手工业者日渐离开了生产资料,但是这些破了产的小生产者绝大部分并未成为产业后备军,而是变成城市中的游民和农村中的无产阶级和半无产阶级;从资本的来源看,旧中国社会中剥削阶级所积累起来的财富,大部分掌握在地主、官僚、封建商人、高利贷者的手中,用作进行生产事业的资金极为有限;中国的工场手工业尚不能为向机器工业过渡准备充分的技术条件。从政治上来讲,中国民族资产阶级自诞生日起,即受到双重的压迫,在政治上始终处于无权状态,只能在对统治阶级既依附又斗争的情况下,才获得一些发展。甲午战争,虽然出现了新式工业,从国外输入机器和动力设备,建立了现代化厂房,实施了工厂制度,出现了现代工业生产的规模,但大机器工业的出现并不能认为是产业革命已经开始。因为产业革命是一个社会革命,必须具备一定的物质基础和社会基础,反映"量变"的机器大工业不能作为社会本质的根本变化。从其他几个方面来看,旧中国没有进行过产业革命的标志。(1)旧中国没有建立起生产资料工业的基础;(2)封建统治的基础没有被摧毁;(3)手工业生产在工业中仍然占重要地位;(4)无产阶级和资产阶级之间的矛盾没有上升到主要地位。①

马德钫不认同李湘的看法,他认为鸦片战争后,由于外国资本主义的侵入,促进了中国封建经济的分解和城乡商品经济的发展,从而给中国产业革命的开始提供了必要的前提条件,主要表现在市场的开拓、劳动力市场的扩大以及货币财富的积累。从19世纪下半叶开始,中国从手工劳动向机器生产过渡,陆续出现了近代机器工业,纵然数量较少,发展迂缓,可是这种生产技术上的重大变革,无疑是中国产业革命的开始。他认为产业革命有没有开始是一回事,产业革命开始后,资本主义工业化能不能实现又是一回事。中国产业革命有三大特点:第一,是由外国资本主义入侵

---

① 参见李湘《旧中国是否发生过产业革命》,《学术月刊》1962年第11期。

的影响和刺激所促成的；第二，是在非常艰难而迂缓的条件下进行的，它的进行不太突出；第三，是局部的、不深刻的、很不彻底的，直到解放以前还没有完成。①

再次，学者们研究了民族资本发展的具体形态。其中较具代表性的论文是吴承明的《中国民族资本的特点》一文，不仅考察了民族资本的数量和结构，而且分析了民族工业资本和民族商业资本的特点，体现了经济史研究理论和实证的结合。他认为，中国民族资产阶级的资本积累在抗战前的几年就达到了它的最高峰。民族资本的大部分处于货币资本和商品资本的形式，这不仅在于商业和金融业资本在数量上占绝大比重，还在于整个民族产业运动带有浓厚的商业资本和借贷资本的性格。

吴承明利用企业的资产净值取代企业的登记资本额，估算资本总额。但在没有材料的时候，他也用资本额进行推算。经过计算，1936 年的民族工业资本，包括小型工业和采煤工业，约为 19.5 亿元，中国民族工业资本家所积累的资本只有约 11.7 亿元。据估计，1949 年全国私营工业资产净值，大约有人民币 20 亿元。抗战前，商业资本大约比民族工业资本大 2 倍，从资产净值的意义上说在 30 亿元左右；从资产总值的意义上可能有 40 亿—50 亿元。1936 年私营金融业的资本有 28.7 亿元。抗战前，中国民族资本在它积累的最高峰的时候，不过 70 多亿元（1936 年币值），合 20 多亿美元；而当时帝国主义在中国的资本估计达 42.8 亿美元。后来官僚资本所积累的财富达 100 亿—200 亿美元，比民族资本大 4—9 倍。

民族资本中有 80% 以上是商业资本和金融业资本，可以说民族资本经常的绝大部分处于货币资本和商品资本的形式，绝大部分是不生产价值和剩余价值的商人资本。这种不相称显露了中国民族资本半封建半殖民地的特性。商业资本不只是执行着实现工业生产的剩余价值的任务，更主要的是为地主经济和外国资本服务。民族资本的商业性和高利贷性还表现在：商业大量占用工业的资金，工业生产依赖于高利贷借款，工业资本本身的借贷性质，以及工业资本之用于商业投机等。

民族工业资本的特点表现在以下几个方面：第一，从工业部门的结构上看，民族资本主义工业基本上是轻工业，其中又主要是纺织工业和食品

---

① 参见马德钫《关于旧中国的产业革命问题》，《学术月刊》1962 年第 9 期。

工业；第二，从工业的地区分布来看，民族资本的发展极不平衡，它主要集中在沿海大城市，与原料供应和人民的需要极不适应；第三，从生产的规模来看，民族资本主义一般规模很小，资本不足，多数是分散落后的小生产，工场手工业还占很大比重；第四，从设备、技术和经营管理上看，民族资本主义工业是很落后的；第五，从剥削关系上看，民族资本主义工业的工资制度和劳动制度也是十分落后的。

鸦片战争后，中国城乡的商品经济和货币经济有了发展，但是这种发展，不是生产扩大和生产方式革命的结果，而是外国货加入市场和农民产品被变成商品的结果。民族商业资本仍然在不同程度上保留着它前资本主义的商业资本的性质，又被附加了新的性格，即作为外国资本的买办的性格。随着商业资本的发展，银行资本家资本形式的借贷资本也跟着发展起来。这种银行资本不是生产资本发展和集中的结果，而是商业资本发展的结果，更重要的是反动政府扩大发行公债的结果。银行的业务不是生产放款，而是承受公债，不是把"不活动"的资本"变为产生利润的资本"，而是把它变为反动政府的军费，从中获取远高于生产利润的、主要是由农民负担的公债利息。民族商业资本大致可以分为两种类型：一种是较多地带有买办性的，主要是经营进出口物资和生产资料，一般资本较为集中，以批发交易为主，主要集中在沿海沿江大城市；另一种是较多地带有封建性，主要经营农产品和日用消费品，与地主经济、高利贷资本结合在一起，手工业者和农民是它的主要剥削对象，它在资本和劳动力组织上、经营管理上和交易形式上都是很落后的，带有种种封建性的、行会性的因素。民族金融业资本也可以大体分为较多带有买办性的和较多带有封建性的两种基本类型，前者主要是银行资本以及保险、信托业资本，后者主要是钱庄、银号以及典当业资本。①

孙毓棠论述了19世纪后半叶中国近代工业的发展。鸦片战争以后，外国资本主义侵入中国，在中国境内经营近代工业的亦以外国资本为最早。中国民族资本的近代工业自19世纪70年代才开始发生，清政府官办的近代军用工业始于60年代，而外国资本在中国经营的企业，则自鸦片战争后就在上海、广州等地出现。19世纪后半叶，中国采用机器经营近代工业，以清政府官僚集团创办的军用工业为最早，开始于60年代，这

---

① 参见吴承明《中国民族资本的特点》，《经济研究》1956年第6期。

是中国近代工业发展初期的特征之一。

自 19 世纪 70 年代起中国有一部分商人、地主和官僚开始投资于新式工业。他们逐渐转化为近代中国早期的民族资产阶级，他们在当时的社会经济中代表着一种新生的力量，他们的尝试给民族资本近代工业开了端绪，也给它未来的发展打下了初步的基础。中国社会经济为近代工业的发展创造了客观条件，即商品市场和劳动力市场的扩大，以及出现了一批新的货币财富的积累者。民族资本在初期经营近代工业的过程中，具有如下几点值得注意的特征：第一，主要从轻工业和小规模的采矿业开始；第二，大部分企业投资较少，规模较小；第三，在生产工具和生产技术方面，既采取西洋已有成果，又保持了手工业的发展水平；第四，在工业布局方面多集中在上海和广州两地，以及其他通商口岸或邻近通商口岸的地方；第五，近代工业创办人多为商人、买办、官僚和地主。①

陈诗启研究了甲午战争前中国农村手工棉纺织业的变化，指出"资本主义家庭工业"在农村中成长起来了。这是 19 世纪后半期中国自然经济瓦解的标志，也是中国资本主义发展的里程碑。中国农村手工棉纺织业是和小农业相结合的主要的家庭手工业，这是自然经济生产的表现。19 世纪 40 年代，外国资本主义用武力打开了中国的市场，它们依靠着不平等条约所给予的特权，通过了中国的买办资本和商业资本的力量，把数量较大的机制棉纺织品打进中国的市场，因而破坏了通商口岸附近地区的城乡手工棉纺织业，促进了这些地区农村的破产；第二次鸦片战争和太平天国反封建反侵略革命斗争失败后，资本主义国家对中国的侵略大大地加深和扩大了，它们进一步培植了中国的买办资本和商业资本，把"机器日益降低了价格"的棉纺织品大量地倾泻进中国市场，这就在全国范围内的颇大地区，摧毁了农村手工纺纱业，并在局部地区摧毁了农村手工织布业，从而瓦解了部分农民的家庭手工业，进一步促进了中国部分农村经济的破产；同时，由于大量洋纱的输入，在客观上也刺激了某些地区手工织布业的发展。这是甲午战争以前中国农村手工棉纺织业变化的一个方面。另外一个方面的变化，那就是由于中国内部社会生产力和商品生产的迅速发展，农村手工棉纺织业的自给生产显著地衰退，而商品生产则在迅速地增长，从而导致了手工棉纺织业上的原料产品和市场发生了密切的联系。

---

① 参见孙毓棠《十九世纪后半叶中国近代工业的发展》，《经济研究》1957 年第 1 期。

在这一改变的过程中，商业资本的代表者——包买主起了颇大的作用。包买主们不但向农村家庭手工业者收购产品，甚至提供原料，逐步控制了他们的劳动力，迫使他们沦为雇佣工人。这种"资本主义家庭工作"的形成是近代中国农村手工棉纺织业变化的主要方面。从前学者对于中国自然经济瓦解的研究，一般侧重于外国资本主义机制棉纺织品对中国手工棉纺织业的破坏方面，而对由于中国内部社会生产力的推移所导致的手工棉纺织业的发展方面则未加注意，这是不全面的，也是忽略了主导的一面的。①

樊百川研究了近代中国手工业的发展。他指出，中国手工业在外国资本主义侵入以后，尽管受到了很大的打击，造成大批破产和歇业的现象，有过数十年的长期衰敝的过程，但到19世纪末特别是20世纪初以后，随着中国资本主义机器工业的进一步发展，又得到了新的发展，而到1912年至1921年，则有过更大的发展。中国手工业改革技术和改变经营组织的一个重要的标志，是若干旧的手工业部门中大批手工工场的增设，和使用新式机具的新的生产部门的出现与形成。新出现的手工业部门都是随着资本主义机器工业的发展而兴起的，因此除了19世纪七八十年代在沿海地区稀疏地设立过一些数量很少的工场手工业以外，差不多全是在19世纪末年特别是20世纪最初一二十年间产生和形成的。中国手工业另一种新的变化，则是资本主义家庭劳动的形成与发展。20世纪初新兴的工场手工业和许多带有工场手工业性质的新式工业，也都广泛地使用着大规模的家庭劳动。资本主义的家庭劳动制度遂逐渐成为许多工业部门采用的重要组织形式，而广大小手工业者和家庭手工业者则成为资本主义的近代家庭劳动者。中国手工业在19世纪末年特别是20世纪初年的这种新的变化和发展，改变了中国手工业的性质，使它从旧的行会手工业和建立在自然经济基础之上的农民家庭手工业，逐步地变成了资本主义的手工业——工场手工业和近代家庭劳动；即使还有一部分手工业并未发展到这一地步，也在各种不同程度上，通过"包买主"的活动，变成了机器工厂和手工

---

① 参见陈诗启《甲午战前中国农村手工棉纺织业的变化和资本主义生产的成长》，《历史研究》1957年第2期。

工场的附属物。①

上述几项具有代表性的研究基本描述出中国近代资本主义发展的过程，但遗憾的是，这些研究多集中于 19 世纪后半期的情况，对 20 世纪的资本主义发展仍缺乏深入讨论。

最后，学者们研究了官僚资本主义的发展，尤其是官办近代军事工业的性质问题。② 孙毓棠认为，清政府及其官僚集团从 19 世纪 70 年代中叶开始经营一些采矿、炼铁与纺织工业，这些工业的资本的全部或大部分系由清政府筹措，并主要由清政府派官吏经营管理，它们为数不多，但规模较大。1875 年以后的 20 年里，清政府官僚集团经营的这几个采矿、炼铁与纺织工业，大部分是失败的。这类企业已基本上是资本主义的近代企业，主要都是为了销售于市场而进行商品生产，并且在开始经营的时候，倡办者都期望该企业多少能赢获一定的利润。但其性质不纯，混杂了或多或少的官府工业传统的封建性。③

官办近代军事工业的性质问题是当时学者们讨论的热点，共有三种观点。

第一种观点认为，军事企业是纯粹封建性质，和资本主义企业的本质毫无共同之处。孙毓棠指出，清政府经营的近代军用工业，只是两千余年来封建官府工业的直接继承者。这些军用工业不是资本主义的企业，因为它们并不从事商品生产，它们只是封建政府从榨取人民所得的财政收入中拨出经费，来进行生产只供封建政府使用的军器、军火；它的经营不为利润，产品不为交换。它们和资本主义的企业在本质上毫无共同之处。④ 赵德馨、周秀鸾均持与此相同观点。⑤

第二种观点认为，军事企业已不是纯粹封建性质，而是带有相当程度的资本主义性质，是封建性、买办性和资本主义的混合物。这些工业的建

---

① 参见樊百川《中国手工业在外国资本主义侵入后的遭遇和命运》，《历史研究》1962 年第 3 期。

② 有的研究过于政治化，如李建昌的《官僚资本与盐业》（三联书店 1963 年版）讨论的是四大家族垄断盐业的过程。

③ 参见孙毓棠《十九世纪后半叶中国近代工业的发展》，《经济研究》1957 年第 1 期。

④ 同上。

⑤ 参见赵德馨、周秀鸾《十九世纪下半期中国近代军事工业的性质和特点》，《经济问题》1958 年第 4 期。

立，就是中国近代工业的开始，也是中国资本主义的发生。夏东元认为军事企业是封建性、买办性和资本主义的混合物。① 黄逸峰认为，军事企业是清政府军事机构的组成部分，它不是纯粹的封建主义工业，不是资本主义性质，也不是官僚资本主义性质。②

第三种观点认为，军事企业具有官僚资本的性质。孔令仁认为："这些军事工业已具有资本主义性质无疑。不过，它不属于一般资本主义，而是官僚资本的范畴，但又还没有完全形成官僚资本，只能称为官僚资本的萌芽而已。"③ 经江则认为近代军事工业基本上是中国式的官僚资本主义性质，带有极为浓厚的封建性的企业。在文章中，他从两个方面论证了近代军事工业企业具有资本主义性质。首先，内部的阶级关系基本上是资本主义的剥削关系。其次，这些企业是中国最早采用机械化近代生产技术的，企业内部的官吏制度为了适应技术要求，逐步向资本主义方向转变。这些企业不是一般的资本主义，而是中国式的具有浓厚买办性和封建性的官僚资本主义企业。它们的资金由政府拨付，产品没有商品化，生产目的不为利润，是所有官办近代军事工业的共同特点，不应作为衡量这些工业性质的标准。④

需指出的是，除上述资本主义发展研究之外，学者们还讨论了民族市场问题。对这一问题的讨论，集中于1961—1963年，讨论的焦点是民族市场的形成与否，以及形成的时间和性质。多数论者认为近代中国已形成民族市场，虽然带有半殖民地性，但是不能由此否定它的存在。但对形成的时间和发展的过程有不同的意见。伍丹戈认为，自明代中叶以来，随着商品经济的发展，统一的国民经济已经初步形成了，中国已经形成了一个经济联系比明代更密切的国民经济整体。⑤ 杨志信则认为，统一民族市场始自明末。⑥ 孔经纬认为中国在1840年以后形成了中国的

---

① 参见夏东元《论清政府所办近代军用工业的性质》，《华东师大学报》（人文社科版）1958年第1期。

② 参见黄逸峰《清政府所办近代军事工业的性质问题》，《学术月刊》1961年第9期，第11页。

③ 孔令仁：《论清政府洋务派官僚所办军事工业的性质》，《山东大学学报》1963年第1期，第74页。

④ 参见经江《论清朝官办近代军事工业的性质》，《学术月刊》1961年第10期。

⑤ 参见伍丹戈《鸦片战争前中国社会经济的变化》，上海人民出版社1959年版。

⑥ 参见杨志信《中国民族市场是明末开始形成的》，《学术月刊》1962年第10期。

"统一民族市场"。① 李湘对此持不同意见，认为中国自秦汉以后就已不存在像欧洲那样的"统一民族市场"的形成问题，鸦片战争前中国已形成了全国统一的国内市场，鸦片战争后在中国形成的是半殖民地半封建的市场。② 陈诗启认为，近代中国没有民族市场的形成，也不可能有民族市场的形成，只在1840年后出现了半殖民地性的国内市场，而且由于经济发展的不平衡、货币和物价的不统一、帝国主义的争夺和军阀战争，使国内市场处于分裂的状态。③

总体来讲，20世纪五六十年代的中国近代经济史研究应用马克思主义理论深入讨论了中国资本主义的状况，集中对资本主义萌芽、资本原始积累和资本主义经济发展这三个重要问题展开理论剖析，形成了一套略显浅陋的解释体系。由于缺乏扎实的实证研究的支持，缺乏对经济学理论的系统理解，当时的研究成果至今所受到的质疑远大于肯定。

第三节　侧重政治面向的研究

新中国成立后，政治正确是学术研究的基本要求，所有的研究都深受党的意识形态的影响。在这样的大背景之下，中国近代经济史研究深深打上了政治烙印。我们认为，这种烙印表现在以下四个方面：（1）经济史分期被统合到政治史分期中，以政治分期标准作为经济分期的标准；（2）经济史研究，尤其是资本主义经济发展的研究，未能客观地展现经济发展的历程，反而成为阶级理论的注脚；（3）在把帝国主义侵略绝对化思想的指导下，经济史研究成为帝国主义侵华史的重要组成部分，政治问题取代了经济问题；（4）受三大革命高潮研究的影响，经济史学者们注意对政治事件经济背景的研究。本部分将就以上四个方面的研究进行归纳总结，以了解当时经济史研究关注的问题和取得的进展。

---

① 参见孔经纬《试论中国民族市场形成问题》《鸦片战争前中国社会是否形成了统一市场——与伍丹戈同志商榷》，《学术月刊》1961年第5期。
② 参见李湘《关于"中国民族市场"的形成问题——与孔经纬先生商榷》，《学术月刊》1961年第7期。
③ 参见陈诗启《近代中国有没有民族市场的形成》，《中国经济问题》1961年第5期。

一 近代经济史分期讨论

因应 20 世纪 50 年代中期历史学界展开的中国近代史分期问题的大讨论①，中国近代经济史学界在 1960 年前后展开了中国近代经济史分期的热烈讨论。这场讨论的主要内容，无论是分期标准还是具体分期，都显示出中国近代经济史研究深受政治史的影响。

有关分期标准的讨论，可归纳为四种观点。

第一种观点认为，在一个社会经济形态内部，经济史的分期应以经济发展过程中所发生的经济关系的重大变化为标准，而以能够反映这种变化的阶级斗争事件为分期的标志。吴杰提出，国民经济史划分时期，主要是以社会经济关系的变化为主要标志。这种变化的具体表现为："有时表现为阶级斗争的高潮和爆发，有时斗争的结果被巩固于国家和法律之中，有时反映在人们的意识里，而阶级斗争尤其是最重要的标志"，进而提出"我们考虑中国近代国民经济史的分期时，要必须把革命斗争作为社会生产力和生产关系中最重要的具体表现"。②茅家琦主张，基本上以阶级斗争的表现作为划分历史时期的标志，这个原则对通史和各种专史（包括经济史在内）都是适用的。中国近代国民经济史的研究中，以预示着社会经济发生变化的阶级斗争作为分期标志仍然是适当的。③

有学者对这一观点表达了不同意见。赵德馨批评吴杰的观点完全不讲国民经济关系，或生产力与生产关系变化本身的最直接的最明显的表现（诸如新生产力的产生、发展，新经济成分的产生，以及经济危机等），认为只表现在阶级斗争、法律、意识等方面。这些方面虽然与经济关系有密切的联系，但终究不是国民经济变化本身的表现。④

---

① 1954 年后涌现出大量就此问题的讨论文章。参见胡绳《中国近代史的分期问题》，《历史研究》1954 年第 1 期；孙守任《中国近代历史的分期问题的商榷》，《历史研究》1954 年第 4 期；金冲及《对中国近代历史分期问题的意见》，《历史研究》1955 年第 2 期；戴逸《中国近代史的分期问题》，《历史研究》1956 年第 6 期；章开沅《关于中国近代史分期问题》，《华中师范学院学报》1957 年第 1 期；刘耀《试论中国近代史的分期问题》，《史学集刊》1957 年第 2 期。

② 参见吴杰《中国近代国民经济史》，人民出版社 1958 年版，第 13、14 页。

③ 参见茅家琦《读"关于中国近代国民经济史的分期问题"》，《学术月刊》1960 年第 8 期，第 52 页。

④ 参见赵德馨《关于中国近代国民经济史的分期问题》，《学术月刊》1960 年第 4 期，第 56 页。

第二种观点认为，经济史分期的标志是"新的经济成分的出现"。陈绍闻认为，划分不同经济时期的标志是社会经济的"质的变化"，即"新的生产关系和生产力的出现"。① 郭庠林提出，划分的标志是"新经济成分的出现"。②

这种观点受到学者的反对。丁日初认为："新经济成分的出现不会引起社会中的基本的生产关系的变革，也不会立即引起阶级斗争的重大发展，因而反过来用新经济成分的出现作为经济史分期的界标的某些阶级斗争的表现确是不可以的。这是因为新经济成分开始产生的时期，由于这种新的生产关系适合当时生产力的水平，阶级斗争一般是不激烈、不显著的，因而当它出现时，我们很难找到与它有密切联系的重大的阶级斗争，更谈不到足以引起经济重大变化的阶级斗争事件了。"③ 茅家琦反对郭庠林和陈绍闻提出的以"新经济的出现"作为经济史分期的标准。"在事物发展中，从新质要素的产生到事物的质变，两者之间是有一段过程的。新质要素的产生不等于事物已经起了质变，需要经过一段量变过程才会发生质变。"④

第三种观点认为，应以生产关系根本质变或部分质变作为经济史分期的标准。持这种观点的是丁日初。他提出，所谓生产关系的重要变化是："在不同的社会经济形态之间，应该是基本的生产关系的根本质变；而在同一种社会经济形态内部的各个阶段之间，则是基本的生产关系的相对地属于量变性质的部分质变，或各种生产关系的显著增长。"阶级斗争不是经济史分期的标准，只有那些确实引起了生产关系的变革，也就是马克思和恩格斯所说的能够使"整个社会受到革命改造"的重大的阶级斗争事件，才可以作为这种界标。⑤

第四种观点是赵德馨提出的整个社会经济史应以生产方式作为划分历史时期的标准。中国近代国民经济史是一门专史，它的对象是社会经济整体的发展过程，是生产力和生产关系的矛盾和统一的发展过程，虽然不可能也不应该离开阶级斗争、民族斗争和其他社会现象，但是它的主要内容

---

① 参见陈绍闻《也谈中国近百年经济史的分期问题》，《学术月刊》1961年第1期。
② 参见郭庠林《对中国近百年经济史分期的意见》，《学术月刊》1960年第10期。
③ 丁日初：《关于中国近代、现代经济史的分期问题》，《学术月刊》1961年第2期。
④ 茅家琦：《读"关于中国近代国民经济史的分期问题"》，《学术月刊》1960年第8期。
⑤ 参见丁日初《关于中国近代、现代经济史的分期问题》，《学术月刊》1961年第2期。

和任务是叙述和分析经济发展过程的。它的分期标准，应当是国民经济变化的重要表现，和中国近代史分期标准是有区别的。在以国民经济变化的重要表现作为分期标准时，必须充分考虑到半殖民地半封建社会国民经济的特点，全面分析国民经济变化的各种重要表现，诸如新生产力的发展，新的经济成分的产生，经济发展的速度以及停滞或危机，阶级斗争与民族斗争的发展变化等。在这些因素中，特别要重视那些表明和引起社会经济性质某些变化的经济因素的产生、变化和民族斗争与阶级斗争的重大事件。①

学者们在分期标准上的不同观点，使得在具体分期中出现不小分歧。然而，这一分歧具有的前提在于，大家都同意中国近代经济史始于1840年终于1949年。而对1840—1949年如何分期，学者们各抒己见。有的认为，应以1919年为界，划分为中国近代经济史和中国现代经济史。吴杰主张，"经济史的分期必须以阶级社会历史动力的阶级斗争为基本标志"，从而主张"标志彻底地不妥协地反对帝国主义，反对封建主义的五四运动，可以作为中国现代经济史的起点"。② 这一主张受到学者们的反对。赵德馨认为："从经济发展史上来看，五四运动虽然是社会经济发展到一定程度上爆发的，同时对社会经济发展，有重大的影响，然而，应该指出，五四运动前后我国社会经济没有发生质的变化。从而以五四运动区分经济史为近代与现代两大阶段是缺乏事实根据的。"此外，以1919年划分近代、现代经济史，缺乏理论上和逻辑上的一贯性：1840—1949年的半殖民地半封建社会经济史的整体被划成近代和现代两个阶段；而1919—1949年和1949—1959年两种不同社会性质的经济史又都被划入了"现代经济史"的范围。③ 郭庠林也反对吴杰以1919年作为中国现代经济史的起点，"因为1919年并没有任何迹象表明中国经济发展过程中引起什么变化"。④

有的学者认为应以1927年为界分为近代经济史和现代经济史。郭庠林与陈绍闻主张，第二次国内革命战争时期革命根据地的社会主义经济因

---

① 参见赵德馨《关于中国近代国民经济史的分期问题》，《学术月刊》1960年第4期。
② 吴杰：《中国现代经济史的研究和教学问题》，《学术月刊》1959年第7期。
③ 赵德馨：《关于中国近代国民经济史的分期问题》，《学术月刊》1960年第4期。
④ 郭庠林：《关于中国现代经济史的几个问题》，《复旦月刊》1960年第2期，第25页。

素产生以后,是中国经济史上的"新民主主义经济时期"。陈绍闻认为:"1927 年比 1919 年更适合于作中国现代经济史的起点,南昌起义、苏区的建立、新的经济成分和新的经济制度的出现等等,表明这一年不仅爆发了重大的阶级斗争,建立了革命政权与革命根据地,而且经济也开始起质的变化了。"① 郭庠林主张,革命根据地的社会主义经济出现以后,"中国社会经济开始向着社会主义经济方向在发展着",因而 1927 年成为"近百年中国社会经济发展的整个过程中的一个新的转折点"。② 这种主张也受到了学者的反对。丁日初认为这种根据"新的经济制度的出现"就做出中国社会经济起了"质的变化"的论断,是把萌芽的东西当作支配的东西,视作一个发展过程中的转折点,显然是不妥当的。"革命根据地的包括社会主义经济因素在内的新民主主义经济,在整个中国社会经济中并没有占支配地位,因而并没有改变中国社会经济的性质。"③ 茅家琦也反对郭庠林和陈绍闻提出的以"新经济的出现"作为经济史分期的标准,"在事物发展中,从新质要素的产生到事物的质变,两者之间是有一段过程的。新质要素的产生不等于事物已经起了质变,需要经过一段量变过程才会发生质变"。④

有的学者认为,应当将 1840—1949 年视为中国近代经济史,不必再做划分。赵德馨主张,中国近代国民经济史是中国半殖民地半封建社会的国民经济史,时间范围是 1840—1949 年。⑤ 丁日初认为,中国半殖民地半封建经济的发生、发展和灭亡是一个密切联系的完整过程。若把这个完整的过程割裂开来,将它的不同阶段分别交给近代经济史和现代经济史去研究,那么两种经济史对于这个过程的研究都不全面,这对于研究和学习都是有弊而无利的。不过,他提出了一种新的主张,将 1927 年作为中国

---

① 陈绍闻:《也谈中国近百年经济史的分期问题》,《学术月刊》1961 年第 1 期,第 46 页。
② 郭庠林:《对中国近百年经济史分期的意见》,《学术月刊》1960 年第 10 期。
③ 丁日初:《关于中国近代、现代经济史的分期问题》,《学术月刊》1961 年第 2 期,第 24 页。
④ 茅家琦:《读"关于中国近代国民经济史的分期问题"》,《学术月刊》1960 年第 8 期,第 50 页。
⑤ 参见赵德馨《关于中国近代国民经济史的分期问题》,《学术月刊》1960 年第 4 期,第 52 页。

社会主义经济史的起点，1949年作为中国现代经济史的起点。①

此外，茅家琦提出一种更为细化的分期方式。他按照阶级斗争的标准将中国近代国民经济史分为四大阶段：第一大阶段是中国半殖民地半封建经济开始形成阶段1840—1864年，第二大阶段是半殖民地半封建经济形成阶段1864—1895年；第三大阶段是半殖民地半封建经济加深阶段1895—1927年；第四大阶段是四大家族官僚资本统治阶段1927—1949年。②

二　中国资产阶级研究

受阶级斗争学说的影响，阶级观点是学术研究的指导思想，中国近代经济史非常关注资产阶级分化问题。按照黄逸峰的说法："中国资产阶级一开始便包括两个部分，一个是买办阶级，是直接为帝国主义国家的资本家服务，并为他们豢养的阶级；一个是民族资产阶级，是同帝国主义联系较少或者没有联系的中等资产阶级。"③ 经济史学界对买办阶级和民族资产阶级的产生与特征予以特别关注。

吴承明分析了中国资产阶级的三个来源：一是由原来的剥削阶级分子——官僚、地主、商人和买办转化为资本家，一些大工业基本上是他们创办的；二是手工业者、小商贩或学徒、店员转化为资本家；三是从各种投机活动中积累资本，变为资本家。买办资本的积累，主要是直接分润一点帝国主义掠夺的余沥。官僚资本的来源，不仅靠官僚和旧式的贪赃勒索，而且更多来自海关、官银号、军火买办、借款等新式财源。地主、商人投资于工业，都是民族资本的主要来源。他认为，这些资本家"都是剥削起家，而且很多是食取了帝国主义侵略所造成的小生产者的破产和市场动荡的机会，有些并且是同帝国主义的侵略直接相关"。④

---

①　参见丁日初《关于中国近代、现代经济史的分期问题》，《学术月刊》1961年第2期，第28页。

②　参见茅家琦《读"关于中国近代国民经济史的分期问题"》，《学术月刊》1960年第8期，第52页。

③　黄逸峰：《帝国主义侵略中国的一个重要支柱——买办阶级》，《历史研究》1965年第1期，第55页。

④　吴承明：《中国资产阶级的产生问题——从影片〈不夜城〉谈起》，《经济研究》1965年第9期。

买办阶级是中国半殖民地半封建社会的特殊产物。外国资本主义为了侵略的需要，给中国造成了买办制度，造成了买办资本，从而形成了买办阶级。那么，什么是买办呢？什么是买办阶级呢？黄逸峰先后发表《关于旧中国买办阶级的研究》[①] 和《帝国主义侵略中国的一个重要支柱——买办阶级》两文，对买办阶级做了详细阐述。黄文带有强烈阶级斗争的意味，可以说是从经济的角度为当时的阶级理论做了注脚，他的很多说法非常值得商榷。此处对文章的介绍在于了解整个阐释的系统性。

首先，他阐释了买办和买办阶级的概念。"买办"一词在明代系专指对宫廷供应用品的商人，后指为外商服务的采办员或管事。鸦片战争后，则是在中国从事经济侵略活动的外商企业所延揽或雇用的居间人或代理人。此时的买办主要担任的任务是，探听经济情报、招揽业务、代购代销商品，以及为外商企业垫付资本等。后来，凡是从事为帝国主义侵略活动服务并甘心充当它们代理人的中国人，社会都称之为买办，他们是为军阀向帝国主义借外债、买军火的经手人，帮帝国主义推销军火、鸦片的经纪人，在帝国主义同反动政府之间担任穿针引线的政客，以及为帝国主义宣扬和贩卖文化的捐客。买办资产阶级是反动阶级，代表中国最落后、最反动的生产关系，严重地阻碍和破坏了社会生产力的发展。

其次，他认为，以往研究将买办制度在中国的发展，主要归因于中外语言隔阂，风俗习惯不同，中国货币制度和度量衡制度不统一，中外经济发展水平不同，以及外国商人不了解中国国情等，是不合乎客观实际的，是为帝国主义侵略辩护。他认为，外商废除了买办的名义，采取了各种变相的更有利于他们的买办制度。主要的办法有：第一种是经销制，就是把中国划分为大小若干地区，每一地区物色一个他们认为适宜的商人包销产品，商人根据包销数量交付一定的保证金，在销出产品后提取一定的佣金。第二是合伙制，就是和中国商人合股组织公司。

他总结买办制度的主要内容包括七个方面。（1）外国资本家在华的企业推销商品，收购物资，吸收和投放资金，以及经营交通运输、保险等业务，不直接与中国人打交道，而是延揽或雇用中国人充任买办，作为居

[①] 《历史研究》1964 年第 3 期。

间人或代理人办理业务。（2）买办与外商企业的权利和义务关系，由契约规定。双方签订的契约须向外国领事馆备案。（3）买办是外国资本家认为忠实、勤劳并对他们服从的人物。买办必须向外商企业提供保证，包括现金、实物和信用保证，但外国资本家向买办不提相应的保证。（4）买办对外商企业有垫付流动资本的义务，其数额由契约规定。（5）买办或者作为外商企业的使用人，取得少量的薪金；或者作为企业的合伙人，分得一部分利润。（6）买办契约对买办业务活动作种种限制，如非经外国资本家的认可，不得以外商企业的名义活动，不得承办和外商企业有竞争行为的业务，等等。（7）买办犯了罪，因受雇于外商企业，可以在外商企业的保护下，逃避中国政府的制裁。

买办制度不单纯是一个经济制度，而是外国资本主义和帝国主义对被压迫民族实行侵略的工具，它具有六大特点。第一，这个制度把帝国主义收买和使用中国奴才的卑鄙目的，用契约的形式固定下来，外国资本家操持了买办所提供的经济物质保证，使买办个人的利益牢牢地服从于帝国主义的利益，并成为它的附庸，迫使买办死心塌地地为它服务。第二，这个制度是雇佣制度和合同制度相结合的制度，它使买办具有两重性：一方面是外国资本家的雇佣奴才，必须受他们的支配与控制；另一方面又是外商企业的参与者，可以发挥买办经营的积极性，从而更好地为外国资本家服务，而且也为买办资本的积累创造了条件。第三，这个制度是帝国主义"以华制华"和"以战养战"的制度。第四，这个制度是外国资本家利用少数买办为他们甘冒商业经营风险而使自己居于万无一失的盈利地位的片面制度。第五，这个制度具体实现了帝国主义强加给中国人民的不平等条约中所规定的经济侵略条款，而且通过买办圈占土地、盗窃天然财富和国家机密等能实现它们在不平等条约中所不能取得的特殊权利。第六，帝国主义利用买办制度，培养买办阶级，从经济上对中国进行掠夺和控制，接着进一步控制中国的政治，从而把中国变成它的殖民地和半殖民地。

再次，他将买办阶级的发展分为三个阶段。第一阶段（1912年以前），是买办阶级孕育、形成和初步发展的阶段。随着外国在华企业日益增多，买办队伍随之扩大，形成了万人以上的买办阶层，占有了一定数量的生产资料，通过剥削另一部分人的劳动，逐步形成他们自己的生活方式和意识形态。他们具有共同的利益，积极在经济、政治、文化各个领域内发挥和扩大他们的社会影响。第二阶段（1912—1927年），是买办阶级的发展阶段。为适应帝国主义扩大商品输出和搜刮资源的需要，把初步形成的买办剥削网，从通都大邑到穷乡僻壤进一步扩展起来了，买办队伍也相应地扩大了。为帝国主义资本输出的需要，买办阶级还在中国建立和发展了一个金融控制网。此外，买办阶级凭借帝国主义的关系和已有的经济力量，利用军阀政权，操持了国家的财政金融，通过举借外债、发行内债、购买军火等发展了经济力量。他们已经懂得如何利用政权，把经济变为政治，又转而把政治变为经济。第三阶段（1927—1949年），是买办阶级发展到最高也是最后的阶段。买办阶级凭借经济力量勾结帝国主义和蒋介石反动集团，取得了政治上的统治地位，进一步充分利用国民党政权，并与政权紧密结合在一起，依靠帝国主义的支持和政治暴力，大力发展官僚买办资本，逐步操纵和垄断了国家经济命脉，使自己发展成为垄断国家经济的官僚买办资产阶级。这个阶级以蒋宋孔陈四大家族为核心，大大小小的买办资本家集团成为他们的卫星。

除黄逸峰以定性为主的研究外，张国辉、聂宝璋、汪敬虞分别对19世纪后半期的买办做了具体个案研究，时至今日仍是相关问题研究的典范之作。张国辉论述了钱庄的买办化过程。鸦片战争后，外国侵略者虽然取得了条约特权，但要把外国制成品推销到中国的内地市场，必须经过买办人物和各种商品流通的渠道。钱庄作为中国封建社会金融业的重要组成部分，具备调拨资金的职能，在商品流通中发挥了很大的作用。通过对一系列人物活动的分析，他认为在通商口岸的买办中，有许多人同时兼具钱庄主（或钱庄股东）和买办双重身份，一方面便利了他们所从事的商业活动，另一方面把钱庄和洋行或外国银行的关系紧密联系起来。据此，他提出钱庄职能严重地买办化。钱庄的买办作用主要在于它给予进口商人以信用便利，即在口岸本地是庄票，在口岸和内地之间是汇票，协助洋行推销洋货，搜罗土产。1846年，外国商人利用上海钱庄庄票进行贸易活动。到了19世纪50年代，外商普遍接受庄票作为结算工具，还用其作为支付手段。到六七十年代之交，经过银行买办的媒介，外国银行开始接受钱庄庄票作为抵押，向钱庄进行信用贷款，也就是外国银行向钱庄的"拆款"。此后，原先洋行与钱庄之间的清算关系便转移到外国银行去进行了。在这种办法实行以后，中外商人的进出口贸易就都离不开外国银行和中国钱庄的支持了，也就是说钱庄职能的买办作用更加前进了一步。钱庄通过汇票，在洋货的内销和土货的汇聚都发挥了重要作用。① 此文虽然深受阶级观点的局限，但切实考察了近代中国贸易发展过程中钱庄所起的作用，分析了本地金融业发展与对外贸易之间的关系，仍具有较大的学术价值。

旗昌轮船公司创办于1862年3月27日，是美国侵占长江航权开办的第一家航运企业。聂宝璋以其发展过程为例，分析了中国半殖民地化的过程，总结买办所起的作用。旗昌轮船公司的创办和发展过程，是长江航权丧失的过程，也是英美资本竞争的过程。该公司的创立主要依靠的是华商资本。在起始资金100万两中，有60万—70万两是买办华商的资本，其他洋商资本有30万—40万两。开办之后，在与其他航运公司的竞争中，该公司进一步设法笼络华商运货主，争夺华商货运，取得了长江航线的垄断地位。但1869年苏伊士运河的通航及1871年海底电线的敷设，中西贸易方式发生了巨大变化，更多洋商参与到对华贸易的竞争，引起了在华轮运的激烈竞争。尤其是英国的航业资本所显示的竞争威力，怡和和太古两轮船公司对旗昌构成了严重威胁。由于内部经营亏损，加之美国有更好的投资机会，美国人于1877年将全部资产卖给招商局。作者认为，侵略者的目的在于：依靠买办华商，打击竞争对手，形成垄断地位；进而利用垄断地位，喧宾夺主，控制华商口岸贸易，转而打击压迫华商。② 此文是一篇很好的企业发展历史的论文，分析了多方竞争中企业的生存状态，揭示了外资企业的实际资本状态。

汪敬虞研究了在华外资企业中的华商附股活动，认为其"是中国买办资本形成过程中的一个重要方面，近代中国社会中的买办资产阶级，在很大程度上是通过附股于外国侵华企业的道路成长起来的"。这一问题的研究，对阐明近代中国经济的半殖民地化和资本主义的发生过程，都有重要意义。他对航运、保险、银行、码头、地产和工业各部门的华商附股活动的资料进行了梳理，指出在整个19世纪，外国在华企业中的华商附股活动是一个大量的现象，从资本数百万两的大型企业到资本只有几万两的小型企业，从贸易中心的上海到其他通商口岸，只要有侵略者的活动，就离不开中国商人的附股。初步统计，所有华商附股的外国企业资本累计在

---

① 参见张国辉《十九世纪后半期中国钱庄的买办化》，《历史研究》1963年第6期。
② 参见聂宝璋《从美商旗昌轮船公司的创办与发展看买办的作用》，《历史研究》1964年第2期。

4000万两以上。洋行买办在所有附股活动中所占比重最多，他们不仅自己是最大的附股者，而且又是一般华商附股外商企业的媒介。①

民族资产阶级是资产阶级的一翼，在对民族资产阶级的讨论中，学者们以毛泽东的论断作为评价标准。吴江以毛泽东1947年12月发表的《目前形势和我们的任务》一文作为证据来说明将民族资产阶级分为中等资产阶级和小资产阶级。吴江认为小资产阶级的划分有两个不同场合，第一个场合是整个社会的阶级划分，小资产阶级指的是毛泽东同志在"中国社会各阶级的分析"中所说的"小生产的经济"，如中农和手工业主，再加上小知识阶级，是不剥削别人劳动的人。第二个场合是对民族资产阶级本身的分类，相对于官僚资产阶级而言，民族资产阶级主要是中等资产阶级。小资产阶级是只拥有小规模的工商业的资本家，是剥削别人劳动的人。②林涤非则指出："吴江同志把民族资产阶级当作'中小资产阶级'看待，正是把资产阶级和小资产阶级混淆起来，而容易给人一种错误的阶级视点。我们知道，毛主席在说明民族资产阶级是怎样一个阶级时，只把民族资产阶级看作'中产阶级'或'中等资产阶级'来加以分析，他从来没有像吴江同志这样'中小资产阶级'的提法。就在这一字之差，却有原则性的分别！"③

此外，中国民族资产阶级形成于何时是研究者关注的一个重要问题，但未形成定论。部分学者认为民族资产阶级形成于19世纪末叶。范文澜认为："十九世纪的下半期，开始有地主、官僚和一部分商人投资于新式工业，成为中国资产阶级的前身，到了商办工业数量较多的时候，民族资产阶级也就形成了。"④ 在另一篇文章中，他指出"到了同世纪（19世纪）的末叶，中国的民族资本主义得到了初步的发展，形成了新的社会阶级——民族资产阶级"。⑤ 部分学者认为19世纪末叶民族资产阶级尚

---

① 参见汪敬虞《十九世纪外国侵华企业中的华商附股活动》，《历史研究》1965年第4期。
② 参见吴江《关于民族资产阶级的分类问题及其他》，《经济研究》1956年第6期。
③ 林涤非：《民族资产阶级是中小资产阶级吗？对〈经济发展中的若干特点〉一文的商榷》，《经济研究》1956年第6期。
④ 范文澜：《中国近代史的分期问题》，载《历史研究》编辑部编《中国近代史分期问题讨论集》，三联书店1957年版，第76页。
⑤ 范文澜：《戊戌变法的历史意义》，载吴玉章等《戊戌变法六十周年纪念论文集》，中华书局1958年版，第5页。

未形成。孙毓棠认为:"民族资本近代工业的发生时期是旧社会的商人、地主、官僚通过新式企业的经营开始逐步蜕化为民族资产阶级的时代。这蜕变转化的过程是曲折而缓慢的。到了十九世纪末叶,这转化过程还只开始不久,距离着它的完成还很远很远。"① 有人认为:"早在十九世纪末叶,中国已出现了资产阶级的改良主义的政治运动。当时独立的民族资产阶级还没有形成。"② 还有学者认为,"随着民族资本主义经济的发展……在十九世纪末和二十世纪初年,逐步形成为一个新兴的阶级"。③

学者们在企业史、行业史的研究中,将民族资产阶级的两面性作为重要内容予以关注。例如,张国辉对近代煤矿企业的研究中,指出由数量上远较大买办大官僚为多的中下层资本家所组成的民族资产阶级,在中国近代煤矿工业的发展中代表了自由资本主义的生产关系。他们在兴办煤矿企业的过程中和大资产阶级的关系表现为微弱的联系和深刻的矛盾。在民族资本近代煤矿的发展过程中,他们遭到了来自各方面的压迫和束缚,甚至面临被吞并的危机。他们有反对洋务派集团控制和外国侵略势力压迫的要求。但是,从近代煤矿的发生过程中我们同时可以看到,民族资产阶级一方面缺乏强大的经济基础,另一方面又未能断绝与封建主义在经济上的联系。这种情况决定了这个阶级在其产生的时候就是一个带有两重性的阶级。④

三 帝国主义在华投资

新中国成立后,外国的影响一律被视作帝国主义侵略,被视作是破坏中国独立发展的关键因素。而帝国主义在华投资作为帝国主义经济侵略研究的主题,实际上是帝国主义侵华史的组成部分,侧重于定性研究,成为当时近代经济史研究的一个重要领域。学者们从宏观和微观的角度致力于

---

① 孙毓棠:《中国近代工业史资料》第1辑(上),第50页。
② 黎澍:《关于近代历史上的改良主义》,《学习》第4卷第11期。
③ 湖北大学政治经济学教研室编:《中国国民经济史讲义》,第291页。
④ 参见张国辉《中国近代煤矿企业中的官商关系与资本主义的发生问题》,《历史研究》1964年第3期。

帝国主义在华投资状况研究，取得了一批学术成果。① 但也存在着一些弱点，诚如虞和平所指出的："在关于在华外资的研究中，为了适应当时国际反帝斗争的需要，在较多地注重外资的经济侵略性和资本主义剥削的反动性的研究时，忽视了探讨外资输入对近代中国社会经济变化的客观作用，不注意研究中外资本之间的正常经贸关系。"② 我们将按照综论、金融和实业几大领域择要对相关研究做一详细介绍。

首先，学者们总结了帝国主义在华投资的概况。其中最具代表性的著作是吴承明编的《帝国主义在旧中国的投资》③ 一书。该书从帝国主义在华资本的扩张、特权性质、对华利润榨取、在中国经济中的比重等几个方面，论证了帝国主义资本与中国经济殖民地化的问题。但如编者在前言中所说的那样："它还只能说是一本资料性的书。我们大部分的工作，是用在对于有关帝国主义在旧中国投资的各种历史资料的整理上，并根据这些资料，尽可能地提供一个帝国主义在华资本的比较完整的估计。"不过，该书提出的作为帝国主义在华投资研究的基本问题，后来逐步得到学者的细化，成为当时经济史研究的重要课题。

龚书铎等学者从帝国主义反对中国发展资本主义这个侧面，论述了甲午战争后到五四运动期间帝国主义对中国的经济侵略。该文从帝国主义利用商品控制中国市场，通过投资设厂来压迫兼并民族工业，其垄断组织对民族工业的全面控制，以及帝国主义掌握动力工业等方面说明了经济侵略的概况。1895 年中日甲午战争以后，世界主要资本主义国家发展到帝国主义阶段，对中国的经济侵略就从以商品输出为主变为以资本输出为主。

---

① 参见张雁深《日本利用所谓"合办事业"侵华的历史》，三联书店 1958 年版；孔经纬《近代中国手工业中的资本主义成分》，《东北人民大学人文科学学报》1956 年第 4 期；林星《甲午战后到辛亥革命期间帝国主义在东三省的铁路争夺》，《历史教学问题》1959 年第 1 期；鼎勋《第一次世界大战期间中国民族资本主义的发展（1914—1922 年）》，《历史教学》1959 年第 8 期；孔经纬《九一八前东北的中日合办事业》，《史学月刊》1959 年第 11 期；王立达《抗日战争期间内日本帝国主义在中国沦陷区设立的中日合办事业》，《史学月刊》1960 年第 2 期；胡昭仪《从甲午战争到辛亥革命时期帝国主义对四川的经济侵略》，《历史教学》1961 年第 2 期；武群文《辛亥革命前武汉的民族资本主义工商业》，《江汉学报》1961 年第 4 期；林光祖《近百年来帝国主义对厦门棉布市场的掠夺》，《厦门大学学报》1963 年第 1 期；史群《浙江民族资本主义近代工业的产生和发展》，《浙江学刊》1964 年第 2 期；孔经纬《日俄战争至抗战胜利期间东北的工业问题》，辽宁人民出版社 1958 年版。

② 虞和平：《50 年来的中国近代经济史研究》，《近代史研究》1999 年第 5 期，第 55 页。

③ 参见吴承明编《帝国主义在旧中国的投资》，人民出版社 1955 年版。

帝国主义通过《马关条约》攫取了在中国设厂制造、开矿、筑路的特权，更进一步地控制了中国的经济命脉，使中国人民迅速贫困化。①

蓝天照总结了帝国主义在华投资的特征，就相关问题做了整体性说明。他指出，帝国主义在华投资的总特征是殖民主义性质的，是帝国主义凭借在华特权，依靠各种不平等条约而进行的经济掠夺。它的主要特征表现在三个方面。第一，帝国主义的所谓在华"投资"，尽管账面数字很大，但从其来源来看，很明显地带有虚伪的性质。帝国主义在华"投资"的原始资本，绝大部分是鸦片利润和战争赔款的转化，是用非法走私和侵略战争手段，从中国人民身上榨取去的。帝国主义的所谓在华"投资"，有两个特别来源，一是中国人在外资银行的存款，二是外国贷给中国政府的政治借款。帝国主义的目的在于通过借款取得特权，操纵中国政治、支配中国财政，以吸取中国人民血汗，巩固其殖民统治，加强镇压中国人民的反帝斗争。第二，帝国主义在华"投资"是资金的流动性。它们在中国经营的重工业固然很少，轻工业也极其有限，主要是商业性的掠夺和剥削，其资金的流动性和投机性很大。在帝国主义直接经营的企业投资中：进出口及商业、金融业、交通运输业所占比重最大，1936年时三业合计占全部外人在关内投资总数的52.8%。第三，是帝国主义在华"投资"的垄断性。1931年，英国账面投资11亿8920万美元，日本11亿3690万美元，美国1亿9680万美元，法国1亿9240万美元，四个帝国主义国家共占外人在华账面投资额32亿4250万美元的90%。从外人投资的地区分布来看，大部分集中在上海和东北，上海是帝国主义投资最集中的地方。②

其次，学者们考察了帝国主义在华投资和获取的利润及利息的关系。蓝天照认为，过去一百多年中，外人自中国所掠夺去的资金，远远超过他们输入到中国的资金。自20世纪初期到1937年抗日战争发生时止，外人输入中国的资金总数不过10亿美元，而自中国汇到外国去的利润却达20亿美元。自鸦片战争到"七七抗战"，各帝国主义对中国政治借款，实际输进中国的资金，包括军火在内，估计也不过7亿美元，而同一时期自中

---

① 参见龚书铎、张安民、许崇武、张凤仙《帝国主义对中国的经济侵略（甲午战争前后至"五四"运动期间）》，《北京师范大学学报》1959年第5期。
② 参见蓝天照《帝国主义在旧中国"投资"的特征》，《学术月刊》1958年第3期。

国付出的本息却达14亿美元。

他具体统计了帝国主义"在华投资"的状况。帝国主义在中国的巨额不动产投资大部分是从土地垄断和城市土地增值上得来的。它们在上海先圈占、强购和抢夺到大量土地以后，随着城市的发展而增值，用土地垄断的形式而高价出卖或出租，从而获得惊人利润。自1903年到1933年30年间，各区地价平均每亩约增加10倍。外人在华的不动产投资，在1914年为1亿500万美元，到1936年增为4亿8400万美元，增加了4倍多一点。在房地产投资中，以国别论，英国占首位；以地区论，70%集中在上海（不计东北）。帝国主义在华的资金，不论是政治借款或事业投资，很大程度上都是高额利润的积累和扩大。外人在华投资之利润，1924—1930年，根据美商的报告，其平均账面利润为投资的10%—25%。在比较正常的1934—1938年时期，根据九十几家外商的（日本除外）资产负债表，其平均账面利润15.3%。自1933年中国经济萧条过去以后，外商的账面利润由1934年的13.2%递升到1937年的18.4%，到1938年更高达20%。其股利五年间平均为13.7%，也自1934年的12.8%递升到1937年的15.5%。当然没有计入隐蔽的利润。这样的利润远高于它们在国内的投资利润。英美两国在中国设立的公司，1934—1938年的平均利润率为15.3%，美国本土的公司1923—1929年没有战争和经济危机的正常时期，其平均利润率为6.2%，英国为10.6%。他认为，帝国主义在中国不是有多少投资的问题，而是一百多年中被它们掠夺去了多少的问题。①

孙毓棠将美国对华投资分为三个阶段。第一个阶段是1784—1875年，企业投资约700万美元，在华传教士已有200名，教会在华财产约100万美元，共计800万美元；第二阶段是1875—1900年，企业投资约1750万美元，政府借款约220万美元，教会财产和文化侵略投资约500万美元，共计约2470万美元，在华企业81家，在华美国传教士约1000名；第三阶段是1900—1914年，企业投资约4200万美元，政府借款729.9万美元，教会财产与文化侵略投资约1000万美元，合计5929.9万美元，在华企业约130家，在华美国人约5000人。甲午战争前，美国对华投资的重心在进出口贸易方面。此后，除了贸易外，还有政治借款、铁路投资、开

---

① 参见蓝天照《帝国主义"在华投资"探实》，《学术月刊》1957年第7期。

设工厂、创办银行等多种形式。①

再次，学者们围绕着毛泽东"帝国主义经过借款给中国政府，并在中国开设银行，垄断了中国的金融和财政"的论断，讨论了近代中国外债问题。徐义生对1894年到1911年，清政府所借外债做了详细梳理。18年间，清政府所借外债总额达库平银12亿3394万余两，超过甲午战争前所借总额的27倍。清政府为了筹募战争经费和偿付日本赔款，积极向英德财团和俄法财团进行借款。资本主义国家积极向中国输出过剩资本，各大银行通过借款取得了巨大利润。此外，通过提供担保偿付这些债款，帝国主义进一步控制了清政府的财政收入。它们通过借款扩展租界，强占租借地，进行瓜分中国的阴谋活动。各国殖民地银行在华各商埠的增设和增资与各埠间银行网的完成，以及内地现银的不断流入其保险库中，银行已控制了各商埠的货币市场。中国旧式银钱业如银炉、钱庄、票号等，基本成为殖民地银行的附庸。②

有学者研究了1864年创立的英国汇丰银行对中国政府借款的状况。汇丰银行是帝国主义开设的数十家银行中势力最大的，它对中国政府的借款和其他业务活动，反映了帝国主义列强从金融、财政上扼住中国的咽喉和居于统治地位的事实。1877—1881年，汇丰连续三次贷给清政府陕甘总督左宗棠"西征借款"共1075万两，中法战争，汇丰贷给清政府借款7笔，共1173万余两。1874年到1890年，清政府共借外债26笔，总额4136万两，其中汇丰就贷了17笔，金额2897万两，占70.04％。1894—1913年，汇丰共贷给中国政府2亿8822万两，占英国贷款的74.49％，全部贷款的26.38％，居于各帝国主义在华银行的首位。1874—1927年，汇丰共计贷给中国政府外债82笔，累计金额3亿3848万两。垄断国际汇兑控制中国的对外贸易。汇丰主要办理：进出口贸易的国外结算、巨额外债的汇入和还本付息的汇出、外人在华其他投资的进出以及华侨汇款全部或绝大部分。英国在华贸易商的进出口业务大部分都得通过汇丰银行。此外，它还操纵了外汇市场。汇丰银行通过吸收存款，发行纸币，资助帝国

---

① 参见孙毓棠《美帝对华投资的历史发展及其侵略性（1784—1914）》，《历史教学》1951年第5期。

② 参见徐义生《从甲午战争到辛亥革命时期清政府的外债》上、下，《经济研究》1957年第4、6期。

主义企业打击中国民族工业。汇丰的存款总额，从1865年的338万元，增至1913年的2亿9819万元，1929年达到6亿5476万元，1932年接近9亿3163万元。汇丰与英国在华垄断组织和一般企业密切地结合在一起，为保证英国垄断资本的发展，保证对销售市场的控制和收购原料，在信贷、外汇和结算等方面作了最大的支持，充分地发挥它的殖民地银行的职能。与此同时，汇丰银行通过条件苛刻、利率较高的借款，对中国民族工业处处予以打击和压制。①

学者们也很关注美国对华借款问题。孙毓棠讨论了辛亥革命前夕清政府的币制实业借款的过程。1904年初，美国人精琪提出了一个改革中国币制的方案。此外，日俄战争后，美国积极筹划通过修建铁路进入东北。但两种途径都因受到阻力未能实现。1910年5月24日，清廷谕令厘定币制则例，以银圆为单位，欲初步统一币制。美国政府表示愿意支持币制改革，双方达成借款协议。10月27日，《币制实业借款》草合同正式签字，借款5000万美元，年利五厘，实收九五。后来，由于各种具体历史原因，美国不得不与英、德、法帝国主义国家一起组成四国银行团，共同承担这笔借款。该借款的用途有二：一是全国的币制改革；二是东三省实业的开发。这体现了美国政府对中国的侵略目标所在。出于自身利益的考虑，日俄两国对此借款合同提出了抗议。同时，中国人民也极力反对此项借款。②

贾维诚讨论了第一次世界大战期间美国对华借款的演变。他认为，1913年，威尔逊宣布退出六国银行团，美国资本开始在华独立行动。在美国政府的积极支持和芮恩施的努力下，美国银行家将大量资金投入中国市场，出现了1916年美国对华投资的高潮，借款总额达到1600万美元。1917年夏，亲日派的段祺瑞上台，日本给段祺瑞政府巨额借款，使日本在中国政治上势力增大。美国政府察觉到日本借款的优惠条件远胜于美国银行家，美国不可能和日本竞争。因此，1917年11月9日，美国政府宣布加入银行团，并立刻组织了新的美国财团，并参与币制改革借款以及未

---

① 参见洪葭管《从汇丰银行看帝国主义对旧中国的金融统治》，《学术月刊》1964年第4期。

② 参见孙毓棠《币制实业借款——辛亥革命前夕美帝国主义侵略中国的一个恶毒的阴谋》，《历史教学》1953年第8期。

来任何关系于此同一目的的外债。①

又次,学者们研究了帝国主义外国银行控制中国金融市场的过程。汪敬虞对此问题的研究颇具代表性,他不仅描述出外国银行与国内贸易发展的关系,而且能够从全球史的角度对这种变化做出解释。我们认为,这样的研究方法和学术素养仍值得经济史学者借鉴和学习。在该文中,他考察了第一个外国银行——丽如银行1845年到1895年进入中国的过程。他将这50年分为两个阶段。第一个阶段从1845年到1870年,是外国银行在中国立定脚跟的时期。外国银行先后在中国设立了42个侵略据点,除法兰西银行外,都挂着英国的旗帜,这是一个基本由英国银行独占侵略的时期。此时,洋行还控制着中国对外贸易上很大一部分的金融业务。银行的活动处于初期阶段,通商口岸金融市场的殖民地化尚不严重。19世纪60年代的前半期,由于美国内战引起的棉业投机,出现了昙花一现的外国银行活动的热潮,先后有三家银行出现。金融市场出现投机的趋势,随着美国内战的结束,1866年上海出现了开埠以来最大的一次金融恐慌,多家外国银行倒闭。此时,汇丰银行成立并得到迅速发展。整个19世纪50年代,西方国家由于对华贸易逆差,输华的白银估计在15000万元以上。当时交易的主要方式是物物交换制,贸易打不开局面,银行汇兑也随之打不开局面。此时,中国对外贸易处于以大洋行为主体的所谓"商业大王"统治时期,在贸易的金融周转上不但不依靠银行,而且排斥银行的参与。外国银行和洋行之间的矛盾,使得外国银行和中国商人以及银钱业者之间基本处于彼此隔离的状态。直到19世纪60年代开始,才第一次出现外国银行通过票据贴现对中国商人进行资金融通的记录。直到60年代末,才出现外国银行对中国钱庄的直接拆放。在这种局面下,外国银行的放款、存款业务难以开展。1863年以后,上海才开始有外钞流通。

进入19世纪60年代,长江开放了,上海成为侵略者进入中国内地市场的重要跳板,北方的广大地区开放了,天津、营口、烟台相继辟为商埠,成为洋货的消纳地和转运站。日本的对外贸易几乎都经过上海。在争夺这些新的,尤其是新开口岸对外贸易的金融周转业务上,和洋行同时起步的外国银行以更快的速度获得它所要攫取的目标。此后,外国银行在上

---

① 参见贾维诚《第一次世界大战期间美帝对中国侵略性的借款(1913—1917)》,《历史教学》1951年第10期。

海金融市场的地位日益上升，除对中国商人进行资金融通外，还和中国钱庄开始发生拆放关系。外国银行逐渐代替洋行成为中国通商口岸金融市场中的主要力量，原来兼营金融业务的洋行，或退出了金融活动领域，或转为银行的股东。70年代以后，外国银行在中国通商口岸金融市场的统治地位建立起来了。

他从世界经济史的角度分析了造成这一状况的原因，认为这是由三个因素造成的。

第一个因素是资本主义世界经济的变化以及由此引起的贸易和金融侵略的变化。1873年世界资本主义的大危机，促使商品跌价倾销，进口商品价格下跌，使得中国市场进口增加迅速，贸易量大大扩张。资本主义国家还利用暴力促使中国进一步开放内地市场。随着外国对华贸易量的增长，贸易网的扩大，外国在华银行的金融网和金融活动亦跟着扩张。不仅设立了新银行，先后有德意志银行、德华银行、横滨正金银行、道胜银行等，而且原有银行的分支机构也得到扩张，先后开设了45个分支机构。外国银行开办的业务有汇兑业务，开辟的两大新领域，一是华侨汇款，70年代后成为汇兑业务收入的重要来源，也是伸向内地的重要工具；一是埠际汇款，70年代前由票号担任，外国银行自60年代开始介入此项业务，普遍化是在80年代以后。外国银行在贷款上与清政府发生关系，在存款吸收上开始与封建官僚勾结。80年代后，外国钞票开始成为通商口岸市场的流通手段和支付手段。

第二个因素是1870年苏伊士运河通航。苏伊士运河通航不但把欧洲和中国之间的航距缩短了四分之一，而且大大加速了轮船对帆船的代谢过程，使实际的航行时间缩短了一半以上。与此同时，1871年上海伦敦间海底电线的敷设正式建立了中国和欧洲之间的电信交通。这些变化，为外国银行控制中国金融市场提供了直接和间接的有利条件。首先，由于航程缩短和电报交通的建立，中国逐渐失去了出口商品价格控制权，增强了外国商人在控制中国出口市场方面的地位，为外国进行控制中国金融市场提供了有利条件。其次，贸易周转速度增加，使得资金周转速度增加，为小洋行的竞争力量提供了有利条件。外国银行取代洋行放款给中国商人，接受钱庄庄票和拆放流动资金，在70年代后日益成为经常而大量的现象。再次，外国银行资金的运用有了更大的应活性，而且上海金融市场的脉搏也紧跟着世界金融中心的伦敦而跳动了。此时，外国银行的伦敦主脑才能真正对上海的金融市场进行有效的控制。

第三个因素是 19 世纪 70 年代以后，由于白银产量增加和银本位国家转向金本位，世界市场上的白银价格出现了长期巨幅度下降。中国银两与英镑的汇价大幅下降，从 70 年代的每两五先令，1890 年每两四先令九便士，到 1894 年每两二先令十一便士。银两汇价剧烈下降的直接后果，是外国银行在外汇市场的主宰地位的确立，整个金融市场也进一步处于它的支配之下。外国银行贷给清政府的借款，在银价下落时，增加了外债在资本市场的吸引力，加强了外国银行在资本市场的控制力量。通过预订制度，外国银行把外汇行市的操纵权有效地控制在自己手中，在外汇市场上日益居于主宰者的地位。外国银行对中国钱庄和商号的拆放，是它们控制上海金融市场的最有效的工具。1871—1872 年的"货币恐慌"，是外国银行操纵而发生的第一次恐慌。①

最后，学者们研究了帝国主义在华的工业和铁路投资。汪敬虞描述了从鸦片战争到甲午战争期间外国在华工业投资的历史过程的基本轮廓。外国在华的工业投资基本集中于船舶修造和以丝茶为主的出口商品加工两个部门，先后在中国设立了 191 个工业企业，这两个部门有 116 个，占总数的 60%。从时间上来看，19 世纪 40 年代到 60 年代中期，外国在华工业投资基本上集中于船舶修造业。60 年代中期到 70 年代末，是外国资本投向茶业出口加工业最活跃的时期。60 年代中期开始，外国资本开始进入公用事业。80 年代初到甲午战争前是外国在华缫丝工业迅速发展的时期。80 年代后，华南地区的制糖业迅速扩展。除直接设厂外，西方侵略者在 80 年代还开始对中国自办的工矿企业进行资本渗透。他对外国在华工业投资做了估计：外国在华工业的全部资本约 2000 万元，但其最初投放的资金是有限的。资本的扩大来自于利润的转化和中国的买办资本。其目的是扩大贸易掠夺，而不是为了输出过剩的资本。虽然不以输出资本为目的，但设厂本身就是投资活动，资本增资的规律仍起作用，同一企业在中国所获得的利润往往比本国高很多，且利润的资本化达到十分惊人的程度。外国在华工业企业不但直接利用中国廉价的劳动力，榨取最大的利润，而且对中国的民族工业进行直接的经济压迫，直接地阻碍中国生产力

---

① 参见汪敬虞《十九世纪外国在华银行势力的扩张及其对中国通商口岸金融市场的控制》，《历史研究》1963 年第 5 期。

的发展。作为侵略者扩大贸易掠夺的补充手段，外国在华工业处于进出口贸易的附庸地位。其作用主要在于扩大原料与制品之间的不等价交换，从而首先使生产出口原料的中国农业蒙受不利的影响，使加工这些原料的中国手工业处于被排挤的地位。此外，它作为产业资本，又对中国民族工业资本进行压迫和打击。①

孙毓棠研究了甲午战争前外国资本在中国经营的近代工业的目的和形式。从鸦片战争到甲午战争的50年间，资本主义各国对中国的经济侵略是以商品输出为主要形态，其主要企图是逐步开辟并扩大中国市场，把中国市场卷入世界资本主义的流通范围。外国资本在中国的经营的近代工业有四种不同形式。第一种形式是最早的船舶修造厂，集中在三个地区：广州、香港、九龙地区；上海；厦门和福州。英国资本是船舶修造厂的主要经营者，规模很大，资本很雄厚。19世纪末，耶松船厂公司和香港黄埔船坞公司成为外国资本在华雇用工人最多的工业机构。第二种形式是为便利在华掠夺原料和特产而经营的各种加工工业，主要的有砖茶厂、缫丝厂、制糖厂、蛋粉厂、制革厂与轧花厂等。这些外国资本在中国的直接工业投资，是19世纪后半叶外国资本在中国经营的近代工业的最重要部分。其目的不是向中国输出"剩余资本"，而是便利廉价掠夺原料与特产，是外国资本主义对中国进行掠夺性贸易的从属物。第三种形式是在上海及各商埠建立的一些其他小规模轻工业，如饮食、酿酒、制药、制冰、印刷、家具、肥皂、火柴、造纸、玻璃、铁器等。这些工业是外国资本在中国境内掠取廉价的原料，购买中国的廉价的劳动力，从事工业制造，其生产的商品专为销售于中国市场。第四种形式是在中国强占的"租界"经营的公用事业，如煤气、电灯、自来水等企业，主要在上海。②

为说明帝国主义垄断上海码头业的侵略过程，记忆中国民族资本的码头业遭受的严重打击和摧残，中国码头工人遭受最残酷的压迫和剥削，对中国社会生产力的发展起了严重的阻碍作用。金立成研究了帝国主义对上海码头业的控制。公和祥是上海港建立最早、规模最大的码头仓库托拉斯，占上海港码头的71%，仓库的79%，占全港码头总长的20%左右。

---

① 参见汪敬虞《十九世纪外资对中国工矿企业的侵略活动》，《经济研究》1965年第12期。
② 参见孙毓棠《中国甲午战争前外国资本在中国经营的近代工业》，《历史研究》1954年第5期。

其取得垄断地位后，极力排挤民族资本码头仓库业，它的手法有四：与外国轮船公司互相勾结，垄断航运；操纵码头费率；优越的地理位置为垄断创造了有利条件；享有特权，受外国法律保护，不纳捐税。1906—1930年，每年平均获利64万两，折合50万美元。1931—1941年，每年平均获利136万元，折合40万美元。①

胡滨研究了19世纪末帝国主义瓜分中国铁路利权的活动。19世纪末，世界资本主义已经过渡到帝国主义阶段，列强对华的经济侵略变为以资本输出为主要形态。帝国主义列强通过铁路投资不仅在经济上攫得长期的高额利润，而且劫取铁路的修筑权与经营权，甚至控制铁路沿线的领土及资源。因此，铁路投资成为列强扩大对华经济侵略和政治侵略的主要工具，同时也成为列强相互间激烈争夺的主要目标之一。列强在华的铁路投资不仅是输出资本的一种重要方式，而且也是用于扩大在华政治势力、攫取势力范围的有力武器。自1895年起至1898年止，三年间列强在中国掠夺了长达6420哩的铁路投资利权。其中英国占2800哩，沙俄占1530哩，德国占720哩，比利时（背后是俄法集团）占650哩，法国占420哩，美国占300哩。在列强掠夺中国铁路利权的过程中，它们有时是分头勒索，有时是联合攫取，有时又是某一帝国主义集团与另一帝国主义集团分庭抗礼，最后则用协议的方式瓜分了中国的铁路投资利权。②

另有一篇较有特色的论文值得推介，这就是魏金玉的《十九世纪后半期在华教会对土地房产的掠夺》一文。他论述了从鸦片战争到义和团运动期间，外国教会是如何掠夺中国人民的土地财产的历史。第一次鸦片战争以后，西方传教士根据1843年、1844年中美、中法不平等条约，首次取得在通商口岸租赁土地建造教堂的权利。根据前述条约，西方传教士虽取得了在五个通商口岸进行活动的特权，但无权渗入其他城市和乡村。而此时所有中外不平等条约都没有中国方面必须归还前此业经收回的教堂房地产的规定，也没有中国方面必须撤销禁教命令的规定。但事实上，条约一经签订，西方教士就猖狂活动，造成一系列所谓"还堂"交涉——

---

① 参见金立成《帝国主义对旧中国码头业的垄断——上海公和祥码头史料》，《学术月刊》1962年第1期。

② 参见胡滨《十九世纪末帝国主义瓜分中国铁路利权的阴谋活动（1898—1899）》，《历史研究》1956年第5期。

实际上是掠夺中国人民房地产的一系列敲诈，同时，要求撤销教禁，并且不断渗入内地。19世纪60年代洋教士广泛掀起的"还堂"讹诈浪潮构成了洋教士勒索中国人民土地房产的主要内容。自此，洋教士深入内地，以租买为名，运用暴力和金钱两手来掠夺中国人民土地房产的过程广泛展开。19世纪后半期的中国，所谓教堂都是掌握在外国传教士手中的，所谓"教堂公产"就是外国教会或传教士的产业。总理衙门扬言根据《柏德固协议》办理，卖给教堂的产业，不列传教士及奉教人之名，"产权不致落入外人之手，于中国仍属无伤"。进入70年代以后，由于清政府各级地方官吏投降媚外，洋教士"谋田地房产，不先禀商地方官，硬立契据"，就成了遍及全国城乡的触目惊心的现象，而洋教士谋取田地房产的方式也就花样百出，愈演愈奇了。强行霸占是一种常见的方式，盗买盗卖是另一种常见的方式，"捐献"也是洋教士掠夺房地产的一种惯用的方式。进入70年代以后，洋教士已经是无孔不入地深入中国内地的城镇和乡村来掠夺房地产了。在深入内地乡村疯狂掠夺的同时，洋教士们并没有放松在通商口岸、通都大邑进行扩张。到19世纪末叶，基督教新旧各派系的据点，从沿海到内地，从城市到乡村，已经遍布全国各个地方。教会的每一处据点无不拥有房产和土地。在许多情况下，这些房产和土地是用来出租牟利、剥削中国人民的。[①]

四 政治事件的经济背景研究

这一时期的经济史研究偏重政治面向的另一个表现就是，学者们对政治事件的经济背景的关注。此类研究主要集中于鸦片战争、洋务运动和五四运动，下面就其代表性研究分别做一评述。

首先，彭泽益研究了与鸦片战争相关的经济问题，旨在深刻揭示19世纪四五十年代中国社会经济的变化，为正确认识太平天国起义的社会经济背景和它的革命性质提供解答的基本论据。他不仅考察了鸦片战争赔款的具体内容包括鸦片烟价、广东行欠和水路军费三项，赔偿总数为2100万元，合银1470万两，而且还具体分析了清政府为支付赔款所采取的筹款办法。[②] 此外，他还研究了鸦片战争后中国货币流通中的银贵钱贱问

---

① 《经济研究》1965年第8期。
② 参见彭泽益《论鸦片战争赔款》，《经济研究》1962年第12期。

题。他指出，此问题是由白银大量外溢所直接引起，而白银外溢则主要是由于以下两种情况造成：一是英国侵略者的直接掠夺和战争赔款，战争期间在各地直接掠夺中国商民和官库的纹银与现金约 7302894 银元，战争赔款 2100 万银元，总数至少在 2830 万银元以上；二是战后对外贸易逆差，每年大量白银外流。银钱的法定比价是银一两换制钱 1000 文左右，鸦片战争前发生的银贵钱贱，使某些地区的银价最高达银一两约换制钱 1600 文。到 1850 年前后，福建、湖南、江西和江苏等省的市价平均是银一两换制钱 2000 文左右。银贵钱贱的结果对当时社会的经济生活造成深刻的影响。第一，必然引起农产品和手工业品价格的不断降低，从而使得作为国民经济最基本的两个生产部门——农业和手工业生产受到严重的损害。第二，银贵钱贱促进着商业和信用的危机，在战后商品经济进一步发展的条件下，商人和商业高利贷资本在商品货币关系中的活动和作用大大增强了。各地商人从事商品货币买卖的投机活动日益加剧，这样影响了正常的商业经营。第三，银贵钱贱使中国的对外贸易处于不利的地位。第四，加剧了清政府的税收财政危机。①

其次，学者们围绕洋务运动展开系列的研究。姜铎先后发表文章，阐述了洋务派经济活动对中国早期民族资本所起的作用，与外国侵略资本的矛盾，以及同顽固派在经济活动中发生论战的性质等问题。② 洋务派的经济活动，是在世界范围内确立了资本主义生产方式的统治，并开始从自由资本逐步走向垄断资本的国际环境下进行；是在各先进资本主义国家，对中国发动大规模的军事、政治和经济侵略的条件下进行的；又是在中国这样一个具有长期封建传统的大国中，在民间的和官府的手工工场中，较长期地孕育着近代生产方式的基础上进行的。因此，它所创办的近代工矿企业和近代交通运输事业，表现出六方面的特点。第一，它的动机和目的是反动的，但采取的手段和方法却具有一定的进步倾向。第二，在创办方式上，它是从封建政府的官办方式开始，逐步发展到官督商办和官商合办的方式，也就是说，它是直接利用封建政权的力量，从上而下地创办起来

---

① 参见彭泽益《鸦片战后十年间银贵钱贱波动下的中国经济与阶级关系》，《历史研究》1961 年第 6 期。

② 参见姜铎《试论洋务运动对早期民族资本的促进作用》《试论洋务运动的经济活动和外国侵略资本的矛盾》，《文汇报》1961 年 12 月 28 日、1962 年 1 月 12 日，第 3 版。

的。第三，在发展过程中，它是围绕封建政府的军事需要，从建立近代军事工业开始，逐步发展至近代民用工矿交通企业的。第四，在生产经营上，它是从自给性生产向商品性生产逐步发展的。第五，它的生产技术，主要是从外国先进资本主义国家移植过来的，但又同本国的优秀生产传统密切结合着。第六，在阶级关系上，基本上已是资本主义的剥削关系，但又保留着很浓厚的封建剥削关系。洋务派所办的企业，是在我国原有优秀生产传统的基础上，在外国先进资本主义国家侵略影响下的产物；是从封建生产方式向近代资本主义生产方式开始转化的产物，因而是一种过渡性的经济形态。它处在旧中国半殖民地半封建化的特殊条件下，是一种不可能获得正常发展和足够发展的畸形资本主义，亦即中国式的官僚资本主义。它和一般资本主义经济相比较，虽存在若干特殊性，如官办方式、垄断倾向、先军后民、先重后轻、自给性生产等。但归根结底，还是要受资本主义发展的一般规律所支配的。①

有学者比较了中国洋务运动与日本明治维新在经济发展上的区别，总结明治维新成功的原因在于：首先，日本明治维新具有较为明确的反封建、反外国侵略和发展资本主义的目标，并逐步加以贯彻，是它能够获得基本成功的决定性原因。其次，以英美为首的西方列强，企图利用日本作为牵制帝俄和侵略中国的先锋，因而不但放松了对日本的侵略，反转而扶持日本，以及日本明治维新政府，在励精图治独立自主的精神指导下，善于利用国际矛盾，争取了较为有利的国际环境，又是日本明治维新所以能够获得基本成功的重要客观原因。再次，日本明治维新政府所奉行的军国主义经济政策，以及在对中、俄两次侵略战争中获得了胜利，是日本明治维新所以获得基本成功的直接原因。洋务运动虽然创办了近代军事工业和中国第一批资本主义性质的工矿交通企业，但终于完全破产，就是由于这个运动自身的复杂矛盾，不但没有扶助和促进新生的资本主义力量的发展，相反，还造成一种有利条件，以便于中国封建势力与帝国主义列强相勾结，从而扼杀中国新生的资本主义力量于摇篮之中。首先，洋务运动的反动本质和由此带来的复杂矛盾，决定了洋务运动的必然破产。洋务运动始终没有改变"维护封建统治"这个基本要求，尽管它的经济活动是采取了近代生产方法，有极其微弱的资本主义倾向，但是它一直坚持贯彻了

---

① 参见姜铎《略论洋务派经济活动的若干特点》，《学术月刊》1962年第8期。

"中学为体、西方为用"的根本方针。其次，洋务运动遭到了严重的封建势力的压迫与束缚，这是洋务运动濒于彻底破产的内在决定因素。再次，帝国主义列强对中国的严重侵略与压迫，是促使洋务运动破产的外在因素。除了上述原因而外，洋务运动的破产，是同洋务派本身的严重封建性、买办性分不开的。[①] 有学者对该文的若干立论提出了不同意见，认为存在以下四个方面的问题。首先，洋务派官员从事洋务运动时要解决的根本问题是什么？其次，统治阶级所从事的洋务活动是否带有"民族主义色彩"？再次，洋务派的活动和民族资本主义的关系是什么？最后，洋务派所办的企业为什么没有得到发展？原因是什么？[②]

除上述偏重定性讨论的文章外，还有一篇有分量的实证研究。张国辉以基隆和开平两大煤矿发展过程为例，分析了整个煤矿工业的变化状况，考察了中国资本主义生产关系的发展。外国资本主义的刺激和洋务派官僚集团的需要，使近代煤矿工业在 70 年代后期出现了半殖民地半封建的中国社会；然而，使中国近代煤矿工业长期处于困难竭蹶境地的恰恰正是这两种反动势力更番压迫的结果。不论从什么角度来考察，洋务派集团都不是推动中国近代企业的积极力量；而外国资本主义侵入中国的目的"决不是要把封建的中国变成资本主义的中国"。洋务派大官僚和买办阶级的上层分子相结合形成早期的官僚资产阶级，为了经营近代企业，这个阶级与外国资本主义的关系是：既有依赖的一面，又有矛盾的一面。由于它们在兴办企业中主要依赖外国势力技术、资金以及其他方面的支持，因此，这个阶级对外国侵略势力的投靠远超过它们之间的矛盾。就其基本的方面而言，这个阶级是外国侵略势力的代理人，是阻碍中国民族资本主义发展的反动阶级。[③]

五四运动被视作新民主主义革命的开端，汪敬虞、魏金玉论证了这是从辛亥到五四一个长时期社会经济条件和阶级矛盾关系作用的必然结果。自辛亥革命后，中国封建军阀割据，国内分裂战争带来了严重的经济后

---

① 参见黄逸峰、姜铎《中国洋务运动与日本明治维新在经济发展上的比较》，《历史研究》1963 年第 1 期。

② 参见朱伯康、郭庠林《关于洋务运动的几个问题——与黄逸峰、姜铎同志商榷》，《学术月刊》1963 年第 6 期。

③ 参见张国辉《中国近代煤矿企业中的官商关系与资本主义的发生问题》，《历史研究》1964 年第 3 期。

果，不但直接破坏人民的生命财产，而且还带来税负的加重。为了维持统治，中国各派军阀大举向外借债，1912—1919 年，大大小小外债共有 182 笔，数额在 8 亿元以上。这些外债是以主权作为抵押的，从铁路到轮船、从工厂到矿山、从设备到产品、从财产到收入乃至余利，从土地到地租乃至永租权，从关税、盐税、茶税到契税、烟酒税、牲畜税、屠宰税等。日本帝国主义在华推行扇形推进政策，大肆掠夺中国原料，把中国变成它的殖民地、半殖民地，变为它的原料吸取地。这一阶段，中国民族资本主义得到迅速发展，国内市场扩大了，商品流动扩大了，资本主义的信贷系统也扩大了，更重要的是，资本主义现代工业得到发展。随着资本主义企业的发展，民族资产阶级在经济上的力量，也得到了增长，代表民族资产阶级经济利益和发展要求的资产阶级团体，也随着日益增加和扩大。从 1915 年抵制日货运动到 1919 年 3 月上海商业公团的对外宣言，体现了民族资产阶级的政治觉悟。随着资本主义的发展，中国工人阶级的力量空前壮大，逐步以独立姿态参加各种政治斗争，为参加五四运动做了准备。①

五　其他专业史研究

前面讨论了偏重政治面向的近代经济史研究状况。这并不是说其他经济史研究未受政治影响，毕竟那个时代的经济史研究，"从研究方法上来说，带有教条主义的色彩，缺乏实事求是的精神，用阶级性、政治性、阶级斗争、政治斗争的价值判别标准来衡量经济的落后或先进、衰退或发展，甚至取代经济标准和经济法则"。② 这部分我们将对未能概括进前一部分的研究进行评述，以全面了解那个时期经济史研究的状况。

在此先对当时的中国国民经济史研究做一说明。按照学者定义，国民经济史的研究对象是："一个国家这样的生产关系。它从历史上考察一个国家生产关系的发展，阐明这个国家在各个不同历史时期中生产关系演变的规律性。"③ 为适应高校教学的需要，出版了几本通史性的教科书，如

---

① 参见汪敬虞、魏金玉《五四运动的经济背景》，《经济研究》1959 年第 4 期。
② 虞和平：《50 年来中国近代经济史研究》，《近代史研究》1999 年第 5 期。
③ 孙健：《国民经济史的对象、方法和任务》，《经济研究》1957 年第 2 期。

孟宪章著《中国近代经济史教程》①、吴杰著《中国近代国民经济史》②、湖北大学政治经济学室编《中国近代国民经济史讲义》③、中国人民大学国民经济史教研室编《中国近代国民经济史讲义》。④ 这些教材都试图用马克思主义理论建立中国国民经济史的框架，为建立该学科做了很重要的基础工作。我们认为，国民经济史与经济史实际上并无太大的区别，也未取得太多值得介绍的成果，故不予专门论述。

（一）企业史

企业史不仅是此一时期史料收集整理的重要领域，而且也是经济史研究的热点。在整理资料的基础上出版了一批企业史论著⑤，还有一些研究论文发表。李玉总结认为："在五六十年代，厂史著作几乎占到同时期经济史著作的三分之一。"⑥ 由于大量著作多为资料整理，我们将择要介绍若干有代表性的企业史研究的文章。受意识形态的影响，这些研究以阶级理论为指导，围绕着相关阶级展开论述，带有鲜明阶级分析的政治色彩。

第一种类型是对清末官办企业的研究。在中国近代企业的发生史上，轮船招商局是出现最早、规模最大、关系又很复杂的一个企业。张国辉发表了两篇论文认为，旗昌公司以及其他外商轮船对我国沙船业的毁灭性破坏，是促进轮船招商局诞生的直接因素。时至60年代后期，在旧式航运业受到剧烈破坏的景况下，对创办新式航运业跃跃欲试的确实大有人在。创办轮船公司的动议从1868年吴南记等的请求未被批准以后确实沉寂了几年。然而，在沿海贸易中，轮船在代替帆船的运输上却越来越起着显著

---

① 中华书局1951年版。
② 人民出版社1959年版。
③ 高等教育出版社1958年版。
④ 中国人民大学出版社1962年版。
⑤ 参见青岛市工商行政管理局史料组编《中国民族火柴工业》，中华书局1963年版；江西省轻工业厅陶瓷研究所编《景德镇陶瓷史稿》，三联书店1959年版；《江南造船厂史（1865—1949）》，上海人民出版社1975年版；清河制呢厂厂史编写委员会编《北京清河制呢厂五十年》，北京出版社1959年版；吉林大学历史系四年级编著《蛟河煤矿八十年》，吉林人民出版社1959年版；潘喜廷等编《红色的矿山——本溪煤矿史》，辽宁人民出版社1962年版；北京师范大学历史系编《门头沟煤矿史稿》，人民出版社1958年版；哈尔滨车辆工厂厂史编辑组编《三十六棚——哈尔滨车辆工厂六十年》，北方文艺出版社1959年版；上海市纺织工业局、工商行政管理局等编《永安纺织印染公司》，中华书局1964年版；中国科学院历史第三所南京史料整理处等编《戚墅堰机车车辆工厂史（1898—1949）》，江苏人民出版社1960年版。
⑥ 李玉：《中国近代企业史研究》，《史学月刊》2004年第4期。

的作用。19 世纪 70 年代初，李鸿章对筹办新式航业的态度十分积极。他搁置天津粤商的拟议，而在七月间物色了经办海运十余年的三品衔道员、浙江候补知府朱其昂，商议先设立商局，最初规定招商局的性质是官商合办的企业，后改为官督商办。他认为轮船招商局的发端并非买办势力的推动，而是清政府及其代理人为了解决自身的困难而兴办的。① 与此同时，外国航运势力对中国旧式航运业的剧烈破坏，以及买办和买办化商人在运输贸易上的活跃，促成了轮船招商局的产生。在轮船招商局产生、发展的过程中，一部分商人、地主和官僚向这个新式企业投资，意味着他们在向资产阶级转化。其研究的结论仍脱离不了阶级分析的路数，"这一具体案例表明，中国资产阶级在形成过程中，就区分为带买办性的大资产阶级和民族资产阶级两个部分"。②

第二种类型是对民族企业的研究。汪敬虞指出，中国缫丝业的产生有三种形式。第一种是和外国资本关系比较密切的华商丝厂，这一种最先出现。第二种是由官办、官商合办的缫丝厂转化而来的商办缫丝厂，在中国近代缫丝工业发展中不占主要地位。第三种是纯粹商办的缫丝厂。作为中国第一个民族资本经营的现代缫丝厂，1873 年成立的继昌隆缫丝厂的重要意义在于它在中国资本主义发展上所显示的历史意义。③

黄逸峰对荣宗敬、荣德生兄弟为首创办的申新、福新、茂新等企业的发展做了分析，认为其体现了民族资本主义经济在半殖民地半封建社会是没有独立发展前途的。他总结出荣家资本发展的几个特点。第一，荣家资本由小而大，逐步发展，只是在第一次世界大战期间才得到飞跃性发展。1903—1922 年，荣家资本增长了 208.61 倍。第二，荣家资本是依靠同官僚、买办合作起家，并长期依靠与国民党反动政权的妥协发展起来的。第三，荣家资本的发展始终以经营面粉、纺织两个行业为中心。第四，荣家经营的企业很大一部分是收买的旧厂，不全部是创办的。

他的研究注意到了荣家资本在经营管理上的特点，具体包括以下几个

---

① 参见张国辉《关于轮船招商局产生与初期发展的几个问题》，《经济研究》1965 年第 10 期。

② 张国辉：《关于轮船招商局产生与初期发展的几个问题（续）》，《经济研究》1965 年第 11 期。

③ 参见汪敬虞《关于继昌隆缫丝厂的若干史料及值得研究的几个问题》，《学术研究》1962 年第 6 期。

方面。第一，荣家在资金运用上很有特色。在企业内部采取了"肉烂在锅里"的资本积累方式，就是把企业的大量利润，全部或大部分不断地转化为资本，继续不断地扩大再生产。荣宗敬更善于运用生息资本，他采取把本企业的命运与银行、钱庄结合在一起的办法，使银行、钱庄不得不与企业同命运、共呼吸，从而充分利用生息资本。第二，荣家对原料的争夺。它有着优越的条件：规模大，厂子多，资金运用条件好，在棉、麦产地设立采购机构；它在上海有总机关，在各地有分支机构，可通过交易所操纵市场，压低原料价格；在国内原料有困难的时候，可以大量利用外国原料，成为外国原料的加工厂。第三，荣家在市场上的竞争，采取如下手法：在民族资本内部有联合有斗争；在民族革命运动高涨时，充分利用抵制外货的有利形势，乘机夺取市场；在争夺市场推销产品方面，充分发挥资本主义经营方法的作用，千方百计树立名牌，取得信誉。第四，为了自己的生存发展，荣家资本在政治上不择手段，充分表现了唯利是图的资产阶级本质和民族资产阶级两面性。第五，对工人的严重剥削，这是荣家获得发展的最根本原因。荣家资本无法逃脱中国民族资本共有的命运，长期处于风雨飘摇之中，有随时被三大敌人吞噬的危险。[①] 此外，黄逸峰将张謇所办的企业作为一种封建性特别浓厚的民族资本主义企业的典型来解剖，进而研究中国资本主义的发生、发展和中国民族资产阶级的特质及其复杂性。此文侧重于民族资产阶级两面性的分析，对企业本身的论述明显不够。[②]

中国的近代工业，特别是较大型的工业，多数与封建势力保持着密切的联系，这就有可能使这种工业依恃封建特权进行垄断活动，获取垄断利润。这在启新早期独家的垄断活动中表现得最为明显。启新在开办时，借助于袁世凯的支持，取得设厂的特权，此外又获得了销售的特权，减免税捐的特权，运费及煤价减让的特权等，使它在竞争中处于有利的地位。之后这种垄断特权虽然逐渐松弛或者消失，但是启新的经济力量已经借助于这种封建特权而巩固、发展起来了。1922 年以前启新独占的局面基本上是这样形成的。1922 年以后，启新独占的局面被打破，启新、华商、中国三家水泥公司在中国的中心销区展开了激烈的竞争，并且几度达成了协

---

① 参见黄逸峰《旧中国荣家资本的发展》，《学术月刊》1964 年第 2 期。
② 参见黄逸峰《论张謇的企业活动》，《学术月刊》1962 年第 3 期。

议，形成了垄断组织，这是由于以下诸原因。首先，是由于追逐利润的冲动和内部的竞争。其次，由于中国水泥市场容纳量的限制和外国竞争的压力。再次，水泥生产集中在少数大资本之手，是形成垄断组织的条件之一。最后，由于水泥系笨重商品，长途运输，运费所占成本比重甚大，因而进口少，使得中国的水泥工业能够抵抗得住外国水泥在中国无限制的泛滥，这是中国垄断组织实际能够做到垄断大部分中国水泥销售的重要原因。中国民族资本之所以形成了垄断组织，是在一些特殊的条件下产生的一种暂时的现象，并不是中国民族资本发展的规律。[①]

第三种类型是金融企业。金研研究了金城银行的发展过程、资金来源以及资金运用。创立于1917年5月的金城银行是"北四行"的主要支柱，是中国民族工商业发展和北洋政府财政上对银行资金需要的产物。该行的发起人有两类，一类是军阀、官僚及其代言人，一类是与官僚、军阀有联系的交通银行当权人物。它的发展可分为四个阶段：成长期（1917—1927年），存款从404万元增至1198万元，放款从378万元增至851万元，纯益从9万元增至89万元，十年纯益累计达1065万元；扩展期（1927—1937年），该行业务规模扩大，存放款总额不断增加。1937年纯存款总额1亿5900万元，比1927年增加3.5倍，纯放款9616万元，有价证券5736万元；抗战时期的畸形发展期（1937—1945年），奉行"厚集资金，套购外汇、黄金，囤购货物，经营证券和房地产买卖"的业务方针，金城银行致力于囤积物质和积累外汇资金；萎缩时期（1945—1949年），成为纯粹收支出纳和清算票据的机构。金城银行的资金投放对象主要是政府机构放款、铁路放款和购入公债库券。对于工商企业的放款和投资，有如下几个特点：一般集中于少数客户，主要投放于与投资有关的企业和自营企业；在工业放款中，主要投入棉纺织业、化学工业、煤矿工业和面粉工业；商业放款始终占相当大的比重。[②]

上海钱庄是中国旧式信用机构之一，主要分布在长江流域，起源于货币兑换并因经营这种货币业务而引起贷款和存款业务。乾隆年间，上海钱

---

① 参见郭士浩《从启新洋灰公司看旧中国水泥业中的垄断活动》，《经济研究》1960年第9期。

② 参见金研《关于金城银行的若干史料——旧中国民族资本金融业典型调查》，《学术月刊》1962年第10期。

庄已经成为一个具有相当规模的独立的行业。它的存在是基于商业发展的需要，发生、生长在封建社会孕育着资本主义萌芽的时期，起了资助商人促进物资交流和扩大国内市场的一些历史作用。早期上海钱庄资本是商业高利贷资本的一种转化，其中也不乏地主的投资。投资上海钱庄的主要是一伙经营商业特别是经营洋货的商人。从鸦片战争后，商人和买办阶级的投资居多。他们熟悉上海商情，同内地、沿海甚至东北各地都建立有商业联系，并且同外商和帝国主义银行有着密切的关系；他们一方面以经营商业获得的利润投资于钱庄，以求夺取更多更高的利润，同时用开设钱庄为手段以便运用更多资金来从事商业买卖的扩充。上海钱庄后来变成为帝国主义深入内地进行经济侵略而服务的信用工具，是中国封建社会转化为半殖民地半封建社会的又一个方面的写照。

他们将上海钱庄的变化分为五个阶段。第一阶段从鸦片战争到辛亥革命时期。上海钱庄成为外国资本主义利用的工具，起着中外商人之间和上海与内地之间资金融通调拨的媒介作用。第二阶段从辛亥革命到第一次国内革命战争时期，钱庄的盈利迅速增加，资本有了较大的积累，资本总额从1912年的106万两增加到1926年的1341万两，每家平均数由3.08万两增加到15.4万两。钱庄开设家数逐年增加，而且1913—1923年除自行收歇外，没有一家倒闭。第三阶段从第二次国内革命战争到抗战爆发，1933年的废两改元，钱庄所顽固维护的银两本位不得不改为银元本位，使钱庄的业务遭受了极大的打击，1935年的钱业大恐慌反映了钱庄的生存濒临危境。第四阶段是抗日战争时期，上海钱庄通过汇兑等方式和沦陷区经济联系起来，直接或间接被利用作为控制沦陷区经济的工具之一。第五阶段是第三次国内革命战争时期，钱庄所能吸取和运用的资金极为有限。加之恶性通货膨胀，钱庄业务日渐瘫痪。①

（二）财政与金融

财政金融史的研究绝大部分被归入到帝国主义在华投资部分，此不赘述。我们认为，还有两类较有特色的问题讨论，一是金融货币问题②，二

---

① 参见中国人民银行上海市分行办公室《上海钱庄的产生、发展与改造》，《学术月刊》1959年第6期。

② 此时期出版了几部货币金融史的著作，基本属于概论性研究，此不详述。参见张郁兰《中国银行业发展史》，上海人民出版社1957年版；魏建猷《中国近代货币史》，群联出版社1955年版；杨瑞六《清代货币金融史稿》，三联书店1962年版。

是根据地的农业税收问题。1935年上海发生的"白银风潮"受到关注，谢菊曾对之进行了深入分析。1929—1933年的世界经济危机中，各国货币先后贬值，筑成货币壁垒，防止外国货物的倾销和企图打开自己产品的市场，将过剩产品向殖民地和半殖民地倾销，中国首当其冲。中国由于银价跌落，农产品价格惨跌和工农产品剪刀差的不断扩大，农村经济濒于崩溃的边缘，而广大人民购买力普遍低落，反过来又使城市工商业趋于萧条。自1933年开始民族工业进入艰苦挣扎时期。与此同时，内地现银集中于上海。在国内工农产品价格剪刀差继续扩大的条件下，农村对城市经常处于入超地位。这样现银就由农村流入中小城市，再由中小城市流入大城市，造成农村金融枯竭，城市游资壅塞的畸形现象。作为全国金融中心的上海，游资的壅塞也最突出。据上海银行调查，1933年"自华北各地流入合计二千四百万元，自华中长江流域流入约五千万元，自华南流入约六百万元"。在工商业萧条的条件下，国民党反动政府的公债、上海租界房地产和帝国主义机构的债券与股票成为游资投向的主要对象。1933年末上海现银存底虽然数目庞大，其中一半以上已非中国人所有，这就为次年帝国主义银行运走大量白银准备了物质条件。白银在资本主义国家是商品，免不掉也和其他商品的输入呈同样趋势。1933年上半年，银价每盎司从十六个半便士涨至二十个半便士，导致这年中国净出口1420万元。这一情况标志着两种可怕的现象。第一，中国黄金经长期外流，存底日枯，所以开始用部分白银来抵付贸易入超；第二，银价稍一上涨，白银立呈出超态势，一旦被帝国主义用人为方法把银价大幅度提高，中国所存白银就有源源流出的危险。1934年，美国出台"白银法案"，通过国家大量收购白银来提高银价，促使国内物价回涨到1926年水平。同时，使最大用银国国内制造业由于银价高涨，成本增加无法与舶来品竞争，从而给美国产品以畅销中国的机会。白银法案实施后，美政府即开始在纽约、伦敦大购白银，于是在短短一段时期内，世界银价被人为地抬高了很多。在沪帝国主义银行纷纷装运白银出口到伦敦或纽约出售，攫取暴利。从这年七月起仅仅三个半月时间就被运走白银折合银元2亿元以上。上海现银存底大减，六月间各银行库存现银有5亿8000余万元，年终只剩3亿3000余万元。通货紧缩，利率随之高涨，物价也跟着惨跌，1935年爆发了惊人的工商业倒闭风潮。"白银风潮"给上海工商业和人民生活带来了空前的灾难，却为四大家族完成金融独占和囊括全国人民的财富创造了基本条件。财政部部长孔祥熙借此风潮改组了中国、交通两行，实行了"法币制度"。①

此外，有学者研究了从1948年12月1日人民币开始发行到中华人民共和国成立，我国的独立的、统一的、稳定的货币制度的建立过程，以及为实现新中国的货币流通计划而斗争的过程。各地人民政府一经成立，就立刻着手解决整顿金融市场，恢复生产，安定人民生活的任务。而建立一个全国性的、独立的、统一的人民币市场又是这一切工作的前提。为建立货币制度，采取了如下措施：逐步收回各解放区发行的地方货币；坚决地、迅速地肃清伪法币、伪金圆券、伪银元券；禁止外国货币在市场流通；禁止金银计价、流通和私相买卖。②

李成瑞发表系列文章，对根据地农民负担和农业税收问题做了深入讨论。抗战时期，陕甘宁、晋察冀和晋绥等根据地内农民负担的变化，大体经历了三个阶段：（1）从1937年到1940年，农民负担较轻。陕甘宁边区征收公粮占粮食产量的0.78%到6.29%，晋察冀边区公粮占登记产量的6.27%到9.71%。（2）从1941年到1942年，农民负担加重。陕甘宁边区公粮占粮食产量的比例最高的一年达到13.32%，晋察冀边区达到14.78%，晋绥边区达到24.6%。（3）从1943年到1945年，农民负担又趋减轻。陕甘宁边区公粮占粮食产量的比例降低到7.8%，晋察冀边区降到8.9%，晋绥边区降到19.61%。③第三次国内革命战争时期的陕甘宁边区、山东根据地、晋察冀边区以及华北各区的农民负担状况，一般是比较高的，而在各个年度之间，有所不同。大体可以把1946—1949年划分为三个时期：1946年为第一个时期，几个地区负担比例大体在9%到15%，负担还不算重；1947年到1948年为第二个时期，几个地区负担比例大体在15%到22%，可说是负担较重的时期；1949年为第三个时期，几个地区的负担比例，在17%至18%，农民负担较之前一时期开始减轻了。④

1938年和1939年，各根据地的民主政府先后颁布了农业税的征收办

---

① 参见谢菊曾《一九三五年上海白银风潮概述》，《历史研究》1965年第2期。
② 参见曾凌、韩雷《一九四八至一九四九年解放区的货币流通》，《经济研究》1955年第3期。
③ 参见李成瑞《抗日战争时期几个人民革命根据地的农业税收制度与农民负担》，《经济研究》1956年第2期。
④ 参见李成瑞《第三次国内革命战争时期几个革命根据地的农民负担》，《经济研究》1958年第8期。

法。当时农业税以征收粮食为主，所以多数地区叫做"救国公粮"。在少数地区则叫做"合理负担"（如晋察冀边区）或"公平负担"（如冀南区），以区别于过去不合理的田赋制度。抗日战争初期所颁布的农业税征收办法，虽然还是比较粗糙的，但它是与几千年来田赋制度根本不同的、崭新的农业税收制度。后来，在陕甘宁边区和晋察冀边区推行农业统一累进税，包括收入税和土地财产税两部分。土地财产税主要是对地主和富农征收的；在收入税的计算中，要从总收入中扣除一定比例的生产消耗。这样就适当增加了地主的负担，并给农民以应得的照顾。①

第三次国内革命战争时期根据地的农业税制度，是随着农村经济情况的变化而变化的。1946年开始进行了初步的土地改革，但封建土地所有制还没有彻底消灭。农业税制度基本上沿用抗日战争时期的累进税制，只在某些具体规定上作了一些小的修改。1947年和1948年全面深入地展开了土地改革运动，农村生产关系发生了根本变化，给农业税提出了新的问题。各根据地民主政府先后进行了农业税制度的改革，将过去的累进税制改变为有免征额的比例税制（东北地区为不扣除免征额的此例税制）。这种税制适应了当时农村居民土地大体平分的情况，具有大体合理而又简便易行的优点，因而受到广大农民的热烈欢迎。新的农业税法成为鼓励农民增产、动员财力人力物力支援战争的有力工具。②

（三）对外贸易与粮价研究

在学者们热衷于定性研究的时候，有个别学者尝试了定量研究。无论是张仲礼对1834—1867年中国对外贸易的考察，还是邹大凡对近百年粮价趋势的分析，都是那个时代独树一帜的经济史研究成果。

张仲礼运用贸易数字说明1834—1867年国对外贸易的变化。他利用中国海关贸易报告和英美领事的贸易报告估算了中国对外贸易的货类、数量与金额，分析贸易港口和国别的变化情况，并对当时所发生的大事、贸易变化等加以综合分析。他将中国对外贸易分为四个阶段。第一阶段为1834—1842年，这一时期，英印两国政府岁入总额1/6是从对华贸易中

---

① 参见李成瑞《抗日战争时期几个人民革命根据地的农业税收制度与农民负担》，《经济研究》1956年第2期。

② 参见李成瑞《第三次国内革命战争时期几个革命根据地的农业税制度》，《经济研究》1958年第6期。

取得的，主要是从鸦片贸易中得到的。第二阶段为1843—1851年，此期间贸易量虽较《南京条约》签订前有所增加，但贸易金额却因主要商品跌价而下降了。《南京条约》的签订并未立刻让外国商人获得预期的贸易发展。第三阶段为1852—1858年，此期间贸易总额最低为7100余万元，最高达9800余万元，主要出口品茶和丝的出口量及主要进口品鸦片的进口量都有显著的增长。从1852年起，上海成为中国对外贸易的中心，英国仍是中国对外贸易的垄断者。第四阶段为1859—1867年，《天津条约》的签订，使中国对外贸易进入一个新的阶段。此期间贸易总额最低为1亿300万元，最高为1亿4500万元。在输出货方面，茶业输出量又创造了新高峰，生丝出口则在1862年后下降了。进口货方面，主要进口货鸦片在量和价值方面都有所增长，但从整个进口价值的比重来说，其重要性已在减退，棉纱布的输入开始上升。1862—1864年，中国对外贸易输出价值超过输入价值，是对外贸易出超的最后几年。1868年上海港输出入价值占全国输出入价值的62%，而广州仅占13%。张仲礼认为太平天国帮助推倒了阻碍中国对外贸易正常发展的封建篱笆，因此在长时期的革命进行过程中，对外贸易量不是停滞或减少而是不断增长着。① 这篇文章将英国议会撤销东印度公司垄断权利的1834年作为研究的起点，将中国开始有较完整的海关贸易册的前一年1867年作为研究的终点，这有别于其他的研究，不以政治事件划分经济史研究的时段，而是以经济事件加以划分。此外，文章以贸易量统计说明贸易的实际变化状况，在研究方法上具有计量研究的价值和意义。

邹大凡总结了旧中国近百年来的粮价趋势是逐步上涨的，在这个逐步上涨的总趋势中又具有两个特点，那就是明显的阶段性和剧烈的波动性。从1841年到1936年的96年中，上海米价上涨了2.75倍。根据粮价变化情况，这一百余年间，大体可分为三个主要阶段，即1841—1900年、1901—1936年、1937—1949年。其趋势，第一个阶段是缓慢上涨的，第二个阶段开始较显著地上涨，第三个阶段疯狂上涨。这与半殖民地半封建社会的形成、加深到崩溃的过程基本上是一致的，它反映了旧中国阶级矛盾逐步激化的本质特点。在96年中，上海米价发生剧烈波动22次，平均4.4年发生一次，其中波动的幅度在50%以上共7次。以1900年为界，

---

① 参见张仲礼《1834—1867年我国对外贸易的变化与背景》，《学术月刊》1960年第9期。

两个阶段有着很大的差别。1841—1900年共发生剧烈波动9次,平均6.7年一次,波动的幅度在50%以上的仅1次。1901—1936年的情况大有不同,共发生剧烈波动13次,平均2.8年一次,其中波动的幅度在60%以上的有6次。愈到后期,波动愈频繁、愈剧烈。发展到国民党反动统治的最后12年,那更是直线上升了。造成粮价波动的原因在于:粮食生产遭到严重破坏,停滞不前;粮食不够消费;受旧中国粮食市场的价格的影响,虽然粮农以极低的价格出售,低到不够生产成本,甚至无法生活,但销售市场上的粮价则愈来愈高,而且在投机操纵之下,剧烈波动;受货币波动的影响,尤其是银钱兑换比率变动的影响。①

对新中国成立后近代经济史研究基本状况做了评述之后,我们有必要进行总结,以便对这段时期的经济史研究有一整体上的认识。需指出的是,当时的学者们深受毛泽东对中国近代社会性质论断的影响,我们在论文的结束语里常常看到类似如下的表述:"这些事实,正是给毛主席的上述论断作了历史的见证。"② 不可否认,这是时代加之于研究的烙印,也是我们理解这个时代学术的基本出发点。

在上述认识的基础之上,我们将尝试总结经济史研究的指导思想,理解当时学界关注的主要问题是什么,进而能客观评判当时学术的价值所在。汪敬虞等人在《评〈中国棉纺织史稿〉》一文中,谈到了经济史研究的三个基本问题,基本上反映出经济史研究的指导思想。第一个问题是中国近代社会经济变化的性质问题。"中国的资本主义是在封建经济沦为半殖民地半封建经济过程中发生和发展的,离开了半殖民地半封建经济的形成过程,就不可能正确地描述中国资本主义的特殊性,因而也就不能正确地阐明中国近代社会经济变化过程的性质。"只有从帝国主义和封建主义在中国的联合统治中去进行深刻的分析,才有可能正确描述中国资本主义的特殊性。第二个问题是中国近代社会变化中内部因素和外部因素的关系问题,既要强调帝国主义因素的作用,又要强调中国的封建主义和资本主义因素的作用。第三个问题是经济和政治的关系问题,强调在分析和说明中国近代社会经济的现象时,不能脱离当时社会各阶级关系的变化,

---

① 参见邹大凡《近百年来旧中国粮食价格的变动趋势》,《学术月刊》1965年第9期。
② 张国辉:《关于轮船招商局产生与初期发展的几个问题(续)》,《经济研究》1965年第11期。

不能脱离政治上的阶级斗争，不能采取资产阶级的客观主义立场。经济史学界反对单纯的经济分析，基本要求在于"不但要通过历史的叙述，反映出当时社会各阶级的阶级关系的变化和阶级斗争的根源，而且要能预示中国民族资本主义和代表它的民族资产阶级的历史地位和必然归趋"。① 在这三个基本问题的指导下，经济史研究不可避免地存在"使学术研究过多地受现实政治的影响，存在着从某些政治原则出发作简单逻辑推理的现象"。② 例如，经济史研究侧重体现的是民族资产阶级在发展过程中由于经济上的弱点因而在政治上有诸多的表现，不关注民族资产阶级在经济发展过程中的积极性和主动性，不关注民族资产阶级在企业经营和管理上的经验。

经济史研究中教条主义严重，往往依赖于经典作家的论断作为讨论的标准。但是，由于经典作家的论断往往来自西方国家的经验，与中国状况相差甚多，难免有各种不同的解读。再加之学者们对马克思主义政治经济学理论的理解水平不同，常常出现先从经典著作中去寻找一"标志"，然后再从中国的历史实际中去收集与这个"标志"相吻合的现象。这样一来，在资本主义萌芽和资本原始积累的争论中，学者们对问题的讨论最终成为对经典著作阐述的不同理解的争论，与近代中国历史实际相去甚远。

我们认为，虽然经济史研究深受阶级斗争思想的影响，但仍应看到此时经济史研究的可取之处。当时的学者在坚持政治正确的同时，无论在具体研究还是在方法论上都做了不少有益的尝试，时至今日仍有借鉴意义。例如，前文提到的汪敬虞对19世纪外国银行控制中国金融市场的研究，不仅对国内金融市场发展有整体性认识，而且有全球史眼光，对问题的国际原因做了深入浅出的分析。这样的研究对我们今日的经济史研究仍有启发意义。

此外，孙健对经济史研究中理论和史料关系的阐述，今日看来仍有可取之处。他指出："研究国民经济史的基本方法是，从史实出发，按照经济时间发生的历史年代顺序，审慎地利用辩证唯物主义、历史唯物主义及政治经济学的基本原理进行具体分析，整理出经济发展、演变的全部过

---

① 汪敬虞、魏金玉、田光：《评〈中国棉纺织史稿〉》，《经济研究》1958年第7期。
② 虞和平：《50年来中国近代经济史研究》，《近代史研究》1999年第5期。

程，通过这种过程本身来阐明规律性。首先，要从经济史实、史料着手进行研究。收集和整理经济史料是研究国民经济史的首要步骤。在此基础之上，必须运用辩证唯物主义与历史唯物主义及政治经济学的基本原理，对史料进行具体的分析和综合，才能阐明经济发展的规律性。运用马列主义原理对史料进行分析，仍然应该从史实出发，即从历史实际出发，决不应从原理出发。原理只是，也仅仅是为我们的研究提供观点和方法。任何企图以原理代替实际，或以实际去附会原理，都不可能揭示出规律性。"[①]

[①] 孙健：《国民经济史的对象、方法和任务》，《经济研究》1957年第2期。

第 三 章

改革开放后的近代经济史研究

第一节　重要论著影响深远

十年浩劫结束，改革开放时期来临，经济史学者痛定思痛，开始思考端正经济史研究的方向。首先系统提出改进研究方法的是著名经济史学家严中平。他于1986年发表《科学研究方法十讲》，系统地探讨了研究方法问题。这本书中的若干篇章本是60年代初应《红旗》杂志之约而写的，后来加以扩充，作为中国社科院研究生院经济系中国近代经济史专业硕士研究生上课的讲稿。该书讲述了中国近代经济史研究的规范性程序和方法，告诉学生如何选择研究题目，如何进行研究并分别论述了核校前人论据、积累文献资料、理论联系实际等科学研究方法问题。但最重要的是他提出了学术研究者要独立思考，不唯书，不唯上。他强调学术研究要以马克思主义为指导思想，但他又认为教条主义会导致学术研究走上窒息之路。在《科学研究方法十讲》中，严中平用确凿的史料论证了马克思关于中国问题的某些错误观点。他认为，马克思不懂中文，有关中国的知识，主要取自英国议会的辩论记录、蓝皮书和传教士、商人的著作以及当时欧洲报刊上的消息与评论。这些基本上都是站在殖民主义的立场上说话的。在这种情况下，马克思曾以极其愤慨的心情揭露西方殖民主义海盗、冒险家对中国的侵略罪行。对此，严中平称赞说："马克思从一片诬蔑中国声中，敏锐地观察到历史的部分实质，显示了这位大师具有高度洞察力的天才闪光。"[①]

[①]《科学研究方法十讲——中国近代经济史专业硕士研究生参考讲义》，人民出版社1986年版，第172页。

但是，马克思关于中国问题的看法，也受到了这些资料的影响。就在同一篇文章中，马克思又说："仇视外国人，把他们逐出国境，这在过去仅仅是出于中国地理上、人种上的原因。"① 这就是说，马克思认为，自古以来，"中国就仇视外国人，把他们逐出国境"，从而实行了"野蛮的""与文明世界隔绝的""闭关自守"政策。对此，严中平明确地表示不能接受这个说法。他举出英国官方的调查资料、鸦片贩子叫嚣的资料以及大量的历史事实，证明这种观点和历史实际完全不相符。严中平指出："马克思对这个问题的提法是一个失误。"②

所谓明清"闭关自守"作为一个学术问题，是可以有不同看法的，学术界也一直多有讨论。但是把"闭关自守"归结为"地理上的""人种上的"原因，肯定有误。因为这种认识的结果，是把它看成是中国人所固有的、不可改变的，这显然没有根据并与事实不符。严中平指出马克思这一失误，给我们提供了一个范例，即在学术研究中，要独立思考，不唯书，不唯上。对待马克思主义的经典著作，既要承认其真理性，又要通过事实加以检验。

严中平对近代经济史研究者提出的第二个要求是破除成见，力求创新。因为科研"本质上是创造性的工作"，不破除成见，科研就难获进展；不力求创新，科研就停滞不前。人们有时不自觉地迷信流传已久的某些观点，或是囿于似已定型的某些成见，这些观点和成见往往成为科研工作的桎梏。他强调，专业的科研工作者的主要任务是"提高"，不能"炒剩饭"。近代经济史研究者要想有所创新，就要破四"就"，立四"新"。所谓破四"就"，即必须对外国经济史有一定了解，不能就中国论中国；必须对古代史有一定了解，不能就近代论近代；必须对政治史有一定了解，不能就经济论经济；必须重视理论上的提高，不能就事论事。所谓立四"新"，即提出新问题、新观点、新资料或新的研究方法。所写文章至少要占其一，否则就称不上提高。

严中平提出的第三个要求是：重视资料，论从史出。他强调搞学术研究先要下硬功夫收集资料，继而客观地分析资料，绝对不可断章取义，夸

---

① 《科学研究方法十讲——中国近代经济史专业硕士研究生参考讲义》，人民出版社1986年版，第172页。

② 同上书，第192页。

大缩小；更不可篡改文献，颠倒黑白，弄虚作假。

他认为把研究建立在大量坚实可靠的资料基础上，是谨慎学风的最起码条件。他主张充分占有扎实的材料，对中外历史的发展过程进行深刻的对比研究，以达到合乎实际的结论，反对捡拾零星材料去填充理论框架。他批评轻视资料的倾向，指出以为收集和整理资料是资料员所干的"下手活"的看法是错误的。他提倡在积累大量资料的基础上进行专题研究，在专题研究基础上进行综合研究。这种研究程序，已成为他所领导的研究集体的共同财富和传统学风，并为经济史学科研究确立了严谨的学术规范。

严中平在晚年仍然没有停止对理论和方法的追求。1991年4月，《经济研究》发表了严中平的遗作《关于洋务派兴办新式民用企业的评价问题》。①在这篇文章中，他用"规律性评价"和"价值性评价"两个名词阐明了自己在这个问题上的最新观点。他解释说，历史唯物主义认为，社会生产力的发展决定生产关系以及一系列上层建筑的发展，而在一定条件下，它们对生产力又发挥决定性的反作用。"因此，评价历史人物或历史事件的进步性、落后性或反动性便应视其在生产关系和上层建筑的意义上对生产力所发挥的反作用而定。"他说："这样研究的结论，我们称之为规律性评价。"

至于"价值性评价"则完全从阶级观点入手。"就是依据政治经济学的理论原则去研究社会各阶级的经济地位，从而根据历史人物和历史事件对那个被压迫阶级的利害关系去评价其进步性、落后性或反动性。"他说："这样研究的结论，我们称之为价值性评价。"

他最后建议说："在评价历史人物和历史事件时，应该把规律性评价和价值性评价区别开来，不能以前者代替后者，也不能以后者代替前者，更不能把前者和后者混淆起来。"他认为，"这或者可以解决上面提到的理论和实际的矛盾。"具体到洋务派的问题，他的结论是：按照规律性评价，洋务派兴办新式民用企业的活动是进步的，因为它有利于社会生产力的提高；而按照价值性评价，洋务派兴办新式民用企业的目的是"求富"，是为洋务派加强军事力量，以镇压人民革命的"求强"准备物质基础。因此，它又是反动的，它的最终目的是维护清王朝的反动统治。

---

① 《经济研究》1991年第4期。

如果说，严中平的前两种看法，是一正一反，那么，第三种看法就是合。这三种看法的是非，当然都可以继续讨论，但是从严中平本人对这个问题的看法的嬗变中，可以明显地察觉到他在这个问题上的深沉思考和认真对待，可以清楚地看出他对真理探讨的执着和追求。

严中平对真理探讨的执着和追求还体现在他主编的《中国近代经济史（1840—1894）》上。新中国成立以后，相继出版了数以十计的中国近代经济通史方面的著作，这些著作基本上都是作为大学本科教材编写的，在教学方面都起了一定的作用，但都篇幅较小，广度和深度都很不够。这一局面，自严中平主编的《中国近代经济史（1840—1894）》出版后，才有了初步改变。

该书引用的史料极其丰富。据统计，在编著该书时，著者曾参考过的中文专著有170多种，英文专著近200种，各种奏稿、文集130种，日记、年谱、碑传30多种，资料书60多种，地方志近300种，各种杂著近120种，报刊80种。这就使该书的立论建立在极其坚实的基础之上。

该书秉持的学风十分严谨，当时还没弄清的问题就明确提出来，留待后人研究。如第366页关于1865—1871年在对外贸易持续逆差的情况下为何会出现白银入超就是一例。全书这样的地方近20处，这种严谨的学风值得学习，唯有坚持这样的学风，我们经济史学界才能搞出像样的成果来。

该书也存在某些缺陷，具体如下。第一，正如该书编辑说明中所指出的，该书体系不够完整，内容不够全面，结构不够严密，作为通史应该处理的问题，如生产力问题、人口问题、少数民族地区经济的问题等，有的未能着力研究，有的完全没有涉及；全书结构比较松散，各章节篇幅也不一致。所以，形式上虽然采取通史体例，实际上更接近于专题论文汇编，在观点方面，由各章节执笔人各抒己见。第二，在研究方法上没有大的突破，某些观点具有片面性。如对于当时的国民生产总值，国民收入、人均产值、人均收入、商税负担和农民负担都缺乏定量分析。对于清政府在镇压太平天国后恢复农村的措施，如减赋政策和其他恤农政策，以及外国资本在中国的示范效应、资本溢出效应和技术溢出效应等，都毫未提及。

历史发展的基本线索是历史认识主体对客观历史进程的概括和抽象，也是史学著作体系赖以确立的主要依据。它应当代表历史发展的基本方向,表明历史发展的本质过程,揭示历史发展的基本规律。20世纪80年代中期,著名历史学家李时岳重提50年代曾讨论过的中国近代史的主要线索问题,并赋予其新意,在历史界引起热议。80年代末,著名经济史学家汪敬虞提出了中国近代经济史的中心线索问题,在经济史学界引起了热烈反响。汪敬虞认为,中国近代经济史的主要线索也是"中国近代史的中心线索",它规定了"中国近代社会发展的主旋律",占据"中国近代史主体构思的重要位置",对中国近代史的研究,"带有根本性的重新塑造"。他提出:"贯穿中国近代经济史的中心线索,就是中国资本主义的发展和不发展","我们的审视点,应该放在这样一个高度,即通过中国资本主义的发展和不发展,研究中国近代经济的半殖民性和半封建性,研究中国近代经济的内在症结和它的历史走向"。汪敬虞还在这个"中心线索"中,给"中国资本主义"下了定义。他把"和帝国主义、国内封建主义以及官僚资本主义处于对立地位的民族资本主义看作是中国资本主义","中国民族资本主义的发展和不发展,这才是贯穿于中国近代历史的一条红线"。汪敬虞毫不讳言,在发展和不发展中,不发展是重点。"在中国资本主义的发展和不发展中,不发展是主导的一面。"至于造成中国资本主义不发展的原因,汪敬虞指出,是由"已经进入垄断阶段的外国资本主义在整个中国资本主义经济中的优势和统治,是官僚资本主义,亦即'买办的封建的国家垄断资本主义'在本国的优势和统治,是先天不足,后天失调的中国民族资本主义的未老先衰"的"历史条件"造成的。[①]

汪敬虞将其中心理论运用于他主编的《中国近代经济史(1895—1927)》一书中。此书被吴承明誉为"金字塔式的中国经济史新著"。本书以中国资本主义的发展和不发展作为中心线索,用于推动理论分析,提纲挈领,联系各个方面。全书分为3篇16章,近180万字。在研究方法上有三个特点。

首先,采用了定量分析与定性分析相结合的方法。本书作者在前人多种研究的基础上,对1895—1927年的进出口值做了迄今最完整的修正,显示中国的外贸逆差及其重大变化实自甲午战争后开始;并结合进出口比价,对贸易条件的演变提出了新的看法。又用计量学方法,对铁路与市场的扩大和中国参与国际市场分工的作用给出量化概念,有利于对整个外贸

[①] 汪敬虞:《论中国近代经济史的中心线索》,《中国经济史研究》1989年第2期。

的评价。本书重构 1894—1930 年中国国际收支平衡表，着重讨论了国际收支与中国近代化过程中的资金供给问题，填补了长期研究中的空白。

其次，采用宏观、中观（区域）和个案三种研究相结合的方法，把这时期农业的主要变化概括为土地商品化、农产品商品化、劳动力商品化三个特征，整理了大量调查资料和档案材料，并做了大量的实地调查，在地权分配、租佃范围、地租额、雇佣劳动、农业生产和商品化程度上，都做出了自己的统计和估计，这就把该时期农业经济史的研究提高到一个新的水平。

最后，注意市场的作用，以相当大的篇幅讨论了国内市场商品流通的规模，从数量估计和铁路轮船运输以及邮政货运上加以认证，并对几种有代表性商品的流通量做了分析。注意意识形态对经济发展的作用。在分析行业后继乏力的原因时，注意了封建传统因素包括人们观念的阻力作用。本书提出了中国工业"多元结构"的论点，认为生产力演变的生命周期中有"扬弃"和"亲和"两个过程，多种生产方式并存是历史固有的现象，这些都属于开创性的研究。

著名经济史研究的大师吴承明则在熟练运用马克思主义经济学原理的同时，博采西方各种经济学说，并且批判地加以运用，树立了经济理论与历史实际密切结合的典范。他的成就首先表现在对近代中国经济发展的评估上。吴承明精通计量经济学，重视运用计量方法做实证分析，并始终贯彻于研究之中。由于近代中国缺乏健全的统计制度，数据资料很不完整，他用自己专研的理论和方法，对不确切的情况，做出比较妥切的判断。如 20 世纪四五十年代，他就曾发表过关于中国近代资本集成、帝国主义在华投资等数量分析的著作。[①] 改革开放以来，他进一步提倡定量分析，提出："不作定量分析，也就可以把小事看成大事，把局部看成一般。""提倡数量概念，第一步就是要搞定量分析。凡能定量者，必须定量，这就可以破许多假说，立论才有根据。"[②]

他身体力行，把他秉持的理论贯穿于研究实践中。1985 年，吴承明发表专著《中国资本主义与国内市场》，其中《旧中国工业资本的估计和

---

① 《我国资本构成之初步估计（1931—1936）》，《中央银行月报》新 1 卷第 11 期，1946 年上海版；《帝国主义在旧中国的投资》，北京人民出版社 1955 年版。

② 吴承明：《关于研究中国近代经济史的意见》，《晋阳学刊》1982 年第 2 期。

分析》一文，用资产估值法、价值还原法、利润还原法对 1936 年、1946 年的工业资本进行了估计：中国人投于新式工业的资本，在抗日战争前的 1936 年是 21 亿元左右，抗战后的 1946 年是 22 亿元左右（均按 1936 年币值计算）。所增加的全在抗战时的后方，原沦陷区则疮痍未复，减少约 26%。但如加上接收的敌伪工业资产，1946 年有 42 亿元左右。① 这是自巫宝三和汪敬虞在 40 年代完成抗战以前中国工业所得的估计以后的另一个有根据的估计。

吴承明对待定量分析精益求精，如他对于中国资本集成和工农业以及交通运输业产值的估计已在 1981 年发表，但他认为"极不成熟"，遂在主编《中国资本主义发展史》第 2 卷时，将此估计中的 1894—1920 年部分逐户逐业重新估算，估计范围和方法亦有改动。并且在完成该书第三卷的编辑时，重新估算 1921—1948 年的部分。他认为"就统计学而论，类此估计应有同期的普查资料或统筹全局的系列指标。我们无此条件，只能从单项统计中推算，其准确性自属可疑"。但他又说："在较长期的经济动态研究中，有一个系统的、尽管是粗糙的数量概念，仍是有益的，至少它可以辅助纯理论性论证之不足，并比传统的'举例子'为佳。"② 1983 年，吴承明曾做过鸦片战争前后国内市场商品量的估计，但仅限于七种主要商品。后来在编写《中国资本主义发展史》时，他先后做了 1920 年、1936 年市场商品量的估计，是按各类产品的商品量或消费量估算的。1994 年，吴承明又做了 1869—1908 年的市场商品量的估计，是用历年厘金收入、常关税等还原法和海关的土产埠际贸易统计估算的。吴承明认为，"旧中国从来没有系统的市场交易或商品流通统计，正因此才需要估计"。③

吴承明正是用他这套独特的统计加估计的研究方法，对中国近代经济的发展水平，做出了比较全面的评估，受到了学术界的推崇。他主编的《中国资本主义发展史》第 2、3 卷④不避数量统计的繁难，始终以严肃认

---

① 参见吴承明《旧中国工业资本的估计和分析》，《中国资本主义与国内市场》，中国社会科学出版社 1985 年版。

② 吴承明：《中国近代资本集成和工农业及交通运输业产值估计》，《中国经济史研究》1991 年第 4 期。

③ 吴承明：《近代国内市场商品量的估计》，《中国经济史研究》1994 年第 4 期。

④ 许涤新、吴承明主编：《中国资本主义发展史》第 2、3 卷，人民出版社 1990 年版、2003 年版。

真的态度,保持前后一贯的定性分析与定量分析相结合的特色。据笔者粗略统计,两书编目图表各 160 余幅,相当于全书篇幅的 15%—20%。如果加上未编目简易图表,百分比将更大。这是两书最大的特点,也是最大的优势和贡献。作者通过坚韧不拔和艰苦细致的劳动,在书中为我们提供了许多十分宝贵的统计数字,既有分时期、分行业的,也有全面系统的。特别是关于各个时期外国资本、官僚资本和民族资本三种资本形态的资本集成、比重及其变化;产业资本、商业资本、金融资本在各个时期的资本额及其发展变化;资本主义生产在国民经济中所占比重;农业中资本主义成分的估计;农业、手工业产值及商品值的估计;新式工业、矿冶业和交通运输业的产值估计,等等,尤为珍贵。

吴承明第二个学术成就是他对市场经济和现代化理论的贡献。他具有马克思主义经济学理论和西方经济学理论的深厚功底,深知市场在传统经济向现代经济转变过程中的重要作用,认为经济现代化过程,实际上是以市场需求为导向的,商业革命导致工业革命,而整个社会的现代化变迁也常在市场上反映出来。1984 年,他发表《论我国半殖民地半封建国内市场》[1],提出"对于原来封建的中国来说,自然经济的解体和国内市场的扩大都是一个进步"。1986 年,他发表《市场理论和市场史》,分析马克思的分工产生市场的理论,把市场分成地方小市场,即农村集市;城市市场和地区之间的长距离的贩运贸易来研究,而主张"无论是大市场或小市场,城市市场或农村市场,其形成都与社会分工无甚关系"。[2] 1987 年,他发表《试论交换经济史》一文,提出交换先于变革自然的"生产",并经历了劳动交换、商品交换、智能交换三种形式。他从构建交换与经济发展的模式中,更提出了交换通常是经济发展的导数的论点。[3] 吴承明努力把实证研究和规范研究结合起来,在理论上找出一条适应中国经济史学和现代化研究之路。1995 年、1999 年,他相继发表《16 与 17 世纪的中国市场》和《18 与 19 世纪中叶的中国市场》二文[4],得出中国现代化肇端于 16 世纪的明"嘉(靖)万(历)说"。此说并非其最先发明,如傅衣

---

[1] 《历史研究》1984 年第 2 期。
[2] 《平准学刊》第 3 辑下册,1986 年。
[3] 《中国经济史研究》1987 年第 1 期。
[4] 《货殖:商业与市场研究》第 1、3 辑,中国财政经济出版社 1995 年版。

凌就有过类似论点。但是，吴承明以坚实的实证考察和规范研究立论，将其展现于世人。1997年，他发表《传统经济·市场经济·现代化》一文①，进一步总结了传统经济、市场经济和现代化的关系，即（1）从传统经济到市场经济有个转变过程；（2）市场机制也有个演变过程；（3）这个转变过程也就是经济现代化的过程，迄今我国尚未完成这种转变。吴承明的深意是一个国家要实现现代化，"不一定必须经过资本主义"，我国实际上就是越过"卡夫丁峡谷"，由半封建社会进入社会主义社会的。但一个国家要实现现代化，必须经过市场经济，资本主义是可以逾越的，市场经济却不能逾越，越过了，还得补课，市场经济才真正是中国的"卡夫丁峡谷"。

　　吴承明的第三个成就是他对经济史理论和方法的贡献。多年来，我们一直强调历史研究必须以历史唯物主义为指导，但是，历史唯物主义不等同于史学理论，正如马克思主义政治经济学不等同于经济史理论一样。因此，史学理论的界定都成了学术问题。1996年，吴承明发表论文集《市场·近代化·经济史论》，指出，任何伟大的经济学说，在历史的长河中都会变成经济分析的一种方法。马克思的世界观和历史观，即历史唯物主义，是我们研究的最高层次的指导，但它也只是一种方法。马克思的经济理论，在研究经济史中，也是一种方法，即分析方法②，而"所有的方法都有局限性"。③ 吴承明的观点解决了历史唯物主义与史学理论、马克思主义政治经济学与经济史理论的关系问题。史学理论即历史研究的方法论，历史唯物主义被包括在史学理论之内，但它并不能涵盖史学理论。马克思主义政治经济学是马克思根据经济史研究形成的伟大理论，但它是"流"而不是"源"。吴承明精辟的阐述既坚持马克思主义作为指导思想的作用，又和教条主义彻底划清了界限。

　　吴承明主张在研究方法上兼容并蓄，在学术流派上和而不同。1992年，他重申"史无定法"之说。此说虽然古已有之，但吴承明赋予了它新的深邃含义。他提出："治史可因对象、条件不同，采用不同方法。"又提出："就方法论而言，有新老、学派之分，但很难说有高下、优劣之

---

① 《中国经济史研究》1997年第2期。
② 参见吴承明《市场·近代化·经济史论》，云南大学出版社1996年版，第102页。
③ 吴承明：《中国经济史研究的方法论问题》，《中国经济史研究》1992年第1期。

别。""新方法有新的功能,以致开辟新的研究领域,但我不认为有什么方法是太老了,必须放弃。"① 1999年,吴承明再次重申"史无定法",主张"不同学派、不同观点、不同方法都各搞各的,同一问题也可有不同结论。这才是'百花齐放'。但是,不同理论、不同方法可以交流,交流的好处是开阔眼界,促进了解。交流并不妨碍各搞各的,了解了别人,仍然要按照自以为是的去做,不妨碍个人创造性"。②

吴承明将研究方法分为三个层次:(1)世界观意义的方法;(2)认识论意义的方法;(3)经济史、社会学等专业和技术研究方法。他认为,直接适用于中国经济史研究的主要方法有:(1)经济计量学方法(明中叶以前不适用,因古代文献不准确、记载不连续等);(2)发展经济学方法(研究欠发达国家,特别是考察长期趋势可借鉴,比较研究、二元经济论等均可用);(3)区域经济史方法(区域内与区域间两者应同时进行,中地理论提出经济发展由核心地区向边缘地区扩散,可考察移民、贸易、交通等及核心与边缘地区的关系和城市与市镇研究,有利于展现经济发展的不平衡性);(4)社会学方法(源于社会学的结构理论、行为和功能学说及人口、心态等成为经济学的内容。可借鉴社会学的整体思考、比较研究、社会底层研究与社会调查方法等)。他欣赏布罗代尔长、中、短时段的历史研究体系,但因其分量大而应分工进行。总之,可因对象和条件不同而采用不同的方法,重要的是该方法本身的实用性及其对所研究的问题和现有资料的适用性。

在"史无定法"外,吴承明另一个很有影响的观点是"源流之辨"。他提出:"在经济史研究中,一切经济学理论都应视为方法论。""经济史应当成为经济学的源,而不是它的流。"他引述熊彼特的话:"经济学的内容,实质上是历史长河中一个独特的过程。""经济学是一门历史科学,即使是最一般的经济规律,如价值规律,也不能无条件地适用于任何时代或地区。"他强调应当历史地看待经济学的发展,任何经济学理论都有其特定的历史背景。任何伟大的经济学说,在历史的长河中都会变成经济分析的一种方法。也就是说,经济学是研究经济史的方法,历史又是研究经济学的最好的方法。

---

① 吴承明:《中国经济史研究的方法论问题》,《中国经济史研究》1992年第1期。
② 吴承明:《经济史的理论与方法》,《中国经济史研究》1999年第1期。

吴承明认为不能把全部经济史建立在某种单一的经济学理论上，经济史之所以是经济学的"源"而不是"流"，因为经济史为经济学提供材料，拓宽视野，在时光演进过程中，经济学也成为"史"的一部分。他指出，研究历史上的经济问题是看实践，经济史研究一般可以一定的自然条件下的生产力的增长、一定的社会制度下经济运行的效果作为考察的主线。一部新的经济史，不是已有文献和著述的选择与综合，而应该在总体上和部分上，在数据、方法、观点上均属新构，代表一个时代的学术水平。他反复重申经济史研究不是只讲"纯经济的"现象，经济史学家应具备历史学修养；他赞成"社会经济史"的提法，认为经济史历来是社会经济史，主张从自然条件、政治制度、社会结构、思想文化诸方面研究经济发展与演进。他总结经济学各学派总的方法不外乎"模式法"和"因素分析法"，经济史研究则不宜用模式法，历史上各时代的经济发展总会形成某种模式，但它是研究的结果而不是出发点。经济史研究应以实证为主，应具体不宜抽象，不宜先立范畴，更不能用范畴"填充"历史。历史研究提出问题非常重要，而一般不宜假设。[①]

严中平曾经提出过"价值性评价"的问题，但他的"价值性评价"是指用马克思主义的阶级学说去评价历史人物和历史事件，而吴承明的"价值判断"则是历史研究的方法。他指出："价值判断是中国史学的优良传统，否则不能以史为鉴。史学应有实证分析和规范分析两种功能。做实证分析时，要把所论事物或行为置于它们产生或运行的具体历史条件下，不可怨天或尤人。做规范分析时，则是用今天的价值观，不仅评价其当时得失，还包括它们对后人的潜在效应，揭示其历史局限性。但不可苛求古人，因为我们今天的评价也是有历史局限性的。"[②]

吴承明一生从未停止对理论和方法的追求。《全要素分析方法与中国经济史研究》是他非常看重的文章，是他对全要素分析法，即经济增长因素分析的介绍。全要素分析法也是回归分析，是根据历史上的统计系列做出的。R. M. 索洛创余值法，即一个时期经济增长总额中减除资本与劳动两大因素，提供的效果后的余额，作为技术改进的作用。他根据

---

① 以上"史无定法"和"源流之辨"部分引自叶坦《学贯中西古今德泽桃李同仁——吴承明先生的生平与学术》，《经济学动态》2011年第9期。

② 吴承明：《经济史：历史观与方法论》，上海财经大学出版社2006年版，第282页。

1909—1940年美国统计资料，计算这一时期经济的年均增长率为2.9%，其中资本积累的贡献为0.32%，劳动增加的贡献为1.09%，技术进步的贡献为1.49%。E. F. 丹尼森分析，1929—1982年美国国民收入增长率为2.92%，其中资本投入的贡献为0.56%，劳动投入的贡献为1.34%，技术进步的贡献为1.02%；在技术进步中，知识增进的贡献为0.66%，资源配置改善的贡献为0.23%，规模经济扩大的贡献为0.26%，其他因素的作用为－0.13%。

这种分析，又称为全要素生产率分析，全要素即将资源和劳动对产出增长的贡献扣除后，计算其他要素对产出增长的贡献。吴承明即据此探讨全要素分析方法在中国经济史研究上应用的可能性。吴承明认为，古典经济学把劳动、土地、资本作为经济增长的三大要素，丹尼森等现代增长论者分析农业（包括农业企业）生产，把土地并入资本要素，或假定土地投入不变。研究中国经济史就不能这样。鸦片战争前，中国的经济史主要就是土地制度史和土地利用史，直到今天，土地承包制还是重要问题，农业还没有企业化，因而必须建立一套土地要素分析方法。这并不很难，因为土地投入（播种面积）和土地生产率（亩产）都是可以计量的。

但是，制度以及国家、意识形态属于上层建筑，它们对经济基础的作用不是直接的，往往要经过相当长的时间才能显现，而且不可计量，不能纳入丹尼森模型。在新古典的市场均衡理论中，把制度看成是已定的、不变的存在，像地理环境、自然环境那样，排除在模型之外。这在静态或短时间分析中是可以的，而在历史研究、哪怕是当代史的研究中，都是不行的。全要素分析必须在丹尼森的模型之外另立制度等专项。那么，怎样来分析这些不计量的制度要素呢？

吴承明认为，可以采用法国年鉴学派或布罗代尔的总体论史学方法。布氏的总体论是结构论，总体由部分（研究领域）组成，他的部分中就有国家史、文化史，有地理环境、自然环境。总体论的数学（哲学）命题是："总体大于部分之和"；"总体即各部分关系之和"。历史研究就是研究各部分的关系及其变迁，尤其是各部分与总体的关系及其变迁。全要素分析就是分析要素与整个经济增长的关系及其变迁。

这种结构关系有因果关系、双向关系、辩证关系，错综复杂。研究它们要用逻辑思维，用归纳法、推理法，分析、综合，又都要有史料证实。

逻辑分析能全面观察，分析层次，揭露实质。其实，那种计量模型并不是研究历史的好方法，它将复杂的社会关系都简化为函数关系，已属失真，又用时间变量代替历史思考，不能说明其来龙去脉。所以，在全要素分析中，那些用丹尼森模型计量的部分，仍然要辅之以逻辑分析，才比较完善。①

吴承明对于中国经济史学科发展的又一个贡献是他的学术流派之辨。他认为，在中国有三大学派："一派偏重从历史本身来研究经济发展，包括历史学原有的政治和典章制度研究。一派偏重从经济理论上来解释经济的发展，有的并重视计量分析。一派兼重社会变迁，可称为社会经济史学派。"他肯定三派"各有独具匠心之长"，"是件大好事"。他并且断言，"要促进学科进步，必须百家争鸣，如果只有一种观点，用同一个声音讲话，我们的经济史就要寿终正寝了。"② 在谈到经济史研究方法时，他又指出："搞经济史的不是学历史出身，就是学经济出身，这就很自然地形成两个学派：学历史出身的注重史料考证，学经济出身的重视理论分析。这两种研究方法都好，可并行发展；两派比一派好，可互相促进。但就每个研究者说，不妨有自己的看法。"③ 他还有一篇专文《谈百家争鸣》，认为："在百家争鸣中，谁能掌握最全面的资料，谁能发掘最新的资料，谁就有最大的发言权，谁就领袖群雄，对学科发展做出贡献。但应看到，历史是个多样性的、无限量的存在，而任何资料都是单一的、有限的东西。用有限解释无限，必须依靠理论。历史研究还必须借助于抽象思维，借助于理性判断。在百家争鸣中，不要企图用资料这个硬件来统一所有不同观点。保留不同观点，对推进经济史学科的发展是永远有益的。"④ 无可讳言，当前，在近代经济史学界，确实存在着不同学派，而且存在对研究的理论和方法的不同意见。但是，只要我们虚心吸取彼此的长处，共同接受百家争鸣的原则，就一定能和谐共处，推动中国近代经济史研究的发展。

---

① 参见吴承明《全要素分析方法与中国经济史研究》，《永久的思念——李埏教授逝世周年纪念文集》，云南大学出版社 2011 年版。
② 吴承明：《经济史的理论与方法》，《中国经济史研究》1999 年第 1 期。
③ 吴承明：《谈谈经济史研究方法问题》，《中国经济史研究》2005 年第 1 期。
④ 吴承明：《谈百家争鸣》，《中国经济史研究》2006 年第 2 期。

第二节 史料整理成绩卓著

一 史料整理方式的丕变

十年浩劫期间，史料整理工作完全停顿。其后，史料工作者抚摸伤痛，重操旧业。然而，刮垢磨光，尚需时日。直至20世纪80年代初，始有大型史料集问世，而在这时期出版的史料集，大多是经过长期艰苦的努力，筚路蓝缕而成的鸿篇巨制。如梁方仲编《中国历代户口、田地、田赋统计》（上海人民出版社1980年版），穷毕生精力，将中国自两汉至清末2100多年间历代户口、田地、田赋统计数字，经过考核测算，分门别类，综合编辑为两百多份表格，为研究我国财政、经济、土地、人口的历史提供了重要数据。此书"文化大革命"前久已杀青，至此始能问世。这一时期出版的史料集有些还是"文化大革命"中的虎口余生，如北京大学陈振汉等从1949年起就致力编纂《〈清实录〉经济史资料》（北京大学出版社1989年版），"文化大革命"中被迫中断，收集的资料几乎散失。经编者尽力保护，方免遭劫难。再如《裕大华纺织资本集团史料》（湖北人民出版社1984年版）早在20世纪60年代初期就开始搜集资料，武汉市工商管理局在裕大华公司的协助下，从武汉、西安、广元、成都、重庆、石家庄等地，收集到上百箱的档案，走访了两百多位企业老人，摘制了大量的卡片。而"文化大革命"期间，原始档案账册严重散失，这些资料卡片得以幸存。这部史料就是在这些卡片的基础上编纂的。

这些资料集代表了那一时期较高的学术水平。如《〈清实录〉经济史资料（农业篇）》不仅是史料的筛选和整理，而且是在占有史料的基础上，对史料的真实性和整体性提出了自己的观点，这突出地表现在对史料的加工上，《农业篇》附于各章之后的以表格形式罗列出来的人丁、田亩数字，经过了计算汇总，进一步提高了史料的使用价值。再如《裕大华纺织资本集团史料》的编者为了弄清抗战以后企业的真实利润，对内外两套账册，进行了大量的考证工作，经过精心计算，终于取得了比较真实的经济数据。

20世纪80年代以后，史料整理的重点、方式以及史料来源和从事史料整理的单位都发生了很大的变化。80年代前，史料整理较为平衡，工业、农业、手工业、交通运输、财政金融,基本平推发展。其后,则重点突出,企业史、财政、金融、商会、海关成为重头戏。而农业、手工业少有问津。在成书方式上,80年代前,多为类书方式,即是把原来完整的史料删繁就简,拟就标题,加以编排。而80年代后,成书的史料集则往往只是将史料分类罗列,和盘托出,甚至只是影印装订。当然,这两种方式各有利弊,如第一种方式,虽简单明确,易于利用,但经过加工,破坏了史料的完整性,易对使用资料者造成误导。如《中国近代经济史统计资料选辑》(科学出版社1957年版)第132—133页,"表21 帝国主义在中国煤矿中的投资"的编者注:"(1)中外合资一项:内约包括一半华资,因中外合资各矿,实际资本运用及管理权,全受外人控制,故未将华资抽出。"这就是说,把中国人在外国人管理的中国煤矿的投资全部记到了外国人的名下;再如《中国近代工业史资料》(科学出版社1957年版)第1018页"息借官款的高利贷性质"项下,将清政府息借给浙江纱厂的官款"按月输息八厘,余均六厘起息"和借给耀徐玻璃公司的库款"七厘生息"称为"高利贷",而据同书第1016页载,当时"各地银行放款利率"年利为12.5%—14.8%,合月息应在一分至一分二之间。两相比较,显见清政府蒙受"高利贷"之名,实属冤枉。又如《启新洋灰公司史料》(三联书店1963年版)原利用的原始资料中包括对于国民政府的经济政策及其效果、意义和企业家对其评价等史料,但在出版时却被系统地删除。①

还有《英美烟公司在华企业资料汇编》(全4册,中华书局1983年版)根据英美烟公司原始档案,既编制了英美烟公司的账面盈利率表(第1597页),又编制了英美烟公司实际盈利率表(第1598页),并称其实际盈利率表完全是根据对英美烟公司在华机构历年实际利润的估计得出的,其估计方法是把实际利润分为账面利润和隐蔽利润,而把约为账面利润20%的进口原材料成本及高薪等部分和约为账面利润20%的商标专利金等都从成本中划出而归入利润。于是,所谓隐蔽利润大为增加,共为账面利润的50%,尤其1936—1941年,"隐蔽利润"中"汇兑盈亏"及各项准备金等大量增加。"隐蔽利润"共估计为账面利润的100%(第1536

---

① 参见[日]久保亨《怎样阅读企业史资料汇编——编辑〈启新洋灰公司史料〉所用资料卡片的查考》,毛来灵译,中国近代经济史丛书编委会编《中国近代经济史研究资料》(8)。

页)。进口原材料成本包括报关离岸、进口纳税以及运输费用，是否虚高，无从悬揣，但管理人员高薪是外资企业常态，今犹如是。即使是民族资本企业，也循此故辙，如南洋兄弟烟草公司，1920—1927年，发起人酬劳占总利润2.5%，董监事酬劳占5%，总协理酬劳占12.5%，高级管理人员红利竟占总利润20%[①]，按比例甚至超过英美烟公司。除此之外，南洋兄弟烟草公司总理月薪1500元，交际费每年2万元；协理薪金每月1000元，交际费每年12000元，恐亦足以与英美烟公司相颉颃。

至于准备金，南洋兄弟烟草公司法定公积为盈利总额5%，特别公积约为26%，二者合计约为31%，亦远远超过英美烟公司的20%。

1936—1941年，英美烟公司把"汇兑盈亏"和"各项准备金"打入成本，应无疑义。而《资料汇编》将其列入"隐蔽利润"，并估计为账面利润的100%，实在令人匪夷所思。自然，按此估计编制的英美烟公司盈利率，高居不下，年年都大大超过南洋兄弟烟草公司，而此比较，遂成铁案，为人广为引用，以说明外资企业对民族企业的压迫。然此预设结论，拼凑资料，曲解原意，实不可取。

再看许道夫编《中国近代农业生产及贸易统计资料》（上海人民出版社1983年版），其编纂分两种形式，一种是对大量统计资料的汇总，这其中，筚路蓝缕之功，实不可没；另一部分是对资料所做的分析，其中瑕疵在所难免。如在第339页"十、中国近代农业生产概况"表5中，将1924—1929年的常年产量直接同1931—1937年的实际产量进行比较得出了1931—1937年稻、麦、杂粮产量大幅下降的结论，但常年产量只是一种估计产量，和实际产量通常有很大差距。如1929年全国小麦的实际产量只有常年产量的80.8%，籼稻只有57.9%。因此将常年产量和实际产量相比是不科学的，只能让我们得出错误的结论。

魏光奇曾对史料整理的两种形式做出过十分中肯的评价。他认为由编辑者进行去粗取精的节选和裁剪，这种编辑方式，其优点在于取材面广，极大地丰富了史料集的内容，扩张了其容量；其缺憾在于由于编辑者对材料的节选和裁剪，系以自己的思想和学术观点为标准进行的，而这种观点又总是一定时代的产物，因此，有些价值很高的资料势必会因处于编辑者

[①] 参见上海社会科学院经济研究所编《南洋兄弟烟草公司史料》，上海人民出版社1960年版，第277页。

的视野之外，而被裁舍。这样，研究者对这些材料的利用，在一定意义上可以说是在吃别人咀嚼过的食物。这种做法的另一个缺憾是费时费工。如中国史学会编辑《中国近代史资料丛刊》历时 50 余年，仅编成 79 册。而以丛书的形式编辑史料，编辑者对资料不进行内容的加工取舍，这种做法在对材料的细致分类方面或有所缺失，但其益处也显而易见：其一，可以保存资料的原貌，为利用者根据自己的观点和需要来解读、取舍留下了较大空间；其二，省时省工。例如，由沈云龙主编、台湾文海出版社出版的《近代中国史料丛刊》，完全采用影印旧籍的方式，前后 7 年即编辑史料 870 种，1182 册。①

据笔者愚见，资料集采集资料的方式是削繁就简还是全文照录，主要应视资料的来源而定。例如戴鞍钢、黄苇主编的《中国地方志经济资料汇编》（汉语大词典出版社 1999 年版），其资料从数千种地方志中采集而来，篇幅达 300 万字，自然必须采用删繁就简的方式。而如林金枝、庄为玑编著的《近代华侨投资国内企业史资料选辑》（福建人民出版社 1985、1989 年版），该书资料系组织人员到侨乡广东、福建和上海三省市近 50 个市县进行为期三年的实地调查而来，其中既有实地调查报告，又有原始文件，还有文章、报道与资料，自然是既有删繁就简，又有全文照录。

资料来源亦有变化。20 世纪 80 年代以前所出资料集，多来自专著、期刊、报纸以及调查、访问，对于档案的利用较少。80 年代后，逐渐改为以档案为主。如在 80 年代以后出版的近 80 种资料集中，以档案为主要来源的资料集即占 1/2，有 40 余种。其规模也颇为惊人，如中国第二历史档案馆编《中华民国史档案资料汇编（1911—1949 年）》（江苏古籍出版社，2000 年出齐），全书分为 5 辑，共 90 册，5000 余万字，汇集了馆藏民国历史档案的精华，其中多为近代经济史资料。如第 3 辑《北洋政府》共 17 册，财政经济 7 册，占 41%。第 5 辑《南京国民政府》第一编共 25 册，财政经济 9 册，占 36%；第二编共 27 册，财政经济 10 册，占 37%。以档案为主的史料集，涉及近代经济史范围也甚广，财政史、金融史、企业史、商会史、海关史、根据地经济史，几乎无所不包。

在大型综合性资料集中，还包括大量统计资料和调查资料。如国家图

---

① 参见魏光奇《前言》，北京图书馆出版社影印室辑《清末民国财政史料辑刊》，北京图书馆出版社 2007 年版。

书馆古籍馆编《国家图书馆藏近代统计资料丛刊》（影印本，全69册，北京燕山出版社2007年版）可谓鸿篇巨制，洋洋大观，用处广泛。该书较为齐备地收录了清代至民国时期众多的各类统计资料。在清末卷中，既有国家的统计资料，如国家机构宗人府、大理院、法部、海军部、户部（度支部）、理藩部、农工商部、学部、邮传部、外务部、民政部的统计图表，其中较著名的《农工商部统计表》《邮传部统计表》等，均极为珍贵。而其地方及外埠华商的统计资料，如《吉林省财政统计表》《长崎正领事张鸿报告长崎华商贸易商情（光绪三十四年）》《直隶祁口渔业分局统计编（宣统元年）》等更为稀见。民国卷中亦如是。这些珍贵历史文献资料的出版，可为研究者提供准确的第一手数据，对中国近代经济史的研究具有极其重要的参考价值。

近代中国的调查文献是中国历史文献的组成部分，它记录了中国近代社会的发展、进步历程。国家图书馆古籍馆编《国家图书馆藏清代民国调查报告丛刊》（影印本，全31册，北京燕山出版社2007年版）较为齐备地收录了清代至民国时期的众多各类调查史料，其调查研究的范围，从专业来说，涉及移民、人口、水利、农业、商业、工矿、铁路、盐务、财政、金融各个方面；从地域来说，涉及蒙古、贵州、山东、山西、浙江、河北、台湾、云南、湖北、湖南、四川、广东、广西、东北、新疆、福建，为中国近代经济史，尤其是区域经济史提供了宝贵的资料。

二 各种史料的分类出版

除了这些大型综合史料之外，大多数史料是按照部门史或其他分类方式编纂出版的。

（一）财税金融

改革开放后，财税金融资料的蒐集受到格外重视。如国家图书馆分馆编《清代民国财政预算档案史料汇编》（全20册，中国财政经济出版社1997年版），就是编选了馆藏的清代及民国时期有关预算方面的档案史料，其中包括清光绪朝《度支部清理财政处档案》、宣统朝《度支部奏维持预算实行办法折稿》《宣统四年全国岁入岁出总额预算表》和民国时期的《民国二年度国家预算岁入总表》《民国二年度国家预算总册》等，共计40余种。再如财政部财政科学研究所和第二档案馆合编的《国民政府财政金融税收档案史料（1927—1937）》，第一部分为国民政府的财政档案资料，第二部分为金融档案资料，第三部分为税收档案资料。所收资料均为第二历史档案馆典藏历史档案。中国第二历史档案馆编《中华民国金融法规档案资料选编》（上、下两册，档案出版社1990年版）资料亦来自同馆档案。其专题档案资料，以南京临时政府与孙中山领导的南方革命政权、北京政府、南京国民政府的金融法规为主。内容大致为：（1）币制与钞券发行；（2）银行与金融管制；（3）综合类法规；（4）外汇管理；（5）存放款业务；（6）汇兑储蓄业务；（7）特种与合作金融；（8）收复区绥靖区金融。另外，银钱业等商业同业公会，作为政府管理各地金融业务的辅助机构，列入第二部分《银行与金融管制》内。为了较完整地反映抗战时期金融现状，并选辑了汪伪政府公布的金融法规，作为南京国民政府金融法规的附录。该书所辑档案资料，基本上反映了中国近代金融事业的管理状况，对于研究民国时期的金融、财政、经济，都有参考价值，可作为近代经济史学者的工具书。

有些以原文照录的方式出版的资料亦着力甚深。如江苏省中华民国工商税收史编写组和第二历史档案馆合编的《中华民国工商税收史料选编》，民国部分由国家税务局委托江苏省税务局、四川省税务局分工协作，共同完成。自1982年起开始收集资料，在国家税务局的领导下，召开过四次民国税史协作会议，部署推动此项工作进行。前后历时10年，共查阅各种资料20余亿字，收集史料两亿多字，在7.5万多宗档案中精选出较重要资料1000余万字。本书所收资料，起自1912年，止于1949年9月，全书共分五辑：第一辑综合类，第二辑盐税，第三辑货物税，第四辑直接税，第五辑地方税及其他税捐。内容包括北洋政府，国民政府统治时期除田赋、关税以外有关工商及其他各税的史料。入编史料以民国时期税收的方针政策、法令章则、机构人事、稽证管理、会计统计以及各项税收实施情况为主。有关经济财政政策、财政施政方针、全国性财政会议以及重要历史人物的理财治税思想等，凡与税收有关联的部分也收编在综合类中。本书所收资料，以中国第二历史档案馆、有关省市地方档案馆馆藏民国档案为主。档案资料不全的，则以从各地图书馆、大专院校收集到的政府公报、法规汇编，财政税务主管机关出版的各种期刊、年鉴、实录，当时著名的报纸杂志、专著和台湾出版的有关资料加以补充，以形成较系统的资料。入编资料，凡属档案文献或税收法规的，均系全文照录；其余则根据不同情况或全录或节选其中有关部分。现该书已出完二、四、五辑。

外债史资料的蒐集也有较大发展。以许毅为代表的研究者，对外债资料进行了系统的收集和整理，经过13年的努力，编辑了《中国外债史料汇编》（上海市档案馆、财政部财政科学研究所1988年版）、《清代外债史资料》（全3册，档案出版社1990年版）、《民国历届政府整理外债资料汇编》（全2册，财政部财政科学研究所、第二历史档案馆1990年版）、《民国外债档案史料》（12卷，档案出版社1991年版）等。其中，《民国外债档案史料》，按内容和历史时期分辑为12卷，约600万字。第一、二卷为综合史料，第三卷为清政府时期延续下来的债项史料，第四卷至第九卷为中华民国南京临时政府和北京政府时期的债项史料，第十、十一卷为南京国民政府时期的债项史料，第十二卷为附录，收集刊印的资料包括有关各项债项的照会、说帖、合同、呈文、议案、训令、章程、规则、函件、电文、记录、报表等，很大部分是首次披露的原始档案资料。与此同时，中国人民银行总行参事室也编纂了《中国清代外债史资料》，其资料也大部分选自未公开出版的档案，是继20世纪60年代徐义生编纂《中国近代外债史统计资料（1853—1927）》以来的又一丰硕成果。徐书以统计表形式按年序逐项编列了1853—1927年从清政府到北洋政府期间各项外债的借债者、贷款者、币种、款额、利率等，给后来的研究者提供了很大的方便。而中国人民银行总行参事室所编《中国清代外债史资料》与徐书相比，在资料选用与编排上，又具有以下三个特点。第一，这部书按顺序分为四章，甲午战争前的外债为第一章，甲午战费及偿付对日赔款的外债单列为第二章，甲午至辛丑前的其他外债、辛丑以后的外债分别列为第三、四章。在每一章里再按外债用途分类分节，这与徐书纯粹按年编列有所不同。第二，各章内容又分为文字资料和统计表两部分。文字资料部分辑录了反映这一时期外债基本情况的文献、档案等，这也是徐书未有的。这样做可以汇辑、保存一大批有关清代外债的宝贵史料，也更便利读者查核。由这些文字资料加工而成的总括性统计表，也按借款用途归类，列有借款年月、借款人、贷款人、借款金额、币种、利息、期限、折合库平银等八栏，这也为读者的检阅及进一步分析，提供了便利。第三，该书在取材方面以清政府正式文件记载为主，而对于报刊书籍中反映的一般材料，可能是认为其可靠程度不够的缘故，均未采用。这种在资料收集方面谨慎、持重的态度，是值得赞许的。该书还补充、修正了徐书的不足。如同治元年（1862）十月苏松太道向上海英商阿加剌洋行借银用以租船运常胜军镇压太平天国起义一事，据徐书统计该项借款额为96400两，实际上这仅是洋行扣除利息后的实付银数，在统计借款额时仍应加上洋行所扣息银3600两，为10万两，新资料书纠正了徐书中这一差错。另外，新资料书所辑录的同治三年（1864）十月至年底福州将军英桂为筹军饷先后向洋商借番银30万两；光绪二年（1876）福建巡抚丁日昌为交西征协饷向洋行借银20万两；光绪十一年（1885）驻英使馆借款，光绪十九年（1893）驻德使馆借款，等等，皆为徐书所无。按徐书统计，1894年甲午战争前清政府借外债共43笔，共计合库平银4592.3万两。而据新资料书统计，甲午战争前清政府共借外债62笔，共计合库平银6709.8万两，约超出徐书统计50%。甲午战争前的外债资料，因年代久远，散失严重，不易搜寻，新资料书的编著者为发掘这方面的史料花费了大量精力，做了不少工作。①

同为中国人民银行总行参事室编《中华民国货币史资料》（全2册，上海人民出版社1986、1991年版），收入政府法令条文、银行章程则例、时评和金融风潮等资料。其选编的史料，除主要来源于档案文献外，也有少数报刊和私人著述。所编资料，除将原件中与金融货币无关和前后重复的内容及一般公文套语予以删节、标点符号有所更改和增补外，其余均保持原样，不予改动。资料选编以事件为主，分专题编辑。每个专题的资料编排，一般以事件发生的先后为序。该资料书下功夫较深，其外文资料，一部分系选用他人译文，一部分为编者所译。

对于近代中国证券市场的研究，20世纪90年代以前几为空白，90年代后渐成热点，虽然和我国金融市场的形成关系密切，亦和有关近代中国证券市场的资料书问世不无相关。1992年，上海市档案馆编《旧上海的证券交易所》由上海古籍出版社出版，其资料主要选自馆藏上海证券物品交易所全宗及其他有关全宗。此外，还从有关档案、旧报刊中选取若干资料作为附录，这些都是全面了解和研究旧上海乃至旧中国证券事业的重要史料。稍后出版的《旧中国交易所股票金融市场资料汇编》（影印版，全2册，书目文献出版社1994年版）由三方面内容组成：（1）交易所，包括对交易所的理论阐述，中国交易所发展的历史、特点、交易所法规，

---

① 参见陈争平《评〈中国近代外债史资料〉》，《中国经济史研究》1993年第4期。

以及旧中国证券交易所、物品交易所的实况概述。（2）股票，这一部分，除股票的理论研究、动作方法外，还收集了大量股市资料，对当时上千种股票行市做了详细的记录。（3）金融市场调查录，汇集了全国金融市场的详细资料，其统计对象包括银行、钱庄、银号、银公司、证券号、纱布号、金号、信托公司、企业公司、保险公司、金融团体以及典当业等。该书内容丰富，资料翔实，是证券市场研究的宝贵资料。

金融史资料书规模庞大，达到极致者当属殷梦霞、李强选编《民国金融史料汇编》（影印版，全280册，国家图书馆出版社2011年版）。该套书为民国金融文献的大型汇编，内容共分五类：（1）四大银行（中央、中国、交通、农民）以及中联银行、大陆银行等全国性银行所办的月报、月刊、通信，如《中央银行月报》《中行月刊》《交通银行月刊》《交行通信》《中国农民银行月刊》《中农月刊》等。（2）金融类刊物，包括《金融周报》《金融导报》《金融周讯》《中外商业金融汇报》等。（3）证券类刊物，包括《交易所周刊》《证券市场》《华股研究周报》《上海票据交换所月报》等。（4）各地省市银行所办的通信、月刊、季刊、特刊，包括《北京银行月刊》《满洲兴业银行周报》《安徽省银行月刊》等，涵盖河北、安徽、福建、江西、江苏、湖北、湖南、广东、广西、四川、云南、甘肃等地省、自治区行。（5）合作金库、农贷、地方金融等方面的文献，包括《金融与合作》《农贷消息》《地方金融》等，这些文献，首次大规模出版，对研究民国金融史、经济史，都具有极重要的价值。

四联总处，即中央、中国、交通、农民四银行联合办事总处，是国民政府在抗日战争和解放战争时期，在金融、经济领域内的一个决策机构，曾经对国民政府的金融、经济方针政策和对国统区金融、经济形势的演变，产生过重大影响。由重庆市档案馆、重庆市人民银行金融研究所合编的《四联总处史料》，全面地反映了四联总处产生、发展和衰亡的历史过程，而且比较系统地反映了国民政府决策和处置重大的金融、经济问题的基本情况。该书所录史料，以档案为主。其内容以四联总处理事会会议议事日程和记录为主体。为补充档案之不足，选用了部分四联总处的内部参考资料。该书选用档案资料，一般采取节录的办法。所节录的每一段或每一组档案、资料，均于该段或该组档案、资料后注明详细出处。《四联总处史料》全书170余万字，分上、中、下三卷，由档案出版社出版，是建国以来不多见大型金融、经济史料编著。该书从1985年开始收集资料，至1992年定稿，1993年出版，经过了将近10年时间。由于编著者艰苦而富有创造性的工作，该书无论是从学术水平还是编辑质量上，均达到了很高的水平。

在《四联总处史料》出版前后，组成四联总处的中央、中国、交通、农民四大银行的史料也相继问世。最先出版的是中国人民银行金融研究所编《中国农民银行》，该书选辑自1933年至1949年有关中国农民银行的史料，史料主要来自国民政府档案，也包括一些编辑者访问原中国农民银行工作人员的谈话记录以及他们自己所写的一些回忆材料。由于资料不足，该书内容较为简略，总字数不足30万字。

交通银行是我国现有银行中成立最早的一家全国性大银行，筹建于1907年（光绪三十三年）12月，成立于1908年3月4日，距今已有百年以上历史，交通银行发生、发展、变化的全过程，在近代中国金融史上占有重要地位。交通银行总行和第二历史档案馆组织力量，历时三载，收集、编纂《交通银行史料（1908—1949）》，约131万字。

中央银行在近代中国是一个垄断性极强，规模无比巨大，权力震惊中外的金融机构。洪葭管主编的《中央银行史料》（中国金融出版社2005年版）分上、下卷，184.8万字。辑录了中央银行从1928年11月在上海成立至1949年5月被接管为止的所有资料，分为三编三十四章，反映了这家旧中国特大型金融机构、国家垄断资本主义的核心和典型代表22年历史的基本情况和重要活动内容。

1991年，由中国银行总行和第二历史档案馆合编的《中国银行行史资料汇编》出版，该书六易寒暑，增删数次，洋洋二百万言。该书编辑工作从1985年开始，总行和分行从两方面开展工作，首先是抢救活资料，组织当时还健在的中国银行老职工开座谈会，写回忆录，进行个别采访，有的还录了音。通过这些方式，在短短几年内，收集到不少珍贵史料。其次是广泛搜求历史档案和有关报纸杂志，到编书时，已找到了上万卷失散在外的旧档案，并且得到了利用。中国银行的历史资料卷帙浩繁，几可用汗牛充栋来形容，仅中国第二历史档案馆就藏有中国银行档案一万数千卷，不少省市的档案馆、人民银行和中国银行香港分行也存有大量的档案资料。据编选者事先摸底估计，总数在4万册200万件左右，达20亿字之多。另外，还有大量的报纸杂志都载有中国银行的资料，仅刊物据调查就不少于千册。在浩如烟海的史料中，编选者付出了辛勤的劳动，爬罗剔抉，稽核考订，去粗取精，取得了丰硕成果。

其他一些重要银行也受到了重视，如中国人民银行上海市分行金融研究所编《金城银行史料》（上海人民出版社1983年版）、天津财经大学编《金城银行档案史料选辑》（天津人民出版社2010年版），二者均由原始档案选辑而成，区别是前者着重金城银行在上海的营业活动，后者着重在天津的营业活动。再有，同是中国人民银行上海市分行金融研究所编《中国第一家银行——中国通商银行的初创时期（1897—1911年）》（中国社会科学出版社1982年版）与谢俊美编《盛宣怀档案资料之五：中国通商银行》（上海人民出版社2000年版）内容也有所不同，前者，全书分为两部分：第一部分为中国通商银行简史，第二部分为中国通商银行初创时期史料；而后者，从通商银行创办人盛宣怀遗存档案中，辑录了自光绪二十二年（1896）九月至民国二年（1913）有关通商银行的函稿565件，内容为开办银行的奏议、章程、条陈、合同。

改革开放以来，史料蒐集更加注重总结近代中国银行经营管理的经验，如中国人民银行上海市分行金融研究所编《上海商业储蓄银行史料》（上海人民出版社1990年版），介绍上海商业储蓄业务情况和管理经验的篇幅达90%，其中业务情况占84%，管理经验占16%。在介绍业务情况的第二、三章中，有关上海银行在各个时期的营业方针占据了突出的地位，并通过具体的史料反映了上海银行的业务管理运行及其效果。专叙上海银行内部管理的第四章则分别介绍了业务管理、人事管理的情况及有关的规章制度。第六章则着重介绍了上海银行董事长陈光甫的经营思想。编者的指导思想通过详尽的篇目，贯穿于全书，堪称史料编纂的上乘之作。① 同期，由重庆市民建、市工商联文史委员会编写的四川《聚兴诚银行》史料于1988年西南师范大学出版社出版。该书共8章，约15万字。聚兴诚银行创办于1915年，以资金雄厚、经营稳健著称，是四川最早也是最大的一家私营商业银行。它始终由重庆杨氏家族经营，经过30多年的奋斗，发展成为拥有总分支机构33处的庞大金融企业。本书详尽地收集了它在封建军阀的勒索、挤压和内部纷争扰攘下，曲折成长的经历。该书对其组织形式、业务经营、财务管理、人事制度、对外投资等，均有专章分别叙述。该书从资料收集到编辑出版，前后历时20多年，曾在聚兴

---

① 参见周育民《一部反映旧银行管理经验的好书》，《上海金融》1991年第2期。

诚银行供职多年的老员工和重庆金融界的老前辈数十人，为本书提供了鲜为人知的资料。特别是重庆档案馆提供了全部该行的第一手档案资料，使本书内容翔实可靠。

关于日伪银行的史料则较为薄弱，只有吉林省金融研究所编《伪满洲中央银行史料》（吉林人民出版社1984年版）和中国人民银行北京市分行金融研究所编《北京金融史料》银行篇（十），伪中国联合银行及其他敌伪银行（内部刊物，1995年）。《伪满洲中央银行史料》由五个部分组成，即：第一部分，伪满洲中央银行简史；第二部分，伪满洲中央银行史料；第三部分，伪满洲中央银行大事记；第四部分，伪满洲中央银行主要头目简介；第五部分，伪满洲中央银行有关金融统计资料。其资料，多是从各地档案馆、图书馆所藏中、日文书籍、刊物和《满洲中央银行文件汇编》以及《满洲国政府公报》中抄录或翻译的，也有的是从工矿、农村知情人那里调查收集的。本书史料部分是按伪满洲中央银行成立前后四个时期的顺序，再按各时期主要历史情节的发展分专题编排的。各时期开始都列有这一时期的形势背景及其基本政策、方案、银行主要头目演说等综合性资料，然后再辅以其他史料。主要头目简介部分，介绍了该伪行总裁、副总裁、理事、监事36人的经历及其活动。金融统计资料部分，列入了资产负债表等五大类共26张表。《北京金融史料》《银行篇》第十册收集的是抗日战争时期（1937—1945）北京沦陷时，日本侵略军为了控制沦陷区金融，掠夺中国财富而设立的敌伪银行——伪中国联合准备银行及其他日伪、日敌银行的史料，但因在南方汪伪政权所设立的日伪中央储备银行，势力基本上没有达到华北地区，所以该《史料》涉及很少。该《史料》还收集了日敌横滨正金银行、朝鲜银行以及日伪蒙疆银行和冀东银行的一些史料，但由于这些银行的史料残缺不全，因此介绍的情况很不全面。

外国银行在华活动也是史料出版的弱项。有关资料书只有中国人民银行金融研究所编《美国花旗银行在华史料》（中国金融出版社1990年版）和《日本横滨正金银行在华活动史料》（中国金融出版社1992年版）两种。花旗银行在华档案史料为数不多，该书从上海花旗银行残留档案中选择了一部分较为重要的史料，本着收录原文，不做删改和甄别的原则编辑成册。这本史料的编辑和出版为我们研究花旗银行在华活动情况提供了一个较为完整的轮廓和较为详尽的真实资料，有着重要的参考价值。《横滨正金银行在华活动史料》绝大部分译自日文机密档案，其中有日本天皇的敕令、有内阁总理大臣、大藏、外务、大东亚诸省大臣的批文，有侵华军事首脑机关及驻华大使的密令，有正金总行与各支店的往来密电，有正金银行董事与中国政府进行交涉的内部报告，有日、美、英、法等国外交部门为了侵占中国利益的谈判记录。这些档案大部分没有翻译、公布过。因此，该书对于研究中国近代经济史是极其宝贵的资料，还为金融管理提供了某些借鉴。

(二) 工商企业

工商企业史料始终是近代经济史料的重点。"文化大革命"前，即已出版了南洋兄弟烟草公司、启新洋灰公司、大隆机器厂、恒丰纱厂、荣家企业、永安公司等企业史料。改革开放后，工商企业史料的蒐集仍然受到了一定的重视。如《刘鸿生企业史料》（下简称《史料》），1958 年，上海社会科学院经济研究所即已着手对刘鸿生企业史的调查、研究和编纂，前后共花了 6 年的时间，才完成这部《史料》的初稿。文化大革命结束后，终于由上海人民出版社于 1981 年出版。该书共四编十七章，分为上、中、下三册，约 100 万字。上册包括 1911 年至 1931 年刘鸿生作为买办和商人而进行的资本积累及其向民族工业资本转化的过程。中册包括 1931—1937 年刘鸿生企业在发展中出现的种种问题和经营上遭遇到的重重困难。下册包括 1937—1945 年抗日战争期间刘鸿生的各企业在沦陷区所处的困境及遭受日伪劫夺的实况。在香港和国民党统治区的刘鸿生企业经营活动情况，1945—1949 年解放前夕在沦陷区的刘鸿生各企业如何收复以及收复后又怎样衰落，还有他在香港的企业的变化状况，以及他在内地所经营的各企业又如何陷于萎缩和停顿的情况。为编辑这一《史料》，上海社会科学院经济研究所动员了相当大的力量，参加这一"工程"的人员前后共有三批，约 20 人次。《史料》中所收集的资料主要来自刘鸿生各企业本身所保存的各种历史档案，包括刘鸿生记账房，刘鸿生所属各公司、厂、矿、码头、金融、商业组织以及与刘氏企业有关的各企业机构的原始档案；旧政权机关、团体中所保存的有关档案，解放后有关公司、厂、矿、团体或个人所提供的有关材料；一些曾长期在刘氏企业中工作过的老工人、老职员和刘氏昆仲等所提供的回忆材料，包括口述记录；上海社会科学院经济研究所所收集、保存的有关资料，以及分散于报纸、杂志、书刊上的有关材料。《史料》的编纂正是对中国近代经济史和民族资本主义发展史这一丰富矿藏的开采和挖掘。《史料》的编纂是成功的，但也存在一些教训，值得我们吸取，这也是当时近代经济史资料书编纂的通病。如：第一，在编纂过程中，有的地方把本来完整的材料人为地删繁就简，使人看不到史实的全貌，如刘鸿生和开滦矿务局合组公司所签订的第一、二期合同及中华全国火柴产销联营社的章程，在经过删节以后，在今天要来进行详细研究，就有些困难；第二，在企业的经营管理方面，缺少具体事例，如经营管理中一个比较重要的环节就是成本会计制度的建立和实际运用，编者在他自己写的专题论述中也认为较重要，但在《史料》中却没有突出的专题来反映。

荣家企业包括茂新、福新和申新三个系统，是中国最大的民族企业。上海社会科学院经济研究所经济史组编《荣家企业史料》上册已于1962年出版，下册于1980年出版，共110余万字，按企业发展的历史顺序，分为5编17章。《史料》辑录的资料主要取自上海总公司及各厂、无锡、汉口和内地企业保存的档案、账册资料与访问记录，以及其他有关方面的资料，为深入研究中国近代资本主义发展史提供了较为丰富的第一手典型资料。该资料较为齐全，人民出版社1985年出版的许维雍、黄汉民的《荣家企业发展史》就是在此基础上写成的，但此资料书也存在较大缺点。如该书提出：荣家长期以来，把企业所获得的利润，一般采取少发股息、不发红利的办法从事于扩大企业和开办新企业。又提出申新在不景气时"增产棉布和布袋，以资调剂"，而这两个论断的依据，从该《史料》来看，都是较为薄弱的。

大生纱厂是中国近代著名的民族资本家张謇于一百多年前在南通创办的中国早期民族企业，南通市档案馆保存的四万余册张謇与大生企业档案是目前我国保存得最完整、最系统的中国近代民族资本主义企业档案，它真实地记录了大生企业运营的历史轨迹，为研究张謇与大生企业运营的历史轨迹，研究中国近现代经济发展史提供了具体、翔实、确凿的第一手材料。20世纪60年代初，南通市档案馆在南京大学历史系部分师生的帮助下，对大生纺织公司的档案进行了初步整理。80年代又聘请十多位离退休的老同志对这部分档案进一步整理，于1987年出版了《大生企业系统档案选编·大生纺织编Ⅰ》（南京大学出版社1987年版）。《纺织编Ⅰ》收入了大生一厂、二厂、三厂和副厂（又称八厂）的历年"说略""账略"。"说略"是企业的年度总结报告，叙述本厂当年的经营状况和经营策略；"账略"是企业的年度财务总结报告，记录本厂当年资金运用和盈亏的各种数据。在《张啬庵先生实业文钞》（翰墨林印书局1948年版）等书中，虽已散见大生一厂的几份"说略"，而"账略"则全部是第一次公布。《纺织编Ⅰ》的问世，为我们研究张謇的创业精神和大生企业集团的形成、发展和中衰提供了一份难得的宝贵资料，特别是对中国民族工业做量化研究方面，它是一份具有完整确切数据的资料。

大豫盐垦公司是张謇1916年创办的垦牧公司，是大生企业集团重要组成部分。南通市档案馆和张謇研究中心合编的《大生集团档案资料选编·盐垦编Ⅲ》于2013年由方志出版社出版。该书主要收录大豫盐垦公司自1916年创办至20世纪30年代被通泰集团接管这段历史时期所形成的重要档案资料，分为重要文书、章程制度、会议记录、历届账略、函件号讯5个部分。全书资料主要来源于南通市档案馆收藏、保管的大生集团档案。

研究近代中国企业史同样离不开盛宣怀。改革开放以来，对盛宣怀创办企业的研究成为热点，有关资料集纷纷问世。1981年，上海人民出版社出版陈旭麓、顾廷龙、汪熙主编《湖北开采煤铁总局·荆门矿务总局》（盛宣怀档案资料选辑之二）；1984年、1986年、2004年分别出版《汉冶萍公司》〔选辑之四（一）、（二）、（三）〕；2001年，出版《上海机器织布局》（选辑之六）；2002年，出版《轮船招商局》（选辑之八）。《湖北开采煤铁总局·荆门矿务总局》共收集盛宣怀在湖北早期经办矿务的资料420件，包括奏折、札、谕、禀、详、信函、章程、合同、报告等，绝大多数系第一次刊出，时间自1875年迄1881年。由于此期间湖北的矿务实质上处于试办状态，没有成长起来即遭夭折，因此外界了解情况甚少。到目前为止，已出版的书籍中，这方面的资料只有寥寥十几条，但它在近代中国的工矿企业史上却很重要。盛宣怀是当时湖北矿务的主要经办人，保存了当初试办过程中的大量文书资料。虽然经过了一百多年，资料难免有所散失，但总的来看，还是比较完整的。整理出版这批资料，对研究我国近代矿业发展史有较高参考价值。上海机器织布局是洋务运动重要企业。陈梅龙编《上海机器织布局》共辑录、考订盛宣怀书信、函电、奏稿、文札、簿记等珍贵档案资料700余件，近58万字，这是中国近代经济史史料建设的又一重要成果。其史料价值不仅体现在展示织布局本身复杂的演变过程以及该局同其他纺织企业之间的业务联系，还体现在披露织布局与其他门类的洋务企业之间的内在关联。可见，该书是一部内容翔实、系统的专题性资料书，其价值并不限于研究上海机器织布局本身，对于整个近代工业史、经济史乃至相关人物的研究，都将起到明显的推动作用，弥补某些人物文集的不足。轮船招商局是更大规模的洋务企业。近年来，轮船招商局已成为国内外学者研究中国近代经济史的引人注目课题。盛宣怀一直是招商局的直接控制者，因此在他遗留下来的档案中，有一大批是招商局珍贵的原始资料。这些罕见的资料几乎触及招商局发展过程中的每一个方面。这些档案史料可为国内外学者今后对招商局这个庞然大物探颐索隐、深入研究提供坚实的资料基础。全书辑录了有关轮船招商局各类书信、电报、奏稿、文札、合同、账目以及一些"阅后付丙"不足为外人道的机要文件共1300多件，时间大体自同治十一年（1872）至乙卯年底（1916年初），这些资料基本上是以前未发表过的，而且无疑是弥足珍贵的。

汉冶萍公司是中国历史上第一家用新式机械设备进行大规模生产的钢铁联合企业，也是盛宣怀经营的最大的工业企业。《汉冶萍公司》辑录了自光绪十五年（1889）十一月张之洞筹办汉阳铁厂起至民国五年（1916）盛宣怀去世止的汉冶萍公司专题资料。资料按时间顺序编排，由于公司规模大、时间长、资料品类繁多，全书分一、二、三册出版。一册从光绪十五年（1889）十一月到光绪二十三年（1897）十二月，二册从光绪二十四年（1898）正月到光绪三十四年（1908）二月。一、二两册辑录官办及官督商办时期的资料。三册从光绪三十四年二月起到民国五年（1916）盛宣怀去世止，选收商办时期的资料。所有这些资料，由盛宣怀在掌管汉冶萍公司的二十余年中，所遗函电、公牍、条约、合同、会议录、账册等公司档案组成。这些资料为我们勾勒了汉冶萍公司在官办、官督商办、商办各个时期清晰的轮廓，显示了公司从创办、发展以至气息奄奄走向衰败的过程。有不少资料，揭示了盛宣怀的办矿思想、管理办法和用人之道，对我国早期采矿、冶炼工人的生产条件、生活状况也有所反映。整理出版这批原始资料，不仅为汉冶萍公司的历史乃至整个近代中国工业发展的历史提供了第一手资料，对近代经济史的研究，也具有重要参考价值。

但是，汉冶萍公司历经清末、北洋和民国三个时期，而《盛宣怀档案资料选辑之四》只涵盖1889—1916年清末至民初的阶段，从1916年至1948年汉冶萍公司为国民政府资源委员会接收这段时间的档案概付阙如，而湖北省档案馆编《汉冶萍公司档案史料选编》（上、下册，中国社会科学出版社1994年版）正好补充了这一阶段的资料。湖北省档案馆典藏汉冶萍公司档案资料6497卷（册），这批档案资料，始自1889年，迄于1948年，系统、翔实地反映了公司由创建到发展直至衰亡的历史，涉及近代中国政治、经济、军事、文化和外交等各个方面，有关公司组织机构、经营管理、生产技术、产品运销、对外关系，从一个侧面反映了自19世纪90年代至20世纪中50余年间，中国所发生的诸多重大事件和历史变革。《史料选编》收录1889—1948年的档案史料300余万字，绝大部分选自湖北省档案馆藏原始档案或资料，少量选自张之洞的奏稿、电稿和盛宣怀的档案资料，并包括公司重要合同和盛宣怀、孙宝琦、张謇等人亲笔书函等影印复制品多件。该书为有关研究工作提供了珍贵的第一手资料。

众所周知，汉冶萍公司与日本的关系是其极其重要的对外关系，离开了这段关系，就不可能构筑完整的汉冶萍公司史。武汉大学经济学系编《旧中国汉冶萍公司与日本关系史料选辑》（人民出版社1985年版）填充了这一空白，为撰写一部完整的汉冶萍公司发展史专著打下了良好的基础。1963年初，由尹进开始编辑汉冶萍公司与日本关系史料，同年10月告一段落；自1977年起，由尹进、代鲁进一步收集有关资料并组织译校编辑定稿，历时五年，始告完成。该书资料绝大部分选自汉冶萍公司档案、日本外交文书、档案以及清政府、北洋政府与国民党政府档案。自1891年起至1945年止，对有关旧中国汉冶萍公司同日本关系的重要史料，都按事项区分并以事项发生的先后时间为序，共编20题。此外，还综合公司和日本方面档案材料，编制了《公司所借日债表》《公司重要日本人员表》和《公司历年运交日本制铁所铁矿石和生铁数量及大冶沦陷期间日本运走铁矿石数量表》，在统计方面下了很大工夫。此外，该书很重视数量资料的收集，在质的分析基础之上，凡能用数据说明问题的尽量采用数量概念。这样，就让人们在研究有关汉冶萍同日本关系的诸问题时，有事可依，有量可查。可见，该书实是一本不可多得的好资料书。

以往化工企业的资料出版较少。在此时期，有所改进。1989年和1992年，上海市档案馆编《吴蕴初企业史料》天原化工厂卷和天厨味精厂卷由档案出版社出版。吴蕴初是著名爱国实业家，通过解决味精原料盐酸的自制，逐步尝试投资新的化工产品领域，奠定了中国化学原料工业的基础。两本书辑录了天原化工厂和天厨味精厂从创建到初步发展，经历抗战内迁和战后复员，直到解放和社会主义改造等几个历史时期的档案史料。天原化工厂卷共编入各类档案文件218组，单项文件700余则；天厨化工厂卷共编入各类档案文件近200组，单项文件500余则。其中除少量为英、日文档案外，大部分为中文档案。文件类别包括函电、呈批、合同、契约、会议记录、业务报告、账表等，都是两厂及吴蕴初经济活动产生的第一手资料，具有可靠的原始性、真实性、准确性，可谓弥足珍贵。与此同时，重庆市档案馆、重庆天原化工厂合编《吴蕴初与中国天字化工企业》（科学技术出版社重庆分社1990年版）系列史料集由科技文献出版社重庆分社出版。该书主要辑录了抗日战争时期两厂在重庆的史料，包括生产管理和产品产量、经营管理和生产技术、科学研究、生产原料及材料供应和销售等方面的内容，补充了上述《吴蕴初企业史料》的不足。

另一个著名爱国实业家范旭东创办的久大精盐公司、永利化学工业公司、黄海化学工业研究社——即"永久黄"团体，在近代中国工业史中占有极其重要的地位，然而，由于缺乏研究资料，经济史学界一直难以对该企业集团的历史进行系统性的发掘。2010年，由赵津主编的《"永久黄"团体档案资料汇编》由天津人民出版社出版，该汇编由两部专辑组成，即《永利化学工业公司专辑》（全3册）和《久大精盐公司专辑》（全2册）。前专辑第一次较全面地向世人展示了该团体核心企业的珍贵档案，内容包括资金筹措、人才汇集、技术成就、内部管理、市场竞争、银企关系、政企关系和企业文化等；后专辑体例与前专辑相似，是在《范旭东企业集团历史资料汇编——久大精盐公司专辑》（天津人民出版社2006年版）的基础上经修改、调整后再版的。

对在华外资企业的资料收集可称薄弱至极。除对满铁经济资料的收集较为全面外，对其他在华外资企业，除英美烟公司外，尽付阙如。我国很重视满铁史料的整理和研究工作。早在1958年，国务院科学规划委员会制定中国近代经济史资料的39个课题中，《满铁史资料》即列为重要选题之一。当时经高教部下达任务后，由吉林大学和吉林省经济研究所（吉林省社会科学院前身）合作进行编辑。20多年来，除十年动乱期间停顿六七年外，一直持续工作，先后参加此书编辑工作的有二三十人。吉林大学负责第一、三、五、八卷，吉林省社会科学院负责第二、四、六、七卷及附卷。《满铁史资料》是一部大型史料书，全书约1000万字，各卷内容如下。第一卷《综合篇》：满铁的设立、经营方针、组织机构、职工状况以及日本政府的有关侵华政策等。第二卷《路政篇》：日本帝国主义勾结中国反动派攫取东北铁路权益及其与其他帝国主义在路权上的争夺。第三卷《交通运输篇》：满铁的铁路交通设施，即铁路、公路、港湾、铁道工厂等，以及掠夺性运输经营状况。第四卷《煤铁篇》：攫取抚顺、阜新煤矿、鞍山铁矿等矿权，垄断东北煤铁工业，掠夺东北煤铁和石油资源，压榨中国煤铁工人状况。第五卷《农工商篇》：通过设立子公司、投资、贷款等办法向东北农、工、商各部门进行经济侵略的状况。第六卷《华北篇》：设立兴中公司，占领华北铁路，掠夺山东淄博和山西大同煤矿等。第七卷《附属地·调查篇》：以铁路附属地之名，在铁路沿线霸占大片土地，建立殖民统治，进行军事、政治、经济、文化侵略，设立庞大调查机构，广泛进行经济、资源、社会和历史调查，起草侵华政策、计划等。第八卷《资金篇》：资本、社债、资金投放、利润与分配等。附卷：满铁大事年表，大股东名簿，理监事以上人员简历，满铁出版期刊简介等。

《满铁史资料》甫出一卷，即引起日本学术界的热烈反应。《路政篇·前言》在《社会科学战线》1978 年第 2 期发表后，即由日本早稻田大学尾形洋一把该文译成日文，并加以介绍。《路政篇》出版后，早稻田大学满洲问题研究会专门召开会议讨论此书，认为书中有相当一部分资料，在日本国内是难以找到的。日本爱知大学教授野间清以《中国为真正的满铁研究赠送的礼物——读〈满铁史资料〉第二卷》为题，撰写书评向日本学术界推荐，认为该卷从广泛的基本文献中，选出庞大数量的记录，系统整理出路权斗争全貌，并说中国正在进行的满铁研究，对日本学术界也是一种强而有力的鼓舞和帮助。他希望日本能认真组织起真正的满铁研究，以便使日本人民"能从满铁的历史中吸取教训"。

2011 年，《满铁史资料》改名《满铁档案资料汇编》，共分 15 卷，由社会科学文献出版社出版，每卷字数都在八九百万字，主编为解学诗和苏崇民。该书对原《满铁史资料》做了进一步的扩充，所收集的满铁遗存文献资料，分为以下四大类：满铁档案文书、满铁资料、满铁图书、个人文书；从以下几个方面展示了当时历史真实内幕的原始资料：日本大陆政策与满铁，满铁、关东军与伪满洲国，列强争夺中国路权，满铁独占"满蒙"铁路，南满铁路，战时日本大陆交通中枢，抚顺煤与页岩油，鞍山昭和制钢所始末，超级康采恩满铁，"附属地"与九一八事变，七七事变前后满铁在华北，华北交通会社与华北煤矿，满铁调查部，满铁资金与日本财阀。

虽然该书改头换面用了《满铁档案资料汇编》的名字，内容也有所增加，但该书主编苏崇民坚持认为："但它毫无疑问就是1958年国家下达给东北人民大学的科研任务《满铁史资料》。"①

此外，1996年，近现代史史料学会满铁资料研究分会成立，在该会的推动下，全国50余个有关的图书情报和档案单位，经过八年多（1998—2006）的共同努力编制而成的一部大型文献目录工具书《中国馆藏满铁资料联合目录》（上海东方出版中心2007年版）问世。它比较全面、系统地收录了目前尚存国内的大部分满铁形成的情报资料和图书文献目录，共有近28万条（其中，中文、日文22万条，西文、俄文及其他外文5万条），约3000万字，共分30卷。它的出版，填补了中国近现代史史料学上的重要空白，为今后满铁及其他日伪资料的整理研究工作打下了基础，具有重要的政治意义和学术价值。

同样，在该会的推动下，辽宁省档案馆分别编辑了《满铁与移民》（全8册，广西师范大学出版社2002年版）、《满铁与劳工》（全18册，广西师范大学出版社2003年版）；黑龙江省档案馆编辑了《满铁调查报告》（全24册，广西师范大学出版社2005年版），补充了《满铁档案资料汇编》的不足。

英美烟公司和开滦煤矿是除满铁外，外国在华最大的工矿企业。改革开放后，上海社会科学院经济研究所经济史研究室即着手《英美烟公司在华企业资料汇编》（中华书局1983年版）的编辑工作。他们花了几年时间从约800箱上万卷原始档案中整理出110万字，并将其分为：在华垄断组织的成立和发展、生产的扩大和垄断、垄断烟叶原料、垄断销售市场、享受优惠税捐特权、买办与买办制度、工人生活状况和工人运动、中国人民对英美烟的抵制斗争、资本积累和高额利润九个方面。每一方面都选列资料说明不同时期的主要问题，在选材时力求精练，但对某些特别重要的资料，则尽量保留原文，不加删节。此外，该书还对大量账册和统计表中的数字资料，进行整理、排比，制成了多祯统计表。但是，这样虽然便利了研究者参考、利用，但如前所述，在有些方面也形成了偏向，造成

---

① 苏崇民：《〈满铁史资料〉编辑的经过——缅怀关梦觉和邵敬勋两位前辈》，《满铁研究》2012年第2期。

了误导。

开滦煤矿是中国最早采用机器开采的大型煤矿。1900年,帝国主义分子勾结中国封建官僚,用尽了欺骗和暴力的手段,把开采多年的开平煤矿侵夺到手,开20世纪初中国许多矿山权益丧失的先例。其后,英帝国主义者又对创业不久的滦州煤矿实行经济和政治压迫,终于在"中外合资"的名义下霸占了整个开滦煤矿。开滦煤矿至今已有137年的历史,但难得的是,它保存了自20世纪初以来颇为完整的历史档案4万卷左右(绝大部分系英文)。南开大学经济研究所经济史研究室从1961年开始收集开滦煤矿资料,前后断续近20年,参加人员最多时达十余人,从开滦档案中翻译摘录了约3000万字第一手资料,并向熟悉开滦历史的数百名老工人以及矿方和包工大柜的有关人员进行了广泛的调查访问。他们除了编辑开滦煤矿矿权史料之外,在此基础上还出版了《旧中国开滦煤矿的工资制度和包工制度》(天津人民出版社1983年版)。2004年,由熊性美、阎光华主编的《开滦煤矿矿权史料》由南开大学出版社出版,揭示开滦煤矿如何一步一步地落入帝国主义手中被资本家掌握的全过程,为广大读者了解开滦煤矿权益丧失真相及研究帝国主义侵略中国经济权益问题提供了一份系统史料。2013年,由李保平、邓子平、韩小白主编的《开滦煤矿档案史料集(1876—1912)》由河北教育出版社出版。该书被列为"十二五"国家重点出版规划项目和2011年度全国古籍整理出版规划资助项目。全书分《开滦矿务编》《滦州矿务编》和《附录编》,共收录1876年至1912年,开平、滦州两矿的档案史料800余件,附录历史图片45幅。这些档案和图片真实、全面地反映了这一历史时期开滦煤矿成立及其发展的历史,具有极高的历史资料价值。

商业企业的资料收集历来较为薄弱,20世纪80年代以来有所加强。1981年,上海社会科学院经济研究所编《上海永安公司的产生、发展和改造》由上海人民出版社出版。实际上,这一历史资料的收集和整理,早在20世纪60年代初即由上海社会科学院经济研究所组织力量着手进行。当时,通过广泛查阅有关的档案、报刊,深入调查访问,召开各种类型座谈会,收集、挖掘了大量历史资料。在此基础上,整理成《上海永安公司史料(初稿)》。"文化大革命"时期,这一项目被迫中断。自粉碎"四人帮"后,才把这一工作重新恢复,由经济所经济史研究室完成。经济史研究室在原有基础上另行组织力量进一步调查研究,充实有关史料,突出企业的经营管理内容，改写成分析论述上海永安公司的产生、发展和社会主义改造的专题著作。

四大公司指的是近代上海著名的四家华商百货公司，即先施、永安、新新和大新，时人也称四大百货公司。上海市档案馆所藏四大百货公司史料，不仅形成了各自独立的全宗，而且散见于其他不少档案全宗，从数量上看有千余卷之多，从时间上看跨越的时间较长，从内容上看涉及的范围也较广，对于开展四大百货公司研究而言，无论是个案研究还是综合研究，都是翔实可靠、不可或缺的资料源泉。经上海市档案馆与中山社科联合作，研究人员深入开发、整理和研究档案史料，结集出版的《近代百货业先驱——上海四大公司档案汇编》（上海书店出版社2010年版）无疑是最具权威性的资料集。但是，从目前情况看，永安公司的档案较为丰富，而其他三个公司的档案史料数量明显不足，尤以先施公司残缺最多。上海解放后产生的档案史料虽然形成时间不长，但数量占据相当比重，而上海解放前形成的档案史料则明显偏少。从内容上看，对于研究而言极为关键的参考资料，即历年形成的规章制度、决策会议记录、营业报告、业务往来文书等，都不够完整。看来，这些档案仍有赖于今后深入挖掘。

（三）商业

商业属于第三产业，是国民经济的重要部门。而多年以来，对经济档案史料的整理、利用，重点主要是在第一产业和第二产业，对商业，尤其是国内贸易档案的整理、利用，相比之下，则显得不够。清代和民国时期的大量商业档案，长期沉睡在一些档案馆的库房之中。近几年在编修地方志过程中，有一些商业档案开始得到查阅和利用，但是涉及的面不大，也不系统，而且偏重于地方性的档案。为了有计划地进行商业档案史料的整理工作，中国商业经济学会同江苏省商业经济学会商议，并得到国家商业部和江苏省人民政府的支持，由江苏省商业厅同中国第二历史档案馆合作，对保存在二档馆的民国时期历届中央政府关于商业的档案和资料进行整理，经过三阅寒暑，已选编成第一卷，起讫年限是民国元年（1912）至十七年（1928），共查找全宗15个，调阅案卷900个，选出档案、资料1200余件，编入本卷950件，分为上、下两册，约88万字，名为《中华民国商业档案资料汇编》（中国商业出版社1991年版）。迄今为止，该书还只出版了第一卷。我们相信，继本卷之后，1928年至1949年的各卷能尽快整理、编印出来，把一部比较完整的民国商业档案资料汇编提供给研究者。

工商行会也是商业史研究的薄弱环节，其特点是资料零散难寻。彭泽益编《中国工商行会史料集》（中华书局1995年版）在很大程度上为广大研究者解决了这一难题。这部史料同其在30多年前出版的《中国近代手工业史资料》在编辑体例方面有很大不同，也恰如我们前面所说"体例之辨"，过去是用综合整理方法，先按历史分期分阶段，然后依据问题或问题之间的基本联系，摘录有关史料编辑而成。这就是说，对资料的处理具有一定的系统化的结构，有过程，有问题，有论点，一般用章目标起来编排资料，并体现编辑者思想观点和对资料的研究成果。这是一种行之有效的方法。《中国行会史料集》采用的方法则不经过整理、加工、编排，直接依据史料的形式、性质及其论述特点，以保持原有史料的完整性，除个别史料删去无关字句外，一般不加分割，让利用者得窥史料全貌，做出自己独立的分析和判断。这两种方法是可以相互补充为用，并行不悖的。该书资料极为丰富，共分九篇。第一篇为中外文书刊中有关中国行会的论述。编者认为：研究中国城市行会史，不能局限于只利用中国方面的史料，而忽视外国方面的史料。由于中国和外国史籍记载的立场、观点和角度不同，往往对行会问题的观察也不尽一致。所以掌握两方面的史料，有利于进行比较和鉴别，从而对行会问题有较为全面的了解。第二篇是地方志中有关工商会馆公所历史记述。编者选取了汉口、佛山、苏州、上海四个重要的工商业城市，同业行帮组织发达，极具代表性。第三篇是各省工商行业条规选辑。关于中国手工业、商业行会的行规，迄今保存下来的并不多见。这里收集到的清代行规主要为湖南各县和四川、重庆以及其他各地流传至今者。这些现存的清代行规是研究行会历史极为珍贵的参考资料。第四篇是通商口岸有关会馆公所调查报告。主要包括《海关十年报告》《布莱克本商会访华团报告》中有关会馆公所的调查报告和记载。第五篇是晚清报纸有关手工业商业行会新闻摘编。这里所辑的报纸新闻报道，可以让人清楚地看到，在当时社会经济生活中行会的强制性。它的行规，确实具有严格的约束力。第六篇是上海会馆公所征信录选辑。提供近代上海20个不同行业和商帮会馆公所的具体情况，是对上海商帮行会进行个案研究分析的有关资料。第七篇是各地工商行业会馆公所碑刻选录。这里选编的碑刻资料，只限于北京、苏州、上海、景德镇等具有代表性的四个重要城市，大致划分为手工业、商业、金融典当业等类，再将各地商帮会馆公所分列。第八篇是档案史笈中有关行会记事杂录。本篇主要是从其他档案史笈中选取有关行会的记事，包括奏折、政书、笔记、文集、志略、报告等，为以上各篇所不曾收录者，集中编排于此，以供参考。第九篇是清末民初有关商会、工商同业公会法规选录。这里有关管理工商组织的几个单行法规，都是在清末民初制定施行的，从中可以反映行会制度嬗变的轨迹。通过以上篇目，我们可以明显看出，该书不仅为我们提供了大量宝贵的行会史料，而且为我们指明了蒐集行会史料的路径。

（四）交通

改革开放以来，部门史、产业史、行业史资料的编纂成为重点，从这一点来说，仍可谓继承了"文化大革命"前近代经济史资料编纂的遗绪。1983年，聂宝璋编《中国近代航运史资料》第一辑（1840—1895）出版（上、下册，上海人民出版社1983年版）。此书虽仅120万字，但征引的文献却在200种以上，摘抄的原始资料字数当以千万计。所选辑的资料，大都出自档案、函牍、笔记、奏章、中外文报刊等。此外，本书还尽可能地根据录入文字资料，制成统计图表，使读者一目了然，得到明确的数量概念。其所用功力，自不待言。近10年后，聂宝璋、朱荫贵合编《中国近代航运史资料》第二辑（1895—1927）（上、下册，120万字，中国社会科学出版社2002年版）出版。这套资料集在体例上仍沿袭第一辑，大体按帝国主义在华轮船航运业、轮船招商局和民族资本轮船航运业三大块划分。编辑原则是在收集资料过程中反复研究消化资料，提出问题，分立项目，按问题选取资料，再组织章节编排。全书共计3编15章81节，近300目。由于第二辑与第一辑分属不同的历史阶段，随着整体历史条件的变化，中国近代轮船航运业的发展历程也必然显现出不同的历史阶段性。第二辑和第一辑具有共同的特点，即收集资料范围相当广泛、全面，两辑"资料"编辑历时几十年，编者跑遍全国十余省市港口。这些资料的发掘、整理、问世，填补了中国航运资料的某些空白，非常可贵，是对中国航运史研究的重要贡献。

1963年，宓汝成编《中国近代铁路史资料（1863—1911）》（全3册，中华书局）出版。此书问世，大受欢迎，屡次再版，并被台湾沈云龙编《中国近代史料丛刊》选入。约30年后，宓汝成再编《中华民国铁路史资料》（社会科学文献出版社1992年版），仍以民国时期各路修筑时外债、管理为中心，是研究民国铁路史的一部重要史料集。此书本拟作为《中国近代铁路史资料（1863—1911）》续编，经出版社建议，改为是名。

该书取材，以第一手史料为主，包括中外文档案、公报、文集、手稿、日记等；酌情选用第二手资料，如前人编史料集以及专著、论文。所收史料，以涉及民国时期铁路路权为限，起讫年分别为1912年和1949年。该书的编辑原则，是从史料出发，采用专题形式来排比，即对所收集的史料，结合历史发展过程，归类成几个专题，大体按时间顺序，分列成章，每一专题之下，再归纳成若干次一位的问题，作为节、目和子目，期使各个专题（章）之间，保持一定历史和逻辑的联系，使《资料》能够浑然构成比较系统的整体。

关于铁路的资料集还有刘统畏主编的《铁路修建史料，1876—1949》第一辑（建国前史料，中国铁道出版社1991年版）。该书收入新中国成立前的50多条干线和60多条支线的建设史料，以简明的文字叙述了每条铁路建设的历史背景，所处地理位置，负责勘测设计和施工单位，计划和实际完成情况，施工和投入运营的日期、技术标准、运输能力、初期运营情况和运营后的重点技改工程等。该书与以往的资料集不同，即不仅着眼于路权、外债等问题，而且注重技术规范和经济效果，其数据经过反复核对、填补，值得信赖。

近年来，稀缺的交通史资料也得以影印出版。1930年代中期，国民政府交通部、铁道部交通史编纂委员会曾编《航空编》《航政编》《邮政编》《电政编》《路政编》《总务编》。这部《交通史》是中国交通史编纂历史上的一部杰作。它所记载的时间跨越晚清和民国两个时代，较为真实地反映了那个时期中国交通事业发展的状况。它所记载的内容丰富而详尽，令人叹为观止。然而遗憾的是，由于这部《交通史》在当时是分编陆续出版的，出版周期较长，加之历经一个世纪以来的历史风霜，至今，这部珍贵的图书在海内外已难见全璧。有鉴于此，国家图书馆出版社多方搜求，终于得以将全部6编汇为一书，整合编目，名为《近代交通史全编》（全48册），于2009年整体影印面世，为广大近代经济史研究者提供了一套系统、完整而珍贵的近代交通史文献。

影印珍贵文献的方法也为以往的资料集起到了拾遗补阙之效。如（台湾）"中央研究院"近代史研究所编中国近代史资料汇编《海防档》，其中有"津浦铁路"一章，惜乎只有光绪三十三年（1907）至宣统元年（1909）材料，要探其前渊源，几乎无迹可寻，而全国图书馆文献缩微复制中心于2008年影印出版的《清末民初铁路档案汇编》（全3册），恰好补此缺憾，使成全璧。其所收光绪二十三年（1897）至三十年（1904）总理衙门所藏津浦铁路档案，收录容闳、袁世凯、总理衙门等重要机构、军政要人和德、英等国公使因津浦铁路建设往来折、文、函、札、电、照会等数十件，对厘清容闳承办津镇铁路，后为德、英所夺这一段史实有重要参考价值。

（五）海关

中国旧海关在近百年的活动中形成了大量档案，仅存中国第二历史档案馆的就多达5万余卷，涉及近现代政治、经济、军事、外交、文化、教育等方面，几乎无所不包。中国第二历史档案馆与海关总署办公厅联合，将馆藏所有贸易统计和贸易报告汇辑出版，定名为《中国旧海关史料（1859—1948）》（全170册，京华出版社2001年版），内容涉及黑龙江、吉林、辽宁、河北、天津、山东、江苏、上海、浙江、福建、广东、广西、云南、西藏、湖南、湖北、江西、安徽、台湾、海南、四川、重庆、新疆、甘肃、陕西25个省、自治区，城市多达60余个。该套书时间跨度90年，包括了中国近代史上的三个时期（晚清政府、北洋政府、国民政府），五个政权（清政府、北洋政府、国民政府、伪满政府、汪伪政府），以大量翔实的史料、丰富的数据，反映了中国这一时期的政治、经济、军事、外交、社会各方面的事件与活动，其记述全面、细微，在诸多方面弥补了当时报刊、著述和地方志的不足，对研究中国近代史及各地方史具有很高的参考价值，是一部难得的珍贵史料。

无疑，《中国旧海关史料》是海关史料的集大成者，但该套书也存在着若干缺憾，其一是由史料本身而来，海关的贸易统计，在1904年以前基本上是轮船和洋式帆船，而不包括中国民船，1904年后仍然不包括铁路、公路、航空、邮政等新式交通方式的进出口贸易。这是近代经济史学者在引用该《史料》时需要注意的。其二是由编纂中的忽略造成。对于研究近代经济史，尤其是区域社会经济史而言，本套书中各关的贸易册和贸易报告无疑是最值得重视并且也便于利用的资料。许多研究者可以不阅读该书其他方面的文献，但各关的贸易册和贸易报告资料比较集中，不可不读。尤其是年度贸易报告，不仅通过数据，而且提供详细的文字说明和背景交代，也是年度贸易册所无法取代的。然而，《中国旧海关史料》却未能将有关这方面的资料尽数收入。如《中国旧海关史料》未收1881年以前的 Reports of Trade（贸易报告）系列，读者无从查阅1881年以前的各关贸易报告。再如 1919 年以后 Return of Trade and Trade Report 不再由海关部署出版,《中国旧海关史料》也未曾仔细收集。1920—1922 年的 Return of Trade and Trade Report 附在各年的第四季度的季册的最后部分,《中国旧海关史料》未收季报,也没有收集这三年的贸易册和贸易报告。1923—1928 年的 Annual Trade Report and Returns 以不同的港口自为一集,虽然篇幅有限,但仍可视为各关的年度贸易册和贸易报告。但《中国旧海关史料》仍未收此系列,读者无从查阅此 6 年各关的年度贸易报告。①以上缺失有待今后再版时予以补充。

除《中国旧海关史料》外,2009 年,中国海关出版社出版刘辉主编《中国旧海关稀见文献全编》(全 23 册),其中包括《五十年各埠海关报告(1882—1931)》(全 14 册)、《民国时期各国海关行政制度类编》(上、下卷)、《民国时期关税史料之一:修改税则始末记》(上、下卷)、《民国时期关税史料之二:中国关税史》、《民国时期关税史料之三:中国关税史料》(上、下卷)、《民国时期关税史料之四:关税纪实》(上、下卷)等。

旧中国海关,除了逐年编制年报外,1882—1931 年这 50 年间还以 10 年为一期,编制了 5 期《海关十年报告》(下简称《报告》),每期《报告》以各关为单位,记述了该关所在地区十年内的社会经济发展情况。《报告》涉及的内容很广泛,除了同海关业务有关的贸易和关税情况外,对工业、农业、商业、交通运输、政治、军事、财政、金融、人口、文化教育、医疗卫生、邮政等"均有记述或统计",《报告》汇集了当时不少资料,对于研究这段时期有关各地区的发展,特别是经济发展情况,有一定的参考价值。20 世纪 80 年代以来,徐雪筠等编译《上海近代经济发展概况(1882—1931)》(上海社会科学院出版社 1985 年版),厦门市志编纂委员会、《厦门海关志》编委会编译《近代厦门社会经济概况》(鹭江出版社 1990 年版),广州地方志编纂委员会办公室、广州海关志编纂委员会编译《近代广州口岸经济社会概况——粤海关报告汇集》(暨南大学出版社 1996 年版),拱北海关志编辑委员会编译《拱北关史料集》(拱北海关印刷厂 1998 年版)等。虽然前述 2009 年海关出版社已出版刘辉主编《五十年各埠海关报告(1882—1931)》,但该书前 40 年以英文原件印行,

---

① 参见吴松弟、方书生《一座尚未充分利用的近代史资料宝库——中国旧海关系列出版物评述》,《史学月刊》2005 年第 3 期。

未译成中文，故以上各书至今丝毫未失去应用价值。

有些中国近代经济史的经典著作，看似专著，实为资料，即虽作为专著独立成书，实际却可作为资料来引用，其可信度高，其实用性强，其信息量大，其中饱含了编著者艰苦卓绝的努力，辛勤耕耘的汗水。如前述梁方仲编《中国历代户口、田地、田赋统计》就是这样的巨著，现在所说汤象龙编《中国近代海关税收和分配统计（1861—1910）》（中华书局1992年版）也是这样的巨著。所谓巨著，不是说其篇幅之大，而是说其分量之重。本书75万余字，分三大部分：第一部分"绪论"，记述中国近代海关、海关税务司制度、海关税制的变迁及其对中国社会政治经济的重大影响；第二部分为全国海关历年税收和分配综合统计；第三部分为全国各海关历年税收和分配关别统计。后两部分是本书的主体，由118个统计表组成。本书主要取材于清政府军机处档案中各海关监督1861—1910年的报销清册，即完整的第一手资料，因此各项数据翔实可信，足资凭证。清廷原始档案不仅卷帙浩繁，而且采用旧式四柱清册，不便检索。加之政府和海关使用不同的货币计量单位（库平银和关平银），而且海关监督报销期限和海关税务司报销期限不同，各海关口岸设立迟早不一等，若不用现代统计方法加工整理，自是头绪纷纭，无法直接采用。著者不惮繁难，将四柱清册改编为分门别类的统计表，将关平银折算为库平银，按照时序编成两套系统的统计表格（综合的和关别的），使检索者一卷在手，便可按图索骥，不致陷入数字迷宫，从而提高了档案资料的可利用价值，为使用者提供了莫大方便。著者和他的助手们在1930—1935年，在尘封的清廷财政经济档案中抄录了12万件，其中各海关监督1861—1910年50年中的报销册6000件，它们是本书主要的资料来源，单凭这几个数字，就可见著者目光之远、气魄之大、规模之宏、用力之勤。罗尔纲、谷霁光的序文指出，这种发掘和利用政府档案进行研究的规模和气魄，在我国史学界是仅见的，也是最早的。至于运用统计方法整理大量财政经济档案，更是我国史学界的开山之作。这绝不是老友的溢美之词。[①]

此外，谈到海关资料，就不能不提"帝国主义与中国海关"丛书。解放初期，新中国成立了中国历史学会和中国经济学会，这两个学会合组

---

① 参见谷远峰《一本奇崛艰辛的巨著——〈中国近代海关税收和分配统计〉读后》，《经济学家》1993年第3期。

了一个"中国近代经济史资料丛刊编辑委员会"。编委会成立后所做的一件主要工作，便是与海关总署研究室合作，编译《帝国主义与中国海关资料丛编》，自 1957 年至 1949 年共由中华书局出版了 11 辑，其中与近代经济史紧密相关的有：《中国海关与英德续借款》《中国海关与庚子赔款》《中国海关与邮政》《一九三八年英日关于中国海关的非法协定》。这些资料主要选自海关保存的内部英文旧档案。

了解晚清历史的人都知道赫德（Robert Hart），他在 1863—1908 年担任中国海关总税务司达 45 年之久。由外国人支配的中国海关制度就是由他一手制定并推行的。金登干（James D. Campbell）是赫德的亲信，于 1873 年被赫德任命为中国海关驻伦敦代表。他在英国代表赫德处理一切公私事务。赫德有个习惯，就是每星期给驻在伦敦的金登干写一封信，叙述他在中国所办的事务，并交代金登干在英国应为他办理的事务，金登干自然每信必复，二人书信往来，数十年如一日。前述"帝国主义与中国"丛书，其中相当一部分资料即选自赫德与金登干的函电。1975 年，美国学者费正清（J. K. Fairbank）将旧中国海关最后一任总税务司李度（L. K. Little）逃离大陆时带走的赫德给金登干信函的一份副本编辑出版（《总税务司在北京》上、下卷，哈佛大学远东研究中心出版）。费正清为该书写了序言，指责中国出版《帝国主义与中国海关》是"为了描绘'帝国主义与中国海关'这一主题"，而资料是"经过选择的"。上述出版赫德给金登干信函，却只有去信，而无回函。据说，西方只保存有一小部分金登干给赫德的复信，故而只出版了赫德单方面的书信集。但是，鸿雁往返，仅得其一，一些重大事件的来龙去脉也就说不清楚了。为了弄清历史真相，也为了回应费正清的指责，中国第二历史档案馆和中国社会科学院近代史研究所根据海关密档编译出版了赫德、金登干来往的全部函电《赫德、金登干函电汇编（1874—1907）》（中华书局 1990 年版），使这两份历史资料合为全璧。这实在是件大有意义的工作，不仅有助于我们深入了解外国人控制下的中国海关内幕，而且还能够了解到发生在 19 世纪后半期中国对外关系史上一些重大事件的实情，势必有利于近代中国海关史研究的发展。

（六）盐务

1985 年，南开大学经济研究所经济史研究室编《中国近代盐务史资料选辑》（全 4 册）由南开大学出版社出版。该书共分 4 卷，分别辑录了：

(1) 1912—1927 年北洋政府时期；(2) 1927—1937 年南京政府时期；(3) 1937—1945 年日伪统治区；(4) 1937—1949 年国民政府统治区有关盐务资料。该书主要资料来自解放初期食品工业部盐务总局、外贸部、海关总署、中国社会科学院经济研究所及近代史所南京史料整理处所藏档案。至于报刊上所发表的第二手资料，除为保持全书体系完整而必不可少者外，概未列入。全书约 120 万字。同年，由吴天颖、冉光荣主编，由自贡市档案馆、北京经济学院、四川大学合编《自贡盐业契约档案选辑（1732—1949）》（上、下册，约 70 万字，中国社会科学出版社 1985 年版）出版，书中收辑自贡地区各类契约档案 850 件，是从自贡市档案馆所藏 3 万余件盐业历史档案里发掘出来的 3000 件契约中整理选辑的，绝大部分系第一次发表，前后连续 200 余年，井、灶、笕各业均包括在内，反映了这一时期自贡井盐全行业生产经营各方面的关系和特点。自贡历史上有盐都之称，这一产业长期存在和发展的历史，向来为国内外研究中国经济史的学者所重视，这部资料生动翔实，具有较高的学术价值。2011 年，河北师范大学历史文化学院与河北省档案局合作整理，秦进才、郭贵儒、申玉山编选的《中国长芦盐务档案精选》（下简称《精选》）出版（国家图书馆出版社），进一步改变了各盐区档案资料缺乏的状况。河北省国家档案馆藏《长芦盐务档案》，共计有中外文 33700 余卷，其中绝大部分形成于民国年间（1912—1940），内容系统、完整，是研究近代中国盐务史不可或缺的第一手资料，具有极高的史料价值。《精选》收录了自民国元年（1912）至民国九年（1920）间的档案文件 3177 件，精装八开本共 10 册，4000 余页，全部采用影印出版，既多方注意档案的系统性与完整性，又最大限度地保留了档案文件的原貌。该书内容涵盖了长芦盐业生产、运输、销售、税收、缉私等方面，为深入考察研究这一时段中国盐务的发展演变提供了一个标本；该书反映了北京政府时期盐务与国家财政的密切联系，为研究这一时期盐务与财政的关系提供了更为具体、翔实的实证材料；该书较全面地展示了民初长芦盐务改革过程中出现的各种矛盾斗争和利益冲突，为研究分析这一时期中国经济社会结构变动及其错综复杂的利益关系，从侧面打开了一条门径。总之，该书是一部全面的、珍贵的盐务资料。①

---

① 参见默书民《研究民国盐务史的珍贵资料——评〈中国长芦盐务档案精选〉》，《河北经贸大学学报》2012 年第 2 期。

(七）邮政

20世纪60年代，中国海关总署在组织出版《帝国主义与中国海关》丛书时，曾编译过一本《中国海关与邮政》，因这本书只选用了少量的档案材料，故远不能满足研究的需要。因此从1988年至1992年，先后有仇润喜主编的《天津邮政史料》第一辑至第四辑出版。第一辑（北京航空航天大学出版社1988年版）选录了中国近代邮政出现以前，驿站、文报局和民信局等早期通信组织历史演变情况的史料，同时也附印了"客邮"在天津设置和活动情况的史料。书中特别编译了清光绪四年至八年（1878—1882）邮政初期的外文档案，这是中国邮政最早的一批史料。虽然材料不甚完整，但它对考证我国邮政初期活动的历史事实，具有十分重要的作用。通过这些史料，可以看到中国早期通信的概貌和天津通信的具体情况。第二辑（上、下册，北京航空航天大学出版社1989年版）收录的史料，从时间上划分，上承第一辑，即从1882年春开始至1911年辛亥革命前，至此，《天津邮政史料》清代部分的编辑出版工作大体完成。书中特别汇集了清代邮政自光绪三十年（1904）至宣统三年（1911）期间，邮政总署综合全国各地情况而编写的事务年报，具体地记述了这一时期邮政诸方面的兴衰变化，真实地反映了当时邮政的管理水准，以及克服邮政收支连年亏损的过程和具体手段。书中选录的天津海关档案中有关邮政的历史史料，为天津市档案馆珍藏，极其珍贵。第三辑选录的是1912年至1928年旧中国邮政鼎盛时期的史料，时值第一次世界大战爆发，主要帝国主义国家忙于战争，中国民族工商业获得了发展的机遇。天津所在的直隶邮务管理局的管辖范围一度远及热、察、蒙等省区，邮政业务经营、局所建设、邮件运递、管理制度等各方面都有重大发展。本辑史料极为翔实地记叙了这一时期抓住机遇、全面发展的不平凡历程，不仅为编写交通史、邮政史提供了宝贵的素材，而且对当前及今后邮政工作起到重要的借鉴作用。第四辑选录的是继第三辑之后，从1929年初至1949年1月的史料，集中反映了由中华邮政南京邮政总局实行变革至天津解放前夕共20年中天津邮政的变迁。在史料的选择上，一面反映旧中华邮政的由大到小，一面反映解放区邮政组织的建立、发展及实行公办邮政的部分史料。对接管沦陷区、国统区邮政的情况，则多以摘录方式用原中华邮政华北邮政管理局的呈文、报告等予以反映。至此，对从清代末期创办现代邮政直至天津解放前夕总计70余年的邮政史料编辑工作已基本完成。

（八）商会

中国商会史研究从 20 世纪 80 年代起步，在这期间，两部资料集《天津商会档案资料汇编》和《苏州商会档案丛编》起了重大的助推作用。天津商会诞生于义和团事变后的 1903 年，终止于新中国成立初期的 1950 年，存在了近半个世纪。保存于天津市档案馆的天津商会档案，总卷数为 13817 卷，共约 6 万份文件，1 亿余字。1981 年 5 月，天津市档案馆、天津社会科学院历史研究所和天津市工商业联合会共同组成编辑组，开始天津商会档案的整理编辑工作。经过全体前后 16 年的共同努力，先后整理、编辑、出版了《天津商会档案汇编》，共 5 辑 10 册，内含 7000 份文件，约 1000 万字的档案文献出版物，向社会奉献了一部颇有史料价值的历史典籍。该书按照天津商会的历史分期以及商会参与的社会职能活动，将其按专题集中，这样主动、系统、完整地提供档案材料，就极大地节省了利用者查找资料的时间和精力，减轻辗转搜寻之苦。而且，《天津商会档案汇编》所收录的近 7000 份材料，都按照科学的原则和方法，经过严格的校点、注释，数据的归纳、统计，外文原件的翻译及分类。其中，对每份档案文件，都重新拟制了标题，以对文件内容进行提示。在编辑中为弥补资料某些方面的不足，光搜集零散记载，制成的多种统计表格即达数百种之多。这样，就保证了所提供的材料比原始档案更科学、更系统、更全面。

苏州商会自 1905 年成立以来，一直是名列前茅的全国八大商会之一，与京、津、沪、宁、汉、穗等地商会齐名，加之交通便利，地理位置显要，商业繁盛，丝绸享誉天下，因此处于特殊地位，不仅与上海、江宁商务总会分管江苏商务，而且与全国各地商会联系密切，又与南洋各埠华侨所创立的中华商务总会乃至日本、美国各实业团体有着频繁接触。其活动范围涉及经济、政治、文化、教育、军事、外交、风俗、民情各个方面。苏州市档案馆馆藏档案，包括商会档、厂矿企业档、银行钱庄档、财税档、文教卫生档，共 7000 余卷，一亿余字，数量十分惊人。整个档案，基本保存完好，各种往来函电、呈文批牍、历年商会会议记录、各业大会文件、文牍簿、收发文簿、公事簿、录底簿、议案簿、理案簿、归档簿、同会录、题名录、历届总协理名单、会员名册、厂商家数以及总会、分会、公会、公所、商团、学堂的各类章程、法则、业规、账册，以至商品、原料、产销、捐税等经济调查统计资料，都保存得非常完整，内容浩繁而丰富，确属全国少见的珍贵史料。从20世纪80年代初起，苏州市档案馆即与华中师范大学历史研究所合作，拟将这批珍贵史料整理编辑成一部大型资料丛书——《苏州商会档案丛编》，共分为六辑：第一辑《清末苏州商会（1905—1911）》，第二辑《民初苏州商会（1912—1919）》，第三辑《北洋军阀统治时期苏州商会（1920—1927）》，第四辑《前国民党统治时期苏州商会（1928—1937）》，第五辑《日伪统治时期苏州商会（1938—1945）》，第六辑《后国民党统治时期苏州商会（1946—1949）》。《苏州商会档案丛编》全集12册，约900万字，由华中师大章开沅、马敏与苏州市档案局（馆）主要领导叶万忠、祖苏、肖芃等联合主编，华中师范大学出版社出版，历时32年。

可以和天津商会档案和苏州会商档案比肩的尚有上海总商会档案。上海总商会从它的前身商业会议公所开始，到1929年春总商会被南京国民政府解散为止，历经晚清、北洋政府和南京国民政府三个时期。上海总商会的大量文件和会议记录，不仅记载了上海工商界的主要活动，而且还涉及这三个时期的上海乃至全国的政治、经济、文化、教育、军事和外交等方面，是十分珍贵的历史资料。

保存在上海市工商联史料室的上海总商会及其前身的有关资料，约有400万字，可粗略分为三大部分。（1）上海总商会及其前身的主要活动资料。大体包括晚清、北洋政府和国民政府三个时期的商会所开展的各种经济、政治和社会活动。（2）上海总商会的会议记录——议事录。1912年6月，上海总商会召开第一次董常会，规定此后每两星期召开一次常会，议决总商会所关注的重大问题。每次常会都有专门记录，每次常会上讨论的问题和议董的发言内容以及表决的情形，均记录在案。从1912年到1929年春总商会解散为止，十多年间的记录，除个别年份散失外，其余均完好地保存着。这些记录反映了上海工商界对国内外重大事件的态度和对策。此外，上海工商业的条例、规则、总商会组织沿革及议董、总理、协理增减去留的缘故，总商会与北洋政府、广州国民政府、南京国民政府的关系等，议事录上都有反映。（3）上海总商会办事报告。这是总商会的办事机构按照议董常会的决议，具体办理各项应办事宜的记录。同时，它也记载了有关商事活动详情，上海总商会同各地商会往来函电及其处理情况等。有关档案已经列入中国档案文献遗产，属于联合国教科文组织世界记忆工程的一部分。上海市工商联从20世纪五六十年代起就曾组织力量收集编纂上海总商会史料，1983年起进行第三次编纂。2004年，上海市工商联与复旦大学历史系合编的《上海总商会组织史资料汇编》（下简称《汇编》）由上海古籍出版社出版。《汇编》收入历史档案、记载自1644年至1929年会馆公所、上海商业会议公所、上海商务总会、上海总商会的产生、发展、结束的历史过程，以及上海马路商界联合会、上海县商会、闸北商会等与上海总商会相关组织的演变。全书130万字，分上下两册，共8章。

该书印证了上海民族工商业者在组建社团、实行自治、关怀社会、壮大经济的奋斗中，机遇与挑战并存、收获与艰辛同在的事实。其内部矛盾和多种利益纷争，从另一个侧面反映出当时中国上层资产阶级若干性格特征和中小工商业主的地位。所收档案丰富翔实，为研究近代中国资产阶级、中国社团史和上海史提供第一手资料，对研究在经济全球化带来挑战和机遇的新形势下，如何发挥民间商会和行业协会的作用，具有一定的现实意义。

2006年，上海市工商业联合会编《上海总商会议事录》由上海古籍出版社出版。该书是配合联合国教科文组织于1992年发起的《世界记忆工程》项目在中国的推进，为中国档案文献申报《世界记忆工程名录》做前期准备工作。该书影印的上海总商会议事录、办事报告等文献，主要选自2003年11月入选为第二批《中国档案文献遗产名录》的上海总商会全宗的前26卷档案。

有些中小城市的商会档案也得到了开发，如姜锡东等主编的《保定商会档案》（河北大学出版社2012年版），厦门总商会、厦门档案馆合编的《厦门商会档案史料选编》（鹭江出版社1993年版），无锡市档案馆、无锡市工商联等合编的《近代无锡商会资料选编》（2005），贵州省安顺市档案馆、西南民族大学西南民族研究院合编的《民国安顺县商会档案史料汇编》（王小平、时光总编，民族出版社2011年版）等。其中，属《保定商会档案》和《民国安顺县商会档案史料汇编》较为完整。藏于保定市档案馆的保定商会档案是保定商会存在40多年间从事政治、经济、文化、教育及社会等诸种活动的珍贵记录，存有160个全宗，共606卷，8.7万多页，5万多个文件，保存了大量与保定商会相关的函电指令、呈文批示、会议记录、票据簿本、账册清单等原始资料，是研究近代保定城市史、河北省乃至华北区域史的重要档案文献。这些珍贵的商会档案为研究近代保定及华北城市的浮沉变迁，提供了真实而可靠的记载。安顺县商会则是西部内陆地区县级商会典型之一。以往这类史料的挖掘整理工作多集中于天津、上海、苏州等东部地区，西部地区的此类相关工作仍有诸多空白。安顺市档案馆现有馆藏民国安顺县商会档案676卷，这些档案史料较完整地反映了民国安顺县商会成立以来的主要活动情况，是研究安顺商业繁荣发展的重要史料。《民国安顺县商会档案史料汇编》（王小平、时光总编，民族出版社2011年版）一书，主要包括安顺县商会简况、安顺县商会章程及同业公会职、会员名册，安顺县商会大事记和附件几方面内容。这本史料初编于1997年，档案资料约25万字。2009年，重新在原来编纂文本的基础上补阙，对所有档案资料进行了梳理、分类和修订，并在档案资料的研究上完成了针对民国商会的相关口述历史调查，以口述史材料同档案资料相互补充，从而更为系统、深入、生动地呈现了民国时期安顺商会的发展状况。

当前，全国的商会史料已经得到较为深入的发掘，但现状仍不能令人十分满意，一些重要的商会档案仍因经费问题未能出版。如在北京设有常务机构的"中华全国商会联合会"，筹建于1907年，正式成立于1912年，由全国各地总、分商会联合组成，在其筹办和存在期间，开过三次筹备会议和九次全国商会代表大会，每次会议均有《纪事录》和《报告书》。另外，该会还于1913年10月创办了《会报》，至1917年4月共计43期。上述资料反映了该会自身的组织发展概况和资产阶级各阶层的政治、经济要求。此外，由于该会参加了当时的国会请愿运动、民初政争、二次革命、反对袁世凯称帝，以及五卅运动和关税自主运动，这些活动在上述资料中均有详细记载。中国社会科学院近代史研究所虞和平研究员早在20世纪80年代即已在有关档案馆和工商联的支持下，将上述资料整理，拟编为3卷，每卷约40万字，但因经费问题，该书至今未能付梓。

（九）区域经济、抗日战争和革命根据地经济

随着区域经济史研究的兴起，对地方志经济资料的蒐集受到重视。1984年，黄苇、夏林根编《近代上海地区方志经济史料选辑（1840—1949）》（上海人民出版社1984年版）出版。根据上海图书馆、上海博物馆和复旦大学图书馆等处收藏的方志目录统计，上海地区现有近代纂修和续修的府志、县志、镇志、乡志、里志等共近百种，计800多卷。志中记载的经济史料，广泛涉及社会经济的各个方面，可以说，举凡农业、手工

业、商业以及近代工业、对外贸易、财政、金融、交通运输、市镇经济、户口状况、经济人物、社会经济生活、人民的负担和斗争等，均有记载。该书对于其中凡能说明问题而又较具价值的史料，均一一选取，只赋税和水利资料，由于记载过于烦琐，篇幅太大，而未予收录。该书虽然声明"留待以后专辑成书"，但赋税和水利应为方志重要内容，未能择要收录，实为遗憾。1999 年，戴鞍钢、黄苇主编的《中国地方志经济资料汇编》（全书约 300 万字，汉语大辞典出版社）出版。该书是由 30 余人的课题组，历经数年完成，所采择资料，全部选自从古代至 1980 年代纂修的通志、府志、州志、市志、县志、乡镇志等，约数千种。该书将资料分为十大类，包括农业、副业、手工业、近代企业、商业、对外贸易、交通运输、邮政电信、货币金融、社会经济生活。每类又分为若干子目，如商业类分为六个子目，包括城市商业活动，集、镇、墟、场，各地间商品流通、商人经营和商业资本，商路及其变动，物价涨落等。一些子目又分为若干细目，分地区按年代顺序排列。为便于查阅、利用，每则资料均说明原载志书的情况，发生的时间、地点。资料均标明详尽出处。该书出版近十年来，已成为中国经济史重要的资料来源。但是，该书和前述黄苇、夏林根编的《近代上海地区方志经济史料选辑》一样，没有收入有关赋税、水利方面的史料，是一大遗憾。

区域经济史的中观资料，以上海地区较为集中。除上述《近代上海地区方志经济史料选辑》外，还有数种。如上海社会科学院经济研究所编《上海对外贸易》（上、下册，上海社会科学院出版社 1989 年版）。该书既可视为史实著作，又可视为资料选辑。该书的作者都是长期从事外贸工作的专业人员，曾广泛采访有关原华商进出口行业业主和职工、原外商洋行的买办和职员、行栈字号的老板以及业内老前辈，并多次召开有关商品行业座谈会，从中整理 300 余篇访问录，同时参阅了各种有关中外报章杂志和专著，并查阅了第二历史档案馆藏国民政府行政院"输出入管理委员会"全部档案。此外，还从海关关册和贸易报告摘录了百万字有关资料。从这些资料编写了对欧美贸易（西洋庄）、对南洋贸易（南洋庄）、对日贸易（东洋庄）三种性质不同、经营方式各异的贸易资料，用大量材料说明了在不同历史时期外商洋行、买办和各种类型的华商进出口行发生和发展的过程，以及上海在孤岛时期和抗战胜利后两个特殊环境下，国民政府施行对外贸易管制的情况和华洋进出口商行的发展和变化。

关于上海综合经济的史料集有 2009 年全国图书馆文献缩微复制中心出版的《民国时期上海史料文献丛编》（全 24 册）（下简称《丛编》）。该《丛编》将民国以来上海经济史料一并收入，涉及的行业和部门有金融，包括外国银行、钱庄、银行设置、票据交易、造币等；工厂，包括凡使用电、汽、油的工厂，工人在五人以上的，均有详细调查资料；行业，包括木材、冶炼、机械制造、电器；具体工厂类别有造纸、仪器、饮食等；上海工人生活包括食品、房租、服装、燃料、物价、工资、生活费等；上海地价包括上海地产、地价分布、地价预测与比较等；其他还包括上海商事、财政、税负、劳资纠纷等。该书史料丰富，详尽真实，全面反映了自民国初年近 40 年间上海经济发展变化的历程，对研究近代上海经济史的学者具有重要参考价值。

抗日战争前的 1930—1937 年，国民政府铁道部及地方铁路局对铁路沿线地区进行了经济、社会调查，取得文献资料共计 26 种。加上完成于北洋政府时期的《吉敦铁路沿线调查录》共 27 种，经殷梦霞、李强编成《民国铁路沿线经济调查报告汇编》（全 15 册，国家图书馆出版社 2009 年版）出版。该调查报告内容划分为地理、人口、农业、林业、矿业、工业、商业、交通、社会等项，重点为主要物产、大宗商品运输，以及河运水系情况，涉及全国大部分省区，包括北京、河北、东北、山东、山西、陕西、绥远、甘肃、宁夏、河南、安徽、浙江、湖北、四川、湖南、福建、云南、贵州等省（市），无异于是当时一次大规模的经济社会普查，对整饬路政、发展实业、准备抗战，都起到了重要作用，对于我们研究抗战前的各地区区域经济史，提供了极其有价值的资料。在同一时期，国民政府建设委员会经济调查所对浙江的嘉兴、平湖，江苏的江宁，安徽的歙县、休宁、宁国、泾县、寿县、霍邱、六安、合肥、舒城、霍山，以及江苏的南京市进行调查，于 1934—1936 年编纂《中国经济志》7 种。抗战全面爆发后，沈雷春、陈禾章又合编《中国战时经济志》。2009 年，国家图书馆出版社将这 8 种经济志汇编成《民国经济志八种》出版，为研究战前和战时江南经济史提供了丰富资料。

在旧中国，东北经济较为发达，经济资料众多。2006 年，全国图书馆文献缩微复制中心将东北经济史料汇编成《民国与伪满洲时期东北经济史料丛书》（全 13 册）出版，该丛书中既包括东北人文地理、经济概况和特产资源的调查，又包括金融、贸易情况的调查，还包括铁路、运输、电力、电信、机械（车辆）、煤炭、造纸、水泥、化工等工矿交通运输业的史料。此外，该丛书还收集了大量农林、畜产、水产，以及农田水利的史料，其涵盖范围之广，涉及部门之多堪称极致，是研究东北经济史的学者不可不读的重要资料。

以往，边疆地区、少数民族地区的经济史资料出版多呈空白状态。这一现象自改革开放以来有所变化。1994年，新疆维吾尔自治区档案馆编《新疆与俄苏贸易档案史料》（新疆人民出版社）出版。该史料集汇集了自1896年至1949年54年间有关新疆与俄、苏商业贸易的档案文件600余份，其中包括双边贸易法令、贸易协定、贸易合同、贸易纠纷、订货合同、债务等多方面的内容。这些档案材料全为新疆维吾尔自治区档案馆所藏，绝大部分属首次披露，是研究近代新疆与俄、苏商业贸易不可多得的第一手材料，也是研究20世纪以来中苏贸易的重要原始资料。

长期以来，有关民国时期西藏及其他藏区经济方面的研究，苦于资料的匮乏，显得有些薄弱。而民国时期西藏及藏区经济又是民国经济史的一个重要组成部分，它不仅可以说明这一时期西藏与祖国内地不可分割的关系，而且还可以为今天加快西部地区发展提供值得借鉴的历史经验。为了反映民国时期西藏及广大藏区的经济发展状况，中国藏学研究中心、中国第二历史档案馆合编《民国时期西藏及藏区经济开发建设档案选编》（中国藏学出版社2005年版），将有关档案141件汇辑成册。其时间起于1930年11月，止于1949年3月。主要内容有：西藏及藏区财政金融、交通建设、邮政电信、商业贸易、经济调查与开发规划等。这些档案绝大部分是第一次公布，是记录民国时期西藏及藏区经济发展状况、西藏与祖国内地联系的第一手资料。该书的出版，肯定会对西藏及藏区区域经济史研究与西藏及藏区经济与内地联系的研究起到重要作用。

从1937年7月开始的长达八年的中日战争，不仅是中日双方军事力量的交锋，而且也是两国经济力量的较量。其中物价问题成为两国斗争的焦点。国民政府为了适应战时对日作战需要，设立了行政院经济会议、国家总动员会议和战区经济委员会三个战时经济机构，具体负责制定管制物价政策、平抑管制物价和调整战区金融、抢购物资、促进生产、实行对敌经济作战。2004年，中国第二历史档案馆编《行政院经济会议、国家总动员会议会议录》（影印本）由广西师范大学出版社出版，这部专题档案史料集收录了上述三个机构的各种会议录，其内容系统地反映了这三个机构制定管制物价政策、开展对敌经济斗争的决策过程，对了解抗战期间国民政府经济决策过程及研究抗战期间物价史、经济史和对敌经济斗争史，都具参考价值。其中，大多数档案资料为油印件，弥足珍贵。

1998 年，四川联合大学经济研究所、中国第二历史档案馆合编的《中国抗日战争时期物价史料汇编》（四川大学出版社 1998 年版）（下简称《汇编》）出版。《汇编》根据抗日战争时期大后方物价变动过程，主要编辑了国民政府颁布的有关管制物价的政策法令、各部、各省市政府有关管制物价实施方案及执行情况的报告，同时还编辑了国民政府统计部门编制的国统区各重要城市物价指数表、运价指数表、各重要市县生活费指数表。它是一部比较全面、系统反映抗日战争时期国统区物价情况的珍贵历史资料，主要来源于中国第二历史档案馆馆藏抗日战争时期有关物价的档案，为研究抗日战争时期国统区经济和物价问题提供了原始资料，对研究当前我国物价问题也有一定的参考价值。

有关抗日战争时期的经济史料编纂一向薄弱，而揭露日本侵华时期对中国经济掠夺的史料更是不足。居之芬主编的《日本对华北经济的掠夺和统制——华北沦陷区经济资料选编》（北京出版社 1995 年版）在一定程度上弥补了这一缺陷。该书以日本外交史料馆和国民政府行政院河北平津敌伪产业管理局的珍贵档案为主，配以部分当时的中日文历史资料，加上作者在研究基础上撰写的序言、按语，系统全面地揭示了日本帝国主义从 1935 年 7 月至 1945 年 8 月，对华北实施经济侵略的重要政策、计划、领导机构、国策会社与大财阀，以及如何在华北迅速建立起庞大的殖民主义经济体系并对华北的财富和资源进行疯狂掠夺与开采的内幕，从经济领域揭示了日本帝国主义发动侵华战争的罪恶，以及维系其战争机器高速运转的经济支柱。上海市档案馆的《日本在华中经济掠夺史料，1937—1945》（上海书店出版社 2005 年版）所选编的日军在华中推行经济统制政策的史料，同样全面反映了日本帝国主义以"以战养战"为目的所采取的种种掠夺手段。主要内容有：炮制发行以"三无"（无发行储备、银行、现金）为特征的军票和以承担日军军费开支为任务的中储券等伪币全过程的记载；对日军以"军接管"或"军征用"名目，对上海及华中各地工厂、矿山、商行、码头等各类产业强占攫取的揭露；还有以"统制""封锁""配给"等名义，在同一地区内对粮食、棉花、纱布、蚕丝、绸缎、金属、煤炭等重要物资穷征豪取的铁证。该史料多数材料选自上海市档案馆藏日本方面、伪上海市政府、国民政府和上海市政府等机构档案。对于馆藏档案资料尚嫌欠缺的章节，由编者适当选录了有关旧资料和《申报》等报刊资料，作为补充。

有关民国时期西部开发的历史资料，在中国第二历史档案馆馆藏档案中，有大量而详细的记载。据初步统计，与民国时期的西部调查、西部情况介绍及西部开发有关的案卷总数有数千卷，其中文件级档案目录有十万余条，范围涉及陕、甘、川、新、藏、滇、桂等省区。这些档案以经济方面最多，直接有关西北开发的内容有3000余件。为了开发利用这部分历史档案，2009年，中国社会科学院近代史研究所《近代史资料》编辑部、中国第二历史档案馆编《抗战时期西北开发档案史料选编》（中国社会科学出版社）（下简称《选编》）出版。这本史料专辑主要选取馆藏抗战时期国民政府有关开发西北的档案资料编辑而成，尤详于经济建设。内容主要包括：蒋介石、汪精卫、宋子文、孔祥熙、孙科、杨虎城、吴鼎昌、张继、马步芳等中央和地方官员对开发西北的综合性提案及意见，国民政府各部委及地方政府关于西北行政建设、工赈救灾、实业建设、农林水利建设、移民与垦殖、交通建设、邮政建设等方面的计划方案、资金预算、建设成果等。在此《选编》出版前后，也有一些西部开发资料出版，如《近代中国西北五省经济史料汇编》（全8册，全国图书馆文献缩微复制中心2006年版）、《抗战时期大后方经济开发文献资料选编》（重庆出版社2012年版），但多为民国时期各报刊资料的汇编。

改革开放以来，异军突起的还有各革命根据地财政经济史料的大量出版。编辑和出版这些史料的主要是中央和地方的党政部门以及各省、市档案馆，其中主要担纲的是财政部财政科学研究所所长许毅。他1976年即受命组织革命根据地财政史料的整理与研究。20多年来，他先后组织力量完成了湘赣、湘鄂赣、鄂豫皖、川陕、湘鄂西、晋察冀、晋冀鲁豫、山东、晋绥、华中、华东、华北、中原以及东江、琼崖等中国革命不同历史时期各革命根据地的财政经济史料的收集整理和编辑出版工作。各地先后出版的根据地财政经济史料，选编达37种，共4200万字。

（十）其他资料

除以上各项资料集外，还有些资料集，带有全国经济综合性质，难以归入以上各类，将在以下分别介绍。

改革开放以来，较早出版的带有全国经济综合性质的资料集当属由北京大学经济学院陈振汉等编《清实录经济史资料（顺治—嘉庆朝）农业编》（全3册，北京大学出版社1989年版）。其后，熊正文、萧国亮继承这一事业，主持编纂《〈清实录〉经济史资料（从顺治到嘉庆）》（第1辑，全11卷，北京大学出版社2012年版），分为《农业编》《商业、手工业编》《国家财政编》三个系列，收入《清实录》中有关顺治至嘉庆朝经济的全部资料，其中《农业编》此次重印做了修订。

据调查，目前民国文献的收藏与利用正面临非常严峻的危机。由于近代造纸、印刷、装订等工艺自身缺陷所造成的先天不足以及各收藏机构长期以来普遍存在的观念滞后、认识不足、经费短缺、保管不善等原因所带来的后天损害，使得国家图书馆、历史较为悠久的公共图书馆以及为数众多的高校图书馆、科研机构图书馆、档案馆、海外公私藏书机构收藏的民国文献，几乎无一例外地出现了严重的老化或损毁现象。以国家图书馆为例，馆藏的67万册民国时期的文献中，达到中度以上破损的占90%以上，民国初年的文献更是百分之百的破损。为了抢救文献，国家图书馆着手对馆藏民国文献进行缩微复制出版。

2009年，全国图书馆文献缩微复制中心影印出版《民国初年全国工商会议报告录》（全2册）。1912年（民国元年）11月1日，首届全国工商会议在京召开，会期原定一个月，后又展延5日。这是经过充分酝酿和准备的政府与工商实业界的一次盛会。会议有正式代表152人，其中商会代表77人，其他工商团体代表46人，另为政府各部代表及嘉宾，他们分别代表了各地工商协会、地方政府和工商团体。这次会议体现了中华民国建国初年资产阶级"实业建国"的政治要求。会议共有议决案31件，参考案和未议决案分别为17件，否决案为9件。这次大会，收集了工商部百余件方案和代表们自备的大量预案，内容涉及各个部门、各个方面和各个领域，其中有：提请政府迅速制定各种经济法规，反对垄断，保护民营经济，改良税制，提倡国货，振兴中国本土制造业，设立银行，整顿金融秩序等。会议的另一成果是成立了"中华全国商会联合会"，同年出版了《工商会议报告录》，将此次大会讨论的决议案收入于报告之中，并将大会章程、规则等法规性文件置于卷首。这是一部难得珍贵的工商史料。

同年，殷梦霞编《民国人口户籍史料汇编》（全20册，国家图书馆出版社2009年版）出版，该书汇编了民国时期内务部进行的人口调查，各省进行的人口调查，户政部门所办的月刊以及相关的学术专著。同期，全国图书馆文献缩微复制中心出版了《民国时期物价、生活费、工资史料汇编》（全14册，2008年），该书是国民政府行政院、社会部、农商部、中央银行及各省经济调查局等单位组织大量人力对一些重要省市的物价、生活费及工资等综合数据进行的调查，调查内容极为详细，涉及全国上百座大中城市及部分县镇农村。全国各行业、各阶层，凡工农牧副渔有关生产、生活物品的物价以及不同时期物价的降升比率都一一做了详尽的统计，对不同时期、不同地区的生活费消费情况及工资收入高低，按公务员、教师、管理人员、工人等不同职务分别记录。这些大量的数据经过分析研究后成为国民政府决策人制定方针政策的依据。该书收集的资料以数据表格为主，其中一些钤以"机密"字样属于国民政府从未对外公开的内部机密文件，其研究参考价值备极珍贵。其时间跨度，由20世纪20年代至新中国成立前夕，覆盖全国主要省市，可供研究者全面了解国家宏观经济状况。

中国历史上灾荒频仍，但有关史料却久未得到整理。李文海等主编《中国荒政书集成》（全12册，天津古籍出版社2010年版）系统收集了我国不同历史时期写作和流传下来的有关灾荒和抗灾救灾的论著，全面反映了我国古代政府和人民应对自然灾害的思想、制度、政策和措施，不但为灾荒史的研究提供了第一手资料，而且为今天防灾、抗灾、救灾实践提供了生动的历史借鉴。但是，其中内容虽涉及近代，但未能包括近代赈灾的主要资料。国家图书馆出版社历时数载辛苦耕耘，在先期推出《民国赈灾史料初编》（全6册，2008年）的基础上，将馆藏民国时期部分救灾、赈灾史料系统整理、归纳编辑，推出《民国赈灾史料续编》（全15册，2009年），该书汇编了国民政府救济水灾委员会、华洋义赈总会的报告，重点收录了各地赈务委员会的灾情报告、救灾计划、工赈报告、赈务统计、赈务汇刊、赈务法规，以及社会各界捐款的征信录等，共计60余种。

第三节　学术活动蓬勃开展

改革开放以来，学术活动进入了高潮期，学术团体纷纷成立，专业刊物先后创立，学术会议不断召开，逐渐融入国际经济史学界，推动了中国近代经济史研究的进一步发展。

一 各地经济史学会和中国经济史学会先后成立

东北三省中国经济史学会最先于1979年10月成立，系由辽宁、吉林、黑龙江三省高等院校、社会科学研究所以及学术部门、业务部门等各方面有关人员组成，是中国社会科学院科研办公室直属下的地区性学术团体。学会选举孔经纬为理事长。

1979年11月，学会在沈阳召开理事会，讨论如何开展中国经济史、东北经济史研究。决定主要搞东北经济史，兼顾中国经济史全面研究，并就东北经济史研究选题做了初步分工，要求各自发挥优势，从资料入手，填补空白。

1981年9月20日至26日，在辽宁省丹东市召开东北三省中国经济史学会首届年会。有12个省市40多个单位共69人参加，提交大会论文50余篇。年会采取大会与分组会相结合的方式，围绕中国封建社会长期延续的经济根源和中国封建经济的特点，中国半殖民地半封建经济的特殊性和新民主主义经济问题，东北经济的历史演变和日俄帝国主义对东北经济侵略等方面的问题，进行了讨论。同时还围绕中国经济史教学、教材和队伍建设培养问题交换了意见。在9月27日全体理事会议上一致通过了《东北三省中国经济史学会章程》。

四川省中国经济史学会于1983年5月在成都成立，通过了会章。学会是由四川省从事中国经济史教学、科研和档案资料工作者组成的学术团体。大会上推选著名经济学家彭迪先为名誉理事长，选举汤象龙为理事长，确定主要任务为组织会员的科研成果和经验交流，组织会员学术上的分工合作，研究选题和交换资料，并根据会员的志趣和专长建立各种专门的研究小组。当时，会员有60余人，分散于省市高等学校、研究院所、博物馆、档案馆室，以及省市政协文史资料委员会、工商联、省委党校、报社编辑室等27个单位，他们都积极从事中国经济史特别是四川省经济史的研究，取得不少成果。专著方面已出版的有：凌耀伦、裴倜的《中国近代经济史》（重庆出版社1982年版），邓小琴的《近代川江航运简史》（重庆地方志资料组1982年版），隗瀛涛、周勇的《重庆开埠史稿》（重庆地方志资料组1982年版），资料方面已出版的有：鲁子健的《清代四川财政史料》（四川省社会科学院出版社1984年版），重庆市民建会、工商联的《重庆工商史料》（重庆出版社1982年版）、《聚兴诚银行史料》（西南师范大学出版社1988年版）等。

1984年12月上旬在无锡市成立江苏省中国经济史研究会，并于12月下旬在南通市成立张謇与南通研究中心。这两个学术团体的建立，有力地推动了江苏地区近代经济史研究的深入开展。常州市纺织工业公司组织力量收集、整理、编辑《常州纺织史料》1—6辑，高景嶽、严学熙编《近代无锡蚕丝业资料选辑》（江苏人民出版社1987年版），江苏省社会科学院与吴江县档案馆合编《吴江蚕丝业档案资料汇编》（河海大学出版社1989年版），徐明侠的《徐州煤矿史》（江苏古籍出版社1991年版）纷纷出版。另外，张謇与南通研究中心筹备组整理、刊印了林举白著《近代江南土布史》。尤其值得一提的是，江苏大丰县编修县志委员会收集、整理的一千多万字的大丰县棉垦历史资料，已引起许多经济史学者的重视。

1986年4月14日，浙江省经济史研究会在杭州成立。学会由浙江省社会科学院历史研究所、杭州大学、浙江农业大学、浙江丝绸工学院、浙江师范大学等单位发起，有会员一百多名。它的成立引起了省内外有关单位和学者的重视，著名经济史学家严中平、傅衣凌等发来贺信，严中平说："我希望你们从地区着手，同时从全国着眼。"浙江经济史研究会成立后，主要从事和加强资料的收集、整理、编纂与出版工作，开展多层次多类型的研究工作，以适应经济史发展的需要，并吸收和采用先进的科研手段，注意宏观与微观相结合的研究方法，发展横向联系，分工合作，及时交流信息与科研成果，推进浙江经济史研究的发展。

1987年3月14日，上海市经济史学会举行成立大会，百余名经济史学的教学研究工作者和企业史编写人员代表参加了大会。来自南京、杭州、无锡的同行亦到会祝贺并提出了加强合作的设想和建议。会议讨论通过了学会章程，选举了学会的理事，并产生了常务理事。确定学会的宗旨是：推动学术研究，开展学术交流，推广研究成果，提供咨询服务。

成立中国经济史学会，是广大经济史工作者的强烈愿望，在经济史研究的热潮中，不断有人为此而奔走呼吁。在上海、厦门、吉林、四川、湖北、广东等地经济史工作者的支持和鼓励下，北京的经济史工作者组成中国经济史学会筹备组，具体进行筹备工作。从1984年底开始，与全国各地有关单位酝酿磋商，经过两年的筹备后，终于1986年12月在河北省廊坊市召开大会正式成立中国经济史学会。

出席成立大会的代表有 108 人，大都是研究中国经济史和外国经济史的专家、学者，代表们充分讨论并通过了学会章程草案。大家一致肯定中国经济史学会是中国共产党领导下的经济史工作者的全国性群众学术团体的性质，认为它应以"团结本专业工作者，以马克思主义为指导，贯彻双百方针，共同促进经济史学科的发展，更好地为社会主义的物质文明和精神文明的建设服务"为宗旨。

中国经济史学会下设四个分会，即中国古代经济史学会、中国近代经济史学会、中国现代经济史学会和外国经济史学会。代表相应分组，仔细讨论了选举办法，各分组按照各自决定的方式进行了选举，选出总会理事 87 人，选举严中平任总会会长，王毓铨、张仲礼、宋则行、吴承明、汪敬虞、房维中、傅衣凌为副会长，魏金玉为秘书长，选出王毓铨、吴承明、房维中、宋则行为各分会会长。选举过程中充分发扬民主，与会代表普遍感到满意。

在中国经济史学会成立后，1987 年，陆续有各省经济史学会成立，如湖北省经济史学会、中国经济史学会云南分会等。

二 《中国社会经济史研究》《中国经济史研究》先后创立

在 1980 年代，发生了两件对近代中国经济史学科发展至关重要的大事，即《中国社会经济史研究》和《中国经济史研究》两家全国性经济史专业期刊的问世，既为国内外经济史学同行提供了发表研究成果的园地，又为经济史研究工作者提供了互相学习和讨论的平台，经济史学研究的局面由此发生了一个大变化。两家刊物成立之时，正是学术界议论"经济史学危机"之秋。而从两家刊物成立后，议论经济史学科在发展，在繁荣的人成了多数。在 1986 年，全国全年发表的经济史论文不过几十篇，十年后，每年发表的论文多达数百篇，在这个转变中，两家刊物功莫大焉。

1982 年，《中国社会经济史研究》创刊，这是中国社会经济史学界一件里程碑式的大事。从此，中国社会经济史学界有了自己第一份专业性学术杂志，有了发表成果、交流信息、沟通国内外学术动态的专业渠道和平台，中国社会经济史研究也在这份杂志的引领下取得了前所未有的成就。

《中国社会经济史研究》办刊有两大特色：第一，它以经济史和社会史的结合为特征，考察社会总体结构，特别注重民间史料（如契约、账籍、谱牒、碑刻等）的发掘和社会实地调查（如乡例、民俗等），在中国经济史的研究中独树一帜。第二，它发挥地方优势，着重地区的细部研究，脚踏实地，注意发掘和整理新材料，关注社会经济史的重大问题，发表了一批有一定分量的，在研究课题、方法及文风上各具特色的文章，办出了自己的风格，在国内外的学术界有相当影响。同时，杂志发挥地方优势，注重区域研究，特别是对于福建地区经济和对外贸易给予了充分的关注。

在这 30 年中，《中国社会经济史研究》通过不断刊发学术成果，推广新的理论、观点、研究方法，介绍中外学术动态以及最新研究资料，推动了整个学科的发展、成绩卓著，影响深广。在此过程中，《中国社会经济史研究》形成了从经济的角度研究社会，从社会的角度研究经济的最大特色和区别于其他学术期刊的鲜明风格。因此，《中国社会经济史研究》在学科中奠定了自己的地位，同时，在国内外赢得了广泛的赞誉和良好的名声。

1986 年，《中国经济史研究》在"发刊词"中曾提出："我们希望本刊发表的著作，或者是提出了新的问题，或者是阐述了新的观点，或者是运用了新的方法，或者是发掘了新的资料，当然都应当具有一定的史实根据和理论深度。""《中国经济史研究》坚持'百家争鸣'的方针，欢迎大家就不同的学术观点进行直率的讨论，对学术著作进行认真的评价。"有目共睹，二十多年来该刊是遵循着这个主旨和承诺的。该刊涵盖了古代经济史、近代经济史和现代经济史，探索的领域日益广阔，内容日益丰富。作者有老中青各类学人，队伍日益壮大，尤其是青年学者不断成长，更令人可喜。各种文章，无论是采用中国传统史学分析方法，还是采用马克思主义理论分析方法，或是采用外国新兴的经济学和社会学分析方法，都兼收并蓄，呈现出一派百花齐放、生动活泼的气象。

学术刊物不但是发表和交流学术成果的园地，而且也具有组织和引领学术研究的功能。人们常把一个学科的专业学术刊物的出现视为衡量该学科是否成熟的标志。在 20 余年的行程中，《中国经济史研究》为推进中国经济史学科的发展做出了贡献，并逐渐形成自己的风格、特色和传统。

开门办刊是《中国经济史研究》的重要经验。《中国经济史研究》没有把《中国经济史研究》办成本所的同人刊物，而是开门办刊，面向中国，面向世界。20年来，《中国经济史研究》就是这样做的。通过这种开放式的服务，从国内外同行的研究中汲取了丰富营养和强大动力，同时也推动了本所研究工作的发展。

《中国经济史研究》倡导严谨扎实的学风，摒弃"炒冷饭"的平庸之作，摒弃那种不做深入研究而热衷于建构新颖体系的做派，对稿件的把关比较严，在学术界的同人支持下，发表了一批建立在扎实研究基础上的有真知灼见的好文章。只有这样的文章，才能经受得起历史的检验，才能传世。经济史是要靠材料说话的，有的好文章，为了说明问题，征引丰富的史料，篇幅比较长，《中国经济史研究》发表过一些有分量的长文，获得了经济史学界比较好的反响。

《中国经济史研究》注重把人们的注意力引向学科的前沿问题。不但发表了一批有关重要研究成果，而且与京内外兄弟单位一起组织了有关的讨论。这种讨论，后来发展成为以多学科结合、古今贯通为特点的不定期的"经济史论坛"。20年来先后研讨过的一系列重大问题，如中国历史上的商品经济和自然经济、传统市场和市场经济、小农经济、传统农业与现代化、经济史学理论与方法、中国传统经济的再评价、中国历史上的"三农"问题，以及环境史视野和经济史研究等。这些研讨活动生动活泼，学术含量较高，受到学术界的欢迎，对推进中国经济史学科的发展起到了重大作用。

在《中国经济史研究》和《中国社会经济史研究》发挥主力军作用的同时，其他相关的学术刊物如《史学月刊》《中国农史》《农业研究》《盐业史研究》《古今农业》《经济—社会史评论》等刊物也为中国近代经济史的发展做出了较大贡献。

三　学术会议频繁召开

学术会议在推动近代中国经济史研究中发挥了巨大的作用，它有助于研究工作者改进理论和方法，弄清历史真相，提高对历史事件的认识。如洋务运动史讨论会从1980年至1994年14年间共开了7次。对于洋务运动的总评价，是多年来洋务运动争论中的一个中心问题。从前几次会议来看，尚未有全盘肯定的观点；全盘否定的观点也为数较少。争论最多的是基本否定派和基本肯定派。而到了第六、第七次学术讨论会却两次从总体上肯定了洋务运动，认为其宗旨是"自强"以提高御侮能力，即其产生系出自爱国的动机。①

　　学术会议基本上有三种形式，即大型的综合性会议、中型的专题性会议、小型的座谈式会议。各种形式的会议具有各自不同的特点，大型综合性会议参加人员众多，动辄百人以上，议题涵盖面广，经济问题几乎无所不包。议程往往有领导讲话、主题报告、分组发言，声势浩大，但时间利用率低，而讨论难以深入。中型专题性会议主题鲜明，往往参加者都是此专题研究的行家里手。会上发表论文针对性强，因而讨论较为深入。小型研讨会参加者往往是互相熟悉的学者，论题常是介绍彼此的研究理论和方法，或是近期研究的成果、心得，言者侃侃而谈，听者心领神会，思想、情感、精神多向交流，研讨之深入自不待言。

　　这三种形式各有优点，不可偏废。如中国经济史学会年会基本上每两年一届举行，与会学者涵盖古代、近代、现代、世界经济四片。每次参加人数都在百人以上，2012年年会达到创纪录的180余人。此次会议共安排了两场大会主题报告和四场分组讨论，其规模无与伦比，其影响首屈一指。大型会议主题亦相当宽泛。如中国经济史学会年会第一届至第三届主题为"传统经济"，第四届至第六届为"城市经济"与"市场经济"，第七届至第十一届改为"综合"，即无主题。

　　中型学术会议，尤其是连续性的学术会议，是学术会议的主体，对学术研究的深入发展具有不可替代的作用。如"中国经济史论坛"从2002年至2005年召开了四次"中国传统经济再评价"讨论会。在会议以前，国内外学术界普遍认为，17世纪经济危机以后，西方走向工业革命而中国走向衰败，黄宗智编一本书叫"欠发展的发展"即指此。还有一种看法，把宋代提得很高，而明清都是停滞的社会，如漆侠、麦迪逊等。但讨论会认为，清代经济在农业、手工业、商业和财政、金融各方面都大大超过了前代，是"中国封建经济发展的高峰"；在第二次讨论会上并联系了对西欧中心论和中国停滞论的探讨以及对加州学派的评价和全球化问题；在第三次和第四次研讨会上开始对中国传统经济总体评价，讨论焦点聚焦于明清时代，一方面与唐宋比较，另一方面又与同时期的西欧比较。比较的中心标准是劳动生产率及商品经济。研讨会最后统一了对比较研究方法

---

① 参见罗肇前、王恩重《洋务运动史国际学术讨论会综述》，《历史教学问题》1995年第3期。

的认识，即中西比较应当包括两方面，一是比较生产力高低，二是比较制度的先进与落后。在生产力和制度的比较中，后者更重要，制度的好坏就在于能否更好地调配资源，使生产消费更协调。我们从各次研讨会的议题和过程中就可以看出研讨的深入程度。

小型研讨会的形式则是多种多样，有时是推介一本新著，有时是研讨一个理论问题，有时是讨论研究方法。其中以"清华—北大中国经济史沙龙"较具特色。首次活动于 2008 年 12 月 13 日在清华大学历史系成功举办，其主题为"中国历史上的 GDP 问题研究"。四位学者围绕该问题进行了主题发言。北京大学经济学院萧国亮回顾了中国经济史中 GDP 问题研究的状况，肯定了中外学者在研究中所做的贡献。清华大学历史系李伯重的发言题目为《1823—1829 年间松江府华亭—娄县地区的 GDP 研究》，他首先介绍了研究方法，提出 19 世纪初的华娄与荷兰在地域范围、经济发展等方面具有相似性，适合进行比较研究。经过分析，李伯重认为当时的华娄地区和荷兰都是早期近代经济。北京大学经济学院李稻葵和管汉晖的发言以《明代 GDP 及增长试探》为题，利用现代国民经济，使用《明实录》等典籍及地方志等数据记载，对明代的农业、手工业和商业的 GDP 进行估算，并对明代经济进行了整体描述，通过与工业革命前的英国经济相比较，得出结论说，明代 GDP 增长不快，经济增长主要来源于人口和耕地的增长，人均收入远低于麦迪逊的估算。香港科技大学人文社会科学部刘光临在题为《宋明中国市场经济的长期变化：物价、工资、货币、贸易和财政税收（1000—1550）》报告中，对宋至明清的 GDP 进行了长时的对比分析，主要通过广泛收集相关史料中的工资数据，对宋至明清的收入水平及物价、税收等问题进行了研究，得出宋代经济发展水平和人民生活水平高于明初期的结论，并对宋、明经济发展出现差异的原因进行了探讨。① 这种小型研讨会的影响力并不一定就逊于中型甚至大型学术会议。如"清华—北大中国经济史沙龙"就引领了中国经济史的潮流。此后数年，中国历史上的 GDP 研究迅速成为经济史研究的主题。然而小型学术研讨会有不可抵抗地转为大型学术会议的趋势。2009 年 10 月 11 日，南开大学经济史学科加盟该沙龙，三校沙龙第一次活动在清华大学举行，议题为：三十年来中国社会经济史研究理论与方法的变迁。京津两地

---

① 参见孙晓莹《清华—北大中国经济史沙龙成功举办》，《清华大学学报》2009 年第 1 期。

及来自香港、英国、广州、云南、新疆等地的国内外五十余位经济史学者出席了沙龙的活动。2011年5月7日,《中国经济史研究》编辑部、北京大学经济学院、清华大学中国经济史研究中心、南开大学经济史研究中心联合举办《中国经济史中GDP估算的资料来源与理论方法研讨会》,此次会议是三校一所(北京大学、清华大学、南开大学、中国社科院经济所)合办的《中国经济史沙龙》系列活动之一,参加会议的学者有46人。至此,原来作为小型研讨会的经济史沙龙已经过强强联合,演变成中型学术会议的规模。

现在,仍然能够保持小型研讨会规模的恐怕只有院、校和科研院所内部的学术交流会和博士生的开题报告会了,内部学术报告会言者往往一两人,听者往往十余人,大都是兴趣爱好者或同道。开题报告会参加者大都是业内专家,为博士生确定方向,选择题目,讨论深入、细致。

30年来,各种形式的研讨会,有记载的,恐有上百场之多。然而,其主题却相当集中。其初,仍停留在五朵金花之一的洋务运动的主题上;其后,转入传统经济与现代化,一度以区域经济、"三农"问题、市场经济、国家与社会的关系为主题;再其后,则转入理论、方法的研讨。从这里,我们可以看出经济史研究发展的主体脉络。

应当承认,中国经济史学界关于传统经济与现代化的讨论是由黄宗智的《华北的小农经济与社会变迁》(中华书局1986年版)和《长江三角洲小农家庭与社会发展》(中华书局2000年版)两书以及《中国经济史中的悖论现象与当前的规范认识危机》(《史学理论研究》1993年第1期)一文所引发。1993年6月8日,中国经济史学会和《中国经济史研究》编辑部召开"传统农业与小农经济"学术讨论会,在京30多名历史学、经济史学、农史学和现代农学的研究者会聚在一起,对中国传统农业和小农经济问题进行了热烈的讨论。他们讨论了传统农业的特点及其形成原因;传统农业与传统文化;关于小农经济的内外关系及运行机制;关于"增长"论与发展论;在现代化过程中如何正确对待传统农业与小农经济等问题。与会学者大多数认为黄氏的观点实际还是停滞论,并且提出对小农经济应做全面评估,增长和发展是相结合的,应当把发展论贯彻到底。[①]

---

① 参见无为《"传统农业与小农经济"学术讨论会纪要》,《中国经济史研究》1993年第3期。

黄宗智的《中国经济史中的悖论现象与当前的规范认识危机》（以下简称《悖论》）一文，在中国经济史研究的一系列重大问题上，向传统的理论模式提出挑战，引起海内外学者的热切关注与争论。1993年12月1日，《史学理论研究》《中国经济史研究》《中国史研究》编辑部联合邀请30余位专家、学者召开座谈会，继续展开讨论，而专家、学者在全面、深入认识传统经济的同时，也全面深入评价了黄宗智的研究成果和理论观点。与会学者从研究成果的角度指出《悖论》一文的积极意义，认为《悖论》抛开"商品化导致资本主义"或"商品化导致近代化"之类的"规范模式"，运用跨学科方法，特别是经济人类学方法，把宏观研究和微观研究结合起来，具体而深入地研究劳动者单位工作日的劳动生产率和劳动报酬的起伏消长，以此作为衡量社会经济是否真正有所发展的核心标志，并以此为基点，进而弄清诸如公民权利和规范化法制等社会生活领域的实际进程及其因果关系。这一路径将使经济—社会史的研究出现新的面貌。

"过密型增长"是黄氏用以解释他提出的一系列"悖论现象"的理论基石。一些学者在会上指出，黄氏的论证是有充分史实根据的，苏、松、杭、嘉、湖地区的有关资料也可进一步说明这一点。不论明清时期，还是集体化时期，中国农业不能摆脱"过密型增长"的困境，从整体经济结构来看，是未能有效控制人口增长和调整产业结构；从农业结构来看，是未能不断取得技术突破，使产量出现超越劳动投入的大规模增长。

不少与会学者指出，农业"过密化"或"内卷化"不是中国所独有的，多数西欧经济学家认为，西欧中世纪时，停滞的或发展异常缓慢的农业难以满足日益增多的人口的需要，粮食产量的增加只能靠开垦荒地取得，当可耕地开垦殆尽时，不断增加的人口必然导致人均耕地面积减少，劳动生产率下降，从而引发封建经济的下降，所以小农经济的繁荣即潜伏着它衰落的根由，希尔顿曾称这是农民经济的自杀循环。波兰学者库拉也证明过16—18世纪波兰的农业劳动生产率是下降的。

也有与会学者指出，对"过密化"不宜笼统肯定或否定。"过密化"是以技术不变、土地等农业资源数量和利用程度不变为前提的。其实，农业中其他生产要素的投入也会发生类似的情况。在传统农业时代，技术的进步有时比较缓慢，有时甚至相对停滞，落后于人口增长速度，而农业资源又不是无限的，从而使边际劳动报酬的递减成为突出问题。但在传统农业,尤其是我国传统农业的发展中,农业资源的利用和农业技术并非是一成不变的。当农业资源的利用向广度和深度进军,农业技术有所进步时,上述边际劳动报酬递减的趋势就会中断或减缓。因此,在人口增加的情况下,农业劳动边际报酬递减的现象虽时有发生,但毕竟不是一个普遍的、持续进行的过程。

一些与会学者对黄氏衡量"发展"的标准提出了异议,认为,黄氏所谓"发展"的概念,只着眼于劳动生产率的提高,而完全排除了社会制度的变革;况且农业劳动生产率不能光计算粮食产量。农民除种粮食外,还有经济作物、家庭手工业等,应全面计算这些生产项目的收入,按总产值比较定其增减。①

总之,黄宗智对传统理论模式的挑战引起了中国学者对传统经济的重视。此后,中国经济史学界又在 10 年的时间里召开了 6 次传统经济研讨会。1994 年 12 月,《中国经济史研究》《财贸经济》《货殖学刊》《史学理论研究》四家编辑部联合举办"传统市场与市场经济"学术研讨会,到会经济学专家、历史学专家、经济史学专家、学者计 50 余人,会议主要就传统市场的主要特征、要素市场的发育、市场机制的作用等问题进行了研讨。会议还邀请有关学者介绍了西方经济史学界关于市场研究的理论。据介绍,近年来,新经济史学的研究有两个趋势:(1)它已不局限于以物质产品市场为对象的经济成长的考察,而着眼于对导致经济停滞、衰退或增长的非物质产品市场中制度、权力等因素的探讨;(2)它把市场概念应用于经济发展史中,并从长期动态的观点来解释经济变迁。②

此后,对于传统经济的研讨转入了对传统市场和商品经济的研讨。1996 年 6 月底至 7 月初在福建武夷山市召开、有百余名学者参加的中国经济史学会第三届年会即以"中国传统社会的商品经济与市场问题"为议题,论及传统中国社会的生产与流通问题。有与会学者提出"小生产—大流通的并存是前近代中国社会再生产的基本模式"。"小生产"即指前近代中国最主要的基本生产单位是家庭小生产;"大流通"则是说以国内大市场为主体的流通体系不仅已经存在,而且成为社会中流通的发展方向和重要力量。不少与会学者对小生产、大流通的说法表示赞同,他们

---

① 参见李向军《黄宗智学术研究座谈会简述》,《中国经济史研究》1994 年第 1 期。
② 参见兰鸥《传统市场与市场经济学术研讨会纪要》,《中国经济史研究》1995 年第 1 期。

认为建立在小农经济基础上的、较为发达的商品流通,正是中国传统的主要特征。有与会学者指出明清时期城乡市场网络体系已经形成,商品流通几乎覆盖全国的每一个角落,它是中国近代化过程的一项重要内容。谈到传统经济与近代化的关系就必然要涉及对传统经济的评价问题。2001年12月,"中国经济史论坛"在北京召开首届"中国传统经济再评价"讨论会,主要就国内外学术界关于中国传统经济的研究进行了热烈的讨论。吴承明在会上提出,16世纪和17世纪中国经济的发展已引起社会结构的某些改变和经济制度上不可逆的变迁,以及思想上的反传统思潮和以经世致用为号召的启蒙思潮,他把这些称为现代化因素或萌芽。但这些因素在清人入主中原后全被打断了。有清一代,在经济上或生产力上确有很大的发展,但只是在封建经济范围内的发展。因为在制度上虽也有由一条鞭到摊丁入地,由定额租到永佃制,由短工人身自由到长工人身自由等变迁,但未能引起经济体制的变革,更无望政治体制的变革。尤其在思想上,不但启蒙思想烟消云散,而且回到经学去了,而这也是中国开始落后于西方的原因。

李根蟠在会上作了《鸦片战争前的中国农业:"先进"掩盖下的落伍》的报告,他认为对传统农业的评价是对传统经济评价的重要方面。中国传统农业曾在土地利用率、土地生产率和农业技术等方面长期领先于世界。法国专家谢和耐曾在《中国社会史》中比较了中国和法国18世纪的农业,认为当时中国的农业"是近代农业科学出现以前历史上最科学最发达者",同时期的欧洲农业则"显得特别落后"。中国学者也强调鸦片战争前中国农业是世界上最先进的。他认为上述估价只注意到农艺和产量的层面;其实在这种"先进"的背后,当时中国的传统农业已经隐藏着落后的因素,它主要表现在两个方面:一是作为农学基础学科的和研究手段的落后;二是农业劳动生产率的停滞。中国农业落后的事实,中国人是在甲午战争失败、洋务运动破产以后才猛然省悟的。当时,中国丝、茶等农产品在国际市场上竞争失利,受到了猛烈的冲击。朝野许多人士痛感改革和振兴农业的必要,纷纷介绍和引进西方的农业科学技术与工具设施,从此迈向了农业现代化的艰难历程。[①]

[①] 参见石涛、毛阳光《"中国传统经济再评价"研讨会纪要》,《中国经济史研究》2002年第1期。

2004年5月，"中国经济史论坛"召开了第三次"中国传统经济再评价"系列研讨会，近50位专家学者出席了会议。劳动生产率是这次讨论中最热门的话题之一，不但对中国传统经济劳动生产率水平及其变化有不同的估计，而且对如何理解和把握劳动生产率这一概念也展开了讨论，并将英国16—18世纪农业劳动生产率的状况与明清时期的中国做了比较。侯建新在会上指出，明清时期劳动生产率下降是没有疑问的，英国则截然相反。近30年的研究表明，工业革命以前有一个农业革命，17世纪英国农业革命的主体已完成，每个农户拥有90市亩耕地，年产粮食约5000公斤，是13世纪的两倍。农户除了自身消费外，可有1吨粮食进入市场。正是在这个基础上，出现了近代市场的雏形，即由生产与消费相脱离的市场转变为生产与消费相结合的市场。

吴承明在会上着重谈了比较研究的方法，指出中西比较应当包括两方面：一是比较生产力的高低；二是比较制度的先进与落后。生产力的比较我们首先注意到生产，其次是消费。他认为消费更重要，在生产力和制度的比较中，后者更重要。制度的好坏就在于能否更好地调配资源，能否使生产、消费更协调。他强调搞制度研究不能忽视意识形态。制度可分为两种：正规制度和非正规制度。在清代正规制度有进步，但进步太慢了，不如明代的嘉靖、万历时期。非正规制度如意识形态在清朝是倒退的，像文字狱、科举和思想僵化。没有思想解放则没有非正规制度的形成，就容易墨守成规。①

同年12月，"中国经济史论坛"在京召开了第四次"中国传统经济再评价"研讨会，50余位专家学者参加了会议。针对衡量经济时是否应淡化劳动生产率这一问题，与会者进行了热烈的讨论。李根蟠在会上提出，研究经济的发展历史，劳动生产率的演变是绕不过去的。在对劳动生产率的研究中要注意区分劳动生产率中的自然生产率和社会生产率。社会生产率在劳动生产率中占据主导地位，真正能够体现劳动者生产率的本质，代表着其发展方向并促进社会进步。侯建新则在会上强调劳动生产率评价标准的意义。他说，劳动生产率探讨的余地很大，现在最精确的表示方法是每个劳动力单位时间生产的产品。但把人口加进去，比光谈总产量

---

① 参见宋永娟、贾海燕《"中国传统经济再评价"第三次学术研讨会纪要》，《中国经济史研究》2004年第3期。

意义要大得多。诺思在《西方的兴起》一书中提出近代意义上的增长，主要是指人均产量的增长。只有人均产量的增长超过人口及相应在消费需求的增长，才能摆脱"马尔萨斯陷阱"，才是真正意义的增长。在会上，方行则主张淡化劳动生产率，他指出，马克思讲的劳动生产率是在理论上存在，又是不可量化的概念。中国农民既种粮食，又种经济作物，又从事手工业生产，粮食还可以算，经济作物和家庭手工业无论如何算不出来。会上，吴承明对此做了进一步说明：劳动生产率的概念始于马克思。因为马克思讲劳动价值论。劳动量是按社会平均劳动多少小时来计算的，活劳动可以计算，于是提出另外的标准——生产价格，把劳动生产率的评价交给了市场。现在劳动生产率是从市场的结果倒过来计算的。按马克思的说法，凡价值都是劳动创造的，计算则主要看活劳动，实际上创造价值的不止劳动。龙登高也认为不应过分强调劳动生产率标准，他同时指出，劳动生产率的要义是以一定量的劳动力推动更多的资源，提高劳动生产率要求的前提是劳动力是稀缺资源，所以要节约劳动。但中国古代劳动力不是稀缺资源，当时重要的不是节省劳动，而是调动劳动者的积极性，释放更多的劳动，创造更多的财富，强调劳动生产率的评价标准，会导致误区。①

多次传统经济研讨会深化了学者对传统经济的认识，但会议上学者们尖锐的观点的对立也暴露了经济史研究中理论与方法准备的不足。此后，经济史研究中对于理论与方法的追求热潮兴起，进一步推动了经济史研究的发展。

吴承明提倡理论与方法最力，早在1995年11月，他即在上海华东理工大学工商经济学院召开的中国近现代经济发展史研讨会上提出，在经济史研究中，一切经济学理论都应视为方法论。他介绍了西方经济学中有关市场经济理论的几种主要观点以及马克思在这方面的一些观点，并结合中国史实谈了自己的一些研究心得。他认为，在市场经济发展的历史过程中，无论是马克思所说的国内市场的"根本转变"，还是希克斯所说的"市场渗透时期"都不是一蹴而就的，都需要有一个过程，我们中国历史上商品经济很发达，但是到今天我们建设社会主义市场经济仍然需要有一

---

① 参见张安福《"中国传统经济再评价"第四次学术研讨会综述》，《中国经济史研究》2005年第1期。

个过程。①

1998年10月，由中国社会科学院经济所、世界史所、历史所、近代史所、研究生院与中国农业展览馆研究所共同发起并组织的"中国经济史学理论与方法"学术研讨会在京举行。参加这次研讨会的学者有40人，主要讨论中国经济史学科的理论与方法，对该议题进行这样的讨论，在经济史学界还是第一次。

吴承明向会议提交了《经济史学的理论与方法》一文，并做了发言。他指出，经济史作为一门学科，是19世纪晚期才从历史学中分立出来的。20世纪50年代有个重大变革，即不仅研究经济的发展变化，还须结合社会科学的理论进行分析。首先是与经济学相结合，继而与社会学相结合。近年又出现了文化热，其中又有从文化思想上来研究经济史的，因专题不同，人类学、民族学、农学、科技、地理、气候、生态等科学也纳入经济史研究，这样就形成了许多学派、专业，他们偏重不同，各有独具匠心之长，形成"百花齐放"的繁荣局面。

在会上，吴承明还从经济与制度的关系论述了经济史研究与社会史研究的关系。他指出，经济的变动，新经济因素的持续发展，需要制度的变革做保证，才能坚持下来。历史上制度落后于现实的状况是常有的。制度变迁与社会关系很大，有的制度会形成社会习俗，制约经济的发展。因此，经济史的研究要和社会史相结合。吴承明又强调经济发展—制度改革—社会变迁，在最终或最高层次上还要受民族文化的制衡。制衡有双层含义：一方面，不合民族文化传统的制度变革往往不能持久；另一方面，文化思想又常是社会和制度变迁的先导。这种先导历史上称为"启蒙"。吴承明提出了许多重要的思想和观点，与会学者纷纷认为这篇文章表现了兼收并蓄、有容乃大的气魄。

方行和李根蟠在会上则强调了在经济史研究中"通古今之变"的重要性，指出，新中国成立以来，历史研究主要是按断代进行的。中国历史悠久，史料浩繁，按断代收集史料开展研究有其方便之处，也很自然，断代研究是通史写作的重要基础之一。但断代研究也有其局限性，容易割裂事物的前后联系，使研究流于烦琐。因此，当研究发展到一定阶段就要求突破断代研究的局限。这一点，对于经济史研究尤其重要。因为经济史研

---

① 参见江海《中国近现代经济发展史研讨会纪要》，《中国经济史研究》1996年第1期。

究的重点不是适于短时段研究的事件史，而是适于中时段研究的形态史、结构史。经济史若局限于一个断代，往往看不清来龙去脉和长期趋势。如果有部分研究者能打破断代的局限，缩小范围，拉长时段，做前后贯通的专题研究，对经济史的研究将大有裨益。当然，并不是每个研究者都要做跨代研究，但每个断代研究者都应该有"通"的眼界，瞻前顾后。如果我们横的方面注意对经济、社会、文化诸因素的综合考察，纵的方面努力做贯通古今的专题或区域研究，则大有利于整体的综合研究，整个中国经济史研究的水平将会大大提高一步。①

2000年10月，南开大学经济研究所和经济学系、中国经济史学会近代经济史专业委员会和《中国经济史研究》编辑部联合主办"新世纪中国经济史研究的展望国际学术研讨会"，来自国内外的50余位经济史学者与会。经济史理论与方法的创新是本次研讨会的主题之一。研讨会围绕经济史研究的方法论、经济学与经济史、引进与创新、理论与史料等关系展开了讨论。吴承明认为，实证主义是研究历史的基本方法，不可须臾或离。他主张以下三种观点。（1）历史属于人文科学，具有艺术（教育）功能。但是史无定法，自然科学、社会科学的方法都可有选择地用于历史研究，特别是用于实证，并有实证的和规范的两种价值判断。（2）应当承认历史认识有相对性，所以企望"终极的历史"是不可能的。（3）反对用模式法研究一般历史，不赞成一切决定论、预期论的方法。

对于经济史属于经济学还是历史学，学术界一直有争论。高德步在会上提出，经济史学是经济学的一部分，作为经济学的经济史与作为历史学的经济史有很大区别。作为实证科学的经济学离不开经济史的经验验证。作为历史科学的经济学与经济史学有着本质上的一致性。经济史学研究的目的是对人类经济活动的历史进行描述和阐释，而其最根本的目的是对人类经济的未来进行预测。经济史学家的现实任务是努力实现经济史学范式的创新，并融入经济学研究的主流，为现实经济的发展做出应有的贡献。熊性美则认为，理论方法的创新要慎重。现在诺思的经济史理论很流行，但应用于中国经济史研究要深思，要看其是否适合所要研究的问题，能否对因果关系做出解释。采用计量方法也要慎重行事，看是不是有足够的数

---

① 参见魏明孔《"中国经济史学理论与方法"研讨会纪要》，《史学理论研究》1998年第4期。

据，其结果是否能够做出质的决定性。李根蟠主张经济史理论方法的多元化，用经济学、历史学、社会学等方法都行，可因研究对象和研究主体的不同情况而异，殊途同归。当前仍应提倡经济学与史学的结合，允许进行各种探索和尝试，包括建立一些分析的模式，但经济史要建立在实证的基础上，不能把经济史变成经济理论和模式的演绎。经济理论有两种：一种是前人和今人从历史与现实的研究中总结出来的理论，包括从外国引进的经济学和经济史理论，这些理论可以有鉴别地选用，作为研究的方法和指南，但不能代替具体的经济史研究；另一种是我们从当前的历史研究和现实研究中概括出来的理论，我们的研究不应停留在事实的叙述，而应提高到理论的层次。赵凌云评述了美国新经济史学，认为它是经济史学的一场革命，它并没有结束，至今仍在前期基础上拓展其边界和深度。新经济史学革命给经济史学和经济学的发展带来了诸多启示：经济史与经济学必须结合，实现互动、互补和互相交换知识。借鉴和运用历史计量分析不仅必要，而且成为可能。运用合理的理论框架，采用科学的计量分析方法，可以提高中国经济史研究的水平。①

这是改革开放以来第一次大规模的中国经济史理论与方法的讨论，对于中国经济史研究的深入发展具有重要的意义。

美国新经济史革命对中国的经济史研究有一定的影响。为了促进中国经济史研究方法的发展和创新，进而推动中国经济史研究的进步，2007年7月，中国社科院经济所现代经济史室和中国社科院中国现代经济史研究中心在密云举办了"当代中国经济史研究方法创新研讨会"。近20位专家学者参加了研讨会。与会学者在热烈的气氛中进行了深入广泛的交流，取得了诸多共识。隋福民首先就美国新经济史学革命及其对中国经济史研究的影响做主题发言，从经济史学史角度看，美国新经济史学革命是经济学理论与经济史再次统一的尝试，从方法论角度看，新经济史的研究方法有如下五个特点：其一，推崇科学逻辑；其二，强调经济学理论；其三，倚重新古典经济学分析范式；其四，从利益出发分析人类行为；其五，依恋数量研究方法。隋福民认为，经济史研究包含两个层次：一个是描述性的经济史，即要把事情说清楚；另一个是解释性的经济史，即要把

---

① 参见兰日旭《"新世纪中国经济史研究展望"国际学术研讨会综述》，《中国经济史研究》2001年第1期。

事情之间的关系说明白。对描述性的经济史来说,实证主义的方法不可须臾或离,对解释性的经济史来说,则可以秉承"史无定法",即可以采用多种理论和方法。

武力在会上指出,方法上的创新需要注意两点。第一,经济史学界已经就"史无定法"达成了共识,现在需要再推进一步,即究竟哪些方法对哪些问题的研究更有效率、更能说明问题。目前研究经济史的学者多数是学习历史学出身的,因此对于经济学中的比较成熟的研究方法和分析工具,需要积极学习和努力试用。第二,目前的许多经济理论和办法,多来自经济发达的市场经济国家。由于研究对象的差异,使用这些理论和方法时需要注意它们的适用性和条件,避免生搬硬套,避免为了运用而运用。新理论和新工具的运用只是手段,而不是目的。①

2011年8月,中国经济史学会和香港科技大学联合举办了"2011年国际经济史论坛",来自国内外大学和研究机构的30位学者与会,讨论的议题主要涉及几个方面,即比较经济史、经济史研究的新材料、跨学科经济史、新政治经济史、新社会人口史、新经济史、新全球贸易史,以及新东亚研究和合作教学。围绕以上议题,与会学者展开了广泛而深入的探讨。

比较研究一直在经济史学科发展中居于核心地位。李伯重在会上说,几乎无人否认比较对于经济史研究所具有的重要意义,但对如何开展比较研究则看法不一。他强调,首先,理论上我们应该破除"欧洲中心论"的旧有束缚。英国经验固然重要,但也是独特、无法复制的,因而也不成其为"普遍"的"标准"模式。对于那些自身未能产生产业革命国家的经验加以比较,也许更具"普遍"意义。其次,从方法论角度,应重视比较经济史中的可比性和不可比性问题。总体上讲,那些可以运用数量分析和社会科学研究手段的方面,如劳动生产率、工资、收入、贸易、国内生产总值、生活水平等,更具可比性,而那些涉及经济制度的商业法规、习俗、关税、商人组织等可比性就要差一些。还有些方面几乎不具可比性,如意识形态与经济间的关系。因此,最好的策略是从更具可比性的方面入手,进而随着研究的深入过渡到可比性差一些的方面。

---

① 参见隋福民《中国经济史研究方法创新研讨会综述》,《中国经济史研究》2007年第3期。

跨学科经济史体现了经济史研究的发展方向。刘翠溶在会上指出，经济史必然是跨学科研究。通过对历史学文献的探究取得定性和定量数据，通过对这些数据的经济学分析，我们得以了解过去的人类经济活动。她强调，在经济史研究中数量分析不可或缺，制度、文化等定性分析同样重要。

从首届国际经济史论坛的议题设定和与会学者的研究兴趣中，不难发现经济史研究的一些新的特点和发展趋势。首先，比较作为经济史研究的基本方法，不仅得到日益广泛的应用，而且内容、方法、对象也不断深化和拓展。其次，史料作为事实证据，是开展比较研究的基础，与此相关，通过现代科学手段提高史料利用的公开性与便利性也是经济史学者比较关注的问题。再次，跨学科经济史的发展方兴未艾。除历史学和经济学两大核心要素外，经济史研究还更多地涉及政治学、社会学、人类学、人口学、环境科学、考古学、医学等学科领域，不仅是"社会"经济史，而且与自然科学的联系日趋紧密，这些特点和趋势无疑需要我们在未来的经济史研究中加以关注和把握。[①]

早在改革开放初期，经济史学者在总结文化大革命前经济史研究的经验教训时，就深刻认识到了探讨新的研究方法的重要性。早期曾以区域社会经济史的研究作为突破口。1987年12月，第一次在中国大陆举行的以区域历史研究为内容的国际学术讨论会——国际清代区域社会经济史暨第四届清史学术讨论会在深圳举行。与会的中外学者190余人。具有近代意义的中国社会经济区域性研究，开始于20世纪二三十年代。这次会议就这种研究的学术价值、方法论、研究区域的划分、区域与其他研究的关系等理论问题做了较深层的探讨，其影响巨大而深远。

与会学者充分肯定社会经济史区域性研究的学术价值与社会价值。傅衣凌在会上指出，社会经济史区域性研究国际学术潮流的出现，有深刻的科学、哲学和社会背景。中国社会经济史的区域性研究，不仅可以发现中国各地区社会发展的特殊性，而且将有助于更好地说明中国乃至整个人类社会的发展进程。韦庆远则认为，这一研究的深入极有助于剖析在古代和近现代中国的衔接、民生国情的特点，有助于把握中国社会经济的发展源流与走向，具有重要的学术意义和现实意义。李侃在会上指出，区域社

---

① 参见曲韵《首届国际经济史论坛综述》，《中国经济史研究》2011年第4期。

经济史研究在中国的兴起，适应了改革、开放的现实需要。若不具体地考察和分析不同地区社会经济的历史状况和历史特点，就不可能深刻了解这种不平衡给现实社会生活带来的影响。叶显恩和陈春声在他们合著的会议论文中，从学术史和史学认识论的角度对区域性研究的学术价值做了学理性的探讨，认为这一学术潮流的兴起，与几十年来科学方法论由决定论向选择论转变，学科发展多元化的趋势有密切的联系。人们对社会历史发展的科学认识，并不是一些没有联系的普遍或特殊原理的简单叠加，而是由许多互相联系、互相嵌合的多层次理论认识构成的网络。社会经济史的区域性研究，无论从学术功能还是社会功能上说，都有全国性综合研究所不能取代的价值。

关于区域社会经济史研究的方法论问题，强调社会科学、人文科学和自然学科方法的统合运用，是方法论讨论的基调。叶显恩、陈春声在会上提出，在进行区域经济史研究时，对于各种社会经济现象需要一种结构性的认识，与之相适应的应该是研究方法的多样化，无论在研究不同课题或同一课题时，都应注意采用不同方法或多种方法的综合运用。他们特别强调，注重多学科的综合研究，重视长时期起作用的因素，加强定量分析工作，加强个案研究和比较研究。

关于研究区域的划分，与会者均认为在学理上应采用多元的、动态的标准，但具体研究实践中区域的界定则见仁见智。杨国桢主张，划分方法可因研究层次而不同，但在区域性综合研究和比较研究的共同要求上，区域划分的方法应是一元的。具体到清代，以行省作为区域划分基础或主要标志最为合理。从翰香则认为，打破行政单位，按区域进行考察，对于经济史研究尤为重要。孙文良提出，经济区形成是一个历史过程，可以根据区域历史发展中形成的特点来划分。叶显恩和陈春声认为，区域的划分应采取多元的标准，既可以行政区域为界，也可以按山脉走向、江河流域、市场网络和人文风俗的不同标准来确定，有时还可以是跨国界的。①

此次清代区域社会经济史研讨会的研究课题有了很大拓展，如移民与开发、乡族共有经济、粮价与粮食仓储、市场中心地、收租机构、民间信仰与民间文化活动、消费经济、城市社会与城市经济、区域历史研究的理

---

① 陈春声整理《1987年广州国际清代区域社会经济史暨全国第四届清史学术讨论会综述》，《广东社会科学》1988年第2期。

论和方法问题，在以往的中国社会经济史研究中都是空白或薄弱环节。许多研究课题具有拓荒性，而且许多研究视角富于独创性，是本次讨论会的特色之一。

深圳国际清代区域社会经济史学术讨论会召开后，中国大陆经济史学界掀起了区域社会经济史研究的高潮，迄今已发表有关论文数百篇，专著几十部，热度始终不衰。

随着区域社会经济史高潮的兴起，"三农"问题开始成为经济史研究的热点。这一方面是由于研究理论与方法的逻辑发展的必然；另一方面也是由于 20 世纪 90 年代以来，"三农"问题已成为中国社会经济发展的主要滞障，出于对现实问题的强烈关怀，2004 年 5 月，南开大学历史学院主办了"中国农村问题的历史积淀及现代趋向"学术研讨会，与会学者从历史发展进程中的农村、农村市场、农村城市化道路、农村政治及农村历史发展总趋势等多方面进行广泛讨论，追溯"三农"问题根源，并试图对这一重大课题提出历史学家锐见。郑起东指出，"三农"问题研究的理论和方法需要深化，提出在农村历史研究中要注意三个结合：（1）宏观与微观的结合，研究农民生活不能就农业谈农业，必须与物价、税收、工资等因素联系起来；（2）动态与静态的结合，国家"三农"政策本身往往与政策的实行有很大距离，这就需要将政策的落实效果和政策的纸面精神相比较，做系统的长时期的考察，形成动态系列的历史分析；（3）定性与定量相结合，定量分析是定性分析的基础。研究"三农"问题，必须进行定量分析。此外，他还强调研究"三农"问题，要注意历史的启示，民国时期的"三农"政策与现今政府有很多相似之处，可以进行对比研究，加以借鉴。

张利民在会议论文《城市发展与农民进城》中，考察了近代以来城市移民的特征与农民城市化的制约因素。他认为近代城市人口的增长是机械性的增长，并且将近代前后城市人口的增长做了比较，指出，近代以前的移民潮呈现出候鸟式的季节性特征，农忙和春节期间则返乡，其原因是城市发展程度不够，导致了城市的容纳能力极为有限，进而制约了农民向城市的流动。近代开埠以来，移民季节性特征有所改变，移民定居者增多，此局面有利于近代城市经济的发展，增强了城市的容纳空间，为农民的城市化提供了契机与保障。这种趋势与当代极为相似。但另外，近代以来城市的容纳能力始终有限。农民的流动趋向并非是指向其熟悉的环境，指向与他们居住地靠近的中小城镇,而主要是向较大的沿海城市,工矿企业较发达的城市集中。这进一步说明城市经济的发展不充分,限制了城市的容纳能力,从而制约了农村人口的城市化。他指出,对城市而言,外来人口产生了诸如暴力、下层社会、城市问题等一系列负面效应;对乡村而言,导致青壮年劳力的缺乏和土地的荒芜。要缓解这一矛盾,从城市的角度讲,则需要在市场经济条件下,发挥市场经济的作用,扩大社会化大生产,使更多的农民冲破身份的束缚,转变为真正的城市人口。

王先明在会议论文《历史学视野下的"三农"问题——中国农村问题的历史沉淀与现代趋向》中指出,"三农"问题不仅仅是一个现实问题,从根本上说,也是一个历史的产物,乡村问题的历史演进也是乡村社会变迁的历史记录。它们虽然表现形式不同,时代特征有别,但根植于农村、农民、农业所形成的"三农"问题对于社会发展的根本性制约,却有着惊人的"历史相似"。困扰当代社会发展的"三农"问题有着近代以来自身形成、发展和演变的线索。当然,也是近代历史进程中人们着力解决的问题。近代中国农村社会变迁的凸显可以说是伴随着工业化、城市化乃至现代化的历史进程而出现的历史主题。现代化过程中的乡村问题,必然是超越乡村本身的问题。回观历史,并将"三农"问题置于近代历史进程中审视,才能够厘清其形成、演变的趋向,也才能认清其时代特征。①

"三农"问题的研究受到当代新一轮农村经济改革的影响,自然而然地与新农村建设联系起来。2006年11月,由江苏省农史研究会主办,苏州大学社会学院承办的"'三农'问题的历史与新农村建设"学术研讨会在苏州举行,近30位专家学者聚集一堂,围绕历史上解决"三农"问题的基本思路与启示进行了热烈的讨论。

民国时期在解决"三农"问题时曾取得不少突破。程静、羌建的会议论文《浅析国民政府前期的农业推广政策及其成效》考察了南京国民政府前期(1927—1936年)所采取的一系列农业推广政策,阐释了其在农业经济史和农业科技史上所起的作用和影响,并在此基础上对其收效甚微的原因做了一定程度的探讨与研究。包宗顺的会议论文《旧中国的

---

① 参见渠桂萍、白宏钟《历史视野下的"三农"问题——"中国农村问题的历史积淀与现代趋向"会议综述》,《史学月刊》2004年第12期。

"农村复兴运动"及其对新农村建设的启示》探讨了"农村复兴运动"兴起的社会经济背景、主要内容及其对当时社会经济的影响,认为当前的新农村建设必须做到思想认识、机构设置、建设资金、群众发动、建设规划五到位。

卢作孚是一位乡村现代化建设的探索者和实干家,他在重庆北碚地区进行了近代乡村现代化建设的成功尝试,被称为"北碚现象"。李桂芳、潘洵的会议论文《卢作孚与近代乡村现代化建设的"北碚现象"》指出,对生产、文化、环境和人的重视,是卢作孚乡村现代化最鲜明的特色。他关于建设"生产的、文化的、浏览的区域"的理想与规划;以治理社会秩序为先导,以经济建设为中心,全面开展文化建设和社会公共建设的乡村现代化模式;以人为本,延揽和培养乡村建设人才的用人方略是北碚乡村现代化建设取得成功的最重要因素。

对乡村社会问题的关注,是本次研讨会的一个独特视角。孙语圣的会议论文《透过"社会化"的历史视窗》认为,民国时期是中国救灾社会化最为生动、壮观的历史时期,近代新式资本主义经济的不断发展,民间社会力量的生长和自觉精神的建树,近代大众传媒和交通事业的巨量发展,政府的"让渡"等,则是促成救灾社会化的重要条件。吴志锋、倪根金的论文《清代广东乡村赌博及其治理》利用县志、乡志、报刊、碑刻、族谱等资料对清代广东乡村赌博的概况、危害及惩治办法进行了初步探讨,目的在于为解决当下我国乡村赌博问题提供借鉴。[①]

综上所述,可以看出,"三农"问题成为近代经济史研究的热点是与新一轮农村经济改革相联系的,而其走向,则是经济制度的研究。2006年10月,中国社会科学院近代史研究所经济史研究室举办"中国历史上的'三农'问题"研讨会,从理论层次深入探讨了"三农"问题中的经济制度问题。

小农和小农经济是"三农"问题的主体。吴承明在会议主题报告中回顾了马克思主义关于小农理论形成的历史,提出要从社会学的角度研究小农。他认为,不能说中国小农就只是糊口经济。并且,黄宗智所说"实体主义"观点不是恰亚诺夫提出的,而是卡尔·波拉尼提出的。波拉

---

① 参见王玉贵、王坤《"三农问题的历史与新农村建设学术研讨会"综述》,《中国农史》2006年第4期。

尼的理论建立在人与自然、人与人和谐发展的基础上，他的实体主义包括生态学和社会制度两个方面。生态学讲人与自然的关系，社会制度讲人与人的交换。人与人的交换最初是"互惠"方式，即互相赠予，有来必有往，而不一定等价。有了阶级和权力中心后，出现"再分配"方式，即每户农民向权力中心交税或纳贡，权力中心再分配给每个成员。到很晚才出现市场交换，人们通过市场价格谋取利润。有了市场后，互惠行为和再分配制度并未完全消灭。所以，经济人和利益最大化的假设是虚拟的，非实体的。对于中国小农来说，尤其是这样。他还提出，中国小农有它自己的社会性格和经营特点，我们应从历史上考察它们与自然的关系和人与人的关系，建立中国小农的理论。从翰香在发言中指出，农业是人类永恒的课题，具有不可替代性，什么时候也不能忽视"三农"问题。她还提出，20世纪50、60、70年代发展工业都是依靠农业支持的，研究小农经济不要忘记当代小农。她并且根据对华北300余县的历史考察，反驳了黄宗智"糊口农业"的提法。①

国家与农民的关系是"三农"问题涉及的最重要的关系。武力从政府绩效的角度，考察了近代以来国家与农民关系的演变。他在会上指出，清末"新政"推行乡镇地方自治，是给过去实际上由乡绅代理国家治理乡村的习惯和现状，披上了现代政治的外衣。由于这种新建立的乡村基层政权承认原有的乡绅治理，国家并没有将其"官僚化"，即纳入政府体系，其基础仍然是旧的。国民党在乡村问题上的思路，仍然是它治理国家和发展经济的基本思路，即走"政府主导型"的现代化道路。但是，与这种在农村建立"政府主导型"办事机构和职责相匹配的两个基本问题，即所需要的经费和干部队伍建设问题却没有得到解决，这就导致乡村管理出现了"土劣化"的倾向。②

如何调整国家与农民关系，解决农民负担过重的问题，与会学者见仁见智，提出了不同看法。李占才认为，建设社会主义新农村，千方百计地增加农民收入是关键。要增加农民收入，必须真正地、彻底地"取消"农民的"负担"，仅仅是"少取"还不够，而应是"不取"。取消农业税

---

① 参见郑起东《第二次中国历史上的"三农"问题学术研讨会综述》，《近代史研究》2007年第2期。

② 参见武力《试论近代以来国家与农民关系的演变》。

后，农民税费负担仍然沉重。农民负担沉重的最大症结是乡镇政府机构臃肿，冗员杂多，太过扰民。要解决这个问题，靠"简政裁员"是根本无法做到的，甚至是越简越裁越臃肿。只有裁撤乡镇政府，加强村民自治，才能使这一加重农民负担的最根本的"症结"得以彻底解决。①

张研则提出了与李占才截然不同的看法。她认为，如今已不是清代"耗羡归公"时的双重统治格局，村组干部远不能等同于历史上的士绅阶层，基层社会既非自治也并无自治基础。若裁撤乡镇一级政府，国家与农民之间将出现断层，国家政权将"悬浮"于乡村社会之上，其结果十分危险。她提出了解决问题的办法：（1）明确多级政府间事权范围的划分及各级财政支出的职能机构；（2）为地方政府特别是基层政府留出一定的财力和空间，在规范其行为，加强监管力度的同时，充分调动其积极性，从而促进地方经济的发展，实现基层社会的稳定和繁荣。②

产权制度和租佃制度是历史上"三农"问题的核心。根据制度变迁理论，制度绩效取决于交易费用，而交易费用的基础又是产权制度。土地产权又可以分为土地所有权和土地经营权。方行认为，随着农业生产力商品经济的发展，土地所有权和土地经营权必然趋向完全分离。土地经营权以押租形式进入市场，有利于使土地经常保持在劳动力较强、生产资金也较充裕的佃农手中；土地经营权以田面权形式进入市场，有利于土地生产潜力得到比较充分发挥。二者相辅相成，便可产生乘数效应，使农业生产得到更好发展。③

龙登高也认为地权制度与资源配置之间存在着密切关系。他指出，传统经济以地权为轴心配置资源，地权市场越发达，推动生产要素流动与资源配置的能力越强，经济也就越成熟。土地劳动力等生产要素的自由流动并由此进行资源配置，成为18世纪之前中国传统经济领先世界的根本性原因。④

2008年12月，由中国经济史学会主办，南京师范大学社会发展学院和中国经济史研究所联合承办的"中国历史上的三农问题"学术研讨会

---

① 参见李占才《关于减轻农民负担和裁撤乡镇政府的若干思考》。
② 参见张研《从"耗羡归公"看清朝财政体系及当代"税费改革"》。
③ 参见方行《租佃制度述略》。
④ 参见龙登高《地权市场与资源配置论纲》。

在南京师范大学随园校区召开，60余位学者出席会议，提交论文50余篇，内容涉及历史上的土地制度、农业经济、农村社会以及解决"三农"问题的路径等重要学术问题。

土地制度是本次会议关注的重点之一，学者们多角度地进行了探讨。慈鸿飞的会议论文《村社集体所有与份地制的历史启示》以中外土地制度长期发展的历史为视角，分析总结出土地村社共有制严重阻碍了农业生产力的发展，提出寻求土地所有权与使用权的统一形式应是目前中国深化土地制度改革的唯一正确方向，摒弃集体所有制、实行国家终极所有、农民永久使用的二元产权制度应是最佳选择。

李金铮的会议论文《近代冀中定县租佃关系的实证研究》认证了近代北方的租佃关系，更多地表现为普通农民之间的关系，租率没有明显变动，主佃关系也比较缓和，但他认为既定租佃制度下的地租率仍有值得改进之处。

苏少之、陈春华的会议论文《20世纪50年代初期湖北省新贫农问题考察》，分析了新贫农的形成原因、经济状况、内部分层以及国家的扶助措施，得出结论：新贫农是中农化趋势中的贫农，农民家庭贫困与否的关键是劳动力的有无，而不是剥削，从而认为新贫农问题的根本解决有赖于农村经济以及整个国民经济的发展。

对于近代江南农业发展和农产品商品化，与会学者在认识上有很大分歧。王翔的会议论文《近代农家兼业经济的演化》，肯定农家兼业是农民适应经济发展而作出理性选择的结果，是农家优化资源配置、最大限度发挥生产能力的经济模式，且一定程度上也已成为中国走向世界、走向现代化的推动力量。与其迥然不同，郭爱民在会议论文《民国年间长三角地区农业劳动生产率、净余率与乡村经济增长的探讨》中则认为，近代长三角地区的农业劳动生产率基本处于停滞状态，农产品的商品率较高，但农家的年净余率却呈现负数。家庭手工业是生活压力下不得已的选择，且因无资本追加而不可能发展。

对于国民政府的农贷，学者们的评价也有两歧。龚关的会议论文《国民政府农村金融政策述评》指出，国民政府在建立农村金融制度、构建农村金融体系上做出了许多有益的探索，但由于农村金融政策本身的缺陷，使之并没有达到通过构建农村金融体系，发展农村经济以维护统治和支持持久抗战的目的。张天政的会议论文《20世纪40年代青海新式农贷及运作环境之思考》却认为，国民政府的农贷虽然存在一系列的问题，但是新式银行机构开始确立其在农贷市场上的地位，国家银行的农贷努力不仅促使青海建立起一套新的农贷制度，而且在增加农牧业产量方面取得了明显绩效。

学者们重点探讨了解决当前"三农"问题的路径。温锐的会议论文《农民财产权问题》认为，改革中农民财产权受到伤害，尤其是制度的负外部效应太大，严重地损害了农民的财产权，土地改革创新必须把保障农民的权益放在突出地位。董志凯的会议论文《农村基础设施建设与农村合作经济》指出，农村基础设施的改善是新农村建设的核心，而农村公共产品的制度外供给导致农村基础设施的投资与农民负担相关联，造成农民负担过重。为了实现农村基础设施建设的改善，同时又减轻农民负担，推进新农村建设，农村基础设施的投资必须求解于以农村社区为基础的农村合作经济。[①]

从以上几个方面看，该次会议讨论的内容非常丰富，主要围绕"聚焦三农、以史为鉴、关注新一轮农村经济改革"这个主题展开。历史与现实相结合，多学科多视角相结合，是本次研讨会的突出特点。与会学者的热烈讨论形成三个高潮，即近代江南农家经济的发展状况、集体化条件下的农村经济和农民生活以及当前农村土地产权制度改革的方向等。应该说，经过讨论，有力地推动了众学者对这些问题的进一步深化研究。

除去传统经济、理论方法、区域经济史和"三农"问题等重点，大中型学术会议还围绕商会与近代化、商业与市场经济、企业制度与企业史、国家与经济、中国经济发展模式等问题展开。

商会与近代化的关系始终是商会史研究的重点。由天津社会科学院和中国经济史学会等联合举办的首届"商会与近代中国"国际学术讨论会于1998年7月在天津举行。讨论会的中心议题为：商会与近代中国的市场发育；商会与近代中国的城市发展；商会与近代国家政权的关系；商会与当代中国的改革开放。

市场经济始终是近代中国经济越不过去的"卡夫丁峡谷"。由华中师大中国近代史研究所、中国经济史学会联合主办的中国经济史学会第五届

---

① 参见王志龙、慈鸿飞《中国历史上的三农问题学术研讨会综述——聚焦三农·以史为鉴·关注新一轮农村经济改革》，《中国经济史研究》2009 年第 3 期。

年会暨"经济组织与市场发展"国际学术研讨会于 2000 年 8 月在湖北武当山举行。围绕会议主题，中外学者分为三组，分别就商人、商人组织与商业网络、企业制度与中国早期市场的发育、现代中国市场与世界经济等问题，展开了广泛而又深入的讨论。

国内对近代中国企业史的研究明显落后于国外，国外近代中国企业史研究对国内形成了严峻的挑战。由上海社会科学院经济研究所和中国企业史资料研究中心、上海市经济史学会、上海市档案研究中心共同发起的"企业制度、企业家精神、城市经济联系"国际学术研讨会于 2002 年 8 月在上海召开。会议的讨论结果表明，近代中国企业制度研究出现了理论研究力求规范化，实证研究进一步具体化、特色化和现实化，以及研究方法和对象、视角多元化的发展趋向。研讨会上，美国学者高家龙以其近期出版的《大公司与关系网》为据，提出了中国企业史研究面临的三大挑战：第一，如何将对长途贸易的研讨理论化？第二，如何综合研究中国企业史和中国政治史？第三，如何解释在商业组织中中国社会关系网的活力而不过度夸大它的作用？这三种挑战密切相关，涉及的都是企业史研究中的综合环境问题。①

如何吸收借鉴西方新兴的社会科学理论，无疑是中国经济史研究走向国际化的重要方面之一。如何在吸收借鉴的基础上，形成中国学者自身的研究理论以及研究方法，并且在广为传播的基础上，得到国际学术界和国外学者的认可，是当今中国经济史研究真正走向国际化的当务之急，并已经成为广大与会者思考和探索的重要问题。

在制度经济学占据西方学术主流地位的今天，国家与经济的关系俨然成为学术研究的必有之义。国家是经济的守夜人，而政府是国家的代表。由中国经济史学会河北大学宋史研究中心主办的"中国经济发展史上的政府职能与作用国际研讨会"于 2004 年 7 月在河北省承德举行。与会中外专家学者 70 余人。会议就政府的经济职能与作用、政府行为与社会经济的关系、经济史研究的方法和作用等问题进行了讨论。尤其对于经济史研究的目的、作用、地位等问题，讨论热烈。与会的专家学者对经济史的研究是纯学术性的，还就学以致用的问题发生了激烈的争

---

① 参见张忠民《关注前沿、回应挑战，在比较中迈向经济史研究的国际化——〈企业制度·企业家精神·城市经济联系〉国际学术研讨会综述》，《中国经济史研究》2002 年第 3 期。

论。姚会元强调学术的现实意义；周翔鹤主张进行学术研究要有独立的人格，强调经济史研究的纯知识性质。经君健指出，从学以致用的角度看，每一个问题都有意义，作用可以为今天，也可表现在将来，为丰富祖国文化，我们不能画框框限制研究范围，要容忍每一个学者发挥专长。[1]

经济发展模式既是历史问题，又是现实问题，受到了国内外学者的高度重视。2005 年 5 月，中国社科院经济所、江西财经大学社会经济史研究所和中国经济史学会在江西财经大学联合召开"近世中国经济发展模式选择与实践"国际学术研讨会，有国内外 60 余名专家学者与会，会议主要围绕近世中国经济发展模式选择的演变过程、近世中国经济发展模式选择的自主性、近世中国经济发展模式选择所存在的问题展开了广泛而深入的探讨。通过回顾和反思，与会学者一致认为，经济发展必须充分考虑到人、自然、社会的协调。我国的现代化既不能绕过工业化阶段，又要避免走传统工业化的老路，必须找到一条新型工业化的道路并履践之。探讨近世以来中国经济发展模式的选择问题，有利于为中国未来的发展寻求正确的经济发展模式。

世界经济是一个整体，经济运行全球化已成为时代特征。因此，在选择经济发展模式时，参考其他国家有益经验和教训，提供鉴戒，十分必要。2011 年 5 月，由中国经济史学会和辽宁大学历史学院、辽宁大学比较经济史研究中心主办的"中国经济发展的历史经验与国际比较"学术研讨会在辽宁大学召开，国内 50 余位知名专家学者出席了会议。与会学者所提交的研究成果水平很高，极具特色，内容丰富。其优点和特点相当突出，具体如下。第一，在"中国经济发展的历史经验与国际比较"这一主题下，学者们从整体上研究中国经济发展道路，试图进行长时段的广泛探索，争取把握中国经济发展的规律和趋势；同时，也不乏对微观具体问题的研究。第二，跨学科交融和比较研究取得明显进步。一方面，中外经济史的比较研究成为本次会议的重要主题，世界各国经济发展的历史经验与教训受到了中国经济史研究者的高度重视；另一方面，经济史与经济思想史的相互渗透与融合引起了与会学者的强烈兴趣与关注，开启了两个

---

[1] 参见谢秀丽《中国经济发展史上的政府职能与作用国际研讨会综述》，《中国经济史研究》2004 年第 4 期。

学科交叉融合的新阶段。第三，关于经济史学科建设与经济史研究方法的讨论进一步深入，说明经济史学界更加注重理论和方法的研究，这对于提升我国经济史研究的理论水准，建设中国本土经济史理论将起到非常重要的作用。①

总之，学术组织的成立，学术刊物的创设，学术会议的召开，极大地推动了我国近代经济史研究的蓬勃发展。

第四节　融入国际经济史学界

20世纪50年代，马克思主义史学在中国史坛确立了主导地位，导致了经济史研究在理论与方法上的变革。但我们也要看到，此后，中国的经济史学逐渐陷入越来越严重的自我封闭状态。首先是对西方史学盲目排斥，接着在中苏交恶之后将苏联史学也拒之门外。而在此时期，法国年鉴学派进入第二代，形成以布罗代尔为首的整体观史学；在美国，以福格尔为首的计量史学学派和以诺思为首的新制度经济史学学派的兴起导致了"新经济史革命"；稍后西方又出现了社会经济史的回归。这些重大变化，中国经济史学界基本上一无所知。

1978年改革开放以后，中国的经济史学进入新时代。在改革开放的30多年中，国际学术交往日益频繁，新理论、新方法不断引进，使得中国经济史学界思想空前活跃，新思路、新见解层出不穷，经济史研究达到了空前的繁荣。新的研究方法，如经济学、社会学、计量史学方法乃至人口学、人类学、比较文化学、自然科学等学科的方法大量引进，使中国经济史研究呈现出多彩多姿的景象。

尤其要强调的是，中国学者对以往研究中的西方中心主义进行了深刻的反思，"中国资本主义萌芽"和"中国封建社会"理论的主要建构者吴承明、傅衣凌在20世纪80年代后期和90年代中期，先后放弃了自己原来的观点。一些学者提出了新的理论和模式，用以说明中国社会经济变化的特征。这些尝试，标志着中国经济史学正在摆脱欧洲中心主义的束缚，

---

① 参见耿元骊《"中国经济发展的历史经验与国际比较学术研讨会"综述》，《中国经济史研究》2011年第3期。

开始向更高水平的理论创新。

一些西方学者在更深入地批判中国研究中的西方中心主义的同时，认为没有必要和可能建立一个能够与现代西方主流学术分庭抗礼的学术体系。他们还强调应当把中国作为世界的一个重要部分客观地进行研究，使得中国研究融入国际主流学术，成为主流学术的一个重要组成部分。西方学者在这些方面的观点和成果被介绍到中国，极大地促进了中国学者对此问题的思考。在此基础上，中国的经济史学者提出了一些新的看法（如吴承明的市场理论、方行的"中农化"理论、李伯重的"江南发展模式"等）也改进了国际学界在这些问题上的看法，从而促进了中西双向对话。

国际经济史学会和国际经济史大会（也称世界经济史大会）成为中国经济史学界融入国际的契机。国际经济史学会是由一些国家有关学会结合而成的一个国际学术性团体。它的宗旨，是增进世界各国和地区的经济史学家之间的个人接触，促进经济史学的研究并提高其水平。学会通过举办大会实现其宗旨，大会每四年召开一次。因此，它的工作，主要也是以大会为中心来展开。

第10届大会定于1990年8月召开，但准备工作于此前四年即展开。1980年代中期，日本早稻田大学依田熹家教授正在把宓汝成的《帝国主义与中国铁路》翻译成日文，即推荐宓氏与会。宓氏先后于1988年、1989年两年的6月，分别寄去提交大会的论文。在此期间，组织委员会即函约宓氏参加1989年1月在马德里召开的预备会议（因经费等问题未去）和同年10月（因故延至1990年3月）在东京举行的亚洲预备会议，宓氏参加了后一会议。

1990年8月中旬，宓氏与中国社会科学院经济研究所同事史志宏博士应邀偕往比利时鲁汶（Leuven）参加国际经济史学会第十次国际经济史大会。大会参加者逾千人，其中欧洲同行参加者最多，其次是北美，再次是亚洲。此外，依次为大洋洲、拉丁美洲和非洲。而从大陆前往的，仅有两人，就亚洲来说，远少于日本，也分别远少于印度和以色列；在第三世界中，则少于巴西和扎伊尔。

当时，国内没有任何一个学术团体与国际经济史学会有联系。据说，时任会长的比利时范德伟教授曾希望与我国相关学会联系，以求吸收其为国际学会的团体会员。但他在三年里，两次来信，一次来访，经中国经济史学会就此向有关方面一再报告请示，终未成功。①

第11届国际经济史大会于1994年9月在意大利米兰勃可尼大学举行，大陆参加者仍只有宓汝成和史志宏二人。参加大会博士论文评奖的既没有一篇是有关中国经济史的，也没有一篇是由中国博士提供的。但是，会议也出现了可喜的现象，即参会的论文中第一次出现了有关中国经济史的题目，即宓汝成的《1796—1978年间中国经济制度的演变》和史志宏的《清初中国地主经济的演变（1644—1840）》。同时，在会上，学会执委会执委日本庆应大学教授原水融向宓汝成表示，希望中国经济史学会申请参加国际经济史学会。②

第12届和第13届国际经济史大会分别于1998年8月和2002年7月在西班牙马德里和阿根廷的布宜诺思艾利斯举行，大陆与会者仍只有两人。但第13届大会有所突破，在大会进行过程中，于7月25日召开世界经济史学会理事会，会上根据中国经济史学会和印度经济史学会的申请，世界经济史学会接受中国和印度为世界经济史学会成员。③

第14届国际经济史大会有了更大的突破。大会于2006年8月在芬兰首都赫尔辛基举行，到会学者1400余人。大会改选了会长、副会长，同时也改选了执委会。新一届执委会有14位委员。当选的委员分别来自英国、德国、法国、西班牙、美国、加拿大、俄国、日本、印度、墨西哥、乌拉圭、南非和中国，其中除美国为两人外，其余均为一人。我国清华大学李伯重教授顺利当选，成为该学会第一位担任执委的中国学者。

在这次大会的124场专题讨论会中，有多场涉及中国经济史，表现出国际学界对中国经济史的浓厚兴趣。但是由于各方面的原因，出席这次大会的中国内地学者人数不多，加上来自中国香港、台湾地区和欧美的华人学者，总共有十来位，大约占出席这次大会学者总人数的1%，而到会的日本学者和韩国学者人数则多得多。

第15届世界经济史大会又有新的突破。2009年8月，大会在荷兰乌特勒支召开，来自50多个国家的1200余位代表出现了三年一度（原为每

---

① 参见宓汝成《与会归来——第十次国际经济史大会纪略》，《近代中国》1991年第1期。
② 参见宓汝成《第十一次国际经济史大会记》，《中国经济史研究》1994年第4期。
③ 参见王玉茹《新世纪经济史学的新趋势——第13届世界经济史大会侧记》，《中国经济史研究》2002年第4期。

隔4年召开一次，最近两届改为每3年召开一次）的国际经济史盛会。本届大会是中国经济史研究者与会人数最多的一届，且由中国学者组织专场并可用中文作为讨论辅助语言。中国经济史学会董志凯会长率李伯重、王玉茹、林文勋、史志宏等学者出席大会并以汉语和英语为会议语言组织了3个分会场的学术研讨活动。

尤其值得一提的是，毕业于美国加州分校、现就职于北大光华管理学院的中国青年学者颜色成为大会优秀博士论文评选的获奖者之一，其获奖论文题目是《1860—1936年中国熟练工人和非熟练工人的实际工资》。评选主要是给青年研究者提供一个讨论平台，用以展示正在进行的研究，参与者主要是自上一届世界经济史大会以来三年中年龄在40岁以下的博士论文的参选人。由有关专家评审后，进入初选。在世界经济史大会召开期间，由有关专家组成评委会进行表决，评出优秀博士论文（每年1篇，共3篇）。

我们从中国学者参加几届世界经济史大会的情况就可以看出中国经济史学界是怎样一步步融入国际学术界的。现在，外国学者来访，中国学者出访以及举办国际学术研讨会已经成为司空见惯的事。从1990年至2010年20年间，中国经济史学界即举办较大规模国际学术研讨会30余次，中国经济史学界正在大步向国际化迈进。

第四章

旧问题的深化

第一节 中外经济关系

19世纪40年代，列强用坚船利炮打开中国的大门，中国藩篱尽撤，被迫开放五口通商。此后至甲午战争，中国再次战败，被迫允许外商在通商口岸设厂。凡此种种，都成为刺激国人奋起商战，建设现代化国家的重大因素。与此一史实紧密相关的是，中国近代史研究长期以来也受着外因论即"冲击—反应"模式的影响，这一模式把中国近代发生的一切变化都归之于19世纪西方文明的冲击，以为西方的商品输出、资本输出以及条约口岸都有利于中国近代化。而国内学术界则常把鸦片战争以来的一切演变都视为帝国主义入侵的结果，或是中国沦为殖民地化的产物。以上两种观点实际上都强调中外经济关系在中国经济近代化上的重要地位与作用。出于这些原因，中外经济关系问题成了20世纪80年代近代经济史学界的一个热点问题，学术界曾围绕这一问题举办过几次会议，其中1987年5月在武汉召开的"对外经济关系与中国近代化国际学术研讨会"产生了较大的影响。[①]

一 内部因素与外部因素

20世纪80年代早期，人们对明清"资本主义萌芽"的问题再一次表

---

① 参见王永年、朱英《"对外经济关系与中国近代化"国际学术研讨会综述》，《华中师范大学学报》1987年第3期；惠新《研讨会学术观点综述》，《中国近代经济史研究资料》（8），上海社会科学院出版社1987年版。

现出浓厚的兴趣。① 学者们认为,中国资本主义萌芽始于明后期,到清中叶已经有了一定的发展,在农业中还微不足道,但也有所萌动,在手工业中,资本主义萌芽的情形虽然较为乐观,但也只占了很小的比重,没有进入工场手工业阶段。同时,学者也强调,中国的资本主义萌芽晚于西欧约两个世纪,发展也很迟缓,但与近代工业之间存在着某种连续性,近代企业是在传统手工工场的基础上建立起来的。因此,人们对资本主义萌芽的兴趣是试图发现中国近代化的内部因素。比如对资本主义萌芽有深入研究的吴承明认为,要寻找中国近代化的内部能动因素,19世纪后半期中国新式工业的创建,无疑是西方资本主义以炮舰打开中国大门的结果,但也不完全是这样,它的出现和发展,同样反映了中国社会内部的因素,中国文化有它引入近代的能动因素。和受西方冲击的洋务派不同,张謇创办大生纱厂还是有一个传统的、立足于本土的且积极的"天地之大德曰生"的思想,同时大生纱厂一开始就是建立在本土传统的手织业发展的基础之上,管理上也不违农时,这条道路是中国式的,19世纪以来的中国近代化,本来应当走自己的路,历史的教训告诉我们,没有立足于本国大地的民族工业和相应的教育文化,是不可能实现本民族的现代化的。② 桑兵也认为,中国近代化虽然并非自我更新,但同时包含着民族对于传统的自我反省和否定,资本主义萌芽仅表示自我转变的可能性,而且预示出中国近代文明本来有一个潜在自然形态,只是来不及发展成熟便夭折,中国近代化因此在资本主义取代封建主义,外来模式与内部因素相融合中交错行进。③ 一些学者也具体分析了内部因素对外部因素的能动作用。王迪讨论了晚清重商主义思潮与清政府经济改革的关系,认为清政府的主动改革造成了清末大范围的振兴工商业的热潮,对于近代化起了较大的作用,表明

---

① 这一时期先后出版了几本有影响的著作,如:刘永成《清代前期农业资本主义萌芽初探》,福建人民出版社 1982 年版;李文治、魏金玉、经君健《明清时代的农业资本主义萌芽问题》,中国社会科学出版社 1983 年版;许涤新、吴承明主编《中国资本主义发展史》第 1 卷《资本主义萌芽》,人民出版社 1985 年版。

② 参见吴承明《早期中国近代化过程中的内部和外部因素》,《市场·近代化·经济史论》,云南大学出版社 1996 年版,第 115—125 页。该文最早在 1987 年提交武汉"对外经济关系与中国近代化国际学术会议",后与提交南京"张謇国际学术研讨会"的论文合为一篇。

③ 参见桑兵《中外经济关系演变与近代化的定位融合》,《学术研究》1987 年第 6 期。

内部因素的影响也不容忽视。① 彭雨新则探讨了清末自开商埠的积极意义,甲午战后,面对列强的入侵,清政府将内地一些重要港口主动开作通商口岸,以此排斥租界制度,预防外人入侵。②

也有相当多的学者强调外部因素的决定性和重要性。刘佛丁认为中国虽然有资本主义萌芽,但远未发生工业革命,历史发展的实际过程是西方提供了近代化的起点。丁日初也认为,中国封建社会母体中的资本主义萌芽远不足以成为发生产业革命的条件,中国关起门来向资本主义社会转变的看法,只是无法实现的假设。就中国被迫实行对外开放,到自觉采取措施实行近代化来说,西方刺激的影响是主要的,因此,拿内部矛盾起决定作用的一般性原理作为根据,而把承认在具体条件下外部矛盾转化为主要矛盾的意见说成是外铄论,是不科学的。③ 总之,外部因素即西方资本主义的刺激,起了决定性的作用,是主要因素,内部因素即资本主义萌芽是次要的因素。另一些学者则具体讨论了租界和海关对于中国近代化的影响。上海租界的设立有利于聚集外商投资,促进对外贸易,引进西方先进生产方式和先进科学技术,开埠第一年外商设立洋行11家之多,到1854年激增至120家,使古老的上海城市迅速出现了资本主义经济,也促进了中国近代资本主义的诞生,促使国人仿效西方经营方式,创办一系列近代工业。租界的客观作用是带来了上海城市的日趋近代化④;而近代海关的设立及其引进的一系列近代化设施,如创办同文馆、试办邮政、引进海务港务,提出全面改革的建议等,展开了它对清政府的改造,促成了洋务运动的开展。⑤

此外,还有一些学者注重把内部因素和外部因素结合起来考察。朱英认为,西方资本主义的入侵,引发中国社会内部资本主义萌芽所无法解决的自然经济逐步解体,清政府也逐渐意识到面临了"数千年未有之奇

---

① 参见王迪《晚清重商主义与近代化》,载章开沅、朱英主编《对外经济关系与中国近代化》,华中师范大学出版社1990年版,第224—237页。

② 参见彭雨新《论清末自开商埠的积极意义》,载章开沅、朱英主编《对外经济关系与中国近代化》,华中师范大学出版社1990年版,第195页。

③ 参见丁日初《关于对外经济关系与中国近代化》,《中国近代经济史研究资料》(8),上海社会科学院出版社1987年版,第25页。

④ 参见黄逸平《上海初期租界和城市经济近代化》,《学术月刊》1987年第5期。

⑤ 参见陈诗启《中国海关的近代化设施及其以清政府的改造》,《中国近代海关史问题初探》,中国展望出版社1987年版。

局",不得不对此作出回应,开始其近代化历程,清政府是中国近代工业化的直接推动者和组织者,但其不愿在政治上做任何改革的局限也导致了近代化的失败。① 马敏以清末商品赛会为例分析了内外因素的作用,参加商品赛会使中国传统文化价值观受到严重挑战,并由此引发一系列变化,如振兴工商、竞争和世界市场诸观念的产生,但是由于中国社会存在根深蒂固的封闭性,商品赛会活动只是一种缺乏真正内在转化机制的"跛脚开放"。② 虞和平则探讨了1910—1915年中美商会的交往和合作活动,中国商会希望通过这一活动,利用美国资本振兴中国实业,并以此抵制日本和其他列强的经济侵略。③ 章开沅从张謇的大生资本集团的个案角度分析了内外因素对于民族近代工业的复杂影响,张謇对西方先进生产设备和技术的态度开明通达,大生纱厂的设备和技术都从西方引进,并大胆引进外资,企业一度得到了较快发展,但它面临了日本企业的残酷竞争,其渴望得到的政府切实奖励扶持都落空,因而走向衰弱。大生资本集团的个案说明,西方资本主义虽然促进了中国自然经济的分解,但不改变半殖民地半封建社会制度和小农经济结构,中国的近代化仍然无法取得真正的突破。④

二 中外投资

吴承明考察了资本主义各国在中国的投资,他认为从1865年到1894年甲午战争之前,资本主义列强对中国的贸易额增加了不到一倍,但它们在中国进出口的商船吨位增加了3倍,同时在中国设立了很多工业企业。他估计这一时期在华外国资本大约为0.8亿美元。甲午战后,资本主义强国对中国不再是商品输出,而注重于资本输出。清政府、北洋政府和南京政府向国外的借款很多,分别达到了2.7亿、5.2亿和16.8亿美元。除借款外,最重要的是铁路和矿山的投资,第一次世界大战后,外国银行在

---

① 参见朱英《中国早期工业化进程中清政权的历史地位及其作用初探》,载章开沅、朱英主编《对外经济关系与中国近代化》,华中师范大学出版社1990年版,第258—279页。
② 参见马敏《中国走向世界的新步幅——清末商品赛会活动述评》,《近代史研究》1988年第1期。
③ 参见虞和平《论清末民初中美商会的互访与合作》,《近代史研究》1988年第3期。
④ 参见章开沅《对外经济关系与大生资本集团的兴衰》,载章开沅、朱英主编《对外经济关系与中国近代化》,华中师范大学出版社1990年版,第482—498页。

中国迅速增多，与之相伴随的是在华工业如公用事业工业、棉纺织工业的大量出现。①

汪敬虞研究了外国资本在近代中国的金融活动，主要考察了外国资本进入中国的过程，并提炼了其发展的特点。他在过程的叙述中，着重其发展的阶段性，在分析特点的时候则突出其阶段性变化。他认为，在鸦片战争前后，中国对外贸易在方式上的特点是物物交换占主要地位，因此对外贸易周期长，外国银行的汇兑很难打开局面。随后，他分析了外国资本中具有代表性的英国汇丰银行，以及19世纪70—80年代后外国在华银行活动的特点和变化。19世纪末外国银行在中国的投资活动，主要集中在财政借款、铁路借款和企业投资，进入20世纪后，除了英、法、德等国银行不断充实之外，日、俄、美的银行也纷纷进入，并出现了银行团这一新的形式，以及中外合办银行等。②

外国投资具有不平衡性。吴承明指出，19世纪末期，在投资中国占支配地位的是英德俄法四个欧美国家，第一次世界大战前英国势力大增，其投资增长了近一倍，其他三国的投资增长较慢。而日本则开始增加在华投资，与德法相抗衡，英日投资占了外国在华投资的2/5。③日本投资的迅速增加是中国近代经济史中一个值得研究的课题。杜恂诚在此方面出版了专著《日本在旧中国的投资》，他指出，日本在近代中国的投资分布于各个行业，在投资额、投资行业的广度、介入的深度，以及对中国近代经济的发展等方面都有深刻影响。他估算了日本对近代中国的投资额，1914年末，日本在华投资（包括台湾和东北，下同）约为7.24亿日元，占各国在华投资总额的22.2%，仅次于英国（34.2%）居第二位；1930年末约为43.61亿日元，占各国在华投资总额的50.9%，远高于居第二位的英国（27.7%）；1936年末约为83.8亿日元，占各国在华投资总额的52.6%，而排在第二位的英国则进一步下降（22.6%）；1945年日本投降前约为163.93亿日元，在各国在华投资中居于独霸的地位。杜恂诚认为，

---

① 参见吴承明《帝国主义在旧中国的投资》，《中国资本主义与国内市场》，中国社会科学出版社1985年版，第14—25页。

② 参见汪敬虞《外国资本在近代中国的金融活动》，人民出版社1999年版。该书由11篇论文组成，先后发表于《历史研究》《近代史研究》和《经济史研究》等杂志中。

③ 参见吴承明《帝国主义在旧中国的投资》，《中国资本主义与国内市场》，中国社会科学出版社1985年版，第27页。

日本在华投资总体是对半殖民地中国输出资本同对部分已沦为其殖民地地区的投资结合在一起，投资与军事侵占和掠夺相互交叉。由于日本投资与中国民族利益和经济利益处于不可调和的尖锐对立，因此日本在近代中国的投资并不属于中国资本主义的组成部分。①

学者们对于外资的性质也进行了深入的研究。吴承明认为，旧中国外国投资具有其特点：一是直接投资所占份额特别高；二是商业掠夺性资本占最主要的地位；三是超经济掠夺部分比重很高；四是具有地域集中性；五是外国投资集中于少数垄断集团。②张仲礼则主要研究了英美烟公司的资本积累与超额利润，认为这些跨国公司把中国变为他们掠取最大限度利润的独占市场，严重地阻碍了中国新的生产力和生产关系的发展。但国外一些学者还是强调包括英美烟公司在内的外国在华企业对中国经济发展的积极影响和贡献，张仲礼不同意国外学者的意见，他认为旧中国的外资企业，虽然在客观上加速了封建经济基础的解体，但这些公司依靠特权，直接利用中国原料和廉价劳动力，榨取高额垄断利润，压迫民族工业，从而直接地阻碍中国社会生产力的发展。通过一些史料，张仲礼发现，清末，英美烟公司负担的税率往往不及华资烟厂的10%，每年要少缴30万两银子的卷烟税，大大助长了英美烟公司在市场上的竞争能力，增加了其利润和扩大再生产能力。这一特权在北洋政府和南京国民政府时期虽然有所不同，但仍然能通过各种外交手段获得不同程度的特权待遇。同时这些外资大型企业在行业中占有垄断地位，能够操纵原料价格和市场，从而攫取垄断利润。外资大型企业还利用买办，深入政府和乡村的各个层面，占领市场。而当形势不处于继续发展时，这些大型外资企业又把超额利润大量地转移出中国，导致旧中国国际收支的严重入超。③

从19世纪60年代开始，直到新中国成立前夕为止，华侨投资国内资本主义企业达2.5万家之多，投资总额达7亿元（人民币）。华侨投资加速了沿海城市的兴起，创办的许多新式工厂改变了城乡交通运输，推动并

---

① 参见杜恂诚《日本在旧中国的投资》，上海社会科学院出版社1986年版，第1—14、62—63页。

② 参见吴承明《帝国主义在旧中国的投资》，《中国资本主义与国内市场》，中国社会科学出版社1985年版，第31—34页。

③ 参见张仲礼《旧中国外资企业发展的特点——关于英美烟公司的资本积累和超额利润》，《社会科学》1980年第6期。

刺激了民族资本主义的发展，从而促进了中国近代经济的发展。①

三 对外贸易

近代初期，鸦片贸易是中国资本主义企业原始积累的组成部分，鸦片贸易利润的一部分转化为中国近代商业资本和产业资本。随着中国市场的开辟，鸦片贸易比重逐渐减少，正常商品进出口交易成为中外贸易的主流。虽然缺乏关税保护，但对外贸易仍然对中国经济产生了积极影响。从进口商品结构中看，从开埠之初的鸦片变为19世纪80年代以后的棉纺织品，到20世纪20年代又变为多样化的工业原料和设备；从出口商品的构成来看，茶叶从占出口总值一半以上逐渐减少，进入20世纪以后迅速衰退，生丝和丝绸在19世纪末20世纪之际维持在出口总值的30%以上，到20世纪20年代以后出现下跌，20年代末30年代初，大豆和其他油料作物的出口快速增加，仅大豆和豆饼就占到出口总值的20%以上，此后出口农副产品不断走向多样化，煤、矿产、金属和棉纱棉制品也占据了重要位置。从效果上看，对外贸易不全是资本主义国家的掠夺，对于近代中国的民族经济的发展也有积极意义，既推动了商品的发展，加快了自然经济的分解；又促进了城乡经济的发展，为中国企业积累了大量货币资本，并促进了中国的进口替代工业的发展。②

中美、中日和中英贸易是近代中国对外贸易的三个主要组成部分，而中美贸易相对来说有较多的基于市场选择的自由贸易色彩。中国对美出口大宗商品先是生丝和茶叶，其后茶叶减少，植物油、皮革和羊毛等激增，两国间的贸易有显著的比较利益，促进了中国的出口替代和出口导向型产业的兴起，也增进了技术转移，对中国经济增长起到了积极作用，但同时由于贸易中双方的地位不平等，中国的利益易受到损害。③

上海是中国近代最早对外开放的口岸之一，很快取代广州成为全国的对外贸易中心，此后的近百年间对外贸易值一直占全国的一半左右。对外

---

① 参见林金枝《华侨投资对沿海城市的兴起和中国近代化的作用》，载章开沅、朱英主编《对外经济关系与中国近代化》，华中师范大学出版社1990年版，第531—547页。

② 参见丁日初、沈祖炜《对外贸易与中国经济近代化（1843—1936）》，载章开沅、朱英主编《对外经济关系与中国近代化》，华中师范大学出版社1990年版，第374—389页。

③ 参见张仲礼、李荣昌《中美贸易与旧中国经济的近代化》，载章开沅、朱英主编《对外经济关系与中国近代化》，华中师范大学出版社1990年版，第356—373页。

贸易改变了上海原有的商业经营方式，商品经济迅速发展，近代工业开始设立和发展，大大推进了上海经济的现代化。①

王永年考察了汉口对外贸易的发展，他指出从 1867 年到 1910 年汉口进出口贸易总额从 3100 万关两增到 1 亿 7200 万关两，增长 5.5 倍，尤其出口从 1300 万关两增至 1 亿 1100 万关两，增长 8.5 倍，在 20 世纪头十年里，汉口对外贸易总额始终占全国对外贸易总额的 10% 以上，汉口从一个国内贸易城市成为一个国际贸易城市。对外贸易的发展，刺激了汉口商业的繁荣，促进了汉口近代城市的初步形成，推动了近代工业的发展。②对外贸易通过促进商业，一定程度上对中国传统社会结构的变化产生了积极的影响。

郑友揆探讨了近代中国的对外贸易与工业发展的关系，他把对外贸易与工业发展的状况分成两个时期。第一个时期是鸦片战争后到 1936 年，这是一个消极发展的阶段，中国的对外贸易量没有显著增长。中国进出口贸易的平均数量，20 世纪 30 年代仅比 19 世纪 60 年代净增三倍左右。对外贸易与工业发展之间的关系复杂，第一次世界大战期间对外贸易受到影响，但国内市场得到开拓，国内工业开始扩张国内市场所需要的消费品工业和轻工业，战后中国工业遭到许多挫折，虽然 1929 年关税自主权的恢复及税率的大幅提高，阻碍了进口，给华资企业的发展以很大推动，但 30 年代尽管中国经济和工业处于景气状态，1931—1936 年平均每年对外贸易额却比 20 年代低得多。第二个时期是 1937 年到 1949 年，虽然时间短暂，并因为战争的影响而混乱，但它代表了与前一个时期内在外国统治下被动、屈从、不能自主发展的相反状态。③

四　国际收支

甲午战争之后，中国在贸易逆差不断扩大的情况下，还要支付空前的战争赔款，因此中国的国际收支平衡日益成为严重的财政经济问题。郑友揆认为中国对外贸易的性质和特点在进入 20 世纪之后有了巨大变化，在

---

① 参见徐雪筠《对外贸易与上海经济的近代化》，《学术月刊》1987 年第 10 期。
② 参见王永年《晚清汉口对外贸易的发展与商业的演变》，载章开沅、朱英主编《对外经济关系与中国近代化》，华中师范大学出版社 1990 年版，第 421—434 页。
③ 参见郑友揆《中国的对外贸易和工业发展》，上海社会科学院出版社 1984 年版，第 262—265 页。

此之前，中国对外贸易主要是商业性的，进口主要靠出口补偿，贸易逆差尚不太大，但自此以后，贸易逆差剧增，资本货物与交通运输设备大量进口，到20年代，外国人在华投资大量增加，中国对外贸易额和逆差均达到前所未有的高度。但是郑书对此仅是略有涉及，没有详尽展开。①

陈争平对于对外贸易和国际收支进行了详尽研究。他从国际收支的角度出发，认为进出口贸易值的准确程度对中外经济关系研究的影响极大，有些论著直接引用海关《关册》的统计作为依据，不过也有学者对《关册》提出质疑，并有学者对其数据提出修正。陈争平分析了1895—1936年中国进出口贸易值，认为海关对进出口的统计，特别是对出口贸易的统计，确实存在缺陷，需要进行修正。为了更全面地反映贸易收支情况，这种修正还要包括对走私货值的估计，对海关未加统计的陆路边境贸易值的估计及民船进出口值的估计等。海关自身也进行了修正，1889年海关造册处根据上海一家洋行提供的数据，将进口商品的杂费开支定为占进口货值的7%，出口商品的杂费开支定为占出口值的8%，以后直至1903年海关每年都是沿用1889年所定的比例进行修正，陈争平又对这一数值进行修正。1904年以后，海关对进出口商品值已分别改用起岸价或离岸价统计记载，但陈争平认为海关对于进口商品在折算起岸价时不再按实收税扣除，而是统一扣除5%税额的做法欠妥，同时还存在出口值低估问题及与国外实收额之差数，此外还要计算毒品、军火和一般商品的走私进口，以及陆路边境贸易。经过这一系列进出口贸易值的修正后，陈争平发现：甲午战争后短短几年间，随着外国资本的大肆入侵，中国对外贸易也出现了明显变化。一是对外贸易迅速扩大，从年均出口值来看，1895—1899年比甲午战争前1891—1894年增长了35.9%，年均增长速度更是前20年的28倍；进口增长更快，年均进口值1895—1899年增长了49%。第二个变化是在甲午战争前中国对外贸易平衡基本上保持顺差，到甲午战争后第二年（1896年）开始出现逆差；从1895—1899年五年平均贸易平衡看，虽然逆差值不大，但已成为此后中国对外贸易平衡趋于恶化的开端。如果再结合商品结构的变化，1894年进口商品比重中，鸦片占20.57%，棉布占32.14%；而到1899年，鸦片的比重下降为13.52%，棉布则上升为

---

① 参见郑友揆《中国的对外贸易和工业发展》，上海社会科学院出版社1984年版，第265—266页。

39.08%，表明旧贸易格局在起变化，西方资本主义国家越来越多地对华输出近代工业品，其货值已逐步抵上并超过从中国输入农产品的货值。这种变化，到20世纪以后，更加明显。1900年以后，一方面进出口贸易继续迅速增长，另一方面贸易逆差进一步增加，1903—1913年年均逆差值是1895—1899年年均逆差值的近20倍。这说明随着外国资本主义商品的大量入侵，中国对外贸易平衡状况迅速恶化。1914—1919年，由于第一次世界大战的影响，西洋货物对华进口减少，而欧洲对华棉花、皮毛等原料需求增加，因而这一时期出口增长快于进口，贸易逆差虽然仍旧存在，但程度有所减弱。1920年以后，进口贸易的增长很快又超过了出口贸易。1920—1930年年均值与1895—1894年年均值相比，出口增长了5.64倍，进口增长了7.03倍。1920—1930年年均逆差值达1200多万关两，而1931—1936年年均逆差值更达3450万关两，是1895—1899年年均逆差值的65倍多。贸易逆差最高的1932年一年逆差就近4600万关两。1895—1936年累计贸易逆差额近50亿关两，如何弥补这样巨大的逆差，已成为当时非常引人关心的问题。①

五 对中外经济关系定性的争论

对于中外经济关系的性质，20世纪50—60年代特别强调其侵略性，几乎所有的关于中外经济关系的研究都倾向于强调帝国主义对中国社会和经济造成的破坏。20世纪80年代初期，这一趋向有所扭转，相当多的学者也注意到了中外经济关系对中国的客观的积极影响，但又走向另一个极端。总体来说，在近代中外关系，特别是中外经济关系方面，近代经济史学界主要有两种倾向：一种是把军事和政治、经济、文化分开，认为近代中国饱受了外国的军事侵略，这是近代中外关系中的负面影响，但在军事以外的经济、政治、文化、教育等方面，外国人在促进中国近代化发展方面做了不少努力；另一种观点更认为，甚至是军事战争，也对中国产生了正面的影响，是上升阶段的资本主义对于桑榆暮年的封建王朝的战争，有进步意义的一面。有一些学者强调了中外经济关系客观上对中国有利的

---

① 参见陈争平《1895—1936中国国际收支研究》，中国社会科学出版社1995年版。同时参见陈争平《1895—1936年中国进出口贸易值的修正及贸易平衡分析》，《中国经济史研究》1994年第1期。

一面。

　　当然，近代经济史界的主流观点仍然认为，虽然近代中外经济关系有其客观积极性的一面，但是鸦片战争后西方资本主义对于中国的侵略的事实仍然不能否认。严中平认为，鸦片战争后的中国是一个西方资本主义入侵者进行间接政治统治的国家。政治是一种暴力，西方入侵者经过两次鸦片战争，在中国取得了胜利者的政治声势，又凭借炮舰威力和条约特权，为所欲为。所以，它们的经济侵略带有浓厚的政治—暴力强制性。①

　　汪敬虞也认为，这种观点是值得讨论的，西方文明代表的资本主义的确有其先进性，但是要评价西方国家在中国的活动所起的作用，需要一个全方位的客观的评价，以确定其主导方面，归纳起来，不外乎体现在两个问题上：一是他们的目的是给还是拿；二是他们的活动是促进还是压迫。就经济关系来说，主要是侧重于经济方面的判断。对于这两个问题，汪敬虞认为西方文明最初依靠武力进入中国的主要目的是掠夺中国，而不是帮助中国，其所作所为是为了它本国的利益，而不是为了中国的利益，西方国家在中国的租界、银行、工矿业、铁路、航运、贸易和投资等诸多方面，都是如此。这是无可否认的客观现实。入侵近代中国的资本，帝国主义既是近代西方资本主义的传播者，又是近代中国资本主义的压迫者。不区别两种作用的不同，会走上一个极端，不区别两种作用的主次，会走上另一个极端。② 无疑，这一评判更贴近历史真实。

　　此外，还有一些学者持基本客观的立场。丁日初等人强调即使在不平等的条件下，中国对外开放也比闭关自守为好。尽管在某种程度上民族资本受到在华外国资本的各种竞争，但这也是对中国近代化的一种刺激，也是有益的，外贸促进了中国资本主义，提高了城乡居民收入，商人在对外贸易中所得利润是进口替代工业增长的重要基础。③ 张仲礼指出，虽然西方资本主义企业在中国获得了超额利润，但在对外贸易中，尤其是中美对外贸易中，中国获得了一定的利益，他认为与英国和日本相比较，中美贸

---

① 参见严中平主编《中国近代经济史（1840—1894）》，人民出版社1989年版。
② 参见汪敬虞《关于中国近代史研究中的殖民主义观点问题》，《近代史研究》1996年第6期；汪敬虞《近代史上中外经济关系的全方位评价》，《中国经济史研究》1997年第1期。
③ 参见丁日初、沈祖炜《对外贸易与中国经济近代化（1843—1936）》，载章开沅、朱英主编《对外经济关系与中国近代化》，华中师范大学出版社1990年版，第374—389页。

易的基础较为平等，且在较为合理的中国农业半制成品与美国机器制成品之间的交换之下，中国获得了贸易的比较利益。① 这些研究成果，对于改革开放的政策提供了较好的历史经验。

第二节 传统经济与资本主义发展

20世纪80年代末到90年代中期，随着中外经济关系等问题讨论的展开，传统经济与资本主义发展的关系问题也引起了学者的关注。近代经济史学界组织了一些关于传统农业与小农经济的会议，以及手工业与资本主义发展的相关讨论，开始重新探索、发掘传统农业、手工业和市场的地位及作用。到21世纪最初的几年中，近代经济史学界在《中国经济史研究》等学术杂志的引导下，又开始了关于传统经济再评价的讨论。这一切讨论都与改革开放以后对于商品经济、市场经济的强调有很密切的关系，近代经济史学再一次将历史和现实紧密地结合在了一起。

一 传统农业与资本主义

传统农业是近代中国的一个基本约束条件，对于传统农业与资本主义关系的探讨也是近代史学界一个重要的内容。当时比较流行的一个观点，是认为中国近代社会经济不能顺利发展资本主义，这在相当大程度上归因于农业不能顺利发展资本主义。② 在这一问题上，主要有两种观点：一种认为近代中国的传统农业基本上是停滞和衰弱的；另一种则认为传统农业仍然是有所增长的，且有新因素的引入。

郑庆平认为，近代以来，在半殖民地半封建社会的社会经济条件下，帝国主义和封建主义相勾结、联合，加紧对中国农业经济和整个国民经济的剥削和压迫，中国近代农业陷入危机之中。对中国近代农业生产力的运动，做停滞与衰落这一基本估计，是比较贴近历史真实的，农机和化肥等

---

① 参见张仲礼《旧中国外资企业发展的特点——关于英美烟公司的资本积累和超额利润》，《社会科学》1980年第6期；张仲礼、李荣昌《中美贸易与旧中国经济的近代化》，《中国近代经济史研究资料》第8辑。
② 参见朱坚真《略论中国近代农业资本主义的不发展》，《学术研究》1991年第4期。

新因素的引进只具有象征性意义[①]。此外，一些学者利用刑科题本、地租册、地亩册、地方志和私人文献等多角度进行研究，从县一级来看，清中叶以后，各地区的粮食亩产量均有不同程度的下降，有个别上升，也是特例。[②] 章有义认为，封建社会时期的农业生产力至 18 世纪已达发展至顶峰，并开始转入停滞状态。19 世纪以降乃至近代，虽有一些新因素的萌芽，如新式农具、化学肥料和新品种的采用等，然而所起的作用微不足道，并不像某些论者所夸大的那样。从海关报告中可以看出，即使在通商口岸地区，古老的农耕方法依然占支配地位，复种轮作没有什么创新，农民普遍使用的仍然是消耗体力的古老农具，依旧依靠传统农家肥，改良种子和新品种的引进有名无实，如此等等，因此，过高估计我国近代农业生产力新因素的作用是没有根据的。[③]

与上述观点相比，一些学者持较乐观的态度。卢锋认为，近代以来，外部经济系统的嵌入、对外经济联系的加强、近代工业化推进，以及伴随这些变化而来的社会需求的复杂化和多样化，对传统农业增长及其结构转换造成前所未有的刺激和压力，在这一背景下，近代农业确曾获得某种增长，并显示出结构演进的趋向，如农业总产量规模扩大、新要素的投入，农产品商品化的提高，以及耕种共同体的解体。[④] 徐秀丽也认为，自清末以来，我国农业在品种改良、新式生产工具的采用、农业试验机构的设置及农科专门人才的培养方面取得了一些进展，开了农业近代化的先河，同时，化学肥料的使用、农科书籍的译介、农技出版物的发行、农会等团体的出现，以及新式垦牧公司的成立等方面，都体现了中国传统农业中出现了近代化因素，出现了由传统农业向近代农业过渡的尝试。[⑤] 衣保中等人具体分析了 20 世纪初东北地区农业发展，认为农业中出现了由自给自足的自然经济向商品经济的转变，农业由分散的小农生产向社会化、区域化、专业化生产过渡，农业工具由手工工具和畜力农具向半机械化和机械

---

① 参见郑庆平《中国近代农业的危机》，《中国农史》1985 年第 4 期；《对中国近代农业生产力的基本估计》，《晋阳学刊》1994 年第 6 期。
② 参见赵冈等《清代粮食亩产量研究》，中国农业出版社 1995 年版。
③ 参见章有义《海关报告中的近代中国农业生产力状况》，《中国农史》1991 年第 2 期。
④ 参见卢锋《近代农业的困境及其根源》，《中国农史》1989 年第 3 期。
⑤ 参见徐秀丽《旧中国农业近代化的尝试》，《走向近代世界的中国》，成都出版社 1992 年版。

化农具演进，农业技术从直接经验向近代科学技术转化；同时也出现了农业资本主义的产生和发展。① 吴承明在考察了近代农业的相关数据后认为，19世纪之后亩产量虽然下降，但粮食总产量仍然有可能上升。因为这一时期耕地面积有所扩大，不过粮食人均占有量都有下降趋势，最低点的1949年人均占有量已达400斤的最低限度。但在总体上，农业技术并非停滞不前，人口压力并非如想象的那样大，近代中国农业还是有所增长的。② 在这一问题上，《中国经济通史·清代经济卷》显得更乐观，对总产量提高的途径作出解释。该书认为，清代各地的粮食亩产，与前代相比，均有所提高，其最突出的成就是地区扩散，即粮食亩产量在全国广大地区普遍提高，从而导致了粮食总产量的提高。③

虽然以上两种观点基本对立，但两者之间也有一些共通之处。力持传统农业停滞和衰弱一说的学者也强调，新因素的出现，标志着中国的传统农业，到了近代已开始与现代农业科学技术交汇，从而孕育了农业发展的新方向。④ 同时，主张传统农业有发展的学者也承认近代农业陷于困境之中，农业近代化最终并没有完成。⑤ 可见，对于传统农业近代化问题，学者之间有分歧，也有共识。持肯定论的学者一般也认识到传统农业对于资本主义农业生产方式的阻碍，而否定论者中也有一些学者强调传统农业中的积极因素。⑥

在传统农业与资本主义这一范畴内，还有一些学者关注了农民社会的现代化问题。例如秦晖提出，中国传统文化实质上是农民文化，中国现代化进程归根结底是农民社会改造的过程，但在我们这个通过工农革命而建立人民政权的时代，对农民的研究反而长期无法发展，因此应该加强对传统社会中农民社会的研究。⑦

---

① 参见衣保中、吴祖鲲《论东北农业近代化》，《社会科学战线》1997年第1期。
② 参见吴承明《中国近代农业生产力的考察》，《中国经济史研究》1989年第2期。
③ 参见方行、经君健、魏金玉主编《中国经济通史·清代经济卷》，经济日报出版社2000年版，序言第2页。
④ 参见郑庆平《对中国近代农业生产力的基本估计》，《晋阳学刊》1994年第6期。
⑤ 参见卢锋《近代农业的困境及其根源》，《中国农史》1989年第3期；徐秀丽《旧中国农业近代化的尝试》，《走向近代世界的中国》，成都出版社1992年版。
⑥ 参见叶茂等《传统农业与现代化——传统农业与小农经济研究述评（上）》，《中国经济史研究》1993年第3期。
⑦ 参见秦晖《农民、农民学与农民社会的现代化》，《中国经济史研究》1994年第1期。

二　手工业与资本主义

早在20世纪60年代，对于工场手工业与资本主义关系的讨论就存在两种意见。一种意见认为外国资本主义切断了作为资本主义萌芽的工场手工业与资本主义工场手工业的联系。樊百川认为19世纪中叶以前，中国手工业在封建主义制度下的发展，产生了资本主义的萌芽，但并没有成长为资本主义的工场手工业。外国资本主义的入侵，使中国手工业中发生的资本主义萌芽失掉了生长的基础，其独立发展的正常道路，则从此被永远截断。[①] 而另一种意见则认为外国资本主义并不能切断产生资本主义萌芽的工场手工业与资本主义工场手工业的联系。戴逸认为，中国封建社会末期社会经济和手工业生产所达到的水平，是中国近代机器工业由其产生的出发点和内在根据。离开了这个出发点和内在根据，近代机器工业的出现就会成为不可理解的事情。外国的侵略可以改变中国经济发展进程的方向和速度，但是不可能一刀斩断这个进程。[②]

20世纪80年代，近代经济史学界对这一问题的争论依然存在。吴承明认为，至少在16世纪苏、杭的丝织业，广东佛山的冶铁和铸造业，浙江崇德的榨油业及江西铅山的造纸业中，已有10人以上的工场手工业出现，有的已经有男女工各数十人，规模不算小；有的投资大，是为利润而生产的；有的雇工虽然不多，但也是资本对劳动的关系，不是封建性的关系，尤其陕西汉中有些大厂，恐怕已是工场手工业的性质。[③] 他强调，中国虽然没有出现一个工场手工业时期，但是综观中国资本主义的发展，仍然可以看到有一个简单协作、工场手工业、大机器工业的交替过程。他特别强调工场手工业这个新事物的生命力，指出它在中国近代资本主义工业发生发展进程中具有延续性和导向性，他不同意说中国资本主义是西方移植来的，也不同意说近代工业的建立与资本主义萌芽并无继承关系。[④] 对此，徐新吾表示赞同，他认为，在中国半封建半殖民地社会里，由手工工

[①] 参见樊百川《中国手工业在外国资本主义侵入后的遭遇和命运》，原载《历史研究》1962年第3期。1985年收入黄逸平编《中国近代经济史论文选》做了一些订正。

[②] 参见戴逸《中国近代工业和旧式手工业的关系》，《人民日报》1965年8月2日。

[③] 参见许涤新、吴承明主编《中国资本主义发展史》第1卷《资本主义萌芽》2003年第2版，第163、186、435页。其第1版出版于1985年。

[④] 参见吴承明《中国资本主义发展述略》，《中华学术论文集》，第303—309页。

场向机器工业的过渡问题,是一个错综复杂的问题。鸦片战争后中国资本主义近代工业如果只是从外国移植进来,而全部没有中国自己资本主义的内因,那么这是一种"外铄论",如果承认中国有"萌芽"而又"中断"了的,也同样导致"外铄论",全面来看,中国有些重要的近代工业是从原有的手工作坊或工场发展过渡而来的。他发现中国第一家民族资本发昌机器厂就是从一家打铁作坊发展过来的,而且鸦片战争后有些行业从国外移植进大机器工业,后来又出现手工工场,出场的先后次序虽是颠倒的,却不能说其间没有手工工场向机器工业的过渡关系。[①] 丁长清也认为中国资本主义工业仍有相当大部分是从资本主义萌芽的基础上发展起来的,两者有着密切的关系。[②] 陈绍闻、郭庠林指出,1840 年以后,由中国封建社会私人手工业发展起来的数目相当多的大作坊或工场,除了一部分由于种种原因而破产,也有一部分工场、作坊则继续存在并有所发展,变成了资本主义性质的手工工场,有些手工作坊还发展成为使用机器生产的资本主义工厂。例如上海的发昌机器厂、广州的陈泰联机器厂、天津的德泰机器厂,都是以原有的手工业作坊为基础。[③] 孔经纬也认为不能只看近代工业发展而忽视手工业的地位和作用,西方资本主义的形成通常也并非开始于大机器工业时期,而是在工场手工业时期实现的,在中国,同样不能没有手工业资本主义。[④]

另一些学者对于工场手工业是否是近代机器工业产生的重要途径这一问题有不同的看法。张国辉认为中国资本主义大工业是在西欧机制品广泛侵入和刺激下出现的,一开始就利用外国输入的现成机器设备,基本上没有经历工场手工业阶段。汪熙认为在缫丝、轧花、榨糖、制茶等行业中都有不少手工工场,本来具备一定的条件,可以向资本主义机器工业发展的,但是鸦片战争后外国资本主义入侵,切断了原来的发展道路。[⑤] 在中

---

① 参见徐新吾《对中国资本主义萌芽等若干问题的探讨——在编写中国资本主义工商业行业史中的一些体会》,《近代中国》1991 年第 2 期。

② 参见丁长清《中国资本主义工业发生问题初探》,《南开学报》1980 年第 3 期。

③ 参见杨立强、沈渭滨《"近代中国资产阶级研究"讨论会综述》,《复旦学报》(社会科学版)1983 年第 6 期。

④ 参见孔经纬《关于中国的资本主义形成和资产阶级形成》,《社会科学战线》1985 年第 4 期。

⑤ 参见杨立强、沈渭滨《"近代中国资产阶级研究"讨论会综述》,《复旦学报》(社会科学版)1983 年第 6 期。

国,从资本主义萌芽到早期民间近代企业不可能是大量的,更不可能是主要途径,也就是说,两者之间并无直接继承性。中国手工工场向大机器工厂过渡,不是发生在大机器工业出现之前,而是发生在大机器工业出现之后。① 凌耀伦等人也认为,中国的工场手工业多数被外国资本主义商品重炮摧毁,很少得到发展,最早使用机器生产的不是工场手工业发展的结果,而是由外国机器工业移植的结果;不是从轻工业的商品生产开始,而是从非商品生产的重工业军需品开始;不是创建于私人民营,而是创建于官办。②

对于手工业与民族机器工业的关系,相当多的学者认为两者不是替代关系,而是存在一定的互补。樊百川分阶段考察了手工棉纺织业与棉纺织工厂的关系,认为 20 世纪初,后者促进了前者的发展,尤其对农村家庭棉纺织业起到了资本主义改造的作用。③ 王翔考察了近代中国丝绸业的结构与功能,认为任何社会生产力的孕育、发展和蜕变,都离不开纵向的继承和横向的渗透,新生产力无论是从原有系统内部自然深化出现,还是从系统外部强行楔入而生长,都可能而且必然与原有的生产力交错并存,并延续相当长的时间,近代以来中国传统丝绸业尽管走向没落,但仍继续存在,在一定范围内发挥着作用。即使在新式缫丝工业较发达的浙江,直到 20 世纪 30 年代,土丝的产量仍比厂丝高出一倍,足可见传统手工业与近代工业同时并存、相伴并行,一部分沿着上行的路线发展,由旧式手工业进化为近代大工业,一部分承袭传统的经营方式和特点。④ 小农业与纺织手工业主要是棉纺织手工业的分解过程,是经过棉纺分离、纺织分离以至最后的耕织分离,即纺织手工业全部从农家中游离出来。在旧中国,这一过程是十分缓慢与不彻底的。对中国小农经济棉手工业的纺织结合进行强力切割的真正力量还不是进口洋纱,而是在国内大机器棉纺织工业(包括外国资本在华设厂)发展以后,把棉农手中的棉花大量吸收进入市场,起了釜底抽薪的作用。然而即使这样,也仍然很难全部剥夺棉农手中的自给棉之用于自给纺纱。至于促使耕织分离就更困难,小农在使用洋纱织布

---

① 参见汪敬虞《论中国资本主义两个部分的产生——兼论洋务企业和中国资本主义的关系问题》,《近代史研究》1983 年第 3 期。
② 参见凌耀伦、熊甫、裴倜《中国近代经济史》,重庆出版社 1982 年版,第 163 页。
③ 参见樊百川《20 世纪初期中国资本主义发展概况与特点》,《历史研究》1983 年第 4 期。
④ 参见王翔《近代中国丝绸业的结构与功能》,《历史研究》1990 年第 4 期。

以后，提高了织的效率，降低了成本，从而更增强了抵抗的能量。直到抗战前的1936年，在全国棉布所有产量中，农村土布仍占约39%，其中商品布已大大衰落，主要是自给布占有3/4，而在全部土布中使用土纱的比重也还占24%。这就足以说明中国自然经济分解与解体的过程十分缓慢。① 徐新吾强调，如果我们把中国工农业总产值中自然经济与商品经济的比重做一个大体的估算，一直到1920年，在中国工农业总产值的219.03亿元中，这两者的比重约为55：45，自然经济仍占优势；到1936年在工农业总产值306.12亿元中，这两者比重已有逆转，自然经济129.54亿元，占42%，商品经济176.58亿元，占58%。在过去，我们比较注意外国资本主义、帝国主义的进口商品与外资设厂问题对民族资本近代工业发展和中国整个社会近代化发展的阻碍。这是中国沦为半封建半殖民地社会的基本原因。而在帝国主义及其支持下的封建主义压制下，所造成的中国传统的封建土地所有制以及小农经济结构，在半封建半殖民地社会中长期保存。中国社会内部自然经济的分解与解体进行得十分缓慢，阻滞商品经济的发展与社会生产力的前进，也是另一项十分重要的因素。②

史建云认为，人们常常认为农村手工业阻碍了近代工业开辟农村市场，对抗了机器工业的发展。这种观点，对传统的、以自给为主的农村手工业来说，也并不完全正确，对近代中国农村中蓬勃发展的手工业商品生产来说，则是相当片面的。而实际情况是，在近代中国，农村手工业的发展与近代工业之间存在多种错综复杂的关系。首先，近代中国农村手工业由于使用近代工业产品作原料或工具，自身成为近代工业的市场，从而促进了近代轻纺工业和机器制造业的发展。其次，由于手工业发展增加了农民的收入，提高了农村的货币购买力，从而使近代工业在农村的市场得到扩大。最后，大多数农村手工业不存在与近代工业的竞争关系，唯一与近代工业发生市场竞争的是棉手织业，而在手织业与近代民族工业竞争的同时，双方还存在互补关系，并共同与外国资本展开竞争。由此得出结论：

---

① 参见徐新吾《对中国资本主义萌芽等若干问题的探讨——在编写中国资本主义工商业行业史中的一些体会》。
② 参见徐新吾《近代中国自然经济加深分解与解体的过程》，《中国经济史研究》1988年第1期。

在近代中国，农村手工业商品生产，在市场问题上，对民族工业的发展既有促进的一面，也有与之竞争、对抗的一面，促进作用是主要的，而竞争、对抗则是次要的。① 在第一次世界大战后的十年间，中国手工业在商品化生产上有所扩大，生产技术发生变革，出现了资本主义生产方式，且工场手工业也有发展，可见这一时期手工业也并不是单纯地走向衰退，而是伴随着机器大工业，开始了向现代化的转型。② 她认为，洋纱洋布对农村棉纺织业的影响主要分为四种情况：第一种是影响极少；第二种是部分代替了土布土纱，造成了家庭纺织业的衰退；第三种是与土纱土布和平共处；第四种是促进了农村棉纺织业尤其是手织业的发展。农村手工业在近代农民家庭经济中起着日益重要的作用，有利于农业生产的商品化、近代化。③ 彭南生总结了传统手工业和机器工业的四种互补形式，即结构性互补、关联性互补、水平性互补和劳动性互补，认为这种互补关系是近代手工业长期存在的重要因素之一，由此形成了中国早期工业化进程中的机器工业与手工业并存的二元模式。④

在定性外，学者们也进行了工场手工业与资本主义工业所占份额的定量估算。据吴承明估算，1920 年中国近代化工业的产值约 8.83 亿元，同年工场手工业产值为 11.5 亿元，可见工场手工业产值比近代化工业的产值还要大。1936 年工场手工业产值估算为 23.7 亿元，比近代化工业产值 28.3 亿元要小。到 1949 年工场手工业的产值还占了全部手工业产值的 47%。⑤ 彭泽益也估算了相关的数量关系。他认为近代中国工场手工业在工业资本主义经济中占有十分重要的地位，但在有关中国工业资本主义发展史的论著中，对于工场手工业的地位和作用一直讲得很少，甚至根本忽略不谈，不能不说是一个缺陷。在近代中国工场手工业兴起之前，清代封建社会内就已经孕育了一些具有资本主义生产萌芽的工矿企业，到辛亥革

---

① 参见史建云《从市场看农村手工业与近代民族工业之关系》，《中国经济史研究》1993 年第 1 期。
② 参见史建云《第一次世界大战后十年间中国手工业的转型》，载中国社会科学院近代史研究所民国史研究室编《一九二〇年代的中国》，社会科学文献出版社 2005 年版。
③ 参见史建云《农村工业在近世中国乡村经济中的历史作用》，《中国经济史研究》1996 年第 1 期。
④ 参见彭南生《论近代手工业与民族机器工业的互补关系》，《中国经济史研究》1999 年第 2 期。
⑤ 参见吴承明《论工场手工业》，《中国经济史研究》1993 年第 4 期。

命前后，不使用原动力的手工工场占了98%以上，使用原动力的工厂只占了不到2%。到1919年，这一比例也变化不大，分别约为96.6%和3.4%，到1947年底这一比例约为76%和24%。就区域上来说，上海是近代工业化水平较高的城市，工厂工业相当发达集中，其中工场手工业实际仍然为数很多，1931年两者的比例约为59%和41%。因此，近代中国工厂工业与大量的工场手工业长期共存是一个不争的事实。他认为"中国资本主义的产生，同工场手工业在很多方面都有联系"。因此，他不同意"切断说"，认为外国资本主义入侵对中国手工业只起了有限的破坏作用，并不是全部被它消灭了。①

三 传统经济再评价

20世纪80年代末到90年代中期，随着市场经济的兴起，经济史学界开始深入研究传统经济的各个方面，并形成了对传统经济进行再评价的热潮。

当时，一些研究古代史的学者强调唐宋经济的兴盛，而忽视了清代经济的发展。对此，近代经济史学界开始重新评价清代经济。方行认为，清代经济发展超越前代，农民耕地减少，这正是因为生产力提高的结果，而农业商品生产的发展高度是前代所没有的。②可以说，这成为近代经济史界的一个主流观点，后来集中表现在《中国经济通史·清代经济卷》中，他总结，清代经济在农业、手工业、商业和财政、金融各方面都大大超过了前代，是中国封建经济发展的高峰。吴承明同意《中国经济通史·清代卷》的论断，不过他还有点个人的看法。他认为16世纪和17世纪初，中国经济的发展已引起社会结构的某些改变和经济制度上不可逆的变迁，以及思想上的反传统思潮和以经世致用为号召的启蒙思潮；他把这些称为现代化因素或萌芽。但这些因素在清人入主中原后全被打断了。有清一代，在经济上或生产力上确有很大的发展，但只是在封建经济范围内的发展。因为在制度上虽也有由"一条鞭"到摊丁入亩、由定额租到永佃制、由短工人身自由到长工人身自由等变迁，但未能引起经济体制的变革，更

---

① 参见彭泽益《近代中国工业资本主义经济中的工场手工业》，《近代史研究》1984年第1期。

② 参见方行《正确评价清代的农业经济》，《中国经济史研究》1997年第3期。

无望政治体制的变革。尤其在思想上，不但启蒙思潮烟消云散，而且回到经学去了。而这也是中国开始落后于西方的原因。①

对清代经济发展的强调并不是传统经济再评价的孤立行动。学者们也试图为当时建设社会主义市场经济提供历史借鉴。《中国经济史研究》发起了一次关于传统市场的笔谈，特别强调，摸清我国传统市场的发展状况及其影响，为建设社会主义市场经济提供历史借鉴，更成为摆在中国经济史研究者面前的重要课题。我国传统市场和传统经济的一些特点，对我国近代化进程和当今的社会主义市场经济建设，已经产生和可能产生的或反或正的作用与影响，也值得我们一步探索。②

在现实的启示下，学者们展开了深入的讨论。方行认为：首先，传统市场是商品经济和自然经济相互制约、相互补充的市场，明清时期商品经济发展的同时，自然经济也有很大发展；其次，要素市场也在发育，如土地市场、劳动力市场和资金市场等，都有优化和发展，加速了资本的形成。③ 魏金玉认为，中国传统市场有着中国自己的特色：其一，土地买卖占有十分重要的地位；其二，传统市场是封建政权调控下的市场。④ 吴承明认为，不能把历史上的商品经济等同于现实中市场经济的发展，资本主义是可以逾越的，但市场经济却不能逾越，在历史研究上，与其说资本主义萌芽，不如叫近代化萌芽，即市场经济的萌芽⑤，从而把市场经济提高到近代化的高度。

2001年至2004年，在北京召开了四次"中国传统经济再评价讨论会"，学者对传统经济的诸多方面提出了新的观点。对于传统经济总的评价方面，吴承明认为，在16世纪，中国也有了现代化的因子或萌芽，其标志是大商帮的兴起：十大商帮有五个兴起于16世纪，其余在17世纪前期；出现工场手工业和散工制，即所谓资本主义萌芽；发生某些经济和社会制度的变迁，如财政的货币化和白银化，押租制和永佃制的出现，短工

---

① 石涛、毛阳光：《"中国传统经济再评价"研讨会纪要》，《中国经济史研究》2002年第1期。
② 参见本刊编辑部《传统市场与市场经济研究述评》，《中国经济史研究》1994年第4期。
③ 参见方行《中国传统市场的主要特征》，《中国经济史研究》1995年第2期。
④ 参见魏金玉《中国传统市场的特色及其他》，《中国经济史研究》1995年第2期。
⑤ 参见吴承明《要重视商品流通在传统经济向市场经济转换中的作用》1995年第2期。

的人身解放，乡绅或社区权力的兴起等。① 魏金玉认为，清代是中国封建经济发展的高峰。在生产与交换、农业亩产量、总产量以及手工业上的发展都前所未有，发展更体现在商品流通上，粮食、棉布在流通中占很大比重，商业繁荣；在生产关系上，个体手工业兴起，由商人参加的工场手工业有所发展，并出现经营权与所有权的分离。② 在传统农业的评价方面，李根蟠认为，总体而言，清代农业经济比前代是有所发展的，这种发展主要是表现在广度上，而不是表现在深度上。鸦片战争前，传统农业已经隐藏着落后的因素，它主要表现为两个方面：一是作为农学基础学科的理论和研究手段的落后；二是农业劳动生产率的停滞。明清时代，中国传统农业在土地利用上达到一个新的高度，精耕细作技术在广度和深度上都有所发展，在农学理论上也有些新的东西，但进展不大，没有质的变化。中国传统农业土地利用率和土地生产率一直领先于世界，但劳动生产率与西欧中世纪农业相差不远。③ 他强调，应该承认明清经济是有所发展的，但这种发展受到一些根本性的制约；夸大明清经济发展的程度是不妥当的。④

在传统农业问题上，学者关注的焦点主要集中在如何评估和看待劳动生产率，一种观点认为传统农业有其特点且难于计量，应该淡化劳动生产率的考察，另一种观点则认为还是应该重视劳动生产率。史志宏认为从传统的农业看，中国古代农业生产效率高，经济结构合理，较早解决了吃饭穿衣问题。但也产生了负面影响，就是人口增长速度太快。因此，18世纪后期中国的劳动生产率下降了。方行主张淡化劳动生产率时认为，马克思讲的劳动生产率是在理论上存在，又是不可量化的概念。中国农民既种粮食，又种经济作物，又从事手工业生产。粮食还可以算，经济作物和家庭手工业无论如何也算不出来。吴承明认为，劳动生产率的概念始于马克思，因为马克思讲劳动价值论。劳动量是按社会平均劳动多少小时计算

---

① 参见吴承明《从传统经济到现代经济的转变》，《中国经济史研究》2003年第1期。
② 参见李军等《"中国传统经济再评价"第2次研讨会会议纪要》，《中国经济史研究》2002年第4期。
③ 参见石涛、毛阳光《"中国传统经济再评价"研讨会纪要》，《中国经济史研究》2002年第1期。
④ 参见宋永娟、贾海燕《"中国传统经济再评价"第三次学术研讨会纪要》，《中国经济史研究》2004年第3期。

的，活劳动可以计算，物化劳动无法计算，不可一概而论。龙登高也认为不应过分强调劳动生产率标准，认为中国古代劳动力不是稀缺资源，当时重要的不是节省劳动，而是调动劳动者的积极性，释放更多的劳动，创造更多的财富，强调劳动生产率的评价标准，会导致误区。林刚则认为劳动生产率是特定历史时期，在资本家追逐利润最大化的条件下产生的经济发展判断标准。但封建社会没有必要在最短时间内追求生产最多产品。① 与上述意见不同的是，郑起东赞同方行关于清代是传统经济发展的高峰的观点，认为劳动生产率不能只计算粮食生产率，应该把工副业生产也估算进去作综合的考察。李根蟠同意农业生产力中包含自然生产力的提法，因此，如何分析和把握农业劳动生产率这一概念，确实值得进一步探讨。他认为单纯以劳动生产率衡量经济发展与否是片面的，应该全面考察资源利用的广度、深度和合理程度，但从中国和世界历史看，劳动生产率的提高仍然是衡量经济和社会发展的不容忽视的重要指标。②

传统经济再评价还涉及了手工业和商品经济等方面的问题。林刚提出了社会分工与农业、手工业相结合的小农经济之间的关系问题。他指出，在清代到近代的这一历史时期，经济发展水平越高，农业和手工业的结合越密切，恰恰是资本主义萌芽最难发生的时候。这似乎与斯密的动力理论相矛盾。顾銮斋认为，传统的思维方式把商品经济和自然经济、小农经济对立起来。实际上，在一定历史阶段，商品经济的发展不一定导致小农经济的解体，而恰恰是它的一种补充，在资本主义没有完全发展起来时，农业和手工业的结合应当是合理的。方行认为，商品经济作为市场经济的萌芽，是人类经济发展不可逾越的阶段。它是社会生产发展、资源配置优化和资源效益优化的决定性因素，它和生产一道，是社会变迁和政治变革的终极原因。史志宏认为，中国传统的商品经济是建立在耕织相结合的小农经济的基础上，由于这种小农经济自身的特点，它必然要与市场发生联系，所以中国古代有比较发达的商品经济。但是作为这种商品经济和市场集中地的城市处于国家的心脏地带，容易受到国家的控

---

① 参见张安福《"中国传统经济再评价"第四次学术研讨会纪要》，《中国经济史研究》2005年第1期。

② 参见宋永娟、贾海燕《"中国传统经济再评价"第三次学术研讨会纪要》，《中国经济史研究》2004年第3期。

制，难以自由发展。①

第三节 国内市场

20世纪50年代的近代经济史研究更多关注生产关系方面，忽视甚至抛弃了生产力的研究。同时，50年代的近代经济史研究置身于通史、革命史研究的结构之中，忽略了经济史研究对象自身的发展状况和规律。十一届三中全会之后，近代经济史学界对过去进行了反思，对旧有的研究问题或进行了新的阐发，或进行了更深入的研究，并有意识地从近代经济发展本身问题和规律着手，把生产力和生产关系结合起来研究，国内市场问题研究就是在这样的背景下开始的。国内市场问题是近代经济史研究中的一个重要问题。与西欧相比，中国较早废除了领主制，并实现了国家统一，长期以来商业都比较发达，但是中国的资本主义生产关系没有较早产生，而是萌芽较迟，发展也较慢。为什么会出现这种现象呢？相当多的学者认为这与中国国内市场有关系。出于这一认识，一些学者开始研究近代中国的国内市场。国内市场研究因此成为近代资本主义研究中的一个重要问题。学者们对于国内市场的研究主要集中于市场理论、国内贸易总值和市场规模、市场层次与类型、农产品商品化、市场价格体系与经济增长、社会总需求与城乡消费六个方面。

一 国内市场理论

改革开放之后，市场在社会经济中变得越来越重要，其影响也不断扩大。这也促使经济史学者开始重视市场理论和市场史的研究。经典的市场理论来源于西方的经验，认为市场产生于分工。但是研究中国经济史的学者发现，这一市场理论与中国市场史之间有着内在冲突。吴承明发现，历史上各种市场的形成，并不一定依靠分工，有一类市场如地方小市场或者农村集市，交换双方都是当地农民，交换的东西也大都是每家都能生产的，并不是必须有社会分工，在中国历史上，这类市场发展较快。第二类

---

① 参见宋永娟、贾海燕《"中国传统经济再评价"第三次学术研讨会纪要》，《中国经济史研究》2004年第3期。

市场是城市市场，其形成也不是由于社会分工，而是由于剥削。贵族和官僚集团都要在城市购买生活资料，于是商贾云集，城市市场繁荣。第三类市场是地区之间的、长距离的贩运贸易，其所依据的是物以稀为贵的原则，也与社会分工关系不大。他因此有所悟，认为市场恐怕不必是建立在生产的一极上，也可以建立在生产和交换的两极上。① 交换本身也经历了劳动交换、商品交换、智能交换三种形式，他并且从构建交换与经济发展的模式中，提出了交换通常是经济发展的导数的论点。② 在另一个场合，他对于市场也提出过另一种分类，他认为中国大体有三种市场：第一种是地方小市场，如墟集贸易；第二种是区域市场，即通常像"岭南""淮北"这些概念所称以及多数省区范围所示的市场；第三种是跨区域的大市场，也可称为全国性市场。各种不同类型的市场，具有不同的作用，墟集是自然经济的组成部分，区域市场反映城乡交换有限的社会分工，全国性市场则实行长距离贩运。③ 吴承明也对各种经济学理论做出了反思，他认为，市场是一只"看不见的手"，它究竟怎么演变，我们并不知道，我们知道的只是经济学家对于市场解释的分析方法，马克思的市场理论源于重农学派，古典经济学的市场理论多少带有重商主义的色彩，新制度经济学派则把经济发展归于有效的经济制度变革，新古典经济学忽略经济结构和社会制度的变革，只适合于静态或短期分析，作为经济史研究，还必须运用马克思的市场理论和新制度学派的理论。④ 通过对市场理论的思考，吴承明觉得近代经济史学界应该加强国内市场的研究，以此考察国内市场与中国近代化之间的关系。

国内市场规模与近代化之间关系也是学者需认真思考的问题。严立贤认为，传统中国的农民只能在其最基本的生存水平上艰难度日。这一低水平的需求，决定了国内市场极度狭小。国内市场的规模可以通过国内消费总量与商品率相乘，再除以国内生产单位数这一公式来得出。根据吴承明

---

① 参见吴承明《市场理论和市场史》，《市场·近代化·经济史论》，云南人民出版社1996年版，第213—215页。原载《平准学刊》第3辑下册，1986年版。

② 参见方行《序言》，载吴承明《经济史理论与实证：吴承明文集》，浙江大学出版社2012年版。

③ 参见吴承明《中国资本主义的发展述略》，《中国资本主义与国内市场》，中国社会科学出版社1983年版。

④ 参见吴承明《传统经济·市场经济·现代化》，《中国经济史研究》1997年第2期。

的数据,他估算了鸦片战争前国内市场的规模:按照鸦片战争前我国的生活水平,平均每一生产单位的市场需求为粮食129.05斤,棉布3.96匹,再多生产和提供,就会超出市场的购买力,多余的粮食和棉布就无法售出,不能实现其价值。显然这一市场规模过度狭小,无法为中国近代化提供市场支撑。①

二 国内贸易总值和市场规模

国内市场贸易总值和市场规模的研究主要由吴承明奠基。在20世纪50年代,也有一些学者如吴半农,也做过相关问题的研究。② 吴承明在1983年曾作过鸦片战争前后国内市场商品量的估计,20世纪90年代初,吴承明又一次估计了1869—1908年的市场商品量,是用历年厘金收入、常关税等还原法和海关的土产埠际贸易统计进行估算。按照吴承明的估算,市场商品量在1870年约为10.39亿两规元,1890年约为11.74亿两规元,1908年约为22.98亿两规元,1920年约为66.10亿两规元,1936年为120亿两规元。③

吴承明是从四个方面来观察流通发展的:(1)货运路线(主要是水运)的延长和增辟;(2)新的商业城市和手工业镇市的兴起;(3)大商人资本的出现;(4)长距离运销的发展。到清中叶,内河商业航程已达五万公里,沿海航线约一万公里,已具有近代的规模;大商业城市如新兴的汉口镇,年贸易额达一亿两左右;大商人资本已由明代的50万—100万两级进入1000万两级,他进而利用可能的资料,对鸦片战争前(以1840年为基期)国内市场的商品量和商品值作了估算。他选取了7种商品,即粮食、棉花、棉布、丝、丝织品、茶和盐"足以代表整个市场结构的"商品,他估计这几种商品的总商品值为3.87亿两,人均接近1两。考虑到受(1)政府的征课;(2)城居地主引入城镇的地租;(3)商业、高利贷资本来自农村的利润和利息这三个因素的影响,相当数量的农产品意向运出而没有回头货与之交换。清政府的征课,最大项目是田赋,占岁

---

① 参见严立贤《日本资本主义形态研究》,中国社会科学出版社1995年版,第259—260页。他认为日本近代化之所以成功,原因之一即在于其国内具有较发达的商品经济和一定程度的国内市场。
② 参见彭泽益《中国近代手工业史资料》第3辑,1957年版,第63页。
③ 参见吴承明《近代国内市场商品量的估计》,《中国经济史研究》1994年第4期。

入 3/4 以上，鸦片战争前实收约 3200 万两；征课的另一大项是盐课，鸦片战争前已缺额，实收不到 500 万两。盐为专卖品，各销区批价（每斤一分二厘至三分不等）偏高。因无出场价，只好将该项商品值减除五百万两，作为调整数。这样，调整后的国内市场商品流通额约为 3.5 亿两。① 这一数据比过去有人按厘金推算数（不到 1 亿两）大得多，比美国珀金斯氏按海关土产转口统计推算数（6 亿—7 亿两）又小。吴自己也承认，当时中国并无社会经济调查和统计，这一估算主要用间接方法求得，反映的是消费市场价格，一般来说使用的是批发价，批发价不是生产者所得价格，当然很粗糙，但也可以给出一个较全面的印象，反映出大致的比例关系，比那种单用概念来论证的办法为好。

通过国内市场流通额的估算，吴承明认为由明到清，国内市场显著扩大了，他也指出鸦片战争之前，中国国内市场还是一种以粮食为基础、以布（以及盐）为主要对象的小生产者之间交换的市场结构。市场具有狭隘性和长距离贸易的局限性。② 19 世纪七八十年代国内市场的发展还是很慢的，90 年代开始显著，而迅速扩大是在 20 世纪以后，尤其是 20 世纪 20 年代以后，铁路、公路、民船等货运量约有轮船的三倍，全部埠际贸易可达 47.3 亿余元，比清前期的长距离贸易额增长 40 余倍。从明后期到清中叶三百年间粮食的长距离运销量增长约 3 倍，而鸦片战争后不到百年，国内市场即扩大 40 余倍。但这种增长的加速，并非源于中国自身商品生产的发展，而是帝国主义用炮舰打开中国门户，进行商品侵略和不等价交换引起的。③

随后，在《中国资本主义发展史》第 3 卷中，王水估计了 1920 年和 1936 年市场商品量。王水声明这是按各类产品的商品量或消费量进行估算的，而不是依据商品流通额，因为商品在市场上往往流通不止一次，并在流转上会逐级加上运费和利息、利润等，所以前者在数量上要少于后者。在《中国资本主义发展史》第 2 卷中，他估计 1920 年国内市场商品值约为 92.46 亿元；在第 3 卷中，用同样方法估计 1936 年的市场商品值

---

① 参见吴承明《论清代前期我国国内市场》，《历史研究》1983 年第 1 期。
② 同上。
③ 参见吴承明《我国半殖民地半封建国内市场》，《历史研究》1984 年第 2 期。

为142.19亿元。①

在吴承明、王水等人研究的基础之上，沈祖炜对1895—1927年的国内市场商品流通规模进行了估算。他估算的结果是，1905年国内市场商品流通总量为34.13亿元，1910年为39.99亿元，1920年为64.97亿元，1925年为84.75亿元。② 这一估算结果与吴、王的估算有较大的差距，但在某种程度上补充了甲午战后到国民政府之间的商品流规模的估算工作。

对于国内市场商品流通量的测算，有多种方法，如厘金统计、海关埠际贸易量统计和长距离贩运贸易数据等。显然，长距离贩运贸易的数据较之厘金和海关统计更为合理。对此，吴承明也有所反思。他认为，厘金数，按平均税率可还原为商品量，但厘金记录不实，且时间不长，后来为子口税等所代替；海关的出口统计以农村产品为主，大都经过长距离的国内运输，统计亦较完整，但只包括部分商品；此外如海关的"土产国内贸易统计"，但只限于轮船（1908年以前包括民船）运载的商品，而铁路、公路商货无记录。这三项统计都不能作为市场商品量的根据，不过，能从其指数变化上看出流通增长的趋势。

20世纪80年代中期以后，近代经济史学界有学者开始从生产角度，而不是从流通角度考察国内市场的商品量。王水在从流通角度估计了1920年和1936年商品量之后，又从生产角度重新做了估算，他以1919年为基期，把当年市场流通的商品分为农产品、手工业品、近代工业产品、从国外进口商品四个部分，分别考察其总产值，以及依一定比例计算的商品值、长距离贸易值，然后以此为基数，推算20世纪第一个十年的国内市场商品值和长距离贸易值。他估算的结果是，1919年国内贸易额商品值约86亿元，长距离贸易值约49亿元，并以此为基数推算1900—1909年的十年平均值商品值约为45亿元，长距离贸易值约为25亿元。③

与吴承明、王水等人不同，杜恂诚提出了他自己的估算方法和估计数据。当然，他也认为厘金的统计资料不全，而且在时间上愈往后愈乱，埠

---

① 参见许涤新、吴承明主编《中国资本主义发展史》第3卷，第二章第五节，人民出版社2003年6月第2版，第226页。该节为王水所撰。第1版于1988年出版。

② 参见沈祖炜《1895—1927年中国国内市场商品流通规模的扩大》，《近代中国》第4辑1994年5月。

③ 参见王水《评珀金斯关于中国国内贸易的估计——兼论20世纪初国内市场商品量》，《中国社会科学》1988年第3期。

际贸易的海关资料限于轮运,而铁路公路的货运量是不容易找到较为可靠的依据来进行测算的,所以数据上不可靠,在这些问题上他的见解与吴承明、王水等人的观点相同,但他对长距离贸易的估算方法也不满意。他认为,除了资料上的问题之外,最主要的问题还在于到底如何理解国内市场。以厘金来测算国内市场商品量也好,以埠际贸易量来测算国内市场商品量也好,都是把国内市场理解为商品的长途贩运。这在理论上的合理性是值得研究的。对于鸦片战争前的中国社会,以长途贩运的贸易量来测算国内市场商品量是合理的,因为这排除了自然经济中的小市场因素。但是对于近代社会,这样测算就缺乏理论依据。和王水后来所做的工作一样,杜也强调要从生产的角度来估算商品量,以国内工矿等生产、运输部门的产值和进出口贸易量来测算国内市场商品量。他借用巫宝三《中国国民所得(1933)》书中的数据,估算20世纪30年代国内市场商品流通量为108.6亿元。①

总体来说,对于国内市场贸易总值和市场规模的讨论是近代经济史界取得丰硕成果的一个领域,学者的研究从资料、方法等方面都取得了长足的进展。每一个数据的取得,其背后都有扎实资料的支撑,足以反映某一时期国内市场的特点。贸易总值的估算额的不断增大,在某种程度上也表明人们对于国内市场的认识在不断深化。

三 市场层次与类型

吴承明考察过明代的国内市场②,还考察了清代前期的国内市场,他把国内市场分为地方小市场即墟集贸易、城市市场、区域市场和全国市场四种层级。③ 近代国内市场仍然十分狭小,中国还远不是一个商品经济发达的国家。事实上,广大农村还基本上处于半自然经济状态。1936年的埠际贸易,仅占当年工农业总产值的4.1%,即以粗估的全部埠际贸易47.3亿元计,不过占16.4%。④

---

① 参见杜恂诚《二十世纪三十年代中国内市场商品流通量的一个估计》,《中国经济史研究》1989年第4期。
② 参见吴承明《论明代商品流通和商人资本》,《中国社会科学院经济研究所集刊》第5集。
③ 参见吴承明《论清代前期我国国内市场》,《历史研究》1983年第1期。
④ 参见吴承明《我国半殖民地半封建国内市场》,《历史研究》1984年第2期。

除了归纳国内市场的一般特点之外，相当多的学者还研究了各地的区域市场。从翰香主编的《近代冀鲁豫乡村》一书考察了华北农村的市场，在国内外产生了重大的影响。该书认为，晚清以后华北工商集镇勃兴，形成了一些具有地域性市场功能的商业贸易型集镇，使华北一带成为棉花、油料作物、烟草和商品粮的集散中心，此外还形成了以中转贸易为特色的水陆交通枢纽型集镇。① 乔志强等人也论述了华北集市，主要侧重于变迁过程，认为19世纪70年代以后，华北集市出现了较显著的变化：一是集市结构出现变化，二是此后由于外国力量的入侵而走向萧条。② 张仲礼和沈祖炜探讨了近代上海市场的发育与形成。他们认为上海是中国近代化程度最高的一个城市，也是典型的由商而兴的城市。它在近代的崛起，走的是一条开放之路，它的近代化过程既是资本主义的发展过程，也是市场的扩展与成长过程。近代上海的市场发育具有四大特点：第一，市场发育在全国居超前地位；第二，市场门类齐全，体系完整；第三，同内地，特别是长江三角洲和长江流域的联系十分紧密；第四，上海市场直接同国际接轨。正是这些特点，使上海从一个传统社会的商业城镇发展成为近代中国的"钥匙""门户""通往世界之桥"和最大的近代化都市，并在20世纪二三十年代成为多功能的全国经济中心。③ 唐文起考察了江苏农村市场的特点。④ 王永年和谢放研究了鸦片战争到辛亥革命前后的四川市场，认为当时四川市场基本上是内趋性和半封闭型的区域市场结构。湖北市场的商品流通量的绝对数为四川的三倍，人均数量为四川的五倍。显然，四川商品经济的发展和市场扩大的程度仍比较落后，使中国传统市场没有完成向近代资本主义市场变化的过程，而是走上半殖民地半封建的道路。近代四川市场结构正是在此情况下发生变化的。四川农产品商品化程度直至辛亥革命前后，也仅仅相当于19世纪六七十年代全国平均程度，远远低于同

---

① 参见从翰香主编《冀鲁豫乡村》，中国社会科学出版社1995年版。第二部分上篇和中篇。

② 参见乔志强、龚关《近代华北集市变迁略论》，《山西大学学报》（哲学社会学版）1993年第4期。

③ 参见张仲礼、沈祖炜《近代上海市场发育的若干特点》，《上海社会科学院学术季刊》1994年第2期。

④ 参见唐文起《清末民初江苏农村市场述论》，《江海学刊》1992年第5期。

时期全国农产品商品化的平均程度。① 宾长初讨论了广西墟镇的经济功能，认为作为商品流通的市场，墟镇通过集散商品，沟通了城乡的经济交往，并通过商品流通，促进了粮食的商品化以及农村商品生产的专业化，有力地促进了广西农村商品经济的发展。同时，墟镇的发展还改变了人们的经济生活。②

除了各地市场，还有一些学者研究了各种类型的市场。赵津在近代房地产市场研究方面取得了丰硕的成果。她梳理了近代房地产市场的起源和兴起的历史过程。她认为，最初租界利用中国传统田面田底习俗中的永租制，租用中国业主土地，后来又采用重押轻租的方法，使租金接近于田赋，并把租金直接交付给清政府，实际上拥有了租界的土地所有权。此外还有一种永租土地的方式，是由租界开辟国向中国政府承租该界全部土地，然后再由该国政府把土地分租给本国与别国商民。租界土地的当事人为两国政府。这一永租制的变形，实际上就是农地向市地，从佃农与地主间的租佃关系向土地所有者与政府之间的税务关系转变的过渡形态。1847年租界道契出现后，除向租界当局交纳年租外没有其他税费，比持有田单的中国人的负担要轻得多，由于产权清晰，成为受人高度信任的土地凭证，极大地促进了土地商品化。随着租界的不断扩展，华界人口不断涌入，房租地价不断上涨，近代房地产业应运而生。③ 赵津于1994年出版的专著《中国城市房地产业史论（1840—1949）》探讨了上海、天津、广州、厦门、汉口、南京等地的近代房地产业，发现各有特点，上海是先期繁荣，天津则以外资为主导，广州是华侨投资，厦门是市政建设先行，汉口是模范区先行，南京则体现了国都的特点。她还分析了20世纪30年代前后上海、天津等11个城市的城市地价，各城市的平均地价上海最高，厦门、广州和汉口都只有上海的一半，天津则只相当于上海的1/3，福州相当于上海的1/4，南京相当于上海的1/6，北平只相当于上海的3%。④

---

① 参见王永年、谢放《近代四川市场研究》，《四川大学学报》（哲学社会科学版）1987年第1期。
② 参见宾长初《论清末民国时期广西墟镇的经济功能》，《广西师范大学学报》（哲学社会科学版）1995年第1期。
③ 参见赵津《租界与中国近代房地产业的诞生》，《历史研究》1993年第6期。
④ 参见赵津《中国城市房地产业史论》，南开大学出版社1994年版。

四 农产品商品化

商业性农业的发展,即农产品商品化的过程,是近代国内市场建立的重要方面。传统自然经济在资本主义经济的冲击下不断分解。自然经济的分解程度,决定着国内市场的发展程度。因此,关于农产品商品化问题的讨论,通常是在自然经济加深分解和解体的题目下进行的。

学界主流观点认为,鸦片战争之后到甲午战争之前,农产品商品化过程加快,这主要是由对外贸易引起的。茶叶、蚕茧两项的出口表现突出,棉花也由净进口变为净出口,商品粮的增长远快于粮食产量的增长,但其增长主要是为了获得洋纱和煤油等洋货,而罂粟更从无到有,到1894年其数值竟等于茶叶、蚕茧和棉花三项商品值之和,但主要目的是进口替代。① 甲午战争之后到1920年,国内近代工业和工场手工业的发展才成为促进农产品商品化的重要因素,茶叶变为内销为主,销售量增加不多;蚕茧最重要的变化是茧商品化的发展,商品茧占了蚕茧总产量约一半;棉花不再是净出口,但商品棉比重已占到全国棉花供给量的近六成;烟叶的商品率非常高,但主要用于内销;罂粟的种植面积和消费人数都有所减少,大豆已成为农产品商品化中的一个重要项目;商品粮就整个农产品商品化来说,重要性已下降,在甲午战前,粮食仍是市场上最重要的商品,但到战后,粮食商品值已远低于进出口商品和工业品值。②

学者们对农产品商品化进行了相当多的量化研究。吴承明估计中国粮食的商品率1840年约为10%,1895年约为16%,1920年约为22%,1936年不到30%。③ 徐新吾估计商品经济占整体经济的比例1920年为38%,1936年为44%④,对于具体商品的商品率,丁长清根据徐新吾等人的数据,估计棉花商品率,1840年约为27%,1894年约为33%,1920

---

① 参见许涤新、吴承明主编《中国资本主义发展史》第3卷,第二章第六节,人民出版社2003年6月第2版,第285—310页。该节为吴承明所撰。
② 参见许涤新、吴承明主编《中国资本主义发展史》第3卷,第五章第七节,人民出版社2003年6月第2版,第285—310页。该节为徐新吾所撰。
③ 参见吴承明《我国半殖民地半封建国内市场》,《历史研究》1984年第2期。
④ 参见徐新吾《近代中国自然经济加深分解与解体的过程》,《中国经济史研究》1988年第1期。

年约为42%，1936年约为51%。① 其他农产品的商品化率则更高一些，有学者估计，到20世纪20年代，农产品生产都或多或少地被卷入到商品性经营中，晚近中国农村经济的商品率一般已不低于10%，有些地方高达60%—70%。② 也有学者考察了经济发达地区的商品化率，曹幸穗认为苏南经济作物区及粮食作物区的粮食商品率接近年产量（或消费量）的50%，这还不包括县内乡镇之间及农户之间的商品粮贸易量。以农户为单位的粮食商品率统计表明，不少种田大户的粮食商品率可达70%—80%。平均而言，粮食商品率约为收获量的25%，棉花的商品率达90%。作为商品流入市场的农产品主要是由户均10亩以上的村庄或农户提供的，10亩是一条农产品商品化的经营规模分界线，处于这条线以上的村庄或农户，可有较多的农产品出售，成为这类农户现金收入的主要来源；处于这条分界线以下的农户，出售农产品的比重很低，现金收入主要依靠家庭副业产品商品化及劳动力商品化。③

但是在各个阶段中，农产品商品化的增长速度是不一样的。吴承明的研究结果显示，从1840年到1894年的半个世纪中，几种主要农产品的商品值增加了2倍，年增长率不到1.5%，若按不变价格计算只增加了76.6%，这说明此一时期农产品商品化的进程是非常缓慢的。在随后的1894年至1919年的25年间，农产品商品化的速度加快，几种主要农产品的价值增加了1.76倍，年增长率接近5%，按不变价格计算增加43.4%，到1936年时农产品的商品值较1920年增加了一倍多，年增长率也达到了5%。④

农产品商品化的提高，还体现在出现了农产品专门化区域的形成。清末特别是民国前期，华北平原各地植棉事业空前发展，冀鲁豫三省棉田面积均呈绝对上升趋势，成为烟草和棉花的集中生产区。⑤ 除了东北是生产

---

① 参见丁长清《关于中国近代农村商品经济发展的几个问题》，《南开经济研究》1985年第3期。
② 参见严中平《中国近代经济统计资料选辑》，第325页。
③ 参见曹幸穗《旧中国苏南家庭农场商品率研究》，《中国农史》1992年第3期。
④ 参见吴承明《中国资本主义与国内市场》，中国社会科学出版社1985年版，第109—110页。
⑤ 参见从翰香《从区域经济的角度看清末民初华北平原冀鲁豫三省的农村》，《中国经济史研究》1988年第2期。

大豆的主要区域，河北、江苏、湖南和湖北等已成为棉花生产的中心，江浙、广东等地是蚕丝的生产中心，内蒙古等地则是盛产皮毛的畜物区域。这些新的专门化农区域已不像过去那样完全是由于自然条件的差异所造成的，而主要是由国内外经济的发展所促成的，比如东北由于中东铁路的兴建而变成大豆等粮食的生产基地，江苏、河北等棉花商品生产的发展是与上海、天津、武汉等大城市棉纺织业的发展分不开的。①

五 市场价格体系与经济增长

价格是市场的主要内容之一，价格体系对于近代中国经济增长的影响也是国内市场的重要部分。一些学者对此问题也进行了深入的研究。在这一问题上，刘佛丁、王玉茹及于建玮等学者做了相当多的开拓性工作。

刘佛丁等人认为，19世纪后半期中国市场基本上是一个自由竞争的市场，市场组织化和协调化长期停留在低水平上，此时，西方近代商业经营方式开始进入中国，与中国传统的市场习惯既有矛盾，也有互补之处，西方借助买办进入中国市场，以及市场主体的高度分散，都造成了市场交易成本的昂贵，不利于市场扩大，也使生产者受到损害，广大农民和手工业者收入减少，有效需求下降。进入20世纪之后，股份公司开始出现，改变了中国市场主体，资本出现集中和垄断的趋势，买办成为高级职员，股份公司和商会都促使交易成本下降了。②

王玉茹研究了近代中国的生产要素市场价格。她认为，在19世纪后半期至20世纪30年代，资本的价格在周期性的波动中下降，但利息率仍明显高于发达国家水平；货币工资，尤其是近代生产部门劳动者的货币工资在周期性波动中上涨，但实际工资增长有限，传统生产部门（农业、手工业）劳动者的实际工资变化不大，甚至有所减少，与西方工业化国家相比，中国劳动力的价格是便宜的；土地价格，无论是农村还是城市均有程度不等的上涨，但城市地价上涨的速率和幅度远落后于工业化国

---

① 参见丁长清《关于中国近代农村商品经济发展的几个问题》，《南开经济研究》1985年第3期。

② 参见刘佛丁、王玉茹《中国近代的市场发育与经济增长》，高等教育出版社1996年版，第127—149页。

家。① 而生产要素相对价格的变化，对于近代中国经济模式有着极其复杂的影响。利息率的下降对中国经济增长的首要影响是加速了资本集成和资本有机构成的提高，此外，资本供应充足和利息率的下降也使一些资本进入农业之中，农业经营的资本增加了，农业总产值有一定的增加，但人均产量和边际劳动生产率却略有下降，导致农村劳动力的货币工资不断上升，实际工资不变或略有下降，对土地所有者经营方式的直接影响是倾向于租佃制，而不是直接经营，这对农业资本主义的发展十分不利。生产要素价格的相对变动，实际上反映的是国民收入在劳动、资本和土地之间的分配比例关系的变动，而它们在国民经济各部门间收益率的变化，又决定了这些资源的流动方向，在中国近代经济发展过程中呈现出十分错综复杂的现象。比如，在近代中国，工资在煤炭产值中的比重在 1904—1920 年呈下降趋势，但在 1920 年后基本上是一种上升趋势，到 1936 年，工资在煤炭产值中的比例已上升至 56%，工资成本的上升和利润水平的低下，对中国近代工业发展产生了不利影响，使中国工业长期不能具备自身发展的能力。与近代化部门相反，20 世纪 30 年代，农业净所得中地租和利息所占比重高达 61.5%，而农民工薪所得仅占 38.5%，农业劳动者实际工资水平处于停滞甚至下降的地步。农业部门净收入中地租所占的比例大，这一事实反映了中国经济近代化步履的缓慢。②

按照刘佛丁等人的研究，在中国近代经济发展中，即从 19 世纪 80 年代近代化开始起步以后，近代经济起码经历了两个完整的中长经济周期。19 世纪 80 年代中期至 20 世纪 10 年代中期为第一个周期，其升转折点为 1905 年；第二个周期的上升期从 1914 年开始，在 1931 年达到峰点后转入衰退，至 1935 年降至谷底，从 1936 年起经济走出低谷，开始回升。③其中，两次世界大战期间的经济发展是最迅速的。④ 这一发展周期主要是

---

① 参见王玉茹《近代中国生产要素市场价格初探》，《中国经济史研究》1994 年第 4 期。同时参见《中国近代的市场发育与经济增长》第 9 章。

② 参见刘佛丁、王玉茹《中国近代的市场发育与经济增长》，高等教育出版社 1996 年版，第 288—309 页。

③ 参见刘佛丁、王玉茹、于建玮《近代中国的经济发展》，山东人民出版社 1997 年版，第 137 页。

④ 参见王玉茹《论两次世界大战之间中国经济的发展》，《中国经济史研究》1987 年第 2 期。

根据天津和上海的批发物价指数的数据而得出的。刘佛丁等人认为，价格变动与经济增长之间有着密切的关系。近代以来，货币供应量的增长超过商品流通量的增长，更主要的是由于人口的增长导致了物价的迅速上涨，1640—1840年的200年间，中国的物价上涨了不到1倍，而1887—1937年的50年间，物价却上涨了3倍还多，这种上涨是在曲折升降中的逐渐上升，呈现周期波动的迹象，而周期波动是中国近代物价变动的最主要特征，不只是物价总水平，商品和生产要素相对价格的变动也是如此，如工资，利率也是如此，如果不将此置于中国经济的周期波动中，就无法做出令人信服的解释。

但是，价格不是中国国内市场自己能决定的。随着中国逐步成为资本主义市场的一部分，随着中国政权和海关的半殖民地化，中国不仅对进口商品的价格无力左右，对出口商品价格也失去了决定权，近代中国主要产品的市场价格形成并不受国内市场价值规律的支配，而是受资本主义世界市场的价值规律所支配。如生丝价格，实际上是由西方市场决定的，意大利和日本是远超过中国的重要因素，济南棉花价格差不多全为日本大阪市场所决定。因此，中国近代物价总水平周期性波动的主要原因之一，是世界经济周期性的波动。[①]

总体来说，关于价格体系与经济增长的研究，由于没有全国性的统计资料，其分析批发物价数据是以天津和上海的数据为代表，这些数据有其优点，也有其缺点。众所周知，中国的近代经济统计中不仅没有国民生产总值的连续数字，而且各部门和行业的产值、产量等指标也是不完整的，资料的可信度也较差，在此基础上要进行价格体系和经济增长的研究是非常困难的，刘佛丁、王玉茹和于建玮等人从批发物价指数出发得出了近代中国经济增长周期，是一个宝贵的尝试，并且是开拓性的进展。

六 社会总需求与城乡消费

需求和消费是市场的重要内容，近代中国的国内市场离不开社会总需求和消费。在近代中国，消费需求作为一个主要的宏观经济变量，已成为测度近代中国宏观经济运行和经济发展的一个重要指标。因此，研究社会

[①] 参见刘佛丁、王玉茹《中国近代的市场发育与经济增长》，高等教育出版社1996年版，第169页。

总需求和消费成为国内市场研究的一个不可或缺的构成部分。

但是，长期以来，社会总需求和消费等问题在经济史研究中一直鲜有人涉及。20世纪80年代之后，一些学者开始注意到社会总需求及消费的问题，比如刘佛丁、王玉茹等人的研究开始涉及这一领域，认为中国步入近代社会后市场的供求关系发生了变化，由于供给因素比需求因素有更快的增长，市场上出现了有效需求不足和供给相对过剩的局面，基本上是一个买方市场。他们指出巫宝三所说的1933年国民消费超过国民生产，总需求超过总供给，巫所估计的消费需求不是全部通过市场的，甚至可以说主要的部分是不通过市场的，而是按人口估算出来的实际需求，其中农民自给自足的部分占了很大的比重，市场实际上存在有货币支付能力的需求不足。① 不过，社会总需求并未成为他们研究的主题。在社会总需求问题上真正开拓性的工作主要由张东刚完成。

张东刚借助西方经济学的消费理论，分析近代市场消费需求的变动及其与近代中国经济发展的关系。在《总需求的变动趋势与近代中国经济发展》一书中，运用现代经济学的理论与方法，在充分占有大量翔实的原始资料的基础上，从总需求变动的角度来研究经济发展，系统地探讨了旧中国人们的消费行为、消费结构，提示总需求的变动趋势对中国近代经济的影响。② 其另一本专著《消费需求的变动与近代中日经济增长》则依据大量而翔实的历史资料和研究文献，以现代经济学理论为指导，在统计检验的基础上，注重总量分析和结构分析相结合，实证分析和规范分析、静态分析和动态分析相结合，重在实证性的长期动态比较分析。③ 他认为近代中国总需求呈不断上升的总体趋势，其基本特征是低水平波动上升，增长幅度较小，结构变动也不尽合理，但也对经济的发展和结构变化产生了相应的促进作用。消费需求是总需求变动不断再生的重要推动力量，消费需求上升诱发了投资需求上升，消费需求总量扩张刺激了总供给增长，消费需求结构变动促进了产业结构和资源配置结构变动。④

---

① 参见刘佛丁、王玉茹《中国近代的市场发育与经济增长》，高等教育出版社1996年版，第65页。
② 参见张东刚《总需求的变动趋势与近代中国经济发展》，高等教育出版社1997年版。
③ 参见张东刚《消费需求的变动与近代中日经济增长》，人民出版社2001年版。
④ 参见张东刚《消费需求变动与近代中国经济增长》，《北京大学学报》（哲学社会科学版）2004年第3期。

关于中国近代经济发展中城乡居民个人消费需求的长期统计非常缺乏，唯一的横截面资料是巫宝三在其所著《中国国民所得》一书中对1933年国民消费需求的调查统计，此外，刘大中、叶孔嘉在《中国大陆经济：国民收入和经济发展，1933—1952》一书中，也曾对1931—1936年国民消费需求总量及其结构进行了估计，直到50余年后才有张东刚依据大量零散的家计调查资料，对若干年份的国民消费需求进行估算。张东刚依据张仲礼在《中国绅士收入》中的估计，估算1887年国民消费需求总额为131.94亿元；依据1917年清华大学学生对北平西郊195家居民的调查，推算1917年国民消费需求总额约为106.31亿元；依据卜凯、李景汉和陈达等人的不同调查，估算1922—1925年平均国民消费总额为160.38亿元；依据李景汉、陶孟和等人的调查及当时一些劳动年鉴、商会月报的统计，估算1926年国民消费总额为212.26亿元；依据当时居民生活费调查资料，推算1927—1928年全国国民消费需求总额为232.36亿元，1929年为253.94亿元，1930年为255.68亿元。①

从总体趋势上来说，中国自19世纪80年代中期近代化开始起步至20世纪30年代中叶，国民消费是不断上升的。1887—1936年的49年间名义消费需求总额增加6.3倍，年平均增长率为4.1%，以可比价格计算，49年间增加1.1倍，年平均增长1.5%。这充分说明，持续上升是中国近代消费需求长期变动的一个总特点。人均国民消费需求额亦呈逐步上升态势，名义人均国民消费额从1887年的约12元上升到1936年的约63元，年平均增长率3.5%，按1933年可比价格计算，则增长57%，年均增长0.9%。在消费结构上，恩格尔系数不断降低，从1917年的约74%下降到1936年的约64%，19年间下降约10%。②

张东刚也对国民消费结构进行了研究。从20世纪初期至30年代中叶，国民消费结构中的食品支出占总消费支出比重呈逐步下降趋势，符合恩格尔定律。近代中国人均消费需求结构变动与国民整体消费结构变动呈现相同的态势。国民社会阶层结构的消费需求变动趋势确乎给我们以下几

---

① 参见张东刚《近代中国国民消费需求总额估算》，《南开经济研究》1999年第2期。
② 参见张东刚《总需求的变动趋势与近代中国经济发展》，高等教育出版社1997年版，第3—7页。张东刚在《近代中国消费者行为的宏观分析》（《南开学报》1996年第3期）中的数据与此略有不同，这49年间增加了4.7倍，年平均增长率达3.6%。就人均消费需求变动而言，亦呈现出同样上升趋势，1887年时为11.65元，1936年时增加到49.58元，年均递增2.9%。

个印象。(1) 富有阶层的消费需求总值及其在全部消费需求中所占比重明显缩小,普通国民的消费需求总值及其所占消费需求的比重略有上升。(2) 富有阶层的消费需求和普通阶层的消费需求差距缩小。(3) 富有阶层人均年消费的绝对值明显下降,普通居民的年均消费显著上升。20 世纪 30 年代中国国民消费结构的变动告诉我们,收入越高的阶层,其恩格尔系数就越低,而杂项所占比重就越高。这一观察也是与历史事实大致相符合的。①

张东刚对于消费总需求的估算方法,是先根据样本求出人均消费需求的量,然后乘以全国人口数,从而得出全国国民消费需求总额。考虑到消费需求资料的极度匮乏,这一方法不失其简捷有效的优点,但问题在于其所依据的样本量都偏小,且相关样本的典型性也存在疑问,所以其推算的数据的精确度还有不少提升空间。不过,尽管有这么多的不足,能够在资料不足的情况下做这一项艰巨的难题,并得出一个相对准确的数据,拓宽了经济史的研究领域,其学术贡献不容忽视。

除了城市消费与需求,一些学者也研究了农村的消费与需求。方行认为清代江南地区农民的消费结构,是当时生产力水平制约下,由需求和供给的矛盾运动所规定的消费资料种类和比例的关系。他指出粮食在农民生活消费支出中占有重要地位,生活消费支出高于生产消费支出是封建社会农民消费的重要特点,同时,对大部分农民来说,生活资料主要依靠自给,甚至部分生产资料也可以自给。研究还指出,清代江南的消费状况反映了当时中国农民一种温饱型的消费水平,这不能用恩格尔系数来衡量,恩格尔系数是以 19 世纪资本主义社会城市居民家庭的生活消费为根据,用于中国封建社会的农民家庭并不合适。② 徐浩对清代华北农民生活消费的关注,侧重于农业经济的发展水平及其对消费行为的强烈制约性,并指出私塾教育、宗教活动、婚丧嫁娶、民间祈报等不良消费方式,挤压了农家过多的正常生产和生活费用,对经济发展带来负面作用。③ 张东刚对近代中国农家收入与农民消费水平的变动趋势及其特征进行了宏观的分析,

---

① 参见张东刚《近代中国消费需求结构变动的宏观分析》,《中国经济史研究》2001 年第 1 期。
② 参见方行《清代江南农民的消费》,《中国经济史研究》1996 年第 3 期。
③ 参见徐浩《清代华北农民生活消费的考察》,《中国社会经济史研究》1999 年第 1 期。

认为近代社会的农家现金消费支出发生了很大的变化，不但农民所生产的产品向市场出售的数量日益增加，而且农民向市场购买商品的数量也随之增加；并且农家的生活消费的支出受到其收入的影响，收入水平越高，消费倾向就越低，储蓄和扩大再生产所占份额就越大。①

王玉茹、李进霞更注重从消费结构的演变来评判农民的生活水平。她们的研究指出，农民的消费结构是指农民各种具体消费内容和形式及其互相配合、互相作用的方式。消费结构十分复杂，从不同的维度进行分类，可以形成不同的消费结构类型。通过分析20世纪二三十年代中国农民的消费结构，尤其着重于农民生活的宏观消费结构和微观消费结构的分析，同时涉及消费的来源、消费的营养结构、消费与收入的关系、不同耕种权的农民的消费差异等问题，文章指出虽然从总体上看20世纪二三十年代中国农民的消费水平是比较低下的，但是从纵向比较来看，当时农民的消费结构较以前是有所改善的，农民的生活水平是有所提高的。这些提高主要表现在消费结构的升级，即随着农村社会经济的发展，农民从较低生活质量标准的消费结构向较高生活质量标准的消费结构演变。②

第四节　洋务企业

洋务运动是改革开放之后中国近代史研究中的一个热点问题，从1980年到1994年，先后共举办了七次全国性的洋务运动学术研讨会，每次会议参加者都达百人上下。按照学者的估计，改革开放后16年，研究洋务运动的论文在1000篇以上，专著和资料近50部③，堪称硕果累累。

从近代经济史角度来说，比较重要的著作有：张国辉的《洋务运动与中国近代企业》（中国社会科学出版社1979年版），该书是改革开放后关于洋务运动最早出版的专著；汪敬虞的《唐廷枢研究》（中国社会科学出版社1983年版）和《赫德与中西关系》（人民出版社1987年版），两

---

① 参见张东刚《20世纪上半期农家收入水平和消费水平的总体考察》，《中国农史》2000年第4期。
② 参见王玉茹、李进霞《20世纪二三十年代中国农民的消费结构分析》，《中国经济史研究》2007年第3期。
③ 参见姜铎《洋务运动研究的回顾》，《历史研究》1997年第2期。

本著作都有比较大的影响；李时岳、胡滨合著的《从闭关到开放》（人民出版社1988年版），比较全面地评价了洋务运动及其创办的洋务企业；夏东元的《盛宣怀传》（四川人民出版社1988年版）和《洋务运动史》（华东师范大学出版社1992年版），都有较大的影响；许涤新、吴承明主编的《中国资本主义发展史》第2卷（人民出版社1990年第1版），以及严中平主编的《中国近代经济史1840—1894》（人民出版社1999年版）对于洋务企业的研究吸取多种学术观点，都产生了较大的影响。当然重要的著作还有很多，限于篇幅不一一列举。

这些著作主要关注的是洋务企业的发展历程，以及其性质、作用和评价。洋务派创办的一批以军事工业为中心的近代机器工业现在已经被认为是中国资本主义早期发展的重要内容，洋务派在第二次鸦片战争以后，面对西方资本主义国家的坚船利炮，以"自强""求富"为口号，开始了1860—1894年共历时35年的洋务运动。无论在洋务运动的研究、资本主义发展史和资产阶级研究中，洋务企业都是近代经济史学界的热点和重点之一。

一 对洋务企业的研究

中国最早出现的机器工业是由洋人在19世纪四五十年代开办的机器工业，属于中国人自己的是洋务派在19世纪60年代开办的洋务企业。洋务企业按时间先后和性质可以分为两种：一是清政府经营的近代军事工业；二是洋务派控制的"官办""官督商办"或"官商合办"的民用企业。学界关注较多的洋务派创办的军事工业主要有江南制造总局、金陵制造局、天津机器局、福州船政局、湖北枪炮厂。除了军事工业，洋务派还先后创办了一批民用企业。学界关注较多的主要有煤铁金属冶炼企业：基隆煤矿、开平煤矿、莫河金矿、汉阳铁厂，交通运输企业：轮船招商局、天津电报局、天津铁路公司和北洋官铁路局，棉毛纺织工业如官办兰州机器织呢局、官督商办上海机器织布局、官办湖北织布局、官商合办华新纺织新局、官商合办湖北缫丝局等。

学术界更为关注洋务企业中的官督商办企业。相关重要的著作都对此从各个角度进行了浓墨重彩的考察和评价。张国辉的《洋务运动与近代中国企业》对于洋务企业的考察比较细致深入，李时岳和胡滨的《从闭关到开放》比较全面地剖析了十来个重要的军事工业和民用企业，两者对洋务企业的评价是相反的，前者强调洋务企业的封建性一面，而后者更强调洋务企业的资本主义一面。当然评价的不同可能与两书出版时间先后有一定关系。事实上，张国辉在后来对洋务企业的考察就更强调了其进步的一面。比如，他考察了第一家民族资本煤矿企业开平煤矿，他认为在19世纪末，开平煤矿生产长期处于正常发展状态，所产之煤质量高，迅速收回了长期被洋煤占领的煤炭市场，由于声名鹊起，集股活动也很活跃，成为当时引进西方先进技术和设备最具成效的一个大型企业。① 胡滨概述了上海机器织布局的创立和发展过程，并探讨了织布局享有的十年专利及减免税厘等问题，认为专利权起了限制外商在华设立棉纺织厂的积极作用，并没有完全限制华商对于近代棉纺织工业的投资设厂，在当时的历史条件下所起的作用是应该予以肯定的。②

除了一些对洋务企业作整体综合研究的专著外，还有很多学者对洋务企业的个案进行了深入的研究。张国辉考察了外国资本对洋务企业的贷款，他认为在19世纪70、80年代之交，外国资本贷款大抵以通常的经济贷款进行活动，但在此之后，一部分外国资本已经转向资本输出的性质。外国资本对洋务企业货款的利息率一般在5％—8％，高于外国金融市场利润水平，也高于华洋商之间通融资金时的利率水平，但低于外国资本给予清政府政治贷款的利率水平，也低于同时期中国金融市场的利率水平。外国资本对洋务企业的贷款目的并不完全在于高额利息的盘剥，而是为了获取利率之外的控制中国近代企业的主权，说到底是对殖民地半殖民地国家进行掠夺的一个组成部分。③ 汪敬虞认为，从洋务派官督商办企业中分化出来的商办企业，是中国民族资本主义企业的一个值得注意的途径，这是中国资本主义产生的一个特点，是半殖民地、半封建社会中的民族资本主义的一个特点。④

二　对洋务企业人物的研究

在研究洋务企业过程中，相当多的学者研究了洋务企业的人物，其中

---

① 参见张国辉《论开平滦州煤矿的创建、发展和历史结局》，《近代中国》第3辑（上海社会科学院出版社）。
② 参见胡滨《论上海机器织布局》，《山东师大学报》（社会科学版）1986年第6期。
③ 参见张国辉《论外国资本对洋务企业的贷款》，《历史研究》1982年第4期。
④ 参见汪敬虞《论中国资本主义两个部分的产生——兼论洋务企业和中国资本主义的关系问题》，《近代史研究》1983年第3期。

主要是涉及买办的研究。一些学者认为洋务企业还接受了买办的投资，同时洋务派也重用买办管理洋务企业，因此，买办企业是洋务派官僚和外国侵略者之间相互联结的中介，洋务派官僚在此过程中不断走向买办化。①丁日初和杜恂诚则认为，买办出身商人投资经营官督商办企业，并不是买办官僚化，而是一种历史进步行为。在此之前，买办的资本由流通领域向生产领域转移，附股于外资企业，唐廷枢、徐润、郑观应等认为买办从附股于外资企业的队伍中分化出来，转而投资于本国的新式企业，是一个进步，同时买办在投资官督商办企业之后，在甲午战争之后又转向投资于私人企业。唐、徐、郑等人放弃获利丰厚的买办职位而进入报酬较少的官督商办企业，无疑是具有一定的民族意识的。他们希望通过投资经营官督商办企业发展本国的资本主义实业，以同外人争利权。这些买办为本国新式企业吸收了一笔可观的资本，在管理经营上也是按照资本主义生产或管理方式来办事的。②对此，汪敬虞也持类似的观点，他认为，像唐廷枢、郑观应这样一批当过洋行买办的人进入洋务派企业，不但不是大买办和大官僚的结合，相反，在当时的历史条件下，他们的加入反而为一批官商结合的洋派官督商办企业增加了商办的色彩。③

  在对买办人物的研究中，有许多重要成果，其中最值得一提的是汪敬虞的唐廷枢研究。汪敬虞通过唐廷枢的买办史研究了买办的来源，他认为买办有的由掮客而来，有的由公行通事而来，还有的是由翻译而来，唐廷枢就是从翻译成为买办的。他考察了买办产生的历史过程后，认为买办有着双重身份，论证了买办是半殖民地中国社会特有的商人，有着一般商人没有的特殊地位和身份。他还论证了在资本主义的发生时期，买办资本大量向民族资本转化的事实。④汪敬虞还通过唐廷枢研究了买办的收入来源。从20世纪50年代开始，一般认为买办的收入主要来自佣金。也有一些学者认为，一些买办如唐廷枢的买办收入与其利用买办地位的自营商业的收入大致相等。⑤汪敬虞则从买办的双重身份入手，得出了买办财富主

---

① 参见黄逸峰等《旧中国的买办阶级》，上海人民出版社1982年版，第65—73页。
② 参见丁日初、杜恂诚《买办与洋务企业》，《历史研究》1984年第5期。
③ 参见汪敬虞《再论中国资本主义和资产阶级的产生》，《历史研究》1983年第5期。
④ 参见汪敬虞《唐廷枢研究》，"几个值得研究的问题"（五），中国社会科学出版社1983年版。
⑤ 参见郝延平《十九世纪的买办》，上海社会科学院出版社1988年版，第104页。

要来自其自营收入的重要论断。他估计,在1894年之前的30年中,按最高的比例匡算,也不到1亿两,按最低的比例计算,则不过1200万两,显然不足以构成数以千百计的买办的暴发财富的主要部分。①

虞和平研究了经元善的买办。他认为,上海机器织布局会办经元善将织布局的投标章程和预算刊诸报端,开了中国近代企业公开招股的先河,也使织布的招股取得了突破。后来又被委任为官督商办电报局总办,充分施展了他的经营才能,电报局在他的经营之下,迅速发展,成为洋务企业中最成功的一家,电网遍及全国各行省及主要商埠。②

夏东元研究了盛宣怀与洋务企业的关系,认为盛宣怀对洋务企业有着重要的影响,基本独揽了洋务民用工业企业的管理权,他参与创办了轮船招商局和电报局,并强力主张商股商办,反对官本官办,对社会经济起了进步的作用,一定程度上对外国资本主义侵略起着抵制的作用。③

三 洋务企业的性质和作用

洋务企业产生于复杂的历史情境之下,凡政治制度、经济结构、文化传统、阶级关系、社会思潮,以及外来侵略等诸多因素,都对其有着深刻的影响,同时研究者所处的社会环境和社会评价标准也随时间的变化而不断变化,这多重因素无不给评价带来困难。

关于洋务军事工业的性质,学者主要有两种意见。

第一,认为洋务派创办的军事工业具有封建性买办性。张国辉指出,从军事工业的生产资料所有制、企业内部的阶级关系以及产品的分配关系来考察,这些企业不是资本主义性质的企业,而是封建主义关系占主导地位的企业,生产的目的不是交换,而是强化封建政权的统治,产品更不是社会所必需的物质资料,加之经营上对外国侵略势力的严重依赖,还具有浓厚的半殖民地性,是典型的半殖民地半封建性质的企业。④

第二,张国辉认为近代军事工业带有资本主义的性质。有的学者从使

---

① 参见汪敬虞《唐廷枢研究》,"几个值得研究的问题"(六),中国社会科学出版社1983年版,第116页。
② 参见虞和平《简论经元善》,《浙江学刊》1988年第2期。
③ 参见夏东元《论盛宣怀与洋务企业》,《学术月刊》1982年第10期。
④ 参见张国辉《洋务运动与中国近代企业》,中国社会科学出版社1979年版,第69—75页。

用生产工具出发把近代军用工业的出现看成是资本主义的发生，有的学者则因军用工业中雇佣劳动的存在，而强调其资本主义的性质，有的学者从产品的分配上提出了军用工业的生产带有商品生产的性质，因此具有资本主义的特征。① 李时岳和胡滨认为，洋务军事工业引进了西方先进的机器和工艺，在生产技术方面发生了空前的大变革，这是洋务派创办近代军事工业的一个突出特点，也是其显然区别于中国封建社会传统的旧式官办手工业的地方，生产工具和科学技术属于社会生产力，新的社会生产力输入中国之后，必然会逐渐引起一切社会关系的变化，促进新的资本主义生产关系的诞生，因此，洋务军事工业的创办，是中国资本主义工业的起点。军事工业虽然不是资本主义性质的企业。但是，从工人所处的地位和所受的剥削压迫等方面来考察，这些工业存在着颇为复杂的情况。一方面，工人们不完全享有人身自由，不是自由出卖劳动力的雇佣劳动者，他们仍受着封建工役制度的剥削和压迫。另一方面，这些工厂由于引进了机器设备和近代工业生产技术，因而不得不采用某种形式的雇佣劳动。从这些情况看来，这些工厂又存在着资本主义性质的剥削，其生产的产品在某种程度上也受价值规律的支配。② 夏东元指出，用大机器从事军火制造的工厂企业，在外国资本主义侵略造成的比较广阔的发展资本所需要的条件下，它不可能不带有资本主义的性质。③ 黄如桐从洋务军事工业的经费来源和雇工角度来考察其性质。他认为，洋务军事工业经济来源主要是海关洋税，海关洋税带有资本原始积累的性质，用这种资金投入企业，也就具有一定程度的原始资本积累的性质，同时这些军事工业的雇工，基本上已是自由的工资劳动者，他们的工资也基本上是劳动力的价值。因此是洋务军事工业是属于资本主义性质的。不过，这些军事工业还不是商品生产，不是为了利润生产，资金尚未转化为资本，劳动者并未受雇于资本，因此还不是完全的资本主义生产关系。④

关于洋务军事工业的作用，有两种截然相反的意见。如张国辉认为洋务派经营军事工业的主要目的不是"自强""御侮"，而是对内镇压，提

---

① 转引自张国辉《洋务运动与中国近代企业》，中国社会科学出版社1979年版，第69页。
② 参见李时岳、胡滨《洋务派与近代工业》，《山东师院学报》1979年第3期；《从闭关到开放》，人民出版社1988年版，第119页。
③ 参见夏东元《略论洋务运动的多边关系》，《社会科学》1982年第9期。
④ 参见许涤新、吴承明主编《中国资本主义发展史》第2卷，第381—384页。

供镇压人民的武器。① 而孙文苑则认为，洋务派创办军事工业主要是用来御侮，用洋务派自己的话说，即是"师夷""制夷""防侮""御侮"。②

除了洋务派军事工业，学界对于洋务派的民用企业也提出多种观点。汪熙具体讨论了官督商办企业的性质。汪熙认为洋务派所创办的一些有影响的大型民用企业，包括航运、电报、纺织、开矿和冶炼等，几乎毫无例外地都是"官督商办"，这些企业是资本主义性质的，因为它们吸收商股并以追求利润为目的，但它们又不是民族资本主义企业，因为它们的经营管理权并不掌握在商人股东手里，而是掌握在代表封建政权的官僚手里。"官督商办"就是要把资本主义植入封建主义的轨道或模式之中，加入企业的买办把"官督"理解为"官为维持"，想仰仗它突破一些经商发财的封建阻力，把"商办"当作真正可以一展身手的保证。因此官督商办企业是资本主义性质的，它们是吸收商股并以追求利润为目的的企业；官督商办企业是清政府在封建主义的机体上植入它自己的一个对立物——资本主义性质的细胞。正因为如此，洋务企业又具有很浓厚的封建性。招商局与电报局，钦定每年须从盈余中报效20%，即使无盈余的亏损之年，也须动用折旧资金凑足报效给下至地方官上至朝廷的份额。按盈余提成报效的办法在通商银行、漠河金矿等企业一体照行。上海机器织布局每出纱一包捐银一两，汉阳铁矿每出铁一吨抽银一两，电报局对官电实行免费，等等，原来是作为归还官方垫款的一种措施，但还清官款以后，仍然要永远报效。这些封建的勒索不能不说是构成官督商办企业的沉重负担，也是对它的一种摧残。因此官督商办企业不属于民族资本性质应当是很明显的。此外，这些官督商办企业具有垄断性质，它们与外国资本联合垄断着各自的行业，阻碍民族资本的发展。不过，官督商办企业也是有贡献的，它毕竟把资本主义的生产关系第一次大规模地移植到中国封建的躯体上，其资本主义性质的一面还是应该肯定的，它们提供的物质产品满足并适应过国家的需要，汉阳铁厂的产品为中国早期铁路的建设提供了铁轨和钢材，招商局的轮船和电报局的电信在甲午中日战争中，在后勤和军电中起过重要

---

① 参见张国辉《洋务运动与中国近代企业》，中国社会科学出版社1979年版，第82页。
② 参见孙文苑《试论洋务派军事改革中"制夷""御侮"的思想》，《齐鲁学刊》1980年第6期

的作用。①

　　李时岳和胡滨认为，洋务派经营的民用企业，无论是采取官办、官督商办还是官商合办的形式，都和军事工业有所不同，它们明显地属于资本主义性质的企业。它们的产品大部分销售于市场，经营的目的主要是猎取利润，工人们是以出卖劳动力为生的雇佣劳动者，工厂中存在着资本主义的劳资关系。在官督商办和官商合办的企业中，还招集了一部分"商股"，有了私人的投资，其资本主义性质较官办的民用企业更为明显。虽然当时的所谓"商股"，大部分是和洋务派有密切联系的官僚、地主和买办的投资，但他们既然以"商"的身份出现，就不代表官方的利益，他们便是最早从官僚、地主、买办转化而来的资本家，构成民族资产阶级的上层。洋务派经营的民用企业，虽然具有明显的资本主义性质，但其中夹杂着封建性，有的还带有垄断性。②

　　丁日初和杜恂诚认为，洋务的官督商办企业具有国家资本主义的性质，既不同于完全官办的国家资本主义企业，又不同于私人资本主义企业，从总体上看，清政府对于本国新式企业仍然是强调国家控制的。官督商办企业的创办和经营的目的不是勾结外国侵略者，相反一定程度上是有利于民族利益的。③如果说，官督商办企业具有国家资本主义的性质，那么它是不是国家垄断资本主义呢？汪敬虞认为，把洋务派企业说成是国家垄断资本主义的企业，这是来自一种没有根据的简单类比的结论，不能为了强调洋务派企业和四大家族官僚资本的一脉相承，而把洋务派企业视为是国家垄断资本主义企业。④

第五节　资本主义发展的水平

　　20世纪80年代之前，近代经济史的研究比较重视生产关系，与之相应的是定性的研究较多。不可否认的是，中国近代经济史的研究囿于几种

---

① 参见汪熙《试论洋务派官督商办企业的性质与作用》，《历史研究》1983年第6期。
② 参见李时岳、胡滨《洋务派与近代工业》，《山东师院学报》1979年第3期。
③ 参见丁日初、杜恂诚《买办与洋务企业》，《历史研究》1984年第5期。
④ 参见汪敬虞《再论中国资本主义和资产阶级的产生》，《历史研究》1983年第5期。

所有制及其相互关系变化的狭隘空间，各种经济史教材，大多按照所有制关系将中国经济分为几大块：外国资本主义经济、官僚资本主义经济、民族资本主义经济、农村封建经济等；至于百余年间中国总状况如何，是发展，还是停滞，抑或趋向衰落；经济增长的速度、各时期的生产发展水平、技术进步的作用，国民经济各部门结构的变化、国民收入的分配、积累和消费的一般趋势等一系列在世界各国经济史著作中被当作主要内容的重大课题很少有人研究，甚至无人问津，这就不能不使一个普通的中国经济史读者感到失望。这种缺陷虽已为多数经济史学工作者程度不同地有所察觉，但因于传统理论和方法的束缚和更新的难度，加之基本数据不足，面对这些课题，往往望而却步。① 对于这一问题，已有学者意识到："如果抛开生产力发展的史实，那么对于生产关系的历史叙述常流于空泛，因此联系生产力发展的情况，来研究生产关系的变化，这正是经济史研究中的一个努力方向。中国近代经济史研究工作中的另一个不足之处，是对许多涉及量的问题较少进行深入的研究。"② 到20世纪80年代，相当一部分学者开始注意到应该"注重生产力的研究"，与之相应的是进行定量研究，当然定量研究是有很多困难的，"主要是缺乏资料，尤其技术资料和统计资料"③，但这些学者尽力做了相关的研究。

中国资本主义发展水平问题，既是一个有关生产力的问题，又是一个有关数量的问题，因其能满足人们希望了解中国经济总体状况的需求，于是受到很多经济史学者的关注，从而取得了突破性成绩。

一　含义和指标

丁世洵较早分析了中国资本主义发展水平的含义和指标问题。他认为，资本主义发展水平是一个数量概念，反映的是一个国家的资本主义的发展程度，因此可以在不同时期之间进行比较。资本主义是从封建主义经济中发展起来的，在二者此消彼长的过程中，不同时期的资本主义经济在整个国民经济中所占的地位，就是资本主义的发展水平。中国的封建社会

---

① 参见刘佛丁《对20世纪前期中国经济发展的重新估价——主罗斯基著〈战前中国经济增长〉》。
② 丁世洵：《关于中国资本主义水平的几个问题》，《南开大学学报》1979年第4期。
③ 许涤新、吴承明主编：《中国资本主义发展史》第1卷，前言，第15页。

已经孕育着资本主义的萌芽，不过发展得非常缓慢，鸦片战争以后由于外国资本主义的侵入，中国资本主义发展走上了不同于典型资本主义国家的道路，从封建社会变为半封建半殖民地社会，直到全国解放之前，始终也没有成为一个独立的资本主义国家。因此，对待中国资本主义发展水平主要应当考察资本主义生产在整个国民经济中所占的地位，而不是着重分析资本主义生产的增长数额和增长速度。在这个过程中，必须估算资本主义总产值，但不必考察其在工农两大部类间和沿海内地之间的分布，同时，资本额是中国资本主义水平的指标之一，但不是主要指标。① 这一分析是合理的，但在指标体系上还需要进一步细化。

吴承明尤其重视从数量化角度考察资本主义发展水平。他特别强调，虽然限于统计数据的缺陷，量化的准确性"殊可怀疑"，但"有个大概的量的分析，总比纯概念化的'发展'或'不发展'为好，它可以启发我们发现问题，或者验证已有的描述和论断是否恰当"。② 在这一数量化的追求之下，吴承明在1981年发表的《中国资本主义发展述略》③，对甲午战后的四个年份的现代化工业、工场手工业和现代化交通运输业在相关各部门总产值中所占比重进行了估计，虽然他后来坦承由于当时资料不足，估计方法未尽妥善，应予废止④，但其中分各个产业进行估算方法是可取的，可以更细致地考察资本主义内部各产业的发展水平。在随后的估算中，他进一步提出要在工业这一部类中进行细化，此前的估算都在工业和农业两大部类框架下使用"工农业总产值"这一指标下进行估算的，但吴承明认为，这一指标是根据过去苏联 MPS 核算体系而来的，并不特别适合中国的情况，中国早就在铁路、轮船、邮电、银行、贸易上有颇大投资，而这些都属于资本主义经济，它们创造的价值非工农业总产值所能概括。为此，他提出了"产业资本"的概念和指标，这一指标包括现代化工业、矿冶业和交通运输业的资本，可以用它来代表中国资本主义生产发展的进程和速度。同时，整个资本由产业资本（工业资本＋交通运输业资本）、商业资本、金融业资本三者构成。因为考察

---

① 参见丁世洵《关于中国资本主义水平的几个问题》，《南开大学学报》1979年第4期。
② 许涤新、吴承明主编：《中国资本主义发展史》第2卷，第1060页。
③ 见《中华学术论文集》，中华书局1981年版。
④ 参见吴承明《近代中国资本集成与交通运输业总产值的估计》，《吴承明集》，中国社会科学出版社2002年版，第126页。该文原载《中国经济史研究》1991年第4期。

的是资本主义发展水平,所以他特别强调,他的估算从一开始就把资本定义为产生剩余价值的价值。① 对于资本主义发展水平来说,资本额无疑是一个首当其冲的关键指标,如果对这一问题有一个比较明确的认知,那么就为人们认识中国资本主义发展水平提供了一个坚实的基础。此外,吴承明也提出用产业总产值与商品值作为评价资本主义发展水平的两个指标,这也是从宏观角度进行观测的不可或缺的理论。自20世纪80年代以来,吴承明通过一系列卓越的工作使资本主义发展水平的量化估算取得了比较大的突破。

稍后,刘佛丁、王玉茹等学者又提出用国民收入指标来考察资本主义发展水平。国民收入是西方学者用得比较多的指标,巫宝三、刘大中、叶孔嘉以及张仲礼等学者分别估算过中国1887年、1933年及此后直到1959年的国民收入,刘佛丁等人利用一些序列数据,也对近代中国的国民收入进行了估算,同时对与国民收入相关的资本积累这一指标也进行了量化分析,产生了较大的影响。②

二 甲午战争前的资本主义发展水平

近代经济史学界对中国资本主义经济产生年代有各种不同看法。一般认为,中国资本主义经济产生于19世纪60—70年代,但也有学者认为早在40—60年代,中国资本主义就已经处于发轫期,否则就是忽视了资本主义工场手工业的发展,以及买办作为一种社会力量和一些商业资本的存在。对于中国民族资本主义,意见就比较一致,认为在19世纪70年代已经出现了民族资本主义,从此时起至甲午战争,历经坎坷仍缓慢发展着。③

由于甲午战争前这一时段是中国资本主义刚刚起步的时期,其相关资料之匮乏可以想见。因此,虽然一些学者估算过20世纪30年代及前后的资本主义发展水平,但对于甲午战前时期的估算则少之又少,目前看来,比较可靠的是吴承明的估算。

---

① 参见吴承明《近代中国资本集成与交通运输业总产值的估计》,《吴承明集》,第127页。
② 参见刘佛丁、王玉茹《近代中国的经济发展》,山东人民出版社1996年版;刘佛丁《论我国民族资本企业的资本积累问题》,《南开学报》1982年第2期。
③ 参见宓汝成《中国近代经济史研究综述》,天津教育出版社1989年版,第54页。

吴承明估算了甲午战争爆发这一年的资本额。按吴承明的估计，在1894年，中国的产业资本为6749万元，外国在华产业资本为5406万元，在产业资本总额1亿2155万元中，华资占55.5%，外资占45.5%，在绝对数值上中国产业资本大于外国在华产业资本约四分之一，这是洋务派官僚努力发展新式工业的结果和功绩。如果加上商业资本和金融业资本，则华资资本总额为9亿2349万元，外国在华资本总额为2亿1370万元，合计资本总额将近11.4亿元。① 这一估算为我们提供了中国资本主义初起之时资本水平的大致轮廓。

三 第一次世界大战结束前后的资本主义发展水平

与甲午战争前资本主义发展水平估算的缺乏相比，这一阶段的估算成果相对较多。对于这一段时期的估计，各自的年代基期也并不一样，有些是以1911年为基期，有些是以1913—1914年，有些是以1920年。但这并不影响对这一时期资本主义发展水平的总体判断。

甲午战后，外国资本不断涌入，据吴承明估算，到1911年或1914年，在产业资本中，外资一改甲午战前不敌华资的情形，转而占优势，占到57.2%，而华资只占42.8%。此后，由于受第一次世界大战的影响，外资受挫，华资则有了较快的发展，在1920年产业资本总额中，外资占51.6%，华资占48.4%，而且这时华资发展的主力已经不是官僚资本，而是民族资本。从具体的资本额上看，1911年或1914年，产业资本中外资约为10.21亿元，华资约为7.65亿元，包括商业资本和金融业资本在内的资本总额外资约为18.5亿元，华资为29.92亿元，其中官僚资本5.23亿元，民族资本24.69亿元；1920年产业资本外资约为13.3亿元，华资为12.49亿元，包括商业资本和金融业资本在内的资本总额外资约为23.9亿元，华资为48.09亿元，其中官僚资本9.02亿元，民族资本39.07亿元。②

除了考察资本额，吴承明还考察了资本的增速。在19世纪末到20世纪20年代初这1/4世纪里，扣除物价指数，本国资本增长不过8.2倍，

---

① 参见许涤新、吴承明主编《中国资本主义发展史》第2卷，第1065—1066页。
② 同上书，第1063—1064页。

外国在华资本也只增长了 11.4 倍。① 而甲午至辛亥间,则是民间资本即通称民族资本历史上发展最快的时期,平均年增长率达 15.1%。自辛亥革命迄 1920 年,外国在华产业投资因欧战影响进入颓势,增长率仅有 4.5%;官僚资本的增长率更跌为 3.8%;唯民族产业资本的增长仍保持两位数,为 10.5%。②

对于资本主义发展水平来说,除了资本额,还有一个比较有说服力的指标是总产值。总产值的估计比资本额的估计更为繁难,因为总产值中除了工业,还要包括农业,农业产值的估计是相当困难的。在中国总产值中,农业更是占一半以上,农业中,稻谷又占 1/5 强。除了农业,更严重的是在手工业产值的估算上,即使估算出了总值,也还要找出现代化产业的比重,才能更好地说明资本主义发展的水平。在考虑了这些问题后,吴承明估算了 1920 年的相关数据:农业总产值约为 104 亿元,工业总产值约为 91.7 亿元,交通运输业约为 6.1 亿元,资本主义生产占工业总产值的 10.78%,占工农业总产值的 5.03%;如果把自给性加工从传统工业产值中剔除,则资本主义生产部分占工业总产值的 19.59%,占工农业总产值的 6.36%。③ 在这些数据中,他把农业全部作为与资本主义相对的传统产业,这一定程度上拉低了资本主义生产所占的比例。

四 抗战前资本主义发展水平

在中国近代经济史研究中,对于中国民族资本的发展,一般都说第一次世界大战时期,是中国民族资本主义工业的所谓"黄金时代",而战后各帝国主义卷土重来,就立刻造成民族资本主义工业的萧条状态。这一看法几乎已属定论。但学者发现,20 世纪 20 年代的资本主义发展水平并不慢,甚至比此前的发展要快。张仲礼认为,从他接触到的一些经济史资料中得到的启发是,中国民族资本在 20 年代还是有所发展的,而且就某些重要行业而言,其发展速度超过了过去,只是到了 30 年代,民族资本才经历危机,发展停滞。张梳理了工业史料后认为,20 年代初期民族资本

---

① 参见许涤新、吴承明主编《中国资本主义发展史》第 2 卷,第 1062—1063 页。
② 参见吴承明《近代中国工业化的道路》,《文史哲》1991 年第 6 期。
③ 参见吴承明《近代中国资本集成与交通运输业总产值的估计》,《吴承明集》,第 133 页。

的发展与五四抵货运动有密切联系，20 年代中期的发展则与 1925 年五卅抵货运动有密切联系，而 20 年代后期的发展又与 1928 年济南惨案所激发的抵货运动有密切联系。① 王玉茹也认为，两次世界大战之间是旧中国经济增长最快的时期：工农业总产值由 1920 年的 229.98 亿元（1936 年币值，下同），增加为 1936 年的 306.12 亿元，年平均递增 1.80%；其中工业总产值增加将近一倍，年平均递增 4.06%（以净值计算为 3.98%）。其在工农业总产值中的比重也由占 24.58%，提高到占 34.92%。而同一时期内农业总产值增加不到 15%，年平均增长仅为 0.87%，其在工农业总产值中的比重，也由 75.42% 下降为 65.08%。国民收入由 202.37 亿元，增加为 258.01 亿元，年平均递增 1.53%，人均国民收入由 45.99 元增加为 57.34 元，年平均递增 1.39%。几项指标都在抗战前的 1936 年达到旧中国历史上的最高水平。这些事实说明，过去经济史著述中那种认为从第一次世界大战以后中国经济就日趋衰落甚至破产的观点是不能成立的。②

丁世洵具体考察了 1936 年的资本主义发展水平。他根据巫宝三在解放前出版的《中国国民所得，1933》一书中的各行业总产值的数据，考察了 1936 年中国的资本主义发展水平。按照他的推算，1936 年中国的资本主义工业总产值为 62.665 亿元，占全部工业总产值的 58.6%，表明资本主义经济在工业领域已经超过了非资本主义经济。分行业来看，工业中的资本主义经济也在很多行业中占据优势，比如机械制造业、金属品制造业、电器用品制造业、水电气制造业、化学品制造业、玻璃制造业、棉纺业、毛纺织业、印刷业等，仅现代工业的总产值就超过了手工业的总产值，其他一些行业如石制造业、酿造业、榨油业等虽然手工业总产值大于现代工业的总产值，但其中资本主义的工场手工业也占很大比重，因此资本主义的总产值仍居多数。而在资本主义工业中，他推算民族资本的总产值约为 50.171 亿元，大致是外国资本的 4 倍，占全部工业总产值的 46.9%，将近一半的产值是由民族资本企业创造的，资本主义发展水平不能说是很低了。丁世洵也估算了 1936 年前农业中的资本主义发展水平，他认为农业中的资本主义要从生产过程来考察，而不应从流通过程来考

---

① 参见张仲礼《关于中国民族资本在二十年代的发展问题》，《社会科学》1983 年第 10 期。
② 参见王玉茹《论两次世界大战间中国经济的发展》，《中国经济史研究》1987 年第 2 期。

察，因为农产品商品化的扩大，可能是小商品生产增长的结果，而不是资本主义商品生产增加的结果。不过在分析了20世纪20—30年代农村的雇佣劳动、富农经济和资本主义大农场后，他认为1936年资本主义在农业中几乎没有什么发展，在全部农业总产值中几乎近于零，可以忽略不计。①

吴承明也估算了1936年的资本主义发展水平。他认为此一时期资本主义发展水平的估算更为困难，因为早期资本主义的领域有限，相对不易出现遗漏，但此一时期资本主义范围扩大，业户繁多，很难逐户逐业相加求总，难免有舛漏，且外国资本、官僚资本和民族资本的估值也只能各采不同办法，所以对于1936年的估计，借重巫宝三对1933年的估计之处颇不少。按照吴承明的估算，1936年的产业资本（即工业资本+交通运输业资本）总额达99.9亿元（包括关内和东北），为前一基期1920年的3.87倍。这一数据没有考虑币值变动的因素，但1936年的法币购买力与1920年并无很大落差。关内产业资本估值为55.46亿元，比1920年增长一倍，东北的产业资本44.44亿元，约相当于关内的80%。吴承明认为关内的数据是可信的，东北的数据来自于日本对满洲投资的逐年统计，也较为可靠。外国资本在关内为19.59亿元，东北为37.58亿元，与1920年基期华资增加不同，此期外资增加很快，年均达4.6亿元，以致外国资本占到全部资本的59%，年均增长率更高达9.54%，高于华资的7.99%。不过，这一时期外资的增加主要是日本在东北以掠夺为目的的投资，如果不计东北，外资年均增长率大约只有4.31%，比前一阶段还低。这一时期，官僚资本增速陡增，达7.79%，即使不包括东北，其增长率也达到7.78%，远高于前一期的3.81%。民族资本虽然由于东北的丧失而失去了15%的市场份额，但民族产业资本仍然保持了8.21%的年均增长率，到1936年，关内的民族工业资本有14.48亿元，加上东北华资，共18.89亿元，成为历史上的高峰。② 除了资本额和增长率，吴承明还估算了新式产业（这一概念接近于资本主义产业但又有所不同，是吴承明设定的概念，与传统产业相对）在国民经济中所占比重，在工业中，这一比重从

---

① 参见丁世洵《关于资本主义发展水平的几个问题》，《南开学报》1979年第4期。
② 参见许涤新、吴承明主编《中国资本主义发展史》第3卷，人民出版社2003年第2版，第735—745页。该书第1版于1993年出版。

1920年的18.19%上升为1936年的32.46%，同期这一比重在交通运输业的比重从50.47%上升到57.91%，这说明中国的工业化和近代化在这一时期是有所进步的。但是，在整个国民经济中，新式产业的比重仍然很低，1920年这一比重占工农业总产值为6.21%，到1936年也不过占13.04%。把工农业和运输业的全加在一起，这一比重略有增加，1920年为7.84%，1936年为15.51%。新式产业这个概念还不等同于资本主义生产，所以吴承明又做了一些修正，最后认定，资本主义生产或资本主义经济在工农业总产值中的比重，1920年为14.05%，1936年上升到21.81%。[①]

吴承明的这一修正，是在考虑了农业中的资本主义生产的比重后做出的调整。他参考的是丁长清的对农业中资本主义生产水平的估算。

长期以来，对于农业生产中的资本主义发展水平，一直缺少定量估计。一般来说，对于中国近代农业中有无资本主义及其发展程度问题，大体三种意见：一是夸大农业中资本主义的发展程度，认为资本主义在我国农业中已占统治地位，封建主义只是残余而已；二是认为在我国农业中从未有过什么资本主义；三是认为近代农业中资本主义有所发展，但极其缓慢，其所占比重始终十分微弱。丁长清持第三种观点。他认为中国农业中的资本主义生产关系在19世纪末20世纪初，已有微弱的发展。其后经历了两个阶段：从此时起到30年代中叶（抗日战争爆发前夕）为第一个阶段；从30年代中叶到40年代末为第二个阶段。农业中资本主义发展的主要表现为：在地主经济的变化过程中，出现了带有资本主义色彩的所谓经营地主；在农民分化过程中产生了资本主义富农，并伴有新式农垦公司兴起。他分别考察了两个阶段中三种资本主义农业生产形式的情况。他认为，在抗日战争前，地主雇工经营的土地面积约占其所有土地面积的10%，占全国总耕地面积的5%左右。20年代，有地30亩以上的有资本主义生产性质的富农、中小地主及大地主约占全国农户的14%。30年代，富农经济趋于衰弱，1934年左右，富农占全部农户的6%左右，占全国耕地的18%左右；从1912年到1920年，农垦公司有较大的发展，苏北、察绥是农垦公司比较集中的地方，1920—1928年，有些地区，如广西、苏北的农

[①] 参见许涤新、吴承明主编《中国资本主义发展史》第3卷，人民出版社2003年第2版，第754—755、758页。

垦公司开始衰落；另一些地区，如苏南、察哈尔、绥远等省却有一定发展，东北各省则无明显变化。20年代末到30年代中叶，全国的农垦公司趋向衰落。总体来看，抗日战争前，地主经营土地面积占总耕地面积的5%左右，富农经营土地面积为255052.1千亩，占总耕地面积的18%左右，农垦公司经营土地面积为14169.6千亩，占总耕地面积1%左右。以上三项合计占总耕地面积的24%左右。但是这一面积里面并不全是农业资本主义生产，还有一些是封建和半封建的生产，将其剔除后，这一面积大约占总耕地面积的10%。①

五 新中国成立前夕资本主义发展水平

抗战爆发后，中国历经了八年抗战和随后的三年解放战争，战乱对于资本主义经济的发展有着破坏性的影响，因此，从整体上来说，解放前夕的资本主义发展水平与1936年的水平相比是下降了。

丁世洵认为，从工业总产值看，按1952年不变价格计算，1949年工业总产值是140.2亿元，其中现代工业的产值为79.1亿元，工场手工业的产值为28.7亿元，两者合计为107.8亿元，这可以看作大致相当于解放前夕的资本主义工业总产值，占了全部工业总产值的76.7%，比1936年所占的比重增加了约18%。这说明在工业中，资本主义发展水平在解放前夕较之抗日战争以前又有所提高。虽然在比例上有所提高，但是这一时期的资本主义工业的总产值比抗战前在绝对数字上并未提高，反而有所降低，1949年资本主义工业总产值仅合43.12亿（按1936年币值），比1936年实际下降约31%；从民族资本看，1949年民族资本主义工业产值为68.28亿元，只占资本主义工业部总值48.7%，较之1936年的比重46.9%几乎没有什么增长，如果折合1936年币值只有27.31亿元，比抗战前下降了45.6%，但官僚资本主义约占全部工业资本的2/3；从农业看，以1952年不变价格计算，1929年的农业总产值为325.9亿元，如果折合1936年的币值只有130.36亿元，比抗战前减少35%，因此，可以像抗战前一样，不再估计农业总产值中资本主义经济所占的比重，同样视同为零。②

---

① 参见丁长清《试论中国近代农业中资本主义发展水平》，《南开学报》1984年第4期。
② 参见丁世洵《关于资本主义发展水平的几个问题》，《南开学报》1979年第4期。

依吴承明的估计，按不变价格计算，从产值上的比重看，1947—1948年近代化工业产值下降20.8%，这就必然使资本主义经济在工农业总产值中的比重下降，他粗略估计下降19.7%，不过具体到一些行业，也有上升的，比如新式交通运输业是上升的，平均比1936年上升21.9%；除了工业，1947—1948年农业产值相比1936年，也下降11.6%。

解放前夕，地主经营土地面积73411千亩，占全国耕地面积的5%左右，富农经营土地面积176186千亩，占12%左右；农垦公司经营土地面积14442千亩，占1%左右。以上三项合计为264280千亩，占全国耕地总面积的18%左右。但是这几种都不是完全的资本主义经营，而是带有不同程度的封建、半封建的性质。在估计农业中资本主义发展的实际水平时，必须将其中的非资本主义成分剔去。考虑到这一因素，全国解放前夕，以上三种经营中雇工生产部分约占总耕地面积的8.5%。①

第六节　资产阶级

改革开放之后，对于资产阶级的研究成历史学界乃至近代经济史学界的一个热点。1983年8月在上海召开了第一次近代中国资产阶级研究讨论会，1988年11月在南昌召开了第二次近代中国资产阶级讨论会。同时，与中国资产阶级研究相关的研讨会也非常多。从经济史的角度来看，中国资产阶级与中国资本主义是紧密联系的，资产阶级作为一个阶级的形成同资本主义的形成相伴随，因此讨论资产阶级问题是中国近代经济史研究中的必有之义。

一　资产阶级的产生

从经济史的视角来看，中国近代资产阶级的产生是与资本主义的发展密切相关的，近代经济史学界在此问题上的主流观点及其争论，也是围绕近代资本主义的发展而展开的。因此，改革开放之初，关于资产阶级产生

---

① 参见丁长清《试论中国近代农业中资本主义发展水平》，《南开学报》1984年第4期。

的问题在经济史学者眼里更像是一个理论问题。

吴承明在1981年发表了《中国资本主义的发展述略》一文，认为早在封建社会晚期的明清，中国就有资本主义萌芽，而依靠国家政权建立的洋务派企业是官僚资本的原始形态或者最初阶段，在这个阶段上，洋务企业还不具备完整的国家资本主义性质，但它也是重工业，与一般国家资本主义的道路相同；民族资本主义经济则是继承封建社会的资本主义萌芽而来的，投资于近代企业而成为资产阶级者，大都有某种官僚的身份，辛亥革命后，投资于近代企业的商人主要有盐商、钱庄老板等封建社会原有的商人，以及新兴商人，第一次世界大战之后则主要是新兴商人。①

同一年，汪敬虞发表了《试论中国资产阶级的产生》一文，认为封建社会的资本主义萌芽并不能产生资产阶级，外国资本主义入侵后兴起的买办势力可以派生出民族资本，官督商办企业既有走向官僚资本，又有走向民族资本的两种前途。他在1983年发表的两篇论文中分别考察了近代早期的新式煤矿、棉纺织业，以及被公认为最有可能由工场手工业向机器大工业发展的福建茶园、云南铜矿和四川盐井等行业，对认为民族资本主义是继承封建社会的资本主义萌芽而来的观点提出了修正意见，认为中国手工工场向大机器工厂的过渡，不是发生在机器工业出现之前，而是发生在机器工业出现之后，这是中国资本主义产生的一个重要特点。他提出，官督商办不仅是官僚资本的胚胎，同时也可以看作民族资本的胚胎。汪熙等人认为缫丝、轧花、榨糖、制茶等行业本来具备一定的条件，可以向机器工业发展，但是外国资本主义的入侵切断了它们的发展道路。② 关于工场手工业在中国资本主义产生过程中的作用问题上，章开沅、张国辉与汪敬虞持有相似的观点。

在理论的讨论之后，还是要回到近代中国具体的历史进程之中。相当多的学者把19世纪40年代作为资产阶级产生的时点。③ 但杜恂诚从资本主义商业和商业资本家的角度切入，提出了新观点。他认为，鸦片战争后在中国率先出现的是资本主义商业和商业资本家。19世纪70年代，是中

---

① 参见吴承明《中国资本主义的发展述略》，原载《中华学术论文集》，中华书局1981年版，后收入《中国资本主义与国内市场》，中国社会科学出版社1983年版。
② 参见汪敬虞《论中国资产阶级的产生》，《中国社会科学》1981年第5期。
③ 参见郭庠林、陈绍闻《中国资产阶级的形成时期及其结构》，见《近代中国资产阶级研究》续辑，复旦大学出版社1987年版。

国商业资产阶级的初步形成时期,由于中国商业资本在转向产业资本时做了力不能及的过度投资,抽走了商业流通渠道中本已捉襟见肘的银根,成为1883年金融风潮爆发的直接原因。① 这一把新式商业作为中国资本主义产生的起点来考虑的做法,是20世纪80年代中期的一个突出现象。对于新式商业的研究,把资产阶级产生的时间提前了。杜恂诚认为,19世纪70年代外国资本主义对中国出口贸易购销网的充分控制,标志着中国商业资产阶级的产生。② 在此问题上,朱英也持相似的观点,他认为随着资本主义工业的产生和发展,不仅出现了一些新兴的商业行业,传统商业的性质也依次发生变化。至20世纪初年,从总体和广义而言,近代中国的商业基本上可以纳入资本主义的范畴。③

孔经纬区分了资产阶级分子和作为阶级的资产阶级两个概念,从而对资产阶级产生问题提出有意思的观点。他认为在资本主义萌芽时期,资产阶级分子已经存在,而作为阶级的资产阶级则形成于洋务运动中的官僚买办资产阶级和民族资产阶级。④

争论比较热烈的是民族资产阶级的形成时间。对于这一问题,存在各种意见。一种意见认为它形成于1895年之前,理由是此前的"公车上书"掀起了维新运动,由此产生的民族资产阶级上层发动了戊戌变法⑤,这一观点早在五六十年代就已经出现。另一种意见认为它形成19世纪末20世纪初,持这一意见的代表人物是林增平,他认为:一是1895年前占压倒优势的是早期官僚资本,民族资产阶级还很微弱;二是此一时期商人、地主和官僚尚未大规模投资新式企业,民族资产阶级作为一个阶级尚未形成;三是还不存在资产阶级知识分子,参与"公车上书"的都是举人。因此,他主张民族资产阶级形成于19世纪末20世纪初,理由有四:其一,这一时期民族资本主义经济有了较大增长;其二,资本家已经在社会政治经济生活中成为一种独立力量;其三,革命派和改良派在此一时期

---

① 参见杜恂诚《从1883年上海金融风潮看中国资产阶级的产生》,《历史研究》1987年第6期。

② 同上。

③ 参见朱英《近代中国民族商业资本的发展特点与影响》,《华中师院研究生学报》1985年第1期。

④ 参见孔经纬《关于中国资本主义形成和资产阶级形成》,《社会科学战线》1985年第4期。

⑤ 参见本书编写组《中国近代史》,中华书局1979年版,第270页。

均有较大发展;其四,开始通过报刊宣传资本主义,宣传资产阶级的作用和地位。① 章开沅也与林增平持类似的观点,认为在19世纪末和20世纪初,民族资产阶级才开始有了自己的政治家、思想家和作家。② 民族资产阶级的来源,早期新式工业的创办人汪敬虞认为主要是一部分官僚、地主和商人,他们的资本主要来自地租和商业高利贷的剥削,刘大年认为他们中也有一部分是少数手工工场或小商人开设工厂,由小资产阶级发展为资产阶级,或者如吴承明所认为的那样是手工业者、小商贩、学徒、店员转化为资本家,或者从各种投机活动中积累资本,成为资本家。

二 资产阶级的结构

改革开放以前,近代史学界倾向于认为近代中国存在两个不同类型的资产阶级,即官僚买办资产阶级和民族资产阶级,或者把买办独立出来分成三类,即官僚资产阶级、买办阶级和民族资产阶级,但对于后一种三分法有很多争论,一般都倾向于分为两种类型。改革开放之后,近代史学界重新探讨了这一问题。这一问题是资产阶级结构的核心问题,可以说,中国是否存在两个资产阶级,即官僚买办资产阶级和民族资产阶级的问题,是改革开放以后近代史学术界争论最热烈的问题之一。

第一种观点认为中国近代存在着官僚买办资产阶级。姜铎认为是存在着两个资产阶级的。他认为三个否定的理由有一定的道理。买办确是一种职业,职业买办确实比较复杂,既是官僚买办资产阶级的来源,又是民族资产阶级的来源。但在旧中国的特定社会条件下,买办人数多,控制的资金额大,是三种资本近代企业的主要投资人。买办不仅仅是一般的职业,而且是旧中国资本主义和资产阶级的重要构成部分,称之为买办资本和买办阶级,无论在事实上还是理论上都站得住脚。官僚资本确是国家垄断资本,但主持其事的军阀官僚们,大都是公私不分,假公济私,拥有大量的私产,又大都是外国侵略者的政治买办、军事买办和经济买办,事实上已构成一个人数不少的官僚买办资产阶级。官僚买办资产阶级既是一个政治

---

① 参见林增平《中国民族资产阶级形成于何时?——近代中国资产阶级刍论(三)》,《湖南师院学报》1980年第1期。

② 参见章开沅、林增平主编《辛亥革命史》上册,人民出版社1980年版,第57—59页。

概念，又是一个经济实体，实际上是存在的。①

有些学者认为并不存在两个阶级，洋务企业并不具有如同四大家族官僚资本那种垄断性、买办性和封建性。因此，丁日初认为，对这种企业叫国家资本比较恰当，"因为企业所有权属于国家，不是官僚的私产。企业在前一个政府倒台后就被后一个政府所接管"。丁日初和沈祖炜在《论晚清的国家资本主义》一文中把洋务企业称为国家资本主义企业，认为国家资本与私人资本的区别之一，是私人资本所有权在私人，因此一定会有一个相应的资本家阶级，而国家资本由于所有权不在任何个人而在封建政权，因此还不可能形成一个相应的阶级，因此在洋务运动中出现了民族资本家，却没有出现什么官僚资产阶级。② 黄逸平也同意"国家资本"的提法，他进一步补充说，当时的国家资本与私人资本同属于民族资本。

持否认有两个资产阶级的观点者有几个理由。其一，买办是一种职业，不构成阶级，因此，买办资本和买办阶级的提法，不能成立。其二，官僚资本是国家垄断资本，不应包括私人资本，主持和控制官僚资本企业的官僚军阀，不拥有企业所有权，构不成阶级，因而官僚买办资产阶级事实上并不存在。其三，官僚买办资产阶级是一个政治概念，实际上不存在。持一个资产级论的研究者，主要是从两个方面展开论证的。一方面论证买办商人和其他新式商人属于期的商业资本家，不是一个特殊的买办阶级。这种意见本文前面已介绍，在此不赘。另一方面是论证不存在官僚资产阶级。

李时岳赞成使用国家资本主义概念，认为这一概念是非常重要的。③ 张海鹏不同意把洋务企业称作国家资本主义企业，认为国家资本主义一词只能区别外国资本主义，而只具有人种学上的含义，不具有阶级社会的特点。④ 沈祖炜则回应说，把洋务企业称作国家资本主义不仅是为了区别于外国资本主义，而且是为了区别于官府手工业为代表的封建主义，这就具有鲜明的阶级社会的特点。⑤

---

① 参见姜铎《略论旧中国两个资产阶级》，《社会科学战线》1986年第2期。
② 参见丁日初、沈祖炜《论晚清的国家资本主义》，《历史研究》1983年第6期。
③ 参见李时岳《洋务运动论纲》，《汕头大学学报》1985年第2期。
④ 参见张海鹏《中国近代史的"两个过程"及有关问题》，《历史研究》1984年第4期。
⑤ 参见沈祖炜《近代中国资产阶级产生及构成问题研究述评》，《上海社会科学院学术季刊》1988年第4期。

丁日初和沈祖炜在《论抗日战争时期的国家资本》（《民国档案》1986年第6期）认为，官僚资本作为国家垄断资本的通俗名称，是指一种反动落后的生产关系，如果一般地把国家资本称作官僚资本，则往往与事实不符。所以我们主张在经济史的研究中还是平易地使用国家资本概念为好。

另外还有一些学者是持中间立场的，他们认为民族资本与官僚资本之间有着多种形态，其间的关系相当复杂。正如沈祖炜指出的那样，姜铎所说的官僚资本主要不是官僚私人投资，而是国家资本。① 因此，军阀官僚私人资本问题仍然是两个阶级争论中需要进一步明确的。魏明认为军阀官僚私人资本的性质应该属于民族资本。这一部分资本和国家资本的结合又使它带有官僚性，和外国资本的结合又使它带有一定的买办性，这些并不构成它本身意义的否定，而正体现了当时民族资本的某些特征。不过他没有排除官僚资产阶级的存在，认为官僚私人资本是民族资本，国家资本是官僚资本，代表和支配国家资本的官僚就是官僚资产阶级。② 但也有学者认为民族资本与军阀资本之间并不只存在数量差别，后者在税收和运输方面均享有特权，从而使他们能兼并私人企业。③

除了两个资产阶级之外，资产阶级结构的讨论还涉及资产阶级的分层问题，即把资产阶级分为上、中、下三层。一些研究者主张把资产阶级划分为上层和中下层，比如唐传泗、徐鼎新认为在20世纪初，资产阶级的上层就已产生，主要成员包括与帝国主义和封建政权紧密结合、权势显赫的早期官僚资产阶级的一些代表人物，包括在职或候补官僚依靠封建性的联系、政治地位、经济力量取得了商会、咨议局、资政院以及各种路矿公司领导权成为头面人物，其中包括买办中在社会上有影响、有地位的人物。④ 资产阶级的中、下层一般被认为是属于民族资产阶级的。朱英认为资产阶级的中、下层在辛亥革命时期尚未完全形成，上、中、下层之间并

---

① 参见沈祖炜《近几年国内近代中国资产阶级研究术评》，《历史研究》1989年第2期。
② 参见魏明《论北洋军阀官份的私人资本主义经济活动》，《近代史研究》1985年第2期。
③ 参见傅笑枫《关于东北官僚资本的若干问题》，《吉林大学社会科学学报》1988年第5期。
④ 参见唐传泗、徐鼎新《中国早期民族资产阶级的若干问题》，《学术月刊》1984年第3期。

没有不可跨越的鸿沟。① 沈渭滨、杨立强则主张根据资产阶级与帝国主义、封建主义联系的多还是少来区分资产阶级的上层和中、下层。②

三 买办

改革开放之初,买办是近代经济史研究的一个热点问题。1979 年聂宝璋发表了《中国买办资产阶级的发生》,该书系统地论述了 19 世纪买办阶级的发生和发展过程。1982 年黄逸峰等发表了《旧中国的买办阶级》一书,该书认为买办资本有五种形式,包括通过投资、附股或合营等形式与外国资本家合作的资本,与帝国主义资本直接联系并受其控制的生产企业、商业、金融业等的资本,以及官僚买办资本等,所以该书所说的"买办"范畴特别大;汪敬虞从剖析著名买办唐廷枢入手,对近代早期的买办活动及买办与民族资本的关系进行了深入的探讨;严中平于 1986 年撰文论述了中国买办阶级发生的特点等,在他主编的《中国近代经济史(1840—1894)》一书里也详尽论述了甲午战争前的买办活动、买办制度及买办资本积累等。这些研究都为我们厘清买办问题大有助益。

如上所述,学术界一般认为中国资产阶级由两部分组成,其一是民族资产阶级,其二是官僚买办资产阶级。对于官僚买办阶级,学界有着较大的分歧。主流观点认为官僚买办不断趋同。如刘大年认为"买办官僚化,官僚买办化"③,吴承明也认为当时"官僚和买办合流,整个官僚阶层都已买办化"。④ 此外还有一种观点认为买办与官僚存在着分流。例如,汪熙认为买办在官督商办企业失败后成批地转化为民族资本家,买办和买办出身的资产阶级愿意看到中国政治有所变革,主张发展资本主义和支持改良主义。⑤ 这一观点,与官僚买办合流的意见有显著的区别。

对于买办是否成为一个阶级,主要有三种观点。一是认为买办是一个阶级。例如,严中平是明确把买办定义为一个阶级的,他认为鸦片战争后首先产生了买办阶级,根据是当时已产生了依附于洋商的买办资本。⑥ 杜

---

① 参见朱英《中国早期资产阶级(1860—1913 年)概论》,河南大学出版社 1992 年版。
② 参见沈渭滨、杨立强《再论近代中国的时代中心》,《复旦学报》1985 年第 1 期。
③ 刘大年:《评国外看待辛亥革命的几种观点》,《近代史研究》1980 年第 8 期。
④ 吴承明:《中国资产阶级的产生问题》,《历史研究》1965 年第 9 期。
⑤ 参见汪熙《关于买办和买办制度》,《近代史研究》1980 年第 2 期。
⑥ 参见严中平《试论中国买办资产阶级的产生》,《中国经济史研究》1986 年第 1 期。

恂诚明确把买办看作商业资本家,认为买办和非买办的新式商人一起,组成中国商业资本家,在鸦片战争后,首先出现的是资本主义商业和商业资本家,而中国资本主义商业的毛是附在外国产业资本的皮上的。聂宝璋认为,鸦片战争后经过二三十年的发展,买办通过附股外商企业,向华商企业扩张,将商品流通渠道买办化,并向行会组织和封建政权渗透,在19世纪40—70年代最终形成。[①] 二是认为买办是一个中介,不能成为一个阶级;例如,郝延平认为买办不仅是经济上必不可少的中介人,而且是中西文化有价值的引线人,以此逐步形成的以买办为中心的社会经济制度。[②] 黄如桐认为买办不能单独构成一个阶级,但却是资产阶级的一个组成部分,是资产阶级中的一个阶层或集团,他仍认为洋务运动中洋务派大官僚和大买办结合而成为早期官僚资产阶级。[③] 三是对以上两种意见都不能满意,从而提出不同的看法。例如,丁日初认为买办属于民族资产阶级[④];汪敬虞认为,在洋务运动时期,买办资本从外国资本的附庸向要求独立发展的方向转化,代表着买办资本向民族资本的转化,这是历史的进步。他强调进入洋务企业的买办与洋务派官僚并不能等同,一些买办在进入洋务企业后的处境也并不乐观。[⑤] 张国辉认为,洋务派集团是一个复杂的构成体,因此不能把整个集团简单地视同官僚资产阶级,洋务派集团的分化和一部分成员的转化在19世纪80、90年代之交是明显地存在着的,有一部分从他们经营近代企业的艰苦历程中逐步转向形成中的民族资产阶级,为后者提供基础[⑥];类似的,马敏也认为,买办是具有双重身份和两种转化趋势的过渡性社会集团[⑦],此外,值得注意的是,乔志强从社会生

---

① 参见聂宝璋《中国买办资产阶级的发生》,中国社会科学出版社1979年版,第33—64页。
② 参见郝延平《十九世纪的中国买办》,上海社会科学院出版社1988年版,第3页。
③ 参见黄如桐《关于官僚资产阶级问题的一些看法》,《近代中国资产阶级研究》续辑。
④ 参见丁日初《对外经济交往与近代中国资本主义现代化的关系》,见《旧上海的外商与买办》,上海人民出版社1987年版,第31页。
⑤ 参见汪敬虞《论中国资产阶级的产生》,《中国社会科学》1981年第5期;《试论中国近代的买办阶级》,《历史研究》1990年第3期。
⑥ 参见张国辉《论中国资本主义发生时期资产阶级的构成》,《近代史研究》1984年第1期。
⑦ 参见马敏《早期资本家阶级与近代中国社会结构的演化》,《新华文摘》1993年第9期。

活和社会分工角度主张买办是当时新的职业集团。①

四 是否存在官僚资本

与官僚资产阶级相伴相生的是官僚资本。官僚资本这个名称出现较晚，最早见于瞿秋白1932年所写的《中国之资产阶级的发展》，指的是早期官办、官督商办等企业。20世纪40年代，官僚资本这一概念开始盛行。这与毛泽东有关。1940年代，毛泽东在多次谈话中提到了官僚资本这一概念。他在《论联合政府》报告中指出："官僚资本，即大地主、大银行家、大买办的资本"，1947年毛泽东在论述新民主主义革命三大经济纲领中关于没收蒋宋孔陈四大家族垄断资本时进一步指出："这个垄断资本主义，同外国帝国主义、本国地主阶级和旧式富农密切地结合着，成为买办的封建的国家垄断资本主义"，并说："这个资本，在中国的通俗名称，叫官僚资本主义"。② 官僚资本这一概念对近代经济史的研究产生了很大的影响。

学术界习惯把当时占主要地位的洋务派官办和官督商办企业称为"官僚资本"，因其阻碍了中国资本主义的发展，而把它们从民族资本主义中排除出去。但丁日初和沈祖炜认为，早期中国的资本主义都是民族资本主义，可以根据资本所有权把它们划分为国家资本和私人资本，官办企业和国家与私人合作经营的官督商办企业可以统称为国家资本主义，与商业企业一样都是先进的资本主义经济，对当时中国的现代化有着积极的影响，为整个社会的资本主义因素的增长奠定了基础。学术界主流把官办和官督商办的洋务企业视为官僚资本主义，主要论据在于认为其具有垄断性、买办性和封建性。

丁日初和沈祖炜对这三个论据进行了分析和澄清。一些学者将洋务派官办和官督商办企业作为中国官僚资本主义（国家垄断资本主义）的三个阶段的最初阶段，第二个阶段是北洋政府的官营企业，最高阶段是1927年以后国民党统治集团所控制的国营企业。丁和沈认为，虽然晚清洋务企业与后两个阶段的国家垄断资本主义有若干联系，但如果用国民党政府的国家垄断资本主义的标准来考察晚清的洋务企业，那它根本就不是

---

① 参见乔志强《中国近代社会史》，人民出版社1992年版，第179页。
② 转引自许涤新、吴承明主编《中国资本主义发展史》第1卷，前言，第18页。

什么国家垄断资本主义，当时洋务派企业只在一些部门初步建立起来，远没有形成一个完整的体系，绝不可能起到垄断作用，甚至还不具备完整的国家资本主义的性质。对于买办性，丁和沈认为所谓买办性，不应指企业对外国资本主义的依赖，而应指企业基本上为外国资本所控制，其业务是为外国资本服务的，对民族资本主义经济起着破坏作用。按这一标准，洋务派企业并不具有买办性。因为洋务派企业引进外国技术设备，利用其资金，在一定条件下是有利于企业生存的，它们雇用洋员并没有造成被洋员控制企业的局面，它们吸收买办人物参加经营管理，是有利于企业发展的，它们在实际社会经济中并不是为外国资本服务的，相反在一定程度上还起了抵制外资入侵的作用。对于封建性，洋务派企业是由封建政府派封建官僚去主持而带有较严重的封建性，但也应具体问题具体分析。因此，仅仅因为封建性而把洋务企业归为官僚资本，是不妥当的，洋务企业应视为民族资本主义的国家资本主义，才符合历史事实。①

有一些学者也持相似的意见，比如孔经纬就认为洋务运动中的一些商办企业，是在一定程度上抵制外国资本和在实际上违背传统的封建经济统治的产物，属于民族资本，不能因此而把洋务活动同民族资本主义绝对地对立起来。而洋务运动官办军事工业含有资本主义的或类似国家资本主义的性质。②

这一见解是有其合理性的，但是这一见解仍未被学者普遍接受，一些学者或者仍然坚持，或者习惯性地使用官僚资本和官僚资产阶级的概念，这一现象在今天仍然相当普遍。

五　资产阶级的历史地位与作用

资产阶级的历史地位与作用，是与资本主义在近代中国的发展紧密相关的。对于资产阶级的历史地位与作用，主要有两种基本的立场和观点。一种认为资产阶级对促进资本主义生产方式在中国的发展有其历史贡献，应该肯定。另一种观点并不否定资产阶级对于促进资本主义生产方式的历史作用，但对资产阶级的评价仍持部分否定。当然，这两种观点都有其特

---

① 参见丁日初、沈祖炜《论晚清的国家资本主义》，《历史研究》1983年第6期。
② 参见孔经纬《关于中国资本主义形成和资产阶级形成》，《社会科学战线》1985年第4期。

定的语境,并不能将其加以标签式的理解。

在近代经济史学界,对于资本主义的发展基本上都是持肯定态度的。吴承明认为,中国近代史上有一种定型的看法,即中国半封建半殖民地社会是一个向下沉沦的社会,战乱频仍,外患深重,中国的经济也日益凋敝,谈不上发展,一些近代中国经济史的著述,大都给人以一片凄凉、每况愈下的感觉,这种历史观,就是沉沦观。吴承明认为沉沦观是不可取的,近代中国的经济史是一部不断发展和进步的历史,其间有严重曲折,但也有其发展和进步的一面。① 李时岳、胡滨也认为,争取独立和谋求进步始终是历史的主题,而向西方学习、发展资本主义,则是近代中国争取独立和谋求进步的根本道路。从这个角度说,资本主义因素在帝国主义、封建主义压迫下的发生和发展,仍有其重要意义,是进步的,是最终埋葬帝国主义和封建主义的物质力量。而资产阶级在这一过程中发挥了其历史作用,应该给予肯定。②

与上述观点不同,姜铎认为,近代中国民族资本主义发展步履维艰,资产阶级共和国幻想不断破灭,表明独立的资本主义发展是根本不可能的,社会主义革命是必要的,是中国现代化的一个必要阶段。民族资产阶级追求的共和国最终只是幻想。③ 汪敬虞认为,买办阶级作为一个阶级,从它在中国近代社会中的地位和它对中国近代社会发展所起的作用看,它之所以构成一个反动的阶级,这是由中国的客观历史条件,亦即社会经济的条件所规定的,这是客观的存在。买办中出现了容闳、郑观应那样"先进的中国人和爱国知识分子",改变不了这个客观的存在。买办中出现了唐廷枢、徐润那样"投资或兴办近代民族工业"的"实业家",买办资本存在着向民族资本转化的可能性,所有这些,也改变不了买办阶级作为一个反动阶级的客观存在。④

上述两种观点实际上有很多共通之处,差异并没有看上去那么明显。正如朱英强调的那样,在西方资本主义国家的近代历史进程中,资产阶级

---

① 参见吴承明《中国近代经济史若干问题的思考》,《中国经济史研究》1988 年第 2 期。
② 参见李时岳、胡滨《论洋务运动》,《人民日报》1981 年 3 月 12 日;李时岳《近代中国社会的演化和辛亥革命》,《吉林大学学报》1981 年第 5 期。
③ 参见姜铎《资本主义此路不通——旧中国民族资本主义发展中的历史教训》,《上海经济研究》1987 年第 2 期。
④ 参见汪敬虞《试论近代中国的买办阶级》,《历史研究》1990 年第 3 期。

大多是近代化的主导力量，起着决定性的重要作用。中国的资产阶级则由于种种难以避免的弱点，无法承担中国近代化主干载体这一历史使命。但是，这并非意味着它在中国近代化进程中无所作为。在经济近代化方面，资产阶级为资本主义在中国的发展也作出了自己的努力。作为中国近代工业肇始的洋务运动中，许多"官督商办"和"官商合办"民用企业，都有大量商人投资。如果没有商股，这些企业根本无法创办，更谈不上发展。因此，洋务运动时期中国得以出现第一批工矿、交通、电信企业，民间资本家是发挥了重要作用的。19世纪70年代以后，资产者还开始兴办私营近代工矿企业。虽然处境极为艰难，但不少资产者坚持在逆境中奋斗，仍使中国民族资本主义不断获得发展，并在中国本国资本主义经济成分中明显占据主导地位。正是在资产阶级的直接推动下，近代中国社会经济生活日趋向近代化发展。①

---

① 参见朱英《资产阶级与中国近代化的发展》，《华中师范大学学报》（哲学社会科学版）1994年第2期。

第五章

新领域的开拓

第一节 中国近代经济史的"中心线索"

20世纪50年代中期历史学界关于近代史分期问题的讨论中,形成了"三次高潮"论和"四大段"论两种意见。到了20世纪70年代末至80年代初,面对时代的新形势与新问题,相当多的学者开始反思近代史分期问题。李时岳认为"四大段"论虽然力求以近代中国社会的"根本矛盾"为线索,把中国近代史进行分期,注意到了中国近代历史的复杂性,但存在着主线不明的缺点;而"三次高潮"论虽然被大多数人所接受,但也面临很多问题,引起学者的怀疑。许多学者就中国近代史的基本脉络或主要线索问题进行了深入讨论。对近代经济史中心线索的讨论是近代史主要线索讨论的一部分,推进了更广泛意义上的近代史学界对于近代史主要线索的讨论。

一 百年中国近代史是进步,还是沉沦

十一届三中全会后,史学界对于近代史开始了新思考。从鸦片战争以来的近代历史的性质成为历史学家首先要思考的对象,围绕这一百多年的历史究竟是进步的,还是沉沦的问题,展开了讨论。1980年,李时岳发表文章,提出要重视近代史资本主义经济发展的意义,认为近代史上经历了农民战争、洋务运动、维新运动、资产阶级革命四个阶段,反映了近代中国人民政治觉悟的迅速发展,标志着近代中国历史前进的基本脉络。[①]

---

① 参见李时岳《从洋务、维新到资产阶级革命》,《历史研究》1980年第1期。

此后几年，李时岳对这一问题继续思考，在1984年发表了他对于近代史主要线索的标志的意见，他认为近代中国社会的发展实际上存在着两个而不是一个趋向：一是从独立国家变为半殖民地（半独立）并向殖民地演化的趋向；二是从封建社会变为半封建（半资本主义）并向资本主义演化的趋向。前者是个向下沉沦的趋向，后者是个向上发展的趋向；帝国主义侵略的目的是要把中国变成半殖民地和殖民地，而不是要把封建的中国变成资本主义的中国，但从发展趋向看，帝国主义者却充当了历史的不自觉的工具，起了促使中国发生资本主义的作用，因此从近代中国的发展趋向上应该以中国资本主义化的过程作为主要线索来论述中国近代史的进步潮流，而以反映半殖民地化的线索为主要线索则是恰当的。①

李时岳的观点引起了近代史学界的广泛关注，近代经济史学家汪敬虞认为，李时岳在1980年和1984年两次提出的观点，可以归纳为中国近代社会既可以说是半殖民地半封建，也可以说是半殖民地半资本主义，半封建＝半资本主义。而这一观点是值得商榷的。汪敬虞指出，最先在中国出现的资本主义现代企业，是从入侵中国的外国资本主义中开始的，是先于中国资本主义的现代企业的产生而存在的。而中国资本主义现代企业的发展非常微弱，一直到20世纪30年代，在整个国民经济中所占比重不足10%。若不计外国在华资本，中国至多只有10%的资本主义，还谈不上半资本主义。而农业资本主义的发展并不能导致中国农村经济的半资本主义化。因此，与李时岳不同，汪认为近代中国由封建社会向半殖民地半封建社会的转变，这是历史的沉沦，不是时代的进步。半殖民地半封建，是一个不可分割的整体，当中国一只脚踏进半殖民地社会时，另一只脚必然进入半封建社会，而不是什么资本主义社会，用半殖民地半资本主义的提法取代半殖民地半封建的提法，以之为中国的近代社会定性，既没有如实反映近代中国的历史现实，也不能正确指明中国未来的发展方向。②

对于汪敬虞的批评，李时岳回应说：殖民地指的是国家地位，封建指

---

① 参见李时岳《中国近代史主要线索及其标志之我见》，《历史研究》1984年第2期。
② 参见汪敬虞《中国近代社会、近代资产阶级和资产阶级革命》，《历史研究》1986年第6期。

的是一种社会形态,二者本没有什么必然的联系,"半殖民地半封建"并非不可分割。中国资本主义现代企业发展非常微弱,在整个国民经济中不占主导地位,这是事实。如果资本主义在经济上占主导地位,那么中国社会就不是"半封建"社会了,"半"并不是个数量的概念,而是指封建社会内部发生和发展了资本主义的因素。他反问:把半殖民地半封建说成是不可分割的,把半封建的另一半说成是半殖民地,那么,中国社会前进的力量在哪里?几代人为资本主义前途而进行的艰苦奋斗岂不毫无意义?"历史的沉沦"何所底止?[①]

这一场讨论虽然是在20世纪80年代开始的,但实际上早在20世纪30—40年代开始,人们已经逐渐形成了一种定型的看法:中国半殖民地半封建社会是一个向下沉沦的社会,一直到70年代,一些中国近代经济史的著述,大都给人以一片凄凉、每况愈下的感觉。国外研究中国近代史的学者中也有类似的看法,他们称之为"不发展的发展",这些著作主要是分析中国经济不发达的原因,而不是写历史。但1986年前后,国内兴起了用近代化理论或者发展经济学的理论来研究中国近代经济史的趋向,专门召开了"世界近代史上的现代化问题(黄山)","对外经济关系与中国近代化(武汉)",在这些讨论会上,一些学者强调近代史发展中也存在着进步,形成了一种进步观。进步观与沉沦观,是两种不同的历史观。

在李时岳和汪敬虞的讨论中,吴承明也参加了进来。他指出,在近代史的研究中,其余领域都出现近代化的研究趋向,唯独在经济史方面采取沉沦观,实属莫解。他指出,近代经济史的著作中,对于资本主义的发展都是肯定的,但往往侧重于考察资本主义的生产关系,而对于生产力有无发展,发展到什么程度,无暇深究,解放后,国家统计局实事求是地把解放前农业和工业的最高产量定在1936年,颇使经济史学者汗颜。国外有人把中国近代史的起点提前到18世纪以至16世纪,也许失之偏颇,但应当说导致近代化的经济活动在战争之前已经开始了,此后有了发展。正因为有了发展,中国才能步入社会主义。否则,只能采取"愈穷愈革命"的理论来解释我们的历史,这种理论虽颇引人入胜,但还难说是社会发展的规律。吴承明认为,中华民族的经济是一部不断发展和进步的历史,其

[①] 参见李时岳《关于"半殖民地半封建"的几点思考》,《历史研究》1988年第1期。

间有严重曲折,以至人口损失三分之一,但即在这种时代,也不是神州陆沉,而有它发展和进步的一面。这正是帝国主义不能灭亡中国的原因。①

二 中国近代经济史中心线索争论

对于李时岳的回应,汪敬虞也作出他的回应。他认为,李时岳的观点比单纯以阶级斗争的表现为线索自然是前进了一步。但是"半殖民地半封建"的两分法,仍然是有缺陷的,因为它没能够说明中国近代社会发展的总的趋向,没有指出一个总的线索,也就是没有明确提出贯串中国近代史的中心红线。他自问自答:出现在近代中国土地上的资本主义,是一个什么样的局面呢?概括地说,它是已经进入垄断阶段的外国资本主义在整个中国资本主义经济中的优势和统治,是官僚资本主义,也就是"买办的封建的国家垄断资本主义"在本国的优势和统治,是先天不足、后天失调的中国民族资本主义,未老先衰。先天不足指的是:它的发生,不是中国封建社会内部资本主义萌芽的直接发展;后天失调指的是:在它的发展过程中,经常承受着外国资本主义和国内封建主义、官僚资本主义的压力;未老先衰指的是:它有所发展,但又不能顺利地、充分地发展。中国民族资本主义的发展和不发展,这才是贯串中国近代历史的一条红线。如果把和帝国主义、国内封建主义、官僚资本主义处于对立地位的民族资本主义看作是中国资本主义,那么中国近代历史的一条红线,或者说基本线索,就是中国资本主义的发展和不发展。在半殖民地半封建的社会中,要想中国资本主义有一个顺利发展的环境,这是不可能的。中国资本主义有所发展而又不能充分发展,在发展与不发展之间,不发展又是事物的主流。②

随后,汪敬虞发表了《论中国近代经济史的中心线索》,在这篇文章中他明确提出了"中国近代经济史的中心线索"这一论题,并进一步重申、论证他的观点。他认为李时岳提的中心是资本主义发展,资本主义是一个上升,半封建是一个下降,这一提法是进步的,但同时也有缺点,就是把半殖民地和半封建分裂开来,没有一个总的方向,为此,他认为研究资本主义的发展与不发展才是中心线索,并再一次强调近代中国资本主义

---

① 参见吴承明《中国近代经济史若干问题的思考》,《中国经济史研究》1988 年第 2 期。
② 参见汪敬虞《中国近代资本主义的发展和不发展》,《历史研究》1988 年第 5 期。

的状况是"买办的封建的国家垄断资本主义"在本国的优势和统治,是先天不足、后天失调的中国民族资本主义的未老先衰。中国资本主义的产生,不是来自中国封建社会内部新生力量对旧的生产关系的突破,而是来自外国资本主义势力入侵的冲击,是出自中国原来的正常发展过程的中断,这是造成中国资本主义发展和不发展的决定性因素。当然,历史研究者要有一个广角镜,也就是说,作为历史的中心线索,仅局限于资本主义发展和不发展的过程本身是不够的,我们的视野应该放在面临外国资本主义入侵的整个中国封建社会向资本主义过渡的无准备状态上。正因为中国资本主义的产生,不是中国本身经济条件自然发展的结果,这就对中国资本主义的发展直接引发了两个值得注意的现象:概括地说,就是点与面的不协调,形成点上的发展与面上的不发展并存的局面。中国资本主义既有所发展,又不能充分发展。所以完全可以断言,在中国资本主义的发展与不发展中,不发展是主导的一面。①

中国近代经济史的中心线索这一论题,引起了学者们的极大关注,近代经济史学界围绕这一论题展开了一次大讨论。

讨论中,一些学者支持以资本主义的发展与不发展作为中国近代经济史的中心线索。王方中认为,所谓中心无非就是那种决定半殖民地半封建社会历史走向的经济成分的发展变化,这种经济成分不可能是处于从属、依附地位的小生产,也不可能是垂死的封建经济,而只可能是资本主义经济。近代中国社会并存三种资本主义经济:外国资本主义、本国官僚资本主义经济、民族资本主义经济,前两者和后者的历史走向是尖锐对立的,只有那根植于本国经济机体、完全依靠本民族内部力量发展起来的民族资本主义经济的发展和不发展才能明确表示经济发展的历史走向,才能构成中国近代经济史的中心线索。但是还有一个问题需要讨论,1927年以后中国共产党领导的革命根据地诞生了,根据地内已经有了社会主义性质的国营经济,这种条件下还可否以资本主义的发展和不发展作为中心线索呢?至少在1927—1937年,还是可以的。② 杜恂诚完全赞成以中国资本主义的发展和不发展作为近代经济史的中心线索,认为这个意见表面看来

---

① 参见汪敬虞《论中国近代经济史的中心线索》,《中国经济史研究》1989年第2期。
② 参见王方中《贯彻始终的中心线索——资本主义的发展与不发展》,《中国经济史研究》1989年第3期。

似乎有点矛盾，却是把握了中国近代经济史的脉搏，因而具有深邃的理论性。经济史研究一定要探究制约中国历史发展的特殊国情。如果我们的历史研究视野仅仅局限于"中国资本主义的发展"，那就是只知其一不知其二，还不能看出中国的全部特殊性。研究"不发展"，较之研究它的"发展"，具有更重要和更深刻的历史意义与现实意义。对中国资本主义发展与不发展的研究不能成为"纯经济"的研究，特别像中国这样一个半殖民地半封建的国家，政治对经济的影响往往是关键的。① 虞和平也同意以中国资本主义的发展和不发展作为中国近代经济史的中心线索，因为它概括表示了中国近代经济发展的总趋势，又体现了这一总趋势的遭遇和特点。但他也提出仅仅以民族资本主义的发展程度不足以完全表示中国资本主义化的程度，它只是其中最典型最重要的一个方面。要全面估计中国资本主义化的程度，至少还应该包括官僚和买办资本、在华外国资本、传统经济对资本主义经济的适应三个方面。② 马敏认为，资本主义化的努力与挫折贯穿于整个中国近代史，近代化＝资本主义化。从这个角度，他赞同以中国资本主义的发展与不发展作为探索中国近代经济史的中心线索。这一命题的最大可取之处，在于它反映了中国近代半殖民地半封建社会的本质特征和历史走向，兼及了同一历史发展过程的两面，能比较合理地解释中国近代经济史研究中某些百思不得其解的困惑。马敏认为这一命题还可以进一步拓展和深化。他认为，与这一命题相关的另一个命题，是中国近代社会的发展与不发展，或者说，中国近代社会发展与迟滞并存的特点，制约和影响着中国资本主义的充分发展。此外，另一个需要深入探讨的是中国资本主义发展的动力机制严重不足的问题。③

相当一部分学者不同意汪敬虞把资本主义的"不发展"作为主线，认为近代中国的资本主义还是有所发展的。李时岳认为，"中国资本主义的发展与不发展"，实际上是"沉沦观"的一种新形式。他认为汪的观点是缺乏历史感的。比如，汪认为中国资本主义产生的历史条件是已经进入垄断阶段的外国资本主义在整个中国资本主义经济中的优势和统治，是官

---

① 参见杜恂诚《研究"不发展"比研究"发展"更重要》，《中国经济史研究》1989年第3期。
② 参见虞和平《殖民地化与资本主义化》，《中国经济史研究》1989年第3期。
③ 参见马敏《近代化＝资本主义化》，《中国经济史研究》1989年第3期。

僚资本主义也就是买办的封建的国家垄断资本主义在本国的优势和统治，李认为这似乎不是在讲历史，而是讲导向社会主义的 1949 年革命胜利前夕的情况。类似的，汪把中国资本主义界定为和帝国主义、国内封建主义、官僚资本主义处于对立地位的民族资本主义，李认为这也是缺乏历史观点的。同样，李也强调，不能把国家地位的沉沦和社会发展的进步对立起来，社会经济的发展不是简单的沉沦观所能完全概括的。李认为，中国近代经济史的总趋向是封建经济结构的解体和资本主义因素的发展。① 丁日初赞成以资本主义经济的发展作为中国近代经济史研究的中心线索，但不必把资本主义的发展和不发展定为中心线索，因为这是要把问题归结到不发展上面。他强调资本主义经济发展一面是发展过程的主流，居于主导地位，中心线索不宜归结到不发展上面。他认为把中心线索归结为中国资本主义的发展与不发展的立论基础，是将帝国主义、所谓官僚资本主义同被称为民族资本主义的私人资本处于对立地位，而只承认后者是中国资本主义。丁指出研究资本主义在中国的发展，必须把外国资本包括在内，也要承认把过去被开除出民族资本主义行列的"官僚资本""买办资本"，以及国家资本也都包纳到中国资本主义中来。如果承认它们都是民族资本主义，中国近代经济史就不会给人以吴承明所说的"一片凄凉，每况愈下的感觉"，会让人感受到历史是在不断前进的，从而产生鼓舞人心的作用。② 凌耀伦主张中心线索以"中国资本主义经济的缓慢发展"这一提法为宜。"中国资本主义"应包括国家资本主义（旧中国国家资本主义的科学定义是"买办的封建的国家垄断资本主义"，官僚资本主义是其通俗名称）与民族资本主义两个部分。中国资本主义的总趋势是"发展"，以打破"沉沦"观。发展"缓慢"，是中国资本主义发展道路上最重要的特征。③

除了上述两种观点外，还有一种观点认为除了要关注资本主义这一因素之外，还要考虑中国传统因素，在更大范围内来考虑中心线索的问题。章有义主张落后不等于沉沦，既要看到帝国主义侵略的作用，更要着眼于内部封建经济结构，不能把一切简单归结为外来侵略，而将内因的作用置

---

① 参见李时岳《"沉沦观"不可取》，《中国经济史研究》1989 年第 3 期。
② 参见丁日初《资本主义经济的发展才是主流》，《中国经济史研究》1989 年第 3 期。
③ 参见凌耀伦《主线：中国资本主义的缓慢发展》，《中国经济史研究》1989 年第 3 期。

于次要地位,事实上,我国对外贸易额和外资企业的收入,不论按人口平均或对国民生产总值的比率,都是很低的。而且帝国主义对中国的支配,也只能通过内因而起作用。近代中国没有实现工业化或近代化,其根本原因在于农业劳动生产率太低,没有为发展现代工业提供足够的剩余劳动和市场条件。在经济史研究中,过分强调帝国主义决定论,缺乏足够的说服力。① 章开沅认为以资本主义的发展变化作为中国近代经济史的中心线索或主线,这是理所当然的。因为它是中国社会走向近代化的关键因素与主要标志。但作为主线的资本主义发展,不一定能够构成一个国家的近代经济史的主体。就近代中国而言,资本主义在整个社会经济中所占比重甚小,未能超越农业宗法社会范畴,比重最大的是长期滞留于封建宗法结构的农业经济,后者才是中国近代经济史的主体。过去的中国近代经济史著作经常只局限于资本主义的发展变化,多半侧重于资本主义近代工矿企业的发展,而比较忽略商业、金融、手工业等侧面,更谈不上给作为主体的农业经济以足够的篇幅。如果对农业经济不作深入论析,就谈不上一部完整的中国近代经济史,也很难更全面、深入地说明中国资本主义的发展变化。在1949年以前,主线始终未能成为主体,这就是汪所说的不发展,是主体拖累着主线。主线不能脱离主体,主线更需改造主体。② 沈祖炜认为以近代化作为中国近代经济史的基本线索,无疑抓住了事物的本质。但如何认识经济近代化的内容和范畴,仍有待于进一步的探讨。资本主义化和工业化都是中国经济近代化的重要内容,但不是全部内容,诸如生产力的发展,生产的社会化、市场的发育、经营方式的改善等,不一定是移植西方资本主义机器大工业的结果,可是它们都属于近代化的范畴。因为中国传统因素也在其中起到了重要作用。③ 代鲁认为,中国近代经济史是外国资本——帝国主义入侵及在其入侵下中国社会经济演变为半殖民地半封建的历史,而本国社会经济的演变,一方面是本国资本主义的发展与不发展,另一方面是封建制度的部分破坏与基本保持,这是同一演变过程的不同侧面,不可决然分开。半殖民地化固有沉沦的一面,但同时又有资本主义化,因而也有发展或现代化的一面;半封建化即半资本主义化,固为发

---

① 参见章有义《要重视中国近代经济落后的内因》,《中国经济史研究》1989年第3期。
② 参见章开沅《主线与主体》,《中国经济史研究》1989年第3期。
③ 参见沈祖炜《传统因素与经济近代化》,《中国经济史研究》1989年第3期。

展或现代化,但由于它仍为非独立的资本主义化,故也有沉沦的一面。近代旧中国的半殖民地半封建经济是种特殊过渡形态,在其内起主导决定作用的因素只能是侵入的外国资本——帝国主义生产方式。因此,中国近代经济史的中心线索,只能以外国资本——帝国主义的入侵作为中轴线,另外再辅以本国资本主义发展与不发展和封建制破坏与保持,就构成中国近代经济史的全部发展线索。① 朱荫贵认为应该扩大中心线索的考察范围。近代经济史的对象无疑是近代,但我们的视野却不应局限于近代。因为近代和现代是紧密相连的,在某种意义上是同一过程的不同发展阶段。从1840年开始到目前的经济体制改革,在这一个半世纪中,中国经济发展的主线索是农业文明—工业文明—现代化的过程,这个过程至今没有完结。从这一大背景考察问题,有利于打破在近代范围争论主线是沉沦还是向上的局限,深化对中国经济运行规律的认识,打破过去经济史与现实经济研究一定程度上脱节的现象。今后亟待去做的有两方面工作:其一是加强对具有几千年封建传统的中国社会这个母体重视和研究,其二分多个专题从新的视角、运用新的理论和方法等对这些课题进行研究,必将总结出具有中国特点的带有规律性的东西来,从而更好地发挥中国经济史这门学科的社会职能。②

对于以上三种意见,汪敬虞又作了反思和回应。他称对于近代经济史中心线索的思考主要在20世纪60年代受严中平同志的启发,近三十年来一直在思考这一问题。首先,是中国近代社会的性质,对于这一问题有三种意见,一是沉沦观,二是沉沦与上升并存观,三是上升观。汪本人基本上属于沉沦观,这主要是从政治的角度来理解的。沉沦与上升并存观没有勾画出近代中国社会总的发展趋向,上升观虽然勾画出一个总的发展趋向,但与近代中国的实际历程不相符合。不同意沉沦观论者的主要根据是认为沉沦观把近代中国的历史说成一片漆黑,毫无希望,无视于中国现代化的历史进程,无视新的资本主义生产关系和资产阶级力量的兴起,这显然是一个误解。中国资本主义的发展和不发展,正是从沉沦观的论证中得出的合理结论。其次,大多数学者还是能同意把资本主义的发展作为中国

---

① 参见代鲁《外国资本主义的入侵是中国近代经济史的中轴线》,《中国经济史研究》1989年第3期。

② 参见朱荫贵《应该扩大考察的范围》,《中国经济史研究》1989年第3期。

近代经济史的中心线索的，不能取得一致意见的地方是在提法上。这部分来自于对中心线索的理解不同。汪认为中心线索就像一支糖葫芦，是贯串事物整体的一条主线，通过这条主线能更紧密地联结主体的各个部分，更好地认识主体，一部历史，通史也好，专史也好，有没有中心线索，就像它是像一串糖葫芦，还是像一口袋土豆。资本主义发展和不发展这个提法，使我们对半殖民地半封建社会的认识有了一个比较高的观察点，我们需要观察的，绝不是只限于资本主义的发展状况本身，我们的视野不是缩小了，而是更加开阔了。章开沅提出主线与主体的概念，强调对农业经济作深入论析，是一个极为正确的见解和重要的入手之处。汪还认为，虽然很多学者不同意不发展是主导的一面，但他还是坚持这一观点，虽然许多研究证明资本主义在20世纪20年代有较明显的发展，到抗战前夕达到了前所未有的水平，但一个关键性的问题是，判断中国资本主义的发展和不发展，同样不能局限于资本主义现代企业的发展本身，同样需要一个正对全国经济的广角境。再次，汪认为中心线索不仅像一串糖葫芦，更像一根藤上的葡萄串，大小不同，色泽各异，疏密有间，错落有致，是一个有机的构架，以资本主义的发展和不发展作为中心线索，有希望为近代经济史提供一个像葡萄串似的构架，不但有内在的逻辑联系，还可以带动一系列问题的重新研究，可以出现各种各样的观点，丰富近代经济史的涵量和内容，就是在这株葡萄串上，有比较悦目赏心的葡萄。他在中国资本主义现代工业的产生、外国在华资本的作用问题、洋务派官督商办企业的作用与地位、官僚资本主义、买办阶级、近代商业资本、近代中国农村经济的性质7个问题上做了例示解析，每一个答案，都力图贯穿他自己心目中的中心线索，力图前后一贯。最后，汪希望史学工作者都如李时岳文章中呼吁的那样，"运用自己的头脑思索"，使这一有生气的讨论深入下去，保持讨论的活力，取得大体一致的共识。要做到这一点，汪呼吁讨论的双方要把讨论与正面的研究结合起来，双方除继续进行大面上的、全局的、热烈而活跃的交叉对话之外，还寄希望于各方开始专门的、细部的、冷静而深入的正面研究。①

严中平对于中心线索问题也提出了他自己的思考。他为此致信汪敬

---

① 参见汪敬虞《中国近代经济史中心线索问题的再思考》，《中国经济史研究》1990年第2期。

虞，提出了他的意见，他写道："六十年代初，我也曾提出过同一个命题，只不过人云亦云，鹦鹉学舌而已。着手编写《中国近代经济史（1840—1894卷）》时，也未曾自觉地贯彻什么中心红线，只不过从实际出发，根据材料所体现的问题，叙述历史的具体发展过程而已。……你所谓的资本主义，仅仅指的是民族资本主义。即以民族资本主义而论，那是十九世纪六七十年代开始的事情，下距'已经进入垄断阶段的外国资本主义在中国的优势和统治'有五六十年之久，距1927年后四大家族官僚资本主义在中国的优势和统治也有六七十年之久，你的这些提法，在时代上显然有误。……出现在中国土地上的三种资本主义各有其自己的特殊性，最显著的一条是帝国主义在中国的资本主义和官僚资本主义都只有发展的问题，没有不发展的问题。从这一点上说，你不能把民族资本主义的发展和不发展'看作'是中国资本主义，哪怕民族资本主义和帝国主义、国内封建主义处于对立地位也罢。……帝国主义和中华民族的矛盾乃是我们所要'捉住'的最主要矛盾，乃是中国近代史的中心红线，'捉住'这个最主要红线，'一切问题就迎刃而解了'。至于民族资本主义，它虽有了某些发展，但它没有成为中国社会经济的主要形式，不能对其他矛盾发挥领导的、决定的作用，不能成为中国近代史的中心红线。有的同志（李时岳）说，不能把帝国主义的侵略作为叙述中国近代史的主线，否则，不论把历次战争中中国军民的抵抗写得如何突出，如何壮烈，在全局上，仍将把中国近代史写成一部侵略者、征服者的历史。历史学家的原则之一是实事求是，既然帝国主义侵略中国，反对中国独立，反对中国发展资本主义的历史，就是中国的近代史，我们回避把中国近代史写成一部侵略者、征服者的历史是不切实际的。我们研究中国近代经济史，还须重视政治军事暴力对中国经济的强大的甚至是决定性的反作用，密切注意政治、军事暴力对经济事务进行的暴力强制，甚至是赤裸裸的暴力掠夺，不能单纯用价值规律去说明全部经济现象，你撇开半殖民地半封建这两个主要矛盾，另立中国资本主义的发展和不发展作为近百年历史的中心红线，把视线引向纯经济现象上去，忽视政治军事暴力的强制作用，就经济论经济，我以为不足取。我当然不是要求经济史专业工作者必须研究政治史、军事史，但把这些放在视野之内和放在视野之外是大不相同的。"

对于严中平的批评，汪敬虞也做出了回应和解释。他申明以资本主义的发展和不发展作为中国近代经济史的中心线索，并非就是只限于写资本主义，更不是各行各业、各个经济部门都得谈资本主义的发展和不发展，这不但理论上背谬，而且事实上也不可能。而"把视线引向经济现象上去"，这又是一个我始料不及的误解。以资本主义的发展与不发展为中心线索，绝不只限于写资本主义，绝不是缩小了我们研究的视野，而是要求扩大我们的视野，不但不限于资本主义，而且也不限于经济，不能单纯利用经济观点。只有把视野尽量扩大，从生产力到生产关系，从经济基础到上层建筑，才能更好地突出中国近代经济史这一中心线索。我们只能要求写经济史的人，心中藏有政治史、军事史、文化史，也就是您所说的把这些"放在视野之内"。最后，他强调根据材料所体现的问题去叙述历史，这本来是不成问题的，有没有中心线索，都应如此。然而，他又感到，写一部历史著作，完全不要中心线索，几乎是不可能的。不要说通常众多的人集体写一部著作，就是一个人单独写一本书乃至一篇文章，也往往是在下笔之前先思考一下贯穿一个什么想法。①

概而观之，在是否赞同以资本主义的发展与不发展作为近代经济史中心线索的争论中，持赞同观点的学者认为资本主义的发展与不发展抓住了近代中国的中心问题，且照顾到了两种沉沦与发展的两面，另外赞同者也对该命题提出了补充意见。反对的观点主要有以下几点。其一，发展与不发展中心线索的实质是沉沦观。其二，只认定民族资本主义是资本主义，而把外国资本主义、官僚资本主义分离出去，不符合历史。其三，资本主义的不发展与历史事实不符。其四，对于一些具体史实的不同意见。其实，不管学术观点如何，学者们围绕近代经济史中心线索这一学术问题开诚布公、热烈而真诚的讨论，都展示了他们坦荡的胸怀和求真的品格。

三　回顾与反思

在近代经济史中心线索争论之后多年，经济史学界并没有停止对这一问题的反思。

2002年，距近代经济史中心线索争论十余年后，当事人汪敬虞出版了《中国资本主义的发展与不发展——中国近代经济史中心线索研究》（中国财政经济出版社）一书。在书中，汪敬虞围绕中国资本主义的发展与不发展这一中心线索，对资本主义萌芽、资本主义发展的外部环境和内

---

① 《关于中国近代经济史中心线索的通讯》，《中国经济史研究》1990年第4期。

部机制，以及资本主义产生的三段论等问题进一步深入研究，可以说是他对于近代经济史中心线索这一讨论的进一步思考。在该书中，汪敬虞回顾了1989—1990年的中心线索的争论："人们往往珍惜自己画上了句号的文章，然而真正值得珍惜的，是画上句号的文章引起的无穷的探讨和思辨。"① 对于曾经引起热烈讨论的近代经济史中心线索这一问题来说，这一评论是相当中肯的。

当年参加过争论的学者也没有停止对近代经济史中心线索的反思，2010年，朱荫贵发表了《对近代中国经济史研究中心线索的再思考》一文，提出要以"市场经济的发展和演变"作为中国近代经济史研究的中心线索。文章回顾了1989年末和1990年的这次争论，认为当时争论中的观点，对促进中国近代经济史研究的活跃和深入，发挥了很大作用。但是，近代经济史学者应该与时俱进，在社会环境和主客观条件再一次发生巨大变化的21世纪，有必要对中国近代经济史研究中心线索进行再思考，有必要提出以"市场经济的发展和演变"作为中国近代经济史研究的中心线索。这一提议是对近代经济史中心线索争论的理性反思，促使近代经济史学界再一次深入思考近代经济史中心线索这一重要的理论问题。②

第二节　现代化研究

现代化指的是人类自工业革命以来社会结构所发生的革命性变迁和整体性发展，现代化的理论则兴起于20世纪五六十年代的美国。改革开放以来，现代化理论传入中国，因此，中国现代化研究在很大程度上受西方影响，但是，中国学者对现代化理论也进行了相当大的改造，使之具有中国特色。

一　现代化的内涵

罗荣渠把通常人们对于现代化的含义的理解归纳为四类：一是指经济

---

① 汪敬虞：《中国资本主义的发展与不发展——中国近代经济史中心线索研究》，经济管理出版社2007年版，前言第9页。
② 参见朱荫贵《对近代中国经济史研究中心线索的再思考》，《社会科学》2010年第6期。

落后国家在经济和技术上赶上世界先进水平的历史过程；二是指人类社会从传统的农业社会向现代工业社会转变的历史过程，实质上就是工业化；三是指自科学革命以来人类急剧变动的过程的统称；四主要是指一种心理态度、价值观和生活方式的改变过程。接着，罗荣渠对现代化的含义从历史的角度做了广义和狭义的界定。他认为，现代化的广义含义是指工业革命以来现代生产力引发的社会生产方式与人类生活方式的大变革，这是以现代工业、科学和技术革命为动力，从传统农业社会向现代工业社会的大转变，使工业化渗透到经济、政治、文化、思想各个领域并引起社会组织与社会行为深刻变革的过程；它的狭义含义是：第三世界经济落后国家采取高效率途径，通过广泛的经济技术改造与社会改革，迅速赶上先进工业国和适应世界新环境发展的过程。

但是，罗荣渠并不认为"现代化即工业化"，他指出，现代化"作为一个新的历史范畴和社会学范畴，就是用来概括比'工业革命''工业化''经济发展'更为广泛持久的一个长过程而提出来的"。①

包心鉴把现代化的内容概括为五个方面。(1) 经济现代化，这是社会现代化的基础内容。经济现代化在任何国家的社会现代化过程中，都一直占据突出的地位。(2) 政治现代化，它既是经济现代化必不可少的保证，又是经济现代化发展必然的要求。(3) 文化现代化，主要指科学文化的进步、意识形态的建设以及生活方式的变革。(4) 社会结构的现代化，按照商业化、社会化、现代化的社会生产方式的要求调整和改革组织机构与组织管理，消除其中僵化的弊端，是 80 年代以来世界各国致力于社会现代化建设的一大趋势。这将是今后很长历史时期内社会现代化进程的主要内容。(5) 人的现代化，人是社会现代化的主体，又是社会现代化建设的实际承担者。社会现代化的各个要求——经济现代化、政治现代化、文化现代化、社会结构现代化都离不开人的现代化，都需要通过人在改造客观世界的同时不断自我实现、自我完善和发展而实现。②

孙立平把现代化的内容概括为七个方面：(1) 以工业化为核心的经济现代化； (2) 以效率和民主为标志的政治现代化； (3) 城市化； (4) 以阶层制为起点的组织管理现代化； (5) 社会结构的现代化；

---

① 罗荣渠：《现代化新论——世界与中国的现代化进程》，商务印书馆 2004 年版。
② 参见包心鉴《简论社会现代化》，《江汉论坛》1989 年第 4 期。

（6）文化和人的现代化；（7）生活方式的现代化。他强调，问题的核心是把社会现代化看作一个整体性过程，它涉及社会生活的各个方面，是整个社会生活的一个全新时代。他认为，经济现代化是整个现代化的核心和基础，但它要以其他方面的现代化为条件。在20世纪60年代到70年代初期，相当一些发展中国家都走过一段片面追求经济增长的弯路，其结果是，虽然经济上获得较快的增长速度，但两极分化的状况进一步恶化，环境遭到严重破坏，失业问题严重，各种社会问题突出，各种社会矛盾进一步激化，被人们称为"没有发展的增长"。[①]

章开沅、罗福惠认为，现代化不等于"西化"，也不是简单的"工业化+民主化"，它是一个完整的社会变革系统工程。一般说来，现代化包括：非农业（特别是工业与服务行业）的相对迅速增长；商业化和国际市场的联系日益紧密；经济相对稳定而持续的增长；城市化及与此相应的人口流动；多层次的文化、教育的迅速发展；收入分配渐趋协调平衡；组织与技能的专业化与分衍；科层化（或称行政化）；群众政治参与程度的增进；等等。其中，工业化与国民经济的持续增长诚然是实现现代化的物质基础与重要关键，然而如果社会人文环境得不到应有的改善，如果人民生活总体素质存在着严重缺陷甚至继续恶化，则很难说是已经全面实现了现代化。[②]

长期以来，对于从1840年第一次鸦片战争到1949年中华人民共和国成立前110年的中国社会历史的演进历程，学术界多以"近代化"来概括。罗荣渠不赞成使用"近代化"概念，主张使用"现代化"概念，他认为"近代化"概念不适用于中国的历史，也不适用于第三世界很多国家的历史。他认为，如果按照时间先后顺序来理解"近代化"和"现代化"，将现代化理论运用到不同国家的历史时，会造成概念上的混乱。章开沅起初也使用过"近代化"这个概念，但后来在他主编的《比较中的审视：中国早期现代化研究》中改用了"现代化"这一概念。但他在使用"现代化"这一提法时，对新中国成立前后的现代化做了明确区分，把1949年新中国成立以前的现代化叫做"早期现代化"，把后者称为

---

① 孙立平：《社会现代化内容刍议》，《马克思主义研究》1999年第1期。
② 参见章开沅、罗福惠主编《比较中的审视：中国早期现代化研究》，浙江人民出版社1993年版，第4页。

"现代化"。

虞和平把自 1840—1949 年的资本主义现代化称为早期现代化，1949年以后的现代化称为社会主义现代化，并指出中国现代化的核心是工业化、民主化和民族化[①]，其研究的总体对象是工业社会史。[②]

周积明不同意把早期现代化称为"近代化"，认为这与划分"近代"与"现代"两个历史阶段不同，也不同意将"近代化"与"现代化"分别规定为"资本主义化"与"社会主义化"，认为这包含着理论上的失误以及概念应用上的不可操作性。他认为，中国早期现代化即中国现代化的早期历程。在广义上，它包含现代化的预备阶段与启动阶段，涵盖1840—1911 年这一历史时段。在狭义上，它专指从洋务运动到辛亥革命50 年间的中国现代化的初始阶段。他的这一中国早期现代化的时期划分与大多数学者的时期划分（1840—1949）不同。[③]

其实，在中国近代化研究领域，无论是使用"近代化""现代化"还是"早期现代化"的概念，其所提示的内涵基本上是一致的。不少学者正是用了"近代化"或"现代化"等术语来探讨中国近代由传统农业社会向近代资本主义工业社会的转型这一近代化的过程，以至于有的学者在同一篇或不同篇的文章中交替使用"近代化"或"现代化"的表述，说明这两个概念的同一内涵都是指中国近代的资本主义化。

刘大年指出，近代化的核心是工业化，从落后的封建社会步入工业化，是与资本主义分不开的。中国封建经济相当发达，走向资本主义，实现近代化，是历史发展的一种趋势。[④]

李文海指出，始于晚清的中国近代化也称作"现代化"，意思一样，近代化并不仅仅是一个经济问题，它从来就是一个经济、政治、思想、文化等各种因素综合作用的产物。从 19 世纪后期到 20 世纪初期的中国，近代化或现代化就是资本主义化，但资本主义化绝不是仅指资本主义经济的发展。经济的发展常常要以政治等多种手段为其开辟道路。[⑤]

---

① 参见虞和平《中国现代化历程》第 1 卷，江苏人民出版社 2001 年版。
② 参见虞和平《关于中国现代化史研究的新思考》，《史学月刊》2004 年第 6 期。
③ 参见周积明《最初的纪元：中国早期现代化研究》，高等教育出版社 1996 年版，第 12 页。
④ 参见刘大年《当前近代史研究中的几个理论问题》，《人民日报》1997 年 1 月 11 日。
⑤ 参见李文海《对中国近代化历史进程的一点看法》，《清史研究》1997 年第 1 期。

吴承明则认为，无论是"现代化就是工业化"，还是"现代化就是资本主义化"，二者都不正确。"现代化即工业化的假设，自然是不完整的"，把过渡到市场经济作为现代化的标志，比把实现资本主义化作为标志更符合历史实际。"任何民族迟早总会实现现代化，但不必需经过资本主义社会"。① 因此，他采用希克斯的学说："现代化就是市场经济化。"②

近年来，"现代化"和"早期现代化"的概念已广为经济史学者所接受，已少有学者仍在使用"近代化"的提法。如林家有即认为，有"早期现代化"与"现代化"的区分，"比没有这个区分要好得多"。③ 看来，对中国现代化进程的阶段性做一点区分，是可以为绝大多数学者所接受的。

二　中国现代化的开端和发展阶段

关于中国从何时起由传统社会向现代社会转变的问题，也就是中国早期现代化的开端问题，以往的有关研究已有两种说法：一是1840年的鸦片战争开端说；二是19世纪60年代兴起的洋务运动开端说。

大多数经济史学者认为1840年鸦片战争是中国早期现代化的开端，因为鸦片战争以后，中国被迫五口通商，西方资本主义文明陆续输入，中国由此开始从封建社会向资本主义社会转化。

周积明提出，早期现代化从预备到全面性启动之间有一个至关重要的"中心点"，它是早期现代化得以真正启动的关键。他把这一历史"中心点"定置于1860年，意即洋务运动的开始。他用现代化构成的要素理论论证了它的存在：一是现代化领导力量的形成，从中央到地方内在一致地形成了一个锐意进行变革的政治领导集团；二是一个推行变革的领导机构的形成，这就是由奕訢在1860年奏请，1861年初设立的"同光新政"的"总枢之地"——总理各国事务衙门；三是一个动员变革的纲领口号的崛起，这就是源自于中华元典，主动回应西方挑战的"自强"呼声。总括以上三点，可见以1860年为标志，"中国真正在客观环境和主观意识上都

---

① 吴承明：《现代化与中国十六、十七世纪的现代化因素》，《中国经济史研究》1998年第4期。

② 《中国经济史研究》编辑部：《市场史·现代化和市场运行——吴承明教授访谈录》(1998年12月25日)，《中国经济史研究》1999年第1期。

③ 林家有：《孙中山与中国近代化道路研究·导论》，广东教育出版社1999年版。

转入近代"。①

对于中国现代化的开端还有不同意见。吴承明在其《中国的现代化：市场与社会》（三联书店2001年版）一书中提出了第三种说法，即以16世纪为中国现代化的开端。

以16世纪为中国现代化的开端，主要是从市场经济出发的，其理由是，因为生产发展和工业化的前提是市场的扩展，市场经济的出现不仅是市场量的空前扩大，市场交易的内涵和市场机制的原理也发生了根本性的改变，而且又都以政治、法律、经济体制和制度的相应变革为前提，所以市场经济是现代化的主要标志，从传统经济向市场经济的转变过程就是现代化的过程，市场经济体制建成之日就是现代化实现之时。16世纪时，中国的市场和市场经济有了明显的发展，开始由传统经济向市场经济转变，所以也就有了现代化的因素，也就开始了现代化。

虞和平认为，这种说法有一定的道理，也是一种全新的研究体系，值得重视，但是也有不少令人疑惑之处。第一，市场虽然是工业化的重要前提，但它只是现代化的前提，并非现代化的本身内容，而工业化才是现代化的本身内容。第二，市场只是工业化的一个前提，而并非唯一的前提，如果这一前提可以作为现代化的标志，那么其他前提是否也可以作为现代化的标志？如此则现代化的标志将莫衷一是。第三，尽管市场是工业化的一个前提，也只是说它有可能促进工业化的产生，但两者之间并不存在必然的因果关系，它还需要有科学技术、制度变革等条件，否则在16世纪已经有明显发展的市场经济，为何在300多年中一直没有促使工业化产生，而是在第一次鸦片战争以后才有工业化的开端？第四，市场和商品经济在16世纪之前已经存在，16世纪以后虽然有较大的发展，但它是否发生了根本性的改变？是否有市场经济和非市场经济的明显区别？第五，以市场经济体制的产生和建成作为现代化开始和实现的标志，就意味着在非市场经济体制中的工业化建设和实现都将被排除在现代化之外，从而也就完全改变了现有研究对世界各国建设和实现现代化所排列的时间表，有的将提前，有的将推迟。

因此，虞和平提出，16世纪至19世纪上半叶，中国的传统社会因素虽然发生了不少的变异，但很难说它们已是现代化的因素，已是中国现代

---

① 周积明：《最初的纪元：中国早期现代化研究》，高等教育出版社1996年版，第127页。

化的开端,而只能说传统社会内部产生了对现代化的潜在适应性,或者说产生了一定的开始现代化的前提条件。①

现代化或近代化是一个连续不断的社会变革过程,在这个过程中,因其面临和所要解决的问题不同,其发展又表现为不同的特点和内容,于是,这个总进程就表现为各不相同的若干阶段。目前,经济史学界对中国现代化的发展阶段划分有不同的观点,大体说来,主要有二、三阶段说。

（一）二阶段说

罗荣渠从中国现代化的领导力量与运作方式的角度入手,分析了中国现代化的历史进程。他指出中国现代化运动可以划分为两大阶段：1860—1911年,即清王朝最后 50 年试图挽救其衰亡命运而从事的现代化努力,是第一阶段；1912—1949年,即共和时代为争取按西方资本主义模式建立独立、统一与经济发展的现代国家所做的努力,是第二阶段。②

雷巧玲把中国经济现代化的发展历程分为三个阶段,即经济现代化的起步阶段——晚清时期（1840—1911）；局部经济现代化阶段——民国时期（1912—1949）；全面经济现代化阶段——新中国时期（1949 年至今）。③

苑书义通过对中国与英法等国近代化的比较,指出了中国近代化的特点,并把 1840—1949 年的中国近代化历程以"五四"运动为界标分为前后两个时期。前 80 年近代化的主角是民族资产阶级,内涵是资本主义化；后 30 年无产阶级是近代化主角,近代化的内涵也随之而变成为社会主义开辟道路的新民主主义化。④

谭来兴认为,根据现代化理论,一个国家实现现代化的过程一般有三个阶段。第一个阶段是准备阶段；第二个阶段是开始向现代社会过渡的阶段；第三个阶段是基本实现现代化的阶段。结合中国现代化运动的特殊性,中国早期现代化只经历了第一阶段和第二阶段。从 1840 年鸦片战争到 1911 年辛亥革命,是早期现代化的第一阶段,即现代化的准备阶段。从辛亥革命后到 1949 年中华人民共和国成立,中国早期现代化一直处于

---

① 参见虞和平《中国现代化历程》,江苏人民出版社 2001 年版。
② 参见罗荣渠《现代化新论——世界与中国的现代化进程》,北京大学出版社 1993 年版,第 271 页。
③ 参见雷巧玲、任培泰、韦林珍《中国经济现代化史论》,陕西人民出版社 2009 年版。
④ 参见苑书义《中国近代化历程述略》,《近代史研究》1990 年第 3 期。

第二阶段，即向现代社会过渡的阶段。①

虞和平把中国现代化的历程划分为三个阶段，每一阶段又详细分为四个时期。第一阶段，前提与准备。其中，1840年前后，为前提和外因；1840—1894年，传统社会的裂变；1895—1897年，动力因素的增加；1898—1911年，酝酿启动。第二阶段，启动与抉择。其中，1912—1916年，现代化的启动与异化；1917—1927年，自由发展与道路抉择；1928—1936年，畸形发展与道路分野；1937—1949年，外患内乱与道路抉择。第三阶段，改道与腾飞。其中，1949—1956年，改道与转型，1957—1977年，受挫与调整；1978—1991年，转型与改革；1992—2000年，辉煌岁月。②

但是，雷巧玲和虞和平虽然都把中国现代化的历程划分为三个阶段，但是其中都包括了新中国成立后的时期，从早期现代化的角度看，其仍为二阶段说。

（二）三阶段说

孙立平认为，现代化是个连续不断的社会变革过程，并把中国的现代化过程分为三个阶段。第一阶段是18世纪到19世纪上半期，统治者表现出惊人的麻木、迟钝和固执的态度。第二阶段是1840—1898年，现代化推进者形成的困难，特别是官员型现代化推进者的缺乏，民间现代化推进力量的弱小以及现代化推进者自身不成熟。第三阶段是戊戌变法失败后至20世纪20年代，政治腐败造成工业化的延误。③

张琢划分中国现代化阶段的方式与其他学者有较大不同，他以1952年和1953年之间为界，把中国现代化过程分为前期多模式非整合不平衡发展世纪（19世纪中叶至20世纪中叶）和后期有计划逐步走向全面协调发展世纪（20世纪中叶至21世纪中叶）。前期实际即为早期工业化时期，它又划分为三个时期：（1）现代产业的发轫期，现代化在器物层面的推进（1840—1894）；（2）早期现代化向制度和文化层的推进期（1895—

---

① 参见谭来兴《中国现代化道路探索的历史考察》，人民出版社2008年版，第102页。
② 参见虞和平《中国现代化历程》第1卷《前提和准备》，江苏人民出版社2001年版。
③ 参见孙立平《中国近代史上现代化努力失败原因的动态分析》，《学习与探索》1991年第5期。

1919);(3)多模式大搏斗期(1919—1952)。①

　　周积明认为,中国现代化进程大致可以划分为四个阶段。第一阶段,从1840年的鸦片战争到19世纪中叶的洋务运动,是现代化的预备阶段。第二阶段,从1860年左右到20世纪初,由被动的本能反应走向主动变革,中国早期现代化终于在传统制度和权力结构的范围内开始启动。第三阶段,数千年帝制的崩溃和共和政体的建立,标志着中国现代化进入第三阶段。这个阶段又可分为北洋政府统治时期和南京国民政府统治时期。在这一时期,北洋政府和国民政府为推进中国现代化做出了一定的积极努力,现代化的社会变迁继续深化,但整个现代化进程始终维持在"有限发展"的水平。第四阶段,从1949年新中国的成立,完成了从20世纪初开始的现代化变迁中政治制度和政治秩序的转换,结束了长达一个世纪的社会动荡。中国开始进入现代化任务全面展开的新阶段。②周积明虽将中国现代化的全过程划分为四个阶段,但从早期现代化的角度看,其仍为三个阶段。

　　大多数学者赞成早期现代化二阶段说,《中国现代化报告2005——经济现代化研究》整合学术界的观点,认为中国现代化可分为三个阶段:第一阶段是清朝末年的现代化启蒙和探索(1840/1860—1911),第二阶段是民国时期的现代化探索和推进(1912—1949),第三阶段是新中国的现代化探索和追赶(1949年至今)。③

三　中国现代化的类型

　　史学界普遍认为,世界的现代化是历史发展的必然趋势,但世界各国的现代化历程又不尽相同,类型也有区别。因此,许多学者开始注重于对中国现代化类型的探讨,以求揭示中国现代化的自身特点,促使这个问题的研究向深层次拓展。许多学者把英法等国率先完成从农业社会向工业社会过渡,并通过建立资本主义制度的社会变革而逐步实现的现代化,称为

---

　　① 参见张琢《九死一生:中国现代化的坎坷历程和中长期预测》,中国社会科学出版社1992年版,第127页。
　　② 参见周积明《最初的纪元:中国早期现代化研究》,高等教育出版社1996年版,第8—11页。
　　③ 参见中国现代化战略研究课题组、中国科学院中国现代化研究中心《中国现代化报告2005——经济现代化研究》,北京大学出版社2005年版,第143—144页。

"早发内生型现代化",把受到西方列强侵略,开始以西方资本主义为榜样而进行现代化探索的国家的现代化称为"后发外生型现代化",并认为中国的现代化属于后一种类型。

孙立平指出,中国近代史上的现代化,从类型上说属于后发外生型现代化。它明显不同于早发内生型现代化的一个突出特点是,它不是本社会内部现代性不断成熟和积累的结果,而是对外部现代性挑战的一种自觉的回应。①

张琢认为,中国的现代化是在世界历史进入现代以后,在西方资本主义的外铄性影响下开始启动的。中国人对西方挑战的最先回应,在口号和理论上显示出了防御性现代化的特征;但在中国土地上兴办新式工业最先的实践还是西方资本主义殖民者主持的殖民地型现代化和中国封建官僚主持的依附型发展,以后才走向自主型发展。在这个意义上可以把中国的现代化归于后发——外生型之内。但是,中国又是一个具有悠久历史、封建文明高度发达的国家,在中国封建社会内部早已孕育了资本主义的萌芽,而且表现在经济、社会、文化的各个方面,甚至在政治上亦有所反映。因此,中国的现代化又不是纯后发——外生的,而是在本民族固有的社会基础上嫁接成长起来的,就不能不具有这种嫁接后的中外融合的变异的特性,显现出浓烈的中国特色。②

许纪霖、陈达凯主编的《中国现代化史》对此持类似观点,他们认为,作为一个后发外生型国家,中国是从 19 世纪开始进入由农业文明向现代工业文明转型的现代化过程的。西方世界的霸权威胁与文明示范是一个不可或缺的关键性启动要素。然而我们也应该看到,现代化的变迁不仅仅是一个简单的"冲击—反应"过程。对于中国来说,它既是古老的历史在新世纪的骤然断裂,又是这一历史在以往的传统中静悄悄地绵延。只是到了 19、20 世纪,当西方的示范展示另一种迥然不同的发展道路时,中国才对自身历史的内部挑战产生了一种多少是变化了的回应方式。这样,中国历史的内部要素与西方文明的示范效应叠加在一起共同制约着中

---

① 参见孙立平《中国近代史上现代化努力失败原因的动态分析》,《学习与探索》1991 年第 3 期。
② 参见张琢《九死一生:中国现代化的坎坷历程和中长期预测·序》,中国社会科学出版社 1992 年版。

国现代化的反应类型与历史走向。①

罗荣渠认为,由于创新性变革与传导性变革两种方式的不同,在实际的历史进程中,通向现代化的多样化道路可大致概括为两大类不同起源,从而形成两种不同的现代化,即内源的现代化和外源的现代化,我国属于后者,即在国际环境影响下,社会受外部冲击而引起内部的思想和政治变革并进而推动经济变革的道路。罗荣渠亦称之为"外诱的现代化"或"传导性"现代化。②

虞和平既不同意中国1949年以前的早期现代化是"外源性"现代化,也不同意"传导性"现代化的提法,他认为"传动性"现代化的说法可能更为合适。一是因为"传导"所包含的主要是外国现代社会因素的注入及其所引起的中国人的学习和仿效;而"传动"所指的除了"传导"所包含的这一层意义之外,还指中国人因外国的民族压迫而激起的谋求自强自立的动机。二是因为"传导"含有长期的意思,而"传动"突出初期的促动意义。"传动性"现代化这一概念更能够突出中国现代化进程中的外因通过内因起作用和由被动向主动转变的特点③,并指出仿效西方资本主义文明和抵制西方资本主义侵略压迫共同构成一个主要动力。④

许苏民主张中国现代化"内发原生"模式,指出在20世纪的中国近代史研究中,以1840年鸦片战争为开端的"冲击—反应"论的西方模式与"侵略—革命"论的苏联模式占据主要地位,而以明清之际为开端,强调中华民族历史创造活动之主体性的"早期启蒙"模式则长期受到冷落。作者确立中国近代化之路的"内发原生"模式,试图将晚明中国改革开放史上具有重大意义的万历九年(1581)确定为中国近代史的开端。并认为,这一突破不仅改变中国近代史的叙事方式,而且有助于突破世界近代史研究领域占据统治地位的"一元扩散"的西方话语模式,确立现代性因素"多元发生"的新观念。⑤

---

① 参见许纪霖、陈达凯《中国现代化史》第1卷,学术出版社2006年版,第2—3页。
② 参见罗荣渠《现代化新论——世界与中国的现代化进程》,商务印书馆2001年版。
③ 参见虞和平《中国现代化历程》第1卷,江苏人民出版社2001年版。
④ 参见虞和平《中国现代化研究的解释体系和内容结构——由编写〈中国现代化历程〉而想到的几点体会》,《广东社会科学》2003年第2期。
⑤ 参见许苏民《"内发原生"模式:中国近代史的开端实为明万历九年》,《河北学刊》2003年第2期。

有的学者把中国现代化的类型称作"防御型现代化"。罗荣渠指出，从世界范围看，作为现代化第二次大浪潮时期遭受西方扩张侵略的东方国家的强烈反应，中国的"自强新政"走的正是"外生型"现代化的一种特殊的防御性现代化道路。① 阎小波认为，"防御型现代化"是落后国家在现代化的进程中因面临先进国家的挑战，为了维护自己的生存，被迫加强自身防御而发动的现代化运动。中国从被动抵御西方国家的暴力和征服开始，继而不得不主动师法西方，学习坚船利炮乃至经济、政治、文化，从而由不自觉到自觉地将自己融合到世界现代化的大潮之中，就属于这种类型。②

还有的学者提出了其他的现代化类型。严立贤通过对中日工业化不同道路的研究，指出，产生中日两国现代化差异的根本原因必须到两国的社会经济结构中去寻找。作者认为，任何一个国家的现代化都不是空中楼阁，现代化的成功与不成功都必然蕴藏着其深刻原因。西欧、日本和中国分别代表着自下而上、自上而下与自下而上相结合和缺乏自下而上的道路从而自上而下的道路也走不通这样三种不同的现代化类型。③ 其后，作者又在另一部专著中对这种现代化类型做了进一步的阐释，称之为"自下而上的发展道路"，意指其近代工业化不是由劳动生产率提高所带来的收入水平和需求增长带动的，而是在政府的主导下，将民间的资金集中起来，引进西方的近代工业技术，直接投资于近代产业。其还指出，自上而下的道路往往都是非西方国家在本国自下而上的发展还很微弱，还不能够带动家庭手工业从农业当中独立出来的情况下，面临西方资本主义的侵略而作为一种防御性措施的工业化，是一种尚未具备近代工业化条件的情况下由政府主导进行的培植性工业化。④

日前，经济史学界关于中国现代化类型之争，其焦点在于中国现代化启动过程中内外因素的作用程度。"冲击—反应"模式虽然包含合理成分，但因其太过强调外因而受到中外学者批评。而"内发原生"模式片面强调内因，亦不为大多数学者所认可。"传动说"的推出以及对"外诱

---

① 参见罗荣渠《论现代化的世界进程》，《中国社会科学》1990年第5期。
② 参见阎小波《论中国早期的"防御型现代化"》，《江海学刊》1996年第6期。
③ 参见严立贤《日本资本主义形态研究》，中国社会科学出版社1995年版，第266页。
④ 参见严立贤《中国和日本早期工业化与国内市场》，北京大学出版社1999年版，前言第3页。

现代化"说法的质疑，无疑在强调内因的不可忽视和外因的不可夸大，以及内外因的共同作用。不可否认，外国资本主义文明在一定程度上促进了近代中国资本主义现代化的产生和发展，但是中国现代化的产生与发展的状况及其情势，只有通过中国的内部因素及其变革才能产生效果。因此，应对中国现代化启动的内外因素的作用给予适应评价，二者不可偏废。①

四　中国现代化的研究范式

库恩的"科学革命"理论告诉我们，任何公认的科学定理、定律都会有解释不了的"异例"，随着科学研究的深入，这样的"异例"会越积越多，终于导致"科学革命"，导致新的"范式"产生。因此，"范式"概念，具有"一种新的观察方式"的含义。

20世纪80年代以前，中国近代史以革命史为研究范式，强调以阶级斗争和反帝斗争作为主线。80年代以后，一些学者开始尝试以现代化为主线来研究中国近代史，并逐渐形成了现代化研究范式。

以罗荣渠为代表的一大批中国学者，在研究和批判西方各种现代化理论的基础上，初步形成了有中国人自己特色的现代化理论与历史研究方法论框架。

罗荣渠认为，历史发展不是无规律的多线，而是有规律的多线，这就是一元多线历史发展观。"一元"是指社会发展的物质基础是社会生产力，推动社会发展的根本力量是经济力的变革。这种认定生产力是社会发展和变革的主轴的理论，他称之为"中轴原理"。一元性是社会发展的普遍性，多线性是社会发展的特殊性，两者在特定的历史过程中形成普遍性和特殊性的统一。罗荣渠还把中国的巨变放到世界大变革的总进程中考察，提出了殖民主义与反殖民主义的矛盾、资本主义生产方式与前现代生产方式的矛盾、以基督教为核心的西方文明与以儒教为核心的东方农耕文明的矛盾等三大矛盾交织理论。同时，还提出了衰败化、半边缘化、革命化、现代化四大趋势互动的理论。他把这三大矛盾交织、四大趋势互动看作是近代中国变革的基本线索。他反对把革命化和现代化看作两种截然对

---

① 参见阎永增《近十年来中国现代化史问题研究述要》，《唐山师范学院学报》2005年第6期。

立的趋势，或者以现代化否定革命化，或者以革命化排斥现代化。在他看来，革命化不仅仅是中国巨变的四大趋势之一，而且是中国现代化的一种特殊表现形式。

罗荣渠指出，从"范式"的角度看，"以现代化为中心来研究中国近现代史，不同于以革命为中心来研究中国近现代史，必须重新建立一个包括革命在内而不是排斥革命的新的综合分析框架，必须以现代生产力、经济发展、政治民主、社会进步、国际性整合等综合标志对近一个半世纪的中国大变革给予新的客观定位"。"九十年代以来，中国自己的现代化理论在历史唯物主义的基础上开始形成。理论的主要基点是，把以阶级斗争作为社会变革的根本动力转变为以生产力的社会发展作为社会变革的根本动力。现代化作为世界历史进程的中心内容是以前现代的传统农业社会向现代工业社会的大转变（或大过渡）。从这个新视角来看，鸦片战争以来中国发生的极为错综复杂的变革都是围绕着从传统向现代过渡这个中心主题进行的，这是不以人们意志为转移的历史大趋势。有了这个中心主题，纲举目张，就不难探索近百年中国巨变和把握中国近现代史的复杂线索。"①

罗荣渠的这两句话，既给出了"现代化范式"的内涵，又说明了"现代化范式"必须解决的任务，表明了"现代化范式"的研究价值。

虞和平提出了对现代化内容体系的补充。他认为，西方学者提出的现代化研究的主要内容：一是指标体系，如经济方面的工业化、政治方面的民主化、社会生活方面的都市化、文化方面的世俗化（大众化）；二是动力系统，如科学和技术革命、追求合理的精神、现代化各部门的内部运动和彼此互动；三是发展道路，先进国家主要是随着上述动力因素的增长而逐渐实现现代化，落后国家主要是通过引进和消化外国的先进科学技术、协调本国的传统因素和外来的现代因素，建立强大而有现代化意识的国家政权而逐渐向现代化社会前进。对中国的现代化来说，除了西方学者所提出的这些内容之外，还应该增加一些中国所特有的内容。在指标体系方面，应该增加争取国家独立（民族化），因为近代中国作为一个半殖民地国家，只有在取得独立以后才能走上健全的现代化之路，这不仅已被中国的现代化历程证实，也由世界各国的现代化历程和马克思主义经典理论所

---

① 罗荣渠：《走向现代化的中国道路》，北京大学出版社1997年版。

证明。在动力系统方面，应该相应增加争取独立和民主的反帝、反封建、反专制斗争。在道路方面，应该增加资本主义、苏式经典社会主义和有中国特色社会主义的道路选择和转变过程，以及为此而进行的革命和改革。①

虞和平还对现在国内外部分学者提出的现代化研究范式已经过时的观点提出了自己的看法。他认为，就中国而言，现代化研究范式仍然是很具有时代意义和学术价值的一种范式。现代化不仅是中国在近代以来所追求的主体目标，而且是 20 世纪 80 年代以来和未来 50 年的中心任务，这正是它的现实意义所在，并强调应把现代化范式赋予马克思主义唯物史观和中国特色，力求使之成为具有中国特色的符合马克思主义唯物史观基本精神的研究范式。②

林被甸、董正华则指出中国现代化研究范式至少在理论上取得了三方面的突破。一是在马克思主义发展理论方面，探讨了现代化与马克思主义的关系，提出了以生产力为主轴的一元多线历史发展观与"中轴原理"，丰富和发展了马克思主义的发展理论。二是在现代化理论方面，突破了西方社会学的非历史的现代化理论，从宏观史学角度探讨了现代化的实质是向现代化工业社会的全球性转变过程，对此总趋势进行了历史论证，并运用多学科方法建立了现代社会发展的宏观理论架构。三是在中国现代化的历史进程方面，突破了以阶级斗争为纲的史学框架，提出了中国社会变革的新思路。③

随着中国现代化建设事业的发展和史学界对现代化史研究展现的兴趣，现代化史研究在深化理论、开拓研究内容和领域等方面，正在并仍将会取得更丰硕的成果，从而进一步推动中国现代化史研究的深入发展。需要指出的是，现代化毕竟是一种历史进程，在强调其以工业文明为核心的正面效应的同时，我们还应以批判的眼光看待它，不要忽视或掩盖现代化发展带来的各种负效应。因此，当我们用现代化眼光审视近代以来的中国历史进程时，其负面效应也应纳入史学研究的视野。总之，我们应以全方

---

① 参见虞和平《现代化研究与中国历史学的创新》，《上海交通大学学报》2002 年第 3 期。
② 参见虞和平《中国现代化研究的解释体系和内容结构——由编写〈中国现代化历程〉而想到的几点体会》，《广东社会科学》2003 年第 2 期。
③ 参见林被甸、董正华《中国现代化研究的现状》，《中国特色社会主义研究》2003 年第 1 期。

位的视角去研究和审视近代以来的中国现代化史，从而把中国现代化史研究推向一个新阶段。

第三节　商会史

商会史研究是20世纪80年代以来近代经济史研究中的一个热点领域，在学者努力耕耘下取得了丰硕的研究成果。一方面，一批大型商会档案资料相继出版，包括天津人民出版社陆续推出的《天津商会档案汇编》（1903—1950）、华中师范大学出版社出版的《苏州商会档案丛编》（1905—1937）等。大批史料的整理出版，为商会史研究的繁荣打下了坚实的基础。另一方面，一批有分量的商会史研究专著也相继问世，包括徐鼎新、钱小明合著《上海总商会史》（上海社会科学院出版社1991年版），虞和平合著《商会与中国早期现代化》（上海人民出版社1993年版），朱英合著《转型时期的社会与国家——以近代中国商会为主体的历史透视》《近代中国商会、行会与商团新论》（华中师范大学出版社1997年版；中国人民大学出版社2008年版），马敏、朱英合著《传统与近代的二重变奏：晚清苏州商会个案研究》《辛亥革命时期苏州商会研究》（巴蜀书社1993年版；华中师范大学出版社2011年版），宋美云著《近代天津商会》（天津社会科学院出版社2002年版）等。以上著作不仅在地域上涵盖了上海、苏州、天津等城市的商会，还从传统与近代、现代化的角度深入探讨商会的历史地位。可以说，商会史研究在1981年以来的30年中保持持续发展与繁荣的态势，除了拥有丰富的资料、稳定的研究队伍外，还与学者自觉运用现代化理论、公共领域与市民社会理论等前沿社会科学理论密切相关，商会史研究凝聚着学者透过商会观察中国近代历史变迁的大关怀。

一　商会史研究的发轫期（1981—1985）

商会诞生于1904年前后，学者对商会的关注，始于对辛亥革命时期资产阶级作用的认识与分析。因此，这一时期的商会史研究，与辛亥革命时期的资产阶级研究和辛亥革命的性质密切相关，带有较为浓厚的政治色彩。

(一) 商会的起源与性质

20世纪80年代初，大多数学者认为商会的诞生，虽然与清政府推行新政的谕令有关，但更关键的是清末民族资本主义的发展与国内政治形势的变迁。章开沅指出，清末商会的诞生，"不是简单地套用西方模式，也不是出于清朝皇帝偶发善心的恩赐，而是资本主义初步发展和资产阶级力量增长的结果，它的出现反映了社会发展的必然趋势"。① 皮明庥也认为，在清廷处于风雨飘摇、全国人民反清斗争高涨之际，武汉民族资产阶级卷入了抵制美货、保路风潮和立宪运动等一系列政治运动中。为适应各种政治、经济斗争和保护自身业务发展的需要，武汉民族资产阶级深感组织起来的必要性，先后建立了商会和商团。② 徐鼎新谈道："旧中国之有商会，肇始于二十世纪初期。它使民族资本主义经济在当时获得了初步发展，民族资产阶级已经形成并开始成长起来，进而要求固结团体以'扩商权'的社会经济产物。"③ 事实上，商会的诞生，应从政府的倡导、民族资本主义的初步发展、风起云涌的政治形势、国人主观上希望加快工商业的发展以对抗外国在华资本主义等多重因素来分析。

关于商会的性质是官方机构④，还是半官方机构，或是工商业者自己组织的民间团体，学者之间存在一定分歧。邱捷通过对20世纪初广东商会的分析，认为"商会虽也算商人的组织，但他们一般来说并不能满足资本家参与政治的要求；同时，商会通常是半官方的机构"，"各商会的总、协理及会长均受官府'札委'并'颁发关防'，俨然衙门"。即邱捷认为商会受到政府的管制，因而是"半官方机构"。⑤ 皮明庥提出，商会是一个民间组织，但"不能不受到官方钳制"。因为商会的建立就是以清政府农工商部的定章为依据，"总理协理经选举后禀请农工商部加札委用并请督宪以一年为任满之期"。⑥ 可见，邱捷与皮明庥都看到了政府对商会的人事任免权，但对商会性质的认识并不完全一致。徐鼎新则通过分析

---

① 章开沅：《就辛亥革命性质问题答台北学者》，《近代史研究》1983年第1期。
② 参见皮明庥《武昌首义中的武汉商会和商团》，《历史研究》1982年第1期。
③ 徐鼎新：《旧中国商会溯源》，《中国社会经济史研究》1983年第1期。
④ 日本学者仓桥正直等人认为商会是"官方机构"。参见徐鼎新《中国商会研究综述》，《历史研究》1986年第6期。
⑤ 邱捷：《辛亥革命时期的粤商自治会》，《近代史研究》1982年第3期。
⑥ 皮明庥：《武昌首义中的武汉商会和商团》，《历史研究》1982年第1期。

中国第一个商会组织——上海商业会议公所，认为其"真正代表工商界利益，是工商业者自己的团体"。① 联系到上海商业会议公所是自发的商人组织，其组成时，清政府尚未成立商部，而其后成立的各地商会以政府倡设为主，徐鼎新对上海商业会议公所"真正代表工商界利益"的乐观分析，恐怕不能推之于此后成立的各地商会。

那么，从商会内部组织结构而言，商会的领导权究竟掌握在谁手里呢？这一问题关系到商会的"内部性质"，即商会主要体现了哪一阶层的利益。皮明庥分析了第一至第八届汉口商会总、协理和董事的身份，指出"商业、金融资本家在汉口商会中居压倒优势的地位"。② 这在一定程度上表明武汉商业和金融资产阶级的经济实力大大超过工业资产阶级。冯崇德、曾凡桂也认为，商会的领导人一般都是大资本家，如在汉口商务总会中，领导人均为大商号和银行的店东、经理或协理，他们是商会的当权派，是决定商会动向和政治立场的关键人物。③ 朱英认为在清末商会中，领导权一般都落到家拥巨资的富商大贾手中。他进而认为，"因此，商会对待某一政治事件的态度，有时并不能完全代表整个资产阶级的要求，更多地则是反映商业资产阶级上层的意愿"。④ 丁日初对辛亥革命前历届上海商务总会的领导机构做了综合考察，认为上海商务总会的负责人都是从事民族工商业的上层资本家，少数人是外国企业的买办，但买办在这个团体的领导机构中不占主要地位。⑤ 可见，学者们都倾向于认为商会的领导权掌握在资产阶级上层分子手中。由于很多城市的工业不甚发达，商业与金融业资本家在商会中占有较大势力。

（二）商会的地位与作用

学者对于商会成立后在政治上发挥的作用作了较高评价。章开沅把商会的成立，看作近代中国资产阶级成为一支独立阶级队伍的主要标志。他认为："1905年以后，资产阶级之所以能在历次反帝爱国运动中显示出越

---

① 徐鼎新：《旧中国商会溯源》，《中国社会经济史研究》1983年第1期。
② 皮明庥：《武昌首义中的武汉商会和商团》，《历史研究》1982年第1期。
③ 参见冯崇德、曾凡桂《辛亥革命时期的汉口商会》；湖北省历史学会编《辛亥革命论文集》。此次会议1981年8月召开，本文可能是国内最早的商会史专题论文。
④ 朱英：《清末商会与抵制美货运动》，《华中师范大学学报》1985年第6期。
⑤ 参见丁日初《辛亥革命前上海资本家的政治活动》，《近代史研究》1982年第1期。

来越大的活动能量，是与他们有了商会这个纽带和基地分不开的。"① 丁日初认为上海资产阶级的上层分子组织商会后，开展了一系列政治活动，如领导抵制美货的爱国运动，参与立宪活动、实行地方自治，组织商团，参加同盟会的革命活动等。② 皮明庥着重分析了武汉商会、商团在武昌起义时期对革命的支持态度。他们表现出的"相当炽烈的政治积极性，这正是中国民族资产阶级在旧民主主义革命中革命性的集中体现"。③ 可见，以上学者认为，商会使民族资产阶级更富组织性，在辛亥革命前夕及辛亥革命的历史进程中发挥了积极作用。

徐鼎新和胡光明主要从经济方面论述商会的作用。徐鼎新认为，商会的职能主要体现在三个方面：一是联络工商、调查商情；二是兴商学、开商智；三是接受商事诉讼，保护工商利益。④ 胡光明则认为，天津与直隶地区的商会在社会经济活动中主要发挥了三方面的作用：一是平息与缓和清末津直金融危机、稳定社会经济生活；二是开通风气、振兴商务、兴办实业；三是维护华商权益与抗捐抗税斗争。⑤ 应当说，以上两位学者对商会所发挥的经济作用的分析较为深入、中肯。

总体而言，这一时期的商会史研究尚处于开创阶段，从研究成果看，局限于单篇论文，尚未有资料集与专著公开出版。从研究内容与指向看，商会史研究与辛亥革命史研究、民族资产阶级研究结合在一起。研究商会史的一个重要指向，是为论证民族资产阶级的上层分子通过商会发挥了更好的政治参与作用，以及辛亥革命的资产阶级性质。可以说，人们的研究对象虽然转向了商会这一新事物，但研究方法和概念架构仍受到传统革命史学的影响。

二 商会史研究的繁荣期（1986—2000）

经过 20 世纪 80 年代上半期的探索与积累，1986 年后，商会史研究逐渐进入繁荣期。除了对原先研究的清末商会的产生、性质以及在清末政治运动和辛亥革命中发挥的作用，继续做深入探讨外，学者推进了商会史

---

① 章开沅：《就辛亥革命性质问题答台北学者》，《近代史研究》1983 年第 1 期。
② 参见丁日初《辛亥革命前上海资本家的政治活动》，《近代史研究》1982 年第 1 期。
③ 皮明庥：《武昌首义中的武汉商会和商团》，《近代史研究》1982 年第 1 期。
④ 参见徐鼎新《旧中国商会溯源》，《中国社会经济史研究》1983 年第 1 期。
⑤ 参见胡光明《论早期天津商会的性质和作用》，《近代史研究》1986 年第 4 期。

研究的广度与深度。如开始关注商会在不同时期组织结构的发展变化，商会与政府、商会与行会的关系，以及商会在中国现代化进程中的作用等问题。从研究时限看，商会史研究从清末时期延伸到北洋时期和国民政府时期。当然，这一时期商会史的繁荣，更重要的还是得益于理论方法的创新，如虞和平等人利用现代化理论分析商会在中国近代社会进程中扮演的特殊作用，朱英等人利用"公共领域"与"市民社会"理论，分析商会与政府之间的关系及商会的社会地位。

（一）概况

这一时期各种学术会议的召开，为商会史研究者提供了交流机会与沟通平台，壮大了商会史研究者的队伍。1986年，以近代中国商会与资产阶级为主题的学术讨论会在苏州召开。① 1998年，首届商会与近代中国国际学术讨论会在天津召开，来自中国、美国、日本、韩国等国的学者齐聚一堂，发表了近60篇论文，将商会史研究推向高潮。② 中国商会史研究会也于是年成立。2000年，第三届中国商业史国际研讨会议在香港召开，讨论主题即是中国商人、商会与商业网络，有多篇论文涉及商会在近代化中的作用，还就不同区域、不同层次、不同类型的商会展开了广泛探讨。③

与此同时，商会资料的整理与出版取得了巨大成绩。1989年天津人民出版社出版了《天津商会档案汇编》第1辑，即1903—1911年的清末卷。至1998年，该汇编5辑10卷全部出版，共计1000余万字，为商会史研究乃至中国近代经济史研究提供了宝贵的原始资料。与此同时，华中师范大学历史研究所与苏州档案馆合作，开始了苏州商会档案的整理编辑工作。1991年，《苏州商会档案丛编》第1辑，即1905—1911年晚清卷由华中师范大学出版社出版。此后，《苏州商会档案丛编》的第2辑（1912—1919）、第3辑（1919—1927）、第4辑（1928—1937）分别由华中师范大学出版社于2004—2009年出版。此外，1993年，厦门总商会、

---

① 参见朱英《转型时期的社会与国家——以近代中国商会为主体的历史透视》，华中师范大学出版社1997年版，第3页。
② 参见胡光明、宋美云、任云兰《首届商会与近代中国国际学术讨论会综述》，《历史研究》1998年第6期。
③ 参见徐鼎新《中国商人、商会及商业网络问题的新探索——香港第三届中国商业史国际研讨会纪略》，《近代中国》第11辑（2001）。

厦门市档案馆编辑出版了《厦门商会档案资料选编》。

进入20世纪90年代后，以徐鼎新、钱小明的《上海总商会史》为起点，有关商会史的专著不断问世，高质量的论文也不断涌现，商会史研究呈现出由表及里，由政治为主题渐渐推及经济、社会领域的新气象。

（二）旧问题的深入探讨

关于商会的起源，章开沅等人在20世纪80年代初认为主要是民族资本主义和资产阶级发展的结果。王笛提出了新见解，他认为，在1903—1904年商会设立初期，很难找到完全由商人自己组织的商会。实际上，由于清政府的倡导和支持以及官商之间的合作，商会才得以迅速发展。[①]

朱英、虞和平重新阐发了商会的性质。朱英提出，商会既不是官办机构，也不是半官方组织，而是带有一定"官督"色彩的商办民间社团。他认为，确如王笛指出的那样，清末商会之所以能正式产生，与清政府的支持有密切关系。各商会的总、协理也需商部审批之后才能上任。但总体而言，商会仍是一个有着相当自治权力的商办民间组织。商部并非直接操纵商会的领导机构，而是扮演着类似于监察机构的角色。[②] 虞和平不同意朱英"官督商办社团"的论断，提出商会属于"法人社团"性质。他根据社会学原理和法学原理，认为商会依照政府的法定程序经由政府的批准而设立，有自己固定的组织机构和职能部门，有广大的会员，有自己能独立支配的经费和财产，有法定的权利、义务和活动范围，又由自己自愿发起，自定章程，自选领袖，自筹经费，既具有社团性，又具有法人性，因此属于"法人社团"性质。[③] 虞和平的这一论断，突破了从官商关系中为商会定性的既有思路，引起学者的重视与共鸣。

与商会性质相联系的问题，是绅商与商会的互动关系。徐鼎新认为，上海总商会在1920年大改组以前，属于以绅商领导体制为组织形式的时期，也可以称为商会的绅商时代。在这一历史阶段中，具有亦绅亦商双重身份的"绅商"是商会的领导力量，他们决定了商会的发展方向和商会的行动。1920年后，新组成的以近代企业家为主体的上海总商会，不但在组织上刷新了自己的面貌，而且按照预定的近代化建设目标充实了本身

[①] 参见王笛《试论清末商会的设立与官商关系》，《史学月刊》1987年第4期。
[②] 参见朱英《清末商会"官督商办"的性质与特点》，《历史研究》1987年第6期。
[③] 参见虞和平《近代商会的法人社团性质》，《历史研究》1990年第5期。

的经济职能。因此 20 世纪 20 年代上半期的上海总商会，是总商会历史上最为开放与活跃的时期。① 马敏在其富有影响力的专著《官商之间——社会巨变中的近代绅商》中认为，绅商不仅是各地商会的倡设者，而且是各级商会组织的实际把持者。就绅商在商会中的地位和人数看，称商会为绅商团体似乎并不为过。② 早期商会中绅商的绝对影响力，当然也决定了商会亦官亦商的性质。可见，徐鼎新和马敏都倾向于肯定绅商在早期商会中的重要作用及绅商群体对商会的绝对影响力，绅商的特点也决定了商会的特性。

（三）新热点的逐步形成

这一时期，商会研究的一个热点是商会与旧有会馆、公所等行会组织的关系，这也是认识传统与现代关系的一个窗口。马敏和朱英通过考察苏州地区的商会与行会，认为近代的商会与传统的行会有许多本质区别，不能简单地将商会视为行会的联合体。商会是统一联结工商各业、具有浓厚近代民主色彩的资产阶级新式社团；但它同时又保留着一些落后的残余，与会馆、公所存在着密切的联系和相互依赖性。③ 虞和平更强调商会与行会之间的相通性，指出它们之间并非水火不容。鸦片战争后，通商口岸的行会走上了近代化的历程，逐步向适应对外经济往来和本国资本主义经济发展需要的方向转化，并在辛亥革命之前普遍成为商会的成员和基层组织。行会之所以能加入商会，是因为两者都是独立自主的社会团体，内部管理都采用民主方式，都具有仲裁同业商事纠纷的功能，只是商会具有更高的社会地位、更大的开放性和更健全的仲裁制度。像行会这样的传统组织，具有自我调整、适应现代化需要的面向。虞和平进而提出，现代化不可能脱离传统另外搞一套，现代对传统的关系是既批判又继承。④ 王日根也认为，凡认为会馆与商会的区别在有无同乡关系，会馆具有褊狭地域性

---

① 参见徐鼎新《从绅商时代走向企业家时代——近代化进程中的上海总商会》，《近代史研究》1991 年第 4 期。

② 参见马敏《官商之间——社会巨变中的近代绅商》，天津人民出版社 1995 年版，第 100 页；《试论晚清绅商与商会的关系》，《天津社会科学》1999 年第 5 期。

③ 参见马敏、朱英《浅谈晚清苏州商会与行会的区别及其联系》，《中国经济史研究》1988 年第 3 期。

④ 参见虞和平《鸦片战争后通商口岸行会的近代化》，《历史研究》1991 年第 6 期；《商会与中国早期现代化》，上海人民出版社 1993 年版，第 160—163 页。

而商会具有开放眼光，会馆是传统社会组织而商会是现代社会组织等都是值得商榷的。事实上，会馆与商会在许多方面有着共同的追求，这是会馆成为商会"合帮会员"的前提。① 从行会与商会的具体研究中，我们确实可以对传统与现代是否是二元对立的关系做进一步的思考。

商会与政府的关系及商会的政治参与，得到学者的普遍关注。胡光明具体研究了北洋时期天津商会的发展与演变，指出以1920年直皖战争为断限，之前商会为维护商权与国权而斗争，后期在军阀政权高压下，商会组织日益涣散，在一些重要问题上成为军阀政权的附庸。② 值得深思的是，天津商会的这一发展变化态势，与上文提到的徐鼎新对上海商会1920年前后的研究结论截然不同，可见不同地区的商会呈现出各自不同的发展演变轨迹。这也正是商会史研究的丰富内涵与魅力所在。虞和平认为，近代以来，资产阶级的基本政治和经济要求很难实现，商会与政府的关系不可能通过有效的法律制定而得到适时的调整，甚至政府有法不依。这样，就必然出现一方面政府超越法律对商会的活动进行干预，甚至是控制；另一方面商会也势必突破法律规定进行一些超法活动。商会与政府的实际关系，主要是超法的控制与反控制关系。③ 张志东对虞和平的超法的控制与反控制，从政治学角度提出了一个修正概念：超法的利益合作关系。他认为从事商会史研究的学者，过于强调商会在一些重大历史事件中对政府和时局造成的影响，忽略了它作为一个利益团体在政府日常施政和具体决策中所起的作用，而实际上这一作用远比商会在重大历史事件中扮演的角色重要。④ 可以发现，学者对商会与政府的关系，在实证研究的基础上，运用社会学、政治学等社会科学理论，提出了更富影响力的解释框架。

商事仲裁是商会的一个重要职能。朱英和马敏对晚清苏州商会具有的商事纠纷调处功能进行了细致研究。朱英认为，在商会成立之前，商事裁

---

① 参见王日根《浅论近代工商性会馆的作用及其与商会的关系》，《厦门大学学报》1997年第4期，第28页。
② 参见胡光明《论北洋时期天津商会的发展与演变》，《近代史研究》1989年第5期，第142页。
③ 参见虞和平《近代商会的法人社团性质》，《历史研究》1990年第5期。
④ 参见张志东《近代中国商会与政府关系的研究：角度、模式与问题的再探讨》，《天津社会科学》1998年第6期。

判权掌握在官府衙门手中。商部成立后,商会被允许设立商事裁判所,负责受理商事纠纷。虽然晚清苏州商会在行使调解商事纠纷的职能时,时常对违反行规的商人予以处罚,实际上在某种程度上维护了旧的行会制度,但随着时间的推延,在保护和促进资本主义工商业发展方面还是起到了越来越明显的积极作用。① 马敏深入分析了苏州商会对商事纠纷进行调处的性质,认为其本质上属于诉讼程序之外的民间调处,有别于官府所从事的诉讼调处,也就是说它尚未进入正式的民事司法审判程序之中。从内容上看,由商会受理的案件均与商务有关,最多的是钱债纠纷案。他通过对多个具体案例的研究表明,商会理案在组织形式和理案程序上,较多地受到近代西方法制的影响。但在理案的原则和依据上,基本上没有脱离传统中国王朝法律系统的窠臼。商会理案的双重性质,反映了近代中国社会转折过渡、新旧之间的内在特性。② 任云兰考察了商事仲裁权在 20 世纪上半期的沿革,认为商会的商事仲裁机构经历了一个由小到大、由非正规到正规机构的发展过程。当政府权力加强,法制比较健全时,商会权力受到限制,商事纠纷多诉诸专门的司法机构。③ 从商会商事仲裁权的研究看,商会拥有的相关权力是有限的,政府对商会染指司法裁判权始终怀有戒心。当我们将这项研究放在近代司法制度的变迁或者国家—社会的维度中观察时,无疑会深受启发。

可以发现,从 20 世纪 80 年代初商会史研究起步到 90 年代末的 20 年里,商会史研究与中国近代史研究类似,经历了范式转换,即从革命史范式为主转变为现代化范式为主。而且,中国学术界与西方学术界的交流对话增多,中国学者自觉引入"公共领域—市民社会"等理论。如马敏和朱英在专著《传统与近代的二重变奏——晚清苏州商会个案研究》中,认为商会组织与其他民间社团一起,将自己的影响力扩展到社会生活的各个领域,形成了一个政府以外的民间市政权力网络,这一市政权力网络即可视为市民社会的雏形,其背后的推动者就是新兴的资产阶级。④ 后来,

---

① 参见朱英《清末苏州商会调解商事纠纷述论》,《华中师范大学学报》1993 年第 1 期。
② 参见马敏《商事裁判与商会——论晚清苏州商事纠纷的调处》,《历史研究》1996 年第 1 期。
③ 参见任云兰《论近代中国商会的商事仲裁功能》,《中国经济史研究》1995 年第 4 期。
④ 参见马敏、朱英《传统与近代的二重变奏——晚清苏州商会个案研究》,巴蜀书社 1993 年版,第 233 页。

朱英又在《转型时期的社会与国家——以近代中国商会为主体的历史透视》中，利用国家与社会二元互动分析框架，提出中国的市民社会始终面对着一个不愿真正放弃既有权力的国家政权，更重要的是本身发展不充分，自始至终都在很大程度上存在着对国家的特殊依赖性，最终也难以摆脱被国家强制扼杀的命运。① 可见，学者在理论运用的过程中越来越重视中国自身的史实。对中国是否存在市民社会的探讨，正表明任何理论的运用都需要符合中国的特殊语境，需要建立起中国自己的话语系统，即"本土化"的问题。上述理论在大力推进商会史研究的同时，有的学者也有生搬硬套的嫌疑，或形成了一些误导性的判断，如将商会等同于市民社会等。进入 21 世纪的商会史研究，宏大理论的运用与构建或不明显，但无疑在史实的深入挖掘、史料的精细运用与视野的进一步开阔上，又有明显进展。

三　商会史研究的新进展（2001 年至今）

进入 21 世纪的商会史研究，总体而言有式微之象，但仍是近代史研究中的一个重要组成部分。在研究地域上，突破了上海、天津、苏州等几个大城市，在研究内容上，开始关注商会选举权、商会的经济功能等新问题。

（一）研究地域的扩展

冯筱才选择 20 世纪 20 年代的杭州总商会作为考察个案，对既有研究中存在的过于强调商会政治功能的倾向作了反思。他提出，商会的常态是维持稳定的商业制度，保护商业经营秩序，充当官商交通的媒介，而短暂的政治参与、为避免战事而发起的和平运动，以及对战争的应对举措等属于"变态"。即常态下，商会的职能主要在经济方面。变态之下则可能延伸至政治及社会紧急救济层面。在局势趋于稳定后，商会多又恢复常态。作者进而提出，应重视商人的职业特点，以商人为中心，从商业史的角度来考量商会的活动，或许是一条更佳的研究路径。② 2004 年，冯筱才出版

---

① 参见朱英《转型时期的社会与国家——以近代中国商会为主体的历史透视》，华中师范大学出版社 1997 年版，第 494 页。
② 参见冯筱才《近世中国商会的常态与变态：以 1920 年代的杭州总商会为例》，《浙江社会科学》2003 年第 5 期。

专著《在商言商——政治变局中的江浙商人》（上海社会科学院出版社2004年版），可以视为这一研究路径的更宏观的成果展现。行龙从区域史的角度，研究了山西商会与地方社会的关系。他认为，山西商业虽然发达，但商会的创设过程显得较为迟滞，而且由于山西商会与传统势力的联系较为紧密，与政府之间更多的是依赖和受制关系，较少自主性，与上海、天津等大商埠的商会组织不可等量齐观。① 这项研究弥补了以往对内地商会关注较少的不足，呈现出商会在不同地区的复杂面貌。

刘宏关于新加坡中华总商会的研究，开启了海外华人商会研究的新篇章。新加坡中华总商会在亚洲华商网络的制度化过程中发挥了重要作用，从总商会的纵向联系与横向交往看，它是连接东南亚和东亚华商网络的关键性枢纽。这一研究促使人们思考，亚洲人是如何组织他们的经济活动的？亚洲贸易圈的动力源自哪里？② 商会研究从中国大陆本土迈向东南亚等地区，无疑赋予这项研究以新的活力与更为广阔的视界。

（二）商会的领导权与选举问题

前文谈到，徐鼎新曾特别肯定1920年上海总商会的改选，认为改选标志着绅商时代的结束和企业家时代的到来。朱英、谢放、李达嘉等人在这一时期对商会选举问题做了更多细致的个案研究。谢放通过考察清末民初苏州商会的选举制度，注意到"选举权数"问题，认为民国初年苏州商会选举制度中存在新旧交替的特点。③ 朱英提出，"五四"时期工商界的一代新人确实已经逐渐成长起来，此时无锡商会旷日持久的改选风波，无疑说明此时工商界以及商会内部存在着新与旧两种力量的冲突和矛盾，但是最终却以新旧调和的方式得到解决。旧派势力并没有被完全打倒，同时新派势力为商会的发展注入活力。④ 李达嘉通过对上海商会1904—1924年选举的实证研究，发现当选总协理或正副会长者，往往辞而不就；当选议董或会董者，也常有辞职由他人递补的情况。这些现象表明，不能仅仅

---

① 参见行龙《山西商会与地方社会》，《华中师范大学学报》2005年第5期。
② 参见刘宏《新加坡中华总商会与亚洲华商网络的制度化》，《历史研究》2000年第1期。
③ 参见谢放《清末民初苏州商会选举制度》，《近代史学刊》第3辑，华中师范大学出版社2006年版。
④ 参见朱英《五四时期无锡商会选举风波》，《江苏社会科学》2007年第1期。

从权力的角度对上海商会领导层的更迭进行分析。① 以上三人的研究，可以视为对徐鼎新研究结论的商榷与推进。

除了探讨无锡商会选举外，朱英同时考察了天津商会选举中出现的两次风波：一次是1918年会长选举时面临日本驻津领事的蛮横干预，商会予以坚决抗议。另一次是选举过程中出现了舞弊现象，商会应对乏力。这些都说明商会选举制度在现实操作层面面临的困境。② 朱英还以上海商会为个案，研究了近代中国商会选举制度的发展演变过程。清末民初，上海总商会选举中未曾出现严重的舞弊和贿赂行为，以往强调工商界上层人物挟其雄厚经济实力垄断商会领导权的说法，与史实并不相符。但是到了20世纪20年代后，选举结果确实受到了商会内部不同派别背后政治军事力量的强弱制约，近代中国商会选举制度的发展最终陷入一个悲剧性的结局。③ 以上对商会选举个案和动态的考察，展现了商会选举中存在的不可避免的政治、习俗影响。

（三）商会的政治参与

朱英重新评价了引人关注的五四运动时期上海总商会的"佳电"风波，认为"佳电"并非是当时舆论和后来论著所称的媚日卖国主张，而是提出了一种收回青岛的独特策略和方案。时任上海总商会会长的朱葆三对"佳电"的拟订和拍发不应负主要责任。④ 这一重评，提醒研究者以更为丰富的史料、更实事求是的态度去揭开历史的神秘面纱。

马路商界联合会成为这一时期的一个研究热点，体现了商会研究中的眼光下移。特别是上海的南京路商界联合会，因其特殊地位而备受关注。彭南生考察了20世纪20年代的南京路商联会，认为这是一个以中小商人为主体、以南京路商业街区为基本活动范围的新型地域性商人团体。它关注街区内的公共事务和街区外的公益事业，成为南京路上华商与租界抗争和沟通的桥梁，在工商纠纷尤其是劳资纠纷中积极扮演调人角色，在市民权运动、国民外交运动中发挥了重要作用，表达了强烈的民族、社会与政

---

① 参见李达嘉《上海商会领导层改选问题的再思考》，载朱英、郑成林编《商会与近代中国》，华中师范大学出版社2005年版，第163—185页。
② 参见朱英《民国时期天津商会选举的两次风波》，《浙江学刊》2007年第4期。
③ 参见朱英《近代中国商会选举制度之再考察——以清末民初的上海商会为例》，《中国社会科学》2007年第1期。
④ 参见朱英《重评五四运动期间上海总商会"佳电"风波》，《历史研究》2001年第4期。

治关怀。① 张生考察了更长时段内的南京路商联会，观点稍有不同。他认为马路商会与上海总商会、商民协会不同，主要工作是围绕本街区的商业安全、促进会员商铺交流等内容展开，相对而言，切实的政治诉求较少。所以不能夸大其政治意义，应重视其作为社区、邻里组织的性质。② 两位研究者的不同着眼点与结论，可能与南京路商联会在不同历史阶段的功能取向有关。

北伐前后的商民协会与商民运动，在这一时期也备受关注。乔兆红考察了大革命初期的商民协会与商民运动，对中国近代第一个商民协会——1924年成立的广州市商民协会进行了详细探讨。商民协会是以中小商人、店员和摊贩为主体的民众团体，在激发商民的革命决心、实施对外经济绝交、声援五卅运动等方面起到了重要作用，为北伐顺利进行提供了群众基础。③ 此后，由于商民协会与旧有商会的矛盾与冲突，也由于南京国民政府成立后国民党角色地位的转变，商民协会被取缔，商会被改组。商民协会被取缔一事，不能说明商民协会与商民运动的失败，而是表明商民协会历史使命的完成。④ 朱英也就此问题提出自己的看法，保留商会并裁撤商民协会，是国民党商民运动转轨的结果。而导致这一结果的最终形成，实际上有一个发展变化的过程，由于商民协会没有顺应商民运动的转轨进程，并且采取与商民运动转轨背道而驰的行动，最终迫使国民党中央不得不将其撤销。⑤ 马路商界联合会与商民协会的研究，都是商会史研究对象深化与细化的体现。商民协会的设立和裁撤，以及与商会之间的关系，一定程度上反映了国民党、国民政府在20世纪20年代的政治生态。

（四）商会的经济功能

商会从根本上说是工商业者的组织，以往对商会经济功能的研究显得

---

① 参见彭南生《20世纪20年代的上海南京路商界联合会》，《近代史研究》2009年第3期。
② 参见张生《上海南京路商界联合会简论（1919—1949）》，《社会科学》2008年第2期。
③ 参见乔兆红《大革命初期的商民协会与商民运动》，《文史哲》2005年第6期。
④ 参见乔兆红《中国商民运动的历史使命》，《中国经济史研究》2008年第1期。再引用冯筱才《北伐前后的商民运动》。
⑤ 参见朱英《近代中国商会、行会与商团新论》，中国人民大学出版社2008年版，第179页。

较为粗略。宋美云在其专著中认为，天津商会充当着国家与工商业者的桥梁和纽带角色，除了调解商务纠纷、制定市场行为规则外，还积极应对多次金融风潮，较好地平息和化解了这些风潮对政权和社会的冲击。① 应莉雅使用交易成本理论，研究了天津商会的网络化组织和区域市场交易成本的互动关系。她指出，天津商会在其发展的过程中构筑了一个复杂的内部和外部组织网络，形成了有效的运行机制，从而达到了减少区域市场交易成本的经济功能。②

商会对农村经济发展的推动，受到史建云、张学军等学者的关注。史建云利用《天津商会档案汇编》中的大量史料，详细分析了商会与农村商业、农村生产、农村赋税和交通运输管理之间的关系，展现了商会对农村经济所起的积极作用。③ 张学军、孙炳芳在其专著《直隶商会与乡村社会经济（1903—1937）》中，阐述了商会对发展乡村商业、振兴乡村工业和改良农业所起的作用。他们认为，商会在推动乡村社会近代变迁的过程中，既有直接的作用，也有间接的影响。直隶商会在乡村市镇的广泛渗透，已经融入乡村社会近代化的历史合力中，加速了乡村资本主义因素的产生。④ 可惜上述学者主要涉及的地域范围都是河北省，对商会在其他城市和广大乡村的作为，仍需进一步研究。

总之，21世纪以来的商会史研究，虽然宏大理论的构建与运用略显不足，但是在相关主题的拓展与深入上，仍有相当进展，学者对史料的运用和解读，也更趋于周详、客观。这一时期，马敏、朱英、冯筱才等人对于商会史研究的回顾与反思⑤，显示了该项研究已经取得的重大成绩，以

---

① 参见宋美云《近代天津商会》，天津社会科学院出版社2002年版，第286页。
② 参见应莉雅《网络化组织与区域市场交易成本——以天津商会为个案（1903—1928）》，《南开经济研究》2004年第5期，第61页。
③ 参见史建云《简述商会与农村经济之关系——读〈天津商会档案汇编〉札记》，《中国经济史研究》2001年第4期，第24页。
④ 参见张学军、孙炳芳《直隶商会与乡村社会经济（1903—1937）》，人民出版社2010年版，第288页。
⑤ 参见冯筱才《中国商会史研究之回顾与反思》，《历史研究》2001年第5期；马敏《商会史研究与新史学的范式转换》，《华中师范大学学报》2003年第9期；朱英《商会史研究如何取得新突破》，朱英、郑成林主编《商会与近代中国》导言；冯筱才《最近商会史研究之刍见》，《华中师范大学学报》2006年第5期；马敏、付海晏《近20年来的中国商会史研究（1990—2009）》，《近代史研究》2010年第2期。

及面临的瓶颈与困境。

四 总结与思考

改革开放以来，商会史研究无疑是近代经济史研究中的一门显学。如上所述，在20世纪80年代初，它是作为辛亥革命史与资产阶级研究的一部分出现的，以章开沅、徐鼎新、邱捷等为代表的前辈学者具有筚路蓝缕的开创之功。从80年代后期开始，随着天津、苏州等地商会档案的编辑出版，虞和平、马敏、朱英等学者自觉运用现代化理论、公共领域与市民社会理论（国家与社会理论），以及法学、政治学等不同学科的知识体系，将商会史研究推向了高潮。21世纪的商会史研究涌现出冯筱才、彭南生等新锐，但研究内容与路径已经很难用一两句话概括，这也恰恰显示了商会史研究队伍的进一步壮大、学者关注面的扩大与学术方法的多样性。

过去30年的商会史研究给予我们诸多启示。第一，史料充分挖掘与精心运用并重。上文谈到，《天津商会档案汇编》与《苏州商会档案丛编》直接推动了商会史研究的繁荣。史学研究离不开史料的挖掘与积累，没有丰富、系统的史料，史学研究便是无源之流。上海、天津、苏州各大城市的史料挖掘固然重要，中小城市和县级档案馆的商会资料，是否已经充分利用？更为重要的是，中小城市商会的相关研究，是否能展现出区别于大城市的商会本身组织和功能，以及与当地社会经济互动的不同面相？从大都市到小市镇，学者的关注眼光会发生怎样的位移？另外，从研究时段上看，商会史研究经历了从清末民初到北洋军阀时期，再集中于20世纪20年代北伐前后与国民政府建立初期的变化，是否预示着以后的研究将转向抗战时期乃至新中国成立前后？① 当然，在拥有丰富资料的同时，对史料的运用与解读更考验着学者的学术功力。马敏对苏州商会商事纠纷调处的分析、朱英对五四时期上海总商会"佳电"风波的重新评价等，都显示出精心运用与解析史料的魅力所在。只有将商会档案与其他相关档案、报刊史料、人物文集书信等结合起来利用，才能发现更多问题意识，得出更合乎历史实际的结论。

---

① 魏文享《国家介入商会的"社会主义改造"——以武汉市工商联为例（1949—1956）》（《华中师范大学》2005年第5期）将研究时段大大推后。

第二，实证研究的基础上重视理论思考。商会产生于清末新政时期，是从西方借鉴而来的促进工商发展的产物。这就决定了西方的很多理论都可以运用到中国的商会研究中，最典型的如市民社会理论。但若是拿着这些现成的理论和预设性的概念去找史料，无疑是舍本逐末。朱英曾谈道："我们借鉴西方的市民社会理论，总结提炼出自己的'社会与国家'理论框架，发现近代中国存在着与西方市民社会理论所强调的社会与国家相对抗所不同的另一种互动关系模式及其影响。"[①] 发现中国存在与西方理论强调的国家与社会相对抗的不同模式，正是学者在展开大量细致的实证研究基础上获得的。更确切地说，是在商会具体史料中寻找到了本土性的问题与特色。20世纪90年代商会史研究中宏大理论的出色运用，正是建立在学者对商会严谨的实证研究基础之上。2000年后交易成本理论的应用，也给人耳目一新的感觉，但毕竟影响有限。在新社会史、新文化史等新兴史学潮流的映衬下，商会史研究呈现出实证研究深入而理论思考不足的趋向，令人感到些许遗憾。

第三，走出商会的商会史研究。马敏和冯筱才都曾倡议走出商会展开商会史研究。在过去十年中，有关商会组织举办博览会、商会与同业公会、商会与商人外交等研究[②]，已经呈现出这样的趋向。进一步可以探讨的，是商会与地方社会、商会与经济发展的各种互动关系，运用政治学、经济学、社会学、心理学等多学科知识体系，观察商会在近代社会变迁中的复杂内涵与外延，或者说从商会看到社会变迁的大脉络，使研究展现出更开阔的视野和更多元的维度。值得一提的是，以往的商会史研究，较多地从政治史、社会史的角度切入，对商会与经济的关联关注较少，从冯筱才和张生的相关研究可以看到，无论是商会，还是马路商联会，常态性的功能还是在维持正常的经济秩序。所以，从经济史的角度切入商会研究，恐怕会有新的收获。

---

① 朱英：《近代中国的"社会与国家"：研究回顾与思考》，《江苏社会科学》2006年第4期，第178页。

② 参见付海晏《"跑调"的国货展览会：1935年无锡国货流动展览会研究》，《近代史研究》2008年第4期；郑成林《从双向桥梁到多边网络——上海银行公会与银行业（1918—1936）》，华中师范大学出版社2007年版；魏文享《中间组织——民国时期工商同业公会制度研究（1918—1949）》，华中师范大学出版社2007年版；虞和平、贾中福《中国商会代表团参加太平洋商务会议述论》，《史学月刊》2004年第7期。

第四节　财政史

在近代经济史研究中,财政史研究是一个重要的领域。① 近代经济的各个方面都与财政存在某种程度上的联系。20 世纪 80 年代以前,汤象龙、彭泽益、彭雨新、梁方仲、许大龄等学者都在此领域耕耘过②,对近代财政的总体状况提出一些提纲挈领的看法;但对近代财政体制的转型过程,以及中央与地方财政关系在近代错综复杂的社会经济变迁中的形成和演化过程,仍留有许多值得深思的空白。财政是国家政权的经济基础,近代财政尤其是晚清财政是中国由封建国家财政向近代半殖民地半封建国家财政转变的一个重要时期,不弄清楚财政问题,就很难对近代史有一个很好的把握。出于这种认识,不少学者关注近代财政,尤其重视晚清财政,侧重于厘清近代财政体制的具体形态和不同阶段的演变过程,由此也取得了丰硕的学术成果。

一　专门著作和资料整理

30 年来,史学界出版了一批较有分量的财政史专著,并搜集整理了部分财政史资料,丰富和拓展了近代财政史的研究。研究围绕着财政体制和财政制度的演变展开,并侧重于中央与地方财政关系的演变,在具体的研究中,又注意与社会经济的结合并注重个案和区域的研究。在著作方面,近 30 年来,出版的相关专著数量达到数十种之多,相关资料更是汗牛充栋。

在专著方面,邓绍辉著《晚清财政与中国近代化》(四川人民出版社 1998 年版)、周育民著《晚清财政与社会变迁》(上海人民出版社 2000 年版)、周志初著《晚清财政经济研究》(齐鲁书社 2002 年版)、史志宏著

---

① 学界对此已有所回顾,参见陈锋《20 世纪的清代财政史研究》,《史学月刊》2004 年第 1 期;陈锋《20 世纪的晚清财政史研究》,《近代史研究》2004 年第 1 期;申学锋、张小莉《近十年晚清财政史研究综述》,《史学月刊》2009 年第 2 期。本书主要对其中讨论较多的热点问题和理论方法加以论述,恕不一一罗列。

② 参见彭泽益《太平天国战争期间湖南之财政》,《财政学报》第 1 卷第 2 期,1943 年;汤象龙《鸦片战争前夕中国的财政制度》,《财经科学》1957 年第 1 期。

《晚清财政：1851—1894》（上海财经大学出版社2008年版）、陈锋著《清代财政政策与货币政策研究》（武汉大学出版社2008年版）等较为引人注目。邓绍辉的《晚清财政与中国近代化》将晚清财政置于中国近代化历程中，从财政与经济的互动、互制关系中考察晚清财政管理体制和税收制度的变化。周育民《晚清财政与社会变迁》认为财政体系的变化是与鸦片战争以后社会变迁的大背景紧密联系在一起的，从社会变迁与财政的关系论述了鸦片战争、太平天国、洋务运动、甲午战争以及清朝覆灭前夕的财政状况。周志初在《晚清财政经济研究》一书中重点在于讨论晚清财政管理体制的演变和晚清财政收支结构的变动。申学锋的《晚清财政支出政策研究》（中国人民大学出版社2006年版）透过晚清变动着的社会经济，采用计量分析的方法，侧重于财政支出政策及其实施效果的研究。史志宏《晚清财政：1851—1894》更多地利用中国第一历史档案馆的朱批奏折和军机处录副奏折，回顾晚清各个时期的财政政策和具体收支情况，尤其重视财政收支大势和厘金在财政体制变化中的地位。陈锋《清代财政政策与货币政策研究》注意到制度与政策之间的差别，又重视财政政策与货币政策之间的联系，认为"财政政策的制定和实施，也必然是社会经济的反映并进而影响到社会经济"[1]，因而从财政政策入手，揭示清代赋役制度和财政制度的演变轨迹。

在财政的专题研究方面，厘金、盐税、关税等，均有专著出版，如杨梅的《晚清中央与地方财政关系研究——以厘金为中心》（知识产权出版社2012年版），郑备军的《中国近代厘金制度研究》（中国财经出版社2004年版），戴一峰的《近代中国海关与中国财政》（厦门大学出版社1993年版），刘经华的《中国早期盐务现代化——民国初期盐务改革研究》（中国科学技术出版社2002年版）。尤其是在外债史方面，许毅和曹均伟写作和主编了大量的外债史的著作，如许毅有《清代外债史论》（中国财政经济出版社1996年版）、《近代外债史论》（中国财政经济出版社1996年版）、《北洋政府外债与封建复辟》（经济科学出版社2000年版）和《从百年屈辱到民族复兴：国民政府外债与官僚资本》（经济科学出版社2004年版），曹均伟有《近代中国与利用外资》（上海社会科学院出版社1991年版）和《中国近代利用外资思想》（立信会计出版社1996年

---

[1] 陈锋：《清代财政政策与货币政策研究》，武汉大学出版社2008年版，第3页。

版)、曹均伟、方小芬合著《中国近代利用外资活动》(上海财经大学出版社1997年版)等,这些著作一定程度上深化了这一时期外债史的研究。

在民国财政史中也出现了像张连红著《整合与互动——民国时期中央与地方财政关系研究》(南京师范大学出版社1999年版),付志宇著《中国近代税制流变初探——民国税收问题研究》,(中国财政经济出版社2007年版),马金华著《民国财政研究》(经济科学出版社2009年版)等专门考察民国财政以及税制变迁的专著。

这一时期,资料的整理与出版的成果十分丰富。《吴煦档案选编》(江苏人民出版社1988年版)的第6辑、第7辑专门辑录了《清政府财政经济资料》,吴兆莘、洪文金等编写有《中国财政金融年表》,汤象龙整理出版《中国近代海关税收和分配统计》(中华书局1992年版)。由中央财经大学图书馆主编《清末民国财政史料辑刊》(全24册,北京图书馆出版社2007年版)和《清末民国财政史料辑刊补编》(北京图书馆出版社2008年版),中国人民银行总行参事室编《中国清代外债史资料》(中国金融出版社1991年版),《民国外债档案史料》(第1—12卷,档案出版社1989—1992年版),许毅等编《中国外债史料汇编》《清代外债史资料》(中国财政经济出版社1996年版)、《民国外债档案史料》(档案出版社1989年版)和《民国历届政府整理外债史料汇编》(档案出版社1990年版)等,为近代财政史研究提供了相当丰富的史料。此外值得注意的还有《国民政府财政金融税收档案史料(1927—1937)》(中国财政经济出版社1997年版)一书,辑录了大量的国民政府时期财政方面的官方文件、政策条例。也有些省市整理、出版了海关和财政史料。徐学筼编有《上海近代社会经济发展概况——〈海关十年报告译编〉》(上海社会科学院出版社1985年版),穆和德、李策编《近代武汉经济与社会——〈海关十年报告·汉口江汉关〉》(香港:天马图书有限公司1993年版),李必樟《上海近代贸易经济发展概况——1854—1898年英国驻上海领事贸易报告汇编》(上海社会科学院出版社1993年版),鲁子健《清代四川财政史料》(四川社会科学院出版社1984、1988年版),莫世祥、虞和平等《近代拱北海关报告汇编》(澳门基金会1998年版)等,大大丰富了地方的文献资料,加深我们对于近代各地财政的了解。

二 近代财政史

(一) 晚清财政

近代财政史的研究，需要回应并解释为何一个曾经库存白银8000万两的、具有高度中央集权的专制的财政体系的国家，会在近代面临着国库亏空、种种财政梦魇接踵而来的困境。而这一变局主要发生在晚清时期，晚清财政也因此一直成为近代财政史研究的重点。

过去大部分的财政史研究，多侧重于具体的财政状况和静态的描述，包括基本财政制度、财政收支科目与规模等方面，大致揭示当时的财政面貌，却很难深究其根。周育民的著作《晚清财政与社会变迁》被视为近几十年来一本比较系统论述财政史的学术专著，该书大量吸收了老一辈史学家们的研究成果，对货币财政与实物财政的关系、经济发展与财政演变的关系、中央财政与地方财政的关系等宏观性的问题，以及一些重要财政事件的细节，做了论述和考订。[①] 该书主要从以下几个方面论述了晚清财政的演变过程。(1) 结合晚清整个社会大环境，根据晚清财政与社会变迁所呈现的特点，将晚清财政的演变划分为鸦片战争、太平天国、洋务运动、甲午战争后和清末新政几个历史阶段。(2) 各个阶段财政危机的形成过程及其特点。如清朝财政在鸦片战争中受到巨大的冲击，使得原本已经陷入僵局的财政运作彻底走向崩溃的边缘，加之西方现代化思想的传入，以及地方督抚力量的崛起，清朝财政由此从"封建财政向半殖民地半封建财政转变"。(3) 财政收支情况。在分析各个阶段的财政特点时，注重分析该阶段清王朝财政的收入和支出情况，并指出晚清财政收支往往呈现出异常情况，这既是清代财政制度种种积弊加剧所导致，同时也是晚清社会经济的总形势所造成的。(4) 地方财政的形成。清咸丰、同治以后地方财政的形成，一是太平天国运动的形势使然，即为了应付战争军费需要而促使财政权的下移，二是由于地方行政体制的变化，其主要表现在行政机构的膨胀上。与此同时地方财政各类专门机构的设立，从而在政治上导致了财政权完全落到了督抚手中，所有地方财政大员都在实际上成为督抚的属员。不过，周氏指出，尽管太平天国运动之后，清王朝的财政收

[①] 参见戴逸《序一》，载周育民《晚清财政与社会变迁》；沈渭滨《〈晚清财政与社会变迁〉读后》，《上海师范大学学报》（哲学社会科学版）2002年第3期。

支从规模和制度上都有所改变,并且促使清政府对原有的财政会计科目进行改革,但清政府始终未在会计制度上承认地方财政客观存在的事实。(5)各个时期的财政改革。在关注晚清财政危机的同时,周氏也极力揭示晚清政府为应对财政危机而进行的多次财政改革,包括道光末的财政整顿、咸丰朝的创办厘金、光绪初期的变通解协饷制度以及税制整顿、甲午战争后和清末新政的货币改革等,均有所分析。(6)财政与内外债。周氏注意到晚清财政体制与内外债的密切联系。分别设立专节讨论洋务运动、甲午战争后和清末新政时期政府举债问题。政府举借内外债,主要是由于财政的困难。外债逐渐成为晚清政府弥补巨额财政赤字的手段,但由于外债的抵押不仅包括铁路的建筑权和管理权,而且还包括关税和盐税的提款权和管理权,使中国的财政被置于列强的直接干涉和国际共管之下。

周书专就晚清财政问题进行研究,涉及了鸦片战争与清朝财政、太平天国与清朝财政、洋务运动时期的清朝财政、甲午战争后的清朝财政、覆灭前夜的清朝财政、财政演变中的经济与社会等,对晚清财政有个比较系统的认识。但具体而言,还有许多问题和结论值得深入讨论,不少学者对其展开讨论,深化研究,成果颇丰。我们可以归结为以下几个方面。

第一,关于晚清财政转型问题。韩祥研究了1843年清代最大的户部银库亏空案,认为晚清财政危机不能仅仅归结于鸦片战争,清朝对国家财政实行的模糊性控制也是根源之一。① 倪玉平也认为"道光萧条"说值得商榷,嘉庆道光时期关税收入仍然保持在500万余两的水平,相比乾隆朝没有出现大幅度下降,这时期的财政是"有量变而无质变"的过渡型财政,尚未走到崩溃的边缘。② 孙瑞新、刘治泰、梁义群等人认为,《辛丑条约》的签订和庚子赔款对晚清财政崩溃起着决定性的影响。③ 这一时期的财政危机,梁义群认为是由巨额外债和赔款的摊派、练兵经费和"新政"经费支出所导致的巨大财政赤字,以及由此引发的清政府为摆脱财政困难而加捐增税最终造成的。④

---

① 参见韩祥《1843年户部银库亏空案及其影响》,《史学月刊》2012年第6期。
② 参见倪玉平《有量变而无质变:清朝道光时期的财政收支》,《学术月刊》2011年第5期。
③ 参见孙瑞新、刘治泰《〈辛丑条约〉和中国半殖民地半封建财政》,《天津财经学院学报》1992年第1期;梁义群《庚子赔款与晚清财政的崩溃》,《社会科学辑刊》1992年第3期。
④ 参见梁义群《庚子赔款与晚清财政的崩溃》,《社会科学辑刊》1992年第3期。

第二，对晚清各项财政制度和财政改革的专题研究。申学锋对传统解协饷和奏销制度、外省财政机构的统一化、皇室财政对国家财政的侵蚀、会计科目调整、试办预算制度等方面进行了研究。① 刘增合专门探讨光绪"解协饷制度"的危机，分析协饷在光绪年间运作逐渐式微的过程。② 陈锋的著作和若干论文也对清代奏销制度、清理财政、试办预算、外省财政结构等的变动和行政组织的近代化有所关注。如他从1908年的预算制度的条文入手，探讨了政府的实施方针与国人对宣传的接受过程。③ 刘增合则关注作为西式新制的预算制度如何被移植、嫁接到中国旧有的财政体系中，以及面临的困境和引发的后果，并"主要围绕光绪前期的财政制度兴革、新政期间的清理外省财政、外省财政机构变动、试办预算制度、税收制度的合理化变革等数个问题展开讨论"。④

需要说明的是，陈锋对晚清财政制度的研究，与周育民的观点略微不同，他更加强调财政政策的研究。他认为财政政策与财政制度不同，财政政策是一种财政管理体制，中央乃至地方都有相应的财政管理职能。财政政策面对政府收入与支出的变化，更具有积极性和导向性。传统社会的经济政策更多地表现为一种财政政策，而同时，财政政策的制定与实施，也必然是社会经济的反映并进而影响到社会经济。陈锋还强调清代货币政策所包含的财政意义，他认为清代的货币政策往往被视为财政政策的一种手段和存在。将财政政策和货币政策、财政政策与社会经济结合起来研究，是他的著作《清代财政政策与货币政策研究》的一大特色。该书认为，清代前期的财政结构是较为稳定的，而晚清是处于战乱导致的社会不安定时期，属于"非常时期的财政政策"，主要以筹措要需为导向，"首先考

---

① 参见申学锋《晚清财政支出政策研究》，中国人民大学出版社2006年版。
② 参见刘增合《光绪前期户部整顿财政中的规复旧制及其限度》，《中央研究院历史语言研究所集刊》第79本第2分，2008年6月。
③ 参见陈锋《晚清财政预算的酝酿与实施》，《江汉论坛》2009年第1期。
④ 刘增合：《清季财政改制研究疏论》，《安徽史学》2011年第2期。并参见刘增合的《西方预算制度与清季财政改制》（《历史研究》2009年第2期）、《光绪前期户部整顿财政中的规复旧制及其限度》（《中央研究院历史语言研究所集刊》第79本第2分，2008年6月）、《由脱序到整合：清季外省财政机构的变动》（《近代史研究》2008年第5期）、《西式预算制度与清季财政改制》（《历史研究》2009年第2期）、《前恭后倨：清季督抚与预算制度》（《中央研究院近代史研究所集刊》第66期，2009年12月）、《清季中央对外省的财政清查》（《近代史研究》2011年第6期）。

虑的是如何筹款，如何供军，如何渡过财政的困窘关，甚少或者难以顾及对社会经济的影响"，致使晚清财政政策和财政结构发生剧烈的变动。他从政府决策方面，为晚清财政体制的演变做了新的说明。

第三，关于地方财政的形成。前述周育民认为，地方财政的形成与太平天国以后财政权下移以及地方行政机构膨胀有着密切的联系。魏光奇则认为，1853年清政府对京饷拨解制度的变通促使中央集权财政体制走向瓦解，随着中央集权财政体制的瓦解，省级地方财政的独立地位业已形成，实际上形成了中央与各省两级财政。"这一时期，各省自立收支科目，自定收支标准，经理大量的地方收支，并且纷纷设立自己的财政、税收、金融机构，从而使他们攫取的财权完全具备了地方一级财政的规模。"① 陈锋通过对清代各个时期中央与地方财政关系的调整过程的考察，指出清前期形成的中央集权型财政体制至晚清已经发生巨变，在财政收支、奏销等方面都出现财权的明显下移。中央试图通过清厘、整顿等措施来遏制财政分权倾向的努力效果不佳。② 申学锋虽然认同地方财政兴起的说法，但否定咸同年间这种中央—地方的财政分权已经制度化。他从财政支出的角度，认为中央与地方政府的财政关系大致经历了三个阶段的变化：咸丰之前的中央集权型、咸同年间的地方分权型和光宣时期的争权型。在咸同时期，地方的财政开支多数仍需奏请中央拨款并履行奏销程序，而且，中央政府也做了一些政策性的调整，试图阻止财权的分化。这种局面到光宣时期，由于战争赔款的压力和"新政"改革的推行，地方分权无论从深度还是广度，都较咸同年间大为拓展。③

清政府面对国际国内政局变化做出的调整，使得中央政府与地方政府权力分配的结构和功能发生了重大的变化。这种变化的根源，很大程度来自地方财政的兴起，并反映在中央与地方财政关系的演变上。诸如厘金等税种的出现，本意在于增加财政收入，以保证和延续清政府政治统治，但却演变成创设近代中央与地方权力此消彼长的媒介。杨梅、胡忆红、郑备军等人的研究，就以厘金制度为研究晚清中央与地方关系的切入点，将厘金的运行与地方的军事、财政、人事乃至外交结合起来，考察厘金制度如

---

① 魏光奇：《清代后期中央集权财政体制的瓦解》，《近代史研究》1986年第1期。
② 参见陈锋《清代中央财政与地方财政的调整》，《历史研究》1997年第5期。
③ 参见申学锋《晚清财政支出政策研究》。

何打破清政府既有的中央与地方财政关系，并在一定程度上左右着晚清的政治走向，从而指出，厘金作为国家下放到地方的一项税收制度，为财政权的下移提供了合法的机会，在加速了财政权下移的同时也导致地方其他权力的壮大，并导致了中央集权政治的瓦解。① 这种对特别税种的微观分析，弥补了宏观论述的不足。海关、外债和鸦片税的研究，也是如此。戴一峰以近代海关为中心探讨中央政府、地方当局和海关之间的关系，认为开征子口税和兼管常关分别是海关介入中央地方财政关系的肇端和终结，而征收鸦片税厘和接管厘金局是海关与地方当局的两次较量。② 马金华以晚清外债为切入点，考察晚清外债伴随着中央与地方的实力消长过程。她指出："一方面，外债举借作为财政收入，刺激了地方权力的增长；另一方面，外债还本付息作为财政支出，它的摊还成为中央与地方权力争斗的一个焦点。"外债的介入，"使得中央与地方间的矛盾、冲突表现得更为复杂和特殊"。③ 刘增合关于清末鸦片税收中的从合办土膏统捐到八省土膏统捐过程的研究，说明了清末中央与地方的逐渐疏离的趋势。④ 陈勇对于清末鸦片税政的研究，通过展现以鸦片利源为核心的税源分割和税权争夺的利益博弈过程，表明中央政府试图通过财政手段对既有利益格局加以改变的乏术无力。⑤

第四，晚清财政问题与社会经济变迁的继续探讨。周育民认为，晚清财政问题必须结合所处时代的社会变迁尤其是社会矛盾进行分析，试图结合社会经济变迁考察近代财政，从面向单纯的经济史到经济史与社会史相结合。财政与社会、政治、经济的紧密联系，决定了财政史的研究不能离开具体的社会背景、社会环境。但周书也还存在些许不足。汤象龙曾指出，"国家的财政制度的组成是和社会经济结构相适应的"，他认为要研

---

① 参见杨梅《晚清中央与地方财政关系研究——以厘金为中心》，知识产权出版社 2012 年版；胡忆红《咸同时期清中央与地方对财权的争夺——以厘金整顿为中心》，《兰州学刊》2006 年第 10 期；郑备军《中国近代厘金制度研究》，中国财政经济出版社 2004 年版。

② 参见戴一峰《近代中国海关与中国财政》，厦门大学出版社 1993 年版；《晚清中央与地方财政关系：以近代海关为中心》，《中国经济史研究》2000 年第 4 期。

③ 马金华：《晚清中央与地方的财政关系——以外债为研究中心》，《清史研究》2004 年第 1 期。

④ 参见刘增合《从八省土膏统捐到清末财政集权》，《历史研究》2004 年第 6 期。

⑤ 参见陈勇《鸦片税政演变与晚清中央、地方利益之调整》，《中国经济史研究》2009 年第 2 期。

究中国财政制度,就得先认识当时国家的本质和社会经济结构。① 然而,周书主要集中关注和财政密切的社会,如社会关系、财政利益集团等,对于清代以来社会自身的变化模式和对财政体制的反映及影响的关注较少。梁义群也指出,仅仅从经济原因去解释晚清财政的变化也不够,还有政治、军事、对外关系等诸方面的原因,如他在对咸丰朝三次财政危机的分析中,就表明这几次危机的出现和最后缓和、被克服,"都是与当时的阶级矛盾和斗争形势,以及中外关系的变化有着密切关系的"。②

第五,关于财政收支问题。财政收支情况是国家财政体制的重要反映,是深入理解晚清财政所不可回避的问题。陈锋指出,国家的财政收支政策,在处于"非常时期"的晚清已经由"量入为出"转变为"量出为入"。③ 这一转变意味着收入政策在更大程度上受制于支出政策。申学锋就认为,咸丰之前清政府始终以"量入为出"为根本方针,即便在咸丰之后,依然在表面上坚守"量入为出",虽在实践中不得不予以变通,但直至清末终未公开承认其为基本原则。④ 陈锋在整理财政支出类别与数额的基础上,对清代各个时期财政收支政策与收支结构的历史嬗变作了细致研究。他认为,晚清以后,社会性质的转变,导致收入政策与收入结构的剧烈变动,而军费、外债与赔款成为最主要的三项支出,这一结构变化不仅使财政支出变态膨胀,也导致列强对中国财政经济的掠夺日益加深。⑤ 申学锋在此基础上,大量使用官方档案、私家著述、个人文集、报纸期刊等新材料,透过动态的政策,从支出政策的视角透视近代财政与社会经济,较为详细地回顾了晚清财政经济状况和财政特点,认为财政支出政策的调整推动了中国传统财政向近代财政的转型,同时又反映出晚清政府自身专制主义政治改革的滞后和封建财政思想的浓重给财政转型带来的阻力。⑥

---

① 参见汤象龙《鸦片战争前夕中国的财政制度》,《财经科学》1957年第1期。
② 梁义群:《咸丰朝三次财政危机述论》,《史学月刊》1990年第1期。
③ 参见陈锋《清代军费研究》,武汉大学出版社1992年版。
④ 参见申学锋《晚清财政支出政策研究》,中国人民大学出版社2006年版。
⑤ 参见陈锋《清代财政政策与货币政策研究》第六章《财政收入政策与收入结构的变动》、第七章《财政支出政策与支出结构的变动》;《清代财政支出政策与支出结构的变动》,《江汉论坛》2000年第5期。
⑥ 参见申学锋《晚清财政支出政策研究》,中国人民大学出版社2006年版。

除此之外，由于新材料的使用，也使以往一些认识逐渐得以更新，尤其体现在对财政收支数据的把握上。如周育民依据北京图书馆所藏的翁同龢家藏抄本《道光十八年至二十八年岁入岁出册》和王庆云户部档案摘录，分析鸦片战争前后清朝的财政收支情况，认为随着鸦片战争的爆发，清朝的财政状况急转直下，出现了入不敷出、库藏急剧减少的严重局面。① 倪玉平通过分析周氏所采用的翁同龢家抄本和王庆云的数据，认为似乎这些文献很难准确地用来定性这一时期的财政收支情况②，利用中国第一历史档案馆所藏相关档案，分析嘉道时期的财政收支状况，进而指出该时期的财政收支并没有明显缩减的趋势。③ 对外赔款的总量问题也是讨论的热点。周志初、吴善中考察了近代中国的赔款总额，指出鸦片战争以来因不平等条约及其他具体情况，中国应偿付的赔款本息总额约为17.6050亿海关银两，实际支付额为13.3548亿海关银两。④ 王年咏、相瑞花均对近代战争赔款的总值作了辨析，得出不同结论：前者认为近代中国共有八笔战争赔款，总值为13.75亿元，折合库平银10.45亿两；后者则认为其总值约为13.263亿元，合库平银9.568亿两。⑤ 袁成毅专门对中国近代对日战争赔款情况作了探讨。他指出，近代中国共有三次对日战争，赔款额达76542万元。⑥

（二）民国财政

在目前的民国财政史研究中，更多的是延续晚清财政史研究的思路和路径，即主要讨论民国时期各届政府的财政政策及其对财政经济发展演变的作用，中央与地方的财政关系依旧是民国财政史极为重要的主题。

民国财政史研究更加侧重于中央与地方财政关系变化的考察，尤其民国成立以后各个时期中央和地方财政关系的演变。段艳通过对北洋政府时期两次划分国地财政的研究，指出这一转型时期国地财政划分失败的原因

---

① 参见周育民《晚清财政与社会变迁》，第二章第一节《入不敷出的财政收支》。
② 参见倪玉平《清朝嘉道财政与社会》，商务印书馆2013年版，第174—177页；陈支平《清道光二十九年财政岁入岁出数字厘正》，《中国社会经济史研究》2009年第2期。
③ 参见倪玉平《清朝嘉道财政与社会》，商务印书馆2013年版。
④ 参见周志初、吴善中《中国近代赔款数额的考察》，《扬州师范学报》1994年第3期。
⑤ 参见王年咏《近代中国的战争赔款总值》，《历史研究》1994年第5期；相瑞花《试析近代中国的战争赔款》，《青海师范大学学报》1999年第1期。
⑥ 参见袁成毅《中国近代对日赔款述论》，《历史档案》2000年第1期。

在于中央权威不稳固、财政收支严重失衡等，同时也认为北洋时期的国地财政划分为南京国民政府时期的国地财政划分奠定了基础。① 张连红考察了南京国民政府成立后 10 年间三次制定与调整中央与地方财政收支划分的原则、平衡性和比例关系，认为这一时期的财政收支结构的划分较为合理，基本确立了现代化的财政体制。② 该文一方面注重中央与地方的关系，另一方面又从财政的角度考察南京国民政府与地方势力之间的内在联系。③ 张神根分析了抗战后期国民政府如何对国地税进行调整，将省财政收归中央，加强中央集权的过程，指出这是战时特殊时期国家与地方财政关系的新发展，认为通过此次调整，省财政收归中央，使得省一级在政治上进一步依附中央。④ 需要指出的是，杜恂诚的文章透彻地指出了这一时期中央与地方财政关系的关键所在。他通过考察民国时期中央与地方财政划分体制的形成、演变过程以及这一体制运作的实际情况，指出民国时期的财政划分徒具形式，并没有起到应有的作用。杜氏的研究，注重将中央与地方财政关系置于当时的社会环境和财政收入情况，以及与财政政策密切相关的金融体系和货币政策中去考察，较为全面地展示了民国财政的特点。⑤ 刘慧宇则侧重于南京国民政府时期的国地财政划分制度，在史料论证上较为细致。⑥

民国时期中央与地方关系的错综复杂，尤其是地方对中央的疏离越来越严重，各届政府也因此努力展开对国家与地方财政关系的调整。税制改革是财政政策极为重要的内容。民国各届政府的财政政策大不相同，对于当时的财政经济的发展演变也产生不同的影响。这些都是民国财政史研究关注较多的问题。

---

① 参见段艳《北洋时期的国地财政划分（1912—1927）》，硕士学位论文，广西师范大学，2005 年。

② 参见张连红《南京国民政府时期中央与地方财政收支结构的划分与实施》，《江海学刊》1999 年第 6 期；《论南京政府时期的中央与地方财政收支结构》，《史学月刊》2000 年第 2 期。

③ 参见张连红《整合与互动——民国时期中央与地方财政关系研究》，南京师范大学出版社 1999 年版。

④ 参见张神根《论抗战后期国民政府对国家与地方财政关系的重大调整》，《历史档案》1997 年第 1 期。

⑤ 参见杜恂诚《民国时期的中央与地方财政划分》，《中国社会科学》1998 年第 3 期。

⑥ 参见刘慧宇《论南京国民政府时期国地划分财政制度》，《中国经济史研究》2001 年第 4 期。

北洋时期的财政政策研究中，对盐务改革的关注较多。刘佛丁指出，1913年推行的盐务改革在一定程度上建立了从中央到地方独立的有权威性的管理系统，增加了盐税收入并集中于中央政府。① 刘经华从现代化的视角关注民国初期的盐务改革，结合新制度经济学的理论，侧重于新制度的实施给盐税带来的影响，认为改革使中国盐务发生了结构性的制度变迁，基本实现财政目标，中央盐税收入有所增加。② 张殿清则更关注盐税在北洋国民政府中央财政中的地位，他通过历史数据，指出在当时的历史背景下，盐税不但成为北京国民政府中央财政最重要的支柱，同时也是其所能控制的唯一大宗收入。③

南京国民政府时期的财政改革相当广泛，研究也相对较多。如万立明关于南京国民政府的国库制度的研究④，陈勤对南京国民政府的税制改革的总结⑤，董振平对1927—1937年南京国民政府统税政策的考察⑥，赵云旗、夏国祥、付志宇更是通过专著展示了民国时期政府分税制财政体制的建立和变化的过程，基本揭示了民国税收的状况。⑦ 这些专项的研究，进一步丰富了他们对国民政府财政政策的认识和评价。传统观点认为，国民政府为克服抗战爆发后所面临的严重财政困难，从一开始就确定了以通货膨胀为中心的财政政策。杨菁则认为，从战时通货膨胀的发生、国民政府为遏制通货膨胀而采取的各项政策及其实效中可看出，抗战时期通货膨胀的主要原因在于财政收支的入不敷出及后方总需求与总供给的严重失衡。潘国旗也认为，国民政府在抗战初期采取的是增税、募债、发钞等多管齐

---

① 参见刘佛丁《论中国盐务管理的近代化》，《南开经济研究》1991年第4期。
② 参见刘经华《中国早期盐务现代化——民国初期盐务改革研究》，中国科学技术出版社2002年版。
③ 参见张殿清《北京国民政府时期地方截留中央盐税浅析》，《河北大学学报》（哲学社会科学版）2005年第1期；张殿清《北京国民政府中央财政收入中的盐税》，《历史教学》2006年第2期；张殿清、郑朝红《盐税与北京国民政府中央财政支出》，《河北大学学报》（哲学社会科学版）2007年第3期。
④ 参见万立明《南京国民政府时期国库制度的演进》，《江苏社会科学》2006年第3期。
⑤ 参见陈勤《试论南京国民政府的税制改革》，《南京社会科学》1998年第2期。
⑥ 参见董振平《试论1927—1937年南京国民政府的统税政策》，《齐鲁学刊》1992年第3期。
⑦ 参见赵云旗《中国分税制财政体制研究》，经济科学出版社2005年版；夏国祥《近代中国税制改革思想研究》，上海财经大学出版社2006年版；付志宇《中国近代税制流变初探——民国税收问题研究》，中国财政经济出版社2007年版。

下，而以募债为重点的财政政策。①

近年来随着研究者引进新的理论和方法，采用新的视角，一定程度上推进了财政史研究的深入，具体表现在以下两个方面。

第一，注重财政学等理论的应用。近代财政在一定程度上开始引入西方资本主义强国管理财政和经济的经验，因此财政史的研究也需具有财政学的眼光。如马金华的《民国财政研究——中国财政现代化的雏形》（经济科学出版社 2009 年版）就试图运用公共财政理论来构建财政史研究体系，她选取民国时期中国财政现代化问题作为切入点，"从西方公共财政理论在清末民初的传播入手，揭示民国时期中国财政现代化的理论基础；从清末财政改革的发端，阐释民国时期中国财政现代化的肇始"，并进而分析在现代公共财政理论体系下的民国的税收制度、财政收支划分、预决算制度、国债制度、财政管理及监督的制度内容和改革过程。在该书中，马金华利用自身所长，将历史学与财政学糅合在一起，以开创一种新的研究方式。②

第二，重视地方财政的研究。民国财政史的研究，不再仅仅将眼光限于中央政府层面，也注重中央与地方、地方省县之间财政的互动关系，以及财政与地方政治、社会、经济之间的密切联系。尹红群关注浙江省的个案，她利用地方档案，较为细致地论述了地方政权的现代化变革与地方财政转型的内在联系，通过民国地方政治社会的研究，展示地方财政与地方政权之间的互动关系。③ 游欢孙则以吴江地方档案为主要材料，探讨南京国民政府成立后，地方自治过程中市镇税收与地方财政支出之间的关系。④ 潘国旗通过浙江省的个案，分时段讨论了民国北洋时期、1926—1936 年、抗日战争时期以及战后的浙江地方财政概况、收支情况的变化，以展示民国时期地方财政的实际情形，丰富了大家对地方财政的了解。⑤

县财政的研究也受到重视，并更多地将财政和地方政治、社会、经济

---

① 参见潘国旗《抗战初期国民政府财政政策述论》，《抗日战争研究》2003 年第 1 期；杨菁《试论抗战时期的通货膨胀》，《抗日战争研究》1999 年第 4 期。

② 参见孙翊刚《序》，《民国财政研究——中国财政现代化的雏形》。

③ 参见尹红群《民国时期的地方财政与地方政治——以浙江为个案》，湖南人民出版社 2008 年版。

④ 参见游欢孙《民国吴江县市镇的工商业结构》，《中国农史》2005 年第 3 期；《近代吴江自治区域的划分——兼论"区域江南"与"江南区域研究"》，《学术月刊》2008 年第 2 期。

⑤ 参见潘国旗《民国浙江财政研究》，中国社会科学出版社 2007 年版。

结合起来研究。彭雨新早在1945年的《县地方财政》中就对南京国民政府时期的县财政收支情况和财务行政有过较好的论述。① 魏光奇在《官制与自治——20世纪上半期的中国县制》（商务印书馆2005年版）一书对清末至国民政府时期县财政的描述中，为了区别"国家财政"，提出了"自治财政"的概念，以此来概括近代县自治下的地方财政。省县关系也是地方财政体系的重要内容。尹红群关于1941年国民政府财政系统改制的研究，认为省县财政关系是地方财政体系的重要内容，并指出，省统筹下的财政紧缩政策与县政的实际扩张，造成县地方事权与财权之间的深刻矛盾，事权与财权的矛盾反映了地方财政体系的利益分配问题，集中体现在省与县的财政关系上。②

三 近代外债史研究

外债是一种以国家信用为主体的特殊财政分配方式，它既可能有利于国家加速经济的发展，也可能沦为大国强国控制、压榨小国弱国的一种政治手段。在近代中国，外债一方面与帝国主义对华政治控制和经济剥削密切联系在一起，另一方面它也在一定程度上缓解了近代政府的财政窘境。外债成为近代政府干预经济强有力的财政手段，外债史的研究也因而成为研究近代财政不可回避的重要课题。改革开放以后，外债史的研究开始摆脱过去的简单化模式，从"对外依赖""对外投降""卖国求荣"等带有强烈政治意味的观念中走出来，重新回到正常的轨道，在方法、理论和具体问题的研究上都取得了一定的进展。③ 鉴于外债对近代中国财政的演变有着重要的作用，故本书有必要独辟一节对外债史研究进行回顾。

（一）晚清外债

过去对晚清外债的研究，多从其作为帝国主义侵略、奴役中国的工具视角入手，倾向于批判。进入20世纪80年代以后，这种观念有所改变，学者更多的是关注外债的两重性，它既有社会形态的一面，也有物的形态、资金的形态的一面。承认外债作为资本主义生产方式不可或缺的组成部分，

---

① 参见彭雨新《县地方财政》，商务印书馆1945年版。
② 参见尹红群《略论1941年国民政府财政系统改制》，《中国经济史研究》2006年第2期。
③ 参见张侃《深化中国近代外债史的研究》，《光明日报》2002年6月25日。

对当时中国的经济发展起着原始积累的作用。① 曹均伟也认为外国资本的输入，既有弊的一面也有利的一面，主张利弊在不同时期是可以转变的。②

外债与晚清军事、政治、社会、经济之间都有着密切的联系，越来越多的学者注意到这种联系，从财政史的视角讨论外债的举借、抵押、偿还与晚清财政状况的关联。许毅、隆武华的《海防、塞防的建设与外债》，透过外债与海防、塞防建设的关系，认可了这些外债对于巩固中国边防、抗击外国侵略起到一定的积极作用。《四大军事工业的创立同外债的关系》关注外债对军事、政治的交互作用，特别是对生产力发展与生产关系演变以及生产方式形成的作用。③

随着外债史研究的深入，对于外债与近代中国经济发展的影响，评价也呈现出多元化。《洋务运动与外债》指出洋务运动的外债借款，开了中国近代利用外资的先河，起到了资本主义原始积累的作用。隆武华分析了晚清政府外债政策的三个发展阶段，即禁止借领外国资本、谨慎举借外债和依赖外债，从而认为它带有很大的随意性、片面性和被动性。俞建国探讨了清末财政性外债对社会经济的双重影响，认为清廷对外赔款和借债给中国带来了空前财政危机，但又最大可能地调动了调整经济政策的积极性。④ 马陵合认为晚清地方外债大致可以分为三个阶段，即通变权宜，以应急需；议请借用，定为政策；苟安目前，弥缝一时。甲午前外债抵押方式主要为关税抵押与产权抵押两种，前者使海关主权逐渐丧失，后者则加深了民族企业的对外依赖。⑤ 透过具体时期的分析，外债在不同时期所产生的利弊也呈现了出来。

---

① 参见金普森《清代外债研究中的几个问题》，载许毅等编《清代外债史论》，中央财政经济出版社1996年版，第52页。
② 参见曹均伟《近代中国与利用外资》，上海社会科学院出版社1991年版。
③ 参见许毅等编《清代外债史论》，中国财政经济出版社1996年版，第237—277页。
④ 参见隆武华《清政府外债政策述评》，《清史研究》1997年第4期；俞建国《清末财政性外债对中国社会经济的影响》，《中国经济史研究》1993年第2期。
⑤ 参见马陵合《论晚清地方外债的阶段性特点》，《安徽师大学报》1996年第1期；《清末民初铁路外债观研究》，复旦大学出版社2004年版；《晚清铁路外债观初探：以芦汉铁路为中心》，《史学月刊》2001年第6期；《潜流：清季对铁路外债观的重新估价》，《江汉论坛》2003年第4期；《近代中国经济民族主义的多重性——以铁路外债观为考察点》，《史学理论研究》2005年第4期；《论晚清外债抵押方式的转化》，《求索》2005年第6期。

张侃指出，外债的研究不仅仅考察其外在的影响，也应更注重外债的本体的、内在的变化。他从外债制度演变表现出的若干特征入手，揭示外债制度演变的特点及其所表现出来的趋势，指出外债制度演变具有债务主体单一化、债款来源多元化、债务管理法规化和债务运行自主化的趋势。① 马金华的《外债与晚清政局》一书，则从清政府内部权力冲突和政治控制出发探讨外债问题的原因和实质，以揭示外债与晚清政局的互动关系。研究指出，外债作为晚清财政的重要手段，不可避免地成为财权斗争和权力消长的重要表现，成为调整中央与地方权力分配的一种工具，也成为西方列强影响晚清政局的一个作用点。

诚如吴景平所指出，研究外债史不仅应在整体上对外债有准确的把握，还应对个案做科学分析。② 新时期外债史的研究呈现出从宏观到微观的趋势，加强对具体债务的考察。如许毅、隆武华的《洋务运动与外债》《中法战争与外债》《中日甲午战争与外债》等，细分各阶段，注意不同时期外债的区别。③ 又如债务类别上，宓汝成的《帝国主义与中国铁路》便对外债与铁路修建的关系做了详细的阐述。④ 王国华、孔永松《"借债筑路"与铁路建设高潮》，隆武华的《清末矿业借款》，王国华的《清末电讯借款》分别从铁路外债、矿业外债、电讯外债等，分析外债的特点，以及外债与中国近代工业之间的联系，肯定外债对中国工业近代化的积极意义。⑤

（二）民国外债

以往研究热点多聚集在晚清财政上，对民国时期外债史的关注，是新时期外债史研究的拓展。其中，南京国民政府时期的外债问题尤为学界关注的重点。许毅分别于2000年、2004年主编、出版了《北洋政府外债与封建复辟》（经济科学出版社2000年版）和《从百年屈辱到民族复兴：国民政府外债与官僚资本》（经济科学出版社2004年版）两本民国外债研究的论文集。金普森尤为致力于民国时期外债的研究，先后发表《北洋外债简论》（《浙江社会科学》1997年第1期）、《外债与抗日战争的胜

---

① 参见张侃《中国近代外债制度演变趋势述论》，《中国社会经济史研究》2002年第3期。
② 参见吴景平《关于近代中国外债史研究对象的若干思考》，《历史研究》1997年第4期。
③ 参见许毅等编《清代外债史论》，中国财政经济出版社1996年版，第278—412页。
④ 参见宓汝成《帝国主义与中国铁路》，上海人民出版社1980年版。
⑤ 参见许毅等编《清代外债史论》，中国财政经济出版社1996年版，第472—559页。

利》(《抗日战争研究》2006年第1期)、《抗日战争胜利后南京国民政府之内外债》(《浙江大学学报》2007年第5期)等文章。这些研究,无论从数量还是质量上,都弥补了以往相对薄弱的民国外债史研究。关于南京国民政府时期外债史的研究,一方面开始重视该阶段与外债相关的社会经济和政治活动;另一方面也将研究的视野从外债转向理债,注重外债的偿还和整理。①

随着外债讨论的思路、方式的转变,相关研究也更加注重从外债本身出发,注意外债与经济发展之间的联系。徐锐关于抗战前南京国民政府外债的研究,注意到了该时期外债所起的提供资金、引进现代技术,促进中国发展现代化和加强国力的作用。②吴景平、宓汝成对抗战期间外债的研究,也认可了该时期外债对于抗战所起的积极作用。③许毅、潘国旗在考察抗战初期国民政府遭遇经济困难之下的应对措施中,将外债视为解决财政危机的重要措施之一,指出战时国民政府所借外债共计12亿6023.5万美元。④对于外债与中国经济的联系,也需要具体问题具体分析,尤其需要注意不同时期外债对财政、经济所起的不同作用。申学锋、张侃的研究表明,20世纪30年代,为了抵制日寇侵略,资源委员会向德、美、英等国举借了大量外债,这些外债推进中国国防和经济的现代化,同时壮大了官僚资本的实力;但抗战胜利后,外债更多地用于内战,资源委员会得到的用于投资企业的外债非常少,因而导致工业建设计划的失败。⑤

还有学者从中外关系出发,为外债史的研究提供了一种全新的视角。吴心伯围绕着美国塔夫脱政府在华推行的"金元外交",大量运用司戴德

---

① 参见吴景平《评南京国民政府的整理外债政策》,《近代史研究》1993年第6期;王晓华《国民政府铁路外债整理述略》,《民国档案》1992年第2期;张侃《国民政府初期的外债整理》,载许毅等编《从百年屈辱到民族复兴——国民政府外债与官僚资本》,经济科学出版社2004年版,第148—171页;张侃《抗战胜利后旧债的整理与偿付计划》,载许毅等编《从百年屈辱到民族复兴——国民政府外债与官僚资本》,第453—469页。

② 参见徐锐《略论抗战前南京国民政府的外债问题》,《民国档案》1993年第3期。

③ 参见吴景平《抗战时期中国的外债问题》,《抗日战争研究》1997年第1期;宓汝成《抗战时期的中国外债》,《中国经济史研究》1998年第2期。

④ 参见许毅、潘国旗《抗战初期国民政府的财政经济困难及其应对措施》,载许毅等编《从百年屈辱到民族复兴——国民政府外债与官僚资本》,第271—305页;金普森、潘国旗《南京国民政府时期的外债研究综述》,《浙江社会科学》2001年第6期。

⑤ 参见申学锋、张侃《资源委员会的工矿业建设与外债》,载许毅主编《从百年屈辱到民族复兴——国民政府外债与官僚资本》,第306—323页。

文件、诺克斯文件、美国务院档案和清外务部档案等丰富的第一手资料，对20世纪初的外债活动进行剖析，勾勒出美、日、俄、英、法、德等帝国主义列强之间的争斗过程。①

在外债本体受重视的同时，实业外债、教育外债、地方外债、短期外债等具体债务类别的研究也开始受到关注。尤其关于实业外债的研究，学者们更多注重具体的铁路外债、电信外债或其他国家企业外债举借，注意外债注入企业之后其内部、外部特征的变化，客观地考察资本—帝国主义在不同时间段内，企图利用外债强化对中国铁路、电信、矿山的控制力，但却受到一定限制的情况。②

从外资利用的视角研究近代中国与外国资本的关系，也是研究外债史的一个新方向。杜恂诚《日本在旧中国的投资》（上海社会科学院出版社1986年版）一书在挖掘大量档案、文献等资料的基础上，论述了日本在旧中国投资的基本过程和主要行业的大致情况。曹均伟更注重于近代中国利用外资的历史过程。一方面讨论了中国利用外资思想和活动的发展过程，另一方面考察了近代利用外资的性质和特征，强调利用外资的双重性、复杂性和曲折性。③

新时期，外债思想的研究也卓有成效。一些学者对马建忠、王韬、薛福成、李鸿章、刘铭传、张之洞、盛宣怀、张謇、周学熙、孙中山、蒋介石、宋子文、孔祥熙等人的外债（外资）思想做了深入探讨，进而将具体的人物思想、人物活动与外债活动有机地结合在一起。④

四　财政史研究的特点、理论和存在的问题

新时期，近代财政史研究蓬勃发展，很多方面都有理论和认识的突破，呈现出逐步深入的总体趋势，可以归纳为以下几个主要特点。

---

① 参见吴心伯《金元外交与列强在中国（1909—1913）》，复旦大学出版社1997年版。
② 参见王国华《南京国民政府时期的铁路建设与铁路外债》，载许毅主编《从百年屈辱到民族复兴——国民政府外债与官僚资本》，第551—578页；《南京国民政府时期的电讯事业与电讯外债》，载许毅主编《从百年屈辱到民族复兴——国民政府外债与官僚资本》，第579—585页。
③ 参见曹均伟《近代利用外资的特点及其历史经验教教训》，《中南财经大学学报》1987年第5期；《论近代中国利用外资》，《上海社会科学院学术季刊》1992年第1期。
④ 参见曹均伟《近代中国利用外资思想渊源析》，《财经研究》1989年第1期。

（1）注意将财政学、统计学、经济学等多学科方法引入财政史研究，深化了一些问题的探讨和认识。当然，如何深入地结合财政学、经济学的理论研究近代财政史，还需要更广泛和深入的讨论，但经济学理论尤其是计量分析的引入，使得对于一些财政问题的解释更加具有说服力。（2）结合社会经济变迁考察近代财政，注重财政与社会、政治、经济之间的紧密联系，从单纯的经济史研究转向经济史与社会史相结合的综合研究。（3）宏观研究与微观研究相结合，透过个案的、区域的研究，深化或修正财政史宏观论述的认识。（4）注意使用新材料，发现新问题。（5）将外债纳入财政史的视域，从对外债的客观评价逐渐转向外债与近代中国经济发展的联系的研究。

总观改革开放以来的财政史研究，虽然成果颇多，但总体而言，由于研究范围过于集中，多关注一些热门问题，仍然存在一些可以继续深入的空间。

（1）财政史既属经济史、思想史研究范畴，也是政治史、制度史的研究对象。已有的研究大多就财政论财政，而较少注意财政问题与社会政治、经济各方面的联系和相互作用。此外，不少研究多注重对典章制度的释读，并将其视为财政运作本身。实际上，制度是在交往过程产生并在此过程中不断调适的产物。制度在运作过程中，要受到当时当地的社会环境、社会关系所制约。脱离了社会本身，制度便失去存活的土壤。制度的意义，在于其对社会、经济的影响及由此作出相应的变化。

（2）研究过于集中晚清，对民国财政关注不足，如对于晚清的财政体制在民国时期是如何延续和演变等重要问题，仍有待于学界的继续研究。某些专题研究甚少甚至阙如，如赋税册籍的研究、杂税的研究、晚清新财政支出项的研究等。

（3）对地方财政的形成过程关注不够，也忽视财政与商业、市场之间的联系。关于省级地方财政的形成和具体情形如何，目前大陆的学术界对此关注相对较少，主要见于台湾和日本学者的研究。① 大陆学者只是在

---

① 参见何汉威《晚清四川财政状况的转变》，《新亚学报》第14期，1984年；王树槐《清末民初江苏省的财政（1860—1916）》，《"中央研究院"近代史研究所集刊》第11期，1982年7月；土居智典《清代湖南省的省财政形成与绅士层》，《史学研究》第227号，2000年；山本进《清代社会经济史》，李继锋等译，山东画报出版社2012年；山本进《清代财政史研究》，汲古书院2002年版。

宏观的论述中略有涉及,如周育民在其《晚清财政与社会变迁》一书中曾指出"地方财政利益日益为各省督抚所重视,而中央政府调节各省地方财政利益的作用日益削弱"。魏光奇在《清代后期中央集权财政体制的瓦解》一文中也列出了地方财政的支出 7 项和收入 10 项。事实上,19 世纪以后,由于国家将课税的对象从土地扩张到了流通领域,财政尤其是地方财政,与商业之间因此发生了紧密联系。① 在周育民的《晚清财政与社会变迁》前言中,曾经指出晚清财政的重点由"征农"而转向"征商",财政体制与商品经济之间的矛盾就不可避免地发展和加剧起来。但此后,周氏更多地注意晚清财政没有切断与自然经济联结的一面,而对商品经济与财政之间的关系关注较少。研究近代财政有必要关注近代地方市场、商业的发展过程。

(4) 外债史的研究虽然已经取得不错的成就,但在某些领域还有待进一步深入。金普森认为外债史的研究要"揭示外债对中国近代生产力的产生和发展,对于中国资本主义原始积累、资本主义生产关系和生产方式所起的历史进步作用"②;吴景平指出,"对未成或成否未详外债的研究,不仅有其相对独立的意义,而且也是全面研究某些已成债项的需要"。③

(5) 史料挖掘有待深入。对清代财政史料,尤其是对档案等文献的利用重视不足。中国第一历史档案馆所藏中央档案,以及清官书、政书、私人文集、笔记以及地方志、地方档案文献中与财政相关的史料,目前的利用仅是其中一小部分。档案资料的整理和出版也明显滞后,虽然已经整理出版了许多档案资料,但与浩如烟海的清代档案资料相比还差之甚远。④

(6) 学术研究的规范性不够。陈锋指出,财政史研究的规范性问题,主要表现在两个方面:一是相当数量的论文选题重复,没有新意或新意很少,甚至拼凑抄袭,不断地制造学术垃圾;二是有些论著既不进行学术史的检讨,也不借鉴或甚少借鉴他人的研究成果,这一方面可能是由于视野

---

① 参见山本进《清代社会经济史》,李继锋等译,山东画报出版社 2012 年版。
② 金普森:《清代外债研究中的几个问题》,《清代外债史论》,第 52 页。
③ 吴景平:《关于近代中国外债史研究对象的若干思考》,《历史研究》1997 年第 4 期。
④ 参见陈锋《20 世纪的晚清财政史研究》;倪玉平《清代嘉道财政与社会》,"绪论",商务印书馆 2013 年版。

的受限，另一方面也有可能是有意无意的漠视。①

第五节　金融货币史

随着现代金融经济的发展，新史学的兴起以及西方新理念的引入，金融史研究渐趋活跃。金融史的研究，对于深入理解近代财政转型、币制改革有着重要的启发和推进作用。近年来，金融史的研究突破以往以金融机构为主体的研究，将内容扩展到金融体系、金融组织、金融货币、金融运作及其监管等，并注意引入西方金融学、统计学、经济学等学科的方法。研究也渐成系统，形成了自身独特的研究视角和理论体系。

金融包括货币的发行、流通和回笼，贷款的发放和收回，存款的存入和提取，汇兑的往来等经济活动。其载体是金融机构，主体为银行及钱庄等。金融还包括了信用活动以及与之相联系的经济活动、金融市场等。因此，对于近代金融史的研究，本节将从金融史料的整理、金融政策与金融制度、货币的发行流通、金融机构、金融市场五个部分对改革开放以来学术界的相关研究成果作一梳理。

一　金融史料的整理

改革开放以来，金融史资料的整理出版，取得了辉煌的成就。中国人民银行总行参事室先后编辑了两辑《中华民国货币史资料》（上海人民出版社1986年版、1991年版），收入政府法令条文、银行章程则例、时评、金融风潮资料等。中国第二历史档案馆等编辑的《中华民国金融法规档案资料选编》（上下两册，档案出版社1990年版）较为全面地辑录了中华民国时期的金融法规。《民国小丛书·中国货币史银行史卷》（书目文献出版社1996年版）也是一批珍贵金融史资料的影印本，共四册。

金融史料整理较为齐全、丰富，有一大批银行史资料集问世，包括中国人民银行金融研究所编《中国农民银行》（中国财政经济出版社1980年版）、中国人民银行上海市分行金融研究所编《金城银行史料》（上海

---

① 参见陈锋《20世纪的晚清财政史研究》，《近代史研究》2004年第1期。

人民出版社1983年版)、《武汉金融志》编写委员会办公室和中国人民银行武汉分行金融研究所编印的《武汉银行史料》(中国银行武汉分行金融研究所1985年版)、中国人民银行上海市分行金融研究所编《上海商业储蓄银行史料》(上海人民出版社1990年版)、中国银行总行与中国第二历史档案馆合编《中国银行行史资料汇编(上编1912—1949)》(档案出版社1991年版)、交通银行总行和中国第二历史档案馆合编《交通银行史料(第一卷1907—1949)》(档案出版社1991年版)、谢俊美所编《中国通商银行(盛宣怀档案资料选辑之五)》(上海人民出版社2000年版)、洪葭管主编《中央银行史料》(中国金融出版社2005年版)等。

专门的史料整理，集中出版，更方便研究者利用。如民国时期重要的金融机构四联总处的文献，就有重庆市档案馆和重庆市人民银行金融研究所合编《四联总处史料》(档案出版社1993年版)，中国第二历史档案馆编《四联总处会议录》(共64册，广西师范大学出版社2003年版)，内容包括1943年12月至1944年2月期间中中交农四行联合办事总处理事会的会议资料，涉及会议日程、会议记录、附件等，记述了全体理事会和临时理事会会议的召集情况及会议经过。在交易所方面，出现了上海市档案馆编《旧上海的证券交易所》(上海古籍出版社1992年版)，金融史编委会编《旧中国交易所股票金融市场资料汇编》(书目文献出版社1995年版)。

各地的金融史料也陆续出版，为深入研究区域金融史提供了莫大的方便。上海人民出版社于1978年再版了中国人民银行上海市分行所编《上海钱庄史料》(上海人民出版社1960年出版)、《武汉金融志》编写委员会办公室和中国人民银行武汉分行金融研究所编《武汉钱庄史料》(1985年印行)、中国银行泉州分行行史编委会编《泉州侨批业史料(1871—1976)》(厦门大学出版社1994年版)、中国人民银行山西省分行和山西财经学院本书编写组合编《山西票号史料》(山西经济出版社2002年版)。

二　金融政策与金融制度

由李飞等主编的多卷本《中国金融通史》(全六卷，中国金融出版社2003年版)，集合叶世昌、张国辉、杜恂诚、洪葭管、姜宏业、杨希天等六位金融史专家，系统整理了从先秦至中华人民共和国时期的金融史，其中第二卷为鸦片战争后的清时期、第三卷为北洋政府时期、第四卷为国民政府时期、第五卷为新民主主义革命根据地时期，对近代流通领域的贸易和金融有一个全面的回顾和考察。徐进功、邱松庆、董长芝等则分别关注北洋政府时期、南京政府时期和抗战时期的金融体系，论述较为全面。① 这些研究，从政治史的分期出发，划分为主要的三个时期，并分析每一个时期的金融状况和特点。

货币政策是近代金融政策研究的重要内容，主要体现在晚清币制改革、民国废两改元与法币政策两个方面。

晚清货币政策研究的重点在于考量晚清政府在白银价格波动引发的"钱荒"的压力下，为扩大财政税收，促进货币流通而采取的各种措施，以及试图实行币制改革以挽救中央财政的过程。王宏斌认为，光绪时期迎来几十年的银价跌落，清政府为挽救银贱钱贵造成的金融危机所提出的改革币制的方案，多不失为缓解中国金融危机的积极方案。② 王业键则着重分析清代"银铜复本位"货币制度何以不能适应商业化及经济发展的需求，认为造成诸种货币杂然并陈的局面是清代官方的货币政策不能适应经济形势变化的结果。在该书中，他系统提出币制近代化的思路，全面地考察了从晚清币制改革至民国法币改革的转型过程。③ 张宁则借鉴新制度经济学的理论研究晚清币制变革，认为晚清的货币制度延续了明中叶以来的格局，其特点是政府采取放任政策，任由市场力量推动货币制度的转型，清朝财政处在诱致性创新向强制性创新的转变期，但是由于国家转型中存在"路径依赖"效应，清代并未能完成这一转变。他认为："政策失败的背后是国家与社会关系的艰难转型"。④ 许弘考察了货币从嘉庆中期至咸丰初年的银贵钱贱如何动摇银两制度、迫使政府改革币制，并在1947年的法币改革中放弃了银元本位，发行纸币，割断了中国货币与白银的直接

---

① 参见徐进功《略论北洋政府时期的银行业》，《中国社会经济史研究》1997年第1期；邱松庆《南京国民政府初建时期的金融体系》，《党史研究与教学》1998年第6期；董长芝《论国民政府抗战时期的金融体制》，《抗日战争研究》1997年第4期。

② 参见王宏斌《论光绪时期银价下落与币制改革》，《史学月刊》1988年第5期。

③ 参见王业键《中国近代货币与银行的演进（1644—1937）》，台湾"中央研究院"经济研究所1981年版；张国辉《晚清货币制度演变述要》，《近代史研究》1997年第5期。

④ 张宁：《晚清币制变革研究》，博士学位论文，武汉大学，2002年；《论晚清货币制度的诱致性变迁》，《江汉论坛》2003年第4期。

联系。①

在民国币制改革方面，南京国民政府时期主要有三次，即法币、金圆券、银元券。而法币改革备受关注。柏禹邮、贺水金等梳理了国民政府废两改元从准备到实施的过程。② 黄余送、裴平的研究则主要关注南京国民政府在1932—1935年推行的货币制度改革，从货币金融的角度系统分析了南京国民政府时期的货币现代化运动。③ 该时期对于法币改革的评判也从过去的全盘否定转而承认法币政策是一柄双刃剑，既有企图控制全国货币、聚敛资财的一面，又有推动当时经济发展、利于抗战时期金融调度的历史作用。④

1935年11月国民政府宣布实行的币制改革成为货币史研究的重点。⑤ 郑会欣侧重于分析此次币制改革的动因，认为除了帝国主义直接操纵的结果之外，还需要注意到国民政府内部的作用。对于此次改革，国民政府早有企图，事先也听取过国内外不少经济学者的建议，并为币制改革的实行提供了必不可少的组织上和物质上的准备。⑥ 即使是在对帝国主义影响1935年币制改革这一点上，越来越多的学者也提出了不同于以往的一刀切的见解。吴景平认为，过去把币制改革视为英国同美国争夺中国货币控制权的产物的观点不甚确切，他认为，南京国民政府宣布的币制改革方案，从某种意义上讲，正是美国对中国货币金融问题持"不介入"的消极态度的结果；只是到了中国宣布币制改革之际，美国才一改单纯消极观

---

① 参见许弘《近代中国银货币改革述论》，《辽宁师范大学学报》（社会科学版）2000年第2期。

② 参见柏禹邮《国民党政府"废两改元"案》，《历史档案》1982年第1期；贺水金《论国民政府的废两改元》，《档案与史学》1998年第4期。

③ 参见黄余送、裴平《民国政府的货币改革》，《中国社会经济史研究》2006年第4期。

④ 参见董长芝《试论国民党政府的法币政策》，《历史档案》1985年第1期；慈鸿飞《关于1935年国民党政府币制改革的历史后果问题辨析》，《南开经济研究》1985年第5期；姚会元《论法币改革》，《学术月刊》1997年第5期；贺水金《论国民政府的法币政策》，《档案与史学》1999年第6期；邱松庆《略论南京国民政府的法币政策》，《中国社会经济史研究》1997年第4期。

⑤ 参见虞宝棠《一九三五年国民党政府币制改革初探》，《华东师大学报》1982年第4期；虞宝棠《试论国民党政府的法币政策》，《历史档案》1983年第4期；董长芝《试论国民党政府的法币政策》，《历史档案》1985年第1期。

⑥ 参见郑会欣《一九三五年币制改革的动因及其与帝国主义的关系》，《史学月刊》1987年第1期。

望的立场，开始以从中国购买白银的方式，向中国提供用来稳定法币汇价的外汇储蓄，并企图阻止法币与英镑建立契约性、依附性联系。① 仇华飞进一步论证了从中国实施币制改革，到中美签订货币协定、金银交换协定之间，法币与美元发生的连锁关系，以说明币制改革后中国白银的作用很大程度上取决于美国政府的态度。②

币制改革一旦政策不善，出现货币贬值甚至不能流通时，将导致整个国民经济趋于瘫痪，如张公权曾就此撰写了《中国通货膨胀史》（文史资料出版社1986年版），对南京政府的货币改革与通货膨胀进行反思。透过对通货膨胀的研究，还可进一步深化对货币改革和时政的认识。郑起东揭示北洋政府为获取财政收入而制造恶性通货膨胀，滥铸铜元、滥发公债等；李育安关注南京国民政府时期的废两改元和法币改革，批判国民政府滥发纸币以弥补财政赤字，从而引发恶性通货膨胀。二者从货币与通货膨胀的联系，考察政府衰败的必然性。③ 冯宪龙则从积极和消极两方面看待抗战时期的通货膨胀，他指出在战争的环境下以通货膨胀来平衡收支，解决财政困境，其用意有可以被理解和容忍的一面，但同时国民政府的通货膨胀政策也留下了极其严重的恶性后果。④ 李金铮通过考察金圆券发行的背景及币制改革出台和最终崩溃的过程，展示法币极度膨胀之后政府如何又在金圆券改革中进一步导致通货膨胀。⑤

金融制度建设的重点之一是中央银行制度。程霖著《中国近代银行制度建设思想研究》（上海财经大学出版社1999年版）从近代银行业制度建设思想的角度对近代华资银行业的发展历程做了述评。程霖认为从清末（1884—1911）、北洋政府（1911—1927）到国民政府时期（1927—1949），社会各界对于中国建立中央银行制度的必要性、中央银行的产权结构与组织形式、中央银行的独立性、中央银行的职能作用等问题，进行了长期不懈的理论探讨，提出了许多设想和建议，推动了中央银行制度在

---

① 参见吴景平《美国和1935年中国的币制改革》，《近代史研究》1991年第6期。
② 参见仇华飞《1935年中国币制改革与中美金银交换》，《学术研究》2004年第8期。
③ 参见郑起东《北洋政权与通货膨胀》，《近代史研究》1995年第1期；李育安《国民党政府时期的币制改革与通货恶性膨胀》，《郑州大学学报》（社会科学版）1993年第1期。
④ 参见冯宪龙《抗战时期国民政府通货膨胀政策评析》，《社会科学辑刊》1997年第4期。
⑤ 参见李金铮《旧中国通货膨胀的恶例——金圆券发行内幕初探》，《中国社会经济史研究》1999年第1期。

近代中国的建立与发展。① 另一个重点是银行监管制度的建立。刘平著《近代中国银行监管制度研究（1897—1949）》（复旦大学出版社 2008 年版）对近代中国的银行监管制度变迁进行了相对较完整的考察和分析，包括银行监管的法规依据、主体特征、客体构成、市场准入监管、业务持续监管、问题银行与市场退出的监管、发行监管、监管方式，以及新中国成立之初人民政府对银行的监管等内容。姚会元、易棉阳认为中国政府金融监管制度经历了"单一监管—双头监管—单一监管"的变迁过程；其变迁方式表现为以强制性变迁为主，诱致性变迁为辅，且二者之间为一种逆向交替关系。②

杜恂诚的研究则从市场自身入手，将西方的制度经济学理论引入金融史的研究，对我国近代金融制度的发展与变迁进行了总结与归纳。他指出中国近代的金融分期，应以 1927 年为界，经历了自由市场型和垄断型两种金融制度模式，二者的基本功能特征很不相同，主要表现在政府作用的大小、有无中央银行制度等多个方面。杜氏还指出 1927 年之前，中国金融与经济的关系是一种平行关系，当时当地金融业基本不从属于财政，金融与经济各自相对独立地发展着，彼此的关系则由市场需求决定；但在政府垄断金融的条件下，金融成了政府任意操纵经济的杠杆，经济不再有独立性，完全仰赖于金融，而金融大权则操诸政府之手，金融市场自然的创造性也完全被扼杀。③

除了整体把握，还有学者从具体的金融行业的变化窥见金融制度的演变，透过细化分析来深化整体的宏观把握和评价。银行制度是一国金融体系的核心，通过银行制度的考察，能够明晰近代金融体系的演变过程。透过中央银行制度孕育和演进的过程，李桂花指出，中国银行经历了从分立特许制向复合集中制转变，进而形成单一集中制，并认为这一事件应该发生在 1939 年，而不是以往公认的 1928 年。④ 西方对中国金融制度建设的影响也逐渐引起学者的注意，巫云仙对汇丰银行的个案考察，便揭示出

---

① 参见程霖《近代中国中央银行制度思想演进》，《财经研究》2005 年第 3 期。
② 参见姚会元、易棉阳《中国政府金融监管制度的演进与特点（1900—1949）》，《广东金融学院学报》2007 年第 5 期。
③ 参见杜恂诚《中国近代两种金融制度的比较》，《中国经济史研究》2002 年第 3 期。
④ 参见李桂花《论近代中国中央银行的形成时间、制度类型和功能演进》，《中国经济史研究》2001 年第 2 期。

外国银行在中国的设立对近代中国金融制度变革的作用：汇丰银行的成立和发展壮大突破了原有金融体制的约束，成为近代中国多元化金融格局中的重要组成部分；依赖洋行、钱庄和买办等中介组织与个人，建立了中外贸易间接融资体制；积极介入权益角逐，垄断近代中国的内外债金融市场。①

三 货币的发行流通

中国近代流行的货币五花八门。清政府、北洋政府、南京国民政府等不同政权分别实行了不同的货币政策和管理方式。中国近代的货币史，实际上就是形态各异的货币的起落，货币政策和管理方式不断变迁、更迭发展的历史。因此，厘清不同时期的货币发行流通状况是金融史的一大重要内容。

金融史的研究，越来越重视货币的区域性特点。通过对区域的研究，探讨地方货币的发行、各地的货币流通与兑换，并分析地方货币的特点及其社会基础是这一时期近代货币史研究的重点。清末以来由于各地金融的割裂，区域性的货币层出不穷，因此研究更多地在于梳理不同地区的货币流通情况，如广西、西藏、湖北、云南、青海、香港、福建等地。这些对具体地区、具体币种流通情况的研究，即着重地方货币的变迁背景，又关注地方货币由紊乱到统一的过程。如王革生考订了清代东北的十几种货币的具体情况，指出东北货币的紊乱是与当时清朝的政治局势衰败以及国际形势的变动密切相关的。贺水金则试图从1933年以前中国货币紊乱的特征和弊端中归纳出近代中国货币状况的整体性认识，指出近代货币紊乱的特征主要表现在：本位不明，主辅币不清，发行权分散，形态多样，种类繁多，而由此所导致的弊端病商害民，并阻碍国民政府的货币改革的推行。② 张佩国则跳出就货币论货币的范式，将混乱不堪的度量衡和币制厘清，与以地权转移为中心的土地分配所表现的经济财产关系结合起来，进一步透视土地分配中所呈现的经济财产关系的本质，指出：度量衡及币制的混乱无疑使权力关系格局走向无序化，使之更多地带有资源占有不均衡

---

① 参见巫云仙《论汇丰银行与近代中国金融制度的变革》，《南开经济研究》2005年第2期。
② 参见王革生《清代东北货币金融述略》，《中国社会经济史研究》1986年第3期；贺水金《论20世纪30年代前中国币制紊乱的特征与弊端》，《史林》1998年第4期。

基础上的权力支配关系特征。①

在货币流通的研究中，近年来注意从商业的经营中进行研究，并注意民间文献，如账本的利用等值得我们注意。如马勇虎就以咸丰年间徽商志成号经营账簿为依据，透过商号的经营活动，考察咸丰年间货币流通的民间形态，从而显示出咸丰年间民间货币流通的基本格局：在制钱作为中小商号的主要货币的同时，在商号经营中也大量使用民间货币如洋钱、私钱、私票等。②

鸦片战争以后，近代货币由制钱转移到银两上，白银成为中外交流的重要货币。银元因此成为关注的重点，而研究多是概述银元诞生和流通的过程。③如赵仁平关于云南半开银元、王振民关于青海玉树地区银元、汪敬虞关于香港同治银元等的研究，结合区域的历史，说明近代中国银元的流通情况。④铜元、纸币是在大量白银外流的历史环境下应运而生的。纸币的研究，更多地侧重于从钱币学的角度分析纸币版式的演变轨迹。⑤银钱并用是清代货币流通的主要特点，受到国际银价的影响，银价波动成为近代尤其是晚清货币问题的中心环节。银价问题遂成了这一时期货币问题的重点。王宏斌所著的《晚清货币比价研究》（河南大学出版社1990年版）一书整理出了确切的银钱比价数据，并结合货币运动的理论和史实论证，分析银钱比价波动的原因及其对社会经济、财政收支的影响。⑥他指出银价的变动是和当时的社会经济分不开的，如太平天国时期银价大幅

---

① 参见张佩国《近代山东农村土地分配中的度量衡及币制问题》，《中国农史》1998年第2期。
② 参见马勇虎《咸丰年间货币流通的民间形态——徽商志成号商业账簿研究》，《安徽史学》2011年第2期。
③ 魏建猷：《中国近代货币史》，黄山书社1986年版；彭新鸣《银元在我国流通始末》，《金属世界》2004年第3期；陆仰渊：《银元在民国时期的流通》，《民国春秋》1995年第3期。
④ 参见赵仁平《从云南的半开银元看近代中国的币制》，《学术探索》1997年第2期；王振民《玉树地区流通银元界定分类——玉树货币史探讨之四》，《青海金融》2004年第4期；汪敬虞《"同治银元"的历史意义》，《中国经济史研究》2003年第4期等。
⑤ 参见江苏钱币学会《中国近代纸币史》，中国金融出版社2001年版；张志忠《中国纸币》，天津古籍出版社1996年版。
⑥ 彭泽益的《鸦片战后十年银贵钱贱波动下的中国经济和阶级关系》（《历史研究》1961年第6期）和郑友揆的《19世纪后期银价、钱价的波动与我国物价及对外贸易的影响》（《中国经济史研究》1986年第2期）是这一领域的主要论述。

度跌落与战争期间商品经济遭受破坏关联密切①,同治朝银价飞速上涨的主要原因是当时由于清朝财政大臣对货币运动规律认识不足,被动地随着市场上比较变化的幅度,调整田赋商税的征收比例所导致的。② 戴建兵的《白银与近代中国经济(1890—1935)》(复旦大学出版社2005年版)结合历史学和经济学的理论,分析白银在近代中国货币体系中的地位,揭示了由白银核心型货币体系派生出来的银市、金市和汇市的情况,探讨了白银与近代金融体系如外商银行、钱庄、国内银行之间的关系。周育民分析了银贵钱贱对中国外贸的影响。③ 刘巍对中国近代的银价、汇率与进出口的关系进行了实证分析,用实际数据和典型案例论证了白银及铜钱价格对近代经济的影响。④

近年来,对根据地货币史的研究也逐渐形成体系。1992—2000年,中国金融出版社连续出版了《中国革命根据地货币史丛书》,包括了湘赣革命根据地、湘鄂赣革命根据地、福建革命根据地、华南革命根据地、晋冀鲁豫革命根据地、闽浙赣革命根据地、中央革命根据地、鄂豫皖革命根据地、华中革命根据地等,全面展示了农村革命根据地的货币史,以货币、金融为主线,展现根据地内部的货币发行和流通的过程。⑤ 在具体的研究中,周士敏较早地从根据地货币的发展历程、根据地货币斗争的开展和货币与根据地经济、政治之间的关系三个方面做了宏观的介绍。⑥ 魏宏运则侧重于从晋察冀根据地如何创建货币政策和金融制度的角度,展现了根据地货币的统一过程。黄正林结合货币学的理论,注意到边钞的发行与根据地解决财政困难、建立起独立自主的经济体系之间的关系,将货币的

---

① 参见王宏斌《论太平天国时期银价下落问题》,《近代史研究》1987年第6期。
② 参见王宏斌《论同治时期银价增昂问题》,《河南大学学报》1988年第1期。
③ 参见周育民《银贵钱贱对中国外贸的影响》,《上海师范大学学报》(哲学社会科学版)1980年第2期。
④ 参见刘巍《对近代中国的银价、汇率与进出口关系之实证分析》,《中国社会经济史研究》2004年第4期。
⑤ 此外还有中国人民银行金融研究所《中国革命根据地货币》(文物出版社1982年版),郑海章主编的《东北革命根据地钞票》(辽沈书局1991年版),《中国革命根据地印钞造币简史》(中国金融出版社1996年版),赵丙乾主编的《淮北革命根据地货币史》(中国金融出版社2000年版),章书范主编的《淮南抗日根据地货币史》(中国金融出版社2004年版),等等。
⑥ 参见周士敏《关于中国革命根据地的货币》,《中国钱币》1984年第2期。

发行流通与根据地的发展结合起来。①

抗战期间，根据地与国统区和沦陷区之间的货币斗争是对敌斗争的主要形式，也是货币史的主要内容，不少学者就这一问题进行了论述。黄存林研究了抗日根据地货币斗争的特点，汪澄清论述了抗日根据地的四个战场上的货币之战，并总结货币战对稳定金融所起的重要作用。②申春生、唐致卿则从山东抗日根据地的具体例子中，阐述货币斗争的目标和具体过程，并指出货币战对于稳定根据地的物价，推动生产和市场繁荣，建立自主的货币体系所起的重要作用。③还有学者注意到了人民币统一全国货币的过程。④

在对各地货币流通情况的总体研究基础上，学界也开始拓展研究的视野，一方面重视西方在华的金融机构所发行的货币以及西方货币对中国货币流通的影响；另一方面也注重国内政治、社会、经济环境与近代货币发行流通之间的联系。

西方列强在华期间，通过开银行、发钞票来影响中国货币的流通，如李昕宇分析了列强在中国发行的钞票、许义宗关注了外国银行在华发行钞票，破坏中国货币发行流通的行为。⑤但更多的眼光集中于国外西方货币的流入给中国货币带来的冲击。戴建兵等的《中外货币文化交流研究》（中国农业出版社2003年版）考察了西方货币在中国流通对中国近代货币制度的冲击。姚会元指出中外货币交流及西方银元流入对中国货币近代化产生了巨大影响。⑥邹晓昇指出龙洋和鹰洋行市的消退促使中国银元通行成为流通主币，使货币兑换市场逐步走向统一。⑦

---

① 参见黄正林《边钞与抗战时期陕甘宁边区的金融事业》，《近代史研究》1999年第2期。
② 参见黄存林《论抗日根据地的货币斗争》，《河北学刊》1985年第5期；汪澄清《货币之战：论抗日根据地的金融稳定政策》，《中共党史研究》2005年第6期。
③ 参见申春生《山东抗日根据地的两次货币斗争》，《中国经济史研究》1995年第3期；唐致卿《抗战期间山东解放区的对敌货币斗争》，《文史哲》1999年第2期。
④ 参见王敏贤《人民币统一新疆货币的过程》，《中国钱币》1988年第4期；石雷《人民币如何统一了全国货币》，《中国钱币》1998年第4期。
⑤ 参见李昕宇《列强在中国发行的钞票》，《党员之友》2000年第8期；许义宗《华俄道胜银行钞票的建构》，《中国钱币》2001年第2期。
⑥ 参见姚会元《中外钱币交流及西方银元流入对中国货币化的影响》，《福建论坛》2000年第6期。
⑦ 参见邹晓昇《银元土币流通与上海洋厘行市的更替》，《史学月刊》2006年第8期。

近代货币史的研究还越来越注重将货币的发行、流通置于复杂的政治环境中去考察,展示货币多元的一面。戴建兵考察抗战期间中日双方的货币、货币战和货币运动,注意经济斗争、政治斗争和军事斗争三者的密切关系——经济斗争冲击、影响、决定着政治、军事斗争的成败;政治和军事斗争又极有力地反作用于经济斗争。① 郑起东则从政治入手,考察北洋政府如何以发行货币为手段,制造种种恶性通货膨胀而谋取政府利益,并如何同时给自身政权植入注定失败的因素。②

四 金融机构

金融机构是金融业务的具体经办者,其发展演变是中国近代金融史变迁的有机组成部分。已有的金融机构的研究,既有对传统金融机构的继续关注,也开拓了对新的金融机构如银行、信托、保险、证券和交易所的研究。复旦大学中国金融史研究中心对此关注颇多,该中心成立于2004年,由吴景平担任主任,此后的将近十年里,展开了对金融史尤其是银行史的深入研究,已经完成的相关博士论文在25篇以上,并已陆续出版。③

新时期对传统金融机构如票号、钱庄、典当业等的研究更侧重于透过个案,从深度和广度上审视既往的观点,在研究方法上有所突破。中国传统民营金融机构以钱庄和票号为主,传统官办金融机构为官银钱号。张国辉所著《晚清钱庄与票号研究》(中华书局1989年版)是研究钱庄及票号变迁的专著。在近代中国,钱庄等民营金融机构在经济近代化过程中起过重要的作用。朱荫贵认为钱庄业在抗战前十年的整体趋势是快速地全面

---

① 参见戴建兵《金钱与战争:抗战时期的货币》,广西师范大学出版社1995年版。
② 参见郑起东《北洋政权与通货膨胀》,《近代史研究》1995年第1期。
③ 先后出版有吴景平的《上海金融业与国民政府关系(1927—1937)》(上海财经大学出版社2002年版),戴建兵的《白银与近代中国经济》(复旦大学出版社2005年版),张徐乐的《上海私营金融业研究(1949—1962)》(复旦大学出版社2006年版),刘平的《近代中国银行监管制度研究》(复旦大学出版社2008年版),诸静的《金城银行的放款与投资(1917—1937)》(复旦大学出版社2008年版),万立明的《上海票据交换所研究(1933—1951)》(复旦大学出版社2009年版),董昕的《中国银行上海分行研究(1912—1937)》(上海人民出版社2009年版),王晶的《上海银行公会研究(1927—1937)》(上海人民出版社2009年版),张天政的《上海银行公会研究(1937—1945)》(上海人民出版社2009年版),石涛的《南京国民政府中央银行研究》(上海远东出版社2012年版),刘平的《从金融史再出发——银行社会责任溯源》(复旦大学出版社2011年版),以及一大批学术论文。

衰落，其主要原因是国民政府要建立统制全国的垄断金融体系，银行业是这个体系中的主角，钱庄业遂成为被南京政府改造收编纳入银行业中进行管理的对象。① 刘克祥认为农村钱庄是近代后期农村资金融通的重要方式，其发展在1921—1931年达到高峰，因在币制改革后生存空间被挤压而急剧衰落。② 票号也是我国传统的民营金融机构。刘建生立足于票号的总分号数量及所能收集到的有关数据，对其发行的汇票总量、存款与放款总量进行了估算，并简单梳理了兑换券的发行情况，进而从一个新的角度探讨了票号衰落之原因。③ 燕红忠进一步从宏观的角度估算了票号业的资本与盈利总量、总资力，使山西票号的主要指标和数据趋于完善，也为从宏观和数量的角度探讨山西票号的兴衰过程，以及票号与银行、钱庄、典当等金融机构的实力对比奠定了基础。④ 典当业也是重要的金融机构，刘秋根所编《中国典当制度史》（上海古籍出版社1995年版）对近代典当业进行了系统全面的论述。一些之前不被学者注意的领域也逐渐被开发，如票号的人才管理机制，以及经营过程中的激励和约束机制已有部分学者关注。⑤ 又如钱庄中的庄票，李耀华专门撰文考察其性质和功能，认为庄票具有了准货币的范畴。⑥ 采用新视角、新方法也使得学者对传统金融机构有了某些新的认识。朱荫贵运用统计学的方法对1927—1937年十年间钱庄业的数目分布、资本数额及数目下降、资本额上升等现象进行量化分析，认为国民党政权扶持银行、排斥钱庄，并将钱庄早早纳入银行体系进行管理的政策是钱庄业衰落的关键因素。⑦ 李金铮则透过长江中下游典当业和普通百姓的社会经济之间的关系，论证了典当业的衰落过程，并指出

---

① 参见朱荫贵《抗战前钱庄业的衰落与南京国民政府》，《中国经济史研究》2003年第1期。

② 参见刘克祥《近代农村地区钱庄业的起源和兴衰——近代农村钱庄业探索之一》，《中国经济史研究》2008年第2期。

③ 参见刘建生《山西票号业务总量之估计》，《山西大学学报》2007年第3期。

④ 参见燕红忠《山西票号资本与利润总量之估计》，《山西大学学报》2007年第6期。

⑤ 参见张桂萍《山西票号的身股制度与人才管理》，《中国社会经济史研究》2005年第2期；李凌《山西票号经营中的激励和约束机制探微》，《上海财经大学学报》2005年第2期。

⑥ 参见李耀华《上海近代庄票的性质、数量与功能》，《财经研究》2005年第1期。

⑦ 参见朱荫贵《1927—1937年的中国钱庄业》，《中国经济史研究》2002年第3期。

其给普通百姓的金融借贷造成了严重的影响。① 不过，这些研究，更多地局限于一定的区域，如票号侧重于山西，钱庄侧重于上海，典当业的研究则集中在长江中下游，其他地区的研究较为少见。

银行、信托、保险、证券是现代金融业的重要组成部分。对这些金融机构、金融行业的研究，既拓展了金融史的研究领域，也深化了对近代金融的认识。

银行业是近代金融的重中之重，更多地被作为一个行业整体进行研究。汪敬虞较早关注外国银行在近代中国的金融活动，杜恂诚则更多地关注华资银行的发展。② 杜氏将北洋政府时期的华资银行的内部关系分为三个层面：第一层面，以中、交两行为核心，形成核心与外围的关系；第二层面，是南三行和北四行等重要商业银行间的协作关系；第三层面是银行的同业组织——银行公会。程霖的《中国近代银行制度建设思想研究》（上海财经大学出版社1999年版）侧重于中国近代银行的制度思想层面的研究。徐进功认为北洋政府时期我国银行业的发展已呈多元化，中外新旧金融机构并存。③ 朱荫贵认为两次世界大战之间，尤其是1927—1937年是中国近代银行业快速发展的重要时期，这是多种因素特别是内在因素发挥作用的结果。④ 兰日旭分析了北洋政府时期我国官办和官商合办银行的商业化发展趋势及绩效⑤；他还考察了近代中国银行业资金运作重心的转移，一次是在第一次世界大战前后由商业流通领域向工业企业倾斜，另一次是在20世纪20年代末后向保险、证券等业投资，形成混业趋向。⑥

近代银行史的研究大抵包括华资银行、地方银行和民营银行。近代华资银行的研究涉及大清银行、中国银行、交通银行、中央银行、中国农业银行、中国通商银行。其中较为突出的是四联总处的研究。四联总处成立

---

① 参见李金铮《20世纪20—40年代典当业的衰落——以长江中下游地区为中心》，《中国经济史研究》2002年第4期。
② 参见汪敬虞《近代中国金融活动中的中外合办银行》，《历史研究》1998年第1期；杜恂诚《北洋政府时期华资银行业内部关系三个层面的考察》，《上海经济研究》1999年第5期。
③ 参见徐进功《略论北洋政府时期的银行业》，《中国社会经济史研究》1997年第1期。
④ 参见朱荫贵《两次世界大战间的中国银行业》，《中国社会科学》2002年第3期。
⑤ 参见兰日旭《北洋政府时期我国官办银行商业化活动述评》，《渤海大学学报》2007年第2期。
⑥ 参见兰日旭《近代中国银行业资金运作变迁及其绩效探析》，《福建师范大学学报》2007年第3期。

于1937年8月，全称为中中交农四行联合办事处，是战时最高的财政金融机构，直至1948年才被撤销。四联总处，历来被看作四大家族垄断金融，剥夺全国人民的反对机构，过去的研究皆强调其阻碍经济发展的负面影响。董长芝则认为，尽管它存在某些弊端，在抗战期间，国民政府采取的一系列战时紧急金融措施，实行高度集中的国家垄断金融体制，强化中央银行职能，从中央到地方实现金融货币制度，对支援长期抗战，争取最后胜利作出的贡献还是主要的方面。杨菁考察了四联总处成立的必要性和必然性，及其在抗战时期巩固法币信用，维持货币金融体系，推动西部地区的开发建设，推动中国金融业发展等方面的正面作用。同时，文章也指出，由于国民政府政治的腐败与权力的高度垄断，四联总处未能充分发挥其应有的积极作用，相反的给国统区金融、经济的发展带来了一系列负面的影响。① 王红曼分析了四联总处对西南地区金融网筹设的作用和对西南地区金融业的管理，但其负面作用的直接后果之一就是西南地区通货膨胀的加剧；四联总处在西南地区进行了大量的工业投资活动和农业贷款活动，对战时西南地区工农业的发展有一定的促进作用。②

姜宏业主编的《中国地方银行史》（湖南出版社1991年版）是一部全面研究我国地方银行的专著，对当时全国数十家近代地方省市银行的盛衰、业务状况、组织机构等作了较为详细的介绍。在个案研究方面，比较突出的是浙江地方银行的研究。王恭敏认为浙江地方银行是旧中国一家办得较好的省办地方性银行。③ 张朝晖、刘志英探讨了浙江地方银行与中央及地方政府的关系，在农贷方面的积极举措，在抗战期间的金融活动等。④

民营银行研究中关注较多的是著名的南三行与北四行。南三行包括上海商业储蓄银行（简称为上海银行）、浙江兴业银行、浙江实业银行，北四行包括金城、大陆、盐业、中南四行，其间有四行联合营业事务所、四行准备库等较为固定的联营组织。上海银行是南三行中最著名的一家，薛

---

① 参见董长芝《论国民政府抗战时期的金融体制》，《抗日战争研究》1997年第4期；杨菁《四联总处与战时金融》，《浙江大学学报》2000年第3期。
② 参见王红曼《四联总处与西南区域金融网络》，《中国社会经济史研究》2004年第4期。
③ 参见王恭敏《浙江地方银行沿革》，《浙江金融》1987年第10期。
④ 参见张朝晖、刘志英《近代浙江地方银行与政府之关系研究》，《财经论丛》2006年第6期；刘志英、张朝晖《抗战时期的浙江地方银行》，《抗日战争研究》2007年第2期。

念文著《上海商业储蓄银行研究（1915—1937）》（中国文史出版社 2005 年版）通过纵向梳理上海商业储蓄银行的发展脉络，对其主要经营活动进行研究，揭示了其经营活动特色。北四行中，金城银行受到的关注较多。刘永祥著《金城银行：中国近代民营银行的个案研究》（中国社会科学出版社 2006 年版）采用实证、计量、比较等方法，对金城银行的经营发展予以深入系统的研究，亦是一部金城银行的行史。诸静著《金城银行的放款与投资：1917—1937》（复旦大学出版社 2008 年版）对金城银行的放款与投资业务进行了梳理和研究，指出，20 世纪 20 年代末及 30 年代，金城银行为扶助处于困境的小本农工商业及解决自身存款逐渐膨胀而放款不易的困难，在华资商业银行中较早从事小本贷款业务并取得了一定的成绩。20 世纪 30 年代上半期，在华资商业银行放款农村的热潮中，金城银行也是参与较早、成效颇为突出的一家。

  信托业方面，刘鼎铭总体介绍了中央信托局的筹建、人事机构、组织管理和业务开展。① 何旭艳著《上海信托业研究（1921—1949）》（上海人民出版社 2007 年版）以 1921—1949 年的上海信托业为研究对象，构建该时期上海信托业发展的基本脉络，分阶段梳理主要史实并归纳相应的特点，分析制约和影响上海信托业演变的经济、政治及社会等方面的原因。她和吴景平还重点考察了抗战期间的上海华商信托业，认为与战前及战后相比，战时的上海华商信托业呈畸形繁荣状态，金融信托市场供大于求的矛盾愈演愈烈。信托业只是充当了上海市面富余资金牟取暴利的一个载体，依旧无法发挥长期资金融通与财产管理功能，不能成长为一个独立的金融分业。② 值得注意的是，杜恂诚从近代中国信用制度的演进入手，考察包括信托业在内的信用机关如何建立和完善自身的信用制度的过程。杜氏首次采用"信用制度"，并将"信用制度"定义为：为了降低市场经济中信息不对称程度而给交易方式或交易范围定型的一套规则；信用制度是渗透在市场经济的各项制度之中的。信用制度演进赖以保障的三要素是市场经济背景、国家信用和社会稳定，一旦这些要素发生问题，信用制度也就失去了生存和发展的依据。

  保险业方面，赵兰亮的《近代上海保险市场研究（1843—1937）》

---

① 参见刘鼎铭《中央信托局概略》，《民国档案》1999 年第 2 期。
② 参见吴景平、何旭艳《抗战时期的上海华商信托业》，《抗日战争研究》2006 年第 1 期。

（复旦大学出版社2003年版）一书，是较为集中、全面地对近代保险业的产生和发展进行考察的著作。该书上编四章关注外商保险业在近代上海的投资和经营情况；下编五章论述华商保险业的发展概况，并探讨"银行保险"对华商保险业发展的影响。杜恂诚也考察了近代华商人寿保险公司中成立较早、一度经营较好的华安合群保寿公司，认为华安的经营陷入困境反映了近代中国的商业性社会保障机制是非常脆弱的。①

证券业的研究旨在勾勒近代以来证券的发行轨迹，其中郑振东著《中国证券发展简史》（经济科学出版社2000年版）一书全面系统地对中国近代以来证券业的发展情况做了述评，重点论述了股票与证券交易所、证券交易市、证券立法与监管等关系。李玉则从"官利"制度的视角，透过1882年上海股票市场高潮形成的原因和历史过程，分析了中国近代股票的债权性质，并指出其建立在民众极度狂热的投机心态之上，1882年上海股票市场的过度火热及之后的骤跌，为日后的集资活动留下了隐患。②

对金融同业公会的研究，是新开拓的领域。研究较为集中在上海钱业公会和上海银行公会两大金融业同业工会，其中以吴景平的贡献较为突出。他在对1929—1931年上海银行公会改组风波的考察中，认为这次改组风波本质上是南京国民政府对工商界实施控制与工商界反控制的体现。③ 他还将上海银行公会与国民政府的关系作为研究上海银行公会的新切入点，对其在20世纪30年代初国民政府颁行《银行法》等法令后与南京国民政府进行的一系列交涉活动进行了考察分析。④ 他认为，上海钱业公会在南京国民政府成立前后就内债问题与政府的交涉，表明上海钱业界与政府在一定程度上保持着良性互动关系。⑤

---

① 参见杜恂诚《近代中国的商业性社会保障——以华安合群保寿公司为中心的考察》，《历史研究》2004年第5期。
② 参见李玉《中国近代股票的债券性——再论"官利"制度》，《南京大学学报》（哲学社会科学版）2003年第3期。
③ 参见吴景平《上海银行公会改组风波（1929—1931）》，《历史研究》2003年第2期。
④ 参见吴景平《从银行立法看30年代国民政府与沪银行业关系》，《史学月刊》2001年第5期。
⑤ 参见吴景平《上海钱业公会与南京国民政府成立前后的若干内债——对已刊未刊档案史料的比照阅读》，《近代史研究》2004年第6期。

五　金融市场

新时期的金融史研究，也逐渐突破以金融机构为主体的研究，更加注重金融市场和金融运作。金融市场的研究主要还是注重整体的关照，但也出现了一些细分化的研究趋势，如外汇市场、黄金市场、票据市场和证券市场的研究等。在金融市场研究的基础上，也相应关注金融中心、金融运作和金融监管等方面。

关于全国金融市场的研究成果，主要集中于几次大的金融风潮，并且多围绕上海金融市场进行研究。洪葭管、张继凤著《近代上海金融市场》（上海人民出版社1989年版）是研究近代上海各类金融市场变迁的专著，一定程度上呈现了近代以来上海作为全国性金融中心和远东金融中心的地位及所发挥的作用。朱荫贵通过对近代上海的三次股票交易高潮的勾勒和分析，指出这三次股票买卖高潮不仅反映了中国近代金融市场特别是早期证券市场的轨迹，从中也反映出中国社会固有的某些特点。近代中国金融市场的演变固然是由当时中国的社会经济条件和所处的国际环境决定的，但同时也离不开具体过程中中国社会内部的影响和制约其发展的因素。① 除此之外，另一个重要的原因在于1918—1937年中国证券市场的发展状况与该时期新式工矿企业快速发展还是相当疏离，当时的中国证券市场尚属于一个幼稚和畸形的市场。② 可见，把金融市场置于错综复杂的国内外环境中进行考察，可以更为全面地了解近代中国的金融结构和市场规律。与上海相比，其他地区的金融业相对迟滞。龚关在《近代天津金融业》（天津人民出版社2007年版）一书中立足于区域，希望通过对天津的研究来回应近代金融在区域上的明显不均衡性。该书通过对近代天津金融业发展与区域经济和政府作用的系统考察，指出近代天津金融业的发展离不开区域经济发展的推动，同时政府也起着重要的作用。该书的特点在于将天津视为一个完整的金融区域，对区域经济、货币流通、公债、金融市场、金融风潮、金融机构、汇兑市场、证券市场等都进行了深入的研究，

---

① 参见朱荫贵《近代上海证券市场上股票买卖的三次高潮》，《中国经济史研究》1998年第3期。

② 参见朱荫贵《1918—1937年的中国证券市场》，《复旦学报》（社会科学版）2006年第2期。

从而揭示出制约天津金融业发展的因素。区域经济和政府行为成为制约天津金融业发展的两大因素，尤其北洋时期政府对金融业的发展的消极影响，直接导致天津金融业的迟滞。

外汇市场是随着对外贸易的发展应运而生的，尤其在上海等地最为活跃。宋佩玉所著《抗战前期上海外汇市场研究（1937.7—1941.12）》（上海世纪出版集团2007年版）认为，抗战前期上海外汇市场的情况极为复杂，是敌我经济斗争的一个方面，直到太平洋战争爆发后，上海抗战时期的外汇市场才终止。魏忠用计量经济学的方法对近代上海标金期货市场进行分析，认为1921—1931年伦敦白银市场与上海标金市场之间存在双向因果关系，世界货币金本位制的放弃和南京国民政府对市场的强制干预是导致中国国内与国外金融市场隔离的主要内外原因。①

近代中国票据市场的发展近年来也为学者们所关注。戴建兵考察了清末和民国时期钱庄、银号和银行的票据类型、形制与使用情况，认为从中可以看出中国金融走向近代化的脚步。②杜恂诚通过分析中国近代票据贴现市场的产生过程，指出，近代中国短期资金市场的发展很明显地显示出层次性或阶段性：拆借市场是较低层次的市场，形成较早；票据贴现市场是较高层次的市场，形成较晚。③

证券市场，或统称资本市场，是指有价证券（政府证券、公司债券及股票）的发行和流通的市场，是信用制度和商品经济发展到一定阶段的产物。刘志英著《近代上海华商证券市场研究》（学林出版社2004年版）较为完整系统地梳理了近代上海华商证券市场发展演变的历史进程以及市场的管理体制，她指出，信交风潮是上海华商证券市场管理体制的转折点，标志着近代上海华商证券市场从自由放任型向政府监管型的转变。李玉也曾撰文介绍1882年时上海的股票市场，认为这一年是19世纪上海股市最"火爆"的一年，对近代中国企业股份制建设产生了较大影响。④朱荫贵则指出，证券市场的运行和变迁，还能够直接反映社会经济结

---

① 参见魏忠《近代上海标金期货市场的实证分析——基于上海标金期货市场与伦敦白银市场之关系的视角》，《财经研究》2008年第10期。

② 参见戴建兵《浅议清末和民国时期钱庄、银号和银行的票据》，《中国钱币论文集》第3辑，1998年。

③ 参见杜恂诚《中国近代票据贴现市场的产生》，《中国金融》2003年第11期。

④ 参见李玉《1882年上海股票市场》，《历史档案》2000年第2期。

构的特点和问题,他认为,近代中国证券市场出现的几国交易所并存、六次投机高潮和证券市场为政府财政服务等特点,是近代中国证券市场非正常发展的集中体现,也是近代中国证券市场难以正常发展的重要原因。①

金融中心的研究是金融市场研究的另一重要课题。吴景平指出,20世纪上半叶中国金融中心经历了数度区域性变迁,变迁的基本轨迹是:上海→北京与天津→上海→重庆→上海,并指出这是旧中国中央政权违背经济规律和历史发展潮流,直接控制新式金融机构和主要金融业务的结果。② 2002 年在上海召开的"上海金融的现代化与国际化"研讨会上,学者的交流进一步深化了对金融中心的认识。杜恂诚、吴景平认为 1927 年之前中国有两个金融中心:一个是作为全国财政金融中心的北京,另一个是作为全国商贸金融中心的上海;到 1927 年南京国民政府成立、中国政治中心南移以后上海才逐渐成为中国最大的金融中心。吴景平还特别指出,北京—天津是具有鲜明的财政性金融中心,而上海则是典型的商贸性金融中心。③ 洪葭管则认为,当时的上海不仅是全国最大的金融中心,也是远东国际金融中心之一。④ 关于金融中心的形成,李一翔从外资银行入手分析了近代上海之所以成为中国乃至远东金融中心的原因;姜义华认为南京国民政府的建立及其战略决策起了决定性的作用;戴鞍钢则强调了大规模商贸流通对金融中心形成的推动作用。⑤

对金融运作的关注集中在金融监管方面,主要侧重于监管机构和体制的变迁。康金莉探讨了北京政府时期币制监管的主要内容及监管机构的更迭,展示出当时人对于金融监管问题的反复探索过程。⑥ 王红曼分析了抗战时期国民政府的银行监理体制的得失,认为国民政府实行由财政部、四联总处、中央银行等多家机构先后共同参与的多元化银行监理体制,对银行发展与经营安全进行了大规模的设计与监理,对战时金融稳定起到了一

---

① 参见朱荫贵《试论近代中国证券市场的特点》,《经济研究》2008 年第 3 期。
② 参见吴景平《近代中国金融中心的区域变迁》,《中国社会科学》1994 年第 6 期。
③ 参见杜恂诚《上海成为近代金融中心的启示》,《档案与史学》2002 年第 5 期;吴景平《对近代上海金融中心地位变迁的思考》,《档案与史学》2002 年第 6 期。
④ 参见洪葭管《关于近代上海金融中心》,《档案与史学》2002 年第 5 期。
⑤ 参见李一翔《外资银行与近代上海远东金融中心地位的确立》,《档案与史学》2002 年第 5 期;姜义华《上海与近代中国金融中心》,《档案与史学》2002 年第 6 期;戴鞍钢《大流通与金融中心》,《档案与史学》2002 年第 6 期。
⑥ 参见康金莉《论北京政府时期的币制监管》,《史学月刊》2010 年第 7 期。

定的积极作用，但由于政出多门，以及政府的腐败无能，直接的管制措施已不能有效执行，致使战争后期通货膨胀日渐加剧。① 段艳和易棉阳则讨论了近代中国债券市场监管的演进与特点。② 金融机构在农村的运作，也逐渐进入学者的视野。李金铮以民国时期的长江中下游乡村为考察对象，探析现代金融运作方式在该地区的运用；刘志英、张朝晖和马陵合则关注民国时期地方银行农村金融业务的开展、运行情况。③ 不过这样的研究在金融史的整体研究中尚属少数。

六 小结

总体来讲，近代金融史的研究，已基本构建起中国近代金融史的学科体系，并呈现出进一步向纵深发展的总体趋势，取得了以下几个方面的突破。首先，突破了传统的以金融机构为主体的研究，研究领域在不断拓展，整体研究有所加强。其次，注重细化分析与宏观整体把握相结合，在宏观研究已经取得突破性成果的基础上，开始注重对于微观领域或个案的研究。透过个案深化整体认识，又从整体史观把握、拓展区域研究。再次，理论分析与史学论证相结合，将财政学、货币学、金融学、统计学、经济学等多学科方法引入金融货币史的研究。同时，过去被忽略的史料的发现和应用，如官方档案、商业账本等，使某些专题研究有质的突破。

而有关近代金融史研究的不足之处也不容忽视。研究较多关注金融机构的表现形式和组织架构，而较少涉及其内在运作逻辑和运作机制，缺乏制度与社会之间互动过程的考察。关于金融的具体运作状况方面，也多侧重于机构的演变，而较少从运作机制上考察近代金融的运作特点。关于货币史的研究需要更有效地结合社会的演化、经济的发展来呈现货币发行流通的内在规律，同时借鉴金融学、社会学的有关理论，突破就货币言货币

---

① 参见王红曼《抗战时期国民政府的银行监理体制探析》，《抗日战争研究》2010年第2期。
② 参见段艳、易棉阳《近代中国债券市场监管的演进与特点》，《中国社会经济史研究》2010年第1期。
③ 参见李金铮《民国时期现代农村金融的运作方式——兼与传统高利贷比较》，《江海论坛》2002年第3期；刘志英、张朝晖《抗战时期的浙江地方银行》，《抗日战争研究》2007年第2期；马陵合《地方银行在农村金融中的定位与作用——以民国时期安徽地方银行为例》，《中国农史》2010年第3期。

的局限。另外，在理论分析与应用方面也存在着不少问题，对于社会科学理论与近代中国历史实际之间的适用性，还需进一步考量。对以往学术成果的重视也有些不够，重复研究现象普遍，有些研究甚至在进行着低水平的重复。史料的收集和运用也需引起重视，地方志、文人文集、民间流传的账本和家族谱等文献，也包含不少金融史的史料，或可充分结合官方文书、报刊资料做进一步的讨论，有助于丰富过去从单一史料所获得的结论。研究有较多集中于少数专题的倾向，有些领域还很薄弱甚至呈现出空白状态，须进一步转换视角，拓展研究领域。

第六节　部门经济史的拓展

作为经济通史或宏观经济史研究基础的部门经济史研究，对整个经济史研究有着重要的推动作用。任何一种部门经济，在整个社会经济及部门经济运行中自身的发生和发展均有其独特的作用和规律。尤其20世纪90年代中期以后，部门经济史的研究从生产力、生产关系逐渐转换到现代化和区域史的视角，更加重视社会经济与部门经济之间的联系以及不同区域间的差异性，同时，在理论和方法上多受到经济学等学科的影响。因为部门经济史的研究涉及较广，论著浩如烟海，本节仅侧重于新时期部门经济史研究在新领域方面的拓展。

一　农业史研究

近代农业史的研究不可回避的问题是近代农村经济的发展趋势。过去大多数学者认为中国农村经济处于衰落和崩溃状态，20世纪80年代以来，对此问题形成了衰退论、增长论和过密型增长论。章有义对近代徽州和东北地区的研究，认为农田亩产呈下降之势。刘克祥也认为晚清以来全国农业收成和人均粮食占有量不断下降。[①] 郑起东则认为，华北的粮食亩

[①] 参见章有义《近代徽州租佃关系案例研究》，中国社会科学出版社1988年版；章有义《近代东北地区农田单位面积产量下降的一个实证》，《中国经济史研究》1990年第3期；刘克祥《1927—1937年农业生产与收成、产量研究》，《近代史研究》2001年第5期；刘克祥《对〈近代华北的农业发展和农民生活〉一文的质疑和辨误》，《中国经济史研究》2000年第1期。

产量和人均粮食产量都处于增长趋势，农民生活有所改善，只是由于日本的侵略才打断了这一历史进程。慈鸿飞的研究甚至认为20世纪30年代初华北中等农户的人均收入可与20世纪90年代中期相当。①"过密型增长"论来自于黄宗智，他认为中国农业产量的提高不是技术发展的结果，而是由于劳动力投入的增加，总产出是以单位工作日边际报酬递减为代价下的"过密化"扩展。②王建革对华北平原农业生态系统的分析却认为，华北农业发展过程并不像一些学者认为的那样，是一种"过密化"过程，而是一种生态变化过程。对近代华北农村出现"过密化"的验证，也需要从投入产出的数据分析出发。对生态系统的分析表明，许多证据与此模式不符。华北的集约化农作技术要求人力、畜力、肥料等投入达到一个较高的水平时，才显示其"规模"优势，而规模优势发挥时，劳动效率才最高。③张丽、吴承明、徐秀丽的研究成果，对于以上三种结论都不大相同，李金铮将其称为"发展与不发展论"。张丽认为19世纪下半叶到20世纪初中国农村经济的变化超过了传统农村经济自14世纪以来的变化，这种发展并不是农产量的增加，而是农户家庭经济资源重组和农业生产经济结构的变化。吴承明认为，中国近代农业生产力是有一定发展的，生产方式变化极微，但也不完全是老样子，基本上还能适应人口增长的需求。徐秀丽通过对近代华北平原的考察，则认为20世纪前30年粮食总产量和亩产都有所增长，大致恢复到清盛世的水平，但是人均粮食占有量仍大幅度趋减，农业经济仍旧是落后的。④

　　近代中国虽已出现工业化的趋势，但本质上来讲仍是农业社会，小农经济的主体社会经济形态地位未变，但不可否认在工业化的进程中，农业近代化也是不容忽视的。丁长清、慈鸿飞合著的《中国农业现代化之路——近代中国农业结构、商品经济与农村市场》（商务印书馆2000年

---

① 参见郑起东《近代华北的农业发展和农民生活》，《中国经济史研究》2000年第1期；郑起东《再论近代华北的农业发展和农民生活》，《中国经济史研究》2001年第1期；慈鸿飞《20世纪前半期华北地区的农村商品市场与资本市场》，《中国社会科学》1998年第1期。

② 参见黄宗智《长江三角洲小农家庭与乡村发展》，中华书局2000年版。

③ 参见王建革《近代华北的农业生态与社会变迁——兼论黄宗智"过密化"理论的不成立》，《中国农史》1999年第1期。

④ 参见张丽《关于中国近代农村经济的探讨》，《中国农史》1999年第2期；吴承明《中国近代农业生产力的考察》，《中国经济史研究》1989年第2期；徐秀丽《中国近代粮食亩产的估计》，《近代史研究》1996年第1期。

版）一书，以翔实的资料和数据，对 20 世纪前期农业结构、商品经济和农村市场进行了新的定位；并提出和解决了一些重大的经济史理论问题，从不同的角度估算出中国近代农村商品经济发展的程度。苑书义、董丛林著《近代中国小农经济的变迁》（人民出版社 2001 年版）关注 1840—1949 年中国小农经济的变化，展现近代中国农业从手工劳动向机器生产的转变，从传统向近代转型的过程。该书另一个特色是大量统计数字和表格的利用，尤其分析建立在尽可能地列出全国各地有代表性地区的有关数字的基础上。樊端成所著《近现代广西农业经济结构的演变研究》（民族出版社 2010 年版）一书以土地所有制结构、农业经营组织结构、农业产业结构为重点，讨论近代以来广西农业经济结构 160 多年来的演变过程。指出农业经济结构的变化，不仅影响着农业不同层次生产要素配置格局及产业结构的变化，而且将连锁效应和乘法效应波及整个农业增长的各个方面，使农业增长所依赖的动力结构发生根本性的转变。金颖的《近代东北地区水田农业发展史研究》（中国社会科学出版社 2007 年版）则更关注日据时期的东北，通过考察日本根据自身需求而调控水田农业发展的规模与速度，用法西斯强制手段畸形"发展"水田农业的历程，呈现近代东北地区水田农业的产生、东北地方政府水田农业开发政策及水田农业的发展、近代东北地区水田农业的生产及发展状况等。郑林著《现代化与农业创新路径的选择——中国近代农业技术创新三元结构分析》（北京师范大学出版社 2010 年版）则从现代化和技术社会学的视角，提出农业技术发明、应用、农产品社会价值的实现是由三个不同性质的部门完成的"农业技术创新体系三元结构"理论，并用以分析中国近代农业科技与社会政治、经济、文化各方面的相互作用，指出现代化所引起的对农业新技术的需求来自不同的方面，这些需求对农业技术创新体系的影响也是不同的，由此导致的中国传统农业生产者对新技术的接纳和采用也因而不同。

部门经济史研究，尤其是农业史的研究，细分化的趋势越来越明显。细分有地域细分和行业细分两种。地域细分可以以史志宏的《20 世纪三四十年代华北平原农村的租佃关系与雇佣关系》一文为例。[①] 文章主要根据未发表的《1900—1957 年保定农村经济调查资料》考察了河北省清苑

---

① 参见史志宏《20 世纪三四十年代华北平原农村的租佃关系与雇佣关系——以河北清苑县 4 村为例》，《中国经济史研究》2003 年第 1 期。

县东顾庄、何桥、固上和李罗侯四村的租佃关系和雇佣关系，用翔实的数据表明，"租佃关系在这个地区是不普遍的"，再次用微观研究印证了此前一些学者经宏观研究得出的论断。文章还计算了该四村在1930—1946年的粮租和钱租的地租率。粮租在38%—45%，钱租在45%—54%。交租时间除分成租外，普遍实行上打租，尤其钱租差不多是上打租。所谓"上打租"，就是先交地租，承租人于订约时就预先把一年地租交清，然后才领地耕种。上打租使地主既避免了佃户欠租的风险，还可以额外占有一年租金的利息，而且地租并不是佃户的全部负担。按照清苑租地的习惯，出租的土地虽田赋仍归地主负担，但杂捐杂税要由租种者缴纳。关于地租率的问题，过去惯常的一个说法是：农民有50%甚至50%以上的产出被地主当作地租拿走了，通过微观研究又为这一成说增加了一个例证。徐畅的《抗战前河北棉花生产和运销改进述析》一文则主要是行业细分。① 该文认为，尽管抗战前河北棉花和运销取得了一定的成绩，但总体看来，远远不能令人满意。就棉种改良而言，虽然美棉种植比例大为提高，但真正优良美棉推广数量仍属有限，大多数为退化美棉。就运销合作而言，成绩还要远逊于棉种改良。首先，运销区域和运销数量有限，例如1935年全省棉运销数量仅27530担，是年河北棉花总产量为226万担，运销数量仅占总产量的1.2%。天津市场河北合作社运销数量仅占河北运销棉花的6%，实在微不足道。其次，运销机关众多，叠床架屋，效率低下，即使河北棉产改进会成立后，也并未真正融为一体，而是各自为政，互不统属。最后，金融机关放款数量微小，例如规定生产贷款每亩2元至3元，实际上根本未达此数。合作社自有资金十分薄弱，义赈会和河北棉产改进会均为社会机关，得不到社会各界的大力支持，自然难以大规模开展运销业务。棉产改进机关产生上述缺陷的原因自然很多，但也暗示着即使没有日本侵华战争的大规模爆发，河北棉花生产和运销改进仍然任重道远。

二 手工业史研究

20世纪90年代以来，近代手工业经济逐渐受到重视，研究工作进一步细化。苑书义、董丛林著《近代中国小农经济的变迁》（人民出版社

---

① 参见徐畅《抗战前河北棉花生产和运销改进述析》，《河北大学学报》2003年第1期。

2001年版）将乡村工副业纳入小农经济体系中，分析了农民家庭工副业中的主要行业如棉纺织业、蚕丝织业、草帽辫、花边、发网业及其他家庭副业的兴衰概况。王翔、彭南生分别出版了《中国近代手工业的经济学考察》（中国经济出版社2002年版）和《中间经济：传统与现代之间的中国近代手工业（1840—1936年）》（高等教育出版社2002年版），从宏观上论述了手工业在近代中国兴衰演变的原因、地位及其作用。

研究者对传统手工业在国内外资本主义经济影响下发生的内在变化有了新的认识。陈惠雄考察了近代中国家庭棉纺织业的变迁，指出在洋纱和国内机纱的冲击下，近代中国家庭棉纺织业部分地进行了改组，并且开始向资本主义经营方式转变。① 史建云考察了近代冀鲁豫乡村的手工业，指出洋纱和机纱作为一种质优价廉的织布原料被广大农民接受，给乡村织布业注入新的活力，出现了高阳、宝坻、潍县等新兴的乡村织布中心，并出现了包买制、手工工场等带有资本主义性质的经营方式。② 刘克祥、陈争平对1895—1927年不同手工行业的发展趋势进行了分类，指出由于出口扩大与进口替代，以及城乡商品经济发展的需要，部分手工行业规模扩大，导致其经营方式发生变化，资本主义工场手工业有所发展，商人雇主制、包买制和资本主义家庭劳动也有所扩大。③

近代农村区域社会经济史的专著或专门性的行业史著作也非常关注区域内的手工业经济状况。苑书义、任恒俊、董丛林等著《艰难的转轨历程——近代华北经济与社会发展研究》（人民出版社1997年版）以"传统手工业的变迁"为题，粗线条地概述了华北乡村手工业的兴衰。庄维民著《近代山东市场经济的变迁》（中华书局2000年版）从山东工业化进程的角度分析了传统手工业结构的嬗变、农产品加工业的工业化进程。林刚在《长江三角洲近代大工业与小农经济》（安徽教育出版社2000年版）一书中重点探讨了家庭棉纺织业、蚕桑业与近代机器大工业之间的关系。王笛著《跨出封闭的世界——长江上游区域社会研究（1644—1911）》（中华书局2001年版）描述了传统手工业到近代工业的发展历程。侯建新著《农民、市场与社会变迁——冀中11村透视并与英国乡村

---

① 参见陈惠雄《近代中国家庭棉纺织业的多元分解》，《历史研究》1990年第2期。
② 参见从翰香主编《近代冀鲁豫乡村》，中国社会科学出版社1995年版。
③ 参见刘克祥、陈争平《中国近代经济史简编》，浙江人民出版社1999年版。

比较》(社会科学文献出版社2002年版),以老一辈学者陈翰笙等人当年调查的11村资料为中心,结合其他文献以及作者20世纪90年代两次实地考察,对个体农户的生产、交换、消费和积累等诸方面进行了开拓性的再现和分析。该书提出了"个体农民生产消费说",他认为,"所有制问题,雇工经济的发展即有效率的生产组织形式问题、人口问题,以及农民负担问题,都是中国农村发展的重要因素。不过,他们都不能孤立地发生作用,而要通过生产者主体,这就是以劳动生产率为核心的农民生产、消费、交换和再生产。……工业革命前的英国农民,在种种条件的作用下,正是这个核心因素普遍得到稳定而扎实的发展",打造了农村现代化的基础,因此,个体农民的生产和消费水平,是我们观察和判定中国农村发展与不发展的基本层面。①

他还利用解放前国内外农村调查资料,从农村产业结构变化的视角,对冀中11村工副业经济进行了细致的探讨。

上述研究除个别较为深入外,大多将乡村手工业视作行业史或区域社会经济史研究中绕不过去的"坎",多是停留在浅层次的讨论上,同时普遍存在着研究的行业不平衡性和地域不平衡性。就行业而言,棉纺织业、丝织业等是讨论中的重点,其他众多行业较少,有些则根本尚未触及;就地域而言,除华北、江南考察较为充分外,其他广大地区探讨较为薄弱。②但也有如史建云、王翔等学者,展开专门的系统研究。史建云以华北地区抗战之前的情况为依据,从市场角度分析近代农村手工业对近代民族工业的促进作用,并对20世纪30年代初期农村手工业衰退现象及其原因提出了新看法,论述了华北手工业生产力的变革。③ 王翔探讨了近代中国行会手工业的演变,以及19世纪末、20世纪初中国传统手工业的危

---

① 参见魏宏运、李金铮《从11村个体农民生产消费看近代中国农村变迁——评侯建新〈农民、市场与社会变迁〉》,《中国经济史研究》2004年第3期。

② 参见彭南生《近50余年中国近代乡村手工业史研究述评》,《史学月刊》2005年第11期。

③ 参见史建云《农村工业在近世中国乡村经济中的历史作用》,《中国经济史研究》1996年第1期;《论近代中国农村手工业的兴衰问题》,《近代史研究》1996年第3期;《商品生产、社会分工与生产力进步——近代华北农村手工业的变革》,《中国社会经济史研究》1998年第4期。

机、手工业经济结构等问题。① 比较史视角下的研究也有学者涉及，如徐浩利用方志资料，以织布业为例，通过中英之间的比较，简略地分析了华北农村工副业的扩张。②

中国传统农村手工业，尤其是农民的家庭棉纺织业，一向被认为是自给自足小农经济的支柱。近年来，学术界通过实证研究，对近代农村手工业的发展状况、性质及其历史作用均提出了不同以往的见解。陈惠雄对以往多把传统棉纺织业的分解描述为纺织分离耕织分离——手工纺织被消灭的线性衰变过程提出异议，指出近代中国家庭棉纺织业的演化具有多元性和多层次性。③ 戴鞍钢把近代手工棉纺织业分成以"耕织结合"为主要特征的小农家庭棉纺织业和主要为市场生产的城乡手工棉纺织业两大部分，指出洋纱的倾销对前者的打击是致命的，而对后者，主要是导致其生产原料的来源发生变化。④ 史建云通过对近代华北农村手工业发展状况的考察，重申了20世纪30年代提出的"乡村工业"的概念，指出近代农村手工业由于使用以人工为动力的机器等原因，与传统的农村手工业有质的区别，近代华北农村手工业不再完全附着于农业，而是有了自己的独立地位，在宝坻、高阳、潍县等新兴的"农村工业区"更成为农民的主业。⑤ 针对以往的研究多就手工业论手工业，她转换视角，从分析手工业与农业的关系入手，认为：手工业生产的商品化把农民的家庭经济导入市场机制中，不仅改善了农民的生活质量，而且使农民的生产观念和生活观念发生了巨大变化，从而肯定了手工业是推动农村经济近代化和社会进步的重要因素。⑥

关于手工业与近代工业化的关系，在学术界也一直存在争论。一种认为手工业的发展促进了近代民族机器工业的发展，两者是相辅相成、互补

---

① 参见王翔《近代中国手工业行会的演变》，《历史研究》1998年第4期；《十九世纪末二十世纪初中国传统手工业的危机》，《江海学刊》1998年第3期；《近代中国手工业与工业经济结构》，《中国经济史研究》1999年第2期。

② 参见徐浩《农民经济的历史变迁——中英乡村社会区域发展比较》，社会科学文献出版社2002年版。

③ 参见陈惠雄《近代中国家庭棉纺织业的多元分解》，《历史研究》1990年第2期。

④ 参见戴鞍钢《中国资本主义发展道路再考察》，《复旦学报》2001年第5期。

⑤ 参见史建云《农村工业在近世中国乡村经济中的历史作用》，《中国经济史研究》1996年第1期。

⑥ 参见史建云《手工业生产与农民观念更新》，载薛君度、刘志琴主编《近代中国社会生活与观念更新》，中国社会科学出版社2001年版。

的关系。如史建云从农村市场的视角分析了乡村手工业与近代机器工业的关系,认为农村手工业使用了近代工业生产的原料或工具,农村的手工业提高了农民的购买力,从而扩大了工业品的市场。因此,"在近代中国,农村手工业商品生产,在市场问题上,对民族工业的发展既有促进的一面,也有与之竞争、对抗的一面,促进的作用是主要的,而竞争、对抗则是次要的"。① 马俊亚通过对江南农村手工业的研究,认为"尽管在许多方面,手工业对现代工业有抵触的一面,现代工业对手工业有挤压的一面,但不管怎样,现代工业的发展不是完全背离中国手工业的基础,在一定程度上正是利用了这种得天独厚的资源"。② 另一种观点则不同意将手工业和工业之间的互补作用估计得过高,认为两者之间是一种恶性竞争关系,提出民族机器工业的产生建立在农民家庭手工业被破坏的基础之上,并认为农村家庭手工业的存在成为机器工业进一步发展的阻碍。如黄宗智、陈庆德等人的研究。③

还有的学者将手工业未能完成向工业化进一步转化的发展定性为"半工业化",认为把处在"半工业化"阶段的近代乡村手工业与传统手工业明确区分开来,有助于探讨近代乡村工业化的性质。彭南生通过对近代世界与中国乡村手工业史研究的全面梳理与通透式的分析,立足于中国近代乡村手工业的实际,结合工业制度变迁的理论与工业文明发展进程的特点,提炼出了半工业化这一分析概念,并系统地阐述了近代中国乡村手工业半工业化的兴起、发展与中断的历史过程及其在近代农村经济社会变迁乃至在整个现代化进程中的意义。他认为,半工业化之所以在某些地区成为现实,更为重要的原因是清末民初地方政府与社会组织的推动、地方能人的倡导。正是在这些因素的综合作用下,才促成了乡村手工业危机中的转机,形成半工业化现象。同时他也指出,半工业化现象的出现还是对农村社会经济变迁产生了积极的推动作用。首先,传统农、副业结构,农村种植结构,农民收入结构等发生了变化,地区间的产业分工初露端倪,

---

① 史建云:《从市场看农村手工业与近代民族工业之关系》,《中国经济史研究》1993年第1期。
② 马俊亚:《混乱与发展——江南地区传统社会经济的现代演变(1900—1950)》,社会科学文献出版社2003年版。
③ 参见黄宗智《华北的小农经济与社会变迁》,中华书局2000年版;陈庆德《论中国近代手工业的发展趋势》,《求索》1991年第6期。

农民生活水平相对提高。其次，半工业化在相当程度上推动了农村传统市镇的转型和新兴市镇的产生。最后，乡村手工业的发展促进了农村商人阶层的崛起，农村社会救助能力得以提高。①

三 工业史研究

综观以往的工业化理论，主要从两个时段围绕两个主题展开：一是原工业化，指工业革命以前的工业化，关注的对象为乡村手工业；二是现代工业化，研究的对象集中在工业革命以后城市的大机器工业之上。本小节主要讨论后者。在这些研究中，近年来左峰、方一兵等人的研究尤为值得注意，他们为工业史研究的拓展提供了有益的尝试。

制度和技术是工业化推进过程中不可忽略的两个影响因素。左峰著《中国近代工业化研究：制度变迁与技术进步互动视角》（上海三联书店 2011 年版）一书便抓住了这一切入点，尝试性地对中国近代工业化加以解读，厘清近代中国工业化发展与不发展的脉络和原因。制度和技术作为两个相对独立的变量不仅以独特的方式作用于工业化，而且还可以相互促进形成良性互动，以之合力推动工业化。同时，该书对洋务运动、甲午战争后和民国初年、南京国民政府这三个代表性阶段的分析也表明，中国近代工业化的发展与不发展（迟缓）的主要原因要归于制度和技术。他还进一步指出，总需求增长缓慢是近代中国工业化不发展的重要约束，而总需求增长缓慢在很大程度上可以归因于缺乏一个发达的近代市场、大规模的贸易扩张以及商业革命的未完成与半途而废。②王玉茹、云妍关于开滦煤矿的研究则更加侧重于从计量方法考察工业的经营效益和辐射性影响。③

中国工业的近代化在很大程度上是对西方先进机器技术的移植，因而技术移植也是考察近代工业史的一个重要维度。方一兵所著的《汉冶萍公司与中国近代钢铁技术移植》（科学出版社 2011 年版）一书透过汉冶

---

① 参见彭南生《半工业化：近代中国乡村手工业的发展与社会变迁》，中华书局 2007 年版。
② 参见左峰《中国近代工业化研究：总需求视角》，《前沿》2011 年第 23 期。
③ 参见王玉茹《开滦煤矿的经营效益分析》，《中国经济史研究》1993 年第 4 期；云妍《中国早期工业化中的外资效应——以近代开滦煤矿的外溢性影响为中心》，《中国经济史研究》2010 年第 1 期。

萍公司大规模移植西方钢铁技术的历史过程，探讨汉冶萍公司对中国近代钢铁技术体系的构建所产生的影响。这些技术移植包括对设备的引进和改造，中国首批钢铁工程师、技术工人的培养及其作用，中国首部钢轨技术标引等。通过以汉冶萍公司为中心的近代大规模移植西方钢铁技术的历史，该书展现了近代钢铁技术体系创立与发展的历史特征，以及中国近代钢铁技术的传统与变迁。何世鼎则注重将民族工业的科技进步与外国进行比较。在《中国近代民族工业企业的科技进步：与近代外国工业企业的比较研究》（天津古籍出版社2011年版）一书中，以第一次鸦片战争为标志，将近代中国民族工业企业的科技进步置于当时的国际背景下进行研究，指出：中国近代民族工业企业的科技进步，走的是一条自上而下，即由上至中央、省级，下至地方府州县的国有企业主导型的路径。它不同于英国的完全从民营企业开始的模式，也不同于日本先由"官营模范工厂"做出示范之后也由民营企业主导的模式。对于全国各地工业的研究，与以往较多强调外部帝国主义和内部封建势力干涉不同，它较注意考察近代工业的具体社会环境。如葛玉红认为东北近代工业的形成和发展，是在一个历史时期内完成的，而不是一两个小厂的出现就构成了整个东北的近代工业。① 刘长锁从近代河北唐山市自身的城市发展史，分析近代工业的区域发展特点。② 姜新、刘宏也认为近代苏北工业由于受发展策略和近代苏北资金短缺，市场发育程度低，交通落后，劳动力市场素质低等诸因素的制约，使苏北近代工业虽起步较早，但后来落后于苏南地区。③ 冯云琴关于唐山的研究，则是置于工业化和城市化的相关理论之下，通过对这些企业生产设备、技术革新、经营手段、生产状况、市场营运、经济效益等工业化程度的分析，及其工业化给唐山带来的交通、商业、服务业、城市设施、人口增长、文化、教育、卫生，以及管理方式的转变，勾勒出唐山由村到城镇再到城市，以及城市近代化的变迁轨迹，并指出直到20世纪30年代唐山虽已发展为华北重要的工商业中心，但其城市化的水平仍然处于低度状态，城市化的水平

---

① 参见葛玉红《东北近代工业的形成和发展》，《辽宁大学学报》（哲学社会科学版）1999年第1期。
② 参见刘长锁《开滦与唐山城市的兴起》，《城市史研究》，2004年。
③ 参见姜新、刘宏《苏北工业起步的历史机遇与战略选择》，《江苏社会科学》1995年第3期。

滞后于工业化的发展程度。①

精英人物的工业实践,尤其是地方官员的地位、财力和政策取向,对于近代地区工业发展影响甚大。这一领域的研究也相当多。如梁磊从张謇在苏中建成一批工业、港口和盐垦市镇的过程,透视工业与市镇现代化进程的关系。② 又如张之洞与江苏工业和武汉工业、胡聘之与山西工业、丁宝桢与四川工业、李鸿章与天津工业的关系,都体现出精英人物对于地区工业的发展所产生的影响。③ 留学生也是影响近代工业发展的一个重要群体。张洪云以近代化学工业为例,阐述了近代化学工业中的留学生群体特别是其中的科技企业家,在化工企业管理中的特点以及他们利用自身优势,凭借其技术特长,在技术引进、技术创新与科学管理等方面做出的卓越贡献。④ 商人对近代工业的作用也不可忽视。陶水木便从地方商人的角度,着重考察1912—1937年浙江商人对工业文明发展的地位、作用和影响。⑤

近代工业的发展还受到传统三大经济部门的制约和影响。刘义程认为江西向近代工业经济转型过程中受到了传统农业经济模式的制约,从而导致了江西工业化的艰难曲折。⑥ 吴建新在广东蔗糖业的个案研究中认为,20世纪30年代广东的工业化运动,奠定了工业支持农业的基础;机器糖加工业迅速发展,有力地推动了甘蔗栽培业的技术进步。⑦ 戴鞍钢指出,中国农村的经济变迁对于民族工业的发生发展起着相当明显的促进作用,

---

① 参见冯云琴《工业化与城市化:唐山城市近代化进程研究》,天津古籍出版社2010年版。

② 参见梁磊《张謇与近代苏中市镇的发展》,《中国社会经济史研究》2007年第1期。

③ 参见唐文起《张之洞与江苏近代工业的兴起》,《学海》1997年第6期;黄长义《张之洞的工业化思想与武汉早期工业化进程》,《江汉论坛》2004年第3期;崔锁龙《胡聘之与山西近代工业的兴起》,《太原大学学报》2006年第2期;曾绍敏《丁宝桢与四川机器局机器历史价值》,《西南交通大学学报》(社会科学版)2001年第3期;汪寿松《李鸿章与天津近代工业企业的创办》,《天津经济》2004年第4期。

④ 参见张洪云《留学生与中国近代工业发展——以化工群体为例的分析》,《华侨华人历史研究》2012年第2期。

⑤ 参见陶水木《浙商与中国近代工业化》,中国社会科学出版社2009年版。

⑥ 参见刘义程《发展与困顿:近代江西的工业化历程》,江西人民出版社2007年版。

⑦ 参见吴建新《试析近代工业与近代农业的关系——以近代广东的蔗糖业为例》,《华南农业大学学报》(社会科学版)2005年第11期。

来自农村的产品需求和原料供给，也有助于民族工业拓展生存空间。① 彭南生则进一步强调，近代手工业与民族工业也存在着多层面的互补。② 马俊亚通过对传统商业和近代工业关系的辨析指出，除商人资本是近代工业资本的主要来源之外，商业活动中积累的大量经验，较多地转用于工业企业管理活动中；在同一工业企业中，商业成为企业活动的延伸机构，为近代工业企业的经营节约了交易成本。③

与此同时，工业史的研究也越来越重视吸收和借鉴各种理论及方法，尤其是经济学的理论和方法。刘佛丁运用制度经济学理论研究中国近代的工业化，认为古典经济学较多地强调技术进步和人力资本的作用，将制度研究作为系统外的非经济因素加以排斥，与历史实际运动不符，而技术进步和生产力的变化，只是经济增长本身，而不是经济增长的原因，制度变迁才是经济增长的原因。刘文将制度经济学引入近代经济史研究，带有开创性的意义，而其对传统史学方法的批评也是切中要害的。④ 严立贤运用古典经济学和发展经济学的方法研究近代中国工业化与农业的关系。在《略论近代中国工业化的农业条件》一文中，应用了比较研究法和二元经济论。通过研究，他指出，一个国家或社会的工业化，在其早期阶段，如果不是一种出口导向或者说以国外市场为引导力，而是以国内市场为基础、以国内消费需求为引导力的话，它应当是以国内农业生产率的增长为前提条件的，而中国近代的农业生产是衰退的。那么，衰退的近代农业是如何支撑着近代的工业化的呢？该文得出结论，中国的近代工业化是建立在剥夺和破坏农业生产的基础之上的，由于农业的落后和国内市场的狭窄，近代工业化难以发展，成了西方资本主义的砧上肉。中国的近代工业化不能不进行，但又难以实现，不能不剥夺农村，但农村又过于脆弱，难以为近代工业化提供基础条件，这就是中国近代工业化的两难困境。中国近代工业化的两难困境完全是由于农业的落后造成的，只有通过一场农业革命才能解决。⑤ 二元经济论是发展经济学的一项创见。近代中国亦属二元经济，传统农业与近代工业并存，研究其互动关系极为重要。许多经济

---

① 参见戴鞍钢《民族工业与近代中国农村》，《学术月刊》2000年第12期。
② 参见彭南生《近代手工业与民族机器工业互补形态初探》，《江汉论坛》1999年第3期。
③ 参见马俊亚《中国传统商业与近代工业关系辨析》，《史学月刊》1997年第3期。
④ 参见刘佛丁《制度变迁与中国近代的工业化》，《南开经济研究》1999年第5期。
⑤ 参见严立贤《略论近代中国工业化的农业条件》，《近代史研究》1999年第5期。

学理论和经济学研究方法被采用,对推动这一学科的发展起到了积极的作用,但同时,也要注意经济理论适应的场合。吴承明就一直主张对西方理论采取批判吸收的态度。

在这种多元的眼光向下,面向区域的研究基础之上,学者也注意走出区域,把近代工业史的研究放在更广阔的空间加以比照,尤其引入地理学的角度,用联系的、整体的眼光审视区域之间、区域外部的联系与互动。近代工业布局的把握就是一个重要的体现。戴鞍钢等认为,从地理分布及其变化的角度,中国工业大致经历了 1840—1894 年、1895—1913 年、1914—1936 年、1937—1949 年四个阶段的发展演变。在这一过程中,中国近代工业从无到有,但受历史条件的制约,其发展速度和规模都很有限。从其地域分布来看,中国近代工业在总体上很不平衡,主要偏重于沿海沿江一些通商口岸城市,始终没有突破偏于沿海沿江地带的基本格局。地域分布的不平衡,也因此限制了近代工业的社会影响和工人阶级队伍的分布。① 袁为鹏则以煤炭、钢铁和棉纺织业为对象,探讨了影响近代中国工业布局的资源、交通、社会经济和人文自然因素,以及其在不同行业、不同时期和地域层次中对中国近代工业布局的影响与作用,勾画出中国近代工业布局在时间和空间上的演变轨迹。②

四 商业史研究

区域商业、商人的专门研究,以及对商业近代化的关注,是商业史研究的重要拓展。

近代以来各地区的商业发展相对不平衡,这多是受到区域社会经济的影响,而反过来,商业的发展也会对区域社会经济产生影响。陈炜的《近代广西城镇商业网络与民族经济开发》(巴蜀书社 2008 年版)以近代广西城镇为研究对象,着重分析其商业网点布局与商业网络结构,探索了新经济形式下区域民族经济开发的模式与途径。周智生在《商人与近代中国西南边疆社会》(中国社会科学出版社 2006 年版)一书中,以活跃于近代中国西南边疆商贸舞台上的各民族商人为主要研究对象,探讨这些

---

① 参见戴鞍钢、阎建宁《中国近代工业地理分布、变化及其影响》,《中国历史地理论丛》2000 年第 1 期。
② 参见袁为鹏《聚集与扩散:中国近代工业布局》,上海财经大学出版社 2007 年版。

土生土长的民族商人与近代滇西北这个多民族聚居区的社会变迁间具体的互动关系,以及所产生的历史影响。殷俊玲《晋商与晋中社会》(人民出版社 2006 年版)一书侧重于从社会学民俗学的视角,深入浅出地梳理了明清时期晋中社会在商业发展下的人间万象。

商业的近代化带来了地区社会经济的发展变化,而商人群体在其中扮演着重要的角色,并相互影响。尹铁在《浙商与近代浙江社会变迁》(中国社会科学出版社 2010 年版)中强调现代化视角下的浙商,紧扣浙江商帮与近代浙江社会变迁这一主线,论述了浙商与近代浙江社会在经济活动、政治活动、职业结构、公共建设、教育发展、社会赈济、地方文化等方面的关联与互动。论证了在近代浙江,商人是推动浙江早期现代化进程的重要力量,在近代浙江从传统社会向近代社会转型过程中起到了重要的作用。乐承耀的《近代宁波商人与社会经济》(人民出版社 2007 年版)一书则集中讨论宁波商人这一群体,围绕宁波商人向北拓展、向南拓展和向港台及海外拓展,展现向北的以上海为中心的长三角商贸区、以京津为中心的环渤海商贸区,向南的以广州、厦门为中心的粤闽赣皖商贸区,以武汉为中心的鄂湘豫商贸区,以重庆为中心的川滇黔商贸区和以香港为中心的港台及海外商贸区总宁波商人的商业经营和活动,从而提出清末民国期间甬商成为中国第一大商帮的观点。冯剑辉的《近代徽商研究》(合肥工业大学出版社 2009 年版)透视这一历史悠久的商人群体在近代的转型规律,分析其在中国近代化过程中的作用。近代徽商既具有浓厚的传统气息,又具备了一定的时代精神,它处在转型之中,但转型的进展是不平衡的。庞玉洁在《开埠通商与近代天津商人》(天津古籍出版社 2004 年版)中,则展现了近代天津开埠通商前后,天津商人由旧式商人到新式商人产生,并形成天津新式商人群体的过程,强调开埠给地方商业和商人带来的影响。

作为商业不可或缺的一部分,学界也开始注意到商业中的行帮(商会)和商事习惯。商团的研究前文已有专门的评述,本书主要讨论商事习惯。商事习惯主要涉及商事方面,为商业行业内部和相关利害人所承认的商业习俗。严昌洪曾对商事习惯下过定义。他认为,商事习惯有狭义和广义之分,"从狭义来说商事习惯是指人们在商业活动中长期形成的、约定俗成的商事例规与习惯俗制,它是商业习俗的一种具体表现。在没有'商法'或'商事法'的时代,它曾起着规范商事经济关系中商人、商业组织和商业活动的作用。它与法律规范相比较，基本上是一种民间的行为。在商业走向法制化的时代，商事习惯又是制定'商法'或'商事法'的基础"。"广义的商事习惯，在商法或商事法制定并实施之后，除了民间原有的商业例规、习惯俗制以外，还应包括吸收进商法的商事习惯内容以及商人、商业组织按照商法调整商事经济关系或规范商业行为的一些做法。"①严昌洪是最早关注商事习惯的学者之一，他以商业和文化的关联为切入点，阐述近代商事习惯的变迁，通过区分旧式商业和新式商业的不同商事习惯，得出结论：在近代民族商业中占据统治地位的是一种由旧式商业向新式商业转变的过渡形态的商业。②张松的《变与常：清末民初商法建构与商事习惯之研究》（中国社会科学出版社2010年版）则侧重从商事裁判角度出发，对近代商法的制定过程、商事习惯被导入立法和司法实践的过程进行考察，分析移植于西方的法律制度与本土的商业习惯法之间的矛盾冲突与调和。他还对近代商业经营中出现较多、应用较广的一些商事习惯加以叙述，重点介绍了全国各省主要商埠同行的票据，指出在中国传统的商业活动中形成的国内票据流通习惯与国际通行习惯和法律规定多有不合。不过，张松的研究侧重于法律史的视角，对若干重要的商事习惯的具体活动缺乏深入的分析。张渝则认为清代实际上已经存在整商业活动的法律，在《清代中期重庆的商业规则与秩序：以巴县档案为中心的研究》（中国政法大学出版社2010年版）一书中，以清代巴县衙门保存的司法档案与契约文书为研究的主要资料，讨论了清代中期重庆这个特定区域的行会习惯法的发展及其变迁、地方政府于民间商业社会构建行会习惯法的种种努力等问题，重点关注清政府在商业管理方面所做的工作，以及商人团体的能动性，认为：虽然清代没有商法概念，也没有独立的商法，但是清代中央王朝及地方政府对商业秩序的构建和维护，以及商人团体试图通过制定行规等方式建立有序交易秩序的努力，充分展现了清代调整商业活动的法律的存在。

在近代商业史的研究中，企业史是新兴的备受关注的领域。赵兴胜、

---

① 严昌洪：《在商业革命的大潮中——中国近代商事习惯的变迁》，华中理工大学出版社1997年版，第1—2页。
② 参见严昌洪《中国近代社会转型与商事习惯变迁》，《天津社会科学》1998年第2期；《在商业革命的大潮中——中国近代商事习惯的变迁》，华中理工大学出版社1997年版。

张守广、张忠民、朱婷等分别关注了南京国民政府时期、抗日战争时期的企业情况。赵兴胜以思想观念的起源、演进及其相关因素的分析为切入点,重点分析了南京国民政府时期群体意识的结构、关键人物的思想、政策的形成与变革、政治体制的构建历程与企业的经营实践,以及上述各种因素的互动过程。① 张守广较为系统地整理了抗战时期后方的现代企业和企业家、民营企业以及国家资本、公营企业的发展和命运。② 张忠民、朱婷则对以 20 世纪 30—40 年代为中心的南京国民政府时期国有企业的制度变迁和历史演进,从国有独资、全资企业、国有控股企业以及国有参股企业的不同角度,作了较为详尽、系统的研究,并对国有企业的资本、资金来源,股权结构,企业的组织形式、治理结构、管理层级、员工薪酬等也加以关注。③ 股份制公司作为近代从西方引入的企业形态,其具体类型和发展如何,需要进行系统的考察。王处辉著《中国近代企业组织形态的变迁》(天津人民出版社 2001 年版)一书,探讨了中国近代企业组织的连续性因素分析、近代企业制度供给与股份制企业的发展以及近代企业组织结构与劳动组织个案研究等内容。江满情的《中国近代股份有限公司形态的演变——刘泓生企业组织发展史研究》(华中师范大学出版社 2007 年版)则以大量档案史料及其他相关资料为基础,透过刘鸿生企业股份有限公司从各股份有限公司的设立到构建行业垄断组织的发展史,分析中国近代股份有限公司组织的形态演变及其动因。朱荫贵在《中国近代股份制企业研究》(上海财经大学出版社 2008 年版)一书中较为系统地从中国近代股份制企业的几种类型、资金运行特点、经营管理中的不同类型等六个方面,探究了中国近代股份制企业的发展历程,指出股份制企业本质上是一种资本组织和运行的新型方式,它在近代中国出现后,除具有西方企业组织运行的一般特点外,还带有浓厚的中国特点和传统经济要素的痕迹:企业需要向政府报效、分配中实行"官利"制,面向社会直接吸收储蓄和企业内部资金的调拨等,就是中国近代股份制企业资金运行中的本土特点。

---

① 参见赵兴胜《传统经验与现代理想:南京国民政府时期的国营工业研究》,齐鲁书社 2004 年版。
② 参见张守广《大变局:抗战时期的后方企业》,江苏人民出版社 2008 年版。
③ 参见张忠民、朱婷《南京国民政府时期的国有企业》,上海财经大学出版社 2007 年版。

企业的制度和治理，也引起不少学者的关注。张忠民以现代企业理论为依据，对近代中国公司制度的演进作了历史大跨度的宏观描述。① 李玉的《北洋政府时期企业制度结构史论（1927—1949）》（社会科学文献出版社 2007 年版）则重点研究北洋时期的企业制度，对发起人、股东会、董事与监察人、股份、股票、股息等机制层面对这一时期的股份有限公司制度进行了重点剖析，并分别展现了同一时期无限公司、两合公司与股份两合公司的制度特征与运作实情。相比较，宋美云、张环的《近代天津工业与企业制度》（天津社会科学院出版社 2005 年版）一书则从区域出发，进行较为具体、深入的讨论。该书从纵向考察了 1866—1949 年天津地区工业的发展情况，又从横向方面通过经营管理、企业制度等方面考察近代天津企业的演变过程，最后指出，近代中国股份有限公司的法人治理结构经历了一个从简单模仿到逐步完善的过程，建立现代企业制度与公司法人治理结构是市场经济体制下的有效制度安排。企业治理的研究更侧重于公司的运作。如高新伟著《中国近代公司治理（1872—1949 年）》（社会科学文献出版社 2009 年版）一书，主要分晚清、民国前中期和民国后期三个阶段，对近代公司治理结构的制度设计、运行情况，以及二者之间的差异进行说明。杨在军著《晚清公司与公司治理》（商务印书馆 2006 年版）考察从中国第一家股份公司产生到清政府灭亡期间近代中国公司的治理机制，重点探讨了从特许阶段到准则阶段公司治理机制的演变历程。作者选择政府、官方人格化代表、投资者、经营者为公司治理的基本主体，指出早期公司治理模式是在特许制度框架下，没有也不可能得到应有的发展，只有向准则注意发展才符合公司制度现代化的规律，公司制度才可能得到发展。

比较研究的视角也被引入商业史研究的领域。湖商和甬商是近代以来浙江商帮中最具影响力和代表性的两大商帮群体，共同成为近现代浙商之滥觞。作为同时期辉映于中国近代经济舞台上的两大商帮，湖商的盛极而衰和甬商的百年辉煌恰恰形成了鲜明的对照。张立勤著的《近代以来湖商与甬商发展路径的比较研究》（中国社会科学出版社 2011 年版）通过对近代以来湖商和甬商在发展契机、文化源流、投资领域、经营思想和政

---

① 参见张忠民《艰难的变迁：近代中国公司制度研究》，上海社会科学院出版社 2002 年版。

治角色等方面异同点的比较,探究造成湖商和甬商不同发展路径的多种复杂原因,由此探讨两大商帮的兴衰命运对于全球化视野中的新浙商发展的深层启示。

历史地理也同样显示出其在推动商业史研究中的重大作用。如王尚义的《晋商商贸活动的历史地理研究》（科学出版社 2004 年版）一书依据历史地理学的基本理论,将晋商商贸活动的扩展区域划分为几个区,对区域之间的商贸关系及扩展机制进行探讨,分析晋商商贸活动区域扩展的特点,得出晋商形成及其扩展的规律和人地关系的原因。

在商业史研究中,细分化的趋势也很明显。研究细分化有助于研究的深入,通过实证纠正以往不全面的认识。以张丽蓉的《长江流域桐油贸易格局与市场整合——以四川为中心》为例。在以往的研究中,对国民政府的经济垄断和物资专卖评价不一,有研究者认为:"南京政府十年的主导性质倾向是与现代化的要求背道而驰,国民党政权强调自身利益至上,倾向于控制国民经济。"但张丽蓉通过对四川桐油贸易的个案分析发现,正是国民政府的干预,为四川桐油业健康、长远的发展创造了条件;对桐油贸易的监管,使政府不但在重塑国家信用上迈出了坚实的一步,而且让中国的桐油贸易得以自主经营和发展,从某种程度上讲,政府对经济的干预恰好体现为一种科学行为。①

五 交通史研究

近代交通主要体现在由传统的驿道和运河向近代的铁路、海运和电信的转变。受区域史和现代化理论的影响,地方交通史的考察逐渐成为近代交通史研究的主要内容。

通过对以铁路为中心的新式交通体系的研究,分析近代交通与各地区的社会经济,尤其是城镇化进程及城乡结构变动的关系,是近代交通史一个重要的新领域。朱荫贵在《中国近代轮船航运业研究》（中国社会科学出版社 2008 年版）一书中,讨论了轮船和长江流域近代经济的演变、新式交通运输与近代中国社会经济演变之间的关系,指出在铁路轮船等新式交通工具推动贸易发展和市场开辟的进程中,中国城市的发展也出现了与

---

① 参见张丽蓉《长江流域桐油贸易格局与市场整合——以四川为中心》,《中国社会经济史研究》2003 年第 2 期。

过去完全不同的变化；在河流水道条件不如长江水系发展的北方，近代交通运输工具特别是铁路的出现，对商业中心和城镇的盛衰更替有着更为明显的影响。① 丁贤勇以20世纪30年代的浙江中西部地区为中心，通过对浙赣铁路与区域发展的分析，指出浙赣铁路改变了千百年来自然形成的浙东、浙西的不平衡状态，以及其在沟通与促进浙东、浙西两大区域发展中的独特作用，并对途经区域内原有城镇格局和腹地空间变迁、社会经济发展和人们生活变化都产生了巨大影响。② 丁贤勇还注意到近代交通与市场空间结构嬗变之间的关系，他指出，近代以降，原先以市场作为基础、固定不变的交通运输条件发生巨变，由此带来了传统市场空间结构的演变，主要表现在商路改易、商业城镇发展、商品产销、商人活动等方面。③ 又如宋美云关于轮船与天津近代化、岳钦韬关于铁路与太湖流域的水利影响、郭海成关于陇海铁路与近代关中经济社会变迁，这些研究都旨在指出近代交通给地方社会、地方经济所带来的影响。④ 戴鞍钢的研究则注意到近代口岸城市崛起后对周边地区近代交通业的引领和近代化的推进作用，城市、城镇的近代化与近代交通业的发展可谓是相辅相成的。⑤ 田伯伏则从直隶采煤业入手，分析了京汉铁路修建对直隶煤矿业如井陉、临城、磁州等的影响，指出铁路作用体现在运输速度的提高和运费的降低扩大了煤的销售市场。⑥

交通业从传统向近代的转型过程也受到学界的重视。近代以降，传统

---

① 参见熊亚平《铁路与华北内陆传统工商业市镇的兴衰（1905—1937）》，《河北大学学报》（哲学社会科学版）2006年第5期；马义安《近代铁路与河南城乡结构变动述论——以1906—1937年的豫北地区为中心》，《经济研究导刊》2011年第32期。

② 参见丁贤勇《浙赣铁路与浙江中西部地区的发展：以1930年代为中心》，《近代史研究》2009年第3期。

③ 参见丁贤勇《近代交通与市场空间结构的嬗变：以浙江为中心》，《中国经济史研究》2010年第3期。

④ 参见宋美云《轮船招商局与天津城市近代化》，《南方论丛》2008年第2期；岳钦韬《近代铁路建设对太湖流域水利的影响——以1920年代初沪杭甬铁路屠家村港"拆坝筑桥"事件为中心》，《中国历史地理论丛》2013年第1期；郭海成《陇海铁路与近代关中经济社会变迁》，西南交通大学出版社2011年版。

⑤ 参见戴鞍钢《口岸城市与周边地区近代化交通邮电业的架构——以上海和长江三角洲为中心》，《复旦学报》（社会科学版）2007年第1期。

⑥ 参见田伯伏《京汉铁路与直隶沿线近代采煤业的起步》，《河北大学学报》2000年第3期。

的交通如驿站和运河逐渐被邮政和海运所替代，轮船、电报等逐渐成为日常重要的交通工具。以邮政的近代化为例，撤驿置邮是邮政近代化的重要内容。刘文鹏等考察了从清代驿传体系到近代邮政的转变，在近代交通的发展中，驿站、塘、铺等清代驿传，逐渐转变为电报、邮政。① 韩晶的研究通过上海电报的个案，强调近代交通业起初遭遇了清政府的抗拒和阻挠，同时又经外国商人的反复交涉，最终清政府让步，虽然因此丧失了电信主权，但客观上促进了电报技术在上海地区乃至全国的应用。② 朱荫贵则分别考察了民族和外国两种资本的轮船航运业从甲午战后到第一次世界大战后的发展过程。③ 传统与近代也并不是线性的过程，而且曲折多元的，受到许多潜在因素的影响。陈文彬在《近代化进程中的上海城市公共交通研究》（学林出版社 2008 年版）一书中，就注重比较传统与新式的两个交通方式之间的交集和影响，试图解释近代上海城市公共交通事业的发展路径。他认为，近代上海的社会关系、社会力量相互博弈所构成的公共交通近代化进程中的重要变量，最终决定了上海公共交通近代化的路径和样式。在传统与新式的两种交通方式中，由于新式公共交通方式的运能不足，不能满足不断增加的城市公共交通的需求，所以二者得以长期并存；而租界公共交通近代化的启动和日益成熟的经营与管理，给华界地区带来强烈的刺激，又促进华界新式交通的发展。

这种近代化的过程，还体现在交通业的经营、管理方面。朱荫贵透过东北戊通航业公司因经营管理落后，仅仅维持七年即宣告破产的个案，分析落后的封建经营管理方式如何直接窒息新式企业的生计。④ 卢伯炜则指出，由于盛宣怀入主轮船招商局，明显改变了这家企业的股权地位、经营体制和发展路径，形成一种新的"官督商办"的模式，衍生出有害于中国民族资本主义向纵深发展的种种机制。⑤ 何嫒嫒也关注到京汉铁路早期的经营模式，它在晚清的成功运营在一定程

---

① 参见刘文鹏《清代驿传体系的近代转型》，《清史研究》2003 年第 4 期；樊清《古邮驿的衰落与近代邮政的兴办》，《河北师范大学学报》2002 年第 1 期。

② 参见韩晶《近代化的"退"与"进"——近代上海电报通信权的交涉》，《史林》2010 年第 1 期。

③ 参见朱荫贵《中国近代轮船航运业研究》，中国社会科学出版社 2008 年版。

④ 同上。

⑤ 参见卢伯炜《盛宣怀与轮船招商局的改制》，《苏州大学学报》2006 年第 6 期。

度上降低了清政府借债筑路的利权丧失程度，给沿线经济社会发展变迁注入了新的活力。① 徐建国关于近代民信局管理的研究，侧重于民信局寄递地点和范围的分析，把民信局的寄递网络和区域内部的经济联系结合起来，指出通过民信局的信息沟通，在更大范围内实现了商品流通和贸易往来。②

近代交通的发展改变了地区在空间上的联系，运用地理学的方法研究交通史也就变得十分重要。苏生文指出，19世纪末20世纪初，修路风气已经打开，清政府在北方地区修筑了京奉铁路、京汉铁路、京张铁路和津浦铁路四条主干线和一些支线，构成了以北京为中心的铁路网。③ 樊如森则从经济地理格局演变的角度，指出近代交通途径的演变与华北主体经济要素在空间上的位移有着重要的联系。他认为，华北地区的主体经济要素随着时间的变迁而发生了空间上的位移，此前以北京和省府县城为经济中心的城市，以驿道和运河为主要交通途径的传统国内政治经济网络，向以天津、青岛等通商口岸为经济中心城市，以铁路、公路、海运、电信为主要交通途径的现代国际市场经济体系转化。到20世纪20年代，华北经济区的空间范围，由此前以北京为中心城市的直隶和运河沿线地区，拓展到以天津、青岛为中心城市的山东、河北、山西、察哈尔、热河五省，以及河南省和江苏省的黄河流域部分。轮船、火车、汽车、电报、电话等现代交通、通信工具的发展，构建起以通商口岸为物流、人流、资金流与信息流枢纽的新型海陆交通网络，为以天津和青岛为经济中心城市的华北经济地理新格局的形成，奠定了必要的物质和技术基础。④

新式交通也影响了近代时间观念的变化。丁贤勇指出，新式交通使人们开始确立科学的时间观念，同时也改变了人们生活中的时间节奏和对时间的感知，扩大了人们的活动半径。⑤ 实际上，新式交通对时间的影响不止于此，它缩短了地区间信息交换的时间，尤其在经济往来、金融贸易中，

---

① 参见何媛媛《京汉铁路早期经营研究（1895—1912年）》，硕士学位论文，哈尔滨师范大学，2010年。
② 参见徐建国《近代民信局的寄递网络研究》，《安徽史学》2009年第3期。
③ 参见苏生文《晚清以北京为中心的铁路网的形成》，《中国历史博物馆馆刊》2001年第1期。
④ 参见樊如森《近代华北经济地理格局的演变》，《史学月刊》2010年第9期。
⑤ 参见丁贤勇《新式交通与生活中的时间——以近代江南为例》，《史林》2005年第4期。

甚至影响到货币的流通速度。总之，新式交通的出现，影响了传统中国的经济模式，加速了市场经济的发展，但目前学界对此的关注还尚在少数。

六 小结

总体来讲，新时期部门经济史除了在农业史、手工业史和工业史研究中有新的拓展之外，对商业史、交通史的研究也受到重视，而且越来越关注区域的特性，既有细化的研究也有整体的关怀。同时，经济学等相关学科理论的引入，加强了研究的解释力，拓展了研究视角。值得注意的是，目前学界的研究虽然多打着区域史的标签，但时常将区域片面化，多关注区域中与部门经济相关的部分，缺乏整体史观的关怀，很少从区域自身社会经济发展的脉络中去考察。在部门经济运作的分析中，对于实际运作的重视也明显不足。运作作为人的活动，缺少人及其群体活动等因素的考量，很难有深度地呈现经济部门的运作机制。

第七节 经济法规和政策

经济法规是保障社会经济生活正常运转的重要手段。一个国家如果没有完善的经济法规，政府就不能有效地管理社会经济，也无法保证社会经济生活的正常发展。晚清以来政府的经济法规和政策，对当时的社会经济生活的发展产生了重要的影响。但一直以来，这一问题却得不到应有的关注。直到改革开放以后，随着国家对经济作用的重视，才越来越多地受到学界的关注，使得近代政府经济法规和政策问题的研究成为新时期近代经济史研究新辟的重要领域。经济法规的研究侧重于从中国社会的近代转型中进行考察，因而作为重要过渡转型时期的晚清，其经济法规和政策的产生、种类、意义及其局限，也更多地得到学者的重视。相比之下，民国经济法规的研究较弱，但也呈现出各自的特色。本节拟按晚清时期、北洋政府时期和南京国民政府时期，分别评述相关研究成果，并总结新时期研究成果所带来的有关启发。

一 晚清时期

20世纪初期，随着资本主义经济的发展，清政府为推行"新政"，发展近代工商业，开始制定并颁发了一系列前所未有的经济法规，此后的北洋政府、国民政府在其基础上也陆续出台了许多相关的经济政策。过去的研究，只看到清政府衰落反动的一面，而忽视了这一时期清政府各方面政策的新变化。学界对晚清经济法规和政策的研究，突破了以往视野的局限性，呈现清政府制定法规、政策的努力，并重新作出评价。朱英的《晚清经济政策与改革措施》（华中师范大学出版社1996年版）一书，从总体论述了甲午战后清政府经济政策的变化及其影响，同时分析了与经济政策变化密切相关的机构设置、劝业政策和有关数据，尤其对晚清政府所制定的工商法规和振兴实业措施，作了比较全面的研究。通过分析经济政策的制定过程、具体内容和实施状况，在指出其弊端和缺陷之外，肯定其对中国资本主义经济法制建设的先导作用，对维护资产阶级利益和促进资本主义发展的积极作用。虞和平从商会角度的研究也表明，从经济政策的制定过程、科学性和可行性而言，与资产阶级和经济发展的要求尚有较大的差距，但对资本主义经济伦理的产生具有较大的促进作用。① 晚清政府实施的经济政策和改革措施，被视为与19世纪末20世纪初近代中国社会从传统向近代的过渡转化有着密切联系。②

  关于晚清经济法规的考察，侧重于从政府职能的角度出发，研究近代政府在国家转型中扮演的重要角色。从经济领域上看，政府能否转变观念，对原有的经济模式加以改造，对民间工商企业加以扶持、规范等，都是近代国家发展极为重要的内容。朱英分别考察了辛亥革命前清政府在财政、金融、农业、贸易、矿务、铁路等方面的政策和改革措施，一方面肯定了政府对国家资本主义经济初步发展的促进，也指出其决策和实施过程中存在的缺陷。③ 朱英指出，晚清政府推行新经济政策既有决策过程中的失误，也有实施过程中的缺陷；有的是客观条件与环境的限制所致，也有的是主观认识偏差所造成的。其中，清政府的封建专制政权性质尤值得注意。政府的封建专制统治的特征使得新经济政策的制定，从未事先与广大工商业者沟通信息，也没有主动向工商业界人士进行咨询，更无工商业界

---

  ① 参见虞和平《商会与中国早期现代化》，上海人民出版社1993年版。
  ② 参见章开沅《序言》，载朱英《晚清经济政策与改革措施》，华中师范大学出版社1996年版，第3页。
  ③ 参见朱英、石柏林《近代中国经济政策演变史稿》，湖北人民出版社1998年版；朱英《辛亥革命前期清政府的经济政策与改革措施》，华中师范大学出版社2011年版。

的代表参与经济政策的决策过程。①

马克思主义和新制度经济学都强调国家权力对经济发展的巨大作用,这对于晚清经济政策的研究具有很大的启发性。经济法规是社会经济发展到一定阶段的必然产物,是政府维护其国家政权和经济秩序不可缺少的工具。因而国家的性质,也对经济政策具有重要的制约性。如宋美云通过以近代天津企业发展为中心的考察,说明清末政府、北洋政府、国民政府颁布的各类经济法规既促进了企业的兴起和发展,又对企业有一定的限制作用。② 这还表现在经济政策对工商业和商人的影响上,如虞和平注意到商会与政府经济法规之间的关系③,朱英则指出经济法规使得工商业者的权利首次得到法律的承认和保护,以及商人社会地位的提高等。④

政策法令本身并不等于其实际运作。这个时期的政府经济法规的研究,更加注重深入分析最高当局的创制立法意图和政府职能的行使过程,从信息输入处理、决策方式、政令输出和贯彻实施等方面,既了解其决策的背景条件、各种主张的讨论弃取、不同阶段上政策法规的变化,又注重分析贯彻执行的情况和实施的客观结果。如朱英对于商务局、农工商局的设立、运转及其在各个方面所发挥的实际作用的细致考察,展现甲午战后清政府经济政策的变化。⑤ 徐卫国则重点考察庚子前后清政府在经济政策方面的变革,从官僚集团内的政策设想、实施过程考察新政时期的经济政策所具有的特性。⑥ 在研究中,既关注显性的、表层的规定性的政策内容,也注重隐性的、深层的习惯性的实施过程。徐建生、徐卫国所著的《清末民初经济政策研究》(广西师范大学出版社 2001 年版)一书,则是这一方面的集大成之作。该书认为,"政策法令能否兑现成为社会经济运行的趋势和主流,不仅取决于政策的合理性、针对性及渠道和力度,还取

---

① 参见朱英《清政府推进新经济政策的缺陷及其产生原因》,《中国经济史研究》1999 年第 1 期。

② 参见宋美云《论政府经济法规与中国近代企业的发展——以天津卫中心的考察》,《湖南师范大学学报》2005 年第 2 期。

③ 参见虞和平《商会与中国早期现代化》,上海人民出版社 1993 年版。

④ 参见朱英《论清末的经济法规》,《历史研究》1993 年第 5 期;《甲午战后清政府的经济政策的变化与商人社会地位的提高》,《贵州社会科学》1998 年第 5 期。

⑤ 参见朱英《论晚清的商务局、农工商局》,《近代史研究》1994 年第 4 期。

⑥ 参见徐卫国《论清末新政时期的经济政策》,《中国经济史研究》1997 年第 3 期。

决于经济运行内在和固有的流程",强调要在超出法规条文本身的更大范围展开对经济法规、政策的考察。如对甲午战后经济政策的研究中,一方面关注战后官员对于教育制度及经济政策的"反省",从中分析甲午战后经济政策上变化的根源;另一方面也考察了甲午战后清政府为寻求可兴之利而采取的"恤商惠工"的种种政策在执行中的摇摆不定,政策虽然抓住了关键,但实际成效却极为有限。

二 北洋政府时期

对北洋政府时期经济政策的研究相对薄弱,主要侧重于经济政策对中国经济现代化转型所起的作用。虞和平肯定了该时期的经济法规和政策初步形成了资本主义经济法制体系,具有较高的科学性和可行性;较多地体现了资产阶级的利益;较大地改善了资本主义社会经济秩序,在近代中国经济法制建设进程中处于承上启下的地位。同时他也指出,在实际的执行上,并未能充分发挥其促进经济发展的作用。① 黄逸平结合政治嬗变考察了这一时期经济政策的颁布和贯彻,朱英、石柏林、王玉灵通过分析同时期工业、农业、商业、金融业、对外贸易等的发展状况,肯定了北洋政府的经济立法直接促进了中国由传统走向近代的作用。②

从晚清洋务运动兴起到民国北洋政府崩溃,既是中国半封建、半殖民地社会形成的重要时期,也是中国经济近代化的关键时期。徐建生、徐卫国将这半个多世纪(1865—1927年)作为一个整体,关注历届政府在这些历史关头制定经济政策方面所扮演的角色,指出,从清末到民初,经济政策法规的制定是一种既继承又突破的关系。③ 清王朝的覆灭和民国的创立,使中国资产阶级的经济政策需求在一定程度上以得实现,始于清末盛于民初的实业救国和建国热潮就是它的充分的表征。民国初年制定和颁布的经济政策法规,广泛涉及工商矿业、农林渔牧、权度量衡、银行金融、

---

① 参见虞和平《民国初年经济法制建设述评》,《近代史研究》1992年第4期;《清末民初经济伦理的资本主义化与经济社团的发展》,《近代史研究》1996年第4期。
② 参见黄逸平《辛亥革命后的经济政策与中国近代化》,《学术月刊》1992年第6期;朱英、石柏林《近代中国经济政策演变史稿》第二章《民初的经济政策》,湖北人民出版社1998年版;王玉灵《北洋政府经济立法及其实效分析》,《武汉科技大学学报》(社会科学版)2010年第5期。
③ 参见徐建生、徐卫国《清末民初经济政策研究》,广西师范大学出版社2001年版。

交通运输、特别税典及经济社团等各方面。政府在以法规调整和确定经济秩序的同时，也造就了有利的条件和环境。但也应注意到，在民初貌新实旧的政治格局中，由经济到政治的新旧体制的二元并存，也使得同一时期的经济政策具有了双重性质，最终以反动政治的肆虐横行而宣告失败。

政府是经济政策能否落实的关键，而制定什么样的经济政策，与政策制定的具体参与人有着莫大的关系。北洋政府时期经济政策的制定过程，其中一大特点就是新兴资产阶级精英的参与。徐建生对此给予了充分的注意，他指出，以张謇为代表的资产阶级"政策精英"的苦心孤诣，使70余项经济法规得以出台，同时这些法规在很大程度上体现了扶植和奖励工商业的政策导向。不过，尽管民初经济政策开始了近代化的转变，但也需看到其局限性。扶植奖励导向和控制聚敛实质是民初政策无从调节、强弱悬殊的矛盾，它是民初政策发育不足和名实不符的根源。① 张华腾也将眼光集中于1912—1915年的北京政府，其中尤为注意北京政府的经济政策分析。与以往多从袁世凯如何专制集权以及走向帝制、走向失败的研究视角不同，该文认为北京政府时期制定了一系列的经济法规和政策法令，不仅促进了民国初年的经济发展，而且为中国资本主义工商业的发展奠定了政策法规基础。②

交通系是北洋军阀统治时期一个重要的金融财团和政治派系。它崛起于清末，是北洋集团的重要组成部分；交通系的主要人物都与北洋政府有着千丝万缕的联系，他们积极赞襄北洋和东北新政，是新政的具体推行者与实践者，对于北洋时期的经济政策的制定和实施，起着举足轻重、不容忽视的作用。杨涛的《交通系与民初经济政策研究（1912—1916）》就是这方面的力作。③ 他分析、阐述了交通系在清末民初崛起、发展的原因，并从交通、财政税收、金融币制、实业政策四个方面考察民初交通系的具体活动。从制度、模式的视角分析民初交通系制定的经济政策的意义，指出民初交通系经济政策在制度上对经济现代化的影响，及其弊端和不足。

---

① 参见徐建生《论民国初年经济政策的扶植与奖励导向》，《近代史研究》1999年第1期。
② 参见张华腾《多角视野下的北京政府——1912—1915年北京政府述评》，载中国社会科学院近代史研究所民国史研究室、四川师范大学历史文化学院主编《"1910年代的中国"国际学术研讨会论文集》，社会科学文献出版社2006年版。
③ 参见杨涛《交通系与民初经济政策研究（1912—1916）》，博士学位论文，陕西师范大学，2012年。

这种透过某一政治群体的社会交际和组织活动、政策制定和实施的研究，值得我们注意。

三　南京国民政府时期

近年来，关于南京国民政府所制定的经济法规和政策的研究，一方面注意对其法规体系和基本政策进行比较全面的陈述和一分为二的评价，另一方面对一些重要的专项政策的制定和实施的研究也有所加强。

过去对于国民政府时期经济政策的研究，多与帝国主义的侵略和国民党的腐败联系在一起，近年来学者试图透过具体政策的实施结果，来进行重新评价。朱英、石柏林的研究，将南京国民政府时期的经济政策法规的推行划分为南京国民政府建立初期、南京国民政府抗战时期和南京国民政府后期三个阶段，肯定国民政府建立初期经济政策对农民合作运动和私营工商企业的鼓励；战时经济政策对保证抗战取胜具有的重要意义，而战时通货膨胀政策则是对全民的普遍掠夺；南京国民政府后期的经济政策虽有恢复私营工业和农业生产的一面，但随着内战的爆发，转而展开对人民的搜刮政策。① 虞和平通过对1928—1936年南京政府时期经济发展态势及其基本状况的考察，不对统制经济作定性判断，而从实际运作中分析其是否适合本国的政治经济状况，以及所采取的政策措施是否恰当、合理。②

徐建生反对孤立地评价某一时期的经济政策，他认为，北京政府和南京政府的经济政策是在延续中又有变异。过去的经济政策研究多将民国分为北京政府和南京政府两个时期，徐建生则指出，从南京临时政府到北京政府、南京政府，在其政策和思想基础上，有一个连续的过程并出现变化，他主张将1912—1937年作为一个连续的整体进行研究，这个过程所表现的是经济政策的"近代转型"。徐文还强调政府的经济行为是经济政策的有机组成，具体反映了统治者和执行者的经济意志，因而他对该时期经济政策的考察，不仅关注成文法规所包含的政策内容和导向，也尤为注

---

① 参见朱英、石柏林《近代中国经济政策演变史稿》，第三、四、五章，湖北人民出版社1998年版。

② 参见虞和平《以国家力量为主导的早期现代化建设——南京国民政府时期的国营经济与民营经济》，北京大学世界现代化进程研究中心编《现代化研究》第2辑，2003年。

重政府对官产官业、民营业等的不同处置方式、政策手段。①

要避免"一刀切"的评价，还需要从具体的经济生活状况的反映中去重新考量。吴玉文在对1927—1937年南京国民政府实行的经济政策和措施的研究中，认为该时期的政策需要具体讨论、分段评价，1928—1930年的经济政策有效推动了经济的发展，1931—1934年日本帝国主义加紧侵略中国，使得中国国民经济发展受到严重影响，而1935年之后国民经济又有了新的发展，到1936年达到历史上一个新的高峰。②张忠民、朱婷重点考察了国民政府抗战前的国有经济政策，指出从1927年至1937年国民政府国有经济政策的实施，一方面终于开始形成了国民政府最初的国有经济和国有企业，但另一方面，在这些国有企业中，相当部分还是接收于前届政府，而由国民政府凭借自身力量新建的国有企业数量还极少，从而反映出抗日战争之前国民政府经营国有事业的力量还较为有限。此外，在国有经济的建设和管理中，机构繁复、政出多门，权力不集中而导致财力物力分散，反而削弱了国有经济的建设速度和国有企业的经营能力。然而尽管如此，在当时的历史条件下，1927年至1937年国民政府国有经济政策的实施还是取得了一定成效，它们从各方面推动国营工矿事业的努力与尝试，为抗战时期国民政府国有经济政策的执行与实施，以及国有企业的发展和壮大奠定了必要的基础和历史前提。③

对国民政府的战时经济统制政策，以往持否定态度的居多，认为它主要是为以四大家族为代表的大资产阶级的利益服务的，对大后方经济只有破坏作用，无任何经济价值可言。近年来学者对其评价有了较大的变化。不少学者认为，实行战时经济政策，运用国家政权的力量，对于与抗战有关的国家经济各部门、各领域、各环节，按照统一的计划，实行统一的乃至强制的管制，是完成抗战大业，运转国民经济的客观需要。还有学者指出，抗战期间国民政府及时建立服从于战争需要的经济体制，是符合客观

---

① 参见徐建生《民国时期经济政策的沿袭与变异（1912—1937）》，福建人民出版社2006年版。

② 参见吴玉文《1927—1937年南京国民政府经济政策述论》，《河南大学学报》（社会科学版）1998年第5期。

③ 参见张忠民、朱婷《略论南京政府抗战前的国有经济政策（1927—1937）》，《社会科学》2005年第8期。

形势要求的，并且取得了成绩。①

新制度经济学认为，国家权力对经济发展的作用是一把双刃剑，当国家权力的作用符合经济发展的方向时，它可以促进经济增长，当国家权力的作用偏离了经济发展的要求时，它会给经济增长带来巨大的损害。张燕萍的研究表明，国民政府的工业政策促进了国营工业的发展，对民营工业发展产生了双重的影响。工业统制政策作为抗战时期国民政府的非常措施，在战争前期曾发挥过积极的作用，但是随着情况的变化，工业统制政策产生了严重的弊端，特别是在1942年后，大后方的物资严重匮乏，国民政府的物资统制使工业生产所需原料更加紧张，甚至统制机关的工作人员及其家属也乘机囤积居奇，造成物资缺乏、物价飞涨。②

越来越多的学者，注意从专项政策的个案研究中，去重新思考政府经济政策的影响和缺陷。微观研究与宏观研究结合，才能更全面地评判经济政策的得失，更好地展现经济政策的意义。对专项政策的研究，主要集中在法币政策、关税自主政策、抗日战争时期的经济统制政策等一些专著、论文，从政策颁布的背景、经过和实际效果分析，认为这些政策大多既有掠夺性和妥协性的一面，又起到一定的积极作用。专项政策的研究，从某种程度上深化了对该时期政府政策的宏观认识。

冯筱才对武汉国民政府所实施的集中现金条例进行了重新评价。以往的研究认为集中现金是武汉方面的自杀行为，直接危害到武汉政府的生存，也有观点认为，集中现金是武汉政府在当时险恶环境中的"自救"政策，但前后遇到严重的经济困难，武汉政府几乎因此被联合绞杀。冯筱才认为这两种观点都不能用来概括宁汉分裂时期的历史面貌，他认为，不能持有"非黑即白"的二元思维看待这一问题，"集中现金条例的是颁布武汉政府在当时环境中较现实的做法，其实施对该政权有实际的利益"，政策出台后各方的反应使得武汉的经济困难加剧，但究其原因，"实际上其内部的财政问题以及有所失控的群众运动均是经济环境趋于恶化的根本

---

① 参见李平生《烽火映方舟——抗战时期大后方经济》，广西师范大学出版社1996年版；刘殿君《评抗战时期国民政府经济统制》，《南开经济研究》1996年第3期；王同起《抗战初期国民政府经济体制与政策的调整》，《历史教学》1998年第9期；陆仰渊《抗战期间国民政府的战时经济体制》，《安徽史学》1995年第3期。

② 参见张燕萍《抗战时期国民政府工业政策评析》，《江海学刊》2005年第6期。

源头"。①

张孟莘研究民主革命时期中国共产党对私营工商业政策的形成和发展，指出党对民族工商业采取利用限制的政策，是由中国革命的性质决定的。② 宗玉梅、林乘东对1927—1937年南京国民政府的民族工业政策作了初步探讨，指出国民政府工业政策主要是针对民族资本经营的民族工业，并且南京政府政权的性质决定了它不可能从根本上为民族工业提供良好发展的环境和条件。③ 而王卫星根据丰富的资料，对1927—1937年南京国民政府的工业政策重新进行评价，认为从"1927—1937年南京国民政府的工业发展政策与措施，可以看出国民政府发展国营基础工业，鼓励民营轻纺工业的发展，并使工业发展逐步纳入法制化的轨道。同时通过裁撤厘金，提高进口关税，在一定程度上限制外商在华设厂等措施，减轻民族工业的负担，保护民族工商业。1927—1937年中国经济有了较快的发展，这在很大程度上与南京国民政府的工业发展政策与措施是分不开的。虽然某些政策和措施在实施过程中存在一定的偏差，但这并不能完全否定这些政策与措施的进步意义"。④

抗战时期的经济政策研究，既有考察边区政府的经济法规，也有研究国民党政府的经济政策。黄正林肯定了陕甘宁边区的经济法规，认为其有着很强的时代特征，是中国共产党和边区政府在抗战时期领导经济、组织经济、管理经济的重要工具。⑤ 黄如桐则通过对外汇政策的研究，指出抗战时期国民党政府的经济政策具有双重性：既有有利于抗战建国，发展社会经济的一面，也有不利于抗战建国，加强社会经济殖民地半殖民地化的一面。⑥ 江满情则重点从执政思路、政策执行过程和成效几个方面考察了

---

① 冯筱才：《自杀抑他杀：1927年武汉国民政府集中现金条例的颁布与实施》，《近代史研究》2003年第4期。
② 张孟莘：《民主革命时期党对私营工商业政策的形成和发展》，《近代史研究》1984年第2期。
③ 参见宗玉梅、林乘东《1927—1937年南京国民政府工业政策初探》，《民国档案》1994年第2期。
④ 王卫星：《1927—1937年南京国民政府的工业发展政策》，《学海》1998年第6期。
⑤ 参见黄正林《抗战时期陕甘宁边区的经济政策与经济立法》，《近代史研究》2001年第1期。
⑥ 参见黄如桐《抗战时期国民党政府外汇政策概述及评论》，《近代史研究》1987年第4期。

1938—1944年陈诚在湖南推行的从"民生主义经济政策"及"计划教育"两方面入手建设所谓的"新湖北",肯定了这一建设为湖北国统区的持久抗战提供了社会经济和文化的支持。①

注意制度设计与具体实践之间的差距,是准确评述经济政策所不可或缺的因素。张侃关于1945—1949年国民政府的外债管理法规的研究便指出,政府出于维护债务信用、巩固抗战胜利成果而制定的法规政策,随着抗战后经济政治条件的恶化,并没有产生理想的效果,反而随着内战爆发而导致停顿。②

对相关文献资料的整理也逐渐展开。如重庆市档案馆于1992年出版的《抗日战争时期国民政府经济法规》(上、下册,档案出版社1992年版),收录抗日战争时期国民政府颁布的有关经济管理统制和财政金融税务等方面的法律条规,近120万字,包括了经济管理机构的组织章程、战时经济统制办法、财政等,为研究抗战时期国民政府的经济政策和经济活动提供了丰富的系统性的资料。

四 小结与展望

作为新时期新开辟的研究领域,近代政府经济法规和政策的研究已经取得不俗的成就。总体而言,主要体现在以下三点。第一,研究中注意对新制度经济学前沿理论的吸收,既注意到国家经济法规对当时经济发展的作用,又清楚认识到经济政策的时代局限性。第二,透过整体研究和个案考察相结合,回到历史实践现场,重新对政府的经济法规政策进行全面考察和一分为二的评价,还原其应有的历史地位。第三,透过个案研究认识总体,结合政策需求评价经济法规的意义,对政策制定和政策实施进行深层次考察。

同时,由于这一研究尚处勃兴时期,还有一些问题值得进一步深入讨论,如对于政策与社会互动关系等的关注较少。经济政策的制定如何影响和规范日常经济的运作,以及日常经济生活对经济政策如何反应,再如经

---

① 参见江满情《抗战中的民生:陈诚与"新湖北"建设》,《抗日战争研究》2012年第2期。

② 参见张侃《试论1945—1949年国民政府的外债管理法规建设》,《中国经济史研究》2008年第1期。

济法规对工商业经营理念、经营方式的影响，以及商人对经济法规的实际应用等方面还有进一步讨论的空间。已有研究更多的是自上而下地考察政策的制定和实施情况、实行效果，而较少从自下而上考量地方社会、商人、商业团体对经济法规和政策的认识、运用以及与政策运作的互动。这些问题都是经济政策研究走向深入不得不注意的方向。

第 六 章

学派与理论的多元化

20世纪60年代以来，经济史学日渐成熟，其标志就是三大学派的形成。而且，随着改革开放的深入，西方各种经济学说开始与中国经济史实践相结合，又出现了一些小学派或学派的雏形。

第一节 三大学派的形成和发展

吴承明认为，在我国有三大学派："一派偏重从历史本身来研究经济发展，包括历史学原有的政治和典章制度研究。一派偏重以经济理论来解释经济的发展，有的并重视计量分析。一派兼重社会变迁，可称为社会经济史学派。"① 这三派可简称为历史学派、社会学派、经济学派。三派彼此互相独立，又互相融合。

一 历史学派

历史学派的特点是实证研究，这是中国史家的传统，近代由经济史历史学派发扬光大。历史学派的代表是李剑农和彭雨新。李剑农研究中国古代经济史，十分注重历史的科学性，在史料的选择和运用上，态度相当谨慎。他对于殷商及周代的取材，多采用甲骨文和金文的有关记载，其他传说或据传说留下的文字记载，仅供参考和印证；春秋以后的经济史，则广泛征引正史、各种文集、笔记，以至诗词、谱牒、信札中的典型材料，进行相互印证，力求把自己的观点建立在准确可信史料的牢固基础之上。例

---

① 吴承明：《经济史的理论与方法》，《中国经济史研究》1999年第1期。

如,作者在叙述唐宋时期火耕的畲田时,引用当时人诗共 30 条,在叙述水车灌溉时又引用唐人诗十余首,引宋人王安石等诗 5 首。作者正是借用这些诗句以补史料之不足,从各方面说明畲田、水车的全貌及其在农业生产上的价值。他辨析史料恒以历史进化的程序为标准,对史料的源流先做系统的清理,然后运用各方史料进行反复论证。他既注意吸收已有的研究成果,又不囿于各家的观点,而是在综述各家观点的基础上细加分析,然后提出自己的见解,其中颇多真知灼见。

生产力的发展是经济史的核心内容,古代社会的生产力主要体现在农业和手工业的发展两个方面。李剑农在中国古代经济史的研究中,对从殷周到明代近 3000 年间的农业和手工业的发展,依据各个时期的可信史料,按时段做了系统的分析,同时,在叙述生产力发展时,对各个时期商业和交通运输业的发展也做了相应的介绍。

随着生产力的发展,生产关系在不断调整,反过来它又促进了生产力的发展。李剑农在中国经济史的研究中,对生产关系的调整与变化也给予了充分的注意。他不仅注意经济对政治的影响,同时注意政治对经济的反作用。

从以上介绍可以看出,历史学派虽然以实证研究作为主要方法,但是,已经吸收了马克思主义经济学的许多理论观点。

历史学派的治学特点是擅长考据。李剑农把各种资料的记载和别人的研究成果汇集在一起,进行分析研究,比较其长短,评论其价值,指陈其特点,找出彼此之间的共性和各自的特性,然后提出自己的见解,常能发前人所未发,见前人所未见,并且便于读者思考,辨别真伪正误。①

历史学派的另一个代表人物是彭雨新,他的研究方法也主要是实证研究,其学术贡献主要表现在中国经济史整体研究、清代及近代财政史研究和明清经济史研究三个方面。

1954 年,彭雨新协助李剑农整理讲稿。1957—1959 年,三联书店相继出版《先秦两汉经济史稿》《魏晋南北朝隋唐经济史稿》和《宋元明经济史稿》。此系列著作成为中国经济史研究的学术经典、高等院校"中国

---

① 参见萧致治《李剑农:世界级大史学家——纪念李剑农逝世 40 周年》,《武汉大学学报》2003 年第 1 期。

经济史"课程的主要教材和重要参考文献。20世纪80年代后期,彭雨新又主持对讲稿的校改,并以《中国古代经济史稿》之名,分三卷,于1991年由武汉大学出版。

彭雨新组织编纂高等学校文科教材《中国封建社会经济史》,该书于1994年由武汉大学出版。彭雨新在《中国封建社会经济史》的"前言"中指出,该教材是继李剑农的经济史稿而编写,对土地制度、赋役制度、人口、农业、工商业、国计民生以及资本主义萌芽等方面予以特别的重视。该教材分为"封建领主制的兴衰""秦汉封建经济的发展""魏晋南北朝时期封建经济在动荡中的缓慢发展""封建社会时期的经济变动"等六篇。从这种分编体例中,也可以看出编者对传统经济发展的阶段划分。

彭雨新对传统经济发展的阶段划分有自己的特点,并得到其他学者的继承。如中国社会科学院经济研究所研究员刘克祥在《简明中国经济史》"前言"中介绍:"本书采用按历史发展阶段和按专题分章相结合的题例,叙述内容也不同于其他经济通史。它不是以土地制度、财政赋役制度以及其他典章制度的考察为中心,而是重点探索和揭示社会经济生产及其发展规律。"著作的四个专题分别为经济形态和生产方式、农林牧渔业生产、手工业生产、工业生产。陈锋和张建民主编的高等学院教材同样吸收了中国经济史学界的成果,继承了武汉大学中国经济史研究与教材编写的传统。参加编写的学者中,陈锋与张建民都出自彭雨新门下,其他学者也都供职于武汉大学,浸染了前辈的学风,各有专长,并试图有所进步,有所发展。①

新中国成立以来,历史学派有向政治经济史和社会经济史发展的迹象。如李剑农在撰写《中国古代经济史稿》的过程中,学习和研究过政治经济学理论,并运用唯物史观的原理,从中国古代经济发展的史实中,探索古代中国社会发展的规律。再如《清代土地开垦史》(农业出版社1990年版)是彭雨新在明清经济史研究方面的重要著作,该书将土地开垦与财政、经济、人口、社会诸问题有机地结合起来,对清代土地开垦进行了系统的研究,有向社会经济史发展的趋势。

---

① 参见陈锋《彭雨新的财政经济史研究》,《中国社会科学报》2012年10月29日。

二 社会学派

20世纪30年代，陶希圣创办《食货》，标志着中国社会经济史学科的开拓和奠基，但社会经济史学派则在傅衣凌引领下形成。

傅衣凌对历史学的贡献，主要是开创了中国社会经济史学派。这个学派，在研究方法上，以社会史和经济史相结合为特征，从考察社会结构的总前提出发，探求经济结构与阶级结构、经济基础与上层建筑之间的相互联系和影响。特别注意发掘传统史学所弃置不顾的史料，以民间文献证史，强调借助史学之外的人文科学和社会科学知识，进行比较研究；以社会调查资料证史，特别注意地域性的细部研究和比较研究；从特殊的社会经济生活中寻找经济发展的共同规律。从社会史的角度研究经济，从经济史的角度剖析社会，这种研究方法，既不同于传统的历史学，以经济制度和官经济取代经济史，也不同于以阐述经济形态为目的的经济学，把经济史实抽象化、静态化。它把经济变动和人的社会活动有机地联系起来，进行动态的研究，使中国经济史见物见人，复杂多姿，更加接近于它的本来面目；它使世人视而不见、长期处于尘封虫蠹之中的史料，重新发出光彩，化腐朽为神奇，就为中国经济史研究别开生面，另辟蹊径。①

吴承明指出："傅衣凌认为，16世纪开始，中国在政治、经济、社会和文化上都发生一系列变化，表明一种活泼、开朗、新鲜的时代气息，出现了反传统的以至叛逆的思想。但这以后，中国未进入资本主义社会，16世纪以来发生的资本主义因素经历了一个夭折、中断、再继承的长期的曲折道路。但是总的看，它并未摆脱世界各国经济发展的共同规律。我想，这是自梁启超先生提出'近世'概念以后，中国近史最精辟的看法。我非常钦佩傅先生这个看法。"吴承明还指出："傅先生是从大的方面，从几千年中国历史，从奴隶社会特别是封建社会的早熟性而又不成熟性来研究明清社会的；从中国社会体制的多元性和经济发展的不平衡性来解释16世纪来，'死的拖着活的'的中国经济曲折发展道路的。这种分析，可说是博大精深，前无古人。在具体考察明清经济时，他不囿于生产力、生产关系的框套，视野开阔，注意流通；又同时研究社会的变迁和文化思想

---

① 参见杨国桢、叶显恩《序》《跋》，载《傅衣凌治史五十年文编》，安徽人民出版社1984年版。

的变迁，乃至从民间习俗上来论证。这种整体观的研究方法也是傅先生开风气之先，我们应该学习。"①

林甘泉也曾评论说："傅衣凌学派是解放以后形成的少有的几个学派之一，学术风格独特，有成果，有传人，其弟子是沿着先生的足迹走的。……傅衣凌先生的学术思想和成果是学术界的共同财富，不管是不是他的亲传弟子，不管是否属于他的学派，都会从他留下的珍贵学术遗产中得到教益。"② 这一学派的创建，影响并带动了一大批学者，其后继者更勇于开拓创新，其中部分学者在"华南学派"的大旗下，推生了"走向田野"的"历史人类学"和"海洋史学"的研究，相当引人瞩目。③ 傅衣凌学派新一代学者呈现一派生机，他们或茁壮成长，或蓄势待发，或已卓有成就。总之，经傅衣凌及其后继者前后几代学者的努力，诸多成就都已成为学界众口称誉的学术丰碑，令中外学界引颈而望，翘首于中国东南。④ 在傅衣凌引领下以厦门大学为首的中国社会经济史研究团队，培养了一大批著名学者，他们的学术研究，大都沿着既有的学术路径，将傅衣凌学派的学术研究推向更广的空间和更高的层次，扩展了厦门大学中国社会经济史研究团队的国际性影响。

三 经济学派

有论者认为，一个学派的形成，应以四个特征为标志：一是有学术领袖；二是有学术机构；三是有学术刊物；四是有追随者。以此而论，则以吴承明为首的经济学派最具有完整的学派特征。经济学派又被称为新经济史学派，李伯重指出："吴承明是采用经济学的方法研究经济史的主要倡导者"，"新经济史学派的代表人物是吴承明"。"他对经济史方法论展开了积极的探索，构建起一个经济史研究的方法系统。"⑤ 王学典也指出：

---

① 吴承明：《要从社会整体性发展来考察中国社会近代化进程——在"纪念傅衣凌逝世十周年学术座谈会"上的讲话》，《北京商学院学报》1998年第5期。
② 刘秀生：《深切缅怀傅衣凌先生》，《中国社会经济史研究》1998年第4期。
③ 参见林爱玲《傅衣凌学派的学术成就与理论拓展》，《厦大史学》第3辑，厦门大学出版社2010年版。
④ 参见王志双、刁培俊《傅衣凌1960年代前的史学研究与国际学术主流趋向》，《历史教学问题》2012年第1期。
⑤ 李伯重：《回顾与展望：中国社会经济史学百年沧桑》，《文史哲》2008年第1期。

"吴氏的经济学理论训练之纯正有口皆碑。他的经济史研究之所以有如此多的重要发现和创见，可能主要得力于此。如果说傅衣凌的研究更带有社会学色彩的话，那么吴氏的研究更富于经济学色彩。"① 他还指出："当社会经济史研究中的'傅衣凌学派'正向社会史、文化史转弯的时候，以吴承明为核心的学者圈子却正向经济学等最新社会科学进展靠拢。假如说傅派学者更重新材料的话，吴派学者在重视新材料的同时则更重新理论与新方法。"② 判断一个学派，我们根据的不是它的研究方向和研究领域，而是它的研究理论和方法。虽然吴承明多次指明"经济史本来就是社会经济史"，但那是针对经济史的研究方向和领域而言，并有在理论和方法上兼容并包的含义。他研究经济史的理论和方法主要是经济学，这是毋庸置疑的。

吴承明于1986年12月起担任中国经济史学会副会长、近代经济史分会会长，并从1991年起担任中国经济史学会会长。他是学会的创立者，又是学会的指导者。在1986年中国经济史学会成立大会上，他做了"史无定法"的发言，在1991年中国经济史学会首届学术年会开幕词中，他主张在研究中国封建经济史的基础上创造一部中国封建主义政治经济学。在1993年中国经济史学会第二届年会开幕词中，他提出史学改革，吸收外国同行的研究成果，无论在宏观或微观的研究上，都能有所突破，上一个新台阶。

他也是专业性学术刊物《中国经济史研究》的创办者，他在手撰的《发刊词》中提出了发表著作的标准：或者是提出了新的问题，或者是阐述了新的观点，或者是运用了新的方法，或者是发掘了新的资料；他指出，《中国经济史研究》坚持"百家争鸣"的方针，欢迎大家就不同的学术观点进行率直的讨论，对学术著作进行认真的评介。在纪念《中国经济史研究》创刊20周年时，他指出，20年来该刊是遵循着这个主旨和承诺的。文中，他还论述了百家争鸣怎样推动经济史研究的前进：根据某种经济学说或经济规律提出的论点，若其资料还不足以完全证实所提论点的价值，就会进入百家争鸣。在百家争鸣中，这种论点或被肯定，或被否定，而更多是通过扬弃乃至否定之否定的过程，转化为新的概念，也就是

---

① 王学典：《近五十年的中国历史学》，《历史研究》2004年第1期。
② 同上。

原来论点的价值以新的概念表现出来,这当然是经济史研究的一大进步。他特别指出,百家争鸣是长期的,无尽头的。保留不同观点,对推进经济史学科的发展是永远有益的。①

吴承明又是《中国经济史研究》的指导者,曾长期在《中国经济史研究》编辑部工作的魏明孔在纪念吴承明先生逝世一周年学术研讨会上发言,介绍了吴老长期以来对编辑部工作的关心与指导,提出吴老曾以民国时期《食货》杂志短命夭亡的史事,谆谆告诫编辑部的同志要坚持兼容并包的办刊方针,认为一个学术单位或团体出现学派是幸事,但一个杂志如果只成为一个学派的发表阵地则是大忌,对于不同学派、不同风格、不同学术观点的文章,一定要有容人之雅量,吴老的意见对于《中国经济史研究》杂志的健康发展意义深远。②

吴承明是中国经济史论坛的倡导者和参与者,更是论坛的核心,李根蟠指出,吴承明先生和中国经济史论坛有着特殊的关系。这里讲的论坛,包括会议室中的论坛和网站上的论坛。会议室中的中国经济史论坛,是由《中国经济史研究》编辑部发起的,京内外有关学者自行结合、自由讨论的开放式的不定期的小型(或中型)的学术研讨会,始于1993年,延续到21世纪初。每次就一个共同关注的经济史上的重大问题进行多学科的、长时段的研讨。由于论题比较集中,准备比较充分,会议规模适当,以及与会者积极参与,会议的学术含量较高,对经济史学科的发展起了重要作用。

2002年创办的中国经济史论坛网站,是会议室中的论坛的延续,是为了加强信息交流,联系更多的学界同人参与有关讨论和研究,也为广大读者了解经济史学科提供一个窗口。网上的中国经济史论坛之所以能够较快地把"人气"凝聚起来,就是因为它刊登了一批像吴老这样"高端"作者的高水平文章,并比较及时地反映了学术界关注的有关重大问题的研讨和动态。③

---

① 参见吴承明《谈百家争鸣》,《中国经济史研究》2006年第2期。
② 参见袁为鹏《经济史理论与研究——纪念吴承明先生逝世一周年学术研讨会述要》,《中国经济史研究》2012年第2期。
③ 参见李根蟠《吴承明先生与中国经济史论坛——缅怀经济史界的智慧之星》,《中国经济史研究》2012年第2期。

经济学派即吴承明学派。① 其学派成员遍布全国，骨干成员即达数十人，主要由与其有工作关系的同行、同事以及经济研究所培养的研究生组成。其中不乏非常著名的经济史学者，如赵德馨、方行、李伯重、王玉茹等。还有许多知名的经济史学者，虽然不一定师从吴承明，但大多受过吴老的耳提面命，把吴老视为终身景仰的导师，把自己视为其私淑弟子。

王学典把经济学派称为"会通派"，他认为，要研究社会经济史，没有材料固然不行，没有理论特别是没有西方经济学等社会科学学理的帮助也同样不行，在这个领域非要跨学科不可，这就是会通派出现的缘由。

改革开放以来，三大学派呈现出了不同的发展趋势，历史学派的学派特征逐渐不太明显，其成员逐渐融入社会学派和经济学派。但是，历史学派的意义并未消失。正如王学典所说，会通派的出现绝不意味着史料派和史观派本身没有独立存在的价值，实际上，它们各自都有自己长久甚至永远的生命力。"在历史研究中是否采用理论，完全应视工作对象的需要而定。若是考订字义、辨别真伪、校勘版本，总之当从事史料学或古籍整理工作时，大概非依乾嘉旧规和20世纪的新考据学不可。"②

值得注意的是社会学派的动向，该学派的社会经济史研究正从社会学取向向人类学取向调头，换句话说，这一学派现在有可能从社会经济史蜕变为社会文化史，从社会经济史学派蜕变为历史人类学派。而这一点则又与法国年鉴学派的最新动向步调一致。这从一个侧面可能也反映了这一学派的国际化程度。③

最值得注意的是经济学派的"后吴承明时代"，照耀中国经济史学界的巨星的陨落，使正在快速发展的经济学派失去了引领相望的"共主"，经济学派将向何处去？经济史学界可能在短时间内，甚至在长时期内都很难产生像吴承明那样具有惊人的学术号召力，运用自如的理论把握能力的学术领袖。但可以想见的是，经济学派诸人将一如既往，沿着吴承明指引的学术道路继续走下去。也许在不久的将来，有形的经济学派将不复存在，而无形的经济学派或会长期存在下去，并体现出以下两个显著的特

---

① 参见王学典《近五十年的中国历史学》，《历史研究》2004年第1期。
② 同上。
③ 同上。

点：第一，经济史研究将进一步向以经济理论和方法为主，兼采其他理论和方法方向发展，呈现出异彩纷呈，各具特色的局面，出现新制度经济史、比较经济史、计量经济史、历史经济地理等各个流派；第二，经济学派将进一步与国际学术界接轨，实现学术国际化，取得在国际学术界的话语权，建立一种既有中国特色，又融入国际学术主流的经济史学，这即是吴承明的弟子们正在进行的事业。

第二节　理论和方法的多元化

改革开放以来，海外各种理论和方法涌进中国，且都名噪一时，然而在经济史学界取得实效的却只有数种，即新制度经济学、比较经济史学、区域经济史理论、历史经济地理学和计量经济史学。

一　新制度经济学

多年来，新制度经济学已在西方学术界占据主流地位，在进入中国后，立即引起极大反响。一时间，各种新制度经济学的专著和论文铺天盖地而来。然而，在中国经济史学界，动静却不大，运用并不广泛，只有少数学者利用新制度经济学理论和方法进行研究，并取得了相当的成果。

刘佛丁是将新制度经济学应用于经济史研究的有力推介者和践行者。他认为，古典经济学较多地强调了技术进步和人力资本的作用，将制度系统作为系统外的非经济因素加以排斥，与历史实际不符，而技术进步和生产力的变化，只是经济增长本身，并不是经济增长的原因，制度变迁才是经济增长的原因。一方面，中国传统社会后期，经济结构的特殊性所造成的近代经济制度需求的不足，固然是中国近代经济制度不可能在其内部产生和健康发展的主要原因；另一方面，传统意识形态和价值观念对这种新制度供给的制约作用也是不容忽视的。从外部而言，闭关政策不只是造成中国传统社会后期对近代经济制度需求不足的外部原因，同时也是造成其制度供给不足的外部原因。刘佛丁在论文中全面地介绍了新制度经济学与经济史研究的关系，阐明中国在由传统社会向近代社会转型过程中，制度变化对国家工业化的影响。①

王玉茹也把新制度经济学引入对中国工业化的研究。② 她指出，在传统经济学完全竞争的模型中，前提是完全的私有财产制度，而非私有财产和私有财产受到限制的情况下人们的行为，则往往被排斥于经济学的分析之外。但事实上，完全的单一的私有产权只不过是一种理论的假定，而不是一种现实的存在。无论从历史还是从现实来考察，一个国家或一个时期的产权结构往往都是多重的，而不是单一的，旧中国尤其是这样，所以传统经济学的分析框架不适合于工业化过程中的中国。而新制度经济学的理论认为，当所有者与其他有关人员，如经营者、劳动者对某一财产的权、责、利关系划分不清时，就会使所有者的财产权利及收益在不同程度上沦为他们之间的"共同财产"，这就损害了所有者的权益，因此必须把产权界定清楚。在中国传统社会中，由于对产权立法的缺乏和不明确，所以人们通常的习惯是尽可能不把财产交给外人去经营，而交由自己的亲属来经营；雇佣劳动者也尽可能从亲属、宗族、同乡、朋友中选择，以借助于伦理道德习惯来约束这些人的行为，从而保证自己对财产的权利不至受到损害。这种根深蒂固的观念，使中国在建立现代企业制度的过程中所有权与经营权的分离遇到困难。这种选择经营人才的机制是落后的。她还指出，在西方的经济制度，尤其是工厂制度传入中国时，这种制度的弊病已十分明显。进入20世纪以后，中国的很多政治精英，由于他们头脑中潜在的中国传统观念"不患寡而患不均"的原始平等思想，在乌托邦式的理想的大同社会观念的掩盖下，主张通过革命的手段，将这些由西方引进的资本主义制度与传统的封建制度一齐废除，以避免中国再走西方那种贫富不均的老路。因此可以说，近代经济制度在引入中国后立足未稳，就已斗转星移，成为明日黄花了。文章认为产权制度未能在中国生根，是近代中国工业化未能成功的重要原因，无疑颇有新意。

第一部运用新制度经济学研究近代中国金融史的专著是杜恂诚的《金融制度变迁史的中外比较》（上海社会科学院出版社2004年版）。这是杜恂诚有关近代中国金融制度演进与变迁的阶段性研究的总结，也是对

---

① 参见刘佛丁《制度变迁与中国近代工业化》，《南开经济研究》1999年第5期。
② 参见王玉茹《制度变迁与中国近代工业化》，陕西人民出版社2000年版；《增长、发展与变迁——中国近代经济发展研究》，中国物资出版社2004年版。

经济史研究范式的一种新的探索与尝试。其创新之处就在于以新制度经济学为理论框架，将经济学理论与历史分析相结合，以中国近代金融制度变迁为研究内容，以中外金融制度发展比较为方法，阐明中国近代金融制度发展的历程与轨迹，并试图从中找出问题根源。

制度变迁理论是新制度经济学中制度理论的三大理论之一，也是诺思新制度经济史学的核心观念之一。西方制度变迁理论主要关注的是"诱致性制度变迁"，而杜恂诚参照林毅夫的分类，除了考察诱致性制度变迁之外，还重点考察了"强制性制度变迁"，即由国家根据自身的偏好强制推行的制度变迁。这对研究中国这样一个历代中央集权的专制国家，显然更具有合理性，也是对西方经济学理论的中国化。

杜恂诚认为，诱致性制度变迁是一群人在响应由制度不均衡引致的获利机会时所进行的自发性变迁；强制性制度变迁是由政府法令引起的变迁。诱致性变迁和强制性变迁在一个国家交替发生，共同作用，影响制度的构建。

诱致性制度变迁是市场自发的制度变迁，当制度变迁的交易成本小于预期收益时，制度变迁就可能发生，它是市场本身对利益均衡的选择结果。诱致性制度变迁必须以现在的制度结构与安排为出发点，形成路径依赖。在近代中国金融制度变迁中，诱致性制度变迁发挥着作用，从大洋行时代，外国洋行取代大洋行、钱庄的兴起和发展，华资银行的兴起与壮大，到其他金融组织的兴衰发展无不体现出诱致性制度变迁的模式。但是，在中国专制主义国家的意识形态的影响下，国家始终保持着最高产权代表的身份，在必要的时候国家有权干预产权配置，替代市场成为制度变迁的主导。所以在近代中国金融制度变迁中，诱致性变迁只能算是次级力量，在政府强制力的夹缝中生存。

强制性制度变迁是指由政府主导并通过法令引起的变迁。当制度失衡而市场本身又难以解决时，政府就会出面主导制度的重构，并为改革的成本埋单。当然，现实社会还存在这样的情况，那就是市场本身并未失衡，但为了寻求垄断利益，政府一意孤行地推行强制性制度变迁，这样的后果大多是惨痛的，南京国民政府的金融制度改革就是一个例证。在市场并未失衡的情况下，为了控制中国金融市场，为高额的军费寻求来路，新成立的南京国民政府开始了一系列以强制性为特征的金融制度改革。对金融机构实行垄断政策，成立中央银行，进行币制改革，造成了无情打压民族资产阶级,恶性通货膨胀一发不可收拾的恶果。

而以"有限政府"为基础的近代西方社会,执行以诱致性变迁为基础的强制性变革,形成正向交替,即强制性变迁与诱致性变迁最终的目标是一致和延缓的。作为正向交替的强制性金融制度变迁,必然承袭诱致性变迁的目标与方向,在市场本身力不能及之时,通过政府主导性力量来实现,但政府仅起到纠正市场缺陷的作用,无法以行政控制完全代替市场机制,而要从市场出发,尊重市场的原有基础,并以这个基础来决定这个市场的作为。政府通过产权制度的修正,既要使自身利益得到充分保证,又要使社会产出实现最大化。对于大多数西方国家而言,诱致性制度变迁是其主要变革模式,所以当以诱致性为基础的强制性变迁发生后,一定会适时地继续向诱致性变迁过渡,促进相关制度的配套与体系的完善,这就是所谓的第二次交替。变革以后的金融制度仍然是以市场为基础的制度,仍然具有诱致性变迁的内在冲动和外在动力,制度的强制性调整不会影响诱致性变迁的继续发生。

不以诱致性变迁为基础的强制性变迁,是逆向交替,即强制性变迁的目标,不是诱致性变迁的延续,政府以有利于自己的一套目标体系代替了原先诱致性变迁的目标体系。主导此类强制性变迁的是所谓"无限政府",它们认为自己是全能的、万能的,它们不是为了纠正市场的缺陷,而是从执政者的利益出发,为解决政府自身的问题而设计出一套蓝图,强制地加以推行。南京国民政府就是"无限政府"的典型,其通过强制性的金融制度变革侵犯私有产权和企业,不接受市场反应的修正,只求政府利益最大化。这种制度变迁给市场造成巨大打击,不仅不会促进诱致性变迁的发生,还会压制已有的制度变迁力量,造成政府规模膨胀、官办金融机构取代私人金融机构成为市场主体,弱化了银钱业同业公会的地位与作用,最终造成了对金融发展的抑制。①

尽管林毅夫关于制度变迁的区分在学术界尚有争议,对国民政府金融改革的评价也有不同声音,但是,《金融制度变迁史的中外比较》一书将新制度经济学应用于中国近代经济史,实现理论框架与实证研究相结合,这不仅有助于提高中国近代经济史研究的水平,更充实了中国经济史学方

---

① 参见尹振涛《经济史学研究范式探索——兼评杜恂诚〈金融制度变迁史的中外比较〉》,《中国经济史研究》2008年第4期。

法论，是中国经济史研究范式新探索的典范。

尹振涛也运用制度变迁理论研究近代中国证券市场，其专著《历史演进、制度变迁与效率考量——中国证券市场的近代化之路》（商务印书馆 2011 年版）分别对近代中国证券市场的产生与发展、政府干预与监管、市场效率与投资者行为以及市场的波动与原因等内容进行了初步分析，认为近代中国证券市场具有明显的制度移植性，是在投资者等初级行动团体的需求和努力下产生的，初级行动团体是制度变迁的原动力；近代中国证券市场发展的初期表现出以诱致性制度变迁为主导的特征，但随着以政府为代表的次级行动团体的出现与参与程度的加深，政府强制性干预成为市场发展的主导力量，表现出以强制性变迁为主导的特征；而且，诱致性与强制性变迁的制度变迁模式交替互动作用明显，致使市场运行与制度体系表现出内在外在的制度低效性。因此，在市场因素交替作用下，近代中国证券市场发展历程呈现出曲折性、波动性、投机性、财政性以及不健全的特征，属于一个运行低效的市场。

关于国家（政府）与产权的关系，是制度经济史研究的核心问题之一。运用新制度经济学研究近代中国产权问题尚处于尝试阶段。汪戎的《晚清工业产权制度的变迁》（云南人民出版社 2004 年版）是在对新制度经济学的产权制度理论对经济变迁的影响进行系统梳理的基础上，着重研究晚清的军事工业企业、官办和官督商办民用工业企业、民有商办工业企业以及铁道企业的产权制度变迁过程，通过对这些企业的产权主体的行为分析，通过对影响产权制度安排的政治统治体制和意识形态的变化分析，来解释中国工业化初期企业发展及其社会变革中的矛盾冲突和基本道路选择，说明其变迁的历史走向。汪书提出，经济制度的变迁可能是源于外部力量的刺激，但却不能否定一个社会自身的传统经济制度对其变迁过程、途径、方向有着决定性的影响。中国工业产权制度安排就是在中国特殊的皇权专制和官僚体系相结合的政治体制下产生和进行的。一个国家产权制度的安排是经济发展的制度基础，它是历史选择的结果，决定其选择方向和途径的因素是选择特定产权制度安排的交易成本与全部收益的比较。同时，产权交易成本的变化又影响和改变着人们的经济行为，不断地冲击着传统的产权制度安排，迫使社会政治统治秩序和制度安排以及意识形态发生变化。这种相互的影响交织于人们的经济行为中，决定着企业产权制度的选择，构架了特定社会经济发展的制度基础，决定着社会经济发展的水平和质量,并影响了社会经济制度未来的发展方向。

新制度经济学为"产权"定义了三大基本属性,即"产权的排他性""实施产权的约束性"和"产权结构的历史选择性",并将其作为产权实施的原则。因此,著者力图以清代旗田从回赎到私有化的过程为案例,证明产权的基本属性在中国具体的历史事件中是能够得到实证的,以此为该书运用新制度经济学进行历史分析做了一个必要的铺垫。

著者还认为,在封建专制主义的条件下,政府对手工业产权交易和经济行为的强制性约束是在它自身没有独立法律主体再约束的前提下进行的,也就是说,集行政、立法、司法、监督于一身,充当着产权交易和经济行为最终裁决者的政府,在理论上和道德上对经济(包括交换、生产、分配行为)都有强行干预的合理性和合法性,并且在实践中经常实施这种强制性的干预,就会成为一种习惯而被商人、地主、农民、手工业者等经济主体认同。这种强制性干预无制约地不断扩展,形成了一种特定的制度安排而被历史所选择和社会所承续。从这一意义上讲,对于中国近代工业产生时所推行的所谓"官督商办"的企业形式也可以发现其历史的"路径依赖"。

著者指出,洋务运动失败的原因,就产权制度变迁的意义而言,主要是因为在"官办"和"官督商办"的形式下,私有产权被弱化;在官僚体制传统运行的规范中,委托—代理的风险不断加深;在传统意识形态和行为准则的矛盾中,官僚权力严重缺乏约束,并且"搭便车"行为造成制约软化的增大,专制的政治体制极大地增加了工业产权私有化的成本和资源耗费。

最后,著者评价了晚清政府"干线国有"的铁路政策,认为"干线国有"的铁路政策不仅是愚蠢的,而且在当时中国工业化的制度变迁中也是反动的,因为它是对工业领域中产权制度安排私有化方向的倒行逆施。晚清时期,中国工业化的产权制度变迁已经呈现出不断强化的私有产权安排方向,无论是从公司的所有权多元化趋势还是从治理结构的权利规范化进程来看,私有产权的改造已经显示出对资源配置、技术更新的效果。工业化在艰难地然而不断地推进着,社会经济结构的变迁在缓慢发生着,工业私有产权制度的建立和强化将在社会经济—政治制度的演进中发挥积极的作用。但是,清政府却简单地选择了铁路国有化政策,虽然这种国有化还不是在所有工业领域中推行,但是选择的对象却是在当时最为关键的，也是影响最大的行业，从而对当时中国已经发展较快的工业领域和私有产权制度改造，起了相当大的否定作用。它所造成的直接后果不仅是自己政治统治的完结，而且是中国工业化稳定的政治环境的完结。

汪书较好地完成了新制度经济学与近代中国工业产权制度变迁的结合，但有个别论断仍然启人疑窦。如对于"铁路国有、私有"各国情况不同，对当时、现今，议论、主张也各有理论、历史依据，此处是否应遵循比较经济学理论进行中外比较，从而得到更完美的阐释呢？

以上三书都是将新制度经济学运用于专业史领域。杜书、尹书主要运用了强制性变迁与诱致性变迁理论，汪书主要运用了产权制度理论。可以说，三者都是仅运用了新制度经济学理论的某一侧面，而下述《明清晋商制度变迁研究》（刘建生、刘鹏生、燕红忠等著，山西人民出版社 2005 年版）则是新制度经济学与晋商研究的全面结合。著名经济史学家经君健指出，该书将晋商的盛衰看作一个制度变迁的过程，运用新制度经济学中的制度分析方法，对晋商制度变迁的主体、变迁的动因，以及制度的方式进行了系统分析，从理论上对晋商的发展脉络、运行机制、变迁规律进行了梳理和论证。在分析晋商本质特征的基础上，作者通过对晋商的制度系统、制度配置、制度成本—绩效的系统研究，运用制度分析，建立一个较完整的晋商制度变迁模式的理论框架，并对关系晋商兴衰的管理机制、组织系统、资本运营、信用博弈、交易成本、官商关系等做出了新的解释，归纳了制度配置—制度变迁的内在运行规律。作者运用规范分析与实证分析、制度分析与非制度分析以及历史与逻辑相结合等多种方法，对大量可靠的史料进行理论分析，使晋商研究得到进一步的深入。这是对晋商研究非常有益的尝试。[①]

吴承明指出，历史上经济的发展不是线性的，结构也许更重要。这在方法论上就要求排除单一因果链，也就是说，没有任何一种因素可以解释全部历史的发展。[②] 左峰尝试以制度变迁和技术进步互动为切入点，借鉴吸纳马克思主义政治经济学、现代西方经济学、发展经济学、制度经济学、新经济史学、技术经济学等相关理论，综合运用经济分析与历史分

[①] 参见经君健《晋商·晋商学——〈明清晋商制度变迁研究·序〉》，《中国经济史研究》2005 年第 2 期。

[②] 参见吴承明《经济史：历史观与方法论》，上海财经大学出版社 2006 年版，第 223 页。

析、总体分析与个案分析、比较分析与系统分析等多种研究方法，提出了互动合力论工业化理论模型，对中国近代工业化加以解读，力图厘清近代中国工业发展与不发展的脉络和原因，探求其历史发展模式。首先，从制度变迁与技术进步互动视角对西方工业化国家历史进行了考察，通过史实印证了二者互动作为一种客观存在贯穿于其整个工业化进程。其次，阐述了制度变迁与技术进步是工业化进程中相对独立而又密不可分的两个重要变量，旨在说明这是二者互动必备的基础条件。再次，根据政治经济学、制度经济学和博弈论的基本原理，论证了制度变迁与技术进步互动有着充分的、科学的理论依据。最后，分析并描述了制度变迁与技术进步相互决定且共同作用于工业化的机理与路径。指出制度变迁往往不能排除技术进步的作用，而技术进步的形成和扩散则进一步要求与之相适应的制度变迁，于是二者在互动中动态地演进和发展，螺旋交互上升并形成 S 形工业化发展路径。①

新制度经济学的引入和利用，为近代中国经济史研究注入了新的活力，产生了新的气象，但也产生了一些应用中的问题。（1）有的研究者试图用新制度经济学理论解释史料，以期对经济史事件有更深的理解和把握，做出新的结论，但因自身对新制度经济学研究较浅，对其概念和范畴不能准确理解，因而在运用其分析方法时显得生硬，给人有削足适履的感觉，谈不上融会贯通于经济史实践。（2）理论框架与实证研究脱节。往往著作分上、下两篇，上篇谈新制度经济学的概念和原理，下篇谈近代经济史事件的实证，不能将理论框架和实证研究紧密结合，形成牛蹄子、两瓣子。（3）对制度变迁的历史在国家制度层面上解释较多，对在经济活动过程中各个经济主体的行为分析较少，因而不能合理地利用新制度经济学的本质性方法，对经济行为进行理论分析，因此，研究成果往往解释不了经济史过程中的深层次现象，很难有理论说服力。

今后对新制度经济学在近代经济史上的应用，似仍应强调理论框架与实证研究相结合，而不能用经济史的现象和史实做新制度经济学理论的注解，走过去"以论代史"的老路。

---

① 参见左锋《中国近代工业化研究——制度变迁与技术进步互动视角》，上海三联书店2011年版。

二　比较经济史学

比较经济史学是经济史学的一个分支，它考察世界上各个不同国家和地区经济史过程的差异与共同点，分析这些差异和共同点的原因与后果，以加深对人类社会经济活动的历史过程的认识。

历史比较不等于比较史学。有比较而非比较研究的研究成果，仅是一种比较的观点。比较的观点更多地具有日常比较的直观色彩，更多地依赖经验性的知识系统。而比较研究则需要自觉系统地应用某种比较方法，通常要求凭借一套条理清晰的简单比较规则，追求比较结论的可靠性。比较史学"不仅仅是潜在的比较、内涵的比较，而是要自觉地……系统地进行历史的比较研究"。[①]

比较方法具有目的性，它的目的在于比较史实，以确定史实之间的因果关系。假如仅仅是史实之间的比较，而不用于确定史实而做因果关系的解释，那是不可以称为比较方法的。

从方法论的角度看，比较经济史研究中既可以采取纵向比较分析，又可以采取横向比较分析。纵向比较分析是指按照经济发展的历史过程分析一国不同历史时期或若干国家不同历史时期的变化，以探索经济发展的历史规律性。横向比较分析是指对一定时期内或一定时点一国国内不同地区或若干国家的经济状况进行比较，以说明待比较的各国或各个地区历史上的经济特色。

无论是纵向比较还是横向比较，最困难的是指标的选择。吴承明认为，比较研究应该有两个方面：一是比较双方的人口、资源、生产和消费的水平，哪方更富裕；二是比较双方的政治和经济制度、文化和社会结构，哪方更先进。[②]

侯建新的《农民、市场与社会变迁——冀中11村透视并与英国乡村比较》（社会科学文献出版社2002年版）和徐浩的《农民经济的历史变迁——中英乡村社会区域发展比较》（社会科学文献出版社2002年版），都是近代中英农村社会经济的比较研究，但是比较的地域、时点、方法有所不同，因而得出的结论也不尽相同。在地域和时点上，侯建新是用20

[①] 范达人、易孟醇：《比较史学》，湖南出版社1991年版。
[②] 参见吴承明《经济史：历史观与方法论》，上海财经大学出版社2006年版，第276页。

世纪上半叶冀中农村和工业革命前的英国乡村进行比较,而徐浩是用整个清代华北农村与15—19世纪的英格兰乡村进行比较。比较的样本不同,时间段也不同。再从比较方法来看,据侯建新自述,他用的不是同期比较,而是同态比较。所谓同态就是由系统的同一性所决定的状态,绝对时期不一样,但二者的历史背景却有同一性,因此,20世纪上半叶的中国农村与工业化前英国农村的比较是可行的。[①]

徐书用以进行比较的时段较长,多达300年。其不利点是不易进行比较,易于流于疏阔;有利点是易于实行横向比较分析与纵向比较分析相结合,能更清楚地说明经济历史发展的规律性。如该书第三章在对照华北、英格兰粮食生产时写道,研究表明,16世纪以来英国和低地国家的经济取得明显发展,商人资本主义的惊人发展是决定性因素。商业资本主义涉足农业,造成经济和社会的深刻变革。在经济上,商业资本和新贵族承认农业的重要性,以商业方式经营农业,不断调整生产以适应市场条件,大量资本用于改进农场生产,商业化农业带来对技术进步的强烈渴求。商业化农业导致"新型农业"制度的产生,主要内容是农牧轮作制,扩大饲料供应,增加牲畜数量,避免地力下降。从此,英格兰低地混合区农业得以摆脱了牺牲畜牧业发展粮食生产的旧模式,解决了地力衰竭对农业生产的制约。显然,同时期的华北农业是难以望其项背的。

在研究对象方面,二者也有所不同。徐书主要利用生产力分析方法,研究了中英两国农民的粮食生产和工副业生产及其消费,兴趣完全集中在生产力上。而侯书不仅研究两国农民的生产、交换和消费,而且研究了近代华北的土地产权制度,认为:"所有制及其他制度本身并没有独立的生命和意识,也不能自行运转,它总要依赖于生产力及社会分工的发展水平,总要以生产者个体及其发展水平为载体,因此,似乎很难孤立地谈论所有制的好恶。"(第317页)作者并且同时利用生产力分析法和经济制度分析法,研究生产力与制度的关系,明确提出:"个体农户的生产与消费,始终是我们观察和研究问题的出发点,人们可以在这里寻找到中国农村现代化发展水平的根本依据。"(第333页)而由此得出"明晰的产权关系,政府的有力扶植和市场公平竞争的法制环境,这三大要素是促进以

[①] 参见侯建新、邹兆辰《深入研究中西转型期的社会变迁——访侯建新教授》,《历史教学问题》2012年第4期。

劳动生产率为核心的农民生产、消费、交换和投入再生产的关键环节"（第334页），这一结论意蕴极为深远。

比较经济史不仅要实行纵向比较分析与横向比较分析相结合、生产力因素分析与经济制度分析相结合，还应实行前瞻性分析与回顾性分析相结合。吴承明指出："历史分析一般都是回顾性的，即就已发生的事情回溯其发生的条件和原因。这种方法的好处是，人总是根据他所处的时代精神来回溯历史，可给历史以新的解释。但也有毛病，即可能出现目的论或先验论，把后来发生的事情当成历史必然或'应当如此'的事情。有人认为工业革命是欧洲文化特殊性的结果，就是这样来的。前瞻性分析是一种开发型思维，是在某一事件点上，例如18世纪中叶，根据当时环境，设想可能发生的各种情况，甚至设想最可能发生的事情。这样，对以后发生的事情（不一定是最可能发生的事情），都能给予历史的解释。历史本来是多样性的，多样之中有共同性的东西。前瞻性分析与回顾性分析相结合，可以避免先验论，符合历史多样性的本来面貌，取得比较客观的判断。"① 李伯重的《江南早期工业化（1550—1850）》（社会科学文献出版社2000年版）就运用前瞻性分析与回顾性分析相结合的方法，对江南早期工业化的可能前景，进行了令人耳目一新的探索。

比较经济史另一种重要的研究方法就是互为主体的比较与检验结合的方法，即一方面用欧洲经验来评价中国历史，另一方面用中国经验来评价欧洲历史，通过互为主体的比较，得出新的行为模式和价值观念。这一比较研究方法，由王国斌加以总结提升，吴承明称之为双轨制的研究方法，并指出这种方法很朴实，但应用起来并不容易。李伯重对江南模式与英国模式的比较研究，就是在互为主体的基础上，取得了具有创见的突破性成果。② 在《江南的早期工业化（1550—1850）》一书中，他成功地以近代早期的英国作为参照来分析明清江南的工业发展特点，对16—18世纪的英国和江南轻、重工业的具体规模进行考察、比较，认为明清江南工业结构是一种"超轻结构"，其实质是一种高度节省能量和材料的工业结构，这样的分析应该是道出了事物的本质。而参照江南，英国之所以能够

---

① 吴承明：《经济史：历史观与方法论》，上海财经大学出版社2006年版，第277页。
② 参见龙登高《中西经济史比较的新探索——兼谈加州学派在研究范式上的创新》，《江西师范大学学报》2004年第1期。

"自发"地发生工业革命,进入近代工业化阶段,其原因是发生了"煤铁革命",江南由于自身的能源问题,不可能发生英国那样的能源革命,也就不能自发地由早期工业化进入近代工业化了。

同样,在《中国的早期近代经济——1820年代华亭—娄县地区 GDP 研究》(中华书局 2010 年版)一书中,李伯重仍然沿用了互为主体的比较与检验相结合的方法,他写道,与荷兰相似,自 16 世纪后期开始,江南经济日益商业化,城市化也明显提高。到 19 世纪初期,江南经济已发展成为"一种近代的、城市的、商业的经济"。由于近代早期江南与荷兰在经济发展方面有众多的相似,因此如果我们把 1500—1815 年的荷兰经济称为世界上"第一个近代经济"的话,那么我们也有充分的理由把同时期的江南经济同样称为世界上最早的近代经济之一。同时,他指出,在 19 世纪的大多数时期内,在以工作小时计算 GDP 水平方面,荷兰已落后于英国,但是此时期内荷兰仍然是当时世界上每工作小时 GDP 水平最高的国家之一。直到 1870 年,荷兰的生产率水平也只仅次于澳大利亚、英国和美国。同样,到了 19 世纪,虽然江南在劳动生产率方面已逐渐落后于日本,但是仍然是亚洲劳动生产率最高的地区之一。

偶然性与必然性的考察相结合也是比较经济史研究最重要的原则之一。人类社会发展作为一种复杂的历史过程,各种偶发事件和意外事件,使得以后的活动格局会以新方式形成。已经发生的历史并不一定是实际上最可能发生的或应当发生的,甚至并非是必然的。必然性的意识,掩盖了在特定历史时刻存在的多种可能性。因此,比较研究在不同历史轨迹中发现相似的时段,在因果律预期的一致中发现不同的结局,可以给出更大范围的现象的积累,有助于使人们的认识更具普遍性的意义。李伯重的考察说明,从人类发展道路言之,英国模式并不具有必然性,工业革命在某种程度上是偶然的结果。既然如此,以英国模式来衡量江南或其他地区的经济发展道路,就会误入歧途。①

但是,判断何为偶然、何为必然却是比较研究难以逾越的障碍。杜恂诚对加州学派(包括李伯重)的研究提出了质疑。其主要问题就是英国工业革命属于偶然还是必然。杜恂诚认为,工业革命在英国发生表面看起

---

① 参见龙登高《中西经济史比较的新探索——兼谈加州学派在研究范式上的创新》,《江西师范大学学报》2004 年第 1 期。

来颇具偶然性，但偶然中有必然。具体表现在三个方面，即工业革命发生在英国不偶然；工业革命首先在哪些产业中发生不偶然；英国作为当时的世界工厂来利用美洲等地的"鬼田"不偶然。第一，英国成为工业革命的"摇篮"，是因为它最早最集中地具备了各项必要的社会经济条件。第二，工业革命首先发生在棉纺织、动力和冶金这三个行业中也不是偶然的。因为棉纺织业的产品与每个人的消费相关，拥有最广阔的市场，其产业链长，技术又较为复杂。棉纺织业的突破，具有最好最稳定的市场基础，并会引导产业的连锁反应。另外，随着大机器工业的诞生，动力问题不可避免地提上议事日程，因此能源采矿业必然优先发展。而机器的制造又离不开冶金技术的突破，这是材料上的革命。第三，英国作为当时的世界工厂，利用殖民地和新大陆的"鬼田"不偶然。加州学派的学者们一致认为，由于英国利用了环加勒比海和北美等地的殖民地，从殖民地输入大量棉花、糖、木材等产品，殖民地的土地成为英国的虚拟土地，如果英国没有这些虚拟土地，就会爆发生态危机，根本谈不上工业革命。杜恂诚认为，首先，糖并不是生活必需品，它的可替代性是很强的，英国人不进口糖也能生活。不能把非必需品以热量形式换算成必需品，再得出其生产条件的结论。从国际贸易分工和相对优势的理论来看，这样的换算也是很不合理的。其次，可能也是最重要的，棉花为英国节省牧场的说法是不能成立的。要强调指出的是，北美棉花大量向英国出口是发生在北美独立之后，美国当时已不是殖民地。① 从上例可见，在比较经济史研究中，将偶然性与必然性考察相结合是颇有难度的。

互为主体比较方法的应用是"江南道路—英国模式"的比较研究所给出的基本结论是否成立或是否有意义的关键。喻小航在《"江南道路"与"英国模式"的比较》（《西南大学学报》2010年第6期）一文中，认为该比较对象所呈现的论据并不适合展开互为主体比较。喻文提出，在相似与差异并存的前提下，比较双方越相似，可比性越强。因此历史比较研究的相对可比性的衡量标准可以概念化为对应可比原则。

对应可比原则必须完整地贯穿于历史比较研究的两个基本维度：对象属性比较维度和目的属性比较维度。对象属性比较维度是指对象—对象之

---

① 参见杜恂诚、李晋《"加州学派"与18世纪中欧经济史比较研究》，《史林》2009年第5期。

间的比较。其对应原则是指，纳入对比的双方在类属上应尽可能一致。如果双方的整体性质被确认为类同，则可以推断构成双方整体的各个对应部分具有很强的可比性，整体性质越类同，可比性越强。以明清时期的中国与当时的西欧为例，如果双方在整体性质上越相似，则构成双方整体的社会结构及其制度、经济水平、政治架构、文化传统等各个对应领域的可比性越强。目的属性比较维度是指对象—目的之间的比较，其对应可比原则是指需要说明的问题（比较目的）总是要以比较对象为依据和出发点，应尽量以比较对象的界域内涵一致，二者越类似，可比性越强。例如，如果比较研究最终要说明的问题属于经济范畴，那么比较研究的可比性就较强；反之，比较研究的可比性就较低。因此，"江南道路—英国模式"的比较结论要具有最大的可靠性，就必须在这两个维度上尽可能严格遵循对应可比原则。可以确认，"江南道路—英国模式"比较研究在这两个维度上均存在重大而深刻的不对应，因而可比性很低。

喻文指出，"江南道路—英国模式"的比较研究暴露出两大局限：在概念上内涵的界定上，存在强调静态经济决定而淡化文明整体动态联系的片面性；在比较方法上，存在强调客位理性认知而忽视主位感性经验的偏好。这两大局限的结合使得所揭示出的双方相同性不过是某些片段表象，进而令这项比较研究的结论缺乏可靠性。

最后，喻文强调，如我们所看到的，仅在我们试图解释多少带有普遍性的现象时，比较方法才是行之有效的。互为主体比较并不能避免比较方法本身的局限性，可比性问题并不会因为采用了互为主体比较而有任何的消解。①

三　区域经济史理论

区域经济史原本属于中国传统学术范围。吴承明曾举冀朝鼎的《中国历史上的基本经济区与水利事业的发展（1936）》为例。但是，近年来，受施坚雅模式影响，国内区域经济史研究有向国际学术潮流靠拢的趋势。

施坚雅曾于1949—1950年在四川考察中国经济和农村市场，于1977年提出将中国划分为九大经济区的体系。施氏的分区是以地文学为主，着

---

① 参见喻小航《"江南道路"与"英国模式"的比较》，《西南大学学报》2010年第6期。

眼于河流运输和市场体系，并采用克里斯塔勒的中心地学说和等级理论，每个大区都有其中心城市，区内分二级市场、三级市场和乡镇集市。他的九大区域是：华北区、西北区、长江上游区、长江中游区、长江下游区、东南沿海、岭南区、云贵区、满洲区。

中国学者高度重视施坚雅的研究，对区域体系理论给予积极评价。同时，也看到了施坚雅模式的缺陷和局限性，并对区域经济史的理论和方法进行了积极的探索。

（一）区域的界定

要进行区域经济史研究，必须解决区域界定这一首要和基本问题。而要解决区域界定问题，必须了解地理学和区域学对区域的界定。因为，区域首先是地理学的基本概念。到20世纪50年代，又形成了区域学，对区域理论做了发展。区域史研究可以说是借用地理学和区域学的区域理论与方法而形成的。张利民指出："区域史是研究一定空间的历史，区域史对区域的空间界定，应遵循最基本的自然和人文环境准则，尤其是地理学的理论和方法。"[①]

对于区域的划分有窄派、宽派和中派之分。窄派认为，区域史研究中的区域是指社会历史发展中，由具有均质（同质）性社会诸要素或社会单要素有机构成的，具有自身社会历史发展特征和自成系统的历史地理单位。[②] 部分学者赞成这一定义。如王先明认为，区域史研究是指"一定时空内具有同质性或共趋性的区域历史进程的研究"。如果讨论的问题不归于区域同质性或共趋性，就不应归于区域史，而只能归属于其他规范的历史。它们或是通史的地方化，或是专门史的地方化。他将近代史研究中许多把不具有区域史内在特性的研究称之为区域史，或将原来已成熟的地方史（如各省通史类研究）视为区域史，甚至将新兴城市史、乡村史、专门史等本来有自己的理论和方法的研究领域也转归区域史的现象称之为"区域化取向"，认为这种"区域化取向"造成了史学研究的失范。他指出，对这种"区域化取向"应保持清醒的理性认识："是研究问题本身的区域性特征决定了区域性研究的选择，而不是只有'区域化'才是推进

---

① 张利民：《区域史研究中的空间范围界定》，《学术月刊》2006年第3期。
② 参见徐国利《关于区域史研究中的理论问题——区域史的定义及其区域的界定和选择》，《学术月刊》2007年第3期。

研究深入发展的取向；同理，也并非只要冠以'区域'的名堂就都是'区域史'研究。"① 陈春声说："毋庸讳言，时下所见大量的区域研究作品中，具有严格学术史意义上的思想创造的还是凤毛麟角，许多研究成果在学术上的贡献，仍主要限于地方性资料的发现与整理，并在此基础上对某些过去较少为人注意的'地方性知识'的描述。更多的著作，实际上只是几十年来常见的《中国通史》教科书的地方性版本。"②

徐国利认为，从科学意义来界定区域史和规范运用区域史的理论与方法，并不是排斥地方史研究和方志编撰的学科地位及其重要意义，区域史与地方史、地方志都有助于深入研究和准确把握整体史，在这点上它们的作用是相似的。指出它们的区别，旨在说明它们属于不同的史学分支学科与方法论，旨在强调区域史作为一种新的理论与方法和学科来发展，必须具有自觉与清醒的学科意识，这样才能有助于区域史的健康发展。科学地界定区域史，并不是否定行政区划和自然区域等人文地理概念乃至自然地理概念在区域史划定中的运用。如果通行的人文地理区域或自然地理区域的概念正好与区域史划分的区域重合或一致，那么，用通行的行政区域或自然区域的概念来命名区域史研究不仅是可以的，而且更有利于人们的理解。③

宽派可以吴承明为代表。吴承明认为，从事区域经济史的研究，不必胶于区划的成规，可以从习惯，或大或小，以资料方便而权宜。大如江南、岭南、华北，小如皖南、苏北、巴蜀，皆已习用。而城市史、乡镇史，属行政区划，自成体系。④

李金铮则另外提出了划分社会经济区域的标准。他认为，一个理想的社会经济区域的选择，主要取决于四种因素的制约：一是这个区域必须具有密切的内在联系；二是能体现时代特色；三是研究者对该区域的当代社会经济有较多的认识；四是有丰富可信的史料做保证。其中，第一条当属最重要。所谓具有密切内在联系的区域，是指在自然环境、经济环境、人文环境以及政治环境、社会环境等方面一致或相近的地理空间内，人们从

---

① 王先明：《"区域化"取向与近代史研究》，《学术月刊》2006年第3期。
② 陈春声：《历史的内在脉络与区域社会经济史研究》，《史学月刊》2004年第8期。
③ 参见徐国利《关于区域史研究中的理论问题——区域史的定义及其区域的界定和选择》，《学术月刊》2007年第3期。
④ 参见吴承明《经济史：历史观与方法论》，上海财经大学出版社2006年版，第267页。

事社会经济活动所逐渐形成的特定区域。按照上述几个标准，可以将近代中国划分为大小不同的社会经济区域，比如可以将全国划分为东北地区、华北地区、西北地区、华中地区、华东地区、华南地区以及西南地区等区域，也可以划分为长江流域、黄河流域、淮河流域、珠江流域、海河流域和松花江流域等区域，还可以分为环渤海地区、黄河沿岸地区、东海沿岸地区、沙漠地区、森林地区等区域。在这些较大的区域内，又可分出相对较小的区域，在其基础上仍可细分下去。以河北省为例，就可再划分为冀北、冀东、冀西、冀中、冀南、冀东南等社会经济区域。实际上，完全符合所有划分标准的区域是不多见的，在具体选择时也可以就其中的一个或几个方面划定一个社会经济区域。①

大多数学者采用的是窄派或中派的划分区域标准，间而采用宽派的标准，如李伯重研究的区域大到江南，小至华娄；李金铮虽似中派，研究区域却主要是定县。可见，研究区域的大小不是区域经济史理论的核心问题，其核心问题还是研究的内容和方法。

（二）中心地理论

1933年，德国学者克里斯塔勒在其《德国南部的中心地》一书中提出中心地理论；1944年，A.罗希出版《区位经济学》予以发挥和定型。该理论认为，在一个大约匀质平原地带，经济的发展常会形成以中心地区为核心向边缘地区扩散的局面。核心地区常为一大城市之所在，而以辖区内的中心城市为边缘和市场；这些中心城市又常自成核心，而以更小的镇市为边缘和市场，一般形成三级市场体制。各级的核心和边缘的辖区均以正六边形的面积最为适宜，因而高一级的六边形面积恰为次一级六边形面积的三倍，即所谓"三三制原则"。

吴承明认为，中心地理论现已为区域经济研究者所通用，但必须根据所考察地区的实际条件予以修正，不能拘泥坚守三三制原则。中心地理论来自资本主义已发达的经济状况，用于历史研究未必适宜。施坚雅对中国经济区域的划分即过于拘泥克里斯塔勒—罗希模型，且是以19世纪后期中国市场体系为准，用于早期历史研究必须有更大的修正。②

---

① 参见李金铮《区域路径：近代中国乡村社会经济史研究方法论》，《河北学刊》2007年第5期。
② 参见吴承明《经济史：历史观与方法论》，上海财经大学出版社2006年版，第267页。

任何研究模式的提出，都必须接受来自学术界同人以及研究者自身的证实和证伪。这种证实和证伪必定是多重的、长期的，必须体现尊重科学的精神旨趣和宽容自由的学术心态，其目的在于使研究模式的科学性得以彰显，伪科学性得以摒弃。

施坚雅模式以及日后中国市镇经济研究的其他模式，同样需要不断地证实或证伪。迄今为止，大陆学者依循施坚雅模式从事市镇研究最为典型的例证，当推王笛的《跨出封闭的世界——长江上游区域社会研究（1644—1911）》（中华书局1993年版）。王笛运用施坚雅模式，详尽分析了有清一代长江上游地区的区域贸易、城市系统与市场网络，包括集市的作用与功能、市场密度与农民活动半径、高级市场与城镇发展等一系列问题。王笛充分肯定施坚雅模式，称"美国学者施坚雅将中心地理论运用于长江上游城市系统的研究，取得了令人瞩目的成果"（第226页）。

王笛强调长江上游集市贸易的发达与成都平原分散的居住模式密切相关，即一个耕作区域内散布着许多分享的农户，这有助于市场发育。清代以后，由于上游商品经济的发展，集市既可作为输出市场的起点，又是农民日常生活品销售的终点；它依赖高一级市场销售其聚集的土产，又将高一级市场运来的商品出售给农民，从而起着承上启下的作用，成为商品流通网络中最基本的环节。在传统的农业社会，耕作面积和人口密度决定了需求圈和销售域的大小。场均耕地和场均人口表明了市场所拥有的土地和劳动力资源，是市场发展的决定因素，它们制约了市场的商品流通和交易数额。经济距离（即换算为运输成本的地理距离）、生产成本以及平均购买力，是考察需求圈和销售域的三大要素。

客观而论，施坚雅模式远非十全十美，它有着明显的"硬伤"。由于语言上的障碍、学术背景的差异、意义诠释的多元化等原因，施坚雅对中国社会经济史的史料收集与文本解读是不完全的。这种文化上的"天然屏障"，使施氏的见解不可避免地存在偏差抑或误区。例如，施坚雅的九大区域划分法就有令人质疑之处。就市镇而言，各区域之间在经济地理、商贸互动、经济特征、市场发育、人口构成、管理机制、价格弹性等方面有哪些差异，施坚雅模式缺乏有力的回应。在创立研究模式的过程中，施坚雅对其他理论模式的借鉴有略显粗糙之嫌，他用正六边形叠加而成的空间分布图来分析中国千差万别的市场等级，不能不说有些牵强和生硬。此外，虽然施氏曾对长江上游区域的市镇经济及相关问题进行了专题研究，取得了相当重要的成果，但当他力图将该模式套用于中国其他区域时，便陷入了论证乏力的窘境。

当然，苛求施坚雅用一个分析模式解决所有中国社会经济史的问题是有失公允的。施氏对中国现代学术史的一个贡献，就是他为中国经济史的学术展拓提供了一个独创性的分析工具。①

（三）区域内的研究

乡村区域社会经济史研究的目的，是揭示该区域的社会经济结构、社会经济关系、运行机制及其变化趋势。杨国桢将清代福建社会经济区域的研究架构分为八个部分，即自然与社会环境、人口和赋役、财政制度、土地制度、农业经济、手工业经济、市场结构与商人资本、社会结构及其变迁。②李金铮根据对近代冀中地区乡村社会经济的系统研究，认为其应该包括十个部分：一是自然环境与村落生态，主要指地理位置、行政沿革、村落构成、地形土质、水系分布、气候条件以及它们与该地区社会经济的关系；二是社会构成，主要指人口构成、家庭结构、家庭关系、宗族结构、社会组织等；三是土地关系，主要指人地比例关系、土地分配关系；四是农业经营，主要指农业生产条件和技术、租佃关系与雇佣关系、农作物种植结构、农业生产力水平；五是手工业生产，主要指家庭手工业的种类、数量、规模、经营方式以及手工业与农家经济的关系；六是农民与市场，主要指集市、庙会、店铺等市场网络、商品交易和市场价格；七是金融调剂，主要指借贷关系的各类形态、运作方式及其对农村社会经济的影响；八是农民负担，主要指农民缴纳赋税的种类、数量变化及其与农家经济之关系；九是农家收支状况，主要指农民的收支对比、衣食住行水平、农民生活与农村社会问题的关系；十是在上述基础上，综合分析该区域社会经济的性质和发展走势。这一构想突破了单纯的经济或社会层面，将经济与社会结合起来，从而可以形成一个比较完整的区域社会经济史研究结构。③

---

① 参见任放、杜七红《施坚雅模式与中国传统市镇研究》，《浙江社会科学》2000年第5期。

② 参见杨国桢《清代社会经济区域划分和研究构架的探索》，载叶显恩主编《清代区域社会经济研究》，中华书局1992年版，第31页。

③ 参见李金铮《区域路径：近代中国乡村社会经济史研究方法论》，《河北学刊》2007年第5期。

李金铮同时在文中强调了社会经济变迁和国家的影响，但这些在他的构想中体现得不很鲜明。有些学者在这些方面有所突破。黄正林的《陕甘宁边区社会经济史（1937—1945）》（人民出版社 2006 年版）重点论述了陕甘宁边区政府对社会经济发展的作用，尤其是边区政治、经济政策对经济的影响。对于发生在边区内外的重大政治、经济事件引起的经济政策的变化，给予了足够的重视。如他把边区的经济发展划分为皖南事变前后两个时期，认为皖南事变以前，边区的经济政策是"力争外援，休养民力"，这个政策的基本点是争取外援。皖南事变后，边区经济的总方针是"发展经济，保障供给"，其基本点是发展经济，自力更生。直至抗战结束，这个方针没有发生变化。就经济发展过程而言，皖南事变前是边区经济恢复和"家业"的创立时期。皖南事变后，中共中央和边区政府把边区的经济建设当作头等大事来抓，连续出台了一系列经济建设的政策和法规，边区的经济法规 80% 以上都颁布于这一时期，并且不断得到修正和完善，边区的经济体系在皖南事变后建立起来了。由此可见，从国家—制度—经济的视角，该书构建了陕甘宁边区区域社会经济史的理论框架。

以上讨论的仅是农村的区域经济研究架构，至于包括城镇在内的区域，其研究架构自然有所不同。施坚雅认为，近代中国城市没有形成一个一体化的完整的城市系统，而只是若干个地区性系统，每个系统与相邻系统之间相互分离，只有些脆弱的联系，提倡将城市研究纳入区域考察的范围。①

不少中国学者将市镇研究纳入区域考察的范围。如江南市镇的研究成果，就有宏观的、中观的和微观的区域研究。城镇区域内的研究包括如下几方面。（1）经济层面：市镇的兴起与分布、市镇经济、经济结构、地权关系、市场关系、市镇网络。（2）社会层面：社会组织、社会结构、慈善事业、社会救济、灾害与民间信仰、商人与市镇的关系、市镇的著姓望族、人口考察、城镇化、近代教育等。（3）政治层面：行政管理、社会控制、地方权力关系等。（4）文化层面：市镇文化、休闲娱乐等。②

近年来，中国学者在区域经济史研究的方法上有所改进。

---

① 参见施坚雅《中国封建社会晚期城市研究——施坚雅模式》，王旭等译，吉林教育出版社 1991 年版。

② 参见安涛《近 40 年来江南市镇社会经济史研究综述》，《枣庄学院学报》2007 年第 3 期。

首先，注意到了宏观、中观、微观研究的结合。如张利民的《近代环渤海地区经济与社会研究》（天津社会科学院出版社2002年版）即根据历史发展，将近代环渤海地区分为三个经济区域：以奉天为中心的辽宁经济区域、以北京为中心的直隶山西经济区域和山东经济区域。作者认为，各区域存在的同一性促使相互之间空间地域结构和产业结构的互补性增强，以经济为主的联系频繁广泛；而这种联系受地理位置、经济发展水平等种种因素的限制，是在原来经济区域的基础上发展起来的，构成了以中心城市之间的横向联系为主要方式的平等、互动和一定互补、互利性关系。这就是环渤海地区各区域经济联系的特点。作者还专门论述了各经济区域发展的同一性和相似性，分析了各自的特征和差异性，论证了跨省区大经济区域形成的可能性。

唐致卿的《近代山东农村社会经济研究》（人民出版社2004年版）全面分析了近代山东各地农业经济结构、布局及生产环境的历史和现状，综合研究各地农业生产的有利条件与不利条件、主要特点与存在问题。他把山东划分为七大农业分区：东部沿海丘陵农林渔区；鲁中南农林牧区；湖东鲁南平原农业区；鲁西平原农林牧区；鲁北平原农林牧区；渤海农牧渔区；胶济平原农业区。各农业区在农业生产特点和发展方向、生产中的关键问题及应采取的重大措施方面具有相对一致性。做这种农业分区，不仅让读者可以全面了解近代山东农业、农村的情况与特点，而且对今天如何发展山东农村经济仍有一定现实意义。①

其次，注意了专业研究与综合研究的结合。区域经济史是对区域经济的全面考察，综合研究是区域经济史研究典型方法。美国学者马若孟的《中国农民经济，河北和山东的农业发展1890—1949》（史建云译，江苏人民出版社1999年版）以及黄宗智的《华北的小农经济与社会变迁》（中华书局1986年版）和《长江三角洲小农家庭与农村发展》（中华书局1992年版）都使用了专业研究与综合研究相结合的方法，不仅考察了区域内的农业，而且全面考察了区域内的农村经济。日本学者斯波义信的《宋代江南经济史研究》（方健、何忠礼译，江苏人民出版社2000年版）从土地开发、生态演变、居民移动、商业交流、社会流动以及户口、田地、田赋等诸方面对宋代江南经济进行了全面考察。21世纪以来，中国

---

① 参见吕明灼《〈近代山东农村社会经济研究〉述评》，《东岳论丛》2006年第1期。

学者对区域经济史综合研究方面也做了许多新的尝试。如任放的《明清长江中游市镇经济研究》(武汉大学出版社 2003 年版) 即是专业研究与综合研究紧密结合的典范,"即便是在经济史的范畴内,也不为单一的商品经济研究所束缚,除开对长江中游市镇的商品生产、商品流通、服务业(以对茶馆业的研究为主)、金融业(对当地钱庄、票号以及开埠后的外国银行等的研究)进行考察,还注意到了与之相关的市场管理体制(以巡检司、牙行、乡村基础组织为主)和社会保障体制(以社仓、义仓为主的民间仓储制度),使市镇研究与社会经济史研究的其他方面紧密联系在一起,无怪乎李伯重赞之为'超越市镇'的著作"。① 又如戴一峰的《区域性经济发展与社会变迁——以近代福建地区为中心》(岳麓书社 2004 年版)是既包括农村区域研究又包括城市区域研究的区域经济史著作。全书共分五篇:人口迁移与社会经济变迁;闽江上游的经济与环境变迁;福建农林业经济;区域城市的发展以及商业、商人群体和商贸网络。其研究领域主要涉及近代福建区域内的人口、环境、城市、经济以及区域内经济活动的主体——商人及商人群体——研究。其农村区域研究主要考察了闽江上游的茶叶、木材、纸张等商品生产及上游区域市场的形成,并综合考察经济发展的各种交通和社会因素,从而完成了对闽江上游的整体社会经济考察。其城市区域先后探讨了厦门城市的兴起、城市发展的驱动力、城市商业、航运业、工业、金融业以及市政建设等方面,系统完整地考察了厦门作为闽南区域中心的兴起和发展的方方面面。把城市研究和农村研究结合起来是区域经济史研究的难点,非将专业研究和综合研究结合起来不能见其功。区域经济史研究既需要广度,又需要深度,戴一峰的创新尝试是值得赞许的。

再次,注意了研究的共时性与历时性的结合。共时性研究是指区域经济史对经济结构的考察,而历时性研究是指对经济演化过程的考察。我们必须把这二者结合起来,才能形成区域经济史研究的整体。庄维民的《近代山东市场经济的变迁》(中华书局 2000 年版)正是这样的佳作。该书一方面涵盖了比较宽的研究范围,内容包括市场结构变迁与商人资本兴替、产业改进与工业化进程、农业改进与农业经济变迁三个近

---

① 洪易:《由实证研究趋向理论提升的精致尝试——任放〈明清长江中游市镇经济研究〉述评》,《中国社会经济史研究》2011 年第 1 期。

代经济变迁的主要方面，以比较宽的视野对上述问题做了系统、深入的论述。同时，作者从实证研究出发，着重分析了以开埠城市为中心的多层次市场结构的形成，商路网的兴替，商品流通的变化，商人资本的兴衰等，并对各类市场间的联系机制、商人资本蜕变与近代资本主义经营方式之间的关系，做了精辟的论述。作者从产业改进这一新的视角出发，全面探讨分析了发生于农村和城市两个地域，运行于加工业、交通和农业等部门的生产变迁，将工业化、手工业转型、农业改进纳入一个统一的历史范畴之中，通过分析市场和产业二者的变化，勾勒出市场经济在近代的发展趋势与新结构的基本轮廓和特点，揭示出近代市场体系形成的动力和条件，从而理清了近代市场经济的起源、演变、运行的基本脉络和趋势。[①]

吴柏均的《中国经济发展的区域研究》（上海远东出版社1995年版）注重共时性研究与历时性结合。该书首先论述明清时期无锡区域的经济结构，确定此时期区域经济区位的特征，评估其经济发展水平，并论述19世纪末至20世纪40年代无锡区域新经济的成长和波动，其中包括对新兴产业及其新生产项目的引进和发展、资源的重新配置、经济增长过程及其水平、经济组织及市场演化等方面的分析。然后，该书论述了无锡近代经济格局及其内部结构，并对重新定向后的区域新经济区位特性进行分析和判断。此外，还以经验实证方法对工业经济和农村经济做了结构分析。最后，该书探讨了无锡经济发展的各种约束条件和因素，特别是对无锡经济发展的主要动因进行分析，并对区域经济发展方式、动力和约束条件做了理论的探讨。该书在对区域经济结构做了充分的共时性研究的基础上，进行了历时性研究。该书第六章从土地占有方式与经营方式结构变迁的制度分析着手，揭示了生产结构及资源配置方式的结构变迁，认为无锡农村经济在经济组织、土地生产方式等经济制度没有大的改变的情况下，生产结构及其资源配置方式得到了较大的变革。吴承明对作者这一研究结论击节叹赏，认为"作者研究的结果给我以很大启发"[②]。可见，区域经济史研究必须把共时性研究和历时性研究结合起来，首先对经济结构进行全面、

---

① 参见朱玉湘《近代市场经济研究领域的创新之作——〈近代山东市场经济的变迁〉评介》，《东岳论丛》2001年第3期。

② 吴承明：《序》，载吴柏均《中国经济发展的区域研究》，上海远东出版社1995年版。

深入、系统的考察，才能更深刻地了解区域经济的演变过程，得出正确的、有价值的结论。

（四）区域间的研究

吴承明指出，区域经济史不仅是研究一个区域的经济，而且也许更重要的是考察本区域与外区域以至外国的历史关系。区域无论大小，都不是孤立的，因为即使是封闭系统，也要与环境交换能量，并受环境的制约。在资本主义自由市场的制度下，各区域之间基本上是竞争的关系，在前资本主义时代，价值化和市场不充分，各经济区域之间是一种发展和制约的关系。吴承明以李伯重的《发展与制约——明清江南生产力研究》（台北联经出版公司2002年版）为例，说明近代江南的发展受外区域制约，只有外区域经济有了进步，江南在能源、原料和粮食上得到保证，它才能进一步发展。

吴承明还指出，每个区域都有它的强项和弱点，都存在发展和制约问题。区域经济史之所以要做区域间研究，就是要综合考察，做出判断，并从全局出发，提出发扬强项、弥补弱点的意见。[①]

有三部著作在区域间研究方面做出了积极探索。

李伯重的《江南农业的发展（1620—1850）》（上海古籍出版社2007年版）研究了江南农业的外向性，指出从17世纪初至19世纪中，江南对于外部市场与资源的依靠程度有了大幅度提高。丝、棉（及加工产品）的输出越来越多，同时粮食、肥料的输入也日益增加。丝和棉花的输出量分别达到86%和40%；粮食和肥料的输入量分别达到14%和27%。李伯重认为，"这样高的比重，对于通常被认为是'自给自足'的传统农业是在近代以前世界上商业化和外向化程度最高的农业之一"（第27页）。如此重要的对中国前近代农业的判断，如果没有区域经济史的外向视野，是不可能得出的。

樊树志的《江南市镇：传统的变革》（复旦大学出版社2005年版）考察了本区域与全国乃至世界的经济关系，指出明清两代江南市镇及其四乡生产的生丝、丝绸、棉纱、棉布，不仅行销全国，而且行销海外，在全球化贸易中，遍及亚洲、欧洲、美洲。这种盛况，是汉唐盛世的"丝绸之路"所望尘莫及的。连续几个世纪，数量巨大的资源从江南市镇流向

[①] 参见吴承明《经济史：历史观与方法论》，上海财经大学出版社2006年版，第271页。

海外，刺激了江南市镇的繁荣昌盛。把这种江南市镇经济称为外向型经济，是毫不为过的（第11页）。

罗婧的《江南市镇网络与交往力——以盛泽经济、社会变迁为中心（1368—1950）》（上海人民出版社2010年版）提出了"交往力"的概念。"交往力"的意义在于揭示了区域社会历史横向运动所体现出的不断突破地域空间界限的扩张力和富于黏性的"经济—社会"结合力，它们之间的互动促进了区域内部各个特色因子的整合，构建与扩大了对外联络和沟通，进而推动市镇聚落的兴起与发展。

借助交往力概念，从横向历史运动的层面出发，罗婧首先考察了盛泽所处的地域空间，为其织绸业的兴起与长盛不衰以及围绕丝绸的生产与交易形成的区域性市镇网络，发掘地理环境、人文传统等方面的结构性基因。其后，分别将盛泽丝织业的发展与转型置于苏嘉湖蚕桑丝织区域性交往圈和世界市场之中，既追溯了它由宋代的乡村草市成长为明清江南丝织业巨镇所彰显的传统内变迁意义，又探究了世界体系重整过程中盛泽丝织业所承载的传统丝织业的近代转型压力，以揭示交往扩张力在其间所产生的巨大影响。在盛泽绸业通过区域性和世界性两个市场网络的联通不断发展壮大的同时，交往的结合力推动了盛泽市镇社会在形制、范围、人口以及社会结构等方面的深刻变迁。而一系列源自经济与社会互动的地域性、制度性特质，又制约着交往力在盛泽经济、社会成长与变迁中的作用。[①] 可见，我们在区域经济史研究中，既要考察区域经济的纵向运动，又要考察区域经济的横向运动；不但要考察区域经济的内部发展，而且要考察它的外部联系与互动。只有这样，才能把"区域性的世界"研究融入"世界性的区域"研究之中。

十余年前，曾有学者断言区域经济史已过时，预言区域研究方法将终结，从现在看，区域经济史研究不仅没有退出学术舞台，反而更加生机盎然，蓬勃发展，热度未减。这说明区域经济史研究方法是适合中国国情的。以中国之大，各地区经济发展很不平衡，区域史的研究实属必经之路。

---

① 参见唐力行《序》，载罗婧《江南市镇网络与交往力——以盛泽经济、社会变迁为中心（1368—1950）》，上海人民出版社2010年版。

四 历史经济地理学

历史经济地理学是历史地理学的重要分支学科。历史上生产力的空间分布是历史经济地理学主要研究的内容之一。历史经济地理学又分为历史农业地理学、历史牧业地理学、历史工业地理学和历史商业地理学等分支学科。由于历史经济地理学无论是在地域的划分上，还是在研究的内容上，都和区域经济史一致，因此，有些经济史学者利用历史经济地理学进行近代经济史区域研究。

（一）历史农业地理学研究

李令福认为，历史农业地理学是研究历史时期农业生产布局及其结构的演变发展过程与规律。[①] 具体说来，历史农业地理学主要研究历史时期各地的农业自然环境、水利建设、土地开发利用、农林牧副渔猎业结构及各业内部结构、各农业经济区发展水平的差异、农业开发对自然环境的影响等。

陕西师范大学史念海教授带领的学术团队运用历史地理学的理论和方法，对特定地理区域和历史时段的农业发展进行系统的研究，截至2000年，史念海指导的20余位硕士、博士研究生，均以历史农业地理作为学位论文的选题内容，以某一朝代和某一区域作为关注的时间和空间范围，对中国历史时期的农业地理问题进行了深入系统的考察，取得了令人瞩目的成绩。同时也使历史农业地理学成为中国历史经济地理学科当中学术成就最突出的分支之一。

史念海的弟子郭声波的《四川历史农业地理》（四川人民出版社1993年版），是以一个省区作为空间范围而对其进行综合性考察的区域历史农业地理著作。该书内容共分为区域农业、五种作业（种植、副、林、牧、渔猎）的嬗替、区域差异、余论四大部分，以文献考古资料为主，结合实地调查，资料翔实，结论可信，填补了当时四川乃至中国区域历史农业地理研究的学术空白。

稍后，史念海团队又推出了一系列断代和区域相结合的历史农业地理专著，其中与近代经济史有关的有：龚胜生的《清代两湖农业地理》（华

---

① 参见李令福《历史农业地理学的基本理论问题初探》，《陕西师范大学学报》2000年第4期。

中师范大学出版社 1996 年版)、耿占军的《清代陕西农业地理研究》(西北大学出版社 1997 年版)、马雪芹的《明清河南农业地理》(台北洪叶文化出版社 1997 年版)、周宏伟的《广东历史农业地理》(湖南教育出版社 1998 年版)、萧正洪的《环境与技术选择——清代中国西部地区农业技术地理研究》(中国社会科学出版社 1998 年版)、李令福的《明清山东农业地理》(台北五南图书出版公司 2000 年版)等。它们共同构筑起中国历史农业地理学研究的学术大厦，使陕西师范大学西北历史环境与经济社会发展中心成为蜚声海内外的中国历史农业地理研究基地。①

（二）历史牧业地理学研究

长期以来，运用历史经济地理学的理论和方法，对前代牧业地理现象和规律进行探讨的中国历史牧业地理学著作，非常稀少。究其原因，一是中国历史时期的牧业生产主体，是生活在中原地区以外的边疆游牧民族，他们对本民族生产和生活内容的记载，主要靠口耳相传的方式，用文字特别是用汉字记载并流传下来的牧业文献相对缺乏；二是受苏联教科书影响，牧业长期被视为"大农业"的一部分而得不到应有的重视。结果，与成果丰硕的中国历史农业地理学研究相比，中国历史牧业地理学的研究仅处在萌芽状态。

迄今为止，专门系统地研究中国历史牧业地理的著作，是王建革的《农牧生态与传统蒙古社会》(山东人民出版社 2006 年版)，该书运用生态人类学和历史学方法，主要根据满铁资料对近代蒙古草原的生态与社会进行了广泛的探索，内容包括草原生态、游牧生态、畜群、汉族的渗透与蒙古社会的关系及其历史变迁，对于考察蒙古高原近代牧业地理有一定的借鉴意义。原创性较强的单篇学术论文，则有韩茂莉的《论中国北方畜牧业产生与环境的互动关系》(《地理研究》2003 年第 1 期)、樊如森的《开埠通商与西北畜牧业的外向化》(《云南大学学报》2006 年第 6 期)等。

（三）历史工业地理学研究

历史工业地理学是运用历史经济地理学的理论和方法，系统考察中国历史时期工业地理分布及其规律的学说。在中国，这一研究素来薄弱，而且主要围绕工业区位理论进行。

---

① 参见樊如森《中国历史经济地理学的回顾与展望》，《江西社会科学》2012 年第 4 期。

工业区位又称为工业发展布局，其中分为宏观分析、中观分析和微观分析三种方式：宏观分析，以整个国民经济活动作为研究对象，中观分析以某一经济地理区域产业为研究对象，而微观分析则主要处理单个厂商的区位问题。

戴鞍钢、阎建宁利用宏观分析的方法，对中国近代工业区位及其变迁进行了全面研究，认为鸦片战争后，中国社会经济发生剧烈变动，工业（包括手工业）的地理分布及其变化是其中的一个重要方面。它大致经历了1840—1894年、1895—1913年、1914—1936年、1937—1949年四个阶段的发展演变。其间，中国近代工业虽然从无到有，但受历史条件的制约，其发展速度和规模都很有限，其地域分布也始终没有突破偏于沿海沿江地带的基本格局，这种状况限制了其社会影响，有碍中西部地区的经济开发和工业发展。①

严艳以中观分析的方式考察了陕甘宁边区经济发展与产业布局，揭示边区时期经济发展及其产业布局的主要特征，分析各产业发展与布局的互动性及其与生态环境的互动关系。除了在研究方法方面值得充分肯定之外，该书通过运用工业区位理论得出的一系列令人信服的具体研究结论，也应当引起学术界的重视。如作者认为，就工业布局格局来看，边区工业的地域结构有如下特征。第一，边区工厂数量发展迅速；工业布局呈现出从空白布局走向单中心布局，再从单中心布局走向多中心布局为主要特点的格局，充分体现了历史工业地理的区域成长论。第二，公营工业是边区工业的主要组成部分，数量多，规模大，布局呈现出以首府城市延安为核心。当时的延安结合政治环境和资源技术优势条件，成为边区的军事工业、纺织工业、化学工业、造纸工业等工业部门的布局中心，为边区的核心增长极。在延安外围的县份，如安塞、志丹、绥德、子长、庆阳等则形成次级中心增长极。围绕中心增长极布局各类工业部门。第三，不同的工业部门，布局特点不同。如盐业和石油业是典型的原料指向性工业布局，主要布局在原料产地三边分区和原油产地延长县；煤铁主要布局在有煤铁资源的，有一定技术条件的安全地带；纺织业为原料和动力双向指向性工业布局特征。第四，私营工业是公营工业的良好补充，大型的私营工业企

---

① 参见戴鞍钢、阎建宁《中国近代工业地理分布、变化及其影响》，《中国历史地理论丛》2000年第1期。

业布局在远离政治中心的边远县份，与公营企业布局互为补充，各种类型的手工业布局十分广泛，形成了较为均衡的不同类别的工业布局网络。第五，边区工业部门发展中的互动性，导致了工业部门布局中的互动性，如军事工业、机械工业、冶铁业和化学工业的布局，互相影响，互相促进。① 该书的研究方法和研究结果充分体现了区域工业地理学的传播论和成长论。

袁为鹏的《聚集与扩散：中国近代工业布局》（上海财经大学出版社2007年版）选取中国近代工业发展中的三个最重要，也是最具代表性的工业部门即煤炭、钢铁和棉纺织业为对象，运用经济学、历史学和经济地理学、比较经济学等学科的知识和分析方法，以宏观、中观和微观相结合的方式，较为深入地探讨了影响近代中国工业布局的资源、交通、社会和人文自然因素，以及其在不同行业、不同时期和地域层次中对中国近代工业布局的影响和作用，勾画出中国近代工业布局在时间和空间上的演变轨迹。以此为基础，该书还澄清了以往学术界关于中国近代工业布局的某些错误认识，对中国近代工业布局演变中的区位因素、时空特征进行了初步总结。

在该书的结尾部分，作者得出的结论是：自然资源与自然条件是中国近代工业布局的前提条件，但社会文化因素、传统的手工业生产和布局仍然对中国近代工业布局有着不可忽视的影响。从总体看，在影响中国近代工业布局的诸种因素中，政治因素对中国近代工业布局，特别是一些重大工业企业的布局影响极大，但是，在影响中国近代工业区位的错综复杂的因素中，社会经济因素的条件和影响，仍然是最具决定性的因素。② 这一点和吴承明的看法一致，吴承明认为，A. 韦伯的《工业区位论》（1909）提出多种"区位因素"，都是根据经济规律而来，但不包括政治、气候、技术问题。在多种经济因素中，又逐一排除了固定资本、利息、地价、机器设备等因素，因为在自由竞争市场条件下，这些都与工业区位的选择无关。最后，劳工一项亦因假定劳动力自由流动而被排除，决定工业区位的

---

① 参见吴宏岐《序言》，载严艳《陕甘宁边区经济发展与产业布局研究（1937—1950）》，中国社会科学出版社2007年版。

② 参见朱荫贵《序言》，载袁为鹏《聚集与扩散：中国近代工业布局》，上海财经大学出版社2007年版。

就只剩下原料、工业、消费三项在地区间运输成本最小一条原则。这种区位理论显然不适用于中国经济史研究。在近代中国，如上海之成为工业中心，以及诸如汉阳铁厂之厂址选址问题，都不是根据这三项运输成本而来的。①

(四) 历史商业地理学研究

自觉运用历史地理学的理论和方法，对特定地理区域和历史时段的商业地理内容，进行系统探索的历史商业地理学著作，首推复旦大学吴松弟、戴鞍钢带领的"港口—腹地"学术团队。和史念海团队研究历史农业地理的成功做法相类似，复旦"港口—腹地"团队也采取指导二十余名硕、博士研究生分别撰写相似专题学位论文的方式，选取中国近代沿海、沿江、沿边的主要通商口岸及其背后的经济腹地作为关注空间，以主要商品的进出口贸易为研究主线，系统考察中国不同地域范围内的近代经济地理特别是商业地理格局的形成与发展进程。截至2011年，该团队已完成相关硕、博士学位论文20部，出版相关著作7部。

第一部运用历史地理学的理论和方法研究港口—腹地关系的历史商业地理专著，是戴鞍钢的《港口·城市·腹地——上海与长江流域经济关系的历史考察 (1843—1913)》(复旦大学出版社1998年版)。该书综合运用经济学、地理学、历史学、社会学等多学科专业知识和方法，独辟蹊径，将港口与所在城市及经济腹地作为一个整体进行了多方位的考察，深入探讨了上海依托港口发展成为近代中国经济中心城市的进程和特点，揭示了上海中心城市地位的确立，对长江三角洲及长江流域经济格局、市场网络、城镇体系和习俗风尚等社会生活诸方面带来的深刻变动，论证了上海以内外贸易为纽带，与周边地区及内陆省份之间互补互动的双向经济关系。

稍后面世的复旦大学历史地理研究中心主编的《港口—腹地和中国现代化进程》(齐鲁书社2005年版) 属于在学术会议基础上的学术论文集，但该书在理论上仍可谓自成体系。首先，该书探讨了从历史地理角度研究港口—腹地的必要性、理论基础、主要概念和方法；其次，研究了近代港口贸易和区域经济变迁，并分别考察了华南地区、上海、浙江、长江流域、华北地区、东北地区的港口及其腹地。该书具有以下四个特点：

---

① 参见吴承明《经济史：历史观与方法论》，上海财经大学出版社2006年版，第258页。

(1) 以港口—腹地和中国现代化进程的研究作为切入点；(2) 从国内外的贸易入手，分析港口—腹地关系对中国现代化的影响；(3) 根据各区域的地理环境、空间位置、经济基础、文化传统四个方面，工业化和市场化两个层面研究中国的现代化进程；(4) 进行历史学、历史地理学、经济学、经济地理学、交通学等多学科的合作。

再后出版的吴松弟主编的《中国百年经济拼图——港口城市及其腹地与中国现代化》（山东画报出版社 2006 年版）是吴松弟、戴鞍钢团队的阶段性研究成果。该书讨论了上海、广州、香港、宁波、福州、厦门、汉口、重庆、天津、大连、青岛、烟台 12 个港口城市的港口—腹地关系及其影响。内容包括：各港口的发展史和贸易史，各港口的地位和相互关系，腹地的空间范围及其层次的变迁，港口城市通往腹地的交通网络和市场体系，港口城市与腹地之间主要通过进出口贸易体现出来的经济上的联系与互动，以及这种港口—腹地关系对区域经济与现代化带来的影响。该书的特点是，大多数章节都有一定的篇幅用来对比近代和现实，对今天港口城市的发展、港口城市和腹地的经济关系、港口的定位、港口和交通网络的建设，以及区域中的首位城市及其与其他城市的关系，区域经济发展模式等问题，提出了自己的见解。

北方是华夏民族的发祥地和重要商业地理舞台，樊如森的《天津与北方经济现代化（1860—1937）》（东方出版中心 2007 年版），运用历史地理学的理论与方法，以近代中国北方最大的口岸城市和工商业中心天津为切入点，以进出口贸易对华北大部、东北西部、西北东部广大腹地外向型经济的拉动为关注面，以港口—腹地之间的商品市场网络为综合体，系统地考察了北方广大地区的近代商业地理状况，并将学术研究的视野扩展到了对北方农业、牧业、工业、交通、城市等多个经济领域的整体性经济地理探索。

在长三角的近代港口体系中，上海、宁波无疑是两个最重要的港口，王列辉的《驶向枢纽港：上海、宁波两港空间关系研究（1843—1941）》（浙江大学出版社 2009 年版），从唐代以来长江三角洲地区经济发展与港口形成及分工的过程入手，从三个层面对上海与宁波这两个重要港口城市空间关系的演变轨迹进行了深入的研究。第一，从历史的长时段分析了长三角首位港口空间转移的大趋势。第二，分析了上海、宁波两港口历史上的功能转变。第三，分析了近代以来两港口分工关系的演变。尤应引起注意的是，与前人或者强调区位优势或者重视历史、经济、制度等不同，作者尝试通过运用"区位优势—自我增强"的思路来分析上海港取代宁波港成为长江三角洲地区乃至全中国第一大港的原因，提出了新的见解。在研究方法上，作者注意定量分析与定性分析的结合，使用了计量经济学和基尼系数法等分析工具，也是值得赞许的。

20世纪以来，东北地区不仅是我国工农业发达的重要经济区域，而且是近代中国国际关系交叉最复杂的地区之一。姚永超的《国家、企业、商人与东北港口空间的构建研究（1861—1931）》（中国海关出版社2010年版），选取东北的营口、大连和安东（今丹东）三港作为考察的具体个案，系统地利用中国旧海关档案、"满铁"调查报告及其有关市县的地方志和文史回忆录等资料，运用历史地理学、区域经济学和新制度经济学的理论和方法，详细剖析三个港口空间的构建主体行为、动态形成过程及其客观结果，从比较中得出港口空间构建的地域模式和历史经验。最值得称道的是，该书对东北近代商业地理特别是制度运作方面，着力尤勤。

吴松弟、樊如森、陈为忠等著《港口—腹地与北方的经济变迁（1840—1949）》（浙江大学出版社2011年版），从进出口贸易这一促进区域经济变迁的途径入手，论述了中国北方在沿海、沿边，尤其是天津、烟台、青岛、连云港、营口、大连、安东等城市开埠以后所发生的巨大经济变迁，展示了东北、华北、西北等区域近代经济成长的过程和差异，分析了近代北方经济变迁的主要特点、内因和外因、经济成长及其限度。该书是复旦大学"港口—腹地"团队有关近代北方商业地理研究的最新学术集成。

国内外其他学者的中国历史商业地理研究的重要成果，应推张萍的《地域环境与市场空间——明清陕西区域市场的历史地理学研究》（商务印书馆2006年版）。该书深入考察了明清时期地域商品生产的空间差异、商路与商品运输条件、商业市场的地域分布格局、区域商品流通格局、商业发展的区域性规律，根据市场层级理念，针对明清时期陕西商业市场的实际状况，建立起商业中心城市—商业城镇—农村市场（包括庙会）三级相互关联的市场体系。该书并从"人地关系"这一历史地理学法则入手，紧密结合具体内容，按照陕西省自然地理区域分异特点，将之划分为陕北、关中、陕南三个区域，逐一按明清时期各自之商业市场与商品流通的地理分布状况及其与地理环境之相互关系进行论述，还逐一对这三个区域之三级市场体系进行了比较,既使这三个区域商业地理特征得以凸显,又使全境商业地理总体状况得以准确充分显现。

近年来,历史经济地理研究在史念海团队和吴松弟、戴鞍钢团队的开拓下,尤其在历史农业地理和历史商业地理方面,突飞猛进,成果喜人。但在总体方面,作为历史经济地理的综合研究方面,尚成果无多。多年来,仅有黄公勉的《福建历史经济地理通论》(福建科技出版社 2005 年版)较为深入地探讨了福建不同时期、不同地区经济发展的条件与特点;全方位地论述了各个时代全省经济的整体面貌。最近听说由吴松弟担任主编、戴鞍钢担任副主编的九卷本《中国近代经济地理》丛书,即将由华东师范大学出版社发行。各卷的具体分工为:概论卷,由吴松弟等撰写;华北与蒙古高原卷,由樊如森撰写;东北卷,由姚永超撰写;西北卷,由张萍、吴轶群撰写;江浙沪卷,由戴鞍钢撰写;华中卷,由任放、陆发春、杨勇撰写;西南卷,由杨伟兵、张永帅撰写;闽台卷,由林玉茹、姜修宪、周子峰、周翔鹤撰写;华南卷,由方书生撰写。该套丛书的出版,将有助于把中国历史经济地理学,特别是近代经济地理的学术研究,推进到一个新的高度,这是我们可期待的。

五 计量经济史学

计量经济史是 20 世纪中后期在美国首先兴起的学科,经过半个世纪左右的时间,日臻成熟,成为理论经济学旗下的一门独立学科。

吴承明大力提倡计量经济史研究,早在 1982 年,即指出,凡能定量者,必须定量,这就可以破许多假说,立论才有根据。问题是,对一些看来不能定量的也力求定量分析。所谓不能定量,多半是还没找到量算方法,再进一步,还可以用计量经济学的方法研究。①

刘佛丁也主张推广计量经济史研究。他认为,旧中国经济统计资料较之发达国家更为零散和缺乏,借鉴国外的经验和方法,在这方面经过试验,做出成绩,理应成为我国经济史学工作者的奋斗目标。那种面对数据不足,在一些重大课题面前望而却步的状况必须改变。至于少数人视新方法为异端,在对其只有一知半解,甚至浑然无知的情况下,即盲目加以排

---

① 参见吴承明《关于研究中国近代经济史的意见》,《晋阳学刊》1982 年第 1 期。

斥的态度，更是不可取的。①

经济史定量分析研究，主要有两种方法。一是会计核算方法，即根据史料对个体数据进行加总，得到总体数据，这种方法被大多数经济史学家所广泛使用。二是计量推断方法，就是运用现代经济理论，根据近代中国宏观经济运行条件，抽象出前提假设，建立或者修正现有的理论模型，运用计量经济学方法进行实证，得到估计结果。我们评述的是后一种方法。

近十年来，计量经济史的研究成果可分为以下几个方面。

(一) GDP 研究

1998 年，刘巍、刘丽伟②利用柯布—道格拉斯生产函数逻辑框架，使用文献中的 GDP 数据和其他间接数据估算了近代中国劳动力、资本存量等数据，建立了数量模型，用插值法估算出 1927—1930 年的 GDP，与叶孔嘉的资料数据衔接，形成了中国 1927—1936 年连续 10 年的 GDP 数据，初步解决了中国近代经济史研究中的 GDP 瓶颈问题。

时隔 10 年，刘巍③又对近代中国 GDP 做了进一步估计，从总供求的角度估算了 1913—1926 年的 GDP 数据，并做了验证。这样，中国近代 GDP 的时间序列就从 10 年延长到了 24 年。但是，由于估算的 1914—1918 年的中国 GDP 是连续负增长的，这就与史学界的传统观点，即第一次世界大战是中国民族资本主义的"黄金时代"之说相冲突，引起了经济史学界同人的质疑。对此，刘巍撰文作答，认为其有两方面原因：一方面，第一次世界大战期间，虽然价格上涨较多，但产量增长不多，尽管既有厂商利润大增，市面繁荣，但经济增长不尽如人意。因此，第一次世界大战期间，中国工业增速并不比前期快，而且，有些行业还是增速下降的。另一方面，农业状况是影响近代中国 GDP 的重要因素。而大战期间中国农业总产值是下降的。占总产出大头的农业总产值下降，占小头的工业产值也没有显著增长，于是，GDP 必然是下降的。

刘巍的这一结论虽与有关成说，即第一次世界大战期间，中国工业蓬

---

① 参见刘佛丁、王玉茹、于建玮《近代中国经济的发展》，山东人民出版社 1997 年版，第 13—14 页。

② 参见刘巍、刘丽伟《1927—1936 年中国柯布——道格拉斯生产函数初探》，《求是学刊》1998 年第 3 期。

③ 参见刘巍《对中国 1913—1926 年 GDP 的估算》，《中国社会经济史研究》2008 年第 3 期。

勃发展相悖，却与日本一桥大学有关亚洲长期经济研究统计计划的研究成果相一致，该研究也认为中国经济1912—1920年经历短暂的经济衰退。①

2012年，刘巍、陈昭合著《近代中国50年GDP的估算与经济增长研究（1887—1936）》（经济科学出版社2012年版）出版。该书用计量经济学方法估算了1887—1936年50年中41年的GDP数据，并在此基础上，对50年间中国宏观经济运行中的若干问题进行了初步讨论，而这些问题大都是在GDP缺失情况下无法研究的。

虽然计量经济史研究在国外流行已有半个世纪，但在国内仍属新生事物。该书无论在理论、方法上，还是在实证研究上，在国内都居领先地位，带有时代创新的特色。

（二）经济周期研究

王玉茹②从批发价格总指数、进出口物量指数以及部分行业的生产和投资等多个层面对近代中国百年经济周期进行了分析，把近代中国百年经济划分为四个周期：1850—1887年，中国经济呈下降趋势；1887—1914年，中国经济增长缓慢；1914—1936年，中国经济增长最快；1936—1949年，国民经济衰退最为严重。刘巍对王文做了评论，认为，纵观全文，由于时间序列最长的数据也没有超过1937年，因此，第四周期尚属推测而非周期分析结论。此外，刘巍赞同王文在总产出时间序列资料缺失时，用与总产出有关的较丰满资料组替代，认为是唯一可行的办法，但指出，在做周期分析时，如对选用的各种数据与总产出的关系做出填密的逻辑判断，并利用已有数据尽可能做些数量分析，以证明其因果关系，则说服力会更强。③

刘巍和陈昭④利用50年GDP数据，用HP滤波方法对近代中国1887—1936年的GDP做了周期分解，将50年的经济增长过程划分为五个

---

① 参见江海《中国近代经济统计研究的新进展——东京"中华民国期的经济统计：评价与推计"国际研讨会简介》，《中国经济史研究》2000年第1期。

② 参见王玉茹《中国近代的经济增长和中长周期波动》，《经济学》（季刊）2005年第1期。

③ 参见刘巍《经济运行史的解释与经济学理论的检验——1996年以来中国计量经济史研究评述》，《中国经济史研究》2013年第1期。

④ 参见刘巍、陈昭《经济一体化亚种：近代中国经济周期的从属性》，《财经研究》2009年第5期。

周期：第一个周期是1887—1913年，是近代中国经济初步发展的时期，宏观经济呈现大体平稳的态势；第二个周期是1913—1918年，为经济的下行期或衰退期；第三个周期是1918—1933年，是近代中国经济发展最快的时期；第四个周期是1933—1934年，是经济的短暂调整期；第五个周期是1934—1936年，是经济再度发展期。同英美两国的经济周期比较，除了第一次世界大战期间有所不同外，其余周期区间的发展趋势、规律和特点都具有明显的趋同性，这是中国经济周期在世界经济范围内一体化亚种和从属地位的表现。在此基础上，作者分析了经济周期与英、美相异的原因，即进口影响中国的近代化投资，白银流动影响中国的货币供给，这是商品市场和货币市场最关键的两个因素。同时，这篇论文对于先前刘佛丁、王玉茹用批发价格为主的数据所做的周期分析是一个重要的修正。因为，第一，周期分析本该使用GDP数据才能反映经济总量的趋势，而当时没有系列GDP数据；第二，在中国近代供给约束型经济条件下，价格和GDP不可能是趋势一致的，二者呈"高低型""低高型""双高型"和"双低型"，态势也是不规律的。

（三）国际贸易研究

郝雁的《近代中国出口贸易变动趋势及其影响因素的实证分析（1870—1936）》（《中国社会经济史研究》2007年第2期）一文利用近代中国1870—1936年的年度统计数据，就银汇价和外国收入水平的变动对近代中国出口贸易的影响进行了实证分析，并对三变量进行了格兰杰因果关系检验。实证分析结果表明：银汇价与近代中国出口贸易之间呈现负相关关系，外国收入水平变动与近代中国出口贸易之间呈现正相关关系。并且，出口贸易的收入弹性大于汇率弹性，表明外国收入水平对出口贸易的拉动大于银汇价贬值对出口贸易的拉动。

董智勇[①]对近代中国进出口结构与产业结构的关系做了数量分析，结论是：1917—1936年中的贸易结构与产业结构高度相关，可以用贸易结构解释产业结构。数量分析结论表明了近代中国的产业结构随贸易结构调整并趋于优化；但是，贸易结构的调整是缓慢的，因而决定了近代中国工业化进程的缓慢。论文从贸易结构入手，并构造了贸易结构和产业结构的

---

① 参见董智勇《中国近代对外贸易结构对产业结构的影响》，《生产力研究》2008年第5期。

统计量,为深入研究提供了很好的思路。

李一文和王仁才①运用经济学的理论公式研究近代中国对美贸易的贸易条件。其公式是:贸易条件指数 = $\frac{出口价格指数}{进口价格指数} \times 100\%$。

据此公式,文章首先计算出了主要进出口的单位价格和价格指数,然后对各种商品的平均价格和价格指数进行加权平均,进而算出了中国对美综合出口价格指数和综合进口价格指数,最后算出了中国对美综合贸易条件指数。该指数显示:以1920年为界,1902—1920年中国对美贸易条件总趋势是恶化的;1921年以后至1936年,中国对美贸易条件逐渐有所改善。国际经济学家多认为,在落后国家与发达国家的贸易中,贸易条件在通常的情况下对落后国家是不利的,因为落后国家工商业规模太小,缺乏组织,情报信息不灵;同时,落后国家的出口大部分是农、矿等初级产品,这类产品的价格和需求弹性相对较低,这样便使落后国家的贸易条件在长时期内处于不利地位。但根据论文作者的研究,中美贸易似乎不符合这种说法。中美贸易同中英、中日贸易是旧中国对外贸易的三个主要组成部分。中英贸易带有强权掠夺的性质,因此中英贸易的贸易条件不可能有利于中国。日本对华贸易的背景是军国主义,在这种情况下的中日贸易,其贸易条件显然更不可能有利于中国。而美国工农业发达,资源丰富,国内外市场均极广阔,美国官方对中国的重视程度又逊于美国实业界。所以,中美贸易与中英、中日贸易相比,有较多的自由贸易色彩。在自由贸易的条件下,两国贸易的商品构成和数量由两国的经济发展水平和产业结构所决定。并且,除了鸦片之类绝对有害的商品以外,其他商品的贸易总会带来一定的比较利益。中美在自由贸易的情况下,贸易条件是有可能有利于中国一边的。这说明发展中国家在与发达国家的贸易中,其贸易条件并非一定处于不利地位。文章利用经济学的理论公式研究中美贸易条件,其结论也有理论创新。但其断定中英贸易带有强权掠夺性质,似应展开说明,因在第一次世界大战之前,此说易于理解,而在第一次世界大战之后,世界政治格局发生重大变化,英国的世界霸主地位遭到极大削弱,作为和美国同样实行自由贸易的国家,英国如何对中国进行强权掠夺,似有

---

① 参见李一文、王仁才《近代中国对美国贸易的贸易条件分析》,《南开经济研究》2000年第5期。

令人费解之处。

袁欣的《近代中国的贸易条件：一般趋势及其与农产品贸易的关系》（《中国农史》2008年第3期）一文认为，近代中国的综合贸易条件指数整体呈下降趋势，国内价格水平对其影响不显著。汇率和国际价格水平对其影响虽然显著，但影响程度不大。总体下降趋势具有内在的动态递延性，而这种递延性态势产生的原因就在于茶叶和生丝等农产品贸易的衰落。作者通过数量分析方法提出了"递延性态势因由假说"，很有学术价值，但其论证方法却主要是举例式的，因而未能充分证明假说。如果用一个或数个合理统计量作为递延性态势的工具变量，加入所做的模型，进一步证实假说，将更有学术价值。

刘巍和陈建军[①]从贸易条件、马歇尔—勒纳条件、倾销与反倾销之间的矛盾入手，在经济学理论层面对贸易条件做了初步的研究，他们认为，穆勒时代之所以重视贸易条件，是因为大多数国家属于供给约束型经济，若要想在国际贸易中获利就必须抬高自己出口品的价格或压低进口品的价格，这样才会赚钱——使贸易收支得到改善。在需求约束型经济中，马勒条件成立，汇率战、倾销与反倾销是常见现象。而汇率战和倾销都是恶化自己的贸易条件，贸易条件改善的一方（被倾销国）则反倾销。从表面上看，贸易条件、马勒条件、反倾销产生了矛盾，但是，这完全是总供求态势变化了的缘故。在需求约束型经济中，产出潜力巨大，可以薄利多销——恶化了贸易条件，却能改善贸易收支。因而，刘巍、陈建军认为，近代中国处于供给约束型经济中，贸易条件与贸易收支正相关，关注贸易条件是正常的；而美国在1919年之后，英国在19世纪中叶左右就进入了需求约束型经济，贸易条件与贸易收支负相关了。贸易的最直接目的是赚钱（即贸易收支改善），贸易条件概念则逐步退出了决策者的视野。总之，论文对贸易条件与马勒条件及倾销反倾销实践活动之间的矛盾做了逻辑和实证两个方面的考察，主要学术意义在于：贸易条件作为一国贸易绩效和贸易政策效果的考量指标只适用于供给约束型经济，而在需求约束型经济中，贸易条件在宏观层面上失去了解释能力，不宜再以此衡量经济活

---

① 参见刘巍、陈建军《论贸易条件与马勒条件、反倾销之间的矛盾》，《国际经贸探索》2009年第7期。

动和经济政策的绩效。①

（四）货币金融研究

1999年，刘巍、徐颖利用1927—1936年GDP和其他数据，发表《近代中国货币需求理论函数与计量模型初探（1927—1936）》②一文，对近代中国1927—1936年的宏观货币需求进行了实证考察，对近代中国货币需求理论函数得以运行的前提假设进行了尝试性的理论抽象，建立了1927—1936年中国货币需求理论函数，用计量经济学方法对该理论函数进行验证，用Beta系数分析了各解释变量的相对重要性，用双对数回归方程考察了货币需求量对各解释变量的弹性。论文首次讨论近代中国的货币需求，并在其中首次涉及了经济货币化问题，是有重要理论意义的。

2004年，刘巍发表论文《中国的货币供求与经济增长（1927—1936）》（《中国社会经济史研究》2004年第1期），在数量关系的引导下，对货币供求与经济增长的相互关系做了理论分析，认为1927—1936年货币供给适度大于货币需求，即保持"信用扩张型的温和通货膨胀"，是该时段中国经济持续增长的必要条件。为此，要求当局具备调节货币供给的功能。进而说明，1935年的币制改革是中国经济史上的里程碑事件。

2011年，刘巍、陈昭的专著《中国货币供给机制研究：历史、逻辑与实证（1910—1935）》（高等教育出版社2011年版），进一步用现代货币理论和计量实证分析证实中国货币供给属"不可控外生变量"性质和中国货币政策这根绳子既可以"拉车"，又能"推车"的结论。从而确定了"货币政策刹车有效启动无效"这一理论的前提假设是需求约束型经济态势，而在供给约束型经济态势下，这一理论不成立。

王玉茹给予了该书高度评价，认为该书有以下四个亮点：第一，1913—1926年GDP估算。作者从总供求决定价格理论框架入手，使用计量经济学方法，得出了估算数据，又从储蓄、进口、投资等几个角度对数据做了验证。工作量之大，估算路径之新颖，国内前所未见。第二，对罗斯基估算的近代中国货币量（1910—1936）层次的认定。作者根据弗里

---

① 参见刘巍《经济运行史的解释与经济学理论的检验——1996年以来中国近代计量经济史研究评述》，《中国经济史研究》2013年第1期。

② 参见刘巍、徐颖《近代中国货币需求理论函数与计量模型初探（1927—1936）》，《中国经济史研究》1999年第3期。

德曼和施瓦茨数量分析准则,以各货币量层次与 GDP 的相关系数最大者为货币,这充分体现了"货币是效率手段物"的经济学思想。第三,确定近代中国货币供给的性质,本书作者根据银本位制下中国货币供给的形成机制,认为近代中国的货币供给既无经典的"内生性",也无经典的"外生性",而属靠天吃饭式"不可控外生性"。这一方面暗示了法币改革的重大经济意义,另一方面也对经典货币理论提出了新意。第四,论证近代中国货币供给对国民收入起到了"既能拉车又能推车"的作用,这一研究填补了货币政策理论之空白,补足了货币政策理论的运行条件。[1]

2011 年,陈昭和刘巍发表论文《对 1887—1909 年中国狭义货币供应量 M1 的估计》(《中国经济史研究》2011 年第 4 期),以罗斯基的估算数据为基础,以价格模型估算了 1887—1909 年的狭义货币供应量,与罗斯基的数据衔接之后形成了 1887—1936 年 50 年的 M1 时间序列数据。狭义货币和广义货币是引起经济变动的重要因素,因此确定狭义货币的供应量对于研究近代经济发展有重要意义。

崔文生的《近代中国货币流通速度考察(1887—1936)》一文(《广东外语外贸大学学报》2011 年第 2 期),根据交易方程式计算了中国 1887—1936 年的货币收入流通速度,并对这一时期的货币流通速度影响因素进行了实证分析,得出结论:影响这一时期货币流通速度变化的原因主要是商品化程度的提高和国内外白银比价变动导致的白银流入与流出。这一判断对于货币流通研究也有重要意义。

2013 年,崔文生、刘巍的论文《近代中国的银行资本、货币量与货币化(1910—1936)》(《中国经济史研究》2013 年第 2 期),收集汇总了近代中国 1910—1936 年的银行资本额,用数量分析方法证实了近代中国银行总资本额是影响货币量 M1 的主要因素。同时,也证实了银行资本规模是市场中货币需求的客观要求。该文采用货币化程度的国际比较方法考察了这一时段内近代中国银行业规模适当与否,近代中国与同时代的日本、美国和英国的货币化比率比较结果说明,近代中国银行业的规模尚嫌不足,远不是"畸形发展"。这一判断与经济史的传统观点完全不同。

管汉晖对 20 世纪 30 年代世界经济大萧条中的国经济与主要西方国

---

[1] 参见王玉茹《序言》,载刘巍、陈昭《中国货币供给机制研究:历史、逻辑与实证(1910—1935)》,高等教育出版社 2011 年版。

家经济做了比较研究，结论是中国经济在大萧条中的表现好于其他国家①。他认为有两个因素在当时的中国经济中起了重要作用，一个是银本位制，另一个是竞争性的银行制度。赵留彦和隋福民对美国政府的白银政策与大萧条期间中国经济之关系的研究结论与管汉晖既有相同之处，也有显著不同之处②。论文认为，1933年之前白银内流使得中国经济不但没有同西方国家一样陷入危机，反而轻度繁荣，是银本位制的功效，并且在重新估算了这一时期的货币存量（M0层次）、分析了银行利率、对货币量与批发价格之间关系做了数量分析之后，认为"自由银行模式"对白银外流造成的中国通货紧缩是无能为力的，因而中国经济在1933年之后、西方国家复苏之际反而陷入萧条。该文的结论肯定了国民政府法币改革的积极意义，同时，该文的理论意义在于对货币数量论的检验。但是，当时的中国经济态势是供给约束型的，货币外生性成立，但推而广之是否可行呢？恰巧刘巍的一篇论文③也分析了这个问题。刘巍通过对大萧条前后美国、英国和中国经济的考察，认为，近代中国的经验表明，在供给约束型经济中，宽松的货币政策足以治理输入性的萧条。而在需求约束型经济中利用货币政策反萧条也是有效的，即货币政策这根绳子不但可以"拉车"，也可以"推车"。刘巍认为，这一结论也适用于当代。在2008年世界金融危机后，美国和中国同时实行"量化宽松"货币政策，共同取得复苏经济的效果即是明证。另外，刘巍也认为，这一时期中国的经历也提示我们，本币快速升值所导致的潜在风险——这对当前的中国也有借鉴意义。

　　杜恂诚以上海为着力点，研究了近代中国金融业在经济史中的地位和金融业在促使储蓄向投资转化过程中的作用④，他认为1935年以前，中国金融业在经济中的作用是积极的和正面的，政府直接统制金融业之后，消极的和负面的作用便日益凸显。他的论文用回归分析方法考察了金融资

---

　　① 参见管汉晖《20世纪30年代大萧条中的中国宏观经济》，《中国经济史研究》2011年第4期。

　　② 参见赵留彦、隋福民《美国白银政策与大萧条时期的中国经济》，《中国经济史研究》2011年第4期。

　　③ 参见刘巍《不同经济态势下货币政策的有效性——大萧条时期的历史经验》，《经济学动态》2011年第2期。

　　④ 参见杜恂诚《金融业在近代中国经济中的地位》，《上海财经大学学报》2012年第1期。

本对上海经济发展的影响，结果表明，金融资本的积极作用是显著的。论文构建的逻辑模式为：上海的经济规模是固定资产、金融资本和人口的函数。固定资本和金融资本可以视为大资本概念，与人口和劳动力概念相联系，于是，这一模型颇具 CD 生产函数的意味，在逻辑上是通达的。但在对变量赋予统计量时，则略有瑕疵。选择上海用电量作为经济规模的工具变量，这是个很好的办法，但罗斯基估计的固定资产投资额是个流量概念，而金融资本额是个累积的存量概念，数量模型中投资变量不显著的原因大概就在这里。若能用某种方法将投资转换为固定资本存量数据，做双对数模型，也许效果更为显著。另外，人口数据和劳动力数据毕竟是有一定差异的，若能将人口数据调整为劳动力数据，加入模型，配三元方程，则解释能力更强。

近年来，运用计量经济史方法研究国内金融市场有一定的拓展。如在近代中国，上海钱庄庄票被誉为"直等现金"的功能，但关于此种票据却鲜有深入的分析。李耀华的《上海近代庄票的性质、数量与功能》（《财经研究》2005 年第 2 期）采用理论与实证结合的分析方法，首先通过对庄票货币性的理论分析，认为庄票属于准货币的范畴；其后利用现有的资料对上海近代庄票的数量进行了估计，最后通过回归分析得出结论，庄票的发行弥补了货币供给的相对不足，从而大大地促进了经济的发展。

以往学术界对近代中国标金期货市场的研究多是运用历史学和史料学的归纳总结方法，而缺少计量经济学的实证分析与检验。魏忠的《近代上海标金期货市场的实证分析——基于上海标金期货市场与伦敦白银市场之关系的视角》（《财经研究》2008 年第 10 期）采用 1921—1935 年伦敦银市场和上海标金市场每日收盘数据，运用计量经济学的格兰杰因果关系检验得出，1921—1931 年，伦敦银市场与上海标金市场之间存在双向因果关系，它们相互影响。检验结果表明，世界货币金本位制的放弃和南京国民政府对市场的强制干预，是导致中国国内与国外金融市场隔离的主要内外原因。

近代上海黄金市场是世界三大黄金交易市场之一，位居伦敦、纽约之后，其有效运作奠定了上海远东国际金融中心的历史地位。魏悦、魏忠的《近代上海黄金市场效率的实证研究》（《国际经贸探索》2011 年第 4 期）运用协整和误差修正理论，对 1921—1935 年上海黄金的期现货价格进行实证分析，研究结果表明，近代上海黄金市场具有价格发表的功能，是具备一定效率的比较成熟的金融市场。

以上四文都是开辟新研究领域的创新之作。

(五) 投资财税研究

投资是近代中国经济发展中的重要课题,持计量经济史研究范式的学者对此也有一些研究,但和贸易、金融领域的文献相比,数量相对较少。

梁华于2003年和2004年发表两篇论文①,用数量分析方法论证了外国在华投资对中国投资(中外投资合计)或国人投资有负效应或"挤出效应"。论文拟合了几个数量模型,大都是以外国投资解释总投资或国人投资,即外国投资是原因,总投资或国人投资是结果。刘巍对其因果关系在逻辑上是否成立表示怀疑②,认为在逻辑论证不充分的情况下,实证分析的可靠性会大大降低。例如,在《外国在华企业投资资本形成效应实证分析(1840—1936)》一文中,作者计算了外国投资和总投资的相关系数为0.998555,几乎完全相关,二者具有极强的同升同降态势,但模型2却得出了"外国在华企业投资每增加1万元,近代中国固定资产投资总额就会相应减少8万多元"这种强烈负相关的结论。作者在《1840—1936年外国在华直接投资挤出效应研究》一文中得出结论:"外国在华企业投资净值每增加1百万关两,中国近代方向资本总额就会相应减少约1694万元。"从外资企业在华的示范效应和溢出效应来看,似乎对此也应存疑。正如刘巍指出的:"计量经济史研究范式中的'计量'环节虽然是其'标志性'特征,但这不过是对逻辑结论的证实手段,具有学术价值的核心部分在于逻辑推理得出的结论。"

刘巍用数量分析方法对中国1903—1936年近代化投资的影响因素做了初步考察③,结果表明,在中国资本品制造业较弱且基本依靠进口的条件下,中国近代化投资的主要影响因素为消费需求、汇率和投资惯性。其变量弹性值依次分别为0.46、−0.36和0.77,投资惯性变量仅涉及了滞

---

① 参见梁华《外国在华企业投资资本形成效应实证分析(1840—1936)》,《江西社会科学》2003年第1期;《1840—1936年外国在华直接投资挤出效应研究》,《中国经济史研究》2004年第4期。

② 参见刘巍《经济运行史的解释与经济学理论的检验——1996年以来中国近代计量经济史研究评述》,《中国经济史研究》2013年第1期。

③ 参见刘巍《中国的近代化性质投资影响因素分析(1903—1936年)》,《中国计量经济史研究动态》2012年第2期。

后一期的投资,这说明近代中国投资项目不大,平均两年之内基本上都可以投产,不再需要后续投资。用 Beta 系数方法比较分析消费需求和汇率两个影响因素相对重要性的结论是,消费需求的重要性大于汇率。南京政府的关税政策抑制了一部分消费品的进口,但对投资的影响不显著,表明南京政府的关税政策对产业投资是有利的。

赵新安用拉弗曲线对 1927—1936 年中国的宏观税负水平做了研究[①],数量分析的结论是,十年间中国宏观税负在 2%—3.6%,远低于发展经济学家钱纳里统计的国际水平——人均年收入低于 100 美元国家 10.6% 的水平。当时的问题在于税负不公平,导致了整体税负沉重的印象。另外,由于征管制度不规范导致税收成本高,各级部门税收附加严重,造成下层民众负担沉重。论文的结论与多年来财政史的观点——名目繁多、征收苛扰、竭泽而渔——发生了较大冲突,至今未见有持传统观点的学者响应。但是,论文受到当时国民收入数据的约束,样本区间仅为 10 年,因此论文的结论不宜推广开来。[②]

(六) 经济发展研究

近代以来,上海逐渐从一个以国内贸易为基础的县城,发展成为中国的工商业、贸易和金融中心,在这一发展过程中,它获得了来自国内、国际两方面经济资源的支持。武强的《民国时期上海市场的对外联系——以 1921—1937 年贸易和物价指数为中心的分析》(《史学月刊》2010 年第 9 期)。根据上海物价指数、贸易额、进出口物价指数以及各大城市物价指数等统计数据,通过相关关系进行计量分析,得出结论,20 世纪 30 年代初,上海市场与国际市场的联系程度非常高,甚至在一定时期是大于国内市场的。但是,如果从时间序列中逐年分析的长时期来看相关系数,从 20 世纪 20 年代上海与国际市场的联系又有逐渐减少的趋势。由这种相关性可知,上海与国际市场的联系有保持较低程度显著相关的趋向。因此,尽管国内外市场与上海的经济发展均有很强的相关性,但是二者的差异在于,同国际市场相比,国内市场与上海的联系更加紧密,特别是在长期与

---

① 参见赵新安《1927—1936 年中国宏观税负的实证分析》,《南开经济研究》1999 年第 2 期。

② 参见刘巍《经济运行史的解释与经济学理论的检验——1996 年以来中国近代计量经济史研究评述》,《中国经济史研究》2013 年第 1 期。

短期两种趋势的一致性方面，表现更为明显。这就说明，一个国家市场体系的整合，会为主要城市的发展提供充分的保证。近代以来上海的发展，正是在国内外市场，尤其是国内市场与它整合的过程中，得到实现的。

为什么近代中国在相当长的时间里没有能够利用西方的工业技术实现经济长期增长？代谦、别朝霞的《蒸汽机为什么没有推动晚清的经济增长——基于外生技术冲击与利益集团阻碍的探讨》（《财经研究》2010年第6期）一文试图回答这一问题。论文在一个标准的 GPTs（General Purpose Technologies，一般用途技术）框架内进行分析，认为，并非所有的落后国家都能顺利通过引进外生 GPTs 实现经济的周期性循环，中国近代化的历程再一次说明了这一点。传统经济中各种利益相关者不甘心被淘汰，因此他们有动力阻碍新技术的引入，延长自己的生存时间。

传统经济对工业革命技术的抵制在近代中国是一个比较普遍的现象，这种抵制一方面推迟了近代中国采用西方先进技术的时间，另一方面则使近代中国对新技术的应用没有能够达到应有的水平。为了冲破传统经济的阻碍，洋务企业被允许获得新的垄断利润，以弥补传统经济阻碍所造成的损失，这进一步推迟了经济在未来引入更新的 GPTs 的时间。当新一代企业（洋务企业）需要无限期延长自己的垄断时间才能弥补冲破传统企业阻碍所带来的损失时，经济会陷入停滞的境地。论文所得出的结论是与大量史实一致的。洋务企业在外部压制、禁止民营企业，在内部妨碍管理、技术进步，作者若能在这一方面进行理论框架与实证研究的结合，将能把研究提高到一个新的层次。

李楠的《铁路发展与移民研究——来自1891—1935年中国东北的自然实验数据》（《中国人口科学》2010年第4期）一文以最新的移民重力模型为理论框架，利用19世纪中叶至20世纪初期东北地区移民和铁路发展的历史数据，通过构建双重差分模型对该时期铁路发展与移民之间的因果关系进行检验。研究发现，铁路发展对移民具有正向影响，特别是1903年以后，随着中东铁路与南满铁路的对接及其他深入东北铁路网络的形成，该作用更加明显。铁路累计里程平均每增加1公里，经河北陆路进入东北的移民要比同期未受铁路影响从山东经海路进入东北的移民在数量上增加13%左右。此外，通过构建标准化回归，比较移民的各因素，虽然不同地区之间的边际工资率差异是导致移民的根本因素，但交通的改善同其他因素相比对移民有着更重要的作用。其原因在于，尽管预期收益等可以成为移民的主要动机，但是毕竟是预期，而交通设施的改善、交通成本的降低则是更为直接的影响移民的因素。

计量经济史是新兴学科，因中国经济史学者多缺乏经济学素养和数学能力，因而计量经济史在中国发展缓慢。但近年来，在刘巍团队的引领下，计量经济史研究颇有突飞猛进之势。

广东外语外贸大学中国计量经济史研究中心（以下简称研究中心）的几位研究人员多是南开大学经济研究所经济史专业毕业的博士，在中心主任刘巍的率领下，经过几年的努力，研究工作卓有成效，在中国经济史学界影响日重。

以刘巍为首的团队，研究成果主要分为以下几个方面。

第一，经济史进程中的阶段性特征研究。研究中心将近代至今的世界经济史分成三个阶段，即供给约束型经济、需求约束型经济和"新供给"约束型经济。该研究中心的研究结论指出，英国在维多利亚时代中期就从供给约束型经济过渡到了需求约束型；美国从1919年开始，完成了这一过渡；中国自近代至新中国改革开放前期一直处于供给约束型经济态势下，直到1995—1996年才完成了向需求约束型经济的转变；日本于1950年以后从供给约束型经济过渡到了需求约束型经济，20世纪80年代中期则进入了"新供给"约束型经济。

第二，对贸易条件学说的修正。研究中心的研究成果指出，贸易条件学说只适用于供给约束型经济，而在需求约束型经济态势下，已不适合作为考量国际贸易的尺度。并且，在需求约束型经济态势下，比较优势理论对于两个不同的国家、两种不同的产品进行比较的"2×2模型"无效，自由贸易理论的基石发生松动。

第三，对某些货币理论的修正。主流货币理论将货币政策喻为一条绳子，认为"可以用绳子拉车但不可以用绳子推车"，即在萧条时期，货币政策难以启动经济，必须依靠财政政策。研究中心的研究结论认为，上述理论源自1929—1933年美国大萧条的特例，不具有一般性。历史经验表明，货币政策也是可以引导萧条经济走出低谷的，就是"绳子未必不能推车"。

除上述主要学术贡献之外，研究中心的研究结论还有：近代中国法币改革前的货币是"不可控外生变量"，是一种有害的货币供给机制；通过对日本经济泡沫和"失去的二十年"的研究，从主流经济学的政策主张回推,得出了"凯恩斯的有效需求不足实际上是指有效内需不足"的结论。从政策意义上说,就是宽松的财政政策和货币政策不能治理外需不足导致的经济低迷。此外,该中心多年来一直使用计量方法估算近代中国的GDP、货币量、消费额、投资额等统计量,取得了一些独特的研究成果。

该中心发行的学术通信季刊《中国计量经济史研究动态》,赠送国内外150多家高校、科研机构和著名学者,目前,已印制20期,受到国内外一致好评。

中国经济史学会在2010年的官方通信中说:"特别值得一提的是,近年广东外语外贸大学的刘巍等人所从事的经济计量分析为经济增长的研究注入了一股清风,他们创办的专业性期刊在经济史学界的影响也日益广泛。"[①] 著名经济史学家赵德馨指出:"在这份刊物的基础上,将来可能建立起一个学派。"我们期待着刘巍团队的发展和壮大。

---

① 《中国经济史学会通讯》总第12期。

第七章

未来发展趋势

近年来，中国近代经济史研究正经历着由内向型向外向型的转变。一方面，国际学术新思潮、新热点不断影响着国内经济史学界，促使国内经济史学界研究理论、方法和重点转移；另一方面，中国经济史学者也认识到，只有跟上国际学术界前进的步伐，才能丰富、充实中国近代经济史研究的内容，促进理论和方法的发展。

第一节 GDP 研究

无疑，近期出现的 GDP 热受到了安格斯·麦迪森和托马斯·罗斯基等西方学者研究的影响，但是，它又是 20 世纪 40 年代刘大中和巫宝三诸先生中国国民所得研究的遗绪。其时国民收入通称为 GNP（国民生产总值），60 年代才改用 GDP（国内生产总值）。

估计 GDP 需要大量的系统的数据，故对中国 GDP 的研究大都限于 20 世纪。突破这一限制的是华盛顿大学的张仲礼教授。他在 1962 年出版的《中国绅士的收入》一书中有一篇对 19 世纪 80 年代中国 GDP 的估计。

1987 年，刘瑞中发表论文《十八世纪人均国民收入的估计及其与英国的比较》，他估计了 1700 年、1750 年、1800 年的中国 GDP，而几乎把全部力量都放在粮食尤其是水稻产量的考察上，可谓抓住了要害。另外，针对库兹涅茨所说工业革命以前不发达国家就比欧洲发达国家落后得多的论点，他比较了 18 世纪中英两国的人均 GDP，结果发现，中国并不是很落后。

1990 年和 2003 年，许涤新、吴承明主编的《中国资本主义发展史》

第2、3卷出版（人民出版社），分别估算了1920年和1936年的全国总产值，为此后的GDP研究树立了理论和方法的样板，奠定了研究的基础。

1993年和2000年，刘佛丁和王玉茹在多篇著述中考证和讨论了前人对GDP的研究，在《近代中国经济的发展》（山东人民出版社1997年版）中系统地估计了1850年、1887年、1914年、1936年、1949年的GDP。他们研究的一个特点是把GDP的增减和近代中国经济发展的周期性结合起来。

2009年，刘逖以现代国民经济核算方法，对1600—1840年中国GDP进行了估算，认为，安格斯·麦迪森显然高估了当时中国的经济实力。前近代中国人均GDP就远远低于欧洲国家，且差距不断扩大。①

2008年，刘巍发表《对中国1913—1926年GDP的估算》（《中国社会经济史研究》2008年第3期）一文，利用已有的近代中国GDP数据，使用计量经济学方法，从总供求角度尝试估算了1913—1926年的GDP数据。然后，又从进口、银行存款和投资角度对这一时段GDP做了验证。2012年，刘巍发表《近代中国50年GDP的估算与经济增长研究（1887—1936年)》（经济科学出版社2012年版），估算了1887—1936年时段中缺失的41年的GDP数据，并对估算值进行了验证。

2013年，杜恂诚发表《市场的定义与1933年GDP测算》（《社会科学》2013年第1期）一文，指出以长距离贩运的商品量来测算近代中国市场规模的方法是有缺陷的，近代中国城市经济的发展，各种要素在城市的集聚，以及大城市内部各种商品和劳务的交易，是近代中国经济和市场发育的主要途径，如果忽略了城市的就地贸易，就会低估市场规模。在得到1933年市场规模的数字以后，经过调整，作者估算出1933年的GDP数字，并由此粗略地推算出1931—1936年的GDP数字，这组数字与以前学界所估算的相应数字比较，小了不少。作者认为，这是因为根据GDP的固有定义，扣除了未进入市场的商品和劳务的量所致。与此同时，局部地区GDP研究也初步展开。2009年，李伯重发表论文《从1820年代华亭—娄县地区GDP看中国早期近代经济》[《清华大学学报》（哲学社会科学版）2009年第3期]，翌年，发表《中国的早期近代经济——1820年代华亭—娄县地区GDP研究》（中华书局2010年版）。

---

① 参见刘逖《1600—1840年中国国内生产总值的估算》，《经济研究》2009年第10期。

2011年，李敦瑞、朱华发表论文《抗战前夕上海GDP及结构探析》（《史林》2011年第3期），主要参照巫宝三所使用的估算方法和部分相关数据，佐以当代出版的上海地方志所提供的数据以及当代学者的最新研究成果，对1936年的上海GDP做了初步估算，并在此基础上对抗战前夕上海的经济水平和结构做必要的数据分析。

但是，尽管GDP研究已取得一定进展，学者们对GDP的定义、GDP的研究方法、GDP的估值仍存在较大争议。

一 GDP的定义

GDP本有明确定义，现代宏观经济学对GDP的定义是，GDP指的是一国或一地区在一年内所生产的所有最终物品和劳务的市场价值之和。

问题在于对这一定义的理解。李伯重曾指出，GDP衡量的是全部生产和服务创造的增加值，亦即净产值。实际上，大多数学者也是这样理解的。近年来，研究GDP的学者使用的都是净产值的概念。

杜恂诚引用了曼昆的解释，GDP要成为全面的衡量。它包括了经济中生产并在市场上合法地出售的所有东西，不包括在家庭的生产和消费，从而没有进入市场的东西。

杜恂诚认为，在以往我国学界关于中国经济史GDP的研究中，由于忽略了GDP的规范定义而进入误区，他们在进行中国古代或近代的GDP估算时，往往以农业和手工业的净产值的估算数值代替市场价值的概念，从而人为地放大了GDP规模，因为古代和近代，农业和手工业产值中的相当一部分是不进入市场的。①

杜恂诚批评巫宝三的《中国国民所得，1933》对GDP定义认识误区开了先河，把没有进入市场的一部分也计入进来。该项研究以净产值的估算数掉换了"市场价值"的概念，并且以"所能支配的货物与劳役"的定义来替换"进入市场"的定义。刘大中和叶孔嘉以及罗斯基在他们的著作中也都没有注意到这个重要的概念问题，他们在研究农业和手工业时，也只采用了总产出增长的估计数字。

他还指出，刘逖的《1600—1840年中国国内生产总值的估算》一文

---

① 参见杜恂诚《市场的定义与1933年GDP测算》，《社会科学》2013年第1期。

在进行产值统计时，并没有区分是否进入了市场。①

陈争平对杜恂诚、李晋的意见给予了回应。他认为，杜恂诚、李晋实际上给了两个GDP定义：一是"一国在一年内所生产的所有最终物品和劳务的市场价值之和"；二是"所有进入市场的最终物品和劳务的市场价值之和"。其中，"所生产的所有最终物品和劳务"与"所有进入市场的最终物品和劳务"之差就在于自然经济的生产。杜、李没有仔细分辨这两个定义差别，于是就认为巫宝三、刘大中、叶孔嘉以及罗斯基他们偏离了"GDP"的规范定义。我认为，虽然杜、李没有分辨这两个定义的差别，但是他们的第二个定义却给我们以启发，我们可将第二个定义改为GDCE（Gross Domestic Commodity Economy，国内商品经济总值）；经济史研究中可再做一套GDC数据库，GDP与GDC结合，可以帮助我们"更加真实地认识中国古代、近代社会和进行跨国家、跨社会的比较"，可以更好地衡量中国经济的发展水平，分析中国近代二元经济结构的演变。②

二 GDP的研究方法

对于GDP的研究方法，主要存在三方面的分歧：第一，能不能用计量经济学方法；第二，能不能用估算方法；第三，具体方法的应用。

刘巍认为，计量经济学方法，就是根据现代经济理论框架，抽象出理论的前提假设，根据近代中国宏观经济运行条件，建立或者修正理论模型，使用既有的数据、运用计量方法进行实证分析，根据通过检验的数量模型外推出缺失的某一变量数据。研究结论表明，用这种大思路下的方法得到的同一年份的估算值差异不大，具有较强的可重复性。同时，只要逻辑推理没有问题，前提假设与市场条件贴近，模型设定与实证结果较好，就应当接受这种估算方法。③

杜恂诚、李晋则认为，应慎用计量模型直接推导GDP数字，即使计量模型本身是无可挑剔的，用模型推导数字的方法也不宜大力提倡。其原

---

① 参见杜恂诚、李晋《中国经济史"GDP"研究之误区》，《学术月刊》2011年第10期。
② 参见陈争平《经济史研究若干基本问题探讨》，《中国社会经济史研究》2013年第1期。
③ 参见刘巍、陈昭《近代中国50年GDP的估算与经济增长研究（1887—1936年）》，经济科学出版社2012年版，第6页。

因在于，我们基础性的研究工作还比较薄弱。计量经济学对数字和假设条件的要求是非常高的。时间序列的数列太短，数字来源缺乏充分依据，模型的假设条件与实际不符合，数据间的自相关问题、模型的自选择问题，都是计量方法的大忌。

杜恂诚和李晋还提出，我们不主张用 GDP 作为主要的普世标准来进行纵向的时代比较和横向的国与国之间的发展水平的比较，尤其不主张用偏离定义或模型有缺陷的估计或计量方法得出的 GDP 数字来进行比较。这样的比较会造成以下的结果：一是会以不规范的偏离程度很大的 GDP 数字来不恰当地衡量中国经济的发展水平；二是掩盖了中国近代二元经济结构的事实；三是掩盖了中国古代市场十分有限的事实；四是掩盖了市场制度、社会制度、政治制度的差异。

杜恂诚、李晋还认为，GDP 应该是通过理性化的核算体系统计出来的，而不是估算出来的。因为中国古代、近代没有统计，学者们只好进行估算，但这种估算本身就是一种偏离。①

但是，迄今为止，所有的 GDP 研究中的数字，都是通过估算得出来的。而且，学者们还在乐此不疲，其问题在于理想与现实的巨大反差。正如刘巍所说，我们衷心希望有足够的原始数据用于以生产法、收入法或支出法直接核算近代中国的 GDP，而不是用数量分析方法来估算 GDP，但遗憾的是，近代中国的原始经济数据是严重匮乏的，大部分年份的 GDP 必须要靠估算。②

对于估算 GDP 所用的方法，国内学者相对比较一致。刘逖认为，在经济统计学中，GDP 估算有生产法、收入法和支出法三种。从最终结果看，三种方法是等价的。生产法统计最终产品的价值，即各行业或各企业、各单位和个人产出的增加值之和；收入法统计各常驻单位在生产过程中创造的收入；支出法统计生产出的社会产品最终使用去向（总消费、总投资和净出口）。③他主张，以生产法统计中国古代农业和手工业的产

---

① 参见杜恂诚、李晋《中国经济史"GDP"研究之误区》，《学术月刊》2011 年第 10 期。
② 参见刘巍《近代中国 GDP 估算：数量分析方法的尝试》，《中国经济史研究》2011 年第 3 期。
③ 参见刘逖《论安格斯·麦迪森对前近代中国 GDP 的估算——基于 1600—1840 年中国总量经济的分析》，《清史研究》2010 年第 2 期。

值，以收入法统计服务业的产值，同时用支出法进行校验。① 管汉晖也认为，相比较来说，利用收入法进行估算，需要工资、利息、利润、租金等数据，不适用于古代中国。支出法需要投资、消费和政府购买以及净出口的数据，这些数据中国历史上记载不多，特别是进出口的数据很难得到，所以，生产法得到的结论更加可靠一些。②

对于国内外学者对于 GDP 的估算，刘逖进行了批评。他认为，从统计技术上看，麦迪森的统计存在许多不足，包括：（1）麦迪森主要从支出法估算 GDP（特别是农业产出），未进行生产法的估计；（2）麦迪森没有统计手工业和服务业的净产出，只是笼统估计其约占 GDP 的四分之一；（3）麦迪森统计的 GDP 总量为人均水平乘总人口，而不是从总量数据推导人均数据，因此，人均 GDP 和总人口这两个数据只要有一个存在问题，就会导致较大的偏差。他还指出，刘瑞中对农业之外产值的估计采取比例推算法，结果非常粗糙，且未换算为当代价格，不利于进行跨时段和跨国比较；管汉晖、李稻葵对手工业产值的估计明显不足，也忽略了包括教育、公共服务等主要服务业，因此，GDP 数值可能被严重低估。③

考虑到对中国历史上的 GDP 的研究背景，特别是进行全球比较的需要，如何把历史上的 GDP 换算为当代可进行国际比较的数据，是一个值得深入研究的问题。刘逖提出了以下几种方法。（1）贵金属直接换算法，即把中国历史上以银两计价的 GDP 转换为 1990 年美元或国际元。按贵金属价格直接推算的主要问题是无法顾及样本统计期的物价变化，例如按照这种方法，1600 年和 1840 年白银（或黄金）换算为 1990 年美元的价值是一样的，但实际上国内物价可能已经发生了很大的变化。如果把白银的 1990 年美元价值按国内物价指数进行调整，则基准期的选择将对统计结果产生巨大的影响，几乎无法避免基准期选择的任意性。（2）直接购买力平价法，是按照实际商品和服务的购买价格进行换算（简称直接购买力平价法），基本做法是历史上一两白银可以购买到的商品或服务，在

---

① 参见刘逖《1600—1840 年中国国内生产总值的估算》，《经济研究》2009 年第 10 期。
② 参见管汉晖等《关于中国历史上 GDP 研究的一些浅见》，《中国经济史研究》2011 年第 3 期。
③ 参见刘逖《1600—1840 年中国国内生产总值的估算》，《经济研究》2009 年第 10 期。

1990 年需要多少美元，并以此作为基准进行换算。如刘瑞中比较 18 世纪中英两国人均 GDP，就是把两国人均 GDP 都按当地价格折成小麦和米，这就是一种实物购买力平价法。(3) 1933 元—麦迪森法，就是根据不同 GDP 差距比较推算，根据相关国家物价水平的变化推算，或根据相关国家物价指数和历史上货币购买力推算。例如巫宝三、刘大中、叶孔嘉等，麦迪森也提供了 1933 年银元，然后间接推算为 1990 年美元，这种方法参考了麦迪森的换算比例，可称为 1933 元—麦迪森法。(4) GDP 比较法，即先计算出同期国外按银两计算的人均 GDP 数据，然后按照中国、国外按银两计算的人均 GDP 差距估计银两和 1990 年美元的换算率。鉴于在 20 世纪上半叶之前，贵金属在欧美也是通行的货币，因此，我们也能够以银两为单位直接对中国和欧美进行比较。(5) 当期实际收入法，即按照一定时期国外物价水平的变化推算出银两和 1990 年美元的换算率，主要利用英国和美国的物价指数进行换算。(6) 当期购买力平价法，即首先计算出相关时期中国和国际市场的物价水平差异，然后根据国际市场物价水平的历史变化推算银两和 1990 年美元的换算率。例如，可根据英国物价指数系列和当时中、英货币购买力推算。刘逖认为，在进行跨时期跨国比较时，当期购买力平价法是一种比较好的方法，不仅是因为按实际购买力比较最可能测量真实的经济实力，同时也可规避贵金属价格波动的不利影响，还可以避免直接推算法特有的跨时期消费结构差异等导致的误差，并可对相同时期不同国家货币购买力的差异进行调整，是一种比较可靠的方法。[①]

三 GDP 的估算值

但是，学者们对于 GDP 的研究方法虽然分歧不大，而对近代以来 GDP 的估算值却差距甚巨。

如刘瑞中对 1800 年中国 GDP 的估计是 19.8263 亿两[②]，刘逖估计为 32.87 亿两[③]，二者相差 65% 以上。

---

① 参见刘逖《中国历史上的 GDP 估算中跨国换算方法初探》，《中国经济史研究》2011 年第 3 期。

② 参见刘瑞中《十八世纪中国人均国民收入估计及其与英国的比较》，《中国经济史研究》1987 年第 3 期。

③ 参见刘逖《1600—1840 年中国国内生产总值的估算》，《经济研究》2009 年第 10 期。

对 1887 年中国 GDP，张仲礼 1962 年出版的《中国绅士的收入》一书估计，总数是 27.8 亿两。密歇根大学的贾维恺（Albert Feuwerker）认为张仲礼的农业部分估计过低，予以增加 1/3，总值改为 33.4 亿两，并载于他的《中国经济，1871—1911》（1969）一书中，后被编入《剑桥中国史》第 11 卷。后来他又用其他方法估计 1880 年中国的 GDP，总数略同而内容较详。刘佛丁也认为张仲礼对农业产值的估计偏低，而对劳务收入估计偏高。在对张仲礼的估算做了诸种调整以后，得出 1887 年中国 GDP 为 32.13973 亿两①，与费维恺所估接近。刘佛丁并将上述估计折算为 1936 年币值，为 143.43 亿元。②

刘书并对 1914 年中国国民收入重新做一估计，方法是以巫宝三对 1933 年中国国民收入调查统计数字为基础，按照某种适度的增长率，倒推回去，从而取得 1914 年中国国民生产的数字。最后得出 1914 年中国国民收入为 187.64 亿元。③

刘书还根据巫宝三的《〈中国国民所得，1933 年〉修正》（下简称《修正》）（国立中央研究院社会科学研究所《社会科学杂志》1947 年第 9 卷第 2 期）把 1936 年的中国国民收入确定为 257.98 亿元；并根据 1984 年《中国统计年鉴》第 20 页农业、工矿交通业数字，按照《中国国民所得》及《修正》中有关各业总产值和净产值的比例，将总产值折算为净产值，然后按 2.5：1 换算为 1936 年币值。服务业收入系根据珀金斯的《中国近代经济的历史透视》一书中第 171 页数字折算为 1936 年币值④，服务业收入系根据珀金斯同书中第 171 页数字折算为 1936 年币值。

GDP 研究虽然当前仍然处于开拓阶段，但很有可能成为未来重要的发展趋势，这是由其必要性和可能性所决定的。其必要性在于：（1）我国当前正处于经济高速发展时期，GDP 研究引起我国经济史学者高度兴趣；（2）定量分析与定性分析相结合已成为经济史研究的规范认识，GDP 研究成为经济史研究的必由之路；（3）为了与各国的经济之相比较，必须进行 GDP 研究。

---

① 参见刘佛丁、王玉茹、于建玮《近代中国经济的发展》，山东人民出版社 1997 年版，第 92—94 页。
② 同上书，第 95 页。
③ 同上书，第 99 页。
④ 同上书，第 70 页。

其可能性在于以下两个方面。其一，由于国家经济的发展，我们目前已经有能力、有条件、有资源进行大规模的资料收集和整理。陈争平建议立即开展《近代中国经济统计研究》项目工作。这一项目成果应当包括两库一丛书。首先需要广泛收集近代历届政府、科研人员及其他组织编制的各类经济统计，以及各类官书、地方志、笔记等所记载的经济数据信息，保留原数据并注明来源，进行适当分类，整理成一整套近代中国经济统计数据A库。然后在这一套数据A库基础上，对近代政府机构及其他组织编制的各类经济统计时所用方法、资料来源等进行审慎考证，并根据新收集的其他资料，用科学插值法进行补充和修正，整理和编制成一系列新统计表。再将这些经过甄别、修正、插值、估值形成的新统计表，以及进一步的计量分析等，汇集成一整套近代中国经济统计数据库（B库）。

在两套数据库建设的同时，建议分部门将定量分析与定性分析很好地结合起来，进一步进行综合研究和国际比较，讨论所研究行业或部门在整个国民经济发展中的地位，这一系列研究成果汇集为《近代中国经济统计研究》丛书。①

其二，已有一些学者准备在"重建历史数据"上花大力气，下大工夫。如史志宏主持的国家社科基金重点课题《十九世纪上半期的中国经济总量估值》已进行两年有余。其对课题最终成果的设想，是不但要提出自己对19世纪上半期中国经济总量的估计，而且，还要在用来支持这个估计的历史数据上有所贡献，要在清代经济的主要计量指标方面提供超过前人的系统原始数据资料。现在，"重建历史数据"工作已经有了一些成果。例如，史志宏本人直接负责的农业数据方面，主要是通过查阅地方志，已经总共收集了全国18个省以及东北、新疆等地区的粮食亩产量数据近3000个，超过前人提供的数据总数一倍多。由于有些数字是经过合并计算的，原始数据的实际数量至少应在一万个以上。②

可以预期，我国经济史上的GDP研究，必定会有一个蓬勃发展的未来。

---

① 参见陈争平《近代中国货币、物价与GDP估算》，《中国经济史研究》2011年第3期。
② 参见史志宏《关于中国历史GDP研究的点滴思考》，《中国经济史研究》2011年第3期。

第二节 全球史研究

全球史的概念及其研究是20世纪七八十年代以来日益彰显的全球化进程催生的新事物，它是对全球化浪潮的反思与回应。当下，它越来越多地改变着人们旧有的思维方式和认知模式。全球史观已经对中国世界史研究产生了深刻影响，而且即将对中国经济史研究产生深远影响。

一 全球史观的概念

全球史的产生和发展与人类社会的经济全球化进程有着紧密和必然的联系，经济全球化为历史学家考察人类历史发展提供了一种宏观的全球视角和进行综合历史研究的物质与思维基础。可以说，经济全球化有力地推动了全球史的发展。但是，正如"全球化"一词有多种定义一样，学界对"全球史观"这一术语也是众说纷纭。如英国学者多米尼克·萨克森迈尔便主要在这样的意义上使用"全球史观"，即表示很多研究类型，它们超越了以往那些曾经对把过去概念化的诸多（学术的或其他的）方式进行长期统治的空间观念。[①] 而美国学者罗伯特·基欧汉与约瑟夫·奈则在他们的论著《全球化：来龙去脉》中对"全球性因素"与全球化做了具有历史纵深感的探讨。他们指出，全球性因素是指世界处于洲际层次上的相互依存的网络状态。这种联系是通过资本、商品、信息、观念、人员、军队以及与生态环境相关的物质流动及其产生的影响而实现的，我们认为，全球性因素是一种古已有之的现象。而全球化不论过去还是现在，都是指全球因素增加的过程。[②]

大多数学者则认为，除了在经济史范围和角度之外，全球史观还具有其他方面丰富的内涵。

首先，全球史观是整体史观。整体史观的实质就是强调要把握研究对

[①] 参见Dominic Sachsenmaier, *Global Perspectives on Global History: Theories and Approaches in a Connected World*, Cambridge, 2011, p.2（多米尼克·萨克森迈尔：《全球史的全球观点：连通世界的理论与方法》，剑桥，2011年，第2页）。

[②] 参见罗伯特·基欧汉、约瑟夫·奈：《全球化：来龙去脉》，《国外社会科学文摘》2000年第10期。

象与其相关各维度要素之间的联系,从而摆脱用单一维度分析复杂事物的倾向。这就告诉我们,中国近代经济史的研究要和世界经济史联系起来,同样,全球史观打破了传统的世界历史范式,对全球的整体性历史进行研究,指出全球历史是由众多大规模的复杂运动过程中的互动影响而最终造成的,它吸收、借鉴,更为重要的是从人类自身历史角度重构了布罗代尔的长时段理论,宣称要在全球史实践中通过对长时段的人类重要经历的考察来揭示"过去、现在和未来之间的有机联系"。它不仅要关注各个国家和社会的经济历史,而且要关注它们之间的互动关系,强调人类各区域经济之间的交往互动的重要意义和地位。

其次,全球史观是发展史观。全球史观采取了一种相对中立的价值尺度从事观察研究,主张研究者要将视线投向到所有地区和时代,建立起超越民族和地区界限,能够理解整个世界的历史观,并客观、公正地评价各个时代和各个地区的经济发展。因此,全球史观对于近代经济史来说,是一种发展史观。

最后,全球史观是多元史观。最初,全球史观主要是以"去中心化"即寻找西方学术界根深蒂固的"欧洲中心论"以外的对世界历史的新解释为特征。这种历史观认为世界上每个地区的各个民族和各个文明都处于平等的地位上,都有权利要求对自己进行同等的思考和考察,不允许将任何民族或任何文明的经历只当作边缘的无意义的东西加以排斥。[①]

作为理念,全球史观是人类对自身的交往行为在克服时间和空间限制基础上的扩展与深入的认识,是交往主体自我意识在参照系增加和拉近过程中的重构。在这一多维度、多主体的重构进程中,每个主体都有自己加入其中的轨迹,也都在寻找自己的位置,并诠释自身的选择。这就突出了经济多元共存的合理性。

全球史观作为整体史观、发展史观和多元史观的特性,要求经济史研究必须置于全球的背景之中,要摒弃以国家为单元的思维模式,注重空间性,强调全球性与整体性,克服狭隘的民族史观,立体地、全方位地、长时段地、客观平等地看待地球上万物的流变并恰当评价世界上各个时代和地区经济的发展。

---

① 参见[英]杰弗里·巴勒克拉夫《当代史学主要趋势》,上海译文出版社1987年版,第158页。

二 全球史观的实践

2003年，较早在中国经济史学界引入全球史观的中国学者樊树志，在论文《"全球化"视野下的晚明》中指出，根据国内外历史学家的意见，所谓"全球化"至少可以追溯到15世纪末16世纪初的地理大发现时代。从"全球化"的视野观察晚明时期的中国，或许会与以往传统史著中的晚明史大异其趣，会给当今的中国人带来更多新的启示。当时的中国在经济全球化的格局中占有重要的一席之地，不仅邻近国家要与中国保持传统的朝贡贸易，或者以走私贸易作为补充，而且遥远的欧洲国家如葡萄牙、西班牙、荷兰以及它们在亚洲和美洲的殖民地都要卷入与中国的远程贸易之中，使以生丝和丝织品为主的中国商品遍及全世界。在这种贸易中，西方国家始终呈现结构性贸易逆差，不得不用大量货币——白银作为支付手段，致使世界产量四分之一或三分之一甚至更多的白银源源不断流入中国。这种状况给予中国及其对全球经济的影响是值得我们重新加以检讨的。①

黄启臣在《中国在贸易全球化中的主导地位——16世纪中叶至19世纪初叶》一文中则指出，16世纪中叶至19世纪初叶，以商品流通为基础的贸易全球化是今天全球经济一体化的第一阶段。当其时，中国丰富的商品在国际市场上具有极强的竞争力，对推动贸易全球化起了举足轻重的主导作用。②

刘强从全球史观出发，探讨了18世纪末至20世纪初中国制瓷业的衰落原因。他认为，以往的研究视角多限于中国的内部，如果将中国制瓷业放在全球经济发展的背景下，其兴衰过程及其背后的原因将更加清晰，也更具启发性。他指出，欧洲的扩张，一方面促成了全球规模的产品市场，对中国制瓷业形成了需求冲击，进而成就了中国制瓷业近300年的"黄金时代"；另一方面，欧洲国家还施行了武装贸易和重商主义，这给欧洲制瓷业的发展提供了市场、技术和政策支持，促使欧洲制瓷业迅速发展。也正是借此，欧洲制瓷业在与中国制瓷业的竞争中逐渐取得优势。最终华

---

① 参见樊树志《"全球化"视野下的晚明》，《复旦学报》2003年第1期。
② 参见黄启臣《中国在贸易全球化中的主导地位——16世纪中叶至19世纪初叶》，《福建师范大学学报》2004年第1期。

瓷市场的丧失导致中国制瓷业利润微薄,瓷商相继破产,曾经为中国带来无数利润和荣耀的制瓷业就此衰落。①

仲伟民的《茶叶与鸦片:十九世纪经济全球化中的中国》(三联书店2010年版)是第一部运用全球史理论研究中国经济史的专著,也是全球史研究的一部力作。该书体现了全球史研究中最基本的理路:通过中西间茶叶与鸦片的交换、传播,以描述19世纪全球共同的经济发展进程,和"被全球化"时代的中国。该书巧妙地选择茶叶与鸦片两宗商品在中西间的传播,对全球经济关系的作用以及对中国的影响进行研究,揭示出两个国家截然相反的历史命运,丰富了我们对近代国家命运的认识。该书不仅是国内全球史研究的一个范例,也是对近代中国成为国际原料市场,诸如蚕丝、棉麻等研究的一个范例。②

尽管全球化理论传入我国后,引起了经济史学界普遍的反响,但真正有分量的回应尚属稀少。在不久的将来,在学术界的关注下,将会有更多的佳作问世。

三 对全球史观的展望

国内学术界,尽管对全球史理论也有一些异议③,但大多数学者给予了认同,并提出了改进的建议。于沛认为,全球史观是当代西方有广泛影响的史学思潮之一,近年在中国史学界也有一定的影响。要真正做到汲取全球史观的有益内容,为中国史学理论建设服务,必须坚持以唯物史观为理论指导,并进一步肃清各种形式的"欧洲中心论"的影响。④

王永平指出,全球史观给我们提供了一种视野空前开阔、思维空前开放的看待历史的全新视角与方法,它致力于通过跨学科、长时段、全方位地探讨和关注人类生活层面的相互联系与互动,尤其是关注跨越地域和种族的互动与交流,诸如人口的迁徙、疾病的传播、帝国的扩张、生物的交流、技术的转移、思想观念和信仰的传播以及自然生态环境的变迁等问

---

① 参见刘强《18世纪末—20世纪初中国制瓷业的衰落:一个全球的视角》,《史学集刊》2011年第2期。

② 参见丁贤勇《全球化视野中的中国近代经济与国家命运——评仲伟民〈茶叶与鸦片:十九世纪经济全球化中的中国〉》,《首都师范大学学报》2011年第3期。

③ 参见吴晓群《我们真的需要"全球史观"吗》,《史学研究》2005年第1期。

④ 参见于沛《全球史观和中国史学断想》,《史学》2005年第1期。

题，都是我们在以往的中国史研究中所忽略的一些重要的历史现象。如果我们能够真正将全球史观应用和贯穿到当中，那将为我们的研究范式带来重大改变。①

赵晓阳指出，全球史观突破了"欧洲中心论"的研究模式，彻底摒弃了欧洲中心史观片面强调欧洲在世界经济发展中的作用并使欧洲以外的亚、非、拉国家历史被边缘化的做法，促进中国及其他后发国家一起登上世界经济发展的舞台。随着中国经济的崛起，中国经济史及中国经济在世界经济史上的地位研究，将日益受到国内外学术界的重视。②

全球史研究是伴随着中国现代经济的崛起而兴起的，也必将伴随着中国经济的进一步发展而兴旺发达。

第三节　社会经济史与生态环境史的结合

生态环境史是在战后现代环保运动推动下所产生的历史学的一个新的次分支学科，其研究对象是历史上人与自然之间的关系，以及以自然为中介的各种社会关系。由于研究对象非常复杂，环境史的兴起，就为从事跨学科研究提供了重要契机。传统上，人文社会科学以人和社会为研究对象，而自然科学则以自然为研究对象。环境史的出现，则为人文社会科学与自然科学之间的合作搭建了桥梁。跨学科的研究方法，也就成为环境史最重要的研究方法。

人类在战后遭遇的一大困境就是日趋严重的环境危机。环境问题主要是由自然系统、经济系统和社会系统相互作用而产生的，具有多重性和多层性的特征。环境危机的整体性和复杂性，使任何单一的传统学科在危机面前都捉襟见肘，力不从心，这就使跨学科研究成为必需。恰如有学者指出："环境问题显然不属于社会学科任何学科独有的研究领域，没有哪一门学科是以为探讨人和自然的全面交往提供一种恰当的、独一无二的认识论；也没有哪一门学科可以宣称它专以环境问题为自己的研究对象。事实

---

① 参见王永平《面对全球史的中国史研究》，《历史研究》2013 年第 1 期。
② 参见郝日虹《全球史观为中国经济史研究注入活力》，《中国社会科学报》2012 年 9 月 21 日。

是，存在一个无形的学院，它超出和包括多门传统的社会科学：经济学、社会学、政治学、人类学、法学、行政学和地理学。其中每一门都能为某些特点的课题提供线索，此外更有许多广泛的范围，需要跨学科和多学科的研究和对话。"①

20世纪90年代末至21世纪初，中国的环境史研究明显出现跨学科研究的趋势，环境史与生态学、经济学、历史地理学、文化学等的融合越来越紧密，人地关系成为中国环境史研究的核心。随着研究领域的深入和拓展，学者们从宏观的长时段的研究，逐步转向环境事件研究；研究对象从物质层面的人口、资源、发展到上层建筑的环境保护观念；从基本的探索环境诸因素的变迁原因，转向深入探讨生态环境与经济活动、社会结构变动、文化变迁的互动关系。

人和自然的互动，首先和主要发生在经济领域中，然后扩展到其他领域。环境史学者十分重视经济生活层面的研究。美国著名环境史学家唐纳德·沃斯特认为，环境史要着重研究自然生态、社会经济（包括工具、生产、生产关系、生产方式、权力的配置和布局等）和生态意识这三个层面；又指出环境史研究的第二个层面——以生产技术为中心对自然的开发和利用亟待加强。这一观点在环境史学界获得普遍认可。

环境史研究特别关注人类如何开发利用自然资源，如何在不断变化的生存环境中改变"征服自然"的手段以满足人的多层次需求，这就要从经济史和科技史的角度进行考察，例如人们如何"因地制宜"地利用土地、木材、淡水、矿藏、人力、能源和其他生产生活资源，以及人们采取何种手段应对这些自然资源和环境的变动。例如人类采取大范围的迁徙躲避恶劣的气候环境，采取小范围的迁徙（弃耕或转移草场）和施肥避免地力下降，开发动物和植物的药性克服疾患，调节人口的自然压力，改变居住和服饰方式应对气温环境变化，等等。

环境史之所以要借鉴经济学的研究成果，主要是因为"经济学研究的是社会如何利用稀缺的资源以生产有价值的商品，并将它们分配给不同的个人"，"经济学的双重命题就是稀缺和效率"。在现实生活中，人们主要是通过生产、交换及消费同自然发生联系，并以生产和分配为基础形成

---

① 参见萨利·M.麦吉尔《环境问题与人文地理》，《国际社会科学杂志》第4卷，1987年第3期。

各种社会关系。围绕经济活动所形成的人与自然以及人与人之间的关系，恰恰是环境史研究的一个重要层面。这就使环境史和经济学联系起来。

环境史和经济学之间的联系，还在于经济学和生态学有相通之处。从历史上看，经济学，尤其是古典经济学，一贯强调资源的稀缺和总量有限，这与生态学家的主张不谋而合。在18世纪法国的重农学派那里，"农业是财富唯一可靠的来源"①，而马尔萨斯强调人口对食品供应的无情压力；李嘉图提到土地和地租吸收剩余价值而导致的"停止状态"；杰文斯则担忧燃料耗尽，"在那个时代，经济学曾经有一个绰号，叫'阴郁科学'"。②从经济学发展的新动向来看，形成于20世纪六七十年代的环境经济学，已经受到了学界越来越多的关注。环境经济学的主要代表人物赫尔曼·戴利认为，人类经济系统是自然经济的一个子系统，所以经济的规模必定要控制在一定的范围以内。恰如自然系统演化不断趋于稳定，经济的稳定状态不仅是合理的，而且是不可避免的。③

如何把社会经济史和生态环境史结合起来，中外学者都给出了初步的答案。如伊懋可认为，从经济史角度认识中国环境史，包括五个主题：(1) 探讨在时间过程中哪些地区的土地、木材和其他生产因素相对丰富；(2) 水利系统的各种技术与生态；(3) 森林、木材贸易与使用木材的技术；(4) 大型驮兽的历史；(5) 建造的环境的历史。④唐纳德·沃斯特则在《环境史中的变化——评威廉·克罗农的〈土地的变迁〉》一文中介绍了美国农业生态学家威廉·克罗农将生态学与经济学相结合的研究方法，即将以往的经济体系重新定义为一系列"在生活方式上……属于一个生态体系的诸种方式"的变迁。⑤

李根蟠也提出，必须把经济体系放到地球生物圈的生态系统中考察。这不但是处理现实经济问题的原则，也是研究经济史的门径。因为只有这

---

① 参见麦克·迈克尔《危险的地球》，江苏人民出版社2000年版，第335页。
② 戴维·S. 兰德斯：《国富国穷》，新华出版社2001年版，第731页。
③ 参见赫尔曼·E. 戴利和肯尼斯·N. 汤森《珍惜地球：经济学、生态学、伦理学》，商务印书馆2001年版，第1页。
④ 参见 Mark Elvin, "The Environmental History of China: An Agenda of Ideas", *Asian Studies Review*, Vol. 14, No. 2, 1990, pp. 39–53.
⑤ 参见唐纳德·沃斯特《环境史中的变化——评威廉·克罗农的〈土地的变迁〉》，《世界历史》2006年第3期。

样,才能更好地把握历史上经济发展的内涵、趋势及其深层和长远的意义,从而对历史上的经济活动做出正确估量和评价。①

李根蟠还指出,对历史上的经济活动不但要进行经济分析,而且应该进行生态分析,尽量把两者结合起来。判别历史上经济是否发展和发展的好坏,不但要看经济总量和劳动生产率,而且要对环境优劣和资源损耗做出评估。经济史不但应该研究历史上的资源配置,而且应该研究资源利用的广度、深度和合理程度。运用现代生态理念研究经济史,重视经济活动中人与自然的关系,重视经济活动中自然因素的作用,可以深化我们的研究,丰富研究的内容,为经济史提出许多需要进一步研究的课题。②

一些中国学者已经对社会经济史与生态环境史的结合做出了贡献。如王建革关于近代华北及内蒙古的农业生态与社会变迁的系列论文,以生态经济学中的能量投入产出对当地社会经济结构及性质进行分析。作者认为,经济的发展实际上在很大程度上受生态系统的制约,历史上的过度人口增长和生态破坏已经使中国的发展落后于西方③;在传统社会末期,生态压力削弱了乡村亲和内聚力,增加了强制内聚力,这一发展趋向严重制约了乡村新生产关系的发展。④ 他还认为,华北农业的发展不是"过密化",而是一种生态变迁过程。⑤

资源开发利用是社会经济史和生态环境史的结合点。杨果和陈曦合著的《经济开发与环境变迁研究——宋元明清时期的江汉平原》(武汉大学出版社 2008 年版),从环境变化的角度分析了人类经济活动的影响。作者从自然资源利用入手,分析该地的造船业、矿冶业和江夏制瓷业的兴衰,探讨了手工业兴衰与周边生态环境的互动,认为区域自然资源的种类、数量、分布等状况在相当程度上影响了社会经济开发的程度,而经济活动对植被等自然资源的破坏不仅影响到环境变迁,也反过来限制了经济的进一

---

① 参见李根蟠《环境史视野与经济史研究——以农史为中心的思考》,《南开学报》2006 年第 3 期。
② 参见李根蟠《环境史视野与经济史研究》,《中国社会科学院院报》2005 年 10 月 11 日。
③ 参见王建革《资源限制与发展停滞:传统社会的生态学分析》,《生态学杂志》1997 年第 1 期。
④ 参见王建革《近代华北乡村的社会内聚及其发展障碍》,《中国农史》1999 年第 4 期。
⑤ 参见王建革《近代华北的农业生态与社会变迁——兼论黄宗智"过密化"理论的不成立》,《中国农史》1999 年第 1 期。

步发展，这个观点进一步推动环境变迁研究的深入。

社会经济史与生态环境史结合需要将经济、社会与环境作为一个历史整体进行综合考察。张建民的《明清长江流域山区资源开发与环境演变》（武汉大学出版社 2006 年版），采用了多维观察、整体把握的思维方法，揭示人口、制度、组织、观念、习俗、产业、技术、物种、土壤乃至矿物等各种社会因素和自然因素对环境的影响，探讨历史上秦巴山区资源开发活动与环境演变、人口流动与社会变迁等相互关系，以期有助于理解、认识历史上的人类活动与自然界的互动、关联。

该书根据时代历史的特定场景，依照事物发展的基本逻辑，由人口聚散、户口管理、民俗风习、社会控制等社会性问题，到经济层面的粮食生产（包括直接相关的土地垦殖、水利建设）、特种林木和经济作物经营、竹木盐铁手工生产，最后自然延伸到生态环境的破坏与保护。

王利华认为，这部新书毋庸置疑可以视为一部环境史著作。由于其从特定时代和区域的资源开发与经济活动切入人类活动与环境演变的关系，经济史的色彩比较浓厚，因此不妨称为"环境—经济史"或者"经济—环境史"。①

社会经济史与生态环境史的结合将对经济史的发展产生重大影响。

第一，生态环境的变化往往是长时期的，经常长达数百年至上千年，这就打破了古代经济史和近代经济史研究的分野，使社会经济史趋向长时期、大波段的研究。

第二，区域研究是社会经济史的重要研究方法。区域环境史研究要求区域内研究与区域外研究相结合，例如基于物种资源独特性与多样性的区域内经济特产，在当时经济生活、商业发展乃至国际贸易中具有怎样的地位；外部需求如何拉动区域内资源开发和生产发展，这些都是区域环境史研究需要解决的问题，这就进一步拓宽了社会经济史研究的思路。

第三，环境史是以生态学和环境科学为理论基础的，这就需要研究者对植物学、动物学、农学、林学、土壤学、地质学、水文学、矿物学和工程技术等众多学科的知识均有一定的了解，这就使经济史研究真正成为多学科研究，使经济史研究无论在深度和广度上都得到发展。

---

① 王利华：《区域开发与环境变迁历史的多维观察——评张建民〈明清长江流域山区资源开发与环境演变〉》，《中国经济史研究》2009 年第 1 期。

经济史是一门成熟的学科，而环境史是一门新兴的学科，经济史和环境史的结合是经济学和生态学的对话，犹如老树新花，必然在嫁接之树上结出丰硕的果实。

主要参考书目

1. 《傅衣凌治史五十年文编》，安徽人民出版社1984年版。
2. 《货殖：商业与市场研究》第1、3辑，中国财政经济出版社1995年版。
3. 《江南造船厂史（1865—1949）》，上海人民出版社1975年版。
4. 《历史研究》编辑部编：《中国近代史分期问题讨论集》，三联书店1957年版。
5. 《永久的思念——李埏教授逝世周年纪念文集》，云南大学出版社2011年版。
6. 《中华学术论文集》，中华书局1981年版。
7. 北京师大历史系编：《门头沟煤矿史稿》，人民出版社1958年版。
8. 曹均伟、方小芬《中国近代利用外资活动》，上海财经大学出版社1997年版。
9. 曹均伟：《近代中国与利用外资》，上海社会科学院出版社1991年版。
10. 曹均伟：《中国近代利用外资思想》，立信会计出版社1996年版。
11. 陈锋：《清代财政政策与货币政策研究》，武汉大学出版社2008年版。
12. 陈其田：《山西票庄考略》，商务印书馆1937年版。
13. 陈诗启：《中国近代海关史问题初探》，中国展望出版社1987年版。
14. 陈炜：《近代广西城镇商业网络与民族经济开发》，巴蜀书社2008年版。
15. 陈文彬：《近代化进程中的上海城市公共交通研究》，学林出版社2008年版。
16. 陈向元：《中国关税史》，北京世界书局1926年版。
17. 陈争平：《1895—1936中国国际收支研究》，中国社会科学出版社经济史是一门成熟的学科，而环境史是一门新兴的学科，经济史和环境史的结合是经济学和生态学的对话，犹如老树新花，必然在嫁接之树上结出丰硕的果实。

主要参考书目

1. 《傅衣凌治史五十年文编》，安徽人民出版社1984年版。
2. 《货殖：商业与市场研究》第1、3辑，中国财政经济出版社1995年版。
3. 《江南造船厂史（1865—1949）》，上海人民出版社1975年版。
4. 《历史研究》编辑部编：《中国近代史分期问题讨论集》，三联书店1957年版。
5. 《永久的思念——李埏教授逝世周年纪念文集》，云南大学出版社2011年版。
6. 《中华学术论文集》，中华书局1981年版。
7. 北京师大历史系编：《门头沟煤矿史稿》，人民出版社1958年版。
8. 曹均伟、方小芬《中国近代利用外资活动》，上海财经大学出版社1997年版。
9. 曹均伟：《近代中国与利用外资》，上海社会科学院出版社1991年版。
10. 曹均伟：《中国近代利用外资思想》，立信会计出版社1996年版。
11. 陈锋：《清代财政政策与货币政策研究》，武汉大学出版社2008年版。
12. 陈其田：《山西票庄考略》，商务印书馆1937年版。
13. 陈诗启：《中国近代海关史问题初探》，中国展望出版社1987年版。
14. 陈炜：《近代广西城镇商业网络与民族经济开发》，巴蜀书社2008年版。
15. 陈文彬：《近代化进程中的上海城市公共交通研究》，学林出版社2008年版。
16. 陈向元：《中国关税史》，北京世界书局1926年版。
17. 陈争平：《1895—1936中国国际收支研究》，中国社会科学出版社

1995年版。
18. 程霖：《中国近代银行制度建设思想研究》，上海财经大学出版社1999年版。
19. 从翰香主编：《近代冀鲁豫乡村》，中国社会科学出版社1995年版。
20. 戴鞍钢：《港口·城市·腹地——上海与长江流域经济关系的历史考察（1843—1913）》，复旦大学出版社1998年版。
21. 戴建兵：《白银与近代中国经济》，复旦大学出版社2005年版。
22. 戴建兵：《金钱与战争：抗战时期的货币》，广西师范大学出版社1995年版。
23. 戴一峰：《近代中国海关与中国财政》，厦门大学出版社1993年版。
24. 戴一峰：《区域性经济发展与社会变迁——以近代福建地区为中心》，岳麓书社2004年版。
25. 邓绍辉：《晚清财政与中国近代化》，四川人民出版社1998年版。
26. 邓小琴：《近代川江航运简史》，地方志资料组1982年印。
27. 丁日初：《旧上海的外商与买办》，上海人民出版社1987年版。
28. 丁长清、慈鸿飞：《中国农业现代化之路——近代中国农业结构、商品经济与农村市场》，商务印书馆2000年版。
29. 董昕：《中国银行上海分行研究（1912—1937）》，上海人民出版社2009年版。
30. 杜恂诚：《日本在旧中国的投资》，上海社会科学院出版社1986年版。
31. 樊端成：《近现代广西农业经济结构的演变研究》，民族出版社2010年版。
32. 樊如森：《天津与北方经济现代化（1860—1937）》，东方出版中心2007年版。
33. 樊树志：《江南市镇：传统的变革》，复旦大学出版社2005年版。
34. 方一兵：《汉冶萍公司与中国近代钢铁技术移植》，科学出版社2011年版。
35. 冯剑辉：《近代徽商研究》，合肥工业大学出版社2009年版。
36. 冯筱才：《在商言商——政治变局中的江浙商人》，上海社会科学院出版社2004年版。
37. 冯云琴：《工业化与城市化：唐山城市近代化进程研究》，天津古籍出版社2010年版。

38. 付志宇：《中国近代税制流变初探——民国税收问题研究》，中国财政经济出版社 2007 年版。
39. 复旦大学历史地理研究中心主编：《港口—腹地和中国现代化进程》，齐鲁书社 2005 年版。
40. 高新伟：《中国近代公司治理（1872—1949 年）》，社会科学文献出版社 2009 年版。
41. 耿占军：《清代陕西农业地理研究》，西北大学出版社 1997 年版。
42. 龚关在：《近代天津金融业研究（1861—1936）》，天津人民出版社 2007 年版。
43. 龚学遂：《中国战时交通史》，上海商务印书馆 1947 年版。
44. 关梦觉：《中国原始资本积累的初步探索》，上海人民出版社 1958 年版。
45. 郭海成：《陇海铁路与近代关中经济社会变迁》，西南交通大学出版社 2011 年版。
46. 郭声波：《四川历史农业地理》，四川人民出版社 1993 年版。
47. 哈尔滨车辆工厂厂史编辑组编：《三十六棚——哈尔滨车辆工厂六十年》，北方文艺出版社 1959 年版。
48. 郝延平：《十九世纪的中国买办》，上海社会科学院出版社 1988 年版。
49. 何廉主编：《中国六十年进出口物量指数物价指数及物物交易指数》，天津南开大学经济委员会 1930 年版。
50. 何世鼎：《中国近代民族工业企业的科技进步：与近代外国工业企业的比较研究》，天津古籍出版社 2011 年版。
51. 洪葭管、张继凤：《近代上海金融市场》，上海人民出版社 1989 年版。
52. 侯厚培：《中国近代经济发展史》，大东书局 1929 年版。
53. 侯建新：《农民、市场与社会变迁——冀中 11 村透视并与英国乡村比较》，社会科学文献出版社 2002 年版。
54. 侯外庐：《韧的追求》，三联书店 1985 年版。
55. 湖北大学政治经济学室编：《中国近代国民经济史讲义》，高等教育出版社 1958 年版。
56. 黄公勉：《福建历史经济地理通论》，福建科技出版社 2005 年版。
57. 黄逸峰：《旧中国的买办阶级》，上海人民出版社 1982 年版。
58. 黄宗智：《华北的小农经济与社会变迁》，中华书局 1986 年版。

59. 黄宗智:《长江三角洲小农家庭与农村发展》,中华书局1992年版。
60. 贾士毅:《民国财政史》,商务印书馆1917年版。
61. 贾士毅:《民国续财政史》,商务印书馆1933年版。
62. 江恒源编:《中国关税史料》,上海中华书局1931年版。
63. 江满情:《中国近代股份有限公司形态的演变——刘泓生企业组织发展史研究》,华中师范大学出版社2007年版。
64. 江西省轻工业厅陶瓷研究所编:《景德镇陶瓷史稿》,三联书店1959年版。
65. 姜宏业主编:《中国地方银行史》,湖南出版社1991年版。
66. 金颖:《近代东北地区水田农业发展史研究》,中国社会科学出版社2007年版。
67. 孔经纬:《日俄战争至抗战胜利期间东北的工业问题》,辽宁人民出版社1958年版。
68. 孔经纬:《中国经济史略》,吉林人民出版社1958年版。
69. 乐承耀:《近代宁波商人与社会经济》,人民出版社2007年版。
70. 雷巧玲、任培泰、韦林珍:《中国经济现代化史论》,陕西人民出版社2009年版。
71. 李伯重:《发展与制约——明清江南生产力研究》,台北联经出版公司2002年版。
72. 李伯重:《江南农业的发展1620—1850》,上海古籍出版社2007年版。
73. 李伯重:《中国的早期近代经济:1820年代华亭—娄县地区GDP研究》,中华书局2010年版。
74. 李达编:《中国产业革命概观》,昆仑书店1930年版。
75. 李飞主编:《中国金融通史》,中国金融出版社2003年版。
76. 李建昌:《官僚资本与盐业》,三联书店1963年版。
77. 李令福:《明清山东农业地理》,台北五南图书出版公司2000年版。
78. 李平生:《烽火映方舟——抗战时期大后方经济》,广西师范大学出版社1996年版。
79. 李时岳、胡滨:《从闭关到开放》,人民出版社1988年版。
80. 李文治、魏金玉、经君健:《明清时代的农业资本主义萌芽问题》,中国社会科学出版社1983年版。
81. 梁方仲:《中国历代户口、田地、田赋统计》,上海人民出版社1980

年版。

82. 梁启超:《中国国债史》,广智书局1904年版。
83. 林刚在:《长江三角洲近代大工业与小农经济》,安徽教育出版社2000年版。
84. 林家有:《孙中山与中国近代化道路研究》,广东教育出版社1999年版。
85. 凌耀伦、熊甫、裴倜:《中国近代经济史》,重庆出版社1982年版。
86. 刘佛丁、王玉茹、于建玮:《近代中国的经济发展》,山东人民出版社1997年版。
87. 刘佛丁、王玉茹:《近代中国的经济发展》,山东人民出版社1996年版。
88. 刘佛丁、王玉茹:《中国近代的市场发育与经济增长》,高等教育出版社1996年版。
89. 刘建生、刘鹏生、燕红忠:《明清晋商制度变迁研究》,山西人民出版社2005年版。
90. 刘经华:《中国早期盐务现代化——民国初期盐务改革研究》,中国科学技术出版社2002年版。
91. 刘克祥、陈争平:《中国近代经济史简编》,浙江人民出版社1999年版。
92. 刘克祥、吴太昌编:《中国近代经济史(1927—1937)》,人民出版社2010年版。
93. 刘平:《从金融史再出发——银行社会责任溯源》,复旦大学出版社2011年版。
94. 刘平:《近代中国银行监管制度研究(1897—1949)》,复旦大学出版社2008年版。
95. 刘巍、陈昭:《中国货币供给机制研究:历史、逻辑与实证(1910—1935)》,高等教育出版社2011年版。
96. 刘义程:《发展与困顿:近代江西的工业化历程》,江西人民出版社2007年版。
97. 刘永成:《清代前期农业资本主义萌芽初探》,福建人民出版社1982年版。
98. 刘永祥:《金城银行:中国近代民营银行的个案研究》,中国社会科学出版社 2006 年版。
99. 刘志英：《近代上海华商证券市场研究》，学林出版社 2004 年版。
100. 罗尔纲：《太平天国史纲》，商务印书馆 1936 年版。
101. 罗婧：《江南市镇网络与交往力：以盛泽经济、社会变迁为中心（1368—1950）》，上海人民出版社 2010 年版。
102. 罗荣渠：《现代化新论——世界与中国的现代化进程》，商务印书馆 2004 年版。
103. 罗荣渠：《走向现代化的中国道路》，北京大学出版社 1997 年版。
104. 罗玉东：《中国厘金史》，商务印书馆 1936 年版。
105. 马金华：《民国财政研究》，经济科学出版社 2009 年版。
106. 马俊亚：《混乱与发展——江南地区传统社会经济的现代演变（1900—1950）》，社会科学文献出版社 2003 年版。
107. 马敏、朱英：《传统与近代的二重变奏：晚清苏州商会个案研究》，巴蜀书社 1993 年版。
108. 马敏、朱英：《辛亥革命时期苏州商会研究》，华中师范大学出版社 2011 年版。
109. 马敏：《官商之间——社会巨变中的近代绅商》，天津人民出版社 1995 年版。
110. 马若孟：《中国农民经济：河北和山东的农业发展（1890—1949）》，江苏人民出版社 1999 年版。
111. 马雪芹：《明清河南农业地理》，台北洪叶文化出版社 1997 年版。
112. 孟宪章：《中国近代经济史教程》，中华书局 1951 年版。
113. 宓汝成：《帝国主义与中国铁路》，上海人民出版社 1980 年版。
114. 宓汝成：《中国近代经济史研究综述》，天津教育出版社 1989 年版。
115. 南京国民政府交通部：《十五年来之交通概况》，国民政府交通部 1946 年版。
116. 倪玉平：《清朝嘉道财政与社会》，商务印书馆 2013 年版。
117. 聂宝璋：《中国买办资产阶级的发生》，中国社会科学出版社 1979 年版。
118. 潘国旗：《民国浙江财政研究》，中国社会科学出版社 2007 年版。
119. 庞玉洁：《开埠通商与近代天津商人》，天津古籍出版社 2004 年版。
120. 彭南生：《半工业化：近代中国乡村手工业的发展与社会变迁》，中华书局 2007 年版。

121. 彭南生：《中间经济：传统与现代之间的中国近代手工业（1840—1936 年）》，高等教育出版社 2002 年版。
122. 彭雨新：《县地方财政》，商务印书馆 1945 年版。
123. 漆树芬：《经济侵略下之中国》，光华书局 1931 年版。
124. 钱亦石：《中国近代经济史》，上海生活书店 1939 年版。
125. 乔志强：《中国近代社会史》，人民出版社 1992 年版。
126. 任放：《明清长江中游市镇经济研究》，武汉大学出版社 2003 年版。
127. 山本进：《清代财政史研究》，汲古书院 2002 年版。
128. 山本进：《清代社会经济史》，山东画报出版社 2012 年版。
129. 申学锋：《晚清财政支出政策研究》，中国人民大学出版社 2006 年版。
130. 沈同芳：《中国渔业历史》，上海江浙渔业公司 1906 年铅印版。
131. 施坚雅：《中国封建社会晚期城市研究——施坚雅模式》，吉林教育出版社 1991 年版。
132. 石涛：《南京国民政府中央银行研究》，上海远东出版社 2012 年版。
133. 史志宏：《晚清财政：1851—1894》，上海财经大学出版社 2008 年版。
134. 宋美云、张环：《近代天津工业与企业制度》，天津社会科学院出版社 2005 年版。
135. 宋美云：《近代天津商会》，天津社会科学院出版社 2002 年版。
136. 宋佩玉：《抗战前期上海外汇市场研究（1937.7—1941.12）》，上海世纪出版集团 2007 年版。
137. 谭来兴：《中国现代化道路探索的历史考察》，人民出版社 2008 年版。
138. 汤象龙：《中国近代海关税收和分配统计（1861—1910）》，中华书局 1992 年版。
139. 陶水木：《浙商与中国近代工业化》，中国社会科学出版社 2009 年版。
140. 通海垦牧公司编：《通海垦牧公司开办十年之历史》，翰墨林编译印书局 1911 年版。
141. 万立明：《上海票据交换所研究（1933—1951）》，复旦大学出版社

2009年版。

142. 汪敬虞：《唐廷枢研究》，中国社会科学出版社1983年版。

143. 汪敬虞：《外国资本在近代中国的金融活动》，人民出版社1999年。

144. 汪敬虞：《中国资本主义的发展与不发展——中国近代经济史中心线索研究》，经济管理出版社2007年版。

145. 汪敬虞编：《中国近代经济史（1895—1927）》，人民出版社2000年版。

146. 王处辉：《中国近代企业组织形态的变迁》，天津人民出版社2001年版。

147. 王笛：《跨出封闭的世界——长江上游区域社会研究（1644—1911）》，中华书局2001年版。

148. 王宏斌：《晚清货币比价研究》，河南大学出版社1990年版。

149. 王建革：《农牧生态与传统蒙古社会》，山东人民出版社2006年版。

150. 王晶：《上海银行公会研究（1927—1937）》，上海人民出版社2009年版。

151. 王翔：《中国近代手工业的经济学考察》，中国经济出版社2002年版。

152. 王亚南：《中国半封建半殖民地经济形态研究》，上海生活书店1947年版。

153. 王玉茹：《增长、发展与变迁——中国近代经济发展研究》，中国物资出版社2004年版。

154. 王玉茹：《制度变迁与中国近代工业化》，陕西人民出版社2000年版。

155. 王志莘：《中国之储蓄银行史》，新华信托储蓄银行1934年版。

156. 卫聚贤：《山西票号史》，中央银行经济研究社1944年版。

157. 魏光奇：《官制与自治——20世纪上半期的中国县制》，商务印书馆2005年版。

158. 魏建猷：《中国近代货币史》，群联出版社1955年版。

159. 魏文享：《中间组织——民国时期工商同业公会制度研究（1918—1949）》，华中师范大学出版社2007年版。

160. 吴柏均：《中国经济发展的区域研究》，上海远东出版社1995年版。

161. 吴承明：《帝国主义在旧中国的投资》，人民出版社1955年版。

162. 吴承明：《经济史：历史观与方法论》，上海财经大学出版社 2006 年版。

163. 吴承明：《经济史理论与实证：吴承明文集》，浙江大学出版社 2012 年版。

164. 吴承明：《市场·近代化·经济史论》，云南人民出版社 1996 年版。

165. 吴承明：《中国资本主义与国内市场》，中国社会科学出版社 1985 年版。

166. 吴杰：《中国近代国民经济史》，人民出版社 1959 年版。

167. 吴景平：《上海金融业与国民政府关系（1927—1937）》，上海财经大学出版社 2002 年

168. 吴松弟、樊如森、陈为忠：《港口—腹地与北方的经济变迁（1840—1949）》，浙江大学出版社 2011 年版。

169. 吴松弟编：《中国百年经济拼图——港口城市及其腹地与中国现代化》，山东画报出版社 2006 年版。

170. 吴心伯：《金元外交与列强在中国（1909—1913）》，复旦大学出版社 1997 年版。

171. 吴玉章等：《戊戌变法六十周年纪念论文集》，中华书局 1958 年版。

172. 夏国祥：《近代中国税制改革思想研究》，上海财经大学出版社 2006 年版。

173. 夏炎德：《中国近百年经济思想》，商务印书馆 1948 年版。

174. 萧正洪：《环境与技术选择——清代中国西部地区农业技术地理研究》，中国社会科学出版社 1998 年版。

175. 徐沧水：《内国公债史》，商务印书馆 1923 年版。

176. 徐鼎新、钱小明：《上海总商会史》，上海社会科学院出版社 1991 年版。

177. 徐浩：《农民经济的历史变迁——中英乡村社会区域发展比较》，社会科学文献出版社 2002 年版。

178. 徐建生、徐卫国：《清末民初经济政策研究》，广西师范大学出版社 2001 年版。

179. 徐建生：《民国时期经济政策的沿袭与变异（1912—1937）》，福建人民出版社 2006 年版。

180. 许涤新、吴承明主编：《中国资本主义发展史》，人民出版社 1985

年版。

181. 许纪霖、陈达凯：《中国现代化史》，学术出版社2006年版。
182. 许毅：《北洋政府外债与封建复辟》，经济科学出版社2000年版。
183. 许毅：《从百年屈辱到民族复兴：国民政府外债与官僚资本》，经济科学出版社2004年版。
184. 许毅：《近代外债史论》，中国财政经济出版社1996年版。
185. 许毅：《清代外债史论》，中国财政经济出版社1996年版。
186. 薛君度、刘志琴主编：《近代中国社会生活与观念更新》，中国社会科学出版社2001年。
187. 薛念文：《上海商业储蓄银行研究（1915—1937）》，中国文史出版社2005年版。
181. 严昌洪：《在商业革命的大潮中——中国近代商事习惯的变迁》，华中理工大学出版社1997年版。
189. 严立贤：《日本资本主义形态研究》，中国社会科学出版社1995年版。
190. 严立贤：《中国和日本早期工业化与国内市场》，北京大学出版社1999年版。
191. 严中平，《科学研究方法十讲——中国近代经济史专业硕士研究生参考讲义》，人民出版社1986年版。
192. 严中平：《严中平文集》，中国社会科学出版社1996年版。
193. 严中平：《中国棉业之发展（1289—1937）》，商务印书馆1943年版。
194. 严中平主编：《中国近代经济史（1840—1894）》，人民出版社1989年版。
195. 杨梅：《晚清中央与地方财政关系研究——以厘金为中心》，知识产权出版社2012年版。
196. 杨瑞六：《清代货币金融史稿》，三联书店1962年版。
197. 杨在军：《晚清公司与公司治理》，商务印书馆2006年版。
198. 姚永超：《国家、企业、商人与东北港口空间的构建研究（1861—1931）》，中国海关出版社2010年版。
199. 叶显恩：《清代区域社会经济研究》，中华书局1992年版。
200. 殷俊玲：《晋商与晋中社会》，人民出版社2006年版。
201. 尹红群：《民国时期的地方财政与地方政治——以浙江为个案》，湖南人民出版社 2008 年版。
202. 虞和平：《商会与中国早期现代化》，上海人民出版社 1993 年版。
203. 虞和平：《中国现代化历程》，江苏人民出版社 2001 年版。
204. 袁为鹏：《聚集与扩散：中国近代工业布局》，上海财经大学出版社 2007 年版。
205. 苑书义、董丛林：《近代中国小农经济的变迁》，人民出版社 2001 年版。
206. 苑书义、任恒俊、董丛林：《艰难的转轨历程——近代华北经济与社会发展研究》，人民出版社 1997 年版。
207. 曾业英主编：《五十年来的中国近代史研究》，上海书店出版社 2000 年版。
208. 张东刚：《消费需求的变动与近代中日经济增长》，人民出版社 2001 年版。
209. 张东刚：《总需求的变动趋势与近代中国经济发展》，高等教育出版社 1997 年版。
210. 张国辉：《洋务运动与中国近代企业》，中国社会科学出版社 1979 年版。
211. 张立勤：《近代以来湖商与甬商发展路径的比较研究》，中国社会科学出版社 2011 年版。
212. 张连红：《整合与互动——民国时期中央与地方财政关系研究》，南京师范大学出版社 1999 年版。
213. 张萍：《地域环境与市场空间——明清陕西区域市场的历史地理学研究》，商务印书馆 2006 年版。
214. 张守广：《大变局：抗战时期的后方企业》，江苏人民出版社 2008 年版。
215. 张松：《变与常：清末民初商法建构与商事习惯之研究》，中国社会科学出版社 2010 年版。
216. 张天政：《上海银行公会研究（1937—1945）》，上海人民出版社 2009 年版。
217. 张心澄：《中国现代交通史》，良友图书印刷公司 1931 年版。
218. 张徐乐：《上海私营金融业研究（1949—1962）》，复旦大学出版社 2006 年版。

219. 张学军、孙炳芳：《直隶商会与乡村社会经济（1903—1937）》，人民出版社 2010 年版。
220. 张雁深：《日本利用所谓"合办事业"侵华的历史》，三联书店 1958 年版。
221. 张渝：《清代中期重庆的商业规则与秩序：以巴县档案为中心的研究》，中国政法大学出版社 2010 年版。
222. 张郁兰：《中国银行业发展史》，上海人民出版社 1957 年版。
223. 张忠民、朱婷：《南京国民政府时期的国有企业》，上海财经大学出版社 2007 年版。
224. 张忠民：《艰难的变迁：近代中国公司制度研究》，上海社会科学院出版社 2002 年版。
225. 张琢：《九死一生：中国现代化的坎坷历程和中长期预测》，中国社会科学出版社 1992 年版。
226. 章开沅、林增平主编：《辛亥革命史》，人民出版社 1980 年版。
227. 章开沅、罗福惠主编：《比较中的审视：中国早期现代化研究》，浙江人民出版社 1993 年版。
228. 章开沅、朱英主编：《对外经济关系与中国近代化》，华中师范大学出版社 1990 年版。
229. 章书范主编：《淮南抗日根据地货币史》，中国金融出版社 2004 年版。
230. 赵丙乾主编：《淮北革命根据地货币史》，中国金融出版社 2000 年版。
231. 赵德馨：《赵德馨经济史学论文选》，中国财政经济出版社 2002 年版。
232. 赵丰田：《晚清五十年经济思想史》，哈佛燕京社 1939 年版。
233. 赵冈等：《清代粮食亩产量研究》，中国农业出版社 1995 年版。
234. 赵津：《中国城市房地产业史论》，南开大学出版社 1994 年版。
235. 赵兰亮：《近代上海保险市场研究（1843—1937）》，复旦大学出版社 2003 年版。
236. 赵兴胜：《传统经验与现代理想：南京国民政府时期的国营工业研究》，齐鲁书社 2004 年版。
237. 赵云旗：《中国分税制财政体制研究》，经济科学出版社 2005 年版。

238. 郑备军：《中国近代厘金制度研究》，中国财经出版社2004年版。
239. 郑成林：《从双向桥梁到多边网络——上海银行公会与银行业（1918—1936）》，华中师范大学出版社2007年版。
240. 郑海章主编：《东北革命根据地钞票》，辽沈书局1991年版。
241. 郑林：《现代化与农业创新路径的选择——中国近代农业技术创新三元结构分析》，北京师范大学出版社2010年版。
242. 郑起东：《转型期的华北农村社会》，上海书店出版社2004年版。
243. 郑友揆：《中国的对外贸易和工业发展》，上海社会科学院出版社1984年版。
244. 郑振东：《中国证券发展简史》，经济科学出版社2000年版。
245. 中国科学院历史第三所南京史料整理处等编：《戚墅堰机车车辆工厂史（1898—1949）》，江苏人民出版社1960年版。
246. 中国人民大学国民经济史教研室编：《中国近代国民经济史讲义》，中国人民大学出版社1962年版。
247. 中国人民大学中国历史教研室编：《明清社会经济型态的研究》，上海人民出版社1957年版。
248. 中国人民银行金融研究所：《中国革命根据地货币》，文物出版社1982年版。
249. 中国社会科学院近代史研究所民国史研究室、四川师范大学历史文化学院主编：《"1910年代的中国"国际学术研讨会论文集》，社会科学文献出版社2006年版。
250. 中国社会科学院近代史研究所民国史研究室编：《一九二〇年代的中国》，社会科学文献出版社2005年版。
251. 中国现代化战略研究课题组、中国科学院中国现代化研究中心：《中国现代化报告2005——经济现代化研究》，北京大学出版社2005年版。
252. 周积明：《最初的纪元：中国早期现代化研究》，高等教育出版社1996年版。
253. 周秀鸾：《第一次世界大战时期中国民族工业的发展》，上海人民出版社1958年版。
254. 周育民：《晚清财政与社会变迁》，上海人民出版社2000年版。
255. 周志初：《晚清财政经济研究》，齐鲁书社2002年版。

256. 周智生：《商人与近代中国西南边疆社会》，中国社会科学出版社 2006 年版。
257. 朱斯煌：《民国经济史》（《银行周报》三十年纪念刊），银行学会编印 1948 年版。
258. 朱荫贵：《中国近代股份制企业研究》，上海财经大学出版社 2008 年版。
259. 朱荫贵：《中国近代轮船航运业研究》，中国社会科学出版社 2008 年版。
260. 朱英、石柏林：《近代中国经济政策演变史稿》，湖北人民出版社 1998 年版。
261. 朱英、郑成林编：《商会与近代中国》，华中师范大学出版社 2005 年版。
262. 朱英：《近代中国商会、行会与商团新论》，中国人民大学出版社 2008 年版。
263. 朱英：《晚清经济政策与改革措施》，华中师范大学出版社 1996 年版。
264. 朱英：《转型时期的社会与国家——以近代中国商会为主体的历史透视》，华中师范大学出版社 1997 年版。
265. 诸静：《金城银行的放款与投资（1917—1937）》，复旦大学出版社 2008 年版。
266. 庄维民：《近代山东市场经济的变迁》，中华书局 2000 年版。
267. 左峰：《中国近代工业化研究：制度变迁与技术进步互动视角》，上海三联书店 2011 年版。

后　　记

本书是中国社会科学院近代史研究所《当代中国近代史研究系列》中的一册，主要是对1949年以后的中国近代经济史研究做一个学术性回顾，并在此基础上对未来的研究做一点前瞻。虽然学术界对于60年来的近代经济史研究有过诸多回望，但多是一些论文，而对于1949年之后的中国近代经济史研究这一个大课题来说，值得用一本书的篇幅来进行讨论的。

书稿于2012年5月开始着手，2014年3月定稿，历时将近两年。在这将近两年的时间里，著者曾多次讨论，初步拟定章节纲要，之后又数次进行修正，并作了具体的分工。本书按章节编制，以章、节为写作单位，全书共七章，各章执笔人如下：

吴敏超：第一章，第五章第三节。

杜丽红：第二章。

郑起东：第三章，第五章第二节，第六章，第七章。

周祖文：第四章，第五章第一节。

李晓龙：第五章第四节、第五节、第六节、第七节。

当代中国的近代经济史研究在几十年的发展历程取得了丰硕的成果，如何将这些成果尽可能较完整、较客观地体现在本书中，这对于著者来说，远非易事。著者多次讨论了当代中国的近代经济史研究脉络及其特点，希望书稿能展现这一脉络和特点，同时，也希望能在撰写过程中把握近代经济史学科的学术性和前瞻性。在这里需要指出的是，本书主要讨论大陆方面的近代经济史研究，对于港台和海外的研究，则较少涉及。

本书初稿完成后，由郑起东通看了全书各章，提出修改意见，随后由各作者再进行修改和补充，最后由郑起东进行了统稿，周祖文和杜丽红承担了部分章节的统稿工作。

在本书的编辑过程中，中国社会科学出版社的编辑付出了辛勤的工作。当代中国近代经济史研究的成果卓著，专著和论文数量巨大，虽然著者尽可能地加以客观呈现，但要想在有限的篇幅里加以概括提炼并非易事，本书不免存在缺漏之处，敬请专家、读者指正。

著者
2015年4月